Springer-Lehrbuch

Horst Tempelmeier

# Material-Logistik

Grundlagen der Bedarfs-
und Losgrößenplanung in PPS-Systemen

Dritte, vollständig überarbeitete
und erweiterte Auflage

Mit 132 Abbildungen und 112 Tabellen

Springer-Verlag
Berlin Heidelberg New York
London Paris Tokyo
Hong Kong Barcelona
Budapest

Professor Dr. Horst Tempelmeier
Universität zu Köln
Seminar für Allgemeine BWL,
Industriebetriebslehre und Produktionswirtschaft
Albertus-Magnus-Platz
D-50932 Köln

ISBN 3-540-58928-7 Springer-Verlag Berlin Heidelberg New York Tokyo
ISBN 3-540-55847-0 2. Auflage Springer-Verlag Berlin Heidelberg New York Tokyo

Die Deutsche Bibliothek – CIP-Einheitsaufnahme
Tempelmeier, Horst:
Material-Logistik: Grundlagen der Bedarfs- und Losgrößenplanung in PPS-Systemen;
mit 112 Tabellen / Horst Tempelmeier. – 3., vollst. überarb. und erw. Aufl. –
Berlin; Heidelberg; New York; London; Paris; Tokyo; Hong Kong; Barcelona; Budapest:
Springer, 1995
(Springer-Lehrbuch)
ISBN 3-540-58928-7

Dieses Werk ist urheberrechtlich geschützt. Die dadurch begründeten Rechte, insbesondere die der Übersetzung, des Nachdruckes, des Vortrags, der Entnahme von Abbildungen und Tabellen, der Funksendungen, der Mikroverfilmung oder der Vervielfältigung auf anderen Wegen und der Speicherung in Datenverarbeitungsanlagen, bleiben, auch bei nur auszugsweiser Verwertung, vorbehalten. Eine Vervielfältigung dieses Werkes oder von Teilen dieses Werkes ist auch im Einzelfall nur in den Grenzen der gesetzlichen Bestimmungen des Urheberrechtsgesetzes der Bundesrepublik Deutschland vom 9. September 1965 in der Fassung vom 24. Juni 1985 zulässig. Sie ist grundsätzlich vergütungspflichtig. Zuwiderhandlungen unterliegen den Strafbestimmungen des Urheberrechtsgesetzes.

© Springer-Verlag Berlin Heidelberg 1988, 1992, 1995
Printed in Germany

Die Wiedergabe von Gebrauchsnamen, Handelsnamen, Warenbezeichnungen usw. in diesem Werk berechtigt auch ohne besondere Kennzeichnung nicht zu der Annahme, daß solche Namen im Sinne der Warenzeichen- und Markenschutz-Gesetzgebung als frei zu betrachten wären und daher von jedermann benutzt werden dürften.

42/2202-543210 - Gedruckt auf säurefreiem Papier

# Vorwort zur 3. Auflage

Wie Teile der deutschen Automobilindustrie, so bin auch ich nicht von neuesten japanischen Produktionsmethoden verschont geblieben. Die vorliegende 3. Auflage ist somit das Ergebnis eines Prozesses der kontinuierlichen Verbesserung. Dies hat sich in einem weiteren Ausbau des Kapitels über Losgrößenprobleme bei beschränkten Kapazitäten ausgewirkt. Im zurückliegenden Jahr sind einige Arbeiten zu diesem Thema erschienen, deren Diskussion im Rahmen dieses Lehrbuchs angebracht erscheint.

Auch den kontinuierlichen Verbesserungsprozeß, dessen Ergebnis die vorliegende Auflage ist, haben meine (teilweise ehemaligen) Mitarbeiter Dipl.-Wirtsch.-Ing. Dr. Matthias Derstroff, Dipl.-Wirtsch.-Ing. Dr. Heinrich Kuhn und Dipl.-Wirtsch.-Ing. Ulrich Weingarten durch kritische Kommentare begleitet. Hierfür schuldete ich ihnen großen Dank, den ich bereits abgeleistet habe. Mein Dank gilt auch Herrn Dr. Stefan Helber, der durch zahlreiche Anmerkungen ebenfalls zur Verbesserung des Manuskriptes beigetragen hat. Schließlich danke ich Herrn Dipl.-Kfm. Johannes Antweiler, der das Manuskript einer umfassenden Qualitätskontrolle unterzogen hat.

*Redaktioneller Hinweis:* Zur Produktion der 3. Auflage dieses Buches wurden MS-Word für DOS 6.0, PlotIt für Windows 3.1 und Designer 3.1 eingesetzt.

Wolfenbüttel, im November 1994             Horst Tempelmeier

# Vorwort zur 1. Auflage

Die Material-Logistik gewinnt in einer Zeit des steigenden Zwangs zur Kosten- und Bestandsreduktion zunehmend an Bedeutung. Während die betriebswirtschaftliche Literatur zahlreiche Lehrbücher aufweist, in denen materialwirtschaftliche Fragestellungen unter strategischen oder kontrahierungspolitischen Aspekten behandelt werden, fehlt bislang eine problembezogene, quantitativ orientierte Darstellung der logistischen Probleme, die sich im Zusammenhang mit der Versorgung der Produktionsprozesse eines Unternehmens mit Material ergeben. Das vorliegende Lehrbuch soll diese Lücke schließen helfen.

Der Schwerpunkt der Ausführungen liegt im Bereich der (verbrauchsgesteuerten und programmgesteuerten) Materialbedarfsplanung, der eng damit verbundenen dynamischen Losgrößenplanung in mehrteiligen und mehrstufigen Erzeugnisstrukturen sowie auf den Problemen der Unsicherheit in der Materialbedarfsrechnung. Unsicherheit wird jedoch nur insoweit behandelt, als sich aus der Mehrstufigkeit des Erzeugniszusammenhangs besondere Aspekte ergeben. Lagerhaltungssysteme für unabhängig disponierte Erzeugnisse werden dagegen nicht dargestellt, da zu diesem Problemkreis bereits eine umfangreiche Lehrbuchliteratur verfügbar ist.

Aufgrund ihrer engen Verflechtung mit der kurzfristigen Produktionsplanung ist eine überschneidungsfreie Abgrenzung des Entscheidungsbereichs der Material-Logistik oft schwierig bzw. unmöglich. So werden in der vorliegenden Arbeit Probleme angesprochen, deren Diskussion auch in einem Lehrbuch zur Produktionsplanung angemessen wäre. Obwohl material-logistischen Fragestellungen eine tragende Rolle in "neueren" materialflußorientierten Konzepten zur Produktionssteuerung (Toyota-Produktionssteuerungssystem, belastungsorientierte Auftragsfreigabe, OPT) zukommt, werden Probleme der Produktionsdurchführungsplanung in diesem Lehrbuch nicht diskutiert. Die behandelten Problemstellungen finden sich eher in den in der betrieblichen Praxis verbreiteten EDV-Systemen zur Produktionsplanung und -steuerung (PPS-Systeme; MRP-Systeme) wieder.

Das Buch basiert auf Lehrveranstaltungen, die ich in den vergangenen Jahren im Rahmen der Wirtschaftsingenieur- und Wirtschaftsinformatikausbildung an der Technischen Hochschule Darmstadt gehalten habe. Es richtet sich an Studenten der Betriebswirtschaftslehre, des Wirtschaftsingenieurwesens und der Wirtschaftsinformatik sowie an den im Bereich der Produktionsplanung und -steuerung tätigen Praktiker.

Ich danke meinen Mitarbeitern am Fachgebiet Fertigungs- und Materialwirtschaft der Technischen Hochschule Darmstadt für die Unterstützung bei der Anfertigung des Lehrbuchs. Den Herren Dipl.-Wirtsch.-Ing. Th. Endesfelder, Dipl.-Wirtsch.-Ing. H. Kuhn und Dipl.-Wirtsch.-Ing. U. Tetzlaff danke für ihre zahlreichen kritischen Anregungen. Herrn Dipl.-Wirtsch.-Ing. R. Hoenig gilt mein Dank für die Generierung eines Druckertreibers, der erst die äußere Form dieses Buches möglich machte.

*Redaktioneller Hinweis:* Dieses Buch wurde mit Microsoft Word 4.0 geschrieben und auf einem Kyocera-Laserdrucker F1010 gedruckt. Die zeitreihenorientierten graphischen Darstellungen wurden mit PlotIt 1.3 erzeugt. Die objektorientierten Graphiken wurden mit UniCAD 2.5 sowie z.T. mit Diagram-Master 5.01 erstellt. Für verschiedene statistische Berechnungen wurde PlotIt 1.3, für allgemeine numerische Auswertungen EUREKA 1.0 eingesetzt.

Darmstadt, im Januar 1988                                    Horst Tempelmeier

# Inhaltsverzeichnis

**1. Begriff der Material-Logistik und ihre Abgrenzung von anderen betrieblichen Funktionen** ........................................................... 1

   11. Begriff der Material-Logistik ............................................................ 1
   12. Beziehungen der Material-Logistik zu Beschaffung, Produktion und Materialwirtschaft ................................................................. 3

**2. Klassifizierung von Verbrauchsfaktoren** .................................................. 10

   21. Klassifizierung von Verbrauchsfaktoren nach ihrer wertmäßigen Bedeutung .................................................................................... 11
   22. Klassifizierung von Verbrauchsfaktoren nach ihrem Bedarfsverlauf ............................................................................. 25

**3. Verbrauchsorientierte Bedarfsermittlung** ............................................... 34

   31. Beurteilung der Qualität eines Prognoseverfahrens ....................... 36
   32. Bedarfsprognose bei regelmäßigem Bedarfsverlauf ........................ 39

      321. *Bedarfsprognose bei konstantem Niveau des Bedarfsverlaufs* ..... 43

         3211. Bedarfsprognose mittels gleitender Durchschnitte ........... 44
         3212. Bedarfsprognose mittels exponentieller Glättung erster Ordnung ................................................................ 47

      322. *Bedarfsprognose bei trendförmig ansteigendem Bedarfsverlauf* ... 54

         3221. Bedarfsprognose mittels linearer Regressionsrechnung ... 55
         3222. Bedarfsprognose mittels exponentieller Glättung zweiter Ordnung ............................................................. 63
         3223. Das Verfahren von Holt ................................................... 73

      323. *Bedarfsprognose bei saisonal schwankendem Bedarfsverlauf* ..... 74

         3231. Bedarfsprognose durch Zeitreihendekomposition ............ 75

| | | |
|---|---|---|
| 32311. | Bestimmung von Saisonfaktoren | 75 |
| 32312. | Anpassung der Prognose bei konstantem Niveau des Bedarfsverlaufs | 81 |
| 32313. | Anpassung der Prognose bei trendförmig ansteigendem Bedarfsverlauf | 82 |

| | | |
|---|---|---|
| 3232. | Das Verfahren von Winters | 83 |
| 3233. | Bedarfsprognose mit multipler linearer Regressionsrechnung | 87 |

| | | |
|---|---|---|
| 32331. | Bedarfsprognose mit Saison-Dummyvariablen | 88 |
| 32332. | Bedarfsprognose mit trigonometrischen Funktionen | 90 |

| | | |
|---|---|---|
| 33. | Bedarfsprognose bei sporadischem Bedarfsverlauf | 93 |
| 34. | Ausgewählte Probleme bei der Einführung und Anwendung eines Prognosesystems | 100 |

| | | |
|---|---|---|
| 341. | Bestimmung der Glättungsparameter | 100 |
| 342. | Verbrauchsfaktoren mit zeitlich begrenzter Vergangenheit | 103 |
| 343. | Behandlung von Ausreißern | 105 |

## 4. Programmorientierte Bedarfsermittlung und Losgrößenplanung ... 106

| | | |
|---|---|---|
| 41. | *Darstellung des Erzeugniszusammenhangs* | 106 |

| | | |
|---|---|---|
| 411. | Graphische Darstellungsformen | 107 |
| 412. | Tabellarische Darstellungsformen | 111 |

| | | |
|---|---|---|
| 4121. | Stücklisten | 111 |
| 4122. | Gozintoliste | 114 |

| | | |
|---|---|---|
| 413. | Lineares Gleichungssystem | 114 |
| 414. | EDV-gestützte Speicherung des Erzeugniszusammenhangs | 116 |

| | | |
|---|---|---|
| 42. | *Verfahren der Bedarfsauflösung* | 121 |

| | | |
|---|---|---|
| 421. | Ablauf der Materialbedarfsplanung | 121 |
| 422. | Analytische Verfahren | 124 |

| | |
|---|---|
| 4221. Dispositionsstufenverfahren | 125 |
| 4222. Gozintoverfahren | 128 |
| 423. Synthetische Verfahren | 132 |
| 424. Lösung eines linearen Gleichungssystems | 132 |

## 43. *Losgrößenplanung* ... 145

431. Grundsätzliche Überlegungen zum Zusammenhang zwischen Materialbedarfsrechnung und Losgrößenplanung ... 145

432. *Das dynamische Einprodukt-Losgrößenproblem* ... 150

| | |
|---|---|
| 4321. Modellformulierungen | 151 |
| 4322. Lösungsverfahren | 159 |
|     43221. Bestimmung der optimalen Lösung mittels dynamischer Optimierung | 159 |
|     43222. Heuristische Lösungsverfahren | 164 |
|         432221. Verfahren der gleitenden wirtschaftlichen Losgröße | 165 |
|         432222. Stückperiodenausgleichsverfahren | 166 |
|         432223. Silver-Meal-Verfahren | 168 |
|         432224. Losgrößen-Saving-Verfahren | 170 |
|         432225. Grenzkostenverfahren von Groff | 176 |

433. *Das dynamische einstufige Mehrprodukt-Losgrößenproblem* ... 179

| | |
|---|---|
| 4331. Modellformulierung | 179 |
| 4332. Lösungsverfahren | 182 |
|     43321. Das Verfahren von Dixon | 183 |
|     43322. Das Verfahren von Bahl | 197 |

434. *Das dynamische mehrstufige Mehrprodukt-Losgrößenproblem* .. 199

| | |
|---|---|
| 4341. Grundsätzliche Überlegungen | 199 |
| 4342. Modellformulierungen | 202 |
|     43421. Generelle Erzeugnis- und Prozeßstruktur | 202 |
|     43422. Konvergierende Erzeugnis- und Prozeßstruktur | 216 |

4343. Lösungsverfahren für Probleme ohne
Kapazitätsbeschränkungen ................................................. 225

43431. Erzeugnisorientierte Dekomposition ......................... 227

434311. Isolierter Einsatz von Einprodukt-Losgrößenverfahren ohne Kostenanpassung................................. 227
434312. Abgestimmter Einsatz von Einprodukt-
Losgrößenverfahren ohne Kostenanpassung ....... 228
434313. Isolierter Einsatz von Einprodukt-Losgrößenverfahren mit Kostenanpassung ........................... 230

4343131. Verfahren für konvergierende Erzeugnis-
strukturen ............................................................ 230
4343132. Verfahren für generelle Erzeugnisstrukturen 248

43431321. Das Verfahren von Heinrich................... 248
43431322. Marginalanalytische Verfahren .............. 270

43432. Periodenorientierte Dekomposition - das Verfahren
von Afentakis............................................................... 274

43433. Heuristische Suchverfahren ......................................... 288

4344. Lösungsverfahren für Probleme mit
Kapazitätsbeschränkungen ................................................ 293

43441. Integration der Materialbedarfs- und Losgrößenplanung in ein PPS-System......................................... 293
43442. Verfahren für konvergierende Erzeugnis- und
Prozeßstrukturen ......................................................... 296
43443. Verfahren für generelle Erzeugnis- und
Prozeßstrukturen ......................................................... 305

434431. Ein Dekompositionsverfahren mit stufenübergreifender Zulässigkeitsprüfung................... 305
434432. Ein heuristisches Verfahren auf der Basis der
Lagrange-Relaxation............................................. 318

43444. Einsatz der kapazitierten Losgrößenplanung in
einem rollenden Planungskonzept............................. 337

## 5. Berücksichtigung der Unsicherheit in mehrstufigen Produktionsprozessen .................................................................. 341

### 51. Einflußgrößen der Unsicherheit in mehrstufigen Produktionsprozessen ........................................................ 343
### 52. Methoden zur Berücksichtigung der Unsicherheit in mehrstufigen Produktionsprozessen ........................................ 355

#### 521. Stochastische Planungsmodelle ........................................ 356
#### 522. Mengen- und Zeitpuffer .................................................. 356
#### 523. Fixierung der Primärbedarfsmengen ................................ 385
#### 524. Neueinplanung von Aufträgen ........................................ 387

*Literaturverzeichnis* ........................................................................ 391

*Sachverzeichnis* ............................................................................... 409

*Anhang: Der Produktions-Management-Trainer* ............................... 415

# 1. Begriff der Material-Logistik und ihre Abgrenzung von anderen betrieblichen Funktionen

Das vorliegende Lehrbuch befaßt sich mit Problemen, bei denen nicht immer eindeutig ist, ob sie zur Material-Logistik, zur Beschaffung oder zur Produktionsplanung zu zählen sind. Im ersten Abschnitt wird daher zunächst eine Abgrenzung der Material-Logistik von den anderen betrieblichen Funktionsbereichen vorgenommen.

## 11. Begriff der Material-Logistik

Der Aufgabenbereich der betrieblichen Material-Logistik beinhaltet alle jene Aktivitäten, die sich auf den **räumlichen, zeitlichen und mengenmäßigen Transfer** der in der Produktion eingesetzten Verbrauchsfaktoren von den Lieferanten bis zu ihrer Verarbeitung in einem Produktionsprozeß bzw. bis zur Einlagerung im Fertigproduktlager einer Unternehmung beziehen. Die Material-Logistik schließt in diesem eng auf *logistische Probleme* abstellenden Sinn die Aufgabenbereiche der physischen Beschaffung (physische Versorgung) und der innerbetrieblichen Logistik[1] ein. Sie bildet zusammen mit der physischen Distribution das Logistiksystem einer Unternehmung (siehe Bild 1).

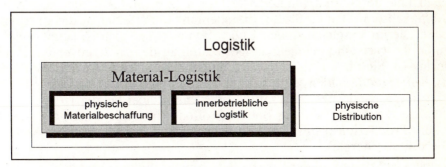

*Bild 1: Subsysteme des Logistiksystems einer Unternehmung*

Die Material-Logistik umfaßt den Ausschnitt aus der logistischen Kontrollspanne eines Industrieunternehmens, der den Materialfluß von der Güterübernahme bis zum Verlassen der Fertigungsstätten als selbständig absetzbares Produkt betrifft. Das **Logistiksystem** eines Unternehmens ist insofern ein Supersystem der

---

1  zum Begriff der Logistik vgl. z.B. **Pfohl** (1990); **Ihde** (1991), S. 28-31; **Tempelmeier** (1993a)

Material-Logistik, als es auch noch den physischen Produktfluß der absatzfähigen Erzeugnisse zu ihren unmittelbaren Abnehmern umfaßt.

Holt die Unternehmung die Verbrauchsfaktoren selbst bei ihren Lieferanten ab, dann beginnen die material-logistischen Prozesse mit der Verladung der Güter auf die von der Unternehmung kontrollierten Transportmittel. *Letzte Station* der material-logistischen Kontrollspanne ist i.a. ein einer Produktionsstätte angeschlossenes Fertigproduktlager. Für die Höhe der *Lagerbestände* sind dort vor allem produktionswirtschaftliche Gesichtspunkte, z.B. bezüglich der optimalen Fertigungsauftragsgröße, maßgebend. Unmittelbar im Anschluß daran beginnt der Aufgabenbereich der physischen Distribution (betriebliche Warenverteilung; Marketing-Logistik[2]).

Die Material-Logistik bezieht sich im Gegensatz zur *Materialwirtschaft* ausschließlich auf logistische Aktivitäten, also auf Prozesse des *Ausgleichs von Raum-, Zeit- und Mengendifferenzen*. Zur Überbrückung der räumlichen, zeitlichen und mengenmäßigen Differenzen zwischen "Nachfrage" und "Angebot" sind die Verrichtungen der **Lagerung**, des **Transports** sowie der **Materialhandhabung und Verpackung** durchzuführen, die durch Prozesse der **Informationsverarbeitung** gesteuert und kontrolliert werden. Diese Prozesse vollziehen sich im Rahmen einer *vorgegebenen räumlichen Struktur* des Logistiksystems der Unternehmung, d.h. bei gegebenen Standorten der Lieferanten, Beschaffungslager und Produktionsanlagen. Die Gestaltung der räumlichen Struktur ist die Aufgabe der lang- bzw. mittelfristigen Strukturplanung (insb. der Standortplanung und der Kapazitätsplanung), die nicht Gegenstand der vorliegenden Arbeit ist[3].

*Objekte der Material-Logistik* sind die in der Unternehmung eingesetzten Verbrauchsfaktoren, d.h. Roh-, Hilfs- und Betriebsstoffe[4]. Als *Rohstoffe* bezeichnet man diejenigen Realgüter, die unmittelbar in die zu produzierenden Erzeugnisse eingehen und deren *Hauptbestandteile* bilden (z.B. Stahl). Unter dem Begriff *Hilfsstoffe* subsumiert man Stoffe, die ebenfalls unmittelbar in die Erzeugnisse eingehen, die im Vergleich zu den Rohstoffen aber lediglich Hilfsfunktionen erfüllen, da ihr wert- und mengenmäßiger Anteil an den zu erzeugenden Produkten gering ist. Sie üben oft nur eine verbindende Funktion aus (z.B. Schrauben, Leim). *Betriebsstoffe* bilden selbst keinen Bestandteil der Erzeugnisse, gehen also nicht darin ein, sondern werden mittel- oder unmittelbar bei der Herstellung der Erzeugnisse verbraucht. Zu den Betriebsstoffen zählen alle Güter, die dazu dienen, den Produktionsprozeß zu ermöglichen und in Gang zu halten (z.B. Schmiermittel, Energie).

Im Hinblick auf den Grad der Bearbeitung bzw. nach dem Grad der noch vorgesehenen Bearbeitung lassen sich die Verbrauchsfaktoren weiterhin als bezogene Teile und als Handelswaren charakterisieren. *Bezogene Teile* sind jene im Produktionsprozeß noch einzusetzenden Verbrauchsfaktoren, die schon von Liefe-

---

2   vgl. hierzu insb. **Tempelmeier** (1983b)
3   vgl. zu den Problemen der betrieblichen und innerbetrieblichen Standortplanung z.B. **Wäscher** (1982); **Tempelmeier** (1983b); **Domschke/Drexl** (1990)
4   vgl. **Grochla** (1978), S. 15; **Franken** (1984), S. 15-17; **Hahn/Laßmann** (1990), S. 329-332

ranten vorbehandelt worden sind und somit einen im Vergleich zu Rohstoffen höheren Bearbeitungsgrad aufweisen (z.B. elektronische Bauelemente). Schließlich sind *Handelswaren* gekaufte Produkte, die die Unternehmung zwar in ihr Absatzprogramm aufgenommen hat, die aber nicht Bestandteil ihres Produktionsprogramms sind (z.B. Disketten bei EDV-Hardwareanbietern).

## 12. Beziehungen der Material-Logistik zu Beschaffung, Produktion und Materialwirtschaft

Die Material-Logistik steht in engem Zusammenhang zu den Funktionen der Beschaffung, der Produktion und der Materialwirtschaft (siehe Bild 2).

Die Beschaffung ist neben der Produktion und dem Absatz einer der drei realgüterbezogenen Aufgabenbereiche in einer nach Funktionen gegliederten Unternehmung. Zur **Beschaffung** (i.w.S.) zählen alle Maßnahmen, die die *Versorgung der Unternehmung mit Produktionsfaktoren* (Betriebsmittel, Material, Personal, Kapital, Informationen) zum Ziel haben[5]. Die **Materialbeschaffung** kann nach dem Kriterium des Beschaffungsobjekts aus dem Aufgabenkomplex der Beschaffung (i.w.S.) herausgelöst werden und beinhaltet alle Maßnahmen, die sich auf die *Versorgung der Unternehmung mit Verbrauchsfaktoren* beziehen. Neben vielfältigen marktbezogenen Aufgaben, die hier unter dem Sammelbegriff der **vertragsmäßigen Materialbeschaffung** zusammengefaßt werden, beinhaltet die physische Beschaffung den zweiten großen Aufgabenkomplex der Beschaffung. In der **physischen Materialbeschaffung** überschneiden sich somit die Beschaffung und die Logistik eines Unternehmens. Eine Abgrenzung von Beschaffung (i.w.S.) und Material-Logistik erfolgt demnach nicht nur nach dem Kriterium des *Beschaffungsobjekts* (Verbrauchsfaktoren), sondern darüberhinaus durch die **Konzentration auf die logistischen Prozesse** der Überbrückung von Raum-, Zeit- und Mengendifferenzen.

In ähnlicher Weise wie die physische Beschaffung als ein Teilsystem der Materialbeschaffung beschrieben wurde, kann die **innerbetriebliche Logistik** als ein Subsystem des Produktionssystems einer Unternehmung aufgefaßt werden, das sich speziell mit den logistischen Aufgaben in der Produktion befaßt. Über logistische Aufgaben hinaus sind in der Produktion noch eine große Anzahl anderer Aufgaben, z.B. mittel- und kurzfristige Produktionsprogrammplanung, Planung der Ver- oder Bearbeitung der Verbrauchsfaktoren (Prozeßplanung), Instandhaltungsplanung, Qualitätskontrolle, etc. zu erfüllen. Die exakte Abgrenzung zwischen innerbetrieblicher Logistik einerseits und vor allem der operativen Produktionsplanung und -steuerung andererseits ist im Einzelfall jedoch schwierig, da Entscheidungen in beiden Bereichen dieselben Entscheidungsobjekte betreffen. So beeinflussen z.B. "logistische" Entscheidungen über den innerbetrieblichen Materialfluß direkt die Möglichkeiten der Produktionssteuerung. Dies

---

[5] vgl. **Theisen** (1974), Sp. 494-503

wird besonders bei den in letzter Zeit propagierten "neuen" materialflußorientierten Systemen zur Produktionssteuerung deutlich (z.B. produktionssynchrone Beschaffung; Just-in-time Produktion; Kanban-System).

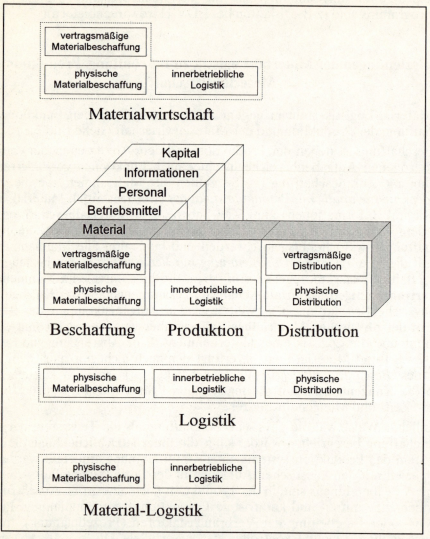

Bild 2: Abgrenzung zwischen Material-Logistik, Materialwirtschaft, Logistik, Beschaffung, Produktion und Distribution

Die Abgrenzung der Material-Logistik von der **Materialwirtschaft** hängt von dem gewählten Begriff der Materialwirtschaft ab, der in der betriebswirtschaftlichen Literatur unterschiedlich weit gefaßt wird. So wird von einigen Autoren[6]

---

6   z.B. **Steinbrüchel** (1971); **Horváth** (1972); **Oeldorf/Olfert** (1985)

auch die **physische Distribution**, d.h. die betriebliche Warenverteilung (Marketing-Logistik) zum Bereich der Materialwirtschaft gerechnet[7]. Die Material-Logistik unterscheidet sich von dieser Begriffsfassung der Materialwirtschaft dadurch, daß sie sich auf die Materialzuflüsse zu den Produktionsstellen des Unternehmens bezieht und die Probleme der physischen Distribution der absatzfähigen Erzeugnisse an die Abnehmer nicht betrachtet.

Es hat sich in der Betriebswirtschaftslehre als vorteilhaft erwiesen, eine gedankliche Zerlegung der gesamten Unternehmensaufgabe in die **Funktionsbereiche der Beschaffung, der Produktion** und des **Absatzes** vorzunehmen, da es auf diese Weise besser möglich ist, spezifische Probleme eines jeden Teilbereichs herauszuarbeiten und zu behandeln. Dies ist u.E. auch für eine Trennung von physischer Materialbeschaffung, innerbetrieblicher Logistik und physischer Distribution sinnvoll. Dabei ist es möglich, die physische Versorgung und die innerbetriebliche Logistik gemeinsam unter dem Oberbegriff der Material-Logistik zusammenzufassen. Denn hier treten zahlreiche verwandte Problemstellungen auf, denen gemeinsam ist, daß es um die *Versorgung von Subsystemen (Produktionsstufen) des Unternehmens mit Material* geht. Aus der Sicht einer einzelnen Produktionsstufe ist es dabei unerheblich, ob der Materialnachschub von einem anderen, vorgelagerten Produktionsprozeß stammt, oder ob die benötigten Verbrauchsfaktoren von Fremdlieferanten bezogen werden. Die physische Distribution mit ihrer absatzorientierten, lieferservicebezogenen Ausrichtung nimmt im Vergleich dazu eine Sonderstellung ein, so daß es sinnvoll erscheint, sie separat zu behandeln. Von dieser Interpretation der Materialwirtschaft unterscheidet sich die Material-Logistik also durch die **Beschränkung auf die Versorgung der Produktionsprozesse**[8].

Nach der in der Literatur vorherrschenden Auffassung sind zum Bereich der Materialwirtschaft auch die Aufgaben der **vertragsmäßigen Beschaffung**, d.h. der betriebliche Funktionsbereich, der gemeinhin als **Einkauf** bezeichnet wird, zu rechnen[9]. Dies führt zu einer weiteren Abgrenzung von Materialwirtschaft und Material-Logistik. Ebenso wie sich auf der *Distributionsseite* die Trennung in eine **vertragsmäßige** Distribution (mit Betonung der *Marktbeziehungen* und der kontrahierungspolitischen Entscheidungen) und eine **physische** Distribution (mit Betonung der *logistischen Aktivitäten*) durchgesetzt hat[10], ist es sinnvoll, auch auf der *Versorgungsseite* eine solche Trennung in eine vertragsmäßige Materialbeschaffung und eine physische Materialbeschaffung vorzunehmen. Da-

---

7 In dieser Definition wäre die Materialwirtschaft, zumindest was die Outputseite des Logistiksystems einer Unternehmung betrifft, gleichbedeutend mit der Logistik selbst. Diese Gleichsetzung ist u.E. unzweckmäßig. Denn mit dem Begriff der Materialwirtschaft soll gerade ein Teilbereich aller Aktivitäten inhaltlich beschrieben werden, in dem spezifische Problemstellungen auftreten, die sich in ihrem Charakter von den für die physische Distribution typischen Fragestellungen wesentlich unterscheiden und daher überwiegend spezifische Problemlösungsmethoden erfordern.

8 Die hier vorgenommene Beschränkung auf die Versorgung der Produktionsprozesse impliziert, daß auch Probleme der **Entsorgung** eines Unternehmens in der vorliegenden Arbeit betrachtet werden können, sofern sie im Rahmen eines **Recycling** als spezielle Produktionsprozesse aufgefaßt werden können. Zur Behandlung des Recycling vgl. **Berg** (1979), S. 25-30

9 vgl. z.B. **Horváth** (1972); **Grochla** (1978); **Berg** (1979); **Franken** (1984); **Pekayaz** (1985); **Grün** (1994)

10 vgl. z.B. **Kirsch/Bamberger/Gabele/Klein** (1973), S. 279; **Scheuch** (1986), S. 341-372

durch wird es möglich, die kontrahierungspolitischen Probleme der vertragsmäßigen Materialbeschaffungspolitik getrennt von den logistischen Problemen der physischen Produktmanipulation im Beschaffungsbereich zu behandeln[11]. Die **vertragsmäßige Materialbeschaffung** (Einkauf) dient dann der Abwicklung der marktmäßigen Beziehungen bei der Versorgung des Unternehmens mit Verbrauchsfaktoren, während die physische Beschaffung (physische Versorgung) die logistischen Aktivitäten umfaßt. Die Material-Logistik unterscheidet sich von der Materialwirtschaft somit auch durch die **Konzentration auf logistische Aspekte der Materialbeschaffung**.

Das vorliegende Lehrbuch ist schwerpunktmäßig den Fragen der Materialbedarfs- und Losgrößenplanung gewidmet. Die Materialbedarfsplanung hat die Aufgabe, den Bedarf an Verbrauchsfaktoren, der sich aus einem im Rahmen der kapazitierten Hauptproduktionsprogrammplanung festgelegten Produktionsprogramm[12] für absatzbestimmte Erzeugnisse ergibt, für eine oder mehrere Planungsperioden nach *Art, Menge und Termin* zu ermitteln. Die Planung des Materialbedarfs bildet eine wichtige Voraussetzung für alle weiteren Entscheidungsprozesse innerhalb der betrieblichen Materialwirtschaft, insb. für die Planung der Beschaffungsmengen sowie der Auftragsgrößen und die Planung der Beschaffungszeitpunkte. Die Einbettung der Materialbedarfs- und Losgrößenplanung in den Planungszusammenhang der Produktionsplanung zeigt Bild 3.

**Ausgangspunkte** der Materialbedarfs- und Losgrößenplanung sind ein vorgegebenes **Produktprogramm** und - im Fall einer programmgesteuerten mehrstufigen Bedarfsplanung - eine vorgegebene **Erzeugnisstruktur**. Das Produktionsprogramm wird zunächst im Rahmen der mittelfristigen aggregierten Produktionsprogrammplanung (Beschäftigungsglättung) produktgruppenbezogen für einen Zeitraum von mehreren Monaten festgelegt und dann im Rahmen der kapazitierten Hauptproduktionsprogrammplanung produktbezogen für einen kürzeren Planungszeitraum spezifiziert[13]. In diesen Planungsschritten werden aggregierte Produktionskapazitäten grob berücksichtigt. Die Ergebnisse der Materialbedarfs- und Losgrößenplanung (Produktionsaufträge) werden in die Ressourceneinsatzplanung (Grobterminplanung, Ablaufplanung) übernommen und in ein zeitlich strukturiertes Arbeitsprogramm der Arbeitssysteme umgesetzt. Auf sämtlichen Planungsstufen müssen die evtl. vorliegenden *Beschränkungen der Kapazitäten* in unterschiedlichen Aggregationsgraden berücksichtigt werden.

---

[11] vgl. auch **Hahn/Laßmann** (1990), S. 329
[12] vgl. **Günther/Tempelmeier** (1994), S. 163-171. Das im Rahmen der mittelfristigen aggregierten Produktionsprogrammplanung grob festgelegte und in der kurzfristigen Programmplanung detaillierte Hauptproduktionsprogramm wird in der anglo-amerikanischen Literatur als **master production schedule** bezeichnet.
[13] vgl. **Vollmann/Berry/Whybark** (1984), S. 13; **Silver/Peterson** (1985), S. 506-517

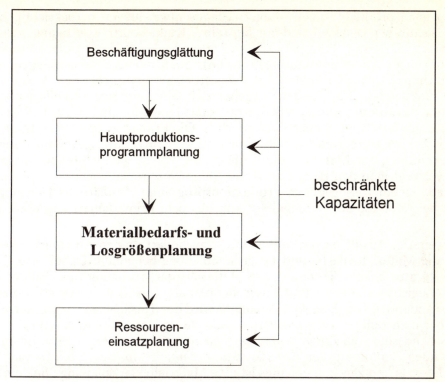

*Bild 3*[14]*: Einbettung der Materialbedarfs- und Losgrößenplanung in die Produktionsplanung*

Die (programmorientierte) Materialbedarfs- und Losgrößenplanung leitet aus dem kapazitierten Hauptproduktionsprogramm, das die geplanten Produktionsmengen und -termine der wichtigsten Endprodukte enthält, unter Verwendung von Informationen über die mengenmäßige (und strukturelle) Zusammensetzung der Erzeugnisse aus verschiedenen Einzelteilen und Baugruppen den Bedarf für Baugruppen, Einzelteile und Rohmaterial mengenmäßig und terminbezogen ab. Das Zeitraster der Materialbedarfs- und Losgrößenplanung ist so weit, daß die in dieser Planungsphase generierten Produktionspläne nicht die unmittelbare Grundlage für den Vollzug der Produktionsprozesse bilden können, sondern im Rahmen der nachgelagerten Ressourceneinsatzplanung detailliert werden müssen.

Unter Planungsaspekten sind vor allem zwei **Bedarfsarten** zu unterscheiden: *Primärbedarf* und *Sekundärbedarf*. Als **Primärbedarf** bezeichnet man den absatzbestimmten Bedarf an Fertigprodukten und Ersatzteilen. Der Primärbedarf wird sowohl hinsichtlich der Mengen als auch in seiner zeitlichen Struktur durch die kapazitierte *Hauptproduktionsprogrammplanung* festgelegt. Diese geht von bereits vorhandenen Kundenaufträgen und kurzfristigen Nachfrageprognosen aus,

---

14 vgl. **Silver/Peterson** (1985), S. 511; **Tersine** (1985), S. 458; vgl. auch **Zäpfel** (1982), S. 40

wobei auch produktbezogene Lagerbestandsentwicklungen berücksichtigt werden. Nachfrageprognosen sind nur bei reiner Kundenauftragsfertigung nicht erforderlich, d.h. dann, wenn bereits zum Zeitpunkt der Auslösung eines Produktionsvorgangs (Produktionsauftragsfreigabe) ein Kundenauftrag vorliegen muß. Abweichungen von der reinen Kundenauftragsfertigung, etwa zur Verkürzung der Vorlaufzeiten (Lieferzeiten), ergeben sich, wenn einzelne Bauteile schon vor Eingang des Kundenauftrags auf Vorrat gefertigt werden. In diesem Fall ist eine Vorhersage des Primärbedarfs erforderlich. Die Primärbedarfsmenge ist als Ergebnis der vorgelagerten kapazitierten Hauptproduktionsprogrammplanung für die Ermittlung der Materialbedarfs als Datum vorgegeben. Unter **Sekundärbedarf** versteht man den Bedarf an Rohstoffen, Einzelteilen und Baugruppen, der sich aus einem vorgegebenen Produktionsprogramm (Primärbedarf) ergibt. Er kann bei Kenntnis der Erzeugnisstruktur aus dem Primärbedarf abgeleitet werden[15].

Die weiteren Ausführungen sind wie folgt gegliedert. In den Abschnitten 2 bis 4 wird die Materialbedarfs- und Losgrößenplanung behandelt. Dabei wird die in der Literatur übliche Trennung von Materialbedarfsrechnung (als Teil der Material-Logistik) einerseits und Losgrößenplanung (als Teil der Produktionsplanung) andererseits aufgegeben. Vielmehr wird der Tatsache Rechnung getragen, daß bei mehrteiligen Erzeugnisstrukturen, die in der betrieblichen Praxis vorherrschend sind, die *Losgrößenplanung für übergeordnete Erzeugnisse* einen bedeutenden Einfluß auf den *Bedarfsverlauf der untergeordneten Produkte* hat. Wegen dieses engen Zusammenhangs ist eine Materialbedarfsplanung ohne eine integrierte Bestimmung der Produktionsauftragsgrößen nicht möglich.

Nach einer Untersuchung der Klassifizierungsmöglichkeiten von Verbrauchsfaktoren (Abschnitt 2) wird in Abschnitt 3 die verbrauchsorientierte Materialbedarfsermittlung behandelt. In Abschnitt 4 werden die Probleme der programmorientierten Materialbedarfsermittlung und Losgrößenplanung diskutiert. Abschnitt 5 schließlich beschäftigt sich mit den Fragen, die sich daraus ergeben, daß die Fertigungsprozesse und damit auch die Datengrundlage der Materialbedarfs- und Losgrößenplanung vielfältigen zufälligen Störeinflüssen unterliegen. Die sich daraus ergebenden stochastischen Probleme sind insb. Gegenstand der Planung der Materiallagerung, in der es vor allem darum geht, durch Sicherheitsbestände diese Störeinflüsse abzufangen.

**Vertiefende Literatur zu Abschnitt 1.:**

*Berg* (1979)
*Eschenbach* (1990)
*Franken* (1984)

---

15  Daneben wird häufig noch der Begriff **Tertiärbedarf** genannt. Hierunter versteht man den Bedarf an Hilfs- und Betriebsstoffen sowie an Verschleiß-Werkzeugen für die Produktion. Die Vorhersage des Tertiärbedarfs kann oft mit technologischen Kennzahlen erfolgen (z.B. Schmierstoffe je Betriebsstunde einer Maschine). In vielen Fällen wird jedoch ein statistisches Vorhersageverfahren verwendet.

*Grün* (1994)
*Günther/Tempelmeier* (1994)
*Reichwald/Dietel* (1991)
*Pfohl* (1990)
*Silver/Peterson* (1985)
*Tempelmeier* (1983b), (1993a)

# 2. Klassifizierung von Verbrauchsfaktoren

**Ziel der Materialbedarfsermittlung** ist es, den zukünftigen Materialbedarf nach Menge und Termin so genau wie möglich mit wirtschaftlich vertretbarem Aufwand zu bestimmen. Sofern das Produktionsprogramm gegeben und die Erzeugniszusammensetzung bekannt ist, ist die Berechnung des Materialbedarfs auch im Prinzip für alle in die Produktion eingehenden Materialarten, Einzelteile und Baugruppen möglich. Wegen der entstehenden **Planungskosten** ist es aber i.a. nicht sinnvoll, für jeden Verbrauchsfaktor eine exakte Ermittlung des Bedarfs vorzunehmen. So ist es i.a. zu aufwendig, den Bedarf an Hilfsstoffen direkt aus dem geplanten Primärbedarf abzuleiten, z.B. wenn man den Bedarf an Schrauben in einer Möbelfabrik durch Multiplikation der geplanten Anzahl zu produzierender Schränke und der Anzahl Schrauben je Schrank errechnet. Hier wird man sich aus Kostengründen mit ungenaueren Verfahren der Bedarfsplanung begnügen.

Der erforderliche **Genauigkeitsgrad** der Bedarfsermittlung hängt somit von den zu erwartenden Kosteneinsparungen bei Einsatz eines genauen Verfahrens im Vergleich mit ungenaueren Verfahren ab[16]. Es leuchtet ein, daß bei einem geringen Materialwert, der nur eine niedrige Kapitalbindung verursacht, eine grobe Schätzung des Bedarfs völlig ausreichend ist. Denn selbst dann, wenn man den Bedarf bei einem solchen Verbrauchsfaktor um ein Vielfaches überschätzt, ist der damit verbundene Anstieg der Lagerkosten doch oft vernachlässigbar gering.

Im Bereich der Material-Logistik existiert eine große Anzahl unterschiedlicher quantitativer Verfahren zur Entscheidungsunterstützung, die sich sowohl hinsichtlich ihrer Planungsgenauigkeit als auch im Hinblick auf die Planungskosten z.T. erheblich unterscheiden. So lassen sich in einem konkreten Fall oft mehrere alternative *Lagerdispositionssysteme* einsetzen, zwischen denen u.a. auch bezüglich des Aufwands der Lagerbestandsüberwachung erhebliche Unterschiede bestehen[17]. Auch zur *Materialbedarfsermittlung* stehen zahlreiche alternativ einsetzbare Verfahren zur Verfügung. Für den Anwender stellt sich in einer konkreten Planungssituation damit das Problem, welches Verfahren für welchen Verbrauchsfaktor einzusetzen ist, damit die von der Verfahrenswahl abhängigen Kosten, d.h. vor allem die **Kosten der Informationsverarbeitung** und die Kosten, die als Folge ungenauer, d.h. **suboptimaler Problemlösungen** entstehen (z.B. erhöhte Lagerbestandskosten aufgrund einer nicht aktuellen Lagerbestandsüberwachung), insgesamt so gering wie möglich werden. Offensichtlich müssen die mit einem genaueren Planungsverfahren erzielbaren Kosteneinsparungen die

---

16  vgl. **Hahn/Laßmann** (1990), S. 328
17  vgl. z.B. **Schneeweiß** (1981); **Tempelmeier** (1983b), S. 114-215

Kosten des Verfahrenseinsatzes (z.B. für Betriebsdatenerfassung, Pflege und Verwaltung des Datenbestands, Speicherplatz, Rechenzeit) überkompensieren.

Derartige Überlegungen sind grundsätzlich im Hinblick auf *jeden Entscheidungstyp* anzustellen, für dessen Unterstützung unterschiedliche Verfahren verfügbar sind. Zur Vorbereitung der Auswahl eines Verfahrens der **Bedarfsermittlung** und auch im Zusammenhang mit dem Einsatz von **Lagerdispositionssystemen**[18] wird in der betrieblichen Praxis eine **Klassifizierung** der Verbrauchsfaktorarten nach ihrer *wertmäßigen Bedeutung* sowie nach der *Struktur des Bedarfsverlaufs* vorgenommen.

## 21. Klassifizierung von Verbrauchsfaktoren nach ihrer wertmäßigen Bedeutung

Die relative wertmäßige Bedeutung einzelner Verbrauchsfaktorarten (Material, Baugruppen, Einzelteile) kann durch eine **Werthäufigkeitsverteilung** dargestellt werden[19]. Diese Verteilung gibt Aufschluß darüber, welcher Anteil am Gesamtwert des in einem bestimmten Zeitraum verbrauchten Materials auf einzelne Material- oder Teilearten entfällt. Zur Ermittlung dieser Verteilung werden die Verbrauchsfaktoren in absteigender Reihenfolge nach ihrem Periodenverbrauchswert sortiert[20]. Das Ergebnis ist eine Werthäufigkeitstabelle, aus der ablesbar ist, *welcher Prozentsatz des gesamten Periodenverbrauchswerts* aller Verbrauchsfaktoren auf wieviel *Prozent der Verbrauchsfaktoren* entfällt. Die graphische Darstellung einer solchen Häufigkeitsverteilung ergibt eine *Kurve*, die stark nach oben gewölbt ist[21]. Bild 4 zeigt eine solche Kurve für ein existierendes Lager.

Bei einer **Gleichverteilung** der Verbrauchswerte auf die Materialarten würde sich eine Gerade durch den Ursprung mit einem Steigungswinkel von 45° ergeben. Die dargestellte Form der Häufigkeitsverteilung, in der ein großes Ungleichgewicht zum Ausdruck kommt, ist für viele Industriebetriebe als typisch anzusehen. Häufig vereinen ca. 20% der Produkte ca. 70%-80% des Gesamtverbrauchswerts auf sich, während ca. 40%-50% der Produkte nur ca. 5%-15% des Gesamtverbrauchswerts stellen[22].

---

18  vgl. **New** (1977), S. 60; **Brown** (1984), S. 168; **McLeavey/Narasimhan** (1985), S. 102-103; **Silver/Peterson** (1985), S. 67-70
19  vgl. **Haupt** (1979); **Silver/Peterson** (1985), S. 67-70
20  vgl. **Brown** (1963a)
21  vgl. auch **Flores/Whybark** (1986)
22  vgl. auch **Reichwald/Dietel** (1991), S. 500-503. *Eilon und Mallya* berichten von einem praktischen Fall, in dem 60% des Periodenverbrauchswerts auf 3% der Materialarten entfielen, während 94% der Materialarten 20% des Verbrauchswerts einer Periode auf sich vereinten. Vgl. **Eilon/Mallya** (1985)

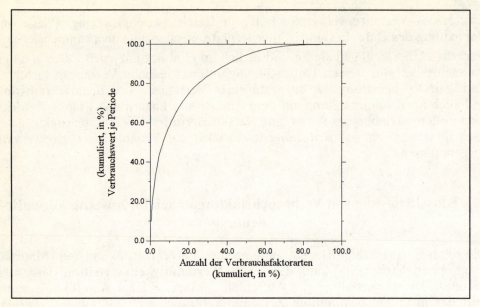

*Bild 4: Werthäufigkeitsverteilung*

Dieses in der betrieblichen Praxis häufig anzutreffende Ungleichgewicht der Verteilung der Verbrauchswerte auf die Materialarten bildet den Ansatzpunkt zu einer *Klassifizierung der Produkte nach dem Wertanteil*, die unter der Bezeichnung **ABC-Analyse** weit verbreitet ist. Dabei werden die Verbrauchsfaktorarten i.a. zu *drei Gruppen* zusammengefaßt. Für die in Bild 4 dargestellte Werthäufigkeitsverteilung könnte *eine mögliche Gruppierung* der Produkte wie in Tabelle 1 dargestellt aussehen.

| Wert-gruppe | Produkt-anzahl | %-Anteil Anzahl | %-Anteil Wert |
|---|---|---|---|
| A | 11 | 5.0 | 44.4 |
| B | 45 | 20.3 | 35.8 |
| C | 165 | 74.7 | 19.8 |

*Tabelle 1: ABC-Klassifikation nach dem Verbrauchswert*

Die hier vorgenommene Aufteilung der Menge der Erzeugnisse in **drei** Gruppen hat nur dann einen Sinn, wenn auch unterschiedliche Planungsverfahren zur Behandlung der einzelnen Produktgruppen (z.B. in der Materialbedarfsrechnung oder bei der Bestellmengenplanung und Lagerdisposition) verfügbar sind. Existieren für eine bestimmte Problemstellung nur zwei Verfahren, dann ist auch die Bildung von *zwei Gruppen* (A und B) ausreichend.

Liegt eine Klassifizierung der Produkte entsprechend ihrem wertmäßigen Verbrauch vor, dann lassen sich aus der Literatur folgende *Empfehlungen für die Be-*

*darfsermittlung und Lagerdisposition*[23] entnehmen: Für **A-Teile** könnte eine **programmorientierte** Materialbedarfsplanung unter Rückgriff auf Informationen über die Erzeugniszusammensetzung sinnvoll sein. Die Bedarfsmenge könnte evtl. auftrags- und terminbezogen gespeichert werden, so daß eine schnelle Rückverfolgung zu den verursachenden Aufträgen, aus denen sich ein Bedarf ableitet, möglich ist. Die Überwachung des Lagerbestands könnte kontinuierlich, d.h. nach jeder Bestandsveränderung erfolgen. Für **B-Teile** genügt eine relativ grobe Materialbedarfsplanung mittels **verbrauchsorientierter** Verfahren. Die Bedarfsmenge kann als auftragsneutraler Periodenbedarf gespeichert werden. Eine periodische Lagerbestandsüberwachung ist i.a. ausreichend. Für **C-Teile** ist oft überhaupt keine systematische Bedarfsermittlung notwendig[24].

Die genannten Empfehlungen setzen voraus, daß eine Gruppierung der Produkte bereits existiert. Das wirft die Frage auf, *in welcher Weise die Klassifizierung vorzunehmen ist*. Die in Tabelle 1 vorgenommene Aufteilung des Produktspektrums in drei Klassen ist nur als ein Vorschlag aus einer unübersehbaren Menge von Alternativen zu sehen. So könnte im obigen Beispiel auch eine Gruppierung plausibel erscheinen, bei der die A-Gruppe zu Lasten der B-Gruppe vergrößert wird. Eine *entscheidungstheoretisch fundierte Abgrenzung* der A-, B- und C-Gruppe bereitet erhebliche Schwierigkeiten. Sie ist nur dann möglich, wenn es gelingt, die **ökonomischen Konsequenzen** der Zuordnung eines Verbrauchsfaktors zu einer der Klassen zu quantifizieren. So könnte man z.B. für jede Klasse in der ABC-Klassifikation ein klassenspezifisches Verfahren der Bedarfsplanung festlegen und dann jeden Verbrauchsfaktor derjenigen Klasse zuordnen, bei der die von der Klassenzugehörigkeit abhängigen Kosten minimal werden. Leider scheitert diese Vorgehensweise oft daran, daß die ökonomischen Konsequenzen der Zuordnung eines Verbrauchsfaktors zu einer Klasse nicht ermittelt werden können, da i.a. weder die Qualität eines Prognoseverfahrens, d.h. der mit seinem Einsatz verbundene Nutzen, noch die Kosten der Verfahrensanwendung exakt bewertet werden können[25].

Lediglich für den Bereich der **Lagerhaltungsplanung** sind bislang Ansätze erkennbar, die zum Ziel haben, Produkte in der Weise zu Klassen (Produktgruppen) zusammenzufassen, daß die von der Gruppierung abhängigen Kosten im Lagerbereich minimal werden. Nur wenige Autoren haben sich mit dem Problem der Aggregation von Produkten zu Produktgruppen befaßt, deren Mitglieder dann mit einheitlichen Planungsverfahren behandelt werden können. *Starr und Miller* betrachten den Einfluß der Produktklassifikation auf die Kosten der Lagerüberwachung bei unterschiedlichen Werthäufigkeitsverteilungen[26].

*Donaldson* schlägt u.a. vor, auf der Grundlage der Untersuchung des Produktspektrums unterschiedliche Lagerdispositionssysteme einzusetzen und für die

---

23 vgl. **Grochla** (1978), S. 29-32; **Arnolds/Heege/Tussing** (1990), S. 38
24 vgl. **Brown** (1984), S. 169
25 vgl. **Silver/Peterson** (1985), S. 90. Es sei darauf hingewiesen, daß die Kosten des Verfahrenseinsatzes sich nicht auf die Rechenzeit beschränken, sondern daß oft in größerem Ausmaß Kosten für die Datensammlung, -speicherung und -aufbereitung entstehen.
26 vgl. **Starr/Miller** (1962), S. 181-190

Produkte, die üblicherweise als B- und C-Teile eingeordnet werden, produktgruppenspezifische einheitliche Produktionszyklen zu verwenden[27]. *Crouch und Oglesby* entwerfen ein Verfahren zur Produktklassifikation, bei dem für alle Mitglieder einer Produktgruppe dieselbe Losgröße bzw. Bestellmenge verwendet wird[28]. Eine ähnliche Strategie entwickeln *Eilon und Mallya*[29]. Sie sortieren die Produkte nach fallenden Periodenverbrauchswerten und bilden nach einem heuristischen Suchverfahren Produktgruppen, die dadurch gekennzeichnet sind, daß alle Mitglieder in einer Produktgruppe in der Werthäufigkeitsverteilung benachbarte Ränge einnehmen. *Chakravarty* kommt in einer Untersuchung zu dem Ergebnis, daß unter bestimmten Annahmen die optimale Gruppierung von Produkten die Eigenschaft aufweist, daß in jeder Produktgruppe nur Produkte mit benachbarten Rängen in der Werthäufigkeitsverteilung enthalten sind[30]. Er bildet Produktgruppen unter der Annahme, daß für alle Mitglieder einer Produktgruppe ein **einheitlicher Produktionszyklus** verwendet wird. Dieser produktgruppenspezifische Produktionszyklus weicht von den für jedes Produkt isoliert berechenbaren optimalen Produktionszyklen ab und führt damit zu einer *Erhöhung der Lagerkosten* der einzelnen Produkte. *Chakravarty* beschreibt ein Verfahren der dynamischen Optimierung, mit dem eine Gruppierung der Produkte ermittelt wird, bei der die aggregationsbedingte Erhöhung der produktspezifischen Lagerkosten ihr Minimum annimmt.

Im folgenden soll in Anlehnung an die Grundkonzeption von *Chakravarty* der Einfluß der Produktklassifikation, insb. der Anzahl der Produktgruppen, auf die Höhe der Kosten der Lagerhaltung untersucht werden. Es gilt, die optimale Zuordnung der individuellen Erzeugnisse zu Produktgruppen zu finden, wobei zunächst angenommen wird, daß für alle Mitglieder einer Produktgruppe eine **einheitliche Bestellmenge**[31] verwendet wird. Es soll dabei von den Annahmen des **klassischen Losgrößen- bzw. Bestellmengenmodells** ausgegangen werden. Unter der Voraussetzung eines kontinuierlichen Lagerabgangs entspricht der durchschnittliche Lagerbestand eines Produkts der Hälfte der Bestellmenge. Diese wird bei *produktindividueller* Lagerhaltungsplanung in der Weise festgelegt, daß die Summe aus produktspezifischen Lagerungs- und Wiederbeschaffungs- bzw. Rüstkosten ihr Minimum annimmt[32]. Jede Abweichung von der optimalen Bestellmenge eines Produkts verursacht einen Anstieg der produktbezogenen Lagerkosten. Bei *produktgruppenbezogener* Lagerhaltungsplanung dagegen wird für jede Produktgruppe g eine einheitliche Bestellmenge $q_g$ errechnet, die für alle Mitglieder der Produktgruppe zum Einsatz kommt. Dabei treten sowohl positive

---

27 vgl. **Donaldson** (1974); **Donaldson** (1981); vgl. auch **Shah** (1991)
28 vgl. **Crouch/Oglesby** (1978)
29 vgl. **Eilon/Mallya** (1985)
30 vgl. **Chakravarty** (1981); **Chakravarty/Orlin/Rothblum** (1982); **Goyal/Chakravarty** (1984); **Buffa** (1986), S. 15-32
31 In gleicher Weise läßt sich ein Ansatz formulieren und lösen, bei dem davon ausgegangen wird, daß alle Produkte einer Klasse in einem einheitlichen Produktionszyklus bestellt werden. Vgl. weiter unten
32 vgl. z.B. **Schneeweiß** (1981), S. 41-52. Im folgenden soll der Einfachheit halber auf Beschaffungsvorgänge bezug genommen werden.

als auch negative Abweichungen zwischen den produktindividuell bestimmten Bestellmengen und der produktgruppeneinheitlichen Bestellmenge auf.

Das bei der Produktaggregation verfolgte **Ziel** besteht nun darin, diese Abweichungen möglichst gering werden zu lassen, damit die mit den produktgruppenbezogenen Bestellmengen verbundene Erhöhung der Lagerbestände minimal wird. Bezeichnen wir mit $C_i$ die gesamten Lagerkosten, die sich bei produktindividuell berechneten Bestellmengen ergeben, und mit $C_a$ die gesamten Lagerkosten bei produktgruppenbezogener Berechnung der Bestellmengen, dann beträgt die aggregationsbedingte Erhöhung $\Delta$ der gesamten Lagerkosten:

$$\Delta = C_a - C_i \tag{1}$$

wobei:
- $C_i$ = Lagerkosten bei produktindividueller Bestellmengenberechnung
- $C_a$ = Lagerkosten bei produktgruppenbezogener Bestellmengenrechnung

Da die bei produktspezifischer Berechnung der Bestellmengen entstehenden Lagerkosten $C_i$ für eine gegebene Menge von Produkten konstant sind, ist das *Ziel der Minimierung der aggregationsbedingten Kostenerhöhung* dem Ziel der Minimierung der von der Produktgruppierung abhängigen Lagerkosten $C_a$ äquivalent. Eine Untergrenze für $C_a$ ergibt sich offensichtlich dann, wenn für jedes Produkt eine produktspezifische Bestellmenge $q_k$ ($k \in K$) ermittelt wird. Diese Untergrenze ist gleich $C_i$.

Unter den Annahmen des klassischen Losgrößenmodells kann die optimale Bestellmenge $q_{gopt}$, die einheitlich für alle Mitglieder der Produktgruppe g (g=1,2,...,G) verwendet wird, mit Hilfe von Gleichung (2) bestimmt werden:

$$\text{Min } C(q_g) = \sum_{k \in K_g} h_k \cdot \frac{q_g}{2} + \left[\sum_{k \in K_g} D_k \cdot s_k\right] / q_g \qquad g=1,2,\ldots,G \tag{2}$$

wobei $K_g$ die Indexmenge der Produkte, die der Gruppe g angehören, und $q_g$ die Bestellmenge, die für alle Mitglieder der Produktgruppe g einheitlich verwendet wird.

Dabei bedeuten:

| | |
|---|---|
| $D_k$ | durchschnittliche Periodenbedarfsmenge des Produkts k |
| $G$ | Anzahl der zu bildenden Produktgruppen |
| $h_k$ | Lagerkostensatz des Produkts k |
| $K$ | Indexmenge aller Produkte |
| $K_g$ | Indexmenge der Produkte, die der Produktgruppe g zugeordnet sind |
| $q_g$ | Bestellmenge der Produktgruppe g; diese gilt einheitlich für alle Produkte k ($k \in K_g$) einer Produktgruppe g |
| $s_k$ | Bestellkostensatz des Produkts k |

Durch Differentiation von Beziehung (2) nach der Entscheidungsvariablen $q_g$ und Nullsetzung der partiellen Ableitung entsteht folgende Bestimmungsgleichung für die **optimale Bestellmenge** $q_{gopt}$ der Mitglieder der Produktgruppe g:

$$q_{gopt} = \sqrt{\left[2\cdot \sum_{k\in K_g} D_k\cdot s_k\right] / \left[\sum_{k\in K_g} h_k\right]} \qquad g=1,2,\ldots,G \qquad (3)$$

Setzen wir Gleichung (3) in die Zielfunktion (2) ein, dann erhalten wir die bei Verwendung der optimalen Bestellmenge $q_{gopt}$ entstehenden **Kosten**:

$$C(q_{gopt}) = \sqrt{2\cdot \left[\sum_{k\in K_g} h_k\right]\cdot \left[\sum_{k\in K_g} D_k\cdot s_k\right]} \qquad g=1,2,\ldots,G \qquad (4)$$

Die in Gleichung (4) beschriebenen Kosten sind eine **Funktion des Aggregationsgrades und der Produktgruppenstruktur**, d.h. sie hängen davon ab, wieviel Produktgruppen gebildet und in welcher Weise die K Produkte zu diesen G Produktgruppen zusammengefaßt werden. Die sich aufgrund produktindividuell errechneter Bestellmengen ergebenden Gesamtkosten stimmen offensichtlich nur dann mit den Gesamtkosten auf der Basis produktgruppenspezifischer Bestellmengen überein, *wenn alle Produkte* einer Produktgruppe bezüglich der in dem Bestellmengenmodell verwendeten Daten *identisch sind*. Da dies i.a. nicht der Fall ist, entstehen durch die Bildung von Produktgruppen höhere Lagerkosten. Dennoch ist wegen der geringen Sensitivität der Lagerkosten in bezug auf Veränderungen der Bestellmenge[33] zu erwarten, daß auch relativ hoch aggregierte Daten noch zu vergleichsweise geringen aggregationsbedingten Erhöhungen der gesamten Lagerkosten führen.

Das **Problem der Produktgruppenbildung** (bei Verwendung produktgruppeneinheitlicher Bestellmengen) besteht somit darin, die K Produkte in der Weise zu G Produktgruppen zusammenzufassen, daß die Gesamtkosten minimal werden. Ist die Anzahl G zu bildender Gruppen gegeben, dann kann die optimale Gruppenstruktur mit Hilfe des folgenden Entscheidungsmodells bestimmt werden[34]:

**Modell AQ:**

$$\text{Min } Z(K_g|G) = \sum_{g=1}^{G} \sqrt{2\cdot \left[\sum_{k\in K_g} h_k\right]\cdot \left[\sum_{k\in K_g} D_k\cdot s_k\right]} \qquad (5)$$

Entscheidungsvariable: **Struktur** der Produktgruppen

---

33 Wird im klassischen Bestellmengenmodell das $(1+p)$-fache der optimalen Bestellmenge verwendet, dann steigen die Lagerkosten um $50\cdot [p\cdot p/(1+p)]$ Prozent. Vgl. **Silver/Peterson** (1985), S. 180-182
34 vgl. auch **Chakravarty** (1981), S. 20

u.B.d.R.

$$\bigcup_{g=1}^{G} K_g = K \qquad (6)$$

$$K_g \subset K \qquad g=1,2,\ldots,G \qquad (7)$$

$$K_g \cap K_j = \emptyset \qquad g,j=1,2,\ldots,G;\ g \neq j \qquad (8)$$

Das Modell AQ beschreibt ein **kombinatorisches Optimierungsproblem** mit den Entscheidungsvariablen $K_g$ (Indexmenge der Mitglieder der Produktgruppe g), zu dessen Lösung im Prinzip die Verfahren der kombinatorischen Optimierung einsetzbar sind. Die Anzahl der möglichen Produktgruppenstrukturen entspricht *bei gegebener Anzahl G* zu bildender Produktgruppen der Anzahl möglicher Partitionen der Menge K zu G disjunkten Teilmengen. Sie ist gegeben durch die Stirling-Zahl zweiter Ordnung $S(K,G)$[35]. Ist auch die Anzahl der zu bildenden Produktgruppen variabel, dann erhöht sich die Komplexität des Aggregationsproblems um ein Vielfaches[36]. Das Problem der Produktgruppenbildung ist daher selbst bei wenigen Produkten derartig groß, daß die Bestimmung einer global optimalen Lösung für realistische Lagergrößen bei ökonomisch vertretbarem Aufwand nicht möglich ist.

Zur Lösung von Problemen mit der formalen Struktur des Modells AQ eignen sich aber einige heuristische Suchverfahren, die unter der Bezeichnung *Clusteranalyse* in vielfältigen Anwendungsbereichen immer dann zum Einsatz kommen, wenn es gilt, eine Menge von Objekten nach vorgegebenen Optimalitätskriterien zu einer sehr viel kleineren Menge von Gruppen zusammenzufassen[37]. Aus der Vielzahl der zur Verfügung stehenden clusteranalytischen Suchverfahren setzen wir zur Lösung des Modells AQ das in Bild 5 dargestellte Iterationsverfahren AGGREGAT vom k-means-Typ ein[38].

Das Verfahren verbessert eine vorgegebene Anfangspartition der Menge K der Produkte iterativ solange, bis durch die Verschiebung eines Produktes in eine andere Produktgruppe die Lagerkosten nicht mehr verringert werden können. Die Qualität des auf diese Weise erreichten (evtl. nur lokalen) Minimums der Zielfunktion (5) hängt dabei u.a. auch von der vorgegebenen Startpartition ab. Hierzu können folgende Überlegungen angestellt werden. Die für eine gegebene Anzahl G von Produktgruppen nach Beziehung (5) optimale Produktgruppierung ist dadurch gekennzeichnet, daß jeweils Produkte mit ähnlichen Nachfrage- und Kostenmerkmalen in einer Gruppe zusammengefaßt werden. Weiterhin ist zu erwarten, daß die Produktgruppen tendenziell umso kleiner sein werden, je höher die durchschnittliche Periodennachfragemenge der Gruppenmitglieder ist. Denn je kleiner eine Produktgruppe ist, umso geringer ist i.a. die Summe der

---

35 vgl. **Steinhausen/Langer** (1977), S. 17
36 vgl. **Tempelmeier** (1980), S. 49
37 vgl. z.B. **Steinhausen/Langer** (1977)
38 vgl. **Späth** (1975)

Abweichungen der produktindividuellen Lagerkosten von den produktgruppenspezifischen Lagerkosten. Der absolute Aggregationsfehler ist aber für ein Produkt mit hoher Bedarfsmenge größer als für ein Produkt mit geringer Bedarfsmenge. Folglich werden in einer optimalen Lösung diejenigen Gruppen, die Produkte mit hohem Periodenbedarf enthalten, wesentlich kleiner sein als die Gruppen der Produkte mit niedrigeren Periodenbedarfsmengen.

| ITERATION 0: |
|---|
| Bestimme eine Startpartition und bewerte sie gemäß Beziehung (5). |
| ITERATION I: |
| Verschiebe die Produkte der Reihe nach in die jeweils beste andere Produktgruppe, durch die noch eine Verringerung des Zielfunktionswerts nach Gleichung (5) möglich ist. |
| Wiederhole Iteration 1 solange, bis die Verschiebung eines Produkts in eine andere Gruppe zu keiner weiteren Verbesserung des Zielfunktionswertes führt. |

*Bild 5: Verfahren AGGREGAT*

Die genannten Eigenschaften einer optimalen Lösung des Problems AQ für eine gegebene Anzahl G von Produktgruppen können bei der Bestimmung der Anfangspartitionen genutzt werden. Im folgenden sollen daher drei alternative Startpartitionen bezüglich ihrer Auswirkungen auf die Qualität der Lösung des Modells AQ verglichen werden:

I    Standardpartition[39]:
In der Standardpartition werden die Produkte der Reihe nach auf die Produktgruppen verteilt. Bezeichnet $g_k$ die Nummer der Produktgruppe des Produkts k, dann gilt $g_1=1$, $g_2=2$, ..., $g_G=G$, $g_{G+1}=1$, $g_{G+2}=2$, ...

II    Sortierung und Gruppierung mit identischer Gruppengröße:
Hier werden die Produkte zunächst in fallender Reihenfolge nach ihrer mit dem Lagerkostensatz bewerteten Periodennachfragemenge sortiert und im Anschluß daran der Reihe nach zu Gruppen gleicher Größe zusammengefaßt.

III    Sortierung und Gruppierung mit zunehmender Gruppengröße:
Hier werden die - wie unter II - sortierten Produkte der Reihe nach zu Gruppen mit zunehmender Größe zusammengefaßt, wobei die Gruppengröße nach einem vorgegebenen Schema, z.B. geometrisch, ansteigt.

---

39    vgl. **Späth** (1975), S. 65

Der Einsatz des beschriebenen Verfahrens zur Lösung des Modell AQ soll anhand zweier Beispiele aus der betrieblichen Praxis demonstriert werden. Im Beispiel 1 wird ein Lager mit 20 Produkten betrachtet. Die durchschnittlichen Absatzmengen pro Tag sowie die Produktwerte der einzelnen Artikel und die Lagerkostensätze sind in Tabelle 2 angegeben. Die fixen Bestellkosten betragen einheitlich s = 20 für alle Produkte. Für den Lagerkostensatz werden einheitlich 8% des Produktwerts angenommen.

| Produkt k | 1 | 2 | 3 | 4 | 5 | 6 | 7 | 8 | 9 | 10 |
|---|---|---|---|---|---|---|---|---|---|---|
| Bedarfsmenge | 146.9 | 81.8 | 104.7 | 42.0 | 14.5 | 25.2 | 43.5 | 11.9 | 30.6 | 36.3 |
| Produktwert | 6.60 | 7.36 | 4.88 | 8.66 | 22.18 | 11.65 | 5.94 | 21.10 | 7.02 | 5.52 |
| Produkt k | 11 | 12 | 13 | 14 | 15 | 16 | 17 | 18 | 19 | 20 |
| Bedarfsmenge | 22.5 | 31.0 | 30.0 | 16.5 | 30.2 | 8.5 | 16.4 | 29.5 | 13.0 | 19.1 |
| Produktwert | 8.49 | 5.99 | 5.77 | 9.86 | 6.32 | 17.28 | 8.93 | 6.30 | 11.19 | 7.56 |

*Tabelle 2: Bedarfsmengen und Produktwerte des Beispiels 1*

Die Untergrenze der Lagerkosten kann ermittelt werden, indem man Beziehung (5) mit G = K und der einheitlichen Gruppengröße $K_g = \{g\}$ (g = 1,2,...,G) auswertet. Diese Lösung entspricht einer produktspezifischen Bestimmung der optimalen Bestellmengen. Die Zielfunktionsuntergrenze für die im Beispiel 1 angegebenen Daten beträgt $C_i = 30.38$. Die durch Einsatz des beschriebenen clusteranalytischen Suchverfahrens AGGREGRAT ermittelten minimalen Zielfunktionswerte zeigt Tabelle 3. In den mit "$\Delta$" gekennzeichneten Spalten sind jeweils die aggregationsbedingten Kostenerhöhungen gegenüber den minimalen Kosten angegeben, die bei Verzicht auf eine Produktgruppenbildung entstehen. Die Ergebnisse verdeutlichen, daß schon bei einem relativ hohen Aggregationsgrad von 4 Produktgruppen (das entspricht einer Reduktion auf 20% des ursprünglichen Umfangs) selbst bei der die Problemstruktur nicht ausnutzenden Standardpartition I nur noch eine aggregationsbedingte Kostenerhöhung von weniger als 1% auftritt.

| | Startpartition | | | | | |
|---|---|---|---|---|---|---|
| | I | | II | | III | |
| G | Kosten | $\Delta$ | Kosten | $\Delta$ | Kosten | $\Delta$ |
| 2 | 31.93 | 5.10% | 31.93 | 5.10% | 31.93 | 5.10% |
| 3 | 31.01 | 2.07% | 31.01 | 2.07% | 31.01 | 2.07% |
| 4 | 30.59 | 0.69% | 30.59 | 0.69% | 30.59 | 0.69% |
| 5 | 30.54 | 0.52% | 30.50 | 0.39% | 30.50 | 0.39% |
| 6 | 30.52 | 0.46% | 30.46 | 0.26% | 30.46 | 0.26% |
| 7 | 30.41 | 0.10% | 30.41 | 0.10% | 30.46 | 0.26% |
| 8 | 30.43 | 0.16% | 30.41 | 0.10% | 30.46 | 0.26% |
| 9 | 30.39 | 0.03% | 30.40 | 0.06% | 30.46 | 0.26% |
| 10 | 30.39 | 0.03% | 30.39 | 0.03% | 30.41 | 0.10% |
| 20 | 30.38 | 0.00% | 30.38 | 0.00% | 30.38 | 0.00% |

*Tabelle 3: Ergebnisse für Beispiel 1*

Mit zunehmender Anzahl von Produktgruppen nimmt die Kostenerhöhung degressiv ab[40]. Wegen der heuristischen Struktur des verwendeten Lösungsverfahrens ist die Verringerung jedoch keine stetig fallende Funktion von G, der Anzahl Produktgruppen. Vielmehr kann - wie im Fall von G=8 zu beobachten - ein geringfügiger Anstieg der Lagerkosten auch bei einer Erhöhung der Anzahl der Produktgruppen auftreten.

Vergleichen wir die durch Einsatz des Modells AQ ermittelte Produktklassifikation mit einer Gruppierung, die sich nach der in der Praxis üblichen qualitativen Vorgehensweise (ABC-Klassifikation) ergibt. In der ersten Zeile (Rang) in Tabelle 4 sind die Rangziffern der Produkte in der Werthäufigkeitsverteilung angegeben. Nach der in der Praxis üblichen ABC-Klassifikation enthalten die Klassen A, B und C jeweils Produkte mit benachbarten Rängen. Betrachten wir die nach Einsatz des obigen Entscheidungsmodells ermittelten Gruppen, dann kann festgestellt werden, daß erhebliche Abweichungen der Gruppierungen vorliegen. Diese Abweichungen kommen dadurch zustande, daß bei der qualitativen Vorgehensweise der Bildung von A-, B- und C-Gruppen keine konkret quantifizierte Zielsetzung verfolgt wird, während sich das obige Entscheidungsmodell allein am Kriterium der Lagerkosten orientiert.

| Rang   | 1 | 2 | 3 | 4 | 5 | 6 | 7 | 8 | 9 | 10 | 11 | 12 | 13 | 14 | 15 | 16 | 17 | 18 | 19 | 20 |
|--------|---|---|---|---|---|---|---|---|---|----|----|----|----|----|----|----|----|----|----|----|
| Gruppe | A | A | A | B | C | B | B | B | C | B  | B  | B  | B  | B  | B  | C  | B  | C  | C  | C  |

*Tabelle 4: Gruppierung der Produkte des Beispiels 1 (3 Gruppen)*

Während das Modell AQ zur Bestimmung der optimalen Struktur für eine *gegebene Anzahl* von Gruppen eingesetzt werden kann, muß zur Bestimmung der *optimalen Anzahl von Gruppen* eine umfassendere Betrachtung angestellt werden. In diesem Fall muß die Verringerung der Lagerkosten bei Erhöhung der Anzahl von Produktgruppen den negativen Effekten (z.B. erhöhter Planungsaufwand) gegenübergestellt werden, die mit der zusätzlichen Produktgruppe verbunden sind. Die Quantifizierung dieser Effekte dürfte aber schwierig sein, so daß die Gruppenanzahl i.d.R. nur durch eine externe Entscheidung festgelegt werden kann.

Als zweites Anwendungsbeispiel soll ein Lager mit 214 Produkten betrachtet werden. Die Zielfunktionsuntergrenze beträgt hier $C_i = 34629.08$. Die durch Einsatz des beschriebenen clusteranalytischen Verfahrens bei Vorgabe der alternativen Startpartitionen erzielten Ergebnisse sind in Tabelle 5 zusammengestellt.

---

[40] vgl. auch **Chakravarty** (1981); **Eilon/Mallya** (1985)

|  | Startpartition | | | | | |
|---|---|---|---|---|---|---|
|  | I | | II | | III | |
| G | Kosten | Δ | Kosten | Δ | Kosten | Δ |
| 2 | 38470.25 | 11.09% | 38470.07 | 11.09% | 38470.07 | 11.09% |
| 3 | 36595.08 | 5.68% | 36594.51 | 5.68% | 36595.08 | 5.68% |
| 4 | 35810.91 | 3.41% | 35810.91 | 3.41% | 35795.53 | 3.37% |
| 5 | 35425.13 | 2.30% | 35426.50 | 2.30% | 35428.21 | 2.31% |
| 6 | 35242.75 | 1.77% | 35175.76 | 1.58% | 35247.38 | 1.79% |
| 7 | 35003.13 | 1.08% | 35003.13 | 1.08% | 35004.36 | 1.08% |
| 8 | 34925.91 | 0.86% | 34925.91 | 0.86% | 34927.18 | 0.86% |
| 9 | 34876.12 | 0.71% | 34859.78 | 0.67% | 34874.62 | 0.71% |
| 10 | 34810.63 | 0.52% | 34810.63 | 0.52% | 34857.38 | 0.66% |
| 20 | 34735.95 | 0.31% | 34720.78 | 0.26% | 34685.32 | 0.16% |
| 214 | 34629.08 | 0.00% | 34629.08 | 0.00% | 34629.08 | 0.00% |

*Tabelle 5: Ergebnisse für Beispiel 2*

Auch im Beispiel 2 ist zu erkennen, daß selbst bei einem sehr hohen Aggregationsgrad der Produkte nur eine vergleichsweise geringfügige Erhöhung der Lagerkosten zu beobachten ist. Ursache für diese Erscheinung ist die geringe Sensitivität des klassischen Losgrößenmodells gegenüber Abweichungen von der optimalen Losgröße. Bild 6 veranschaulicht den Zusammenhang zwischen Lagerkosten und Aggregationsgrad[41] in graphischer Form.

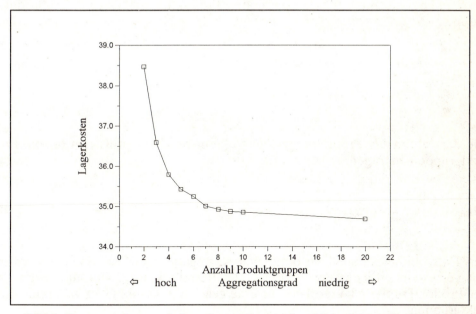

*Bild 6: Zusammenhang zwischen Aggregationsgrad und Lagerkosten für Beispiel 2*

---

41  vgl. auch **Eilon/Mallya** (1985)

Die zweite Möglichkeit der Produktaggregation besteht darin, daß für alle Mitglieder einer Produktgruppe jeweils ein **einheitlicher Produktionszyklus** (Bestellintervall) $t_g$ ($g=1,2,...,G$) festgelegt wird[42]. Hierdurch lassen sich erhebliche Kosteneinsparungen im Bereich der Lagerbestandsüberwachung und Materialbeschaffung (Bestellabwicklung, Beschaffungstransporte etc.) realisieren. Der kostenminimale Produktions- bzw. Bestellzyklus einer Produktgruppe g wird durch Lösung des folgenden Minimierungsproblems bestimmt:

**Modell AT:**

$$\text{Min } C(t_g) = \sum_{k \in K_g} \frac{t_g \cdot D_k \cdot h_k}{2} + \sum_{k \in K_g} \frac{s_k}{t_g} \qquad g=1,2,...,G \qquad (9)$$

Dabei gilt zusätzlich zu der mit Beziehung (2) eingeführten Notation:

$t_g$ — Produktionszyklus der Produktgruppe g; dieser gilt einheitlich für alle der Produktgruppe g angehörenden Produkte k ($k \in K_g$)

Zwischen den Beziehungen (2) und (9) besteht ein enger Zusammenhang, da der Produktionszyklus t gleich dem Quotienten aus der Losgröße q und der Periodenbedarfsmenge D ist. Die Minimierung von Beziehung (9) ergibt folgende Bestimmungsgleichung für den optimalen Produktionszyklus $t_{gopt}$ der Produktgruppe g:

$$t_{gopt} = \sqrt{\frac{2 \cdot \sum_{k \in K_g} s_k}{\sum_{k \in K_g} D_k \cdot h_k}} \qquad g=1,2,...,G \qquad (10)$$

Die dem optimalen Produktionszyklus $t_{gopt}$ entsprechenden Kosten für die Produktgruppe g betragen:

$$C(t_{gopt}) = \sqrt{2 \cdot \left[\sum_{k \in K_g} D_k \cdot h_k\right] \cdot \left[\sum_{k \in K_g} s_k\right]} \qquad g=1,2,...,G \qquad (11)$$

Das Entscheidungsmodell zur optimalen Aggregation der Produkte bei Verwendung eines einheitlichen Produktions- oder Bestellzyklus $t_{gopt}$ für alle Mitglieder der Produktgruppe g lautet dann für eine gegebene Anzahl G zu bildender Produktgruppen[43]:

---

42 vgl. auch **Tersine** (1988), S. 139; **Shah** (1991)
43 vgl. **Tanaka/Sawada** (1985)

**Modell AT1:**

$$\text{Min } Z(K_g|G) = \sum_{g=1}^{G} \sqrt{2 \cdot \left[\sum_{k \in K_g} D_k \cdot h_k\right] \cdot \left[\sum_{k \in K_g} s_k\right]} \qquad (12)$$

u.B.d.R.

$$\bigcup_{g=1}^{G} K_g = K \qquad (13)$$

$$K_g \subset K \qquad g=1,2,\ldots,G \qquad (14)$$

$$K_g \cap K_j = \emptyset \qquad g,j=1,2,\ldots,G; \; g \neq j \qquad (15)$$

Das Modell AT1 reduziert sich für den Fall, daß die Bestellkosten für alle Produkte mit $s_k = s$ ($k = 1,2,\ldots,K$) identisch sind, wie folgt[44]:

**Modell AT2:**

$$\text{Min } Z(K_g|G) = \sum_{g=1}^{G} \sqrt{2 \cdot s \cdot |K_g| \cdot \left[\sum_{k \in K_g} D_k \cdot h_k\right]} \qquad (16)$$

u.B.d.R.

$$\bigcup_{g=1}^{G} K_g = K \qquad (17)$$

$$K_g \subset K \qquad g=1,2,\ldots,G \qquad (18)$$

$$K_g \cap K_j = \emptyset \qquad g,j=1,2,\ldots,G; \; g \neq j \qquad (19)$$

Zur Lösung des Modells AT2 entwickelt *Chakravarty* ein Verfahren der dynamischen Optimierung, wobei die unter bestimmten Bedingungen gegebene Problemeigenschaft ausgenutzt wird, daß in der optimalen Lösung nur Produkte mit benachbarten Rängen in einer Produktgruppe enthalten sind. Diese Eigenschaft reduziert den zur Bestimmung der optimalen Lösung des Modells erforderlichen Rechenaufwand beträchtlich und ermöglicht erst den Einsatz eines Verfahrens der dynamischen Optimierung.

Die Modelle AT1 bzw. AT2 haben dieselbe kombinatorische Struktur wie das Modell AQ. Lediglich die Zielfunktionen sind unterschiedlich. Es ist daher möglich, auch hier das clusteranalytische Suchverfahren AGGREGAT einzusetzen. Zur Veranschaulichung betrachten wir die beiden bereits oben verwendeten Bei-

---

44 vgl. **Chakravarty** (1981), S. 20

spiele. Die Ergebnisse für Beispiel 1 sind in Tabelle 6 zusammengefaßt. Die maximale aggregationsbedingte Erhöhung der Lagerkosten beträgt bei Verwendung produktgruppeneinheitlicher Produktionszyklen für das Beispiel 1 nur noch 1.05%. Bei jedem Aggregationsgrad entsteht durch die Aggregation mit einheitlichen Produktionszyklen je Produktgruppe (Modell AT2) eine geringere aggregationsbedingte Abweichung vom Lagerkostenminimum als bei der Aggregation mit einheitlichen Bestellmengen (Modell AQ). Die Überlegenheit des Modells AT2 nimmt dabei mit steigendem Aggregationsgrad zu.

| | Startpartition | | | | | |
|---|---|---|---|---|---|---|
| | I | | II | | III | |
| G | Kosten | Δ | Kosten | Δ | Kosten | Δ |
| 2 | 30.70 | 1.05% | 30.70 | 1.05% | 30.70 | 1.05% |
| 3 | 30.51 | 0.42% | 30.51 | 0.42% | 30.51 | 0.42% |
| 4 | 30.48 | 0.32% | 30.48 | 0.32% | 30.48 | 0.32% |
| 5 | 30.48 | 0.32% | 30.41 | 0.09% | 30.41 | 0.09% |
| 6 | 30.48 | 0.32% | 30.40 | 0.06% | 30.40 | 0.06% |
| 7 | 30.48 | 0.32% | 30.39 | 0.03% | 30.39 | 0.03% |
| 8 | 30.41 | 0.09% | 30.39 | 0.03% | 30.39 | 0.03% |
| 9 | 30.41 | 0.09% | 30.39 | 0.03% | 30.38 | 0.00% |
| 10 | 30.39 | 0.03% | 30.39 | 0.03% | 30.38 | 0.00% |
| 20 | 30.38 | 0.00% | 30.38 | 0.00% | 30.38 | 0.00% |

*Tabelle 6: Ergebnisse für Beispiel 1*

Die Ergebnisse der Anwendung des Aggregationsmodells AT2 auf das Beispiel 2 zeigt Tabelle 7.

| | Startpartition | | | | | |
|---|---|---|---|---|---|---|
| | I | | II | | III | |
| G | Kosten | Δ | Kosten | Δ | Kosten | Δ |
| 2 | 38193.48 | 10.29% | 38193.48 | 10.29% | 38193.48 | 10.29% |
| 3 | 36377.86 | 5.05% | 36353.40 | 4.98% | 36377.86 | 5.05% |
| 4 | 35758.66 | 3.26% | 35756.03 | 3.25% | 35724.46 | 3.16% |
| 5 | 35271.75 | 1.86% | 35271.75 | 1.86% | 35271.75 | 1.86% |
| 6 | 35110.54 | 1.39% | 35119.26 | 1.42% | 35139.00 | 1.47% |
| 7 | 35014.05 | 1.11% | 35008.76 | 1.10% | 35037.19 | 1.18% |
| 8 | 34957.87 | 0.95% | 34957.87 | 0.95% | 34921.60 | 0.84% |
| 9 | 34865.43 | 0.68% | 34875.06 | 0.71% | 34895.71 | 0.77% |
| 10 | 34782.61 | 0.44% | 34782.61 | 0.44% | 34836.49 | 0.60% |
| 20 | 34725.28 | 0.28% | 34705.95 | 0.22% | 34671.67 | 0.12% |
| 214 | 34629.08 | 0.00% | 34629.08 | 0.00% | 34629.08 | 0.00% |

*Tabelle 7: Ergebnisse für Beispiel 2*

Auch im Beispiel 2 ist die Aggregation mit einheitlichen Produktionszyklen mit einem geringeren Aggregationsfehler verbunden als die Bildung von Produktgruppen mit einheitlichen Bestellmengen nach dem Modell AQ. Die Unterschiede der Lösungsqualität sind hier jedoch i.a. so gering, daß wegen des heuristischen Charakters des eingesetzten Lösungsverfahrens keine generellen Aussagen über die Vorziehenswürdigkeit eines der verwendeten Modelle zulässig sind.

Allerdings ist zu vermuten, daß *in der betrieblichen Praxis* die Verwendung *einheitlicher Bestellzyklen* für mehrere Produkte die häufig sinnvollere Aggregationsform darstellt. Denn auf diese Weise lassen sich Kostendegressionseffekte im Bereich der physischen Versorgung (z.B. bei Beschaffungstransporten) nutzen.

Die dargestellten Ansätze bieten eine Unterstützung bei der Bildung von Produktgruppen im Hinblick auf einen spezifischen Verwendungszweck, die produktgruppenbezogene Lagerhaltungs- bzw. Bestellmengenplanung. Ob eine Aggregation aber *überhaupt sinnvoll* ist, hängt nicht nur von den möglichen Kosteneinsparungen ab, die in den Bereichen der Lagerüberwachung, Bestellabwicklung und der physischen Beschaffung möglich sind. Vielmehr sind bei der Entscheidung über die Anwendung eines bestimmten Lagerdispositionssystems für eine Materialart zahlreiche andere Gesichtspunkte zu beachten, deren Einfluß i.d.R nicht quantifizierbar ist. Hier sind vor allem die Bedeutung einer Materialart für den Produktionsprozeß, das Veralterungsrisiko sowie die Substituierbarkeit zu nennen[45].

**Vertiefende Literatur zu Abschnitt 21.:**

*Chakravarty* (1981), (1984a)
*Chakravarty/Orlin/Rothblum* (1982)
*Crouch/Oglesby* (1978)
*Donaldson* (1974)
*Eilon/Mallya* (1985)
*Haupt* (1979)
*Tanaka/Sawada* (1985)

## 22. Klassifizierung von Verbrauchsfaktoren nach ihrem Bedarfsverlauf

Betrachtet man den Bedarfsverlauf eines Verbrauchsfaktors über einen längeren Zeitraum hinweg, dann wird man i.a. ein charakteristisches *zeitliches Verbrauchsmuster* feststellen können. Viele Verbrauchsfaktoren zeigen einen regelmäßigen, bei Anwendung eines geeigneten Prognoseverfahrens mit hoher Genauigkeit prognostizierbaren Verlauf. Hier sind einerseits Verbrauchsfaktoren zu finden, für die ein sehr **gleichmäßiger Bedarf** zu beobachten ist. Die Periodenbedarfsmengen unterliegen dann zwar zufälligen Schwankungen. Diese bewegen sich aber um ein konstantes Niveau, das sich langfristig nicht oder nur gering verändert. Im Unterschied dazu weisen die Verbrauchsmengen zahlreicher Güter einen ausgeprägten **saisonalen** oder einen **sich trendförmig verändernden Verlauf** auf. Schließlich läßt sich eine Gruppe von Materialarten unterscheiden, deren

---

45 Zur Ausweitung der Betrachtung auf mehrere Kriterien vgl. **Flores/Whybark** (1986).

Bedarfsmengen nur einen sehr **unregelmäßigen Bedarfsverlauf** haben. Dabei ist weiter zu differenzieren zwischen **stark schwankendem** Bedarf und **sporadischem** Bedarf. Letzterer ist dadurch gekennzeichnet, daß in einem großen Anteil der Perioden überhaupt kein Bedarf auftritt[46].

Die Bilder 7 und 8 zeigen Zeitreihen der täglichen Bedarfsmenge für Verbrauchsfaktoren mit **regelmäßigem** und mit **sporadischem** Bedarfsverlauf.

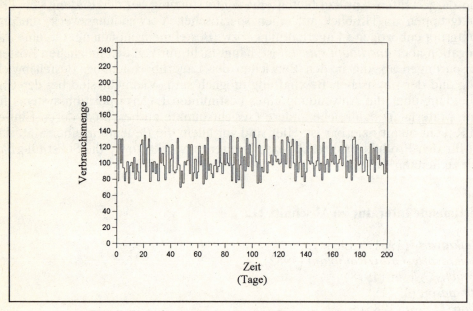

*Bild 7: Bedarfszeitreihe bei regelmäßigem Bedarfsverlauf*

Das Erscheinungsbild der in Bild 7 wiedergegebenen Zeitreihe wird durch zufällige Schwankungen geprägt. Da die Schwankungen im Verhältnis zum Mittelwert der Zeitreihe aber relativ gering sind (Variationskoeffizient = 0.17), kann der dargestellte Bedarfsverlauf als *regelmäßig* betrachtet werden. Dagegen weist die in Bild 8 dargestellte Bedarfszeitreihe ein wesentlich niedrigeres Niveau mit relativ großen Schwankungen auf (Variationskoeffizient = 2.15). Vor allem aber ist ein hoher Anteil von Perioden zu beobachten, in denen überhaupt kein Bedarf auftritt (76%). Daher liegt *sporadischer* Bedarf vor.

---

46 Insb. ein hoher Anteil solcher "Nullbedarfsperioden" macht den Einsatz eines speziellen Prognoseverfahrens erforderlich. Vgl. hierzu Abschnitt 33.

## 22. Klassifizierung von Verbrauchsfaktoren nach ihrem Bedarfsverlauf

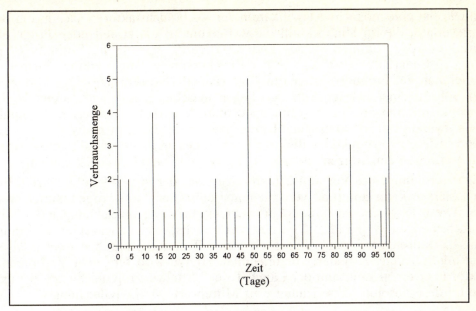

*Bild 8: Bedarfszeitreihe bei sporadischem Bedarfsverlauf*

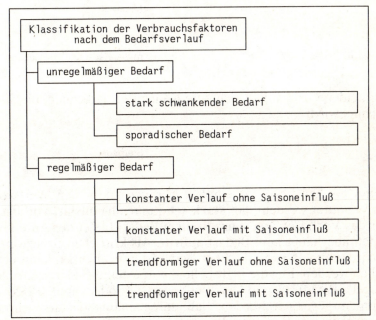

*Bild 9: Klassifikation der Verbrauchsfaktoren nach dem Bedarfsverlauf*

Bild 9 zeigt eine mögliche Klassifikation der Verbrauchsfaktoren nach ihrem Bedarfsverlauf, die im Hinblick auf die weiter unten[47] darzustellenden Prognoseverfahren vorgenommen wurde. Eine derartige Zuordnung der Verbrauchsfaktoren zu Bedarfsklassen erfolgt in der Regel erstmals dann, wenn in einem Unternehmen ein Prognosesystem zur Materialbedarfsvorhersage eingeführt werden soll. In einer solchen Situation liegen maschinell gespeicherte empirische Verbrauchsdaten oft nur in geringem Umfang vor, da bis zu diesem Zeitpunkt die aufwendige produktbezogene Datenspeicherung als nicht notwendig angesehen wurde. Zur Produktklassifikation sind in diesem Planungsstadium daher oft nur Verfahren einzusetzen, die mit einer geringen Datenbasis auskommen.

Die Zuordnung eines Verbrauchsfaktors zu einer der in Bild 9 aufgeführten Bedarfsklassen kann aufgrund verschiedener einfacher Tests vorgenommen werden. Diese Tests sind i.a. anwendbar, wenn empirische Aufzeichnungen der Verbrauchsmengen $y_t$ ($t=1,2,...,T$) eines Verbrauchsfaktors über einen Zeitraum von 1-2 Jahren vorliegen. Zunächst ist eine Trennung zwischen *regelmäßigem* und *unregelmäßigem* Bedarf vorzunehmen. Hierzu wird für jeden Verbrauchsfaktor über einen Zeitraum der Länge T der Mittelwert $\mu$ [Gleichung (20)] und die mittlere absolute Abweichung vom Mittelwert, MAD, [Gleichung (21)] berechnet.

$$\mu = \frac{1}{T} \cdot \sum_{t=1}^{T} y_t \qquad \text{Mittelwert} \qquad (20)$$

$$MAD = \frac{1}{T} \cdot \sum_{t=1}^{T} |y_t - \mu| \qquad \text{mittlere absolute Abweichung} \qquad (21)$$

Aus diesen beiden Größen läßt sich eine Kennziffer berechnen, die als *Störpegel SP*[48] bezeichnet wird:

$$SP = \frac{MAD}{\mu} \qquad \text{Störpegel} \qquad (22)$$

Überschreitet der Störpegel für einen Verbrauchsfaktor den Wert von ca. 0.5, dann kann vermutet werden, daß **stark schwankender Bedarf** vorliegt. Ein Anzeichen für das Vorliegen von **sporadischem Bedarf** bietet der Anteil von Perioden, in denen überhaupt kein Bedarf auftritt. Als kritischer Grenzwert, bei dessen Überschreitung von sporadischem Bedarf auszugehen ist, kann etwa 0.3 bis 0.4 angesehen werden. Für die in Tabelle 8 dargestellte Bedarfszeitreihe beträgt der Störpegel SP=1.0737 und der Nullbedarfsperiodenanteil 0.2857. Es kann somit davon ausgegangen werden, daß unregelmäßiger, stark schwankender, aber nicht sporadischer Bedarf vorliegt.

---

47 vgl. Abschnitt 3.
48 vgl. **Trux** (1972), S. 82. Der Störpegel kann bei normalverteilter Bedarfsmenge in den Variationskoeffizienten überführt werden.

22. Klassifizierung von Verbrauchsfaktoren nach ihrem Bedarfsverlauf

| t | $y_t$ |
|---|---|
| 1 | 0.0 |
| 2 | 50.0 |
| 3 | 390.0 |
| 4 | 140.0 |
| 5 | 0.0 |
| 6 | 20.0 |
| 7 | 0.0 |
| 8 | 200.0 |
| 9 | 750.0 |
| 10 | 70.0 |
| 11 | 50.0 |
| 12 | 1000.0 |
| 13 | 355.0 |
| 14 | 0.0 |

*Tabelle 8: Stark schwankender Bedarfsverlauf (Beispiel)*

Eine wertvolle Hilfe zur Erkennung des grundsätzlichen Verlaufsmusters einer Zeitreihe bietet die Analyse der **Autokorrelationskoeffizienten**[49]. Der Autokorrelationskoeffizient für eine Zeitverschiebung von $\tau$ Perioden ist ein Maß für die Stärke des Zusammenhangs zwischen Paaren von Beobachtungswerten derselben Zeitreihe, zwischen denen jeweils ein zeitlicher Abstand von $\tau$ Perioden besteht. Der Autokorrelationskoeffizient ist definiert als

$$\rho_\tau = \frac{\frac{1}{T-\tau} \sum_{t=1}^{T-\tau} (y_t - \mu) \cdot (y_{t+\tau} - \mu)}{\frac{1}{T} \sum_{t=1}^{T} (y_t - \mu)^2} \tag{23}$$

wobei T die Länge der Zeitreihe, $y_t$ den Beobachtungswert der Periode t und $\mu$ den Mittelwert der Beobachtungen bezeichnen. Die funktionale Beziehung zwischen der Höhe der Autokorrelationskoeffizienten und der Länge der Zeitverschiebungen bezeichnet man als (empirische) Autokorrelationsfunktion[50]. Ihre graphische Darstellung nennt man **Autokorrelogramm**. Die Form des Autokorrelogramms gibt Aufschluß über das dominierende Verlaufsmuster einer Zeitreihe. So kann auf das Vorliegen eines *saisonalen Verlaufs* geschlossen werden, wenn die Autokorrelationskoeffizienten zyklisch um 0 schwanken und in regelmäßigen Abständen signifikant von 0 abweichen[51]. Eine stetig abnehmende Korrelationsfunktion deutet auf das Vorliegen eines Trends hin. Bewegen sich die Autokorrelationskoeffizienten unregelmäßig um die Abszisse, dann kann auf ein konstantes Niveau der Zeitreihe bei Dominanz der zufälligen Schwankungen geschlossen werden. Die Bilder 10 und 11 zeigen Autokorrelogramme für eine Zeitreihe mit Saisonschwankungen und eine Zeitreihe mit trendförmigem Verlauf.

---

49  vgl. **Bamberg/Baur** (1987), S. 221; **Weber** (1990), S. 52-59
50  vgl. **Schlittgen/Streitberg** (1984), S. 7
51  vgl. **Makridakis/Wheelwright** (1978), S. 35

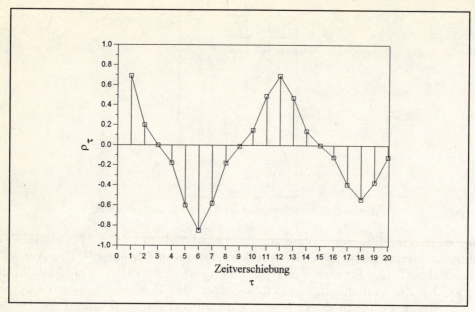

Bild 10: *Autokorrelogramm für eine Bedarfszeitreihe mit saisonalem Verlauf*

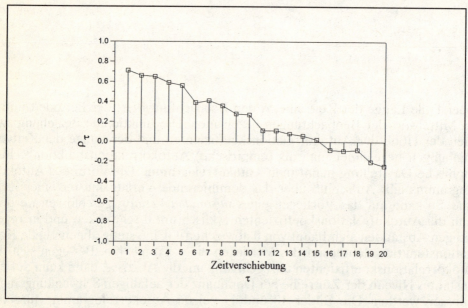

Bild 11: *Autokorrelogramm für eine Bedarfszeitreihe mit trendförmigem Verlauf*

Die Existenz eines **trendförmigen Verlaufs** kann auch durch Einsatz der linearen Regressionsrechnung[52] oder mit Hilfe eines **Run-Tests**[53] nachgewiesen werden,

---

52  Siehe Abschnitt 3221.

bei dem die Folge der (positiven oder negativen) Abweichungen der Beobachtungen von ihrem gemeinsamen Mittelwert auf ein systematisches Verlaufsmuster hin untersucht werden.

Eine ebenfalls am Bedarfsverlauf orientierte, aber vor allem auf die Auswahl produktspezifischer **Bereitstellungsprinzipien** abzielende Klassifizierung der Verbrauchsfaktoren findet sich in der vorwiegend praxisorientierten Literatur[54]:

- **Gruppe R**[55]: Güter mit **regelmäßigem** Bedarf bei nur gelegentlichen Niveauveränderungen

- **Gruppe S**: Güter mit schwankendem, insb. **trendförmigem** und/oder **saisonalem**, Bedarf

- **Gruppe U**: Güter mit sehr unregelmäßigem, **sporadischen** Bedarf

Entsprechend der Zuordnung der Produkte zu einer dieser Gruppen wird eine differenzierte Anwendung verschiedener *Bereitstellungsprinzipien*[56] empfohlen. Als Prinzipien der Materialbereitstellung lassen sich die *Vorratshaltung*, die *Einzelbeschaffung im Bedarfsfall* und die *einsatzsynchrone Materialbereitstellung* unterscheiden.

Das Bereitstellungsprinzip der **Vorratshaltung** besagt, daß Material jeweils in bestimmten Mengen auf Lager genommen, d.h. bevorratet wird. In diesem Fall sind die Produktionsprozesse von dem zeitlichen Bedarfsverlauf durch die Pufferwirkung des Lagers emanzipiert. Darüberhinaus kann durch einen Lagerbestand die Unsicherheit hinsichtlich der Dauer der Wiederbeschaffungszeit eines Verbrauchsfaktors (z.B. verursacht durch Lieferunfähigkeit des Lieferanten, Erhöhung der geplanten Beschaffungstransportzeit aufgrund von verkehrsbedingten Verzögerungen etc.) abgefangen werden. Vorratshaltung ist insb. auch dann erforderlich, wenn die kumulierte Durchlaufzeit eines Produkts über alle Produktionsstufen länger ist als der Planungszeitraum, für den ein verbindlicher Produktionsplan aufgestellt werden kann.

Bei Anwendung des Prinzips der **Einzelbeschaffung im Bedarfsfall** wird eine Beschaffungsmaßnahme erst dann ausgelöst, wenn tatsächlich ein spezifischer, mit einem bestimmten Fertigungsauftrag verbundener Bedarf aufgetreten ist.

Beim Prinzip der **einsatzsynchronen Materialbereitstellung** (Just-in-time-Prinzip) wird durch einen Lieferungsvertrag vereinbart, daß ein Lieferant an be-

---

53 vgl. **Hoel** (1962)
54 vgl. **Grochla** (1978), S. 31; **Hartmann** (1988), S. 131-135. In einigen Lehrbüchern wird bei der Unterscheidung zwischen der Gruppe R und S auf die *Vorhersagegenauigkeit* bzw. auf das Ausmaß der (zufälligen) Schwankungen abgestellt. Bedarfsverläufe mit geringen Schwankungen (Gruppe R) lassen sich danach besser prognostizieren als Bedarfsverläufe mit größeren Schwankungen (Gruppe S). Dieses Unterscheidungskriterium bietet jedoch keine Hilfe für die Auswahl eines Prognoseverfahrens. Vgl. z.B. **Schulte** (1991), S. 43
55 Häufig werden zur Kennzeichnung der Klassen anstelle der Buchstaben R, S und U auch die Buchstaben X, Y und Z verwendet
56 vgl. **Grochla** (1978), S. 29-32

stimmten, durch den Ablauf des Produktionsprozesses beim Abnehmer determinierten Terminen die jeweils erforderlichen Materialmengen zeitpunktgenau anliefert. Die genaue Spezifikation einer Lieferung wird dem Lieferanten i.d.R. erst kurz vor dem gewünschten Anlieferungstermin mitgeteilt. Der Abnehmer kann dadurch weitgehend auf Vorratshaltung verzichten. Die Nichteinhaltung der Liefertermine durch den Lieferanten ist oft mit hohen Konventionalstrafen verbunden, da eine zu späte Anlieferung des Materials zu Produktionsausfällen beim Abnehmer führen kann. Bei diesem Bereitstellungsprinzip werden die *Probleme* der Materiallagerung und der Bedarfsprognose *auf den Lieferanten abgewälzt*.

In der Literatur wird empfohlen, die genannten Materialbereitstellungsprinzipien auf die Produkte entsprechend ihrer Zuordnung zu einer der Gruppen R, S oder U anzuwenden. So kann für Verbrauchsfaktoren mit regelmäßigem Bedarf (Gruppe R) die einsatzsynchrone Materialbereitstellung vorteilhaft sein. Voraussetzung dafür ist i.a. eine Umstrukturierung des logistischen Systems des Abnehmers unter Einbeziehung des Lieferanten. Dies wiederum wird sich nur für Verbrauchsfaktoren mit einem *hohen regelmäßigen Bedarf* lohnen. Reicht die mittlere Verbrauchsmenge eines der Gruppe R zugeordneten Verbrauchsfaktors nicht aus, um derartige Maßnahmen zu rechtfertigen, dann sollte die Anwendung des Materialbereitstellungsprinzips der Vorratshaltung in Betracht gezogen werden.

Für Produkte der **Kategorie U** wird oft eine Bereitstellung im Bedarfsfall empfohlen, wobei hier vielfach eine beschaffungsbedingte Lieferverzögerung in Kauf genommen wird. Dies wird damit begründet, daß der Periodenbedarf für ein Produkt der Gruppe U nur mit einer sehr geringen Genauigkeit vorhergesagt werden kann.

Kombiniert man die Gruppierungskriterien der ABC-Analyse und der RSU-Analyse, dann ergibt sich das in Tabelle 9 wiedergegebene Schema mit neun Gruppen, denen die Verbrauchsfaktoren zugeordnet werden können.

|   | A | B | C |
|---|----|----|----|
| R | RA | RB | RC |
| S | SA | SB | SC |
| U | UA | UB | UC |

*Tabelle 9: Zweidimensionale Produktklassifikation*

Anhand des dargestellten Schemas lassen sich für die einzelnen Materialgruppen die jeweils tendenziell zweckmäßigsten Bereitstellungs- bzw. Beschaffungssysteme festlegen. So kann z.B. eine vollautomatische Bestellabwicklung unter Einsatz der EDV bei den Kombinationen RA, RB, RC, SA, SB und SC angebracht sein, während für die Formen UA, UB, und UC die manuelle Disposition nach Bedarf vorteilhaft sein kann[57].

Im folgenden sollen nun Verfahren zur Bestimmung des Materialbedarfs dargestellt werden. Grundsätzlich stehen *zwei Typen* von Verfahren für die Materialbedarfsrechnung zur Verfügung[58]: **verbrauchsorientierte Verfahren** (stochastische Verfahren) und **programmorientierte Verfahren** (deterministische Verfahren). Beide Verfahrensgruppen werden eingehend behandelt, wobei der mit der Materialbedarfsermittlung eng verflochtene Fragenkreis der Losgrößenplanung im Zusammenhang mit der programmorientierten Bedarfsermittlung (Abschnitt 4.) aufgegriffen wird.

**Vertiefende Literatur zu Abschnitt 22:**

*Grochla* (1978)
*Makridakis/Wheelwright* (1978)
*Scheer* (1983)
*Schlittgen/Streitberg* (1984)
*Silver/Peterson* (1985)
*Trux* (1972)

---

[57] vgl. **Grochla** (1978), S. 31-32
[58] *Hahn und Laßmann* unterscheiden zusätzlich noch prozeßorientierte und projektorientierte Verfahren der Bedarfsermittlung. Vgl. **Hahn/Laßmann** (1990), S. 349

# 3. Verbrauchsorientierte Bedarfsermittlung

Bei den verbrauchsorientierten Verfahren der Materialbedarfsplanung bildet der empirisch beobachtete **Vergangenheitsbedarf** für einen Verbrauchsfaktor den *Ausgangspunkt* für die Bestimmung der in Zukunft zu erwartenden Bedarfsmengen. Voraussetzung dieser Verfahren ist damit, daß bereits über einen ausreichend langen Zeitraum empirische Aufschreibungen über die Bedarfsmengen der Verbrauchsfaktoren erfolgt sind. Dieser beobachtete Bedarf wird ohne unmittelbare Berücksichtigung der in der kurzfristigen Produktionsprogrammplanung festgelegten Produktionsmengen der Fertigprodukte in die Zukunft extrapoliert.

Die bei der Prognose vorliegende Datenstruktur für ein Erzeugnis läßt sich wie in Bild 12 darstellen.

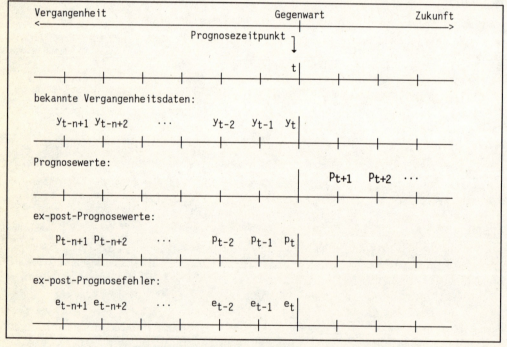

*Bild 12: Datenstruktur der Bedarfsprognose*[59]

Der Vergangenheitsverbrauch wird als eine *Zeitreihe* interpretiert, d.h. als eine zeitlich geordnete Folge von Periodenverbrauchsmengen. Bezeichnet man mit

---

[59] vgl. **Makridakis/Wheelwright** (1989), S. 55; **Weber** (1990), S. 178

## 3. Verbrauchsorientierte Bedarfsermittlung

$y_t$ die beobachtete Verbrauchsmenge eines Erzeugnisses in der Periode t, dann kann die **Zeitreihe der Periodenverbrauchsmengen** durch die geordnete Folge $(y_1, y_2, ..., y_t, ...)$ beschrieben werden. Der Prognosewert für eine zukünftige Periode (t+1) wird im folgenden durch das Symbol $p_{t+1}$ dargestellt. Prognosen bezüglich des Verbrauchs in der Periode (t+1) werden jeweils am Ende der Periode t erstellt, nachdem der Beobachtungswert $y_t$ für diese Periode vorliegt. Als Datengrundlage zur Errechnung eines Prognosewertes stehen dann die Zeitreihe von Periodenverbrauchsmengen in den Vorperioden $(y_1, y_2, ..., y_t)$ und möglicherweise einige andere Daten[60] zur Verfügung.

Auf der Grundlage der vorliegenden Vergangenheitsdaten werden unter Anwendung eines **Prognosemodells** die Modellparameter (z.B. bei einem Trendmodell der Achsenabschnitt und die Steigung) geschätzt. Ein Prognosemodell beschreibt die (angenommene) Gesetzmäßigkeit, die dem Verlauf einer Zeitreihe zugrundeliegt. Die Qualität der Anpassung des Prognosemodells an die Zeitreihe wird durch einen Vergleich von ex-post-Prognosewerten mit den entsprechenden Beobachtungswerten überprüft. Durch Extrapolation des für die Vergangenheit als zutreffend angenommenen Prognosemodells werden die voraussichtlichen Verbrauchsmengen zukünftiger Perioden, $(p_{t+1}, p_{t+2}, ...)$, errechnet.

Eine **verbrauchsorientierte, stochastische Bedarfsermittlung** erfolgt

- bei geringwertigen Gütern, wie z.B. Hilfsstoffen, Betriebsstoffen und Verschleißwerkzeugen, die in der betrieblichen Praxis der Gruppe der **C-Produkte** zugeordnet werden. Hier sind **andere Verfahren** der Bedarfsermittlung **zu aufwendig**.

- bei untergeordneten Erzeugnissen, die in **sehr viele unterschiedliche übergeordnete Baugruppen und Endprodukte eingebaut** werden. In diesem Fall nimmt der Bedarf oft einen regelmäßigen Verlauf an, der mit geeigneten verbrauchsorientierten Verfahren bei geringem Aufwand vergleichsweise genau prognostiziert werden kann.

- wenn **programmorientierte, deterministische Verfahren nicht anwendbar** sind, weil die zum Einsatz dieser Verfahren notwendigen **Informationen nicht verfügbar** sind, z.B. bei Ersatzteilbedarf.

Man kann die Methoden der verbrauchsorientierten Bedarfsermittlung zunächst danach unterscheiden, ob sie sich auf **regelmäßigen Bedarf** beziehen oder ob sie für **unregelmäßigen Bedarf** konzipiert sind. An dieser Unterscheidung orientiert sich die Struktur der folgenden Ausführungen. Zuvor wird jedoch die unabhängig von dem eingesetzten Prognoseverfahren zu untersuchende Frage der *Überwachung der Prognosequalität* diskutiert. Wir stellen diesen Abschnitt der Darstellung der einzelnen Prognoseverfahren voran, da eine Verfahrensauswahl

---

60 Falls kausale Prognosemodelle verwendet werden, erfolgt die Prognose der zukünftigen Verbrauchsmengen unter Rückgriff auf den beobachteten und den prognostizierten Verlauf mehrerer Zeitreihen von Einflußgrößen.

die Kenntnis der Qualitätskriterien zur Beurteilung eines Prognoseverfahrens voraussetzt.

## 31. Beurteilung der Qualität eines Prognoseverfahrens

Prognosen beziehen sich immer auf zukünftige Ereignisse (z.B. das Eintreffen von Kundenaufträgen). Da deren Vorhersage aber i.a. nicht mit Sicherheit möglich ist, treten regelmäßig **Prognosefehler** auf. Prognosefehler können verschiedene Ursachen haben:

- Es wird ein **ungeeignetes**, d.h. nicht dem tatsächlichen Verlauf der zu prognostizierenden Zeitreihe angepaßtes **Prognosemodell** verwendet. Das ist z.B. der Fall, wenn zur Prognose eines trendförmig ansteigenden Bedarfs das Verfahren der exponentiellen Glättung erster Ordnung eingesetzt wird.

- Es sind **Strukturbrüche** in der Zeitreihe aufgetreten. Diese können entstehen, wenn aufgrund nicht vorhersehbarer Ereignisse (z.B. Energiepreisexplosion) sich das Verbrauchsverhalten der Abnehmer oder die Menge der Abnehmer (z.B. durch Öffnung von Grenzen) verändert hat. Derartige grundlegende Änderungen im Zeitreihenverlauf können entweder Parameteränderungen des bereits verwendeten Prognosemodells oder den vollständigen Übergang zu einem anderen Prognosemodell erfordern.

Zur Gewährleistung einer hohen Prognosequalität ist es notwendig, die Leistungsfähigkeit eines Prognoseverfahrens sowohl vor dem erstmaligen Einsatz des Verfahrens - bei der Verfahrenswahl - als auch im Zeitablauf zu beurteilen. Dies kann durch die **Analyse der Prognosefehler** geschehen. Der Prognosefehler ist die Differenz zwischen dem tatsächlich eingetretenen Beobachtungswert $y_t$ einer Zeitreihe in einer Periode t und dem prognostizierten Wert $p_t$:

$$e_t = y_t - p_t \qquad (24)$$

- $e_t$ Prognosefehler in Periode t
- $y_t$ Beobachtungswert in Periode t
- $p_t$ Prognosewert für Periode t

Zwei Eigenschaften der Prognosefehler sind für die Beurteilung der Güte eines Prognoseverfahrens von besonderer Bedeutung:

- das **Niveau** der Prognosefehler und
- die **Streuung** der Prognosefehler.

Das **Niveau der Prognosefehler** erlaubt eine Aussage darüber, ob eine systematische Abweichung der Prognosewerte von den beobachteten Werten einer Zeitreihe vorliegt. So tritt z.B. eine systematische Unterschätzung der Bedarfsmengen dann auf (positive Prognosefehler), wenn bei trendförmig ansteigendem Bedarf ein Prognoseverfahren eingesetzt wird, das sich lediglich zur Prognose bei konstantem Zeitreihenverlauf eignet. Für ein gutes Prognoseverfahren ist zu fordern, daß die prognostizierten Werte im Durchschnitt (über einen längeren Zeitraum betrachtet) gleich den beobachteten Werten sind. Daraus leitet sich die Bedingung ab, daß das Niveau der Prognosefehler um Null schwanken muß.

Die **Streuung der Prognosefehler** erlaubt eine Aussage über den Sicherheitsgrad, mit dem prognostizierte Bedarfsmengen in der Zukunft auch tatsächlich realisiert werden. Häufig wird unterstellt, die Prognosefehler folgen einer *Normalverteilung*. Aus dem Verlauf der Normalverteilung läßt sich dann die Aussage ableiten, daß ca. 95% aller Prognosefehler innerhalb eines Bereichs von zwei Standardabweichungen ($\sigma_e$) um Null liegen. Das bedeutet: der tatsächliche Beobachtungswert in der Periode t wird mit der Wahrscheinlichkeit von 95% im Intervall $[p_t \pm 2 \cdot \sigma_e]$ liegen.

Zur Beurteilung der *Streuung der Prognosefehler* können im Prinzip die aus der Statistik bekannten Streuungsmaße (z.B. Varianz, Standardabweichung, Spannweite) eingesetzt werden. So wird die *Varianz der Prognosefehler* z.B. wie folgt berechnet, wenn man sich am Ende der Periode t befindet und die letzten n Perioden betrachtet:

$$\sigma_{et}^2 = \frac{1}{n-1} \cdot \sum_{k=t-n+1}^{t} (e_k - \mu_{et})^2 \tag{25}$$

wobei $\mu_{et}$ den Mittelwert der Prognosefehler in den Perioden [t-n+1, t-n+2,...,t] bezeichnet:

$$\mu_{et} = \frac{1}{n} \cdot \sum_{k=t-n+1}^{t} e_k \tag{26}$$

Die **Standardabweichung der Prognosefehler** beträgt dann:

$$\sigma_{et} = \sqrt{\sigma_{et}^2} \tag{27}$$

Obwohl die routinemäßige Berechnung der Standardabweichung bei Einsatz eines Computers recht einfach ist, bereitet ihre *Interpretation* in der betrieblichen Praxis doch einige Schwierigkeiten. Vor allem aus diesem Grund wird die **mittlere absolute Abweichung**, $MAD_t$, zur Beurteilung der Streuung des Prognosefehlers und damit der Verläßlichkeit einer Prognose verwendet[61]:

---

61 vgl. **Silver/Peterson** (1985), S. 126-130; **Weber** (1990), S. 67-68

$$MAD_t = \frac{1}{n} \cdot \sum_{k=t-n+1}^{t} |e_k| \tag{28}$$

Sofern die Prognosefehler einer *Normalverteilung* folgen, besteht folgender Zusammenhang zwischen der mittleren absoluten Abweichung und der Standardabweichung:

$$\sigma_{et} = MAD_t \cdot \sqrt{\frac{\pi}{2}} \approx 1.25 \cdot MAD_t \tag{29}$$

Um die für die Berechnung der mittleren absoluten Abweichung notwendige Speicherung der letzten n Prognosefehler zu vermeiden, empfiehlt sich folgende Berechnungsweise, bei der lediglich ein Glättungsparameter $\gamma$ und $MAD_{t-1}$ zu speichern sind:

$$MAD_t = \gamma \cdot |e_t| + (1-\gamma) \cdot MAD_{t-1} \tag{30}$$

Diese Berechnungsweise ist eine **exponentiell gewogene gleitende Durchschnittsbildung** (exponentielle Glättung) mit dem Glättungsparameter $\gamma$, auf die im Zusammenhang mit der Prognose weiter unten[62] im Detail eingegangen wird.

Auch der *mittlere Prognosefehler* kann mit Hilfe der exponentiellen Glättung errechnet werden:

$$ERR_t = \delta \cdot e_t + (1-\delta) \cdot ERR_{t-1} \tag{31}$$

Wie bereits erwähnt, ist es eine notwendige Eigenschaft eines guten Prognoseverfahrens, daß die Prognosefehler um den Wert Null schwanken. *Trigg*[63] schlägt zur Überwachung der Prognosequalität folgende Größe vor:

$$SIG_t = \frac{ERR_t}{MAD_t} \tag{32}$$

Das *Abweichungssignal* $SIG_t$ nimmt Werte zwischen -1 und +1 an. Bei geringen systematischen Abweichungen sollte dieses Abweichungssignal um Null schwanken. Überschreitet der Absolutbetrag des Abweichungssignals $SIG_t$ einen tolerierbaren Grenzwert, dann ist das Prognoseverfahren auf seine Eignung hin zu überprüfen[64]. Als tolerierbarer Grenzwert wird in der Praxis 0.5 angesehen. Man kann das Abweichungssignal $SIG_t$ bei der adaptiven exponentiellen Glättung zur automatischen Anpassung des Glättungsparameters verwenden, indem man den Glättungsparameter für die Periode t+1, $\alpha_{t+1}$, gleich dem Absolutbetrag des Abweichungssignals am Ende der Periode t, $SIG_t$, setzt:

---

62 vgl. Abschnitt 3212.
63 vgl. **Trigg** (1964); **Trigg/Leach** (1967)
64 vgl. auch **Makridakis/Wheelwright** (1989), S. 277-291

$$\alpha_{t+1} = |SIG_t| \tag{33}$$

Eine Erhöhung des Glättungsparameters α führt dazu, daß die aktuellen Beobachtungswerte bei der Berechnung des Prognosewertes stärker berücksichtigt werden als bisher und die Prognosewerte damit schneller auf Veränderungen in der Zeitreihe reagieren.

Als möglicher Nachteil des Abweichungssignals $SIG_t$ ist anzusehen, daß grundlegende Änderungen im Verlauf der Zeitreihe erst nach einer zeitlichen Verzögerung entdeckt werden, da die Komponenten des Abweichungssignals, $MAD_t$ und $ERR_t$, exponentiell geglättet werden. Weiterhin wird die Identifizierung des Zeitpunkts, an dem die Veränderung des Zeitreihenverlaufs aufgetreten ist, erschwert[65].

## 32. Bedarfsprognose bei regelmäßigem Bedarfsverlauf

Im Rahmen der verbrauchsorientierten Verfahren für regelmäßigen Bedarf wird mit Hilfe von **quantitativen Prognoseverfahren** vom Vergangenheitsbedarf eines Verbrauchsfaktors, d.h. vom bisherigen, empirisch beobachteten Verbrauch auf den zu erwartenden zukünftigen Bedarf geschlossen. Zur quantitativen Prognose wurden zahlreiche Prognosemodelle mit sehr unterschiedlichen Strukturen und Komplexitätsgraden entwickelt[66]. Bei der *Auswahl und dem laufenden Einsatz eines geeigneten Prognosemodells* ist in folgenden **Schritten** vorzugehen[67]:

1. Untersuchung der charakteristischen Merkmale der Zeitreihe.
2. Entwicklung eines formalen Prognosemodells.
3. Schätzung der Koeffizienten des Prognosemodells (einschl. Bestimmung von Startwerten).
4. Berechnung der Prognosewerte (für zukünftige Perioden), evtl. unter Rückgriff auf qualitative Urteile, die nicht im formalen Prognosemodell erfaßt sind.
5. Beobachtung und Analyse der Prognosegenauigkeit im Zeitablauf; evtl. Anpassung der Koeffizienten des Prognosemodells oder Änderung des Prognosemodells.

Vor Einsatz eines geeigneten Prognoseverfahrens muß man sich zunächst einen Überblick über den grundlegenden Verlauf der betrachteten Zeitreihe von Bedarfsmengen verschaffen. Ein nützliches Instrument ist hier die **graphische Dar-**

---

[65] vgl. **Silver/Peterson** (1985), S. 135
[66] Zu umfassenden Übersichten vgl. **Makridakis/Wheelwright** (1989); **Weber** (1990). Einen Überblick über Prognosesoftware, die auf Mikrocomputern lauffähig ist, geben **Sharda/Rock** (1986). Zu Prognosesoftware vgl. auch **Weber** (1990), (1991)
[67] vgl. z.B. **Silver/Peterson** (1985), S. 88-90

**stellung** der Zeitreihe, aus der das charakteristische Verlaufsmuster oft deutlich erkennbar wird. Zeitreihen werden üblicherweise in vier Komponenten zerlegt:

T  - langfristiger Trend
C  - mittelfristige zyklische Schwankungen (Konjunkturzyklen)
S  - saisonale Schwankungen (innerhalb eines Jahres)
I  - unregelmäßige Schwankungen (irreguläre Komponente)

Die folgenden Abbildungen 14 bis 17 stellen die mit Hilfe von Methoden der Zeitreihenanalyse ermittelten Komponenten der in Bild 13 wiedergegebenen empirisch beobachteten Zeitreihe graphisch dar. Dabei wurde von einer *multiplikativen Verknüpfung der Komponenten* der Zeitreihe ausgegangen. Die lang- und mittelfristig sich verändernden Komponenten wurden - eine häufig gewählte Variante - zu einer glatten Komponente TC zusammengefaßt.

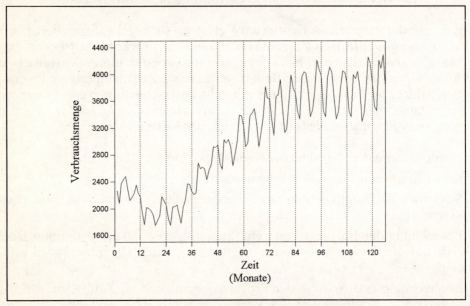

*Bild 13: Ursprungswerte einer Zeitreihe (TCSI)*

## 32. Bedarfsprognose bei regelmäßigem Bedarfsverlauf

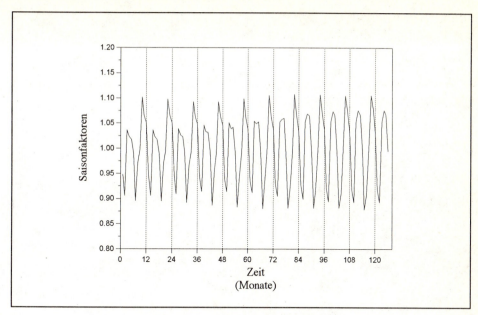

*Bild 14: Saisonmuster der Zeitreihe (S)*

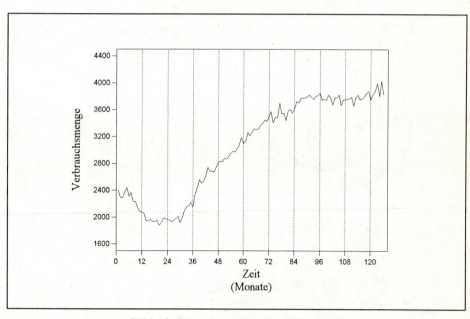

*Bild 15: Saisonbereinigte Zeitreihe (TCI)*

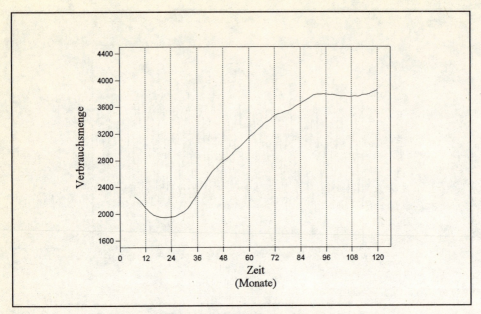

*Bild 16: Glatte Komponente der Zeitreihe (TC)*

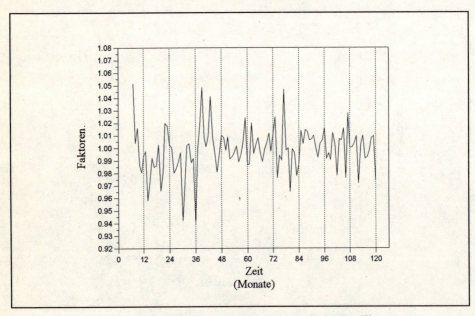

*Bild 17: Irreguläre Schwankungen der Zeitreihe (I)*

Man geht i.a. von der Vorstellung aus, daß die vier Komponenten einer Zeitreihe entweder *additiv* oder *multiplikativ* miteinander verknüpft sind. Bei der **additiven** Verknüpfung gilt die definitorische Gleichung (34).

$$Y = \underbrace{T+C+S}_{\text{prognostizierbar}}+\underbrace{I}_{\text{nicht prognostizierbar (zufällig)}} \tag{34}$$

Eine **multiplikative** Verknüpfung der Zeitreihenkomponenten kommt dagegen durch die Beziehung

$$Y = T \cdot C \cdot S \cdot I \tag{35}$$

zum Ausdruck.

Die meisten Ansätze zur Zeitreihenanalyse versuchen, einzelne Komponenten der Zeitreihe oder Kombinationen davon zu isolieren, d.h. deren Regelmäßigkeiten zu erkennen. So könnte man z.B. die lang- und mittelfristigen systematischen Schwankungen (T·C), d.h. die Verbindung von Trend und Konjunkturzyklen, aus der Zeitreihe herauslösen und damit getrennt von den anderen Komponenten prognostizieren.

Bei der Klassifikation der Verbrauchsfaktoren nach ihrem Bedarfsverlauf[68] wurden bereits typische Formen von Zeitreihen mit regelmäßigem Verlauf unterschieden. Im folgenden sollen hierfür geeignete Prognoseverfahren dargestellt werden.

### 321. Bedarfsprognose bei konstantem Niveau des Bedarfsverlaufs

Bei im Zeitablauf konstantem durchschnittlichem Verbrauch kann die Zeitreihe der Verbrauchsmengen durch folgendes Prognosemodell abgebildet werden:

$$y_t = \beta_0 + \epsilon_t \qquad t=1,2,\ldots \tag{36}$$

Die Zeitreihe schwankt damit unregelmäßig um ein konstantes Niveau. Dabei bezeichnet $\beta_0$ einen zu schätzenden konstanten Koeffizienten, während $\epsilon_t$ den Einfluß der irregulären Komponente wiedergeben soll. Es wird i.a. unterstellt, daß die zufällige Größe $\epsilon_t$ mit dem Mittelwert $E\{\epsilon_t\}=0$ und der Varianz $V\{\epsilon_t\}$ normalverteilt ist und daß keine Autokorrelation zwischen den einzelnen Ausprägungen der irregulären Komponente in verschiedenen Perioden besteht. Das bedeutet: die Höhe der irregulären Komponente in einer Periode t ist unabhängig von der Höhe der irregulären Komponente in Periode t-1.

Das Problem besteht nun darin, die obige - noch recht allgemein gehaltene - Prognosefunktion durch eine numerisch spezifizierte Beziehung zu *schätzen*. D.h. es wird notwendig, den Parameter $\beta_0$ durch einen bestimmten numerischen Wert $b_0$ zu approximieren. Da für die irregulären Schwankungen $\epsilon_t$ angenommen wird, daß sie einen Mittelwert $E\{\epsilon_t\}=0$ haben, gleichen sich die Werte die-

---

[68] vgl. Abschnitt 22.

ser Zufallsgröße im Zeitablauf aus und wir müssen lediglich noch den konstanten Parameter $\beta_0$ schätzen. Die Bestimmung von $b_0$ erfolgt üblicherweise durch Rückgriff auf empirische Daten, d.h. auf die bereits bekannte Zeitreihe der Verbrauchsmengen. Dies kann unter Einsatz verschiedener Verfahren geschehen, von denen zunächst das Verfahren der **gleitenden Durchschnitte** und dann - als Spezialfall der gleitenden Durchschnittsbildung - die **exponentielle Glättung erster Ordnung** dargestellt werden.

### 3211. Bedarfsprognose mittels gleitender Durchschnitte

Es soll zunächst das der Zeitreihe zugrundeliegende (tatsächliche) Modell[69]

$$y_t = \beta_0 + \epsilon_t \qquad t=1,2,\ldots \qquad (37)$$

durch die Schätzfunktion

$$y_t^{(1)} = b_0 + 0 \qquad t=1,2,\ldots \qquad (38)$$

approximiert werden. Die Größe $y_t^{(1)}$ wird dann als Prognosewert für die Bedarfsmenge der Periode $(t+1)$, $p_{t+1}$, verwendet[70]. Zur Berechnung von $y_t^{(1)}$ können im Prinzip alle bereits bekannten Verbrauchsmengen der Vergangenheit, $\{y_1, y_2, \ldots, y_t\}$, verwendet werden. Dann nimmt jedoch der Einfluß einer einzelnen Beobachtung auf den Wert von $b_0$ mit zunehmender Länge der Zeitreihe sehr stark ab, so daß $y_t^{(1)}$ nur noch sehr schwach auf Schwankungen der Beobachtungswerte reagiert. Man begnügt sich für die Schätzung von $b_0$ daher i.a. mit den n neuesten Verbrauchswerten, d.h. mit den Realisationen

$$\{y_{t-n+1}, \ldots, y_{t-2}, y_{t-1}, y_t\} \qquad (39)$$

Der Parameter $b_0$ des Prognosemodells soll in der Weise festgelegt werden, daß die Anpassung des tatsächlichen Zeitreihenverlaufs durch die Schätzfunktion möglichst genau wird. Zur Beurteilung der Genauigkeit der Anpassung kann auf die **Prognosefehler**

$$e_k = y_k - p_k \qquad k=t-n+1, t-n+2, \ldots, t \qquad (40)$$

zurückgegriffen werden.

Man kann nun versuchen, $b_0$ so zu bestimmen, daß die Summe aller quadrierten Prognosefehler,

---

[69] vgl. auch **Johnson/Montgomery** (1974), S. 410-412; **Silver/Peterson** (1985), S. 102-105; **Weber** (1990), S. 188-190

[70] Das Superskript "(1)" dient zur Kennzeichnung der Ordnung des Schätzwertes, die im Zusammenhang mit der exponentiellen Glättung näher erläutert wird. Vgl. Abschnitt 3212.

## 3211. Bedarfsprognose mittels gleitender Durchschnitte

$$SQA = e_t^2 + e_{t-1}^2 + \ldots + e_{t-n+1}^2 \tag{41}$$

$$= \sum_{k=t-n+1}^{t} e_k^2$$

$$= \sum_{k=t-n+1}^{t} (y_k - p_k)^2,$$

minimal wird. Es entsteht dann ein **Modell** mit der Entscheidungsvariablen $b_0$ und der Zielfunktion:

$$\text{Min } SQA(b_0) = \sum_{k=t-n+1}^{t} (y_k - b_0)^2 \tag{42}$$

Zur Bestimmung des Minimums leitet man Beziehung (42) nach $b_0$ ab und setzt die Ableitung gleich Null:

$$\frac{dSQA(b_0)}{db_0} = -2 \cdot \sum_{k=t-n+1}^{t} (y_k - b_0) \stackrel{!}{=} 0 \tag{43}$$

Die Auflösung der Ableitung [Gleichung (43)] nach $b_0$ ergibt:

$$b_0 = \frac{1}{n} \cdot \sum_{k=t-n+1}^{t} y_k \tag{44}$$

Bezieht man die Größe $b_0$ auf einen *beliebigen Zeitpunkt t*, dann ergibt sich:

$$b_{0,t} = \frac{1}{n} \cdot \sum_{k=t-n+1}^{t} y_k = p_{t+1} \qquad t = n, n+1, n+2, \ldots \tag{45}$$

Beziehung (45) beschreibt den **n-periodischen ungewogenen gleitenden Mittelwert** einer Zeitreihe, bezogen auf den Zeitpunkt t. Schätzt man das Niveau einer stationären Zeitreihe nach dem Kriterium der kleinsten Quadratsumme, d.h. mit dem Ziel, die *Summe der quadrierten Abweichungen* der Prognosewerte von den Realisationen zu minimieren, dann ist das optimale Verfahren die Methode der (ungewogenen) gleitenden Durchschnittsbildung.

Bei der Bemessung des für die Mittelwertbildung erforderlichen Zeitabschnitts n ist darauf zu achten, daß einerseits die Vorhersage auf Schwankungen des Verbrauchs umso eher reagiert, je kürzer der Zeitabschnitt n ist. Andererseits kann aber auch nicht ein beliebig kurzer Zeitabschnitt angesetzt werden, da sonst die zufälligen Schwankungen der Zeitreihe nur ungenügend ausgeglichen werden (Extremfall: n=1). Typische Werte für n liegen zwischen 3 und 12.

Zur Veranschaulichung des Verfahrens der gleitenden Durchschnitte sei die in Tabelle 10 wiedergegebene Zeitreihe betrachtet:

| t | 1 | 2 | 3 | 4 | 5 | 6 | 7 | 8 |
|---|---|---|---|---|---|---|---|---|
| Monat | Mai | Jun | Jul | Aug | Sep | Okt | Nov | Dez |
| Menge | 100 | 103 | 138 | 114 | 126 | 98 | 169 | 144 |

*Tabelle 10: Zeitreihe von Beobachtungswerten*

Die Anzahl der Perioden, die für die Berechnung des Prognosewertes herangezogen werden sollen, bleibt stets gleich n. Bei Hinzukommen eines neuen empirischen Verbrauchswerts der Periode t entfällt der älteste Wert, d.h. der Wert der Periode (t-n). Der Prognosewert für den Monat Januar (t+1=9) mit n=6 beträgt damit:

$$p_9 = \frac{y_3+y_4+y_5+y_6+y_7+y_8}{6}$$

$$= \frac{138+114+126+98+169+144}{6} = 131.5$$

Liegt nun die Realisation des Verbrauchswertes für den Monat Januar (t=9) vor, dann entfällt für die Berechnung des Prognosewertes für Februar (t+1=10) der beobachtete Wert für Juli (t-6=3) und der Wert für Januar (t=9) kommt hinzu. Der Wert am Anfang des verwendeten Zeitreihenausschnitts entfällt also, während am Ende ein neuer Wert angehängt wird. Für die **EDV-Implementation** dieses Verfahrens ist folgende Vereinfachung interessant. Anstatt

$$y_t^{(1)} = \frac{1}{n} \cdot \sum_{k=t-n+1}^{t} y_k \qquad t=n,n+1,\ldots \qquad (46)$$

kann man den gleitenden Durchschnitt auch durch folgende rekursive Beziehung bestimmen:

$$y_t^{(1)} = y_{t-1}^{(1)} + \frac{y_t - y_{t-n}}{n} \qquad t=n,n+1,\ldots \qquad (47)$$

Ein wesentlicher *Nachteil des Verfahrens* der ungewogenen gleitenden Durchschnittsbildung besteht darin, daß für jeden Verbrauchsfaktor immer die letzten n Beobachtungen der Verbrauchsmenge gespeichert werden müssen. Darüberhinaus erscheint die gleichmäßige Gewichtung aller Beobachtungen des Stützbereichs bei der Durchschnittsbildung unbefriedigend[71].

---

71 vgl. **Silver/Peterson** (1985), S. 104

## 3212. Bedarfsprognose mittels exponentieller Glättung erster Ordnung

In der im vorangegangenen Abschnitt dargestellten Form der gleitenden Mittelwertbildung erhält jede Beobachtung im Hinblick auf die Errechnung des Prognosewertes dasselbe Gewicht (1/n). Eine andere, den aktuellen Verlauf der beobachteten Zeitreihe stärker berücksichtigende Vorgehensweise besteht darin, daß man Abweichungen der jüngeren Realisationen von den Prognosewerten *stärker gewichtet* als bereits weiter zurückliegende Prognosefehler. In diesem Fall ist der Parameter $b_0$ des Prognosemodells so festzulegen, daß folgende **Zielfunktion** minimiert wird:

$$\text{Min WSQA}(b_0) = \sum_{k=t-n+1}^{t} w_k \cdot (y_k - b_0)^2 \qquad (48)$$

Dabei bezeichnet $w_k$ das **Gewicht**, das die Abweichung des Prognosewertes für Periode k von der Beobachtung des Verbrauchswertes in dieser Periode erhält. Wenn die neueren Abweichungen höher gewichtet werden sollen als ältere Abweichungen, dann muß gelten:

$$w_t > w_{t-1} > \ldots > w_{t-n+1} \qquad t = n, n+1, \ldots \qquad (49)$$

Ein sehr populärer, in der betrieblichen Praxis weit verbreiteter Spezialfall[72] der gewogenen Mittelwertbildung[73] besteht darin, daß man die Gewichte der zurückliegenden Beobachtungswerte wie folgt festsetzt:

$$w_k = \alpha \cdot (1-\alpha)^{t-k} \qquad k = t-n+1, t-n+2, \ldots, t; \; 0 < \alpha < 1 \qquad (50)$$

Die Größe $\alpha$ ist ein Parameter, der Werte zwischen 0 und 1 annehmen kann. Diese Form der Gewichtung hat die Eigenschaft, daß jüngere Prognosefehler stärker gewichtet werden als ältere. Bei Verwendung dieses Gewichtungsschemas spricht man auch von **exponentieller Glättung erster Ordnung**. Der Parameter $b_0$ des Prognosemodells für die betrachtete stationäre Zeitreihe ist nun so festzulegen, daß folgende Zielfunktion minimiert wird:

$$\text{Min WSQA}(b_0) = \sum_{k=t-n+1}^{t} \alpha \cdot (1-\alpha)^{t-k} \cdot (y_k - b_0)^2 \qquad (51)$$

Zur Bestimmung des Wertes $b_0$, bei dem die in der Zielfunktion beschriebene Summe der gewogenen Abstandsquadrate WSQA minimiert wird, bilden wir die erste Ableitung der Zielfunktion (51) und setzen sie gleich Null:

---

[72] vgl. auch **Johnson/Montgomery** (1974), S. 416-420; **Hax/Candea** (1984), S. 154-159; **Silver/Peterson** (1985), S. 105-110
[73] Andere Gewichtungsschemata sind möglich. Die Gewichtung kann z.B. auch polynomisch erfolgen. Vgl. **Salzman** (1968); **Kendall** (1973), S. 31; **Weber** (1990), S. 252-256

$$\frac{dWSQA(b_0)}{db_0} = -2 \cdot \sum_{k=t-n+1}^{t} \alpha \cdot (1-\alpha)^{t-k} \cdot (y_k - b_0) \stackrel{!}{=} 0 \qquad (52)$$

Daraus ergibt sich:

$$b_0 \cdot (-2) \cdot \sum_{k=t-n+1}^{t} \alpha \cdot (1-\alpha)^{t-k} = -2 \cdot \sum_{k=t-n+1}^{t} \alpha \cdot (1-\alpha)^{t-k} \cdot y_k \qquad (53)$$

Löst man Gleichung (53) nach $b_0$ auf, dann erhält man:

$$b_0 = \frac{\sum_{k=t-n+1}^{t} \alpha \cdot (1-\alpha)^{t-k} \cdot y_k}{\sum_{k=t-n+1}^{t} \alpha \cdot (1-\alpha)^{t-k}} \qquad (54)$$

Der Ausdruck im Nenner der Gleichung (54) ist eine *geometrische Reihe*, d.h. eine Reihe mit einem konstanten Quotienten. Sie ist in Tabelle 11 ausführlich ausgeschrieben.

| k | t-n+1 | t-n+2 | t-n+3 | .... | t |
|---|---|---|---|---|---|
| geom. Reihe | $\alpha(1-\alpha)^{n-1}$ | $\alpha(1-\alpha)^{n-2}$ | $\alpha(1-\alpha)^{n-3}$ | .... | $\alpha(1-\alpha)^{n-n}$ |

*Tabelle 11: Geometrische Reihe*

Die Summe der ersten n Glieder einer geometrischen Reihe beträgt[74]:

$$S_n = c + c \cdot q + \ldots + c \cdot q^{n-1} = c \cdot \frac{1-q^n}{1-q} \qquad (55)$$

Für den Nenner in Beziehung (54) ergibt sich nun:

$$\sum_{k=t-n+1}^{t} \alpha \cdot (1-\alpha)^{t-k} = \alpha \cdot \frac{1-(1-\alpha)^n}{1-(1-\alpha)} = 1-(1-\alpha)^n \qquad (56)$$

Damit beträgt der Parameter $b_0$, bezogen auf einen bestimmten Zeitpunkt t:

$$b_{0,t} = \frac{1}{1-(1-\alpha)^n} \cdot \sum_{k=t-n+1}^{t} \alpha \cdot (1-\alpha)^{t-k} \cdot y_k \qquad t=n, n+1, \ldots \qquad (57)$$

Lassen wir die Anzahl n der bei der gleitenden Durchschnittsbildung berücksichtigten Beobachtungswerte gegen ∞ laufen, dann wird der Ausdruck vor dem Summenzeichen gleich 1 und es kann weiter vereinfacht werden:

---

74  Es gilt: $c = \alpha$; $q = 1-\alpha$

$$b_{0,t} = \sum_{k=-\infty}^{t} \alpha \cdot (1-\alpha)^{t-k} \cdot y_k \qquad (58)$$

$$= \alpha \cdot y_t + \alpha \cdot (1-\alpha) \cdot y_{t-1} + \alpha \cdot (1-\alpha)^2 \cdot y_{t-2} + \ldots$$

Entsprechend erhält man für $b_0$, bezogen auf die Vorperiode (t-1), $b_{0,t-1}$:

$$b_{0,t-1} = \sum_{k=-\infty}^{t-1} \alpha \cdot (1-\alpha)^{t-1-k} \cdot y_k \qquad (59)$$

$$= \alpha \cdot y_{t-1} + \alpha \cdot (1-\alpha) \cdot y_{t-2} + \alpha \cdot (1-\alpha)^2 \cdot y_{t-3} + \ldots$$

Multipliziert man nun $b_{0,t-1}$ mit dem Faktor $(1-\alpha)$, dann ergibt sich:

$$(1-\alpha) \cdot b_{0,t-1} = \alpha \cdot (1-\alpha) \cdot y_{t-1} + \alpha \cdot (1-\alpha)^2 \cdot y_{t-2} + \alpha \cdot (1-\alpha)^3 \cdot y_{t-3} + \ldots \qquad (60)$$

Durch Bildung der Differenz der Gleichungen (58) und (60)

$$b_{0,t} - (1-\alpha) \cdot b_{0,t-1} \qquad t=1,2,\ldots \qquad (61)$$

erhalten wir

$$b_{0,t} - (1-\alpha) \cdot b_{0,t-1} = \alpha \cdot y_t \qquad t=1,2,\ldots \qquad (62)$$

oder

$$b_{0,t} = \alpha \cdot y_t + (1-\alpha) \cdot b_{0,t-1} \qquad t=1,2,\ldots \qquad (63)$$

Beziehung (63) beschreibt einen *gewogenen gleitenden Durchschnitt*, der am Ende der Periode t errechnet wird. Man bezeichnet diesen Durchschnitt auch als **Durchschnitt erster Ordnung**, da er im Gegensatz zu dem weiter unten eingeführten Durchschnitt *zweiter Ordnung* auf den Beobachtungswerten der Zeitreihe basiert. Die Ordnung des Durchschnitts wird durch das Superskript "(.)" gekennzeichnet:

$$y_t^{(1)} = \alpha \cdot y_t + (1-\alpha) \cdot y_{t-1}^{(1)} \qquad t=1,2,\ldots \qquad (64)$$

Zur **Prognose** der Verbrauchsmenge der Periode (t+1), die am Ende der Periode t durchgeführt wird, setzen wir nun:

$$p_{t+1} = y_t^{(1)} = b_{0,t} \qquad t=1,2,\ldots \qquad (65)$$

Der Prognosewert für die Periode (t+1) kann damit wie folgt errechnet werden:

$$p_{t+1} = \alpha \cdot y_t + (1-\alpha) \cdot p_t$$
$$= p_t + \alpha \cdot (y_t - p_t)$$
$$= p_t + \alpha \cdot e_t \qquad t=1,2,\ldots \qquad (66)$$

Bei diesem Verfahren wird der Prognosewert für den Verbrauch in der Periode (t+1) also als ein gewogenes arithmetisches Mittel aus dem *tatsächlichen* Verbrauch der Periode t - gewogen mit dem Faktor $\alpha$ - und dem für Periode t *prognostizierten* Verbrauch - gewogen mit dem Faktor $(1-\alpha)$ - errechnet. Die Differenz $(y_t - p_t)$, der Prognosefehler, kann auch als eine "Beobachtung" der *irregulären Komponente* der Zeitreihe, $\epsilon_t$, aufgefaßt werden. Die Gleichung (66) zur Errechnung des Prognosewertes der Periode (t+1) entspricht einer Gewichtung der Beobachtungswerte der zurückliegenden Perioden k mit den Faktoren $w_k = \alpha \cdot (1-\alpha)^{t-k}$ (k=1,...,t). Das läßt sich wie folgt nachweisen. Es gilt:

$$
\begin{aligned}
y_t^{(1)} &= \alpha \cdot y_t + (1-\alpha) \cdot y_{t-1}^{(1)} \\
&= \alpha \cdot y_t + (1-\alpha) \cdot [\alpha \cdot y_{t-1} + (1-\alpha) \cdot y_{t-2}^{(1)}] \\
&= \alpha \cdot y_t + \alpha \cdot (1-\alpha) \cdot y_{t-1} + (1-\alpha)^2 \cdot y_{t-2}^{(1)} \\
&= \alpha \cdot y_t + \alpha \cdot (1-\alpha) \cdot y_{t-1} + (1-\alpha)^2 \cdot [\alpha \cdot y_{t-2} + (1-\alpha) \cdot y_{t-3}^{(1)}] \\
&= \alpha \cdot y_t + \alpha \cdot (1-\alpha) \cdot y_{t-1} + \alpha \cdot (1-\alpha)^2 \cdot y_{t-2} + (1-\alpha)^3 \cdot y_{t-3}^{(1)} \\
&= \alpha \cdot y_t + \alpha \cdot (1-\alpha) \cdot y_{t-1} + \alpha \cdot (1-\alpha)^2 \cdot y_{t-2} + (1-\alpha)^3 \cdot [\alpha \cdot y_{t-3} + (1-\alpha) \cdot y_{t-4}^{(1)}] \\
&= \alpha \cdot y_t + \alpha \cdot (1-\alpha) \cdot y_{t-1} + \alpha \cdot (1-\alpha)^2 \cdot y_{t-2} + \alpha \cdot (1-\alpha)^3 \cdot y_{t-3} + (1-\alpha)^4 \cdot y_{t-4}^{(1)} \\
&= \text{usw.}
\end{aligned}
\tag{67}
$$

Durch *rekursives Einsetzen* erhält man schließlich:

$$y_t^{(1)} = \alpha \cdot y_t + \alpha \cdot (1-\alpha) \cdot y_{t-1} + \alpha \cdot (1-\alpha)^2 \cdot y_{t-2} + \ldots + \alpha \cdot (1-\alpha)^{t-1} \cdot y_{t-(t-1)} + (1-\alpha)^t \cdot y_0^{(1)} \tag{68}$$

oder

$$y_t^{(1)} = \sum_{k=1}^{t} \alpha \cdot (1-\alpha)^{t-k} \cdot y_k + (1-\alpha)^t \cdot y_0^{(1)} \qquad t=1,2,\ldots \tag{69}$$

Die Größe $y_0^{(1)}$ ist der erste Durchschnittswert (Prognosewert) der betrachteten Zeitreihe. Dieser Wert muß am Ende der Periode 0 (zu Beginn der Periode 1) extern vorgegeben werden, da noch keine empirischen Beobachtungen zu seiner Berechnung vorliegen. In einer *anderen Indizierung* kann man auch schreiben:

$$y_t^{(1)} = \sum_{k=0}^{t-1} \alpha \cdot (1-\alpha)^k \cdot y_{t-k} + (1-\alpha)^t \cdot y_0^{(1)} \qquad t=1,2,\ldots \tag{70}$$

Hier läuft der Periodenindex rückwärts. Aus dieser Schreibweise für den Prognosewert des Verbrauchs in Periode (t+1) wird deutlich, daß der Einfluß einer Beobachtung auf den Prognosewert mit zunehmendem Alter k der Beobachtungen exponentiell abnimmt: je weiter eine Beobachtung zurückliegt, umso geringer wird ihr Einfluß auf den aktuellen Prognosewert.

Der Parameter $\alpha$ wird auch als **Glättungsparameter** bezeichnet. Er bestimmt das Ausmaß, in dem ein in Periode t aufgetretener Prognosefehler sich auf den Prognosewert für die nächste Periode (t+1) auswirkt. Je näher der Glättungsparameter $\alpha$ bei 0 liegt, umso stärker wird die Zeitreihe geglättet, d.h. umso mehr Gewicht erhalten die weiter zurückliegenden Beobachtungen. Ein $\alpha$-Wert nahe bei 1 dagegen führt dazu, daß die Prognosewerte sehr stark mit den jüngsten Beobachtungen schwanken. Für praktische Zwecke haben sich Werte für $\alpha$ zwischen 0.1 und 0.3 als günstig erwiesen. Bild 18 zeigt die Wirkung des Glättungsparameters $\alpha$ auf die Höhe der Gewichtungsfaktoren. Es ist erkennbar, daß bei einem extrem hohen Gewichtungsfaktor $\alpha=0.9$ praktisch nur noch die letzten drei Beobachtungswerte (aus den Perioden t, t-1 und t-2) zur Prognose der Verbrauchsmenge der Periode t+1 herangezogen werden.

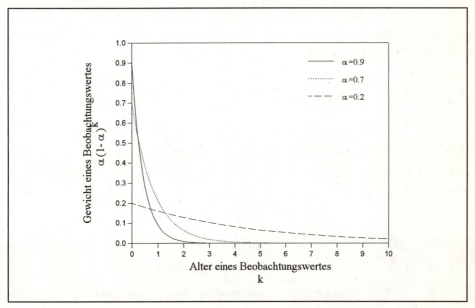

*Bild 18: Zusammenhang zwischen Alter und Gewicht eines Beobachtungswertes*

Gegenüber dem Verfahren der ungewogenen gleitenden Durchschnittsbildung, bei dem mindestens n Beobachtungen zu speichern sind, kommt das Verfahren der exponentiellen Glättung erster Ordnung in seiner einfachsten Form mit **zwei Speicherplätzen** pro Verbrauchsfaktor aus (zu speichern sind lediglich der *Glättungsparameter* $\alpha$ und der *letzte Prognosewert* $p_t$). Das ist ein Vorteil, der insbesondere dann wirksam wird, wenn der Bedarf für viele tausend Verbrauchsfaktorarten zu prognostizieren ist und wenn der verfügbare Speicherplatz knapp ist.

Betrachten wir ein **Beispiel**. Gegeben sei die in Tabelle 12 dargestellte Zeitreihe von beobachteten Bedarfsmengen für ein Produkt:

| t | 1 | 2 | 3 | 4 | 5 | 6 | 7 | 8 | 9 | 10 | 11 | 12 | 13 | 14 |
|---|---|---|---|---|---|---|---|---|---|---|---|---|---|---|
| $y_t$ | 3119 | 3591 | 1885 | 1680 | 3160 | 1975 | 2473 | 229 | 3882 | 2358 | 2250 | 2860 | 2650 | 2050 |

*Tabelle 12: Zeitreihe der Periodenbedarfsmengen eines Produkts*

Als Glättungsparameter soll $\alpha = 0.15$ verwendet werden. Um den Prognoseprozeß zu initialisieren, benötigt man einen Startwert $y_0^{(1)}$. Dieser muß extern geschätzt werden. Prinzipiell läßt sich jeder beliebige Wert verwenden, z.B. der Durchschnitt der ersten n Beobachtungen oder auch nur die erste Beobachtung. Da der Einfluß des Initialwertes aufgrund des Gewichtungsschemas ohnehin später sehr gering wird, kann man hier einen groben Schätzwert nehmen. Bei einem konstanten Zeitreihen-Modell mit einer relativ schwachen irregulären Komponente kann ohne weiteres der erste Verbrauchswert verwendet werden. Diese Vorgehensweise wird auch im vorliegenden Beispiel gewählt. Tabelle 13 zeigt die Berechnung der Prognosewerte nach dem Verfahren der exponentiellen Glättung erster Ordnung.

| t | $y_t$ | $p_{t+1}=y_t^{(1)}$ | $e_t$ | $ERR_t$ | $MAD_t$ | $SIG_t$ |
|---|---|---|---|---|---|---|
| 0 | | 3119.000 | ← Start | | | |
| 1 | 3119 | 3119.000 | 0.000 | | | |
| 2 | 3591 | 3189.800 | 472.000 | | | |
| 3 | 1885 | 2994.080 | -1304.800 | 0.000 | 592.267 | ← Start |
| 4 | 1680 | 2796.968 | -1314.080 | -65.704 | 628.357 | -0.105 |
| 5 | 3160 | 2851.423 | 363.032 | -44.267 | 615.091 | -0.072 |
| 6 | 1975 | 2719.960 | -876.423 | -85.875 | 628.158 | -0.137 |
| 7 | 2473 | 2682.916 | -246.960 | -93.929 | 609.098 | -0.154 |
| 8 | 229 | 2314.828 | -2453.916 | -211.929 | 701.339 | -0.302 |
| 9 | 3882 | 2549.904 | 1567.172 | -122.973 | 744.630 | -0.165 |
| 10 | 2358 | 2521.119 | -191.904 | -126.420 | 716.994 | -0.176 |
| 11 | 2250 | 2480.451 | -271.119 | -133.655 | 694.700 | -0.192 |
| 12 | 2860 | 2537.383 | 379.549 | -107.995 | 678.943 | -0.159 |
| 13 | 2650 | 2554.276 | 112.617 | -96.964 | 650.626 | -0.149 |
| 14 | 2050 | 2478.635 | -504.276 | -117.330 | 643.309 | -0.182 |

*Tabelle 13: Beispiel zur exponentiellen Glättung erster Ordnung*

In den beiden rechten Spalten der Tabelle 13 sind die mittlere absolute Abweichung $MAD_t$ und das Abweichungssignal $SIG_t$ angegeben. Zur Initialisierung dieser Größen wurde der durchschnittliche absolute Prognosefehler der ersten drei Perioden ermittelt, d.h. $592.267 = (0 + 472 + 1304.8)/3$. Als Glättungsparameter $\gamma$ (für $MAD_t$) und $\delta$ (für $ERR_t$) wurde jeweils 0.05 angenommen. Als Startwert für $ERR_t$ verwenden wir 0. Ab Periode 4[75] erfolgte dann eine Glättung von $MAD_t$ und $ERR_t$.

Die angegebenen Werte stellen die Ergebnisse einer **ex-post-Prognose** dar. Denn die Beobachtungen in den Perioden 1 bis 14 sind bereits bekannt. Beginnend mit der Periode 15 soll das Verfahren der exponentiellen Glättung erster Ordnung zur echten Prognose eingesetzt werden. Als Prognosewert für die Be-

---

[75] Für t=4 ergibt sich: $MAD_4 = 0.95 \cdot [(0+472+1304.8)/3] + 0.05 \cdot 1314.08 = 628.357$

darfsmenge der Periode 15 wird der am Ende der Periode 14 ermittelte exponentiell geglättete Durchschnittswert (2478.635) verwendet.

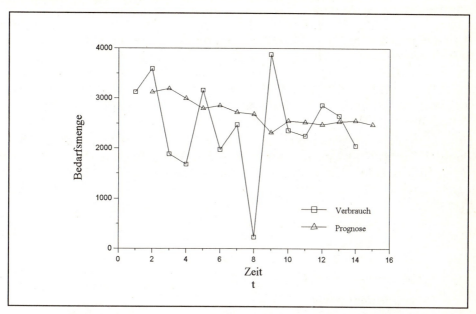

*Bild 19: Vergleich der Beobachtungswerte mit den Prognosewerten*

Wie aus Bild 19 zu erkennen ist, treten im vorliegenden Beispiel beträchtliche Prognosefehler auf, die durch den hohen Anteil der zufälligen Komponente in der Zeitreihe bedingt sind.

**Vertiefende Literatur zu den Abschnitten 31.-321.:**

*Brown* (1963b), (1984)
*Elsayed/Boucher* (1985)
*Franken* (1984)
*Hax/Candea* (1984)
*Johnson/Montgomery* (1974)
*Makridakis/Wheelwright* (1989)
*Scheer* (1983)
*Silver/Peterson* (1985)
*Weber* (1990)

## 322. Bedarfsprognose bei trendförmig ansteigendem Bedarfsverlauf

Im vorangegangenen Abschnitt 321. wurde ein Zeitreihenmodell betrachtet, bei dem das **Niveau** der Zeitreihe trotz auftretender unregelmäßiger Schwankungen im Zeitablauf konstant bleibt. Die Anwendung des Kriteriums der Summe der *ungewogenen* Abstandsquadrate führte zu dem Ergebnis, daß der Modellparameter $\beta_0$ am besten durch einen ungewogenen gleitenden Durchschnitt der Beobachtungswerte geschätzt wird. Bei Verwendung des Kriteriums der Summe der *exponentiell gewogenen* Abstandsquadrate ergab sich als optimales Verfahren die exponentielle Glättung erster Ordnung.

Im folgenden sollen dieselben Kriterien auf den Fall angewandt werden, daß das Niveau der Verbrauchszeitreihe einem **linearen Trend** folgt, der wiederum von unregelmäßigen, zufälligen Schwankungen überlagert wird. Das Modell der Zeitreihe hat dann für das betrachtete Zeitfenster der letzten n Perioden die folgende Form:

$$y_k = \beta_0 + \beta_1 \cdot k + \epsilon_k \qquad k=t-n+1,\ldots,t \tag{71}$$

- $\epsilon_k$: zufällige Schwankungen
- $k$: Zeit (unabhängige Variable)
- $\beta_1$: Steigung der Trendgeraden
- $\beta_0$: Achsenabschnitt der Trendgeraden

Befinden wir uns am Ende der Periode t und blicken wir auf die letzten n Perioden zurück, dann erhalten wir das folgende Gleichungssystem mit n Gleichungen:

$$\begin{aligned}
y_{t-n+1} &= \beta_0 + \beta_1 \cdot (t-n+1) + \epsilon_{t-n+1} \\
y_{t-n+2} &= \beta_0 + \beta_1 \cdot (t-n+2) + \epsilon_{t-n+2} \\
&\vdots \\
y_t &= \beta_0 + \beta_1 \cdot t + \epsilon_t
\end{aligned} \tag{72}$$

In Matrixschreibweise lautet dieses Gleichungssystem:

$$\underline{Y} = \underline{K} \cdot \underline{\beta} + \underline{\epsilon} \tag{73}$$
$$(n \times 1) \quad (n \times 2) \quad (2 \times 1) \quad (n \times 1)$$

Bild 20 zeigt die Struktur der einzelnen Matrizen bzw. Vektoren des betrachteten Zeitreihenmodells.

$$\underline{Y} = \begin{bmatrix} y_{t-n+1} \\ y_{t-n+2} \\ \cdot \\ \cdot \\ y_t \end{bmatrix} \quad \underline{K} = \begin{bmatrix} 1 & t-n+1 \\ 1 & t-n+2 \\ \cdot & \cdot \\ \cdot & \cdot \\ 1 & t \end{bmatrix} \quad \underline{\beta} = \begin{bmatrix} \beta_0 \\ \beta_1 \end{bmatrix} \quad \underline{\epsilon} = \begin{bmatrix} \epsilon_{t-n+1} \\ \epsilon_{t-n+2} \\ \cdot \\ \cdot \\ \epsilon_t \end{bmatrix}$$

*Bild 20: Matrizen und Vektoren des Zeitreihenmodells für trendförmig ansteigenden Bedarf*

Zur Prognose des zukünftigen Verlaufs der Zeitreihe ist die Kenntnis des Achsenabschnitts $\beta_0$ und der Steigung $\beta_1$ der Trendfunktion erforderlich. Die Schätzung dieser beiden Größen auf der Grundlage empirischer Beobachtungen der Verbrauchszeitreihe kann nach verschiedenen Verfahren geschehen. Im folgenden sollen die **lineare Regressionsrechnung**, die **exponentielle Glättung zweiter Ordnung** und das **Verfahren von Holt** dargestellt werden.

## 3221. Bedarfsprognose mittels linearer Regressionsrechnung

Die lineare Regressionsrechnung[76] ist ein statistisches Verfahren zur Quantifizierung des funktionalen Zusammenhangs zwischen einer abhängigen und einer (oder mehreren) unabhängigen Variablen. Im betrachteten Anwendungsfall kann die Zeit, die in der vorliegenden Indizierung der Beobachtungswerte von (t-n+1) bis t läuft, als unabhängige Variable und die Zeitreihe der Verbrauchswerte eines Erzeugnisses als abhängige Variable aufgefaßt werden. Bei Einsatz der linearen Regressionsrechnung sind die Modellparameter $b_0$ (*Achsenabschnitt*) und $b_1$ (*Steigung der Trendgeraden*) so festzulegen, daß die Summe der ungewogenen Abstandsquadrate der Beobachtungen von der Trendgeraden minimal wird. Die bei der Schätzung der optimalen Modellparameter verwendete Zielfunktion lautet in diesem Fall:

$$\text{Min SQA}(b_0, b_1) = \sum_{k=t-n+1}^{t} (y_k - b_0 - b_1 \cdot k)^2 \tag{74}$$

Zur Minimierung der Zielfunktion (74) bildet man die partiellen Ableitungen nach $b_0$ und $b_1$ und setzt sie gleich Null. Die partielle Ableitung nach $b_0$ lautet:

$$\frac{\partial \text{SQA}(b_0, b_1)}{\partial b_0} = -2 \cdot \sum_{k=t-n+1}^{t} (y_k - b_0 - b_1 \cdot k) \stackrel{!}{=} 0 \tag{75}$$

---

[76] vgl. **Hamburg** (1970), S. 459-562; **Bamberg/Baur** (1987), S. 42-46; **Neter/Wassermann/Kutner** (1989)

Aus Beziehung (75) folgt nach einigen Umformungen die **erste Normalgleichung**:

$$\sum_{k=t-n+1}^{t} y_k = n \cdot b_0 + b_1 \cdot \sum_{k=t-n+1}^{t} k \qquad (76)$$

Als partielle Ableitung der Gleichung (74) nach $b_1$ ergibt sich:

$$\frac{\partial SQA(b_0,b_1)}{\partial b_1} = 2 \cdot \sum_{k=t-n+1}^{t} (y_k - b_0 - b_1 \cdot k) \cdot (-k) \stackrel{!}{=} 0 \qquad (77)$$

Nach einigen Umformungen der Beziehung (77) erhalten wir die **zweite Normalgleichung**:

$$\sum_{k=t-n+1}^{t} y_k \cdot k = b_0 \cdot \sum_{k=t-n+1}^{t} k + b_1 \cdot \sum_{k=t-n+1}^{t} k^2 \qquad (78)$$

Damit liegt ein System aus *zwei linearen Gleichungen mit zwei Unbekannten* vor, das nach $b_0$ und $b_1$ aufgelöst werden kann. Die Lösungen lauten:

$$b_0 = \frac{\Sigma k^2 \cdot \Sigma y_k - \Sigma k \cdot \Sigma(k \cdot y_k)}{n \cdot \Sigma k^2 - (\Sigma k)^2} \qquad (79)$$

$$b_1 = \frac{n \cdot \Sigma(k \cdot y_k) - \Sigma k \cdot \Sigma y_k}{n \cdot \Sigma k^2 - (\Sigma k)^2} \qquad (80)$$

Die Summationen laufen dabei jeweils über den Index k (k=t-n+1,t-n+2,...,t). Verändert man die unabhängige Zeitvariable in der Weise, daß sie die Werte von [-(n-1),-(n-2),...,-1,0] oder [1,2,...,n] annimmt, dann können die Gleichungen (79) und (80) weiter vereinfacht werden[77].

Zur Beurteilung der **Güte der Anpassung** der empirischen Verbrauchswerte durch die Trendgerade kann eine **Varianzanalyse** vorgenommen werden. Diese basiert auf der Zerlegung der Summe der quadrierten Abweichungen der Beobachtungswerte von ihrem gemeinsamen Mittelwert in einzelne Komponenten[78]. Die Gesamtvariation der Beobachtungswerte $y_k$ um ihren Mittelwert $\mu_t$ besteht aus einem Anteil, der durch die Regressionsgerade mit den ex-post-Prognosewerten $p_k$ ($p_k = b_0 + b_1 \cdot k$) erklärt wird und einem Anteil, der nicht durch den Einfluß der unabhängigen Variablen begründet werden kann. Es gelten nun folgende Zusammenhänge[79]:

---

77 vgl. **Johnson/Montgomery** (1974), S. 406; **Schlittgen/Streitberg** (1984), S. 12-15
78 Die Summe der Abweichungsquadrate wird im folgenden als Variation bezeichnet.
79 Für die numerische Berechnung der Abweichungsquadratsummen besser geeignete Formeln, die auch die Grundlage für die weiter unten dargestellte Matrixschreibweise bilden, finden sich bei **Neter/Wassermann** (1974), S. 80. Siehe auch **Neter/Wassermann/Kutner** (1989), S. 87-93

- **Gesamtvariation:**

$$SQT = \sum_{k=t-n+1}^{t} (y_k - \mu_t)^2 \tag{81}$$

  - $\mu_t$: Mittelwert der Zeitreihe (bezogen auf die letzten n Perioden)
  - $y_k$: Beobachtungswert in Periode k

- **durch den Verlauf der Trendgeraden erklärte Variation:**

$$SQR = \sum_{k=t-n+1}^{t} (p_k - \mu_t)^2 \tag{82}$$

  - $\mu_t$: Mittelwert der Zeitreihe (bezogen auf die letzten n Perioden)
  - $p_k$: ex-post-Prognosewert für Periode k laut Trendgleichung

- **nicht erklärte Restvariation:**

$$SQE = \sum_{k=t-n+1}^{t} (y_k - p_k)^2 \tag{83}$$

  - $p_k$: ex-post-Prognosewert für Periode k laut Trendgleichung
  - $y_k$: Beobachtungswert in Periode k

Bild 21 verdeutlicht die Zusammenhänge zwischen der Gesamtvariation und den Teilvariationen. Mit Hilfe dieser Größen kann das **Bestimmtheitsmaß** als Gütekriterium der Regression berechnet werden. Das Bestimmtheitsmaß ist ein dimensionsloses Maß für den Anteil der Gesamtvariation, der auf den Einfluß der unabhängigen Variablen - im vorliegenden Zusammenhang ist das die Zeit - zurückzuführen ist. Es errechnet sich als Quotient aus der durch den Verlauf der Regressionsgeraden erklärten Variation SQR und der Gesamtvariation SQT:

$$r^2 = \frac{SQR}{SQT} \tag{84}$$

Das Bestimmtheitsmaß kann Werte zwischen 0 und 1 annehmen. Je höher $r^2$ ist, umso höher ist der Grad der Anpassung der Trendgeraden an die Zeitreihe. Das Bestimmtheitsmaß kann zur Beantwortung der Frage verwendet werden, ob ein signifikanter Trend vorliegt[80]. Als in der Praxis anwendbare Faustregel gilt, daß ab einem Wert von $r^2 > 0.5$ von einem trendförmigen Verlauf der Zeitreihe ausgegangen werden kann[81].

---

[80] Eine umfassende vertiefende Darstellung zur (multiplen linearen) Regressionsrechnung findet sich bei **Draper/Smith** (1981) sowie bei **Neter/Wassermann/Kutner** (1989). Siehe auch **Weber** (1990), S. 81-87

[81] Ein hoher Wert des Bestimmtheitsmaßes bedeutet nicht notwendigerweise, daß das unterstellte Regressionsmodell brauchbar ist. Wenn die Regressionsrechnung nur auf einem **geringen Stichprobenumfang** n basiert, kann in einigen Fällen das Bestimmtheitsmaß einen hohen Wert annehmen, obwohl die nicht erklärte Varianz für eine praktische Verwendung des Regressionsmodells zu hoch ist.

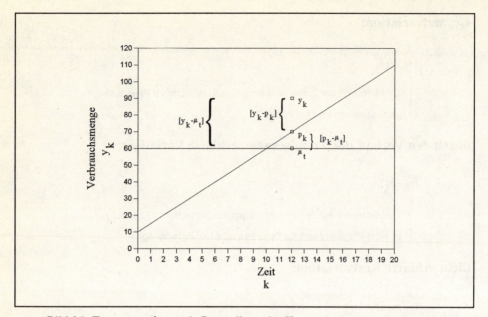

*Bild 21: Zusammenfassende Darstellung der Komponenten der Summe der Abweichungsquadrate*

Für die Erweiterung der Betrachtung auf mehrere Einflußgrößen, insb. unter Einbeziehung transformierter Formen der Zeitvariablen, ist die *Matrixschreibweise* der Regressionsrechnung hilfreich. In Matrixschreibweise lauten die Normalgleichungen:

$$\begin{bmatrix} \Sigma\, y_k \\ \Sigma\, k \cdot y_k \end{bmatrix} = \begin{bmatrix} n & \Sigma\, k \\ \Sigma\, k & \Sigma\, k^2 \end{bmatrix} \cdot \begin{bmatrix} b_0 \\ b_1 \end{bmatrix}$$

*Bild 22: Normalgleichungen in Matrixschreibweise*

Berücksichtigen wir die in Bild 20 angegebene Definition des Vektors $\underline{Y}$ und der Matrix $\underline{K}$, dann sehen wir, daß die Normalgleichungen durch folgende Beziehung beschrieben werden:

$$(\underline{K}^T \underline{Y}) = (\underline{K}^T \underline{K})\underline{b} \tag{85}$$

Dieses Gleichungssystem kann nach dem Vektor $\underline{b}$ aufgelöst werden, indem man beide Seiten der Gleichung mit der Inversen von $\underline{K}^T\underline{K}$ multipliziert:

$$(\underline{K}^T\underline{K})^{-1}\,(\underline{K}^T\underline{Y}) = (\underline{K}^T\underline{K})^{-1}\,(\underline{K}^T\underline{K})\,\underline{b} \tag{86}$$

Die Lösung lautet:

$$\underline{b} = (\underline{K}^T \underline{K})^{-1} (\underline{K}^T \underline{Y}) \tag{87}$$

Die **Variationen** lauten in Matrixschreibweise wie folgt[82]:

$$SQT = \underline{Y}^T \underline{Y} - n\mu_t^2 \tag{88}$$

$$SQR = \underline{b}^T \underline{K}^T \underline{Y} - n\mu_t^2 \tag{89}$$

$$SQE = \underline{Y}^T \underline{Y} - \underline{b}^T \underline{K}^T \underline{Y} \tag{90}$$

Sind die Parameter der Regressionsgleichung bekannt, dann können die Prognosen für zukünftige Verbrauchswerte der Perioden (t+1, t+2,...) erstellt werden. Für die Periode (t+j) ergibt sich:

$$p_{t+j} = b_0 + b_1 \cdot (t+j) \tag{91}$$

In der dargestellten Matrixschreibweise kann die Regressionsgleichung sehr leicht mit Hilfe eines Computers unter Einsatz von Standardpaketen der linearen Algebra errechnet werden[83]. Dies soll anhand der in Tabelle 14 angegebenen Verbrauchszeitreihe erläutert werden.

| k | 1 | 2 | 3 | 4 | 5 | 6 | 7 |
|---|---|---|---|---|---|---|---|
| $y_k$ | 15 | 20 | 35 | 40 | 55 | 70 | 80 |

*Tabelle 14: Verbrauchszeitreihe*

Wir wollen den Verbrauch für Periode 8 prognostizieren. Zunächst berechnen wir die Regressionsgerade. Die Ergebnisse der Regressionsrechnung in Matrixschreibweise sind in Bild 23 wiedergegeben. Mit Hilfe des Vektors $\underline{b}$ kann nun die Regressionsgleichung aufgestellt werden. Sie lautet:

$$y_k = b_0 + b_1 \cdot k = 0.0 + 11.25 \cdot k \qquad k = 1,\ldots,7 \tag{92}$$

Der für Periode t = 8 prognostizierte Verbrauch beträgt somit:

$$p_8 = 0.0 + 11.25 \cdot 8 = 90 \tag{93}$$

---

82  vgl. Neter/Wassermann (1974), S. 205-206; **Neter/Wassermann/Kutner** (1989), S. 211-212
83  Z.B. PC-MATLAB oder MATHCAD. Die lineare Regressionsrechnung ist auch Bestandteil der meisten Standardsoftwarepakete der mathematischen Statistik (z.B. PlotIt, STATGRAPHICS) sowie der meisten Tabellenkalkulationsprogramme (z.B. Excel).

$$\underline{K} = \begin{bmatrix} 1 & 1 \\ 1 & 2 \\ 1 & 3 \\ 1 & 4 \\ 1 & 5 \\ 1 & 6 \\ 1 & 7 \end{bmatrix} \quad \underline{Y} = \begin{bmatrix} 15 \\ 20 \\ 35 \\ 40 \\ 55 \\ 70 \\ 80 \end{bmatrix} \quad \underline{K}^T\underline{K} = \begin{bmatrix} 7 & 28 \\ 28 & 140 \end{bmatrix} \quad \underline{K}^T\underline{Y} = \begin{bmatrix} 315 \\ 1575 \end{bmatrix}$$

$$(\underline{K}^T\underline{K})^{-1} = \begin{bmatrix} 0.71428571 & -0.14285871 \\ -0.14285714 & 0.03571429 \end{bmatrix} \quad \underline{b} = \begin{bmatrix} 0.00000000 \\ 11.2499999 \end{bmatrix}$$

$\mu_t = 45 \quad SQT = 3600 \quad SQR = 3543.75 \quad SQE = 56.25 \quad r^2 = 0.9844$

*Bild 23: Ergebnisse der Regressionsrechnung*

Die beschriebene Methode zur Berechnung einer Trendgleichung ist nicht an das Vorliegen eines linearen Trends gebunden. Vielmehr kann sie immer dann eingesetzt werden, wenn die funktionale Beziehung zwischen der Zeit und der Verbrauchsmenge durch geeignete Transformationen in eine lineare Form überführt werden kann. Tabelle 15 zeigt einige gängige nichtlineare Funktionstypen und die entsprechenden Transformationen[84].

| Funktion | | Transformation | linearisierte Form |
|---|---|---|---|
| Exponentialfunktion | $Y = a \cdot e^{b \cdot X}$ | $Y^* = \ln Y$ | $Y^* = a^* + b \cdot X$ <br> $a^* = \ln a$ |
| Potenzfunktion | $Y = a \cdot X^b$ | $Y^* = \ln Y$ <br> $X^* = \ln X$ | $Y^* = a^* + b \cdot X^*$ <br> $a^* = \ln a$ |
| Logarithmische Funktion | $Y = a + b \cdot \ln X$ | $X^* = \ln X$ | $Y = a + b \cdot X^*$ |
| Hyperbel | $Y = a + b/X$ | $X^* = 1/X$ | $Y = a + b \cdot X^*$ |
| Polynom zweiter Ordnung | $Y = a + b \cdot X + c \cdot X^2$ | $X^* = X^2$ | $Y = a + b \cdot X + c \cdot X^*$ |

*Tabelle 15: Linearisierbare Funktionen (Beispiele)*

Durch die Variablentransformation lassen sich viele auf den ersten Blick nichtlineare Funktionsverläufe in eine linearisierte Form überführen. Bei zahlreichen Verbrauchsfaktoren kann davon ausgegangen werden, daß nach einer bestimmten Zeitspanne eine gewisse *Sättigung* erreicht wird. Eine derartige Situation kann z.B. durch eine logarithmische Funktion erfaßt werden. Betrachten wir die in Tabelle 16 angegebene Verbrauchszeitreihe, deren n = 12 Beobachtungswerte zur Schätzung einer Prognosegleichung herangezogen werden sollen.

---

[84] vgl. **Weber** (1990), S. 69-77

## 3221. Bedarfsprognose mittels linearer Regressionsrechnung

| k   | 1   | 2   | 3    | 4    | 5    | 6    | 7    | 8    | 9    | 10   | 11   | 12   |
|-----|-----|-----|------|------|------|------|------|------|------|------|------|------|
| $y_k$ | 2.0 | 6.0 | 10.0 | 13.5 | 17.0 | 19.0 | 22.0 | 23.0 | 25.0 | 24.0 | 26.0 | 27.0 |

*Tabelle 16: Verbrauchszeitreihe mit nichtlinearer Entwicklung*

Ersetzt man die unabhängige Variable k=1,2,...,12 durch ln k, dann erhält man durch Anwendung der linearen Regressionsrechnung folgende Funktion:

$$y_k = -0.21709 + 10.8622 \cdot \ln k \qquad k=1,2,\ldots,12 \tag{94}$$

Zur Bestimmung eines Prognosewertes für die Periode t>12 wird der natürliche Logarithmus von t in die Prognosegleichung eingesetzt. Bild 24 zeigt die Beobachtungswerte der Zeitreihe und die ex-post-Prognose-Werte.

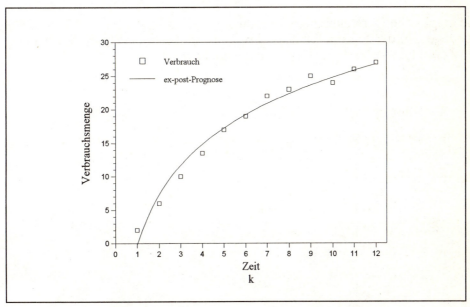

*Bild 24: Prognose mit einer logarithmischen Funktion*

Auch das folgende Modell einer Zeitreihe kann linearisiert[85] und mit Hilfe der (multiplen[86]) linearen Regressionsrechnung prognostiziert werden:

$$y_k = b_0 + b_1 \cdot k + b_2 \cdot \sin\left[\frac{2 \cdot \pi \cdot k}{z}\right] + e_k \qquad k=t-n+1,\ldots,t \tag{95}$$

---

85 vgl. z.B. **Naylor** (1979), S. 88-98; **Elsayed/Boucher** (1985), S. 21-28
86 Die multiple lineare Regressionsrechnung kann bei Rückgriff auf die Matrizenschreibweise durch Erweiterung der Matrix **K** um je eine Spalte und Erweiterung des Vektors **b** um je ein Element für jede zusätzliche unabhängige Variable durchgeführt werden.

Dieses Modell könnte man zur Prognose einer Zeitreihe einsetzen, die durch einen *Trend* und zyklische (saisonale) Schwankungen geprägt ist[87]. Dabei bezeichnet k die unabhängige Variable des Modells (Zeit) und z steht für die Länge eines *Saisonzyklus* (z.B. 4 Perioden). Zur Linearisierung der Funktion (95) sind folgende Transformationen vorzunehmen:

$$x_1(k) = k \qquad\qquad k=t-n+1,\ldots,t \qquad (96)$$

$$x_2(k) = \sin\left[\frac{2\cdot\pi\cdot k}{z}\right] \qquad\qquad k=t-n+1,\ldots,t \qquad (97)$$

Damit erhalten wir folgende linearisierte Funktion:

$$y_k = b_0+b_1\cdot x_1(k)+b_2\cdot x_2(k)+\epsilon_k \qquad\qquad k=t-n+1,\ldots,t \qquad (98)$$

Die graphische Darstellung einer solchen Funktion zeigt Bild 25[88]. Durch die geeignete Wahl der Parameter $b_0$ und $b_1$ kann sie bestmöglich an den Verlauf einer Zeitreihe von Verbrauchswerten angepaßt werden.

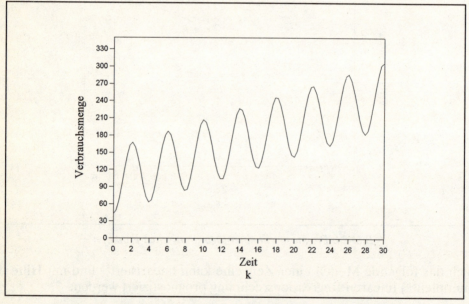

*Bild 25: Zeitreihenmodell mit Trend und Saisonschwankungen*

Nach jeder Periode, wenn eine neue Beobachtung der Verbrauchsmenge hinzugekommen und der älteste Beobachtungswert gelöscht worden ist, hat sich die Datengrundlage der Regressionsrechnung, d.h. der Inhalt des Zeitfensters aus n

---

87 vgl. hierzu auch Abschnitt 323.
88 vgl. auch Abschnitt 32332.

Perioden, verändert. Daher muß die Regressionsgleichung streng genommen nach jeder Periode an die neue Datensituation angepaßt werden. Dadurch ist das Verfahren der Regressionsrechnung im Vergleich zu den im folgenden darzustellenden Verfahren mit mehr Rechenaufwand verbunden.

## 3222. Bedarfsprognose mittels exponentieller Glättung zweiter Ordnung

Beim Verfahren der exponentiellen Glättung zweiter Ordnung wird - wie bei der linearen Regressionsrechnung - von einem linearen Trendmodell ausgegangen:

$$y_k = \beta_0 + \beta_1 \cdot k + \epsilon_k \qquad k=t-n+1,\ldots,t \qquad (99)$$

Wollen wir nun am Ende einer beliebigen Periode t eine Prognose für den Bedarf der nächsten Periode ermitteln bzw. prognostizieren, dann müssen wir die in dieser Periode geltenden Schätzwerte der Parameter $b_{0,t}$ (Achsenabschnitt) und $b_{1,t}$ (Steigung) der Trendgleichung kennen. Zur Bestimmung dieser Größen gehen wir davon aus, daß der Nullpunkt der Zeitachse, an dem der Achsenabschnitt gemessen wird, jeweils mit der aktuellen Periode t verschoben wird, so daß der Achsenabschnitt sich immer auf die Periode t bezieht.

Versuchen wir zunächst einmal, die exponentielle Glättung erster Ordnung zur Prognose des Verbrauchs bei Vorliegen eines linearen Trends einzusetzen. Dabei wird ein **systematischer Fehler** auftreten, der zur Ableitung eines für die vorliegende Situation geeigneten Prognoseverfahrens verwendet werden kann. Die am Ende der Perioden t errechneten Durchschnittswerte, die zur Prognose des Verbrauchs der Perioden (t+1) verwendet werden, sind in systematischer Weise niedriger als die tatsächlichen Verbrauchswerte der Perioden t. Es tritt also die systematische Differenz

$$y_t - y_t^{(1)} \qquad t=1,2,\ldots \qquad (100)$$

auf[89], wobei $y_t^{(1)}$ den am Ende der Periode t errechneten exponentiell geglätteten Durchschnittswert erster Ordnung beschreibt. Glättet man die Zeitreihe nach dem Verfahren der exponentiellen Glättung erster Ordnung, dann ergibt sich bekanntlich als Mittelwert erster Ordnung am Ende der Periode t:

$$y_t^{(1)} = \alpha \cdot y_t + (1-\alpha) \cdot y_{t-1}^{(1)} \qquad t=1,2,\ldots \qquad (101)$$

oder

$$y_t^{(1)} = \sum_{k=0}^{t-1} \alpha \cdot (1-\alpha)^k \cdot y_{t-k} + (1-\alpha)^t \cdot y_0^{(1)} \qquad t=1,2,\ldots \qquad (102)$$

---

[89] vgl. **Zäpfel** (1982), S. 171-176; **Hax/Candea** (1984), S. 163-164; **Elsayed/Boucher** (1985), S. 38-39

Die **Frage** lautet nun: *Wie hoch ist der Erwartungswert dieses Durchschnitts (erster Ordnung), wenn die Zeitreihe einen linearen Trend aufweist?* Berechnet man den Erwartungswert von $y_t^{(1)}$, dann ergibt sich:

$$E\{y_t^{(1)}\} = \sum_{k=0}^{t-1} \alpha \cdot (1-\alpha)^k \cdot E\{y_{t-k}\} + (1-\alpha)^t \cdot E\{y_0^{(1)}\} \qquad t=1,2,\ldots \qquad (103)$$

Der Erwartungswert des Verbrauchs in Periode (t-k), $y_{t-k}$, beträgt gemäß dem angenommenen linearen Trend:

$$E\{y_{t-k}\} = b_0 + b_1 \cdot (t-k) \qquad k=t-n+1,\ldots,t \qquad (104)$$

Setzen wir Gleichung (104) in Gleichung (103) ein, dann ergibt sich:

$$E\{y_t^{(1)}\} = \sum_{k=0}^{t-1} \alpha \cdot (1-\alpha)^k \cdot [b_0 + b_1 \cdot (t-k)] + (1-\alpha)^t \cdot E\{y_0^{(1)}\}$$

$$= b_0 \cdot \sum_{k=0}^{t-1} \alpha \cdot (1-\alpha)^k + b_1 \cdot t \cdot \sum_{k=0}^{t-1} \alpha \cdot (1-\alpha)^k - b_1 \cdot \sum_{k=0}^{t-1} k \cdot \alpha \cdot (1-\alpha)^k + (1-\alpha)^t \cdot E\{y_0^{(1)}\} \qquad (105)$$

Im **stationären** Zustand, d.h. wenn t gegen ∞ geht, erhalten wir für einige Summanden der Gleichung (105) die in Beziehung (106) hervorgehobenen Vereinfachungen.

$$E\{y_t^{(1)}\} = b_0 \cdot \underbrace{\sum_{k=0}^{\infty} \alpha(1-\alpha)^k}_{= 1} + b_1 \cdot t \cdot \underbrace{\sum_{k=0}^{\infty} \alpha(1-\alpha)^k}_{= 1} - b_1 \cdot \underbrace{\sum_{k=0}^{\infty} k \cdot \alpha(1-\alpha)^k}_{= (1-\alpha)/\alpha} + \underbrace{(1-\alpha)^{\infty} \cdot E\{y_0^{(1)}\}}_{= 0} \qquad (106)$$

Durch diese Vereinfachungen kann der Erwartungswert für den exponentiell geglätteten Mittelwert erster Ordnung in einem Zeitreihenmodell mit linearem Trend wie folgt beschrieben werden:

$$E\{y_t^{(1)}\} = b_0 + b_1 \cdot t - b_1 \cdot \frac{1-\alpha}{\alpha} \qquad t=1,2,\ldots \qquad (107)$$

Da der Erwartungswert für den Verbrauch in Periode t

$$E\{y_t\} = b_0 + b_1 \cdot t \qquad t=1,2,\ldots \qquad (108)$$

beträgt, läuft der am Ende der Periode t errechnete gleitende Durchschnitt erster Ordnung um den Betrag $[b_1 \cdot (1-\alpha)/\alpha]$ hinter dem Verbrauchswert der Periode t hinterher. Es gilt also die Beziehung[90]:

---

90 vgl. **Hax/Candea** (1984), S. 159-164; **Elsayed/Boucher** (1985), S. 38-40

$$E\{y_t^{(1)}\} = E\{y_t\} - b_1 \cdot \frac{1-\alpha}{\alpha} \qquad t=1,2,\ldots \qquad (109)$$

- Erwartungswert des exponentiell geglätteten Durchschnitts erster Ordnung am Ende der Periode t
- Erwartungswert der Verbrauchsmenge in Periode t
- systematische Differenz

Gleichung (109) besagt, daß im Fall eines linearen Trendverlaufs der am Ende der Periode t berechnete exponentiell geglättete Mittelwert erster Ordnung um den konstanten Betrag $[b_1 \cdot (1-\alpha)/\alpha]$ niedriger ist als der Verbrauch in Periode t. Man kann daher nicht mehr - wie im Fall eines stationären Bedarfsverlaufs - den zuletzt errechneten Durchschnittswert als besten Prognosewert für die nächste Periode verwenden.

Die Berechnung exponentiell geglätteter Mittelwerte erster Ordnung über mehrere Perioden ergibt folgende **Zeitreihe von Mittelwerten erster Ordnung**:

$$\{\ldots, y_{t-1}^{(1)}, y_t^{(1)}\} \qquad (110)$$

Man kann nun die Zeitreihe der Mittelwerte erster Ordnung in gleicher Weise wie die Zeitreihe der ursprünglichen Beobachtungswerte behandeln und darauf ebenfalls die exponentielle Glättung erster Ordnung anwenden. Als Ergebnis dieses Glättungsprozesses erhält man exponentiell geglättete **Mittelwerte zweiter Ordnung**, d.h. gewogene Durchschnitte von Mittelwerten (erster Ordnung). Der Mittelwert zweiter Ordnung am Ende der Periode t errechnet sich als gewogener Durchschnitt aus dem Mittelwert erster Ordnung am Ende der Periode t und dem Mittelwert zweiter Ordnung am Ende der Vorperiode (t-1):

$$y_t^{(2)} = \alpha \cdot y_t^{(1)} + (1-\alpha) \cdot y_{t-1}^{(2)} \qquad t=1,2,\ldots \qquad (111)$$

Man kann nachweisen, daß zwischen den Erwartungswerten der Mittelwerte erster und zweiter Ordnung folgende Beziehung gilt:

$$E\{y_t^{(2)}\} = E\{y_t^{(1)}\} - b_1 \cdot \frac{1-\alpha}{\alpha} \qquad t=1,2,\ldots \qquad (112)$$

Das heißt: der Mittelwert zweiter Ordnung läuft dem Mittelwert erster Ordnung durchschnittlich im gleichen Abstand hinterher wie der Mittelwert erster Ordnung den Beobachtungswerten hinterherläuft. Diese systematische Beziehung zwischen den drei Zeitreihen kann man zur Entwicklung eines Prognoseverfahrens ausnutzen. Versuchen wir zunächst, die **Steigung der Trendgeraden** im Zeitpunkt t, $b_{1,t}$, zu schätzen. Da der exponentiell geglättete Mittelwert erster Ordnung sich entsprechend Gleichung (109) nur um einen konstanten Betrag von der Trendgeraden unterscheidet, weisen beide Zeitreihen - sieht man einmal von der irregulären Komponente ab - dieselbe Steigung auf. Darüberhinaus stimmt auch die Steigung der Zeitreihe der exponentiell geglätteten Mittelwerte zweiter Ordnung mit den Steigungen der Trendgeraden und der Reihe der exponentiell geglätteten Mittelwerte erster Ordnung überein. Das heißt: die drei Zeitreihen verlaufen *parallel*. Dies ist in Bild 26 für eine Zeitreihe mit einem störungsfreien linearen Verlauf dargestellt.

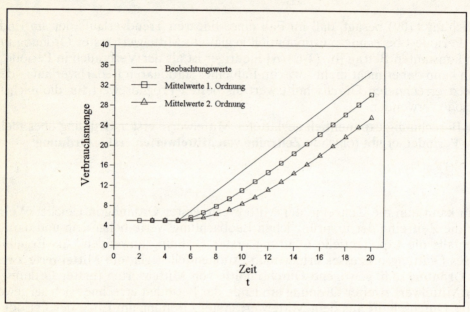

*Bild 26: Beobachtungswerte sowie exponentiell geglättete Durchschnitte erster und zweiter Ordnung für eine Zeitreihe mit störungsfreiem linearen Verlauf*

Es ist damit möglich, die Steigung der Originalzeitreihe der beobachteten Verbrauchswerte auch aus der Gleichung für den exponentiell geglätteten Mittelwert zweiter Ordnung zu errechnen. Dies geschieht wie folgt. Lösen wir zunächst die Gleichung (112) für den Erwartungswert des Mittelwertes zweiter Ordnung nach der *Steigung der Trendgeraden* im Zeitpunkt t, $b_{1,t}$, auf:

$$b_{1,t} = \frac{\alpha}{1-\alpha} \cdot [E\{y_t^{(1)}\} - E\{y_t^{(2)}\}] \tag{113}$$

mit $E\{y_t^{(1)}\}$ — exponentiell gewogener Mittelwert erster Ordnung
und $E\{y_t^{(2)}\}$ — exponentiell gewogener Mittelwert zweiter Ordnung

Es ist sinnvoll, immer den neuesten, d.h. aktuellsten, Schätzwert für die Steigung der Trendgeraden am Ende der Periode t zu verwenden. Wir erhalten dann den folgenden Ausdruck:

$$b_{1,t} = \frac{\alpha}{1-\alpha} \cdot [y_t^{(1)} - y_t^{(2)}] \qquad t=1,2,\ldots \qquad (114)$$

*Wie hoch ist nun die erwartete Verbrauchsmenge am Ende der Periode t?* Zur Beantwortung dieser Frage greifen wir auf die Beziehung (109) zurück und setzen dort die Gleichung (113) für die Steigung $b_{1,t}$ ein:

$$E\{y_t\} = E\{y_t^{(1)}\} + \underbrace{\frac{1-\alpha}{\alpha} \cdot \frac{\alpha}{1-\alpha} \cdot [E\{y_t^{(1)}\} - E\{y_t^{(2)}\}]}_{\text{Steigung der Trendgeraden}}$$

$$= 2 \cdot E\{y_t^{(1)}\} - E\{y_t^{(2)}\} \qquad t=1,2,\ldots \qquad (115)$$

Beziehung (115) beschreibt den erwarteten Abstand der Trendgeraden von der Zeitachse am Ende der Periode t. Aufgrund dieser Beziehung können wir nun als plausiblen Schätzwert für den Abstand der Trendgeraden von der Abszisse (*Achsenabschnitt*) am Ende der Periode t den Ausdruck

$$b_{0,t} = 2 \cdot y_t^{(1)} - y_t^{(2)} \qquad t=1,2,\ldots \qquad (116)$$

verwenden. Damit liegt die Gleichung der Trendgeraden am Ende der Periode t vor. Der **Prognosewert** des Verbrauchs für eine zukünftige Periode (t+j), $p_{t+j}$, beträgt nun:

$$p_{t+j} = \underbrace{[2 \cdot y_t^{(1)} - y_t^{(2)}]}_{\text{aktueller Achsenabschnitt}} + \underbrace{[\frac{\alpha}{1-\alpha} \cdot (y_t^{(1)} - y_t^{(2)})]}_{\text{aktuelle Steigung der Trendgeraden}} \cdot j \qquad t=1,2,\ldots; \; j=1,2,\ldots \qquad (117)$$

Zur **Initialisierung** des Prognoseverfahrens werden Startwerte $y_0^{(1)}$ und $y_0^{(2)}$ für die beiden Mittelwerte benötigt. Sie lassen sich aus Schätzwerten für $b_{0,0}$ und $b_{1,0}$ ermitteln. Liegt bereits empirisches Datenmaterial vor, z.B. die Verbrauchswerte für einige Perioden, die vor Einsatz des Prognoseverfahrens erfaßt worden sind, dann kann man die beiden Gleichungsparameter mittels der linearen Regressionsrechnung schätzen[91]. Falls keine empirischen Daten vorliegen, dann müssen die Parameter der Trendgeraden durch subjektive Schätzung festgelegt werden.

---

[91] vgl. **Hax/Candea** (1984), S. 162. Eine grobe, aber einfache Methode zur Initialisierung des Prognoseverfahrens besteht darin, den Achsenabschnitt der Trendgeraden durch den Mittelwert der Verbrauchswerte eines Jahres und die Steigung aus der Differenz der mittleren Verbrauchswerte zweier aufeinanderfolgender Jahre zu errechnen.

Sind die Parameter $b_{0,0}$ und $b_{1,0}$ bekannt, dann können wir sie in die Gleichungen (116) und (114) für den Achsenabschnitt und die Steigung einsetzen und nach den gesuchten Startwerten der beiden Durchschnitte, $y_0^{(1)}$ und $y_0^{(2)}$, auflösen. Aus diesem *System mit zwei Gleichungen und zwei Unbekannten* erhalten wir:

$$y_0^{(1)} = b_{0,0} - b_{1,0} \cdot \frac{1-\alpha}{\alpha} \tag{118}$$

$$y_0^{(2)} = b_{0,0} - 2 \cdot b_{1,0} \cdot \frac{1-\alpha}{\alpha} \tag{119}$$

Das Verfahren der exponentiellen Glättung zweiter Ordnung besteht damit aus den in Bild 27 angegebenen Schritten.

---

**SCHRITT 0:**

Bestimme Anfangswerte für die gleitenden Mittelwerte:

$$y_0^{(1)} = b_{0,0} - b_{1,0} \cdot \frac{1-\alpha}{\alpha}$$

$$y_0^{(2)} = b_{0,0} - 2 \cdot b_{1,0} \cdot \frac{1-\alpha}{\alpha}$$

Erstelle eine Prognose für die Periode 1:

$$p_1 = b_{0,0} + b_{1,0}$$

**SCHRITT t:**

Aktualisiere die gleitenden Mittelwerte:

$$y_t^{(1)} = \alpha \cdot y_t + (1-\alpha) \cdot y_{t-1}^{(1)}$$

und

$$y_t^{(2)} = \alpha \cdot y_t^{(1)} + (1-\alpha) \cdot y_{t-1}^{(2)}$$

Erstelle eine Prognose für die Periode $t+j$ ($j=1,2,\ldots$):

$$p_{t+j} = [2 \cdot y_t^{(1)} - y_t^{(2)}] + [\frac{\alpha}{1-\alpha} \cdot (y_t^{(1)} - y_t^{(2)})] \cdot j$$

---

*Bild 27: Verfahren EXPOGL2*

Betrachten wir ein **Beispiel** zur exponentiellen Glättung zweiter Ordnung. Für ein Produkt wurden in den einzelnen Monaten der Jahre 1975-1976 (=24 Monate; $t=1,\ldots,24$) die in Tabelle 17 angegebenen Verbrauchswerte registriert.

| t   | 1   | 2   | 3   | 4   | 5   | 6   | 7   | 8   | 9   | 10  | 11  | 12  |
|-----|-----|-----|-----|-----|-----|-----|-----|-----|-----|-----|-----|-----|
| $y_t$ | 317 | 194 | 312 | 316 | 322 | 334 | 317 | 356 | 428 | 411 | 494 | 412 |
| t   | 13  | 14  | 15  | 16  | 17  | 18  | 19  | 20  | 21  | 22  | 23  | 24  |
| $y_t$ | 460 | 395 | 392 | 447 | 452 | 571 | 517 | 397 | 410 | 579 | 473 | 558 |

*Tabelle 17: Beispieldaten zur exponentiellen Glättung zweiter Ordnung*

Es sind mittels der exponentiellen Glättung zweiter Ordnung Prognosen für die zukünftigen monatlichen Verbrauchsmengen zu erstellen. Als Glättungsparameter soll $\alpha = 0.1$ verwendet werden. Zunächst wird auf der Grundlage der bekannten Daten eine ex-post-Prognose durchgeführt, die dann ab Periode 24 zu einer echten ex-ante-Prognose wird.

### Beispiel zum Verfahren EXPOGL2

**Schritt 0:**

$y_t = 275.00 + 10.88 \cdot t$     (t=1,2,...,24)   Da empirische Daten verfügbar sind, können zunächst mittels der linearen Regressionsrechnung Startwerte für die beiden Parameter $b_{0,0}$ und $b_{1,0}$ geschätzt werden.

$b_{0,0} = 275.00$     Achsenabschnitt

$b_{1,0} = 10.88$     Steigung

$y_0^{(1)} = 275.00 - 10.88 \cdot 0.9 / 0.1 = 177.08$     Durchschnitt 1. Ordnung

$y_0^{(2)} = 275.00 - 2 \cdot 10.88 \cdot 0.9 / 0.1 = 79.16$     Durchschnitt 2. Ordnung

$p_1 = b_{0,0} + b_{1,0} \cdot 1$     Prognose für Periode t=1
$= 275.00 + 10.88 = 285.88$

**Schritt t=1:**

$y_1 = 317$     Beobachtungswert in Periode 1

$y_1^{(1)} = 0.10 \cdot 317 + 0.9 \cdot 177.08 = 191.07$     Durchschnitt 1. Ordnung

$y_1^{(2)} = 0.10 \cdot 191.07 + 0.9 \cdot 79.16 = 90.35$     Durchschnitt 2. Ordnung

Prognose für Periode t=2

$$p_2 = (2 \cdot y_1^{(1)} - y_1^{(2)}) + \frac{\alpha}{1-\alpha} \cdot (y_1^{(1)} - y_1^{(2)})$$

$$= (2 \cdot 191.07 - 90.35)$$

$$+ \frac{0.1}{0.9} \cdot (191.07 - 90.35)$$

$$= 302.98$$

---

**Ende des Beispiels zum Verfahren EXPOGL2**

---

Tabelle 18 zeigt die Ergebnisse der Rechnung für sämtliche Perioden des betrachteten Beispiels. In der vorletzten Spalte sind die am Ende der Periode t errechneten Prognosewerte für die nächste Periode (t+1) angegeben. Die letzte Spalte weist die Prognosefehler aus. Der mittlere Prognosefehler beträgt $\mu_e = -1.67$ bei einer Standardabweichung von $\sigma_e = 59.33$.

| t | $y_t$ | $y_t^{(1)}$ | $y_t^{(2)}$ | $b_{0,t}$ | $b_{1,t}$ | $p_{t+1}$ | $e_t$ |
|---|---|---|---|---|---|---|---|
| 0 | - | 177.0800 | 79.1600 | 275.0000 | 10.8800 | 285.8800 | |
| 1 | 317 | 191.0720 | 90.3512 | 291.7928 | 11.1912 | 302.9840 | 31.12 |
| 2 | 194 | 191.3648 | 100.4526 | 282.2770 | 10.1014 | 292.3784 | -108.98 |
| 3 | 312 | 203.4283 | 110.7502 | 296.1064 | 10.2976 | 306.4040 | 19.62 |
| 4 | 316 | 214.6855 | 121.1437 | 308.2273 | 10.3935 | 318.6208 | 9.59 |
| 5 | 322 | 225.4169 | 131.5710 | 319.2628 | 10.4273 | 329.6902 | 3.37 |
| 6 | 334 | 236.2752 | 142.0414 | 330.5090 | 10.4704 | 340.9794 | 4.30 |
| 7 | 317 | 244.3477 | 152.2720 | 336.4233 | 10.2306 | 346.6539 | -23.97 |
| 8 | 356 | 255.5129 | 162.5961 | 348.4297 | 10.3241 | 358.7538 | 9.34 |
| 9 | 428 | 272.7616 | 173.6127 | 371.9105 | 11.0166 | 382.9271 | 69.24 |
| 10 | 411 | 286.5854 | 184.9099 | 388.2609 | 11.2973 | 399.5582 | 28.07 |
| 11 | 494 | 307.3269 | 197.1516 | 417.5021 | 12.2417 | 429.7438 | 94.44 |
| 12 | 412 | 317.7942 | 209.2159 | 426.3725 | 12.0643 | 438.4368 | -17.74 |
| 13 | 460 | 332.0148 | 221.4958 | 442.5338 | 12.2799 | 454.8137 | 21.56 |
| 14 | 395 | 338.3133 | 233.1775 | 443.4491 | 11.6818 | 455.1309 | -59.81 |
| 15 | 392 | 343.6820 | 244.2280 | 443.1360 | 11.0504 | 454.1864 | -63.13 |
| 16 | 447 | 354.0138 | 255.2065 | 452.8210 | 10.9786 | 463.7996 | -7.18 |
| 17 | 452 | 363.8124 | 266.0671 | 461.5577 | 10.8606 | 472.4183 | -11.79 |
| 18 | 571 | 384.5312 | 277.9135 | 491.1488 | 11.8464 | 502.9952 | 98.58 |
| 19 | 517 | 397.7780 | 289.9000 | 505.6561 | 11.9865 | 517.6426 | 14.00 |
| 20 | 397 | 397.7003 | 300.6800 | 494.7205 | 10.7800 | 505.5005 | -120.64 |
| 21 | 410 | 398.9302 | 310.5050 | 487.3554 | 9.8250 | 497.1804 | -95.50 |
| 22 | 579 | 416.9372 | 321.1482 | 512.7261 | 10.6432 | 523.3693 | 81.81 |
| 23 | 473 | 422.5434 | 331.2877 | 513.7991 | 10.1395 | 523.9387 | -50.36 |
| 24 | 558 | 436.0891 | 341.7679 | 530.4103 | 10.4801 | 540.8904 | 34.06 |

*Tabelle 18: Ergebnisse der exponentiellen Glättung zweiter Ordnung*

In den Bildern 28 und 29 sind die Ergebnisse graphisch dargestellt.

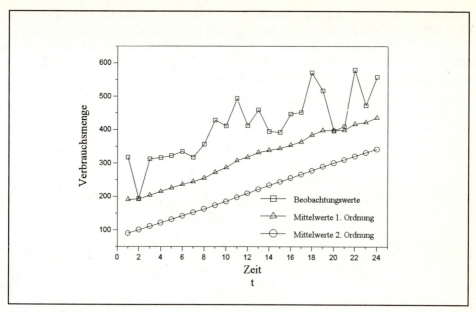

*Bild 28: Verlauf der Zeitreihen der Beobachtungswerte sowie der Durchschnittswerte erster und zweiter Ordnung*

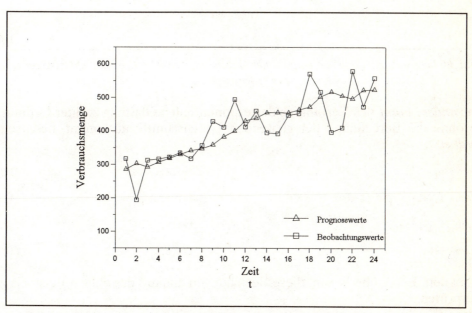

*Bild 29: Gegenüberstellung von Prognose- und Beobachtungswerten des Beispiels*

In Bild 30 ist die kumulierte Häufigkeitsverteilung der empirisch beobachteten Prognosefehler der theoretischen Wahrscheinlichkeitsverteilung gegenübergestellt, die für eine Normalverteilung mit dem Mittelwert $\mu_e = -1.67$ und der Standardabweichung $\sigma_e = 59.33$ gilt. Mit Hilfe statistischer Testverfahren kann überprüft werden, ob die Annahme normalverteilter Prognosefehler für das Beispiel aufrechterhalten werden kann. Im vorliegenden Fall führt der **Kolmogorov-Smirnov-Test**[92] zu dem Ergebnis, daß die Annahme der Normalverteilung der Prognosefehler nicht abgelehnt werden kann.

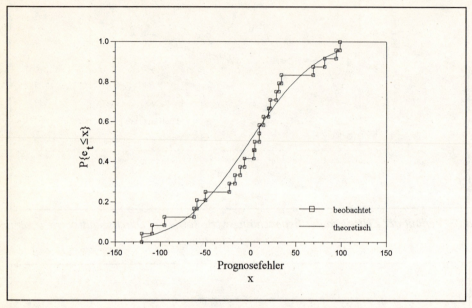

*Bild 30: Gegenüberstellung von empirischer und theoretischer Wahrscheinlichkeitsverteilung der Prognosefehler*

Eine *andere Form* des Verfahrens der exponentiellen Glättung zweiter Ordnung, die ohne die Berechnung der gleitenden Durchschnitte auskommt, beschreibt *Gardner*[93]:

$$e_t = y_t - p_t \qquad t=1,2,\ldots \qquad (120)$$

$$b_{0,t} = b_{0,t-1} + b_{1,t-1} + \alpha \cdot (2-\alpha) \cdot e_t \qquad t=1,2,\ldots \qquad (121)$$

$$b_{1,t} = b_{1,t-1} + \alpha^2 \cdot e_t \qquad t=1,2,\ldots \qquad (122)$$

$$p_{t+j} = b_{0,t} + b_{1,t} \cdot j \qquad t=1,2,\ldots; \; j=1,2,\ldots \qquad (123)$$

Es sei dem Leser überlassen, diese Beziehungen anhand des obigen Beispiels zu überprüfen.

In der in diesem Abschnitt vorgestellten Form wurden die zur Herleitung des Verfahrens der exponentiellen Glättung zweiter Ordnung notwendigen Bezie-

---

92 vgl. z.B. **Banks/Carson** (1984), S. 269-271, S. 357-358
93 vgl. **Gardner** (1984), S. 47-50; vgl. auch **Weber** (1990), S. 210

hungen intuitiv erläutert. Man kann jedoch zeigen, daß genau diese Beziehungen sich ergeben, wenn man die Funktionsparameter $b_0$ und $b_1$ so festlegt, daß die Summe der exponentiell gewichteten Abweichungsquadrate der Beobachtungen von der Trendgeraden minimiert wird. Es wird mit dem beschriebenen Verfahren somit folgende Zielfunktion verfolgt:

$$\text{Min WSQA}(b_0, b_1) = \sum_{k=t-n+1}^{t} \alpha \cdot (1-\alpha)^{t-k} \cdot (y_k - b_0 - b_1 \cdot k)^2 \qquad (124)$$

Bildet man die partiellen Ableitungen dieser Funktion nach $b_0$ und $b_1$ und löst man die Gleichungen auf, dann ergeben sich die oben erläuterten Beziehungen[94].

Auch Zeitreihen, in denen Trendverläufe *höherer Ordnung* zu beobachten sind, können mit dem Verfahren der exponentiellen Glättung prognostiziert werden, wobei dann eine exponentielle Glättung entsprechend höherer Ordnung einzusetzen ist[95].

### 3223. Das Verfahren von Holt

*Holt*[96] kritisiert an dem Verfahren der exponentiellen Glättung zweiter Ordnung, daß es wegen der Verwendung nur eines Glättungsparameters zu wenig flexibel sei. Er schlägt die Verwendung von **zwei Glättungsparametern** $\alpha$ und $\beta$ vor, die wie folgt zur Prognose verwendet werden:

- **Achsenabschnitt** der Trendgeraden:

$$b_{0,t} = \alpha \cdot y_t + (1-\alpha) \cdot (\underbrace{b_{0,t-1} + b_{1,t-1}}_{\text{Achsenabschnitt in Periode t-1}}) \qquad t=1,2,\ldots \qquad (125)$$

- **Steigung** der Trendgeraden:

$$b_{1,t} = \beta \cdot (\underbrace{b_{0,t} - b_{0,t-1}}_{\text{aktuelle "Beobachtung" der Steigung}}) + (1-\beta) \cdot b_{1,t-1} \qquad t=1,2,\ldots \qquad (126)$$

Im Verfahren von *Holt* werden der Achsenabschnitt und die Steigung der Trendgeraden getrennt einer exponentiellen Glättung erster Ordnung unterzogen. Als letzter Prognosewert (für die Periode t) wird in Beziehung (125) der Achsenabschnitt der Periode (t-1), erhöht um den letzten Schätzwert der Steigung, einge-

---

94 vgl. **Montgomery/Johnson** (1976), S. 72
95 vgl. **Johnson/Montgomery** (1974), S. 424-426; **Weber** (1990), S. 211-217
96 vgl. **Holt** (1957)

setzt. Als neuester Wert der Steigung wird die Differenz zwischen den letzten beiden Achsenabschnitten (der Periode t und der Periode t-1) verwendet[97].

*Gardner*[98] hat das Verfahren der exponentiellen Glättung zweiter Ordnung mit dem Verfahren von *Holt* anhand empirischer Zeitreihen verglichen. Er kam zu dem Ergebnis, daß der Ansatz von *Holt* in vielen Fällen bessere Prognosen liefert[99].

**Vertiefende Literatur zu Abschnitt 322:**

*Brown* (1984)
*Draper/Smith* (1981)
*Elsayed/Boucher* (1985), S. 10-27
*Hax/Candea* (1984), S. 159-164
*Makridakis/Wheelwright* (1978), (1989)
*Johnson/Montgomery* (1974)
*Naylor* (1979)
*Neter/Wassermann* (1974)
*Neter/Wasserman/Kutner* (1989)
*Scheer* (1983)
*Weber* (1990)

### 323. Bedarfsprognose bei saisonal schwankendem Bedarfsverlauf

Unter **Saisonschwankungen i.w.S.** versteht man regelmäßig wiederkehrende Auf- und Abwärtsbewegungen einer Zeitreihe in einem definierten Zeitintervall. Dies kann ein Zeitraum von einer Woche, einem Monat, einem Quartal oder einem halben Jahr sein. **Saisonschwankungen i.e.S.** treten dagegen *innerhalb eines Jahres* auf. Sie sind das Ergebnis von Einflüssen, die in einem Rhythmus von einem Jahr wirksam werden. Ein Saisonmuster kann sowohl konstant sein als auch einem stetigen Wandel unterliegen. Letzteres ist z.B. dann der Fall, wenn sich die Verbrauchsgewohnheiten der Abnehmer, die sich auf das Saisonmuster auswirken, langsam ändern. Saisonschwankungen treten im Idealfall in jedem Jahr zum gleichen Zeitpunkt und in gleicher Intensität auf. Die saisonalen Bewegungen können absolut oder relativ konstant sein. Relative Konstanz der Saisonschwankungen ist bei einem steigenden Trendverlauf der Zeitreihe mit einer absoluten Vergrößerung der Saisonkomponente verbunden.

Zur Prognose einer Zeitreihe mit saisonalem Verlaufsmuster stehen mehrere konzeptionell unterschiedliche Verfahren zur Verfügung. Wir wollen im folgen-

---

97  Auch dieses Modell kann in einer anderen Form geschrieben werden. Vgl. **Gardner** (1984), S. 47-50
98  vgl. **Gardner** (1980); **Gardner** (1983), S. 263-267
99  Dies überrascht nicht, da das Verfahren von *Holt* durch den zusätzlichen Glättungsparameter mehr Einflußmöglichkeiten bietet. Hierdurch erhöhen sich allerdings auch die Probleme bei der Bestimmung der optimalen Werte der Glättungsparameter.

den die Methode der **Zeitreihendekomposition** (Ratio-to-Moving-Average-Methode), das auf der exponentiellen Glättung basierende **Verfahren von Winters** und die Anwendung der **multiplen linearen Regressionsrechnung** zur direkten Erfassung der saisonalen Einflüsse in einem Prognosemodell darstellen.

### 3231. Bedarfsprognose durch Zeitreihendekomposition

Das wohl am weitesten verbreitete Verfahren zur Saisonbereinigung einer Zeitreihe ist die **Ratio-to-Moving-Average-Methode**[100] (Dekompositionsmethode). Dieses Verfahren besteht aus der sukzessiven Berechnung und Elimination der einzelnen Bestandteile einer Zeitreihe auf der Grundlage eines multiplikativen Zeitreihenmodells. Ziel des Verfahrens ist die Berechnung von monatlichen (bzw. quartalsbezogenen) **Saisonindizes** $s_m$ (m=1,2,...,12 oder m=1,2,3,4). Mit Hilfe derartiger Indizes wird die Zeitreihe um saisonale Einflüsse bereinigt. Das geschieht im multiplikativen Modell durch die Division:

$$Y_{saisonbereinigt} = \frac{Y}{S} = TCI \qquad (127)$$

Nach Berechnung der Saisonkomponente wendet man ein geeignetes Verfahren zur Prognose der saisonbereinigten Zeitreihe TCI an und multipliziert im Anschluß daran den saisonbereinigten Prognosewert für eine zukünftige Periode mit dem entsprechenden Saisonfaktor. Wesentliche Voraussetzung für den Einsatz von Prognoseverfahren für saisonalen Bedarf ist die Existenz empirischer Aufzeichnungen über einen genügend langen Zeitraum (mindestens 3-4 volle Saisonzyklen). In der betrieblichen Praxis ist diese Voraussetzung oft nicht gegeben, so daß zwischen der Entscheidung, ein Prognoseverfahren für saisonalen Bedarfsverlauf einzusetzen und der Erzeugung verläßlicher Prognosewerte einige Jahre verstreichen können.

### 32311. Bestimmung von Saisonfaktoren

Zur Ermittlung der Saisonkomponente wird im *Verfahren der Zeitreihendekomposition* wie folgt vorgegangen:

1. Ausgehend vom multiplikativen Zeitreihenmodell Y=TCSI wird zunächst die *glatte Komponente* TC isoliert. Dazu wird ein zentrierter gleitender Durchschnitt mit der Gliederzahl 12 (bzw. bei Quartalswerten 4) verwendet. Dieser gleitende Durchschnitt löst alle jene Komponenten aus der Zeitreihe

---

[100] vgl. **Hamburg** (1970), S. 563-574; vgl. auch **Makridakis/Wheelwright** (1989), S. 95-125; **Weber** (1990), S. 245-264

heraus, die sich mit einer Periodizität von weniger als einem Jahr wiederholen.

2. Im Anschluß daran wird die Ursprungsreihe Y=TCSI durch die im vorangegangenen Schritt errechnete glatte Komponente dividiert. Man erhält dann:

$$SI = \frac{TCSI}{TC} \qquad (128)$$

Aus diesem Schritt leitet sich der Name "*Ratio-to-Moving-Average*" des Verfahrens ab. Die resultierende Reihe SI enthält Indizes, die den Einfluß der saisonalen und der irregulären Komponente wiedergeben.

3. Im dritten Schritt wird nun die *irreguläre Komponente* aus der Reihe SI ausgeschaltet. Hierbei ist von Bedeutung, ob das Saisonmuster der Zeitreihe stabil ist oder ob es sich im Zeitablauf ändert. Das kann man z.B. mit Hilfe einer graphischen Darstellung der Zeitreihe feststellen.

   a) Ist das Saisonmuster *stabil*, dann läßt sich die saisonale Komponente in der Zeitreihe, S, isolieren, indem man als typischen Saisonindex eines Monats (oder Quartals) m den Durchschnitt aller für diesen Monat (dieses Quartal) errechneten SI-Werte bildet:

$$s_m = \frac{1}{n} \cdot \sum_{t=1}^{n} si_{tm} \qquad m=1,2,\ldots,z \qquad (129)$$

   Dabei bezeichnet n die Anzahl der Jahre und z die Anzahl der Saisonperioden innerhalb eines Jahres.

   b) *Ändert* sich das Saisonmuster im Laufe der Jahre, dann ist für jeden Saisonindex über die Jahre hinweg ein Trend zu berechnen.

Betrachten wir ein Beispiel zum Verfahren der Zeitreihendekomposition, wobei auf Quartalsdaten (z=4) zurückgegriffen wird. Ein Unternehmen hat die Verbrauchsmengen eines Produkts über einen Zeitraum von sieben Jahren aufgezeichnet (Tabelle 19).

## 32311. Bestimmung von Saisonfaktoren

| Jahr t | Quartal m | | | | Summe |
|---|---|---|---|---|---|
| | 1 | 2 | 3 | 4 | |
| 1 | 289 | 410 | 301 | 213 | 1213 |
| 2 | 212 | 371 | 374 | 333 | 1290 |
| 3 | 293 | 441 | 411 | 363 | 1508 |
| 4 | 324 | 462 | 379 | 301 | 1466 |
| 5 | 347 | 520 | 540 | 521 | 1928 |
| 6 | 381 | 594 | 573 | 504 | 2052 |
| 7 | 444 | 592 | 571 | 507 | 2114 |

*Tabelle 19: Verbrauchsmengen eines Produkts (Quartalswerte)*

Die Analyse der **graphischen Darstellung** dieser Verbrauchszeitreihe (Bild 31) sowie der Verlauf der Autokorrelationsfunktion (Bild 32) legen die Vermutung nahe, daß sowohl ein ansteigender Trend vorliegt als auch saisonale Einflüsse bestehen.

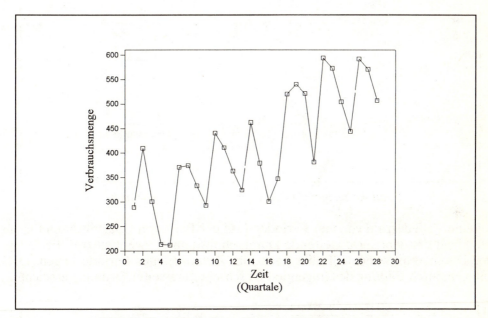

*Bild 31: Graphische Darstellung der Verbrauchsmengen*

Zur Isolierung der glatten Komponente der Zeitreihe wird zunächst ein viergliedriger *zentrierter gleitender Durchschnitt* berechnet. Ein zentrierter gleitender Durchschnitt für den Stützstellenbereich

$$y_j \quad (j=t-k, t-k+1, \ldots, t, \ldots, t+k-1, t+k) \tag{130}$$

ist wie folgt definiert:

$$y_t^{(1)} = \frac{1}{2 \cdot k + 1} \cdot \sum_{j=t-k}^{t+k} y_j \tag{131}$$

Im Gegensatz zu den in Abschnitt 3211. dargestellten gleitenden Durchschnitten sollen diese Durchschnittswerte nun repräsentativ für die in der Mitte liegende Periode des betrachteten Zeitreihenausschnitts der Länge $(2\cdot k+1)$ sein. Es ist offensichtlich, daß ein solcher zentrierter Durchschnitt nur dann genau der Mitte einer Periode entspricht, wenn die Gliederzahl ungerade ist. Das ist in der obigen Formulierung mit der Gliederzahl $(2\cdot k+1)$ der Fall.

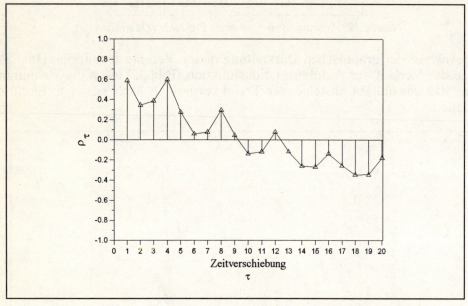

*Bild 32: Autokorrelationsfunktion der Zeitreihe der Verbrauchsmengen*

Bei einer Gliederzahl von vier Perioden (auf der Basis von Quartalsdaten für ein Jahr) liegt der zentrierte gleitende Durchschnitt immer zwischen zwei Perioden. Der Durchschnittswert soll aber genau im *Zentrum* einer Periode liegen. Dies läßt sich durch Bildung des folgenden Durchschnitts zweiter Ordnung erreichen:

$$y_t^{(2)} = \frac{0.5 \cdot y_{t-2} + y_{t-1} + y_t + y_{t+1} + 0.5 \cdot y_{t+2}}{4} \qquad t=3,4,\ldots,n-2 \qquad (132)$$

Gleichung (132) beschreibt einen gleitenden Durchschnitt, der aus zwei viergliedrigen zentrierten gleitenden Durchschnitten erster Ordnung besteht[101]. Dies läßt sich wie folgt nachweisen:

---

101 vgl. **Weber** (1990), S. 253

## 32311. Bestimmung von Saisonfaktoren

$$y_t^{(2)} = \frac{y_t^{(1)} + y_{t+1}^{(1)}}{2}$$

$$= \frac{y_{t-2} + y_{t-1} + y_t + y_{t+1} + y_{t-1} + y_t + y_{t+1} + y_{t+2}}{8}$$

$$= \frac{0.5 \cdot y_{t-2} + y_{t-1} + y_t + y_{t+1} + 0.5 \cdot y_{t+2}}{4} \tag{133}$$

Der Stützstellenbereich dieses Durchschnitts läuft von der Mitte der Periode (t-2) bis zur Mitte der Periode (t+2). Jedes Quartal trägt dabei mit demselben Gewicht zum Durchschnittswert bei. Glätten wir nun die Verbrauchszeitreihe des Beispiels mit Hilfe von Beziehung (133), dann erhalten wir die Werte der glatten Komponente des Quartals m im Jahre t, $tc_{tm}$:

$$tc_{13} = \frac{0.5 \cdot y_{11} + y_{12} + y_{13} + y_{14} + 0.5 \cdot y_{21}}{4}$$

$$= \frac{0.5 \cdot 289 + 410 + 301 + 213 + 0.5 \cdot 212}{4} = 293.63$$

$$tc_{14} = \frac{0.5 \cdot y_{12} + y_{13} + y_{14} + y_{21} + 0.5 \cdot y_{22}}{4}$$

$$= \frac{0.5 \cdot 410 + 301 + 213 + 212 + 0.5 \cdot 371}{4} = 279$$

usw.

Tabelle 20 zeigt die Berechnungsergebnisse für die gesamte Zeitreihe. In der letzten Spalte wurde die Reihe Y der Beobachtungswerte durch die glatte Komponente TC dividiert, wodurch sich die Indizes für die saisonale und die irreguläre Komponente, $si_{tm} = y_{tm}/tc_{tm}$, ergeben.

Damit liegt die Zeitreihe der durch zufällige Einflüsse überlagerten Saisonfaktoren, SI, vor. Im nächsten Schritt sind die irregulären Schwankungen I aus dieser Zeitreihe zu eliminieren. Zu diesem Zweck wird für jedes Quartal m (m = 1,2,3,4) ein Durchschnitt aller errechneten SI-Werte gebildet. Die Ergebnisse der Rechnung sind in Tabelle 21 dargestellt.

| t | m | $y_{tm}$ | $tc_{tm}$ | $si_{tm}$ |
|---|---|---|---|---|
| 1 | 1 | 289 | - | - |
| 1 | 2 | 410 | - | - |
| 1 | 3 | 301 | 293.63 | 1.025 |
| 1 | 4 | 213 | 279.00 | 0.763 |
| 2 | 1 | 212 | 283.25 | 0.748 |
| 2 | 2 | 371 | 307.50 | 1.207 |
| 2 | 3 | 374 | 332.63 | 1.124 |
| 2 | 4 | 333 | 351.50 | 0.947 |
| 3 | 1 | 293 | 364.88 | 0.803 |
| 3 | 2 | 441 | 373.25 | 1.182 |
| 3 | 3 | 411 | 380.88 | 1.079 |
| 3 | 4 | 363 | 387.38 | 0.937 |
| 4 | 1 | 324 | 386.00 | 0.839 |
| 4 | 2 | 462 | 374.25 | 1.234 |
| 4 | 3 | 379 | 369.38 | 1.026 |
| 4 | 4 | 301 | 379.50 | 0.793 |
| 5 | 1 | 347 | 406.88 | 0.853 |
| 5 | 2 | 520 | 454.50 | 1.144 |
| 5 | 3 | 540 | 486.25 | 1.111 |
| 5 | 4 | 521 | 499.75 | 1.043 |
| 6 | 1 | 381 | 513.00 | 0.743 |
| 6 | 2 | 594 | 515.00 | 1.153 |
| 6 | 3 | 573 | 520.88 | 1.100 |
| 6 | 4 | 504 | 528.75 | 0.953 |
| 7 | 1 | 444 | 528.25 | 0.841 |
| 7 | 2 | 592 | 528.13 | 1.121 |
| 7 | 3 | 571 | - | - |
| 7 | 4 | 507 | - | - |

*Tabelle 20: Isolierte Einzelreihen TC und SI*

| Jahr t | Quartal m | | | | |
|---|---|---|---|---|---|
| | 1 | 2 | 3 | 4 | |
| 1 | - | - | 1.025 | 0.763 | |
| 2 | 0.748 | 1.207 | 1.124 | 0.947 | |
| 3 | 0.803 | 1.182 | 1.079 | 0.937 | |
| 4 | 0.839 | 1.234 | 1.026 | 0.793 | |
| 5 | 0.853 | 1.144 | 1.111 | 1.043 | |
| 6 | 0.743 | 1.153 | 1.100 | 0.953 | |
| 7 | 0.841 | 1.121 | - | - | |
| Summe | 4.827 | 7.041 | 6.465 | 5.436 | Summe |
| Durchschnitt | 0.8045 | 1.1735 | 1.0775 | 0.9060 | 3.9615 |
| Durchschnitt (standardisiert) | 0.8123 | 1.1849 | 1.0880 | 0.9148 | 4.0000 |

*Tabelle 21: Berechnung der Saisonfaktoren*

Die Summe der Saisonfaktoren muß bei Quartalswerten genau 4 ergeben. Bei der Durchschnittsbildung wurde diese Bedingung jedoch nicht berücksichtigt. So beträgt im Beispiel die Summe der Saisonfaktoren nur 3.9615. Die Durchschnittswerte müssen daher mit dem Faktor 4/3.9615 multipliziert, d.h. standardisiert, werden[102]. Dadurch erhalten wir standardisierte Saisonfaktoren mit einem Durchschnittswert von 1. Die Saisonfaktoren betragen dann $s_1 = 0.8123$, $s_2 = 1.1849$, $s_3 = 1.0880$ und $s_4 = 0.9148$.

Ein **Nachteil** des dargestellten Verfahrens der Zeitreihendekomposition besteht darin, daß Veränderungen der Saisonkomponente nicht - oder nur in größeren Zeitabständen - berücksichtigt werden. Wir werden weiter unten das Verfahren[103] von *Winters* darstellen, bei dem die Saisonkomponente exponentiell geglättet wird. Dabei werden die Ergebnisse der Zeitreihendekomposition zur Initialisierung des Verfahrens verwendet.

Nachdem die Saisonfaktoren berechnet worden sind, werden die Beobachtungswerte der Zeitreihe durch diese Faktoren dividiert. Das Ergebnis ist die *saisonbereinigte Zeitreihe* TCI. Der Verlauf der saisonbereinigten Zeitreihe kann durch Anwendung eines der bereits dargestellten Verfahren zur Prognose von Zeitreihen ohne Saisonkomponente vorhergesagt werden. Das soll im folgenden für eine Zeitreihe ohne Trend und für eine Zeitreihe mit einem trendförmigen Verlauf dargestellt werden.

### 32312. Anpassung der Prognose bei konstantem Niveau des Bedarfsverlaufs

Für den Fall, daß kein Trend und keine Saisonkomponente den Verlauf des Bedarfs eines Verbrauchsfaktors beeinflussen, wurde oben die *exponentielle Glättung erster Ordnung* als geeignetes Prognoseverfahren dargestellt. Die Prognosegleichung lautete:

$$p_{t+1} = y_t^{(1)} = \alpha \cdot y_t + (1-\alpha) \cdot y_{t-1}^{(1)} \qquad t=1,2,\ldots \qquad (134)$$

Berücksichtigt man nun **saisonale Einflüsse**, dann kann die Prognosegleichung wie folgt modifiziert werden:

$$p_{t+1} = y_t^{(1)s} \cdot s_{t+1} = [\alpha \cdot \frac{y_t}{s_t} + (1-\alpha) \cdot y_{t-1}^{(1)s}] \cdot s_{t+1} \qquad (135)$$

mit:
- $s_{t+1}$: Saisonfaktor, der für Periode t+1 gilt
- $y_{t-1}^{(1)s}$: letzter saisonbereinigter Durchschnittswert
- $\frac{y_t}{s_t}$: saisonbereinigter Beobachtungswert

Dabei bezeichnet $s_t$ den Saisonfaktor, der für Periode t anzuwenden ist. In Gleichung (135) wird innerhalb der eckigen Klammern der exponentiell geglättete

---

[102] vgl. **Weber** (1990), S. 257
[103] vgl. Abschnitt 3232.

*saisonbereinigte Durchschnitt* fortgeschrieben. Der Prognosewert für die nächste Periode (t+1) wird dann durch Multiplikation des saisonbereinigten Durchschnitts mit dem für diese Periode gültigen Saisonfaktor ermittelt.

Um möglichst aktuelle Saisonfaktoren zu verwenden, kann man zusätzlich jeden Saisonfaktor einer exponentiellen Glättung unterziehen[104]. In diesem Fall wird der für Periode t gültige Saisonfaktor wie folgt fortgeschrieben, wobei z die Anzahl der Saisonperioden und $\gamma$ den Glättungsparameter bezeichnet:

$$s_t = \gamma \cdot \frac{y_t}{y_t^{(1)s}} + (1-\gamma) \cdot s_{t-z} \qquad t=1,2,\ldots \qquad (136)$$

### 32313. Anpassung der Prognose bei trendförmig ansteigendem Bedarfsverlauf

Für eine Zeitreihe mit Trend, aber ohne Saisonkomponente wurde die lineare Regressionsrechnung als ein geeignetes Prognoseverfahren beschrieben. Die Prognosegleichung lautete:

$$p_{t+j} = b_0 + b_1 \cdot (t+j) \qquad t=1,2,\ldots;\ j=1,2,\ldots \qquad (137)$$

Eine einfache Methode zur Bedarfsprognose bei Vorliegen eines Trends und saisonalen Einflüssen besteht darin, die glatte Komponente durch die Trendgleichung (137) zu extrapolieren und anschließend mit dem für die Prognoseperiode gültigen Saisonfaktor zu multiplizieren. Dies soll für den Fall eines absolut konstanten Saisonmusters demonstriert werden.

Die Anwendung der linearen Regressionsrechnung auf die saisonbereinigte Zeitreihe TCI des obigen Beispiels (Bild 31) ergibt die in Gleichung (138) angegebene Trendgerade, in der jede Periode t einem Quartal entspricht.

$$y_t = 261.30 + 10.48 \cdot t \qquad t=1,2,\ldots,28 \qquad (138)$$

Das Bestimmtheitsmaß dieser Regression beträgt 0.79. Extrapoliert man die Trendgerade in das Jahr 8 und multipliziert man die extrapolierten Quartalswerte für t (t=29,..,32) mit den in Tabelle 21 angegebenen standardisierten Saisonfaktoren, dann ergeben sich folgende Prognosewerte:

$$p_{29} = 0.8123 \cdot 565.22 = 459.13$$
$$p_{30} = 1.1849 \cdot 575.70 = 682.15$$
$$p_{31} = 1.0880 \cdot 586.18 = 637.76$$
$$p_{32} = 0.9148 \cdot 596.66 = 545.82$$

---

104 vgl. **Buffa/Sarin** (1987), S. 66-68

## 3232. Das Verfahren von Winters

Das Verfahren von *Winters*[105] geht von folgender Modellvorstellung über den Verlauf der Zeitreihe aus:

$$y_t = \underbrace{(\beta_0 + \beta_1 \cdot t)}_{\text{Trendkomponente (T)}} \cdot \underbrace{s_t}_{\text{Saisonkomponente (S)}} + \underbrace{\epsilon_t}_{\text{irreguläre Schwankungen (I)}} \qquad t=1,2,\ldots \qquad (139)$$

Es wird damit wiederum ein *multiplikativer* Zusammenhang der Zeitreihenkomponenten T und S angenommen. Das Verfahren von *Winters* besteht aus drei Typen von Gleichungen, mit denen der **Achsenabschnitt** und die **Steigung** der Trendgeraden sowie die **Saisonfaktoren** in jeder Periode aktualisiert werden. Dabei kommen unterschiedliche Glättungsparameter $\alpha$ (für den Achsenabschnitt), $\beta$ (für die Steigung) und $\gamma$ (für die Saisonfaktoren) zum Einsatz. Das Verfahren baut auf dem Ansatz von *Holt*[106] auf. Die Prognosegleichungen lauten:

- **Achsenabschnitt** der Trendgeraden:

$$b_{0,t} = \alpha \cdot \frac{y_t}{\underbrace{s_{t-z}}_{\text{aktueller Schätzwert des Saisonfaktors für Periode t}}} + (1-\alpha) \cdot (b_{0,t-1} + b_{1,t-1}) \qquad t=1,2,\ldots \qquad (140)$$

Es ist erkennbar, daß hier der Schätzwert des Achsenabschnitts exponentiell geglättet wird, wobei die neueste Beobachtung $y_t$ mit Hilfe des für die Periode t gültigen Saisonfaktors bereinigt wird, dessen letzte Anpassung einen vollen Saisonzyklus der Länge z zurückliegt.

- **Steigung** der Trendgeraden:

$$b_{1,t} = \beta \cdot \underbrace{(b_{0,t} - b_{0,t-1})}_{\text{aktuelle "Beobachtung" der Steigung für Periode t}} + (1-\beta) \cdot b_{1,t-1} \qquad t=1,2,\ldots \qquad (141)$$

In Beziehung (141) erfolgt eine exponentielle Glättung der Steigung der Trendgeraden, wobei als neueste Realisation der Steigung die Differenz zwischen den letzten beiden Achsenabschnitten (der Periode t und der Periode t-1) verwendet wird.

---

[105] vgl. **Winters** (1960); **Hüttner** (1982), S. 107-108; **Scheer** (1983), S. 121-124; **Hax/Candea** (1984), S. 165-169; **Elsayed/Boucher** (1985), S. 44-45; **Silver/Peterson** (1985), S. 115-123; **Weber** (1990), S. 223-231
[106] vgl. Abschnitt 3223.

- **Saisonfaktoren**[107]:

$$s_t^u = \gamma \cdot \underbrace{\frac{y_t}{b_{0,t}}}_{\text{aktuelle "Beobachtung" des Saisonfaktors für Periode t}} + (1-\gamma) \cdot s_{t-z} \qquad t=1,2,\ldots \qquad (142)$$

Die Größe ($y_t/b_{0,t}$) ist eine Schätzung des Saisonfaktors auf der Grundlage der letzten Beobachtung der aktuellen Saisonperiode. Daher ist auch der geglättete Saisonfaktor ein Durchschnittswert aus aktuellen und historischen Daten.

Auch bei dieser Methode benötigt man **Startwerte** zur Initialisierung des Prognoseprozesses, d.h. Prognosewerte für den Achsenabschnitt und die Steigung der Trendkomponente am Ende der Periode 0 sowie erste Schätzwerte für die Saisonfaktoren. Eine Möglichkeit besteht z.B. darin, das bereits dargestellte *Verfahren der Zeitreihendekomposition* zur Schätzung der Startwerte einzusetzen[108].

Das Verfahren von *Winters* soll anhand der in Bild 31 dargestellten Verbrauchszeitreihe demonstriert werden. Wir übernehmen als Startwerte für die Parameter der Trendgeraden die Werte $b_{0,0}=261.30$ und $b_{1,0}=10.48$ aus Gleichung (138). Als Startwerte für die Schätzung der Saisonfaktoren verwenden wir die Werte $s_{-3}=0.8123$, $s_{-2}=1.1849$, $s_{-1}=1.0880$ und $s_0=0.9148$ aus Tabelle 21. Die Glättungsparameter seien $\alpha=0.2$, $\beta=0.1$ und $\gamma=0.3$. Für die erste Periode lauten die Berechnungen wie folgt:

$$b_{0,t} = \alpha \cdot \frac{y_t}{s_{t-z}} + (1-\alpha) \cdot (b_{0,t-1} + b_{1,t-1}) \qquad t=1 \qquad (143)$$

$$b_{0,1} = 0.2 \cdot \frac{289}{0.8123} + (1-0.2) \cdot (261.30+10.48) \qquad = 288.5800$$

$$b_{1,t} = \beta \cdot (b_{0,t} - b_{0,t-1}) + (1-\beta) \cdot b_{1,t-1} \qquad t=1 \qquad (144)$$

$$b_{1,1} = 0.1 \cdot (288.5800-261.30) + (1-0.1) \cdot 10.48 \qquad = 12.1600$$

$$s_t^u = \gamma \cdot \frac{y_t}{b_{0,t}} + (1-\gamma) \cdot s_{t-z} \qquad t=1; \; z=4 \qquad (145)$$

$$s_1^u = 0.3 \cdot \frac{289}{288.5800} + (1-0.3) \cdot 0.8123 \qquad = 0.8690$$

Die Berechnung der **Prognosewerte** wird gemäß Beziehung (146) vorgenommen.

$$p_{t+j} = (b_{0,t} + b_{1,t} \cdot j) \cdot s_{t+j-z} \qquad t=1,2,\ldots; \; j=1,2,\ldots,z \qquad (146)$$

---

[107] Das Superskript u soll darauf hinweisen, daß die Saisonfaktoren noch nicht standardisiert sind.
[108] vgl. **Silver/Peterson** (1985), S. 116

### 3232. Das Verfahren von Winters

Der in Periode t=0 für Periode j=1 errechnete *Prognosewert* lautet z.B. wie folgt:

$p_1 = (261.3000 + 10.4800) \cdot 0.8123 = 220.77$

Die weiteren Rechenergebnisse sind in Tabelle 22 zusammengefaßt. Bild 33 zeigt die dynamische Entwicklung der Schätzwerte für den Achsenabschnitt und die Steigung der Trendgeraden.

| t | $y_t$ | $b_{0,t}$ | $b_{1,t}$ | $s_t^u$ | $p_t$ | $e_t$ |
|---|---|---|---|---|---|---|
| -3 | | | | 0.8123 | | |
| -2 | | | | 1.1849 | | |
| -1 | | | | 1.0880 | | |
| 0 | | 261.30 | 10.48 | 0.9148 | | |
| 1 | 289 | 288.5800 | 12.1600 | 0.8690 | 220.77 | 68.23 |
| 2 | 410 | 309.7961 | 13.0656 | 1.2265 | 356.35 | 53.65 |
| 3 | 301 | 313.6203 | 12.1415 | 1.0495 | 351.27 | -50.27 |
| 4 | 213 | 307.1770 | 10.2830 | 0.8484 | 298.01 | -85.01 |
| 5 | 212 | 302.7570 | 8.8127 | 0.8184 | 275.89 | -63.89 |
| 6 | 371 | 309.7549 | 8.6312 | 1.2178 | 382.13 | -11.13 |
| 7 | 374 | 325.9790 | 9.3905 | 1.0789 | 334.16 | 39.84 |
| 8 | 333 | 346.7978 | 10.5333 | 0.8819 | 284.52 | 48.48 |
| 9 | 293 | 357.4679 | 10.5470 | 0.8188 | 292.44 | 0.56 |
| 10 | 441 | 366.8351 | 10.4290 | 1.2131 | 448.18 | -7.18 |
| 11 | 411 | 378.0026 | 10.5029 | 1.0814 | 407.02 | 3.98 |
| 12 | 363 | 393.1236 | 10.9647 | 0.8944 | 342.64 | 20.36 |
| 13 | 324 | 402.4130 | 10.7972 | 0.8147 | 330.86 | -6.86 |
| 14 | 462 | 406.7340 | 10.1495 | 1.1900 | 501.28 | -39.28 |
| 15 | 379 | 403.6016 | 8.8214 | 1.0387 | 450.81 | -71.81 |
| 16 | 301 | 397.2487 | 7.3039 | 0.8534 | 368.86 | -67.86 |
| 17 | 347 | 408.8282 | 7.7315 | 0.8249 | 329.58 | 17.42 |
| 18 | 520 | 420.6454 | 8.1401 | 1.2038 | 495.69 | 24.31 |
| 19 | 540 | 447.0057 | 9.9621 | 1.0895 | 445.37 | 94.63 |
| 20 | 521 | 487.6785 | 13.0331 | 0.9179 | 389.96 | -131.04 |
| 21 | 381 | 492.9429 | 12.2563 | 0.8093 | 413.04 | -32.04 |
| 22 | 594 | 502.8441 | 12.0208 | 1.1971 | 608.18 | -14.18 |
| 23 | 573 | 517.0784 | 12.2421 | 1.0951 | 560.94 | 12.06 |
| 24 | 504 | 533.2776 | 12.6378 | 0.9260 | 485.84 | 18.16 |
| 25 | 444 | 546.4553 | 12.6918 | 0.8103 | 441.82 | 2.18 |
| 26 | 592 | 546.2261 | 11.3997 | 1.1631 | 669.34 | -77.34 |
| 27 | 571 | 550.3844 | 10.6756 | 1.0778 | 610.65 | -39.65 |
| 28 | 507 | 558.3477 | 10.4043 | 0.9206 | 519.56 | -12.56 |

*Tabelle 22: Ergebnisse des Verfahrens von Winters*

Damit die Saisonfaktoren im Verlaufe der Rechnung nicht verzerrt werden, kann nach jeder Periode eine Standardisierung unter Berücksichtigung der jeweils letzten z Saisonperioden durchgeführt werden, so daß die Summe der jeweils zuletzt berechneten z Saisonfaktoren genau z beträgt. Die Standardisierung kann gemäß Gleichung (147) erfolgen.

$$s_t = \frac{z \cdot s_t^u}{\sum_{j=t-z+1}^{t} s_j^u} \qquad t=1,2,\ldots \qquad (147)$$

Diese Berechnungsweise mit einem über die Zeit hinweggleitenden Saisonfenster stellt sicher, daß in jeder Periode t die Saisonfaktoren der letzten z Perioden einen Durchschnittswert von 1 haben. Da in jeder Periode t die letzten z Saisonfaktoren standardisiert werden, wird der Saisonfaktor für die Periode t z-mal aktualisiert. In dem Beispiel wurde jedoch aus Gründen der Übersichtlichkeit auf die Standardisierung der Saisonfaktoren verzichtet.

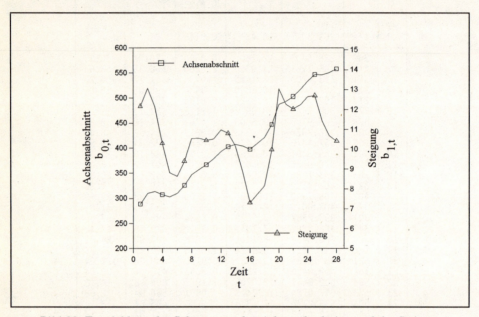

*Bild 33: Entwicklung der Schätzwerte des Achsenabschnitts und der Steigung*

Die *Prognosewerte* und die sich daraus ergebenden *Prognosefehler* sind in den letzten beiden Spalten der Tabelle 22 angegeben. Bild 34 vermittelt einen graphischen Eindruck von der Güte der Prognose.

Das Prognoseverfahren von *Winters* ist naturgemäß komplexer als die einfacheren Verfahren, die nicht in der Lage sind, Saisoneinflüsse zu erfassen. Wie die obige Beispielrechnung jedoch gezeigt hat, läßt sich das Verfahren leicht auf einem Rechner implementieren. Als **Nachteil** des Verfahrens kann angesehen werden, daß jeder Saisonfaktor erst nach einem vollen Saisonzyklus erneut aktualisiert wird. Grundlegende Änderungen des Saisonmusters werden dadurch spät erkannt und in neue Werte der Saisonfaktoren umgesetzt. Ein Verfahren, bei dem *nach jeder Periode sämtliche Saisonfaktoren erneut berechnet* werden, beschreibt *Harrison*[109].

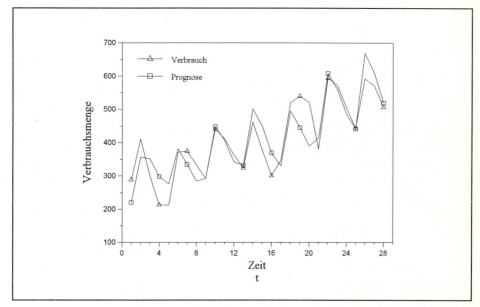

*Bild 34: Vergleich der Beobachtungswerte mit den Prognosewerten*

### 3233. Bedarfsprognose mit multipler linearer Regressionsrechnung

Gegen die Methoden der Saisonprognose unter Verwendung von Saisonfaktoren wird eingewandt, daß insbesondere bei niedrigem Niveau der Zeitreihe und einem vergleichsweise hohen Anteil der zufälligen Komponente *Instabilitäten* auftreten[110] können. Dies liegt vor allem daran, daß für einen Saisonfaktor jeweils nur wenige Beobachtungswerte verfügbar sind. Als Alternative zu den dargestellten Verfahren, die mit Saisonfaktoren arbeiten, bietet sich der Einsatz der multiplen linearen Regressionsrechnung an. Die multiple lineare Regressionsrechnung ist ein statistisches Verfahren, das den Zusammenhang zwischen *einer abhängigen* und *mehreren unabhängigen Variablen* ermittelt[111]. Im vorliegenden Kontext sind die unabhängigen Variablen bestimmte Funktionen der Zeit, während die abhängige Variable die zu prognostizierende Verbrauchszeitreihe ist. Die multiple lineare Regressionsrechnung kann zur Schätzung der Parameter unterschiedlicher Prognosemodelle eingesetzt werden. Dabei ist zu un-

---

109 vgl. **Harrison** (1967); **Scheer** (1983), S. 125-129
110 vgl. **Silver/Peterson** (1985), S. 123; **Silver/Switzer** (1985)
111 Zu einer ausführlichen Darstellung vgl. **Neter/Wassermann/Kutner** (1989). In Abschnitt 3221. wurde bereits auf die multiple lineare Regressionsrechnung als eine verallgemeinerte Form der linearen Regressionsrechnung hingewiesen.

terscheiden zwischen Prognosemodellen, die den Einfluß der Saisonkomponente durch **binäre Dummyvariablen** erfassen und Prognosemodellen, bei denen der saisonale Verlauf der Zeitreihe durch die geeignete **Kombination trigonometrischer Funktionen** geschätzt wird.

### 32331. Bedarfsprognose mit Saison-Dummyvariablen

Der Einfluß der Saisonkomponente kann bei Einsatz der (multiplen) linearen Regressionsrechnung direkt in das Prognosemodell aufgenommen werden. Dies geschieht durch binäre **Dummyvariablen**, die den Wert 1 annehmen, wenn eine Periode t einer Saison m angehört und die in den anderen Perioden den Wert 0 erhalten. Bezeichnen wir die Saison-Dummyvariablen mit $s_{tm}$ ($t=1,2,...$; $m=1,2,...,z$), dann lautet das erweiterte Prognosemodell nun bei Annahme eines linearen Trendverlaufs und von Quartalswerten ($z=4$):

$$y_t = \underbrace{\beta_0 + \beta_1 \cdot t}_{\text{lineare Trendkomponente}} + \underbrace{\gamma_1 \cdot s_{t1} + \gamma_2 \cdot s_{t2} + \gamma_3 \cdot s_{t3} + \gamma_4 \cdot s_{t4}}_{\text{Saisonkomponente}} + \underbrace{\epsilon_t}_{\text{irreguläre Komponente}} \qquad t=1,2,... \qquad (148)$$

In Matrixschreibweise lautet das Prognosemodell:

$$\underline{Y} = \underline{K} \cdot \underline{\beta} + \underline{S} \cdot \underline{\gamma} + \underline{\epsilon} \qquad (149)$$

Die Matrix $\underline{S}$ ist in Bild 35 dargestellt.

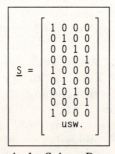

*Bild 35: Matrix der Saison-Dummyvariablen*

In der obigen Form ist die Schätzung der Parameter des Prognosemodells noch nicht möglich, da im Fall der Verwendung eines Achsenabschnitts ($\beta_0$) in der Trendgleichung einige der unabhängigen Variablen *linear abhängig* sind. Denn es kann in jeder Periode der Wert der dem Achsenabschnitt zugeordneten Konstanten[112] als Summe der Saison-Dummyvariablen dargestellt werden. Sachlich

---

112 Dieser ist in jeder Periode 1. Siehe auch Matrix $\underline{K}$ in Bild 23

bedeutet diese **Multikollinearität**, daß der Einfluß derselben Größe durch zwei Variablen erfaßt wird. Man hat nun die Wahl, entweder eine Regression durch den Ursprung (d.h. ohne Achsenabschnitt) zu schätzen oder eine der Saison-Dummyvariablen zu streichen. Wählt man die letztgenannte Alternative, dann ist der *Einfluß der gestrichenen Saisonvariablen im Achsenabschnitt* enthalten.

Zur Veranschaulichung soll das Verfahren der multiplen linearen Regressionsrechnung mit Saison-Dummyvariablen auf das in Bild 31 eingeführte Beispiel angewendet werden. Es wird die Regressionsfunktion (150) unterstellt, in der für die ersten drei Saisonperioden je eine Dummyvariable eingeführt wird.

$$y_t = b_0 + b_1 \cdot t + g_1 \cdot s_{1t} + g_2 \cdot s_{2t} + g_3 \cdot s_{3t} + e_t \qquad t=1,2,\ldots,28 \qquad (150)$$

- Regressionsparameter der Saisonvariablen
- Steigung der Trendgeraden
- Achsenabschnitt (einschl. des Einflusses der vierten Saison)

Die Lösung dieses Modells mit Hilfe eines Standardsoftwarepakets zur Statistik[113] führt zu den in Bild 36 dargestellten Ergebnissen.

```
              Multiple  Regression  Analysis
--------------------------------------------------------------
Multiple R              .931      F Change               -9.885
R Square                .866      R Square Change          .011
Adjusted R Square       .843      Sum of Squares Change 3849.228
Std. Err. of Est.    44.2962      Percent of SS Change    1.14
--------------------------------------------------------------
            Regression  Std. Err.   Beta    Std. Err. Student
            Coefficient Reg. Coeff. Weight  Beta Weight T value Sig.
B( 1)        10.372770   1.046400   .7629    .0770      9.91   .00
B( 4)       113.31700   23.76964    .4467    .0937      4.77   .00
B( 5)        68.515630  23.70044    .2701    .0934      2.89   .01
B( 3)       -33.453120  23.88453   -.1319    .0942     -1.40   .17
B( 0)       225.75000
--------------------------------------------------------------
              Analysis  Of  Variance
--------------------------------------------------------------
                           Degrees of   Error
            Sum of Squares Freedom   Mean Square  F-test  Sig.
Regression    292659.700      4        73164.910
Residual       45129.5500    23         1962.1550  37.29  .000

Total         337789.300
```

Bild 36: Ergebnisse der Regressionsrechnung mit Saison-Dummyvariablen

Die Regressionsgleichung lautet:

$$y_t = 225.75 + 10.37277 \cdot t - 33.45312 \cdot s_{1t} + 113.317 \cdot s_{2t} + 68.51563 \cdot s_{3t} \qquad t=1,2,\ldots,28 \qquad (151)$$

---

[113] Zur Durchführung der Regressionsrechnung wurde das Standardsoftwarepaket PlotIt eingesetzt.

Der Einfluß der vierten Saison ist im Wert des Achsenabschnitts enthalten. Dies wird deutlich, wenn man den Achsenabschnitt (225.75) mit dem Ergebnis der linearen Regression vergleicht, den wir nach einer einfachen linearen Trendrechnung als Startwert für das Verfahren von *Winters* verwendet haben (261.30). Gegenüber der einfachen linearen Regressionsrechnung steigt aufgrund der Einführung der binären Saison-Dummyvariablen das multiple Bestimmtheitsmaß von 0.79 auf 0.866.

### 32332. Bedarfsprognose mit trigonometrischen Funktionen

Der Einfluß der Saisonkomponente auf den Bedarfsverlauf kann auch mit Hilfe einer Kombination trigonometrischer Funktionen[114], insb. *Sinus- und Kosinusfunktionen*, in einem multiplen linearen Regressionsmodell erfaßt werden. Durch die Kombination dieser Größen kann ein weiter Bereich von Zeitreihentypen abgebildet werden.

Eine Sinuskurve wird durch drei Eigenschaften[115] charakterisiert, den *Startpunkt* eines Zyklus (Phase), die *Länge* eines Zyklus (Periode) und die *Amplitude*. Eine Sinuskurve mit der Amplitude b, die im Startpunkt 0 beginnt, wird beschrieben durch:

$$x = b \cdot \sin(\omega \cdot t) \tag{152}$$

Die Größe $\omega$ ist der Quotient aus 360° und z, der Anzahl von Saisonperioden pro Jahr. In *Bogenmaß* ausgedrückt ergibt sich:

$$\omega = 2 \cdot \pi / z \tag{153}$$

Eine Sinuswelle mit einem *beliebigen Startpunkt* $\lambda$ wird durch folgende Gleichung beschrieben:

$$x = b \cdot \sin[\omega \cdot (t+\lambda)] \tag{154}$$

In Beziehung (154) muß die Lage des Startpunkts $\lambda$ bekannt sein. Eine andere, äquivalente Darstellung dieser Gleichung lautet[116]:

$$x = b_2 \cdot \sin(\omega \cdot t) + b_3 \cdot \cos(\omega \cdot t) \tag{155}$$

Diese Beschreibung einer Sinuskurve mit beliebigem Startpunkt eignet sich für die Anpassung einer Sinusfunktion an eine Zeitreihe empirischer Beobachtungen besser, da die Lage des Startpunkts der Sinuskurve nicht mehr als bekannt

---

114 vgl. **Naylor** (1979), S. 88-98; **Elsayed/Boucher** (1985), S. 21-24; **Silver/Switzer** (1985), S. 49-85
115 vgl. **Johnson/Montgomery** (1974), S. 432-434; **Hüttner** (1982), S. 112
116 vgl. **Johnson/Montgomery** (1974), S. 433

vorausgesetzt wird, sondern sich im Rahmen der Kurvenanpassung durch Quantifizierung der Parameter $b_2$ und $b_3$ ergibt.

Die Saisonkomponente kann nun z.B. bei vier Saisonperioden durch folgenden Ansatz abgebildet werden[117]:

$$s_t = b_2 \cdot \sin\left[\frac{2 \cdot \pi \cdot t}{4}\right] + b_3 \cdot \cos\left[\frac{2 \cdot \pi \cdot t}{4}\right] \qquad t=1,2,\ldots \qquad (156)$$

Für z Saisonperioden erhalten wir allgemein:

$$s_t = b_2 \cdot \sin\left[\frac{2 \cdot \pi \cdot t}{z}\right] + b_3 \cdot \cos\left[\frac{2 \cdot \pi \cdot t}{z}\right] \qquad t=1,2,\ldots \qquad (157)$$

Die Kosinuswelle ist gegenüber der Sinuswelle verschoben. Die Zyklen beider Wellen wiederholen sich exakt nach 360° bzw. nach $2 \cdot \pi$. Die Saisonkomponente setzt sich im obigen Ansatz additiv aus dem Anteil der Sinuswelle und dem Anteil der Kosinuswelle zusammen. Hierdurch kann *jede zeitliche Lage des Beginns eines Saisonzyklus* erfaßt werden.

Bei der Verwendung der obigen Darstellung sind für die saisonale Komponente lediglich **zwei Funktionsparameter**[118], $b_2$ und $b_3$, zu schätzen. Das ist gegenüber der Verwendung von Saisonfaktoren als Vorteil anzusehen, da die Qualität der Schätzung bei gegebenem empirischen Datenmaterial mit sinkender Anzahl zu schätzender Parameter ansteigt. Diesem Vorteil steht der Nachteil der geringeren Verständlichkeit gegenüber. Daher schlagen *Silver und Switzer* vor, beide Methoden miteinander zu verbinden[119].

Zur Prognose einer Zeitreihe mit trendförmig ansteigendem Verlauf und saisonalen Einflüssen muß die Beziehung (157) um die Trendkomponente ergänzt werden. Für das in Bild 31 betrachtete Beispiel mit linearem Trendverlauf lautet das Zeitreihenmodell dann:

$$y_t = \underbrace{\underbrace{b_0 + b_1 \cdot t}_{\text{Trendkomponente}} + \underbrace{b_2 \cdot \sin\left[\frac{2 \cdot \pi \cdot t}{4}\right] + b_3 \cdot \cos\left[\frac{2 \cdot \pi \cdot t}{4}\right]}_{\text{Saisonkomponente}}} \qquad t=1,2,\ldots \qquad (158)$$

Die Parameter dieses Zeitreihenmodells können nun durch Einsatz der multiplen Regressionsanalyse[120] geschätzt werden. Die Ergebnisse sind in Bild 37 wiedergegeben.

---

117 vgl. **Love** (1979), S. 186
118 Bei der Verwendung von Saisonfaktoren sind demgegenüber bei Monatswerten 12 Saisonparameter zu schätzen.
119 vgl. **Silver/Switzer** (1985), S. 49-54
120 vgl. Abschnitt 3221.

```
            Multiple  Regression  Analysis
----------------------------------------------------------------
Multiple R              .914       F Change                6.825
R Square                .835       R Square Change          .106
Adjusted R Square       .814       Sum of Squares Change  35752.05
Std. Err. of Est.   48.1986        Percent of SS Change    10.58
----------------------------------------------------------------
          Regression   Std. Err.    Beta     Std. Err.   Student
          Coefficient  Reg. Coeff.  Weight   Beta Weight T value  Sig.
B( 2)      10.525030    1.136370    .7741     .0836       9.26    .00
B( 4)     -56.939430   12.93144    -.3666     .0833      -4.40    .00
B( 3)     -50.731390   12.93186    -.3266     .0833      -3.92    .00
B( 0)     260.62920
----------------------------------------------------------------
                 Analysis  Of  Variance
----------------------------------------------------------------
                           Degrees of   Error
           Sum of Squares  Freedom    Mean Square   F-test    Sig.
Regression  282034.600        3        94011.540
Residual     55754.5900      24         2323.1080   40.47    .000
----------------------------------------------------------------
Total       337789.300
```

Bild 37: *Ergebnisse der Regressionsrechnung mit trigonometrischen Funktionen*

Im vorliegenden Beispiel lautet die Regressionsgleichung:

$$y_t = 260.6292 + 10.52503 \cdot t - 50.73139 \cdot \sin\left[\frac{2 \cdot \pi \cdot t}{4}\right] - 56.93943 \cdot \cos\left[\frac{2 \cdot \pi \cdot t}{4}\right] \quad t=1,2,\ldots \quad (159)$$

Das Bestimmtheitsmaß beträgt 0.835. Es werden also 83.5 % der Gesamtvarianz der empirischen Zeitreihe durch die geschätzte Regressionsfunktion erklärt. Die Güte der Anpassung ist damit geringfügig schlechter als bei Einsatz von binären Saison-Dummyvariablen (0.866). Bild 38 zeigt die Regressionsfunktion und die Zeitreihe der Beobachtungswerte im Vergleich.

**Vertiefende Literatur zu Abschnitt 323.:**

*Elsayed/Boucher* (1985)
*Fliedner/Flores/Mabert* (1986)
*Hax/Candea* (1984)
*Hüttner* (1982)
*Makridakis/Wheelwright* (1989)
*Neter/Wassermann/Kutner* (1989)
*Scheer* (1983)
*Silver/Peterson* (1985)
*Weber* (1990)

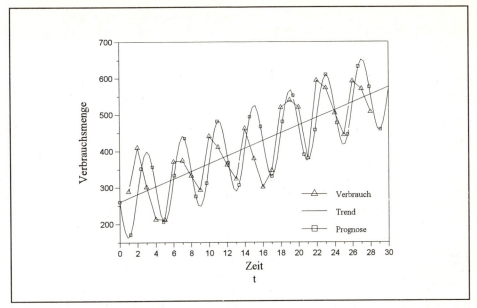

*Bild 38: Gegenüberstellung von Beobachtungswerten und Regressionsfunktion*

## 33. Bedarfsprognose bei sporadischem Bedarfsverlauf

Von sporadischem Bedarf[121] spricht man, wenn für ein Produkt in relativ vielen Perioden überhaupt kein Bedarf vorliegt (Nullbedarfsperioden). Sporadischer Bedarf tritt häufig für **untergeordnete Produkte** in einer mehrstufigen Erzeugnisstruktur auf, weil die Losbildung bei übergeordneten Erzeugnissen zur Zusammenballung der Sekundärbedarfsmengen führt[122]. Oft zeigt sich dieser Bedarfsverlauf, wenn eine *zu feine Periodeneinteilung* (z.B. auf Tagesbasis) verwendet wird. Auch wenn die Menge der potentiellen Nachfrager eines Produkts klein ist, kann ein sporadischer Bedarfsverlauf eintreten. Wendet man zur *Prognose* von sporadisch auftretenden Bedarfsmengen die dargestellten Verfahren der *exponentiellen Glättung* in unveränderter Form an, dann entstehen relativ große *Prognosefehler*. Bild 39 zeigt eine Zeitreihe von (werk-)täglichen Bedarfsmengen für ein Produkt mit sporadischem Bedarf[123].

Zur Prognose bei sporadischem Bedarf lassen sich vor allem zwei Gruppen von Verfahren unterscheiden, die die Ursachen für die Schwankungen der Bedarfszeitreihe explizit berücksichtigen. Die eine Gruppe von Verfahren basiert auf einer Zerlegung des Periodenbedarfs in seine Komponenten, die *Anzahl der Aufträge* und die *Bedarfsmenge je Auftrag*[124], wobei die Komponenten getrennt prog-

---

121 vgl. **Hax/Candea** (1984), S. 178ff.
122 vgl. Abschnitt 431.; vgl. auch **Tempelmeier** (1983b), S. 233-234
123 Diese Zeitreihe hat einen Störpegel von 1.19 und einen Nullbedarfsperiodenanteil von 57%.
124 vgl. z.B. **Trux** (1972), S. 131-158; **Lewandowski** (1974), S. 82-84

nostiziert und zur Prognose der zukünftigen Periodenbedarfsmenge miteinander multipliziert werden. Andere Verfahren betrachten den Periodenbedarf in den Dimensionen *Zeitpunkt* und *Menge* und prognostizieren jeweils die Zeitspanne bis zum nächsten Auftreten eines Bedarfs (Zwischenankunftszeit; Bedarfsabstand) und die dann zu erwartende Bedarfsmenge.

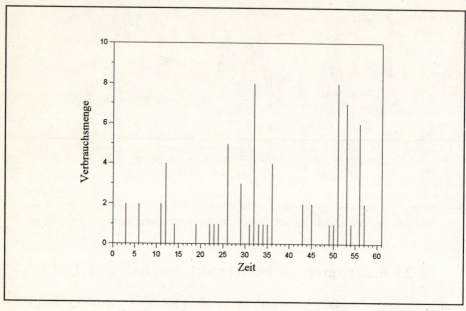

*Bild 39: Zeitreihe mit sporadischem Bedarf*

*Wedekind*[125] schlägt ein der letztgenannten Gruppe zuzurechnendes Prognoseverfahren vor, in dem zu jedem Prognosezeitpunkt $\tau$ eine Entscheidung darüber zu treffen ist, ob für den Vorhersagezeitraum w ein positiver Bedarf nach dem Verfahren der exponentiellen Glättung erster Ordnung (angewandt auf die Zeitreihe der bisher aufgetretenen positiven Bedarfsmengen) prognostiziert werden soll. Die Alternative dazu ist die Prognose einer Bedarfsmenge von Null. Die Entscheidung für oder gegen eine positive Bedarfsprognose hängt von dem damit verbundenen zu erwartenden Prognosefehler ab. *Wedekind* geht davon aus, daß die Bedarfsabstände einer *Weibullverteilung* folgen. Die Verteilungsfunktion einer weibullverteilten Zufallsvariablen lautet:

$$F(x) = 1 - e^{[-(\lambda \cdot x)^c]} \tag{160}$$

mit den Parametern $c > 0$ und $\lambda > 0$. Die Weibullverteilung ist eine sehr flexible Wahrscheinlichkeitsverteilung, die in Abhängigkeit von ihren Parametern sehr

---

125  vgl. **Wedekind** (1968); vgl. auch **Lewandowski** (1974), S. 84-86; **Scheer** (1983), S. 131-133

unterschiedliche Formen annehmen kann. Bild 40 zeigt einige Verläufe[126] ihrer Dichtefunktion für verschiedene Werte des Parameters c bei einem gegebenen Wert für $\lambda = 1$.

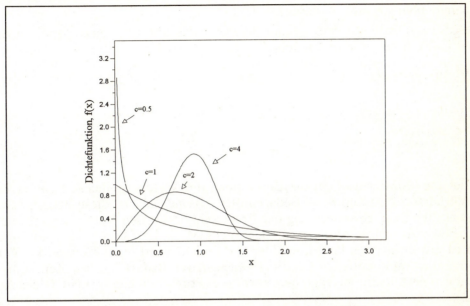

Bild 40: Dichtefunktionen der Weibullverteilung für $\lambda = 1$

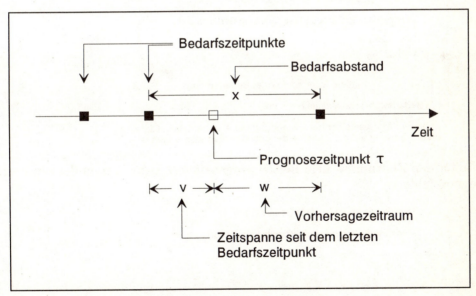

Bild 41: Vorhersage bei sporadischem Bedarf nach Wedekind

---

126 *Wedekind* bezeichnet Bedarf als sporadisch, wenn $\lambda \ll 1$ und $c \leq 5$ sind.

Die Weibullverteilung wird nun eingesetzt, um zu einem beliebigen Prognosezeitpunkt $\tau$ für einen Vorhersagezeitraum w die *Wahrscheinlichkeit für das Auftreten eines positiven Bedarfs* unter der Voraussetzung zu bestimmen, daß der letzte Bedarfszeitpunkt bereits v Perioden zurückliegt. Bild 41 verdeutlicht den Zusammenhang zwischen diesen Größen[127].

Die gesuchte bedingte Wahrscheinlichkeit für das Auftreten eines positiven Bedarfs im Zeitraum w kann wie folgt beschrieben werden:

$$P\{\text{nächster Bedarf in w} | \text{letzter Bedarf im Zeitpunkt } \tau-v\} = P_w = P\{v < x \leq v+w | v < x\} \quad (161)$$

oder

$$P_w = \frac{F(v+w) - F(v)}{1 - F(v)} \quad (162)$$

Beziehung (162) ermöglicht die Berechnung der Wahrscheinlichkeit dafür, daß im Vorhersagezeitraum w ein Bedarf auftritt. *Wedekind* setzt diese Bedarfswahrscheinlichkeit zur Beantwortung der Frage ein, ob für den Vorhersagezeitraum eine Bedarfsprognose erfolgen soll oder nicht. Mit jeder dieser beiden Alternativen ist ein erwarteter Prognosefehler verbunden. Wird unter Einsatz des Verfahrens der exponentiellen Glättung **ein positiver Bedarf** für den Zeitraum w **prognostiziert**, dann beträgt der erwartete Prognosefehler gemäß Gleichung (163):

$$F_{pos} = \underbrace{\mu_e \cdot P_w}_{} + \underbrace{(1 - P_w) \cdot \mu_p}_{} \quad (163)$$

- erwarteter Prognosefehler, falls Bedarf auftritt
- erwarteter Prognosefehler, falls kein Bedarf auftritt
- mittlere (prognostizierte) Bedarfsmenge
- Bedarfswahrscheinlichkeit
- mittlerer Prognosefehler bei Anwendung der exponentiellen Glättung erster Ordnung auf die Zeitreihe der positiven Bedarfsmengen

Wird für den Zeitraum w **kein Bedarf prognostiziert**, dann beträgt der erwartete Prognosefehler:

$$F_{nul} = \underbrace{P_w \cdot \mu_p}_{} + \underbrace{(1 - P_w) \cdot 0}_{} \quad (164)$$

- erwarteter Prognosefehler, falls Bedarf auftritt
- erwarteter Prognosefehler, falls kein Bedarf auftritt

---

127 vgl. **Wedekind** (1968), S. 4

Ein positiver Bedarf für den Zeitraum w wird immer dann prognostiziert, wenn der bei Verzicht auf eine Prognose zu erwartende Fehler größer ist als der Fehler, der bei Durchführung einer Prognose eintritt, d.h wenn $F_{pos} < F_{nul}$ ist; andernfalls wird ein Bedarf von Null Mengeneinheiten prognostiziert. *Wedekind* hat das Verfahren an mehr als 100 Bedarfszeitreihen erfolgreich eingesetzt und berichtet, daß das Verfahren nur in 8% der Fälle scheiterte, wobei aber nicht deutlich wird, was er unter Scheitern versteht. Für die mit diesem Verfahren erzielbare Prognosequalität sind offenbar mehrere Faktoren von Bedeutung. Hier ist einmal die Modellierung der Bedarfsabstände durch eine Zufallsvariable zu nennen. *Wedekind* weist darauf hin, daß außer der Weibullverteilung auch andere Wahrscheinlichkeitsverteilungen anwendbar sind. Darüberhinaus übt auch die Eignung des zur Prognose der positiven Bedarfsmengen eingesetzten Verfahrens einen Einfluß auf die Prognosequalität aus.

Eine ähnliche Form der Prognose bei sporadischem Bedarf schlägt *Croston*[128] vor. Er trennt zwischen der Prognose des nächsten Bedarfszeitpunkts und der Prognose der dann auftretenden Bedarfsmenge. Für beide Größen wird die exponentielle Glättung erster Ordnung eingesetzt. Die Entscheidungsregel am Ende einer beliebigen Periode $\tau$ lautet:

- falls in Periode $\tau$ *kein Bedarf* aufgetreten ist ($y_\tau = 0$), setze $p_{\tau+1} = p_\tau$ und $i_{\tau+1} = i_\tau$, d.h. behalte die zuletzt errechneten Prognosewerte für die Bedarfsmenge und den Bedarfsabstand unverändert bei;
- falls in Periode $\tau$ ein *positiver Bedarf* aufgetreten ist ($y_\tau > 0$), berechne neue Prognosewerte für die Bedarfsmenge und den Bedarfsabstand wie folgt:

$$p_{\tau+1} = \alpha \cdot y_\tau + (1-\alpha) \cdot p_\tau \qquad \tau = 1, 2, \ldots \qquad \text{Bedarfsmenge} \qquad (165)$$

$$i_{\tau+1} = \alpha \cdot x_\tau + (1-\alpha) \cdot i_\tau \qquad \tau = 1, 2, \ldots \qquad \text{Bedarfsabstand} \qquad (166)$$

Dabei bezeichnet $x_\tau$ den Abstand zwischen den letzten beiden Perioden mit positivem Bedarf. Die Größe $y_\tau$ ist die beobachtete Bedarfsmenge. Mit $i_{\tau+1}$ wird die prognostizierte Zeitspanne bis zum nächsten Auftreten eines Bedarfs bezeichnet. Die Größe $p_{\tau+1}$ gibt die prognostizierte Höhe des nächsten Bedarfs an. Die mit dieser Vorgehensweise verbundene Prognosequalität ist i.a. höher als bei direkter Anwendung der exponentiellen Glättung erster Ordnung auf eine Bedarfszeitreihe mit sporadischem Verlauf[129].

Eine andere Möglichkeit der Bedarfsprognose setzt unmittelbar an der Wahrscheinlichkeitsverteilung der Periodenbedarfsmenge eines Erzeugnisses mit sporadischem Bedarf an. Da ein derartiger Bedarfsverlauf durch eine hohe zufällige Komponente beherrscht wird, ist i.a. kein systematisches Verlaufsmuster erkennbar. Die Annahme eines stationären Bedarfsverlaufs ist dann eine plausible Hypothese. In diesem Fall bietet es sich an, die **Wahrscheinlichkeitsverteilung der Periodenbedarfsmenge** aus den beobachteten Bedarfsmengen abzuleiten.

---

128 vgl. **Croston** (1972)
129 vgl. **Hax/Candea** (1984), S. 180; **Silver/Peterson** (1985), S. 144-149

Man kann dabei von einer *theoretischen Wahrscheinlichkeitsverteilung* ausgehen und aus den Beobachtungen deren Parameter ableiten. Die Periodenbedarfsmenge kann aber auch durch eine diskrete *empirische Wahrscheinlichkeitsverteilung* repräsentiert werden.

Eine häufig einsetzbare *theoretische* Wahrscheinlichkeitsverteilung der Periodenbedarfsmenge bei sporadischem Bedarf ist die **Poissonverteilung**. Diese diskrete Verteilung ist insbesondere dann geeignet, wenn die Nachfrage mit einer einheitlichen Auftragsgröße von einer großen Anzahl voneinander unabhängiger Abnehmer stammt. Bei einer poissonverteilten Zufallsvariablen stimmen Mittelwert $\lambda$ und Varianz $\sigma^2$ überein. Die Varianz einer Zufallsvariablen X kann bekanntlich wie folgt beschrieben werden:

$$\sigma_X^2 = E\{X^2\} - [E\{X\}]^2 \tag{167}$$

Zur Schätzung der *aktuellen Standardabweichung* der Periodenbedarfsmenge eignet sich folgendes Verfahren der exponentiellen Glättung[130]:

$$\lambda_t = \alpha \cdot y_t + (1-\alpha) \cdot \lambda_{t-1} \qquad t=1,2,\ldots \tag{168}$$

$$\lambda_t^2 = \alpha \cdot y_t^2 + (1-\alpha) \cdot \lambda_{t-1}^2 \qquad t=1,2,\ldots \tag{169}$$

$$\sigma_t = \sqrt{\lambda_t^2 - (\lambda_t)^2} \qquad t=1,2,\ldots \tag{170}$$

Weicht der Wert der nach Beziehung (170) geschätzten Standardabweichung um weniger als 10% von der Wurzel des Mittelwerts, $\sqrt{\lambda_t}$, ab, dann kann - so lautet eine Faustregel - davon ausgegangen werden, daß die Periodenbedarfsmenge einer Poissonverteilung folgt.

Eine andere Möglichkeit besteht darin, direkt die **Form der Verteilung** der Periodenbedarfsmenge aufgrund vorliegender Beobachtungen zu schätzen. Dies kann wie folgt geschehen[131]. Man zerlegt den Planungszeitraum in gleich lange, sich nicht überschneidende Perioden t (t=1,2,...,n,...). Für die ersten n Perioden erzeugt man aus den vorliegenden Beobachtungen der Bedarfsmengen eine empirische Häufigkeitsverteilung mit den Klassengrenzen $G_0, G_1, \ldots, G_I$ und ermittelt daraus eine geschätzte Wahrscheinlichkeitsverteilung (mit den gleichen Werteintervallen). In den nächsten Perioden l [l=(n+1, n+2,...)] aktualisiert man die Wahrscheinlichkeitsverteilung unter Verwendung der exponentiellen Glättung erster Ordnung. Dies führt zu einer Verschiebung der Wahrscheinlichkeiten aus den Klassen, in denen keine Bedarfsmengen verzeichnet wurden, in die Klasse, in der die aktuelle Bedarfmenge aufgetreten ist.

Die Anzahl der Klassen sei I. Zu Beginn einer Periode t liegt die geschätzte Wahrscheinlichkeitsverteilung $\underline{P}_t$ vor:

---

[130] vgl. **Hax/Candea** (1984), S. 181
[131] vgl. **Brown** (1963b), S. 199-206; **Johnson/Montgomery** (1974), S. 448-450; **Hax/Candea** (1984), S. 182-185

## 33. Bedarfsprognose bei sporadischem Bedarfsverlauf

$$\underline{P}_t = \begin{bmatrix} p_t(1) \\ p_t(2) \\ \cdot \\ p_t(I-1) \\ p_t(I) \end{bmatrix} \tag{171}$$

In der Periode t wird nun eine Beobachtung $y_t$ gemacht, die in die Klasse i fällt. Wir definieren nun einen Vektor $\underline{u}_t$, der an der i-ten Stelle eine 1 und ansonst lauter Nullen enthält. Die neue geschätzte Wahrscheinlichkeitsverteilung der Bedarfsmenge wird dann gemäß Gleichung (172) nach dem Verfahren der exponentiellen Glättung bestimmt:

$$\underline{P}_{t+1} = \alpha \cdot \underline{u}_t + (1-\alpha) \cdot \underline{P}_t \qquad t=1,2,\ldots \tag{172}$$

Das führt dazu, daß nur die geschätzte Wahrscheinlichkeit der Klasse i, $p_t(i)$, ansteigt, während die Wahrscheinlichkeiten der anderen Klassen sinken. Die beschriebene Vorgehensweise sei anhand eines Beispiels erläutert. Am Ende der Periode t=1 liegen die in Tabelle 23 angegebenen Werte vor.

| $G_i$ | Anzahl Beobachtungen | $p_t(i)$ |
|---|---|---|
| 0 | 0 | 0.00 |
| 10 | 120 | 0.60 |
| 20 | 30 | 0.15 |
| 30 | 30 | 0.15 |
| 40 | 10 | 0.05 |
| 50 | 10 | 0.05 |

*Tabelle 23: Wahrscheinlichkeitsverteilung der Bedarfsmenge am Ende der Periode t=1*

Als Bedarfsmenge in Periode t=2 sei nun $y_2=20$ ermittelt worden. Diese Beobachtung fällt in die dritte Häufigkeitsklasse.

$$\underline{u}_2 = \begin{bmatrix} 0 \\ 0 \\ 1 \\ 0 \\ 0 \\ 0 \end{bmatrix} \tag{173}$$

Wir verwenden für den Glättungsparameter den Wert $\alpha=0.3$. Dann ergibt sich als geschätzte aktuelle Wahrscheinlichkeitsverteilung der Bedarfsmenge in Periode t=2:

$$\underline{P}_2 = 0.3 \cdot \begin{bmatrix} 0 \\ 0 \\ 1 \\ 0 \\ 0 \\ 0 \end{bmatrix} + (1-0.3) \cdot \begin{bmatrix} 0.00 \\ 0.60 \\ 0.15 \\ 0.15 \\ 0.05 \\ 0.05 \end{bmatrix} = \begin{bmatrix} 0.000 \\ 0.420 \\ 0.405 \\ 0.105 \\ 0.035 \\ 0.035 \end{bmatrix} \qquad (174)$$

Mit dieser Vorgehensweise ist das **Problem** verbunden, daß die einzelnen $p_t(i)$-Werte *starken Schwankungen* unterliegen können[132]. Zur Verringerung der Varianz der Wahrscheinlichkeitswerte wird empfohlen, die Klassenbreiten so zu wählen, daß die $p_t(i)$-Werte entweder sehr groß oder sehr klein sind.

## 34. Ausgewählte Probleme bei der Einführung und Anwendung eines Prognosesystems

### 341. Bestimmung der Glättungsparameter

Die Qualität der Bedarfsprognose mit Hilfe eines auf der exponentiellen Glättung basierenden Verfahrens wird von der Wahl des (der) Glättungsparameter(s) beeinflußt. Hier besteht ein grundsätzlicher Konflikt zwischen dem Ziel der Anpassungsfähigkeit der Prognose an neue Entwicklungen der Zeitreihe und dem Ziel der möglichst vollständigen Ausschaltung der zufälligen Komponente aus der Zeitreihe. Je kleiner ein Glättungsparameter ist, umso größer ist der Anteil der zufälligen Schwankungen, der aus der Zeitreihe eliminiert wird. Ein niedriger Glättungsparameter bewirkt aber auch, daß die Prognose sich nur sehr zögernd an systematische Veränderungen der Zeitreihe anpaßt.

Sind bereits Beobachtungswerte vorhanden, dann kann der optimale Wert des Glättungsparameters $\alpha$ mit Hilfe des in Bild 42 angegebenen Suchverfahrens bestimmt werden. Dabei wird $\alpha$ systematisch variiert und für jeden Wert von $\alpha$ mit dem zu verwendenden Prognoseverfahren die Prognosegüte berechnet.

| START: |
|---|
| setze FEHLMIN=∞; setze $\alpha_{min}$=0.04; setze $\alpha_{max}$=0.40; setze $\alpha_d$=0.02 |
| ITERATION: für alle $\alpha$ [$\alpha_{min} \leq \alpha \leq \alpha_{max}$ (Schrittweite $\alpha_d$)] |
| führe eine ex-post-Prognose für die letzten n Perioden der Zeitreihe durch und berechne die Prognosequalität FEHL$_\alpha$; falls FEHL$_\alpha$<FEHLMIN, setze $\alpha_{opt}$=$\alpha$, setze FEHLMIN=FEHL$_\alpha$; |
| $\alpha_{opt}$ ist der optimale Glättungsparameter |

*Bild 42: Verfahren ALPHOPT*

---

[132] vgl. **Hax/Candea** (1984), S. 184-185

### 341. Bestimmung der Glättungsparameter

Das Verfahren ALPHOPT kann auch für andere Prognoseverfahren, die auf dem Prinzip der exponentiellen Glättung basieren, eingesetzt werden. Zur Bestimmung der Prognosequalität ist dabei jeweils das betrachtete Prognoseverfahren anzuwenden. Für das Verfahren von *Winters*, das mit drei Glättungsparametern arbeitet, ist für die Bestimmung der optimalen Kombination dieser Parameter eine dreifach ineinandergeschachtelte Schleife zu durchlaufen. Als Kriterium für die Prognosequalität kann die Summe oder der Mittelwert der quadrierten Prognosefehler oder der absoluten Prognosefehler verwendet werden.

Zur Veranschaulichung des Einflusses der Glättungsparameter auf die Qualität der Prognose betrachten wir die in Tabelle 24 wiedergegebene Verbrauchszeitreihe, deren Entwicklung mit dem Verfahren von *Holt*[133] prognostiziert werden soll.

| t | 1 | 2 | 3 | 4 | 5 | 6 | 7 | 8 | 9 | 10 | 11 | 12 |
|---|---|---|---|---|---|---|---|---|---|---|---|---|
| $y_t$ | 60 | 55 | 64 | 51 | 69 | 66 | 83 | 90 | 76 | 95 | 72 | 88 |

*Tabelle 24: Verbrauchszeitreihe*

Bei der Bestimmung der optimalen Werte der Glättungsparameter $\alpha$ und $\beta$ wird als Gütekriterium der *mittlere quadrierte Prognosefehler* verwendet. In Tabelle 25 sind die Ergebnisse zusammengefaßt.

| $\beta\backslash\alpha$ | 0.10 | 0.15 | 0.20 | 0.25 | 0.30 |
|---|---|---|---|---|---|
| 0.0050 | 112.44 | 106.87 | 103.92 | 102.76 | 102.88 |
| 0.0075 | 112.35 | 106.80 | 103.87 | 102.75 | 102.90 |
| 0.01   | 112.26 | 106.72 | 103.82 | **102.73** | 102.92 |
| 0.05   | 110.94 | 105.69 | 103.28 | 102.75 | 103.46 |
| 0.10   | 109.51 | 104.77 | 103.10 | 103.32 | 104.72 |
| 0.15   | 108.33 | 104.23 | 103.39 | 104.41 | 106.48 |
| 0.20   | 107.37 | 104.04 | 104.09 | 105.92 | 108.64 |
| 0.25   | 106.63 | 104.16 | 105.15 | 107.79 | 111.10 |
| 0.30   | 106.09 | 104.56 | 106.52 | 109.94 | 113.80 |
| 0.35   | 105.73 | 105.22 | 108.15 | 112.31 | 116.64 |
| 0.40   | 105.55 | 106.11 | 110.01 | 114.87 | 119.58 |
| 0.45   | 105.53 | 107.20 | 112.06 | 117.55 | 122.56 |
| 0.50   | 105.67 | 108.47 | 114.27 | 120.31 | 125.55 |
| 0.55   | 105.94 | 109.91 | 116.61 | 123.13 | 128.49 |
| 0.60   | 106.35 | 111.50 | 119.04 | 125.97 | 131.37 |
| 0.65   | 106.89 | 113.22 | 121.56 | 128.79 | 134.15 |
| 0.70   | 107.54 | 115.05 | 124.12 | 131.58 | 136.82 |
| 0.75   | 108.30 | 116.97 | 126.72 | 134.32 | 139.36 |
| 0.80   | 109.16 | 118.98 | 129.33 | 136.97 | 141.75 |

*Tabelle 25: Mittlerer quadrierter Prognosefehler bei Variation von $\alpha$ und $\beta$*

Für das betrachtete Beispiel liegt die beste Kombination der Glättungsparameter bei $\alpha = 0.25$ und $\beta = 0.01$. Bild 43 stellt den Verlauf des mittleren quadrierten Prognosefehlers graphisch dar.

---

[133] vgl. Abschnitt 3223.

Es ist allerdings darauf hinzuweisen, daß bei Verwendung eines anderen Kriteriums zur Beurteilung der Güte des Prognoseverfahrens auch eine andere Kombination der Glättungsparameter optimal sein kann. Während bei Verwendung des mittleren *quadrierten Prognosefehlers* Parameterkombinationen besonders negativ beurteilt werden, bei denen große Prognosefehler auftreten, bewertet das Kriterium des mittleren *absoluten Prognosefehlers* alle auftretenden Prognosefehler gleich. Im betrachteten Beispiel liegt bei Berücksichtigung dieses letztgenannten Kriteriums die optimale Kombination der Glättungsparameter bei $\alpha = 0.095$ und $\beta = 0.55$.

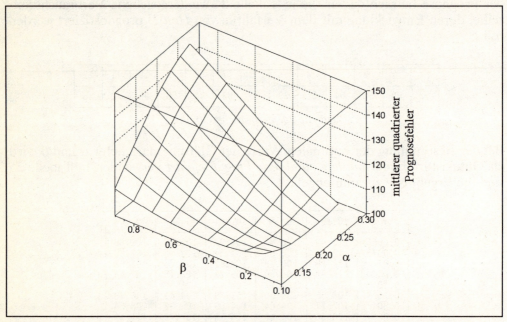

*Bild 43: Mittlerer quadrierter Prognosefehler bei Variation von $\alpha$ und $\beta$*

*Silver und Peterson*[134] geben die in Tabelle 26 zusammengestellten Empfehlungen für die Festlegung der Glättungsparameter im Verfahren von *Winters* ($\alpha_W$, $\beta_W$ und $\gamma_W$) für unterschiedliche Werte des entsprechenden Glättungsparameters $\alpha_1$, der bei Anwendung der exponentiellen Glättung erster Ordnung zum Einsatz käme.

|  | $\alpha_1$ | $\alpha_W$ | $\beta_W$ | $\gamma_W$ |
|---|---|---|---|---|
| Obergrenze | 0.30 | 0.51 | 0.176 | 0.50 |
| vernünftiger Wert | 0.10 | 0.19 | 0.053 | 0.10 |
| Untergrenze | 0.01 | 0.02 | 0.005 | 0.05 |

*Tabelle 26: Empfohlene Werte der Glättungsparameter*

---

134 vgl. **Silver/Peterson** (1985), S. 126

Nicht nur bei der *Einführung* eines Verfahrens der exponentiellen Glättung, sondern auch in regelmäßigen Abständen *während des Verfahrenseinsatzes* ist die erreichte Prognosequalität zu überprüfen und gegebenenfalls eine Anpassung der Glättungsparameter vorzunehmen. Dies kann dadurch geschehen, daß in festen Abständen (z.B. 100 Perioden) das Verfahren ALPHOPT eingesetzt wird. Es kann aber auch eine laufende Kontrollrechnung durchgeführt werden, bei der in ähnlicher Weise wie bei der statistschen Qualitätskontrolle überprüft wird, ob ein Prognosefehler in einem vorgegebenen, als zulässig erachteten Schwankungsbereich liegt. Liegt der Prognosefehler außerhalb des zulässigen Bereichs, dann werden die Glättungsparameter neu festgelegt[135].

### 342. Verbrauchsfaktoren mit zeitlich begrenzter Vergangenheit

Insbesondere bei der Einführung eines neuen Produkts und dem damit verbundenen Bedarf an neuartigen Verbrauchsfaktoren, häufig aber auch bei der erstmaligen Einführung eines systematischen Konzepts zur Bedarfsprognose in einem Unternehmen, tritt das Problem auf, daß nicht genügend empirische Daten für die Auswahl und Initialisierung eines Prognoseverfahrens zur Verfügung stehen. Bei der Initialisierung eines Prognoseverfahrens sind Schätzwerte für das Zeitreihenniveau, evtl. auch für die Steigung, für Saisonfaktoren sowie für die verwendete Größe zur Überwachung der Prognosequalität (z.B. MAD) festzulegen. Darüberhinaus benötigt man bei der Anwendung eines *Lagerdispositionssystems* Angaben über die Wahrscheinlichkeitsverteilung des Bedarfs. Bild 44 zeigt den Bedarfsverlauf für einen neu eingeführten Verbrauchsfaktor.

Zum Zeitpunkt 180 liegt erst eine sehr begrenzte empirische Datenbasis vor. Eine gesicherte Aussage über das der Zeitreihe zugrundeliegende Verlaufsmuster kann zu diesem Zeitpunkt noch nicht getroffen werden. Es können lediglich Vermutungen aufgrund von Erfahrungen angestellt werden, die mit ähnlichen Verbrauchsfaktoren gemacht wurden. Ist man nun in der Lage, den Mittelwert der Periodenbedarfsmengen des Verbrauchsfaktors - z.B. aus den geplanten Primärbedarfsmengen der übergeordneten Produkte - abzuschätzen, dann kann die Standardabweichung bzw. die mittlere absolute Abweichung (MAD) der Prognosefehler aufgrund eines in vielen Unternehmen bestehenden Zusammenhangs zwischen der Streuung der Prognosefehler und der mittleren Bedarfsmenge für ein Produkt geschätzt werden. Empirische Untersuchungen weisen darauf hin, daß in vielen Unternehmungen folgende Beziehung gilt:

$$\sigma_{ek} = a \cdot \mu_k^b \qquad k=1,\ldots,K \qquad (175)$$

↑ mittlere Bedarfsmenge der Produkts k

↑ Standardabweichung der Prognosefehler für Produkt k

---

[135] vgl. hierzu näher **Weber** (1990), S. 237-243

Dabei sind a und b Funktionsparameter, die mit Hilfe der linearen Regressionsrechnung ermittelt werden können[136].

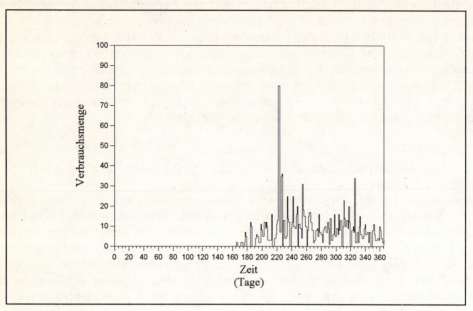

*Bild 44: Bedarfsverlauf eines Verbrauchsfaktors mit zeitlich begrenzter Vergangenheit*

Durch Logarithmierung erhalten wir:

$$\log(\sigma_{ek}) = \log(a) + b \cdot \log \mu_k \qquad k=1,\ldots,K \qquad (176)$$

Anstelle der Standardabweichung der Prognosefehler kann auch die mittlere absolute Abweichung als abhängige Variable eingesetzt werden. In einem konkreten Fall könnte eine solche Beziehung wie folgt lauten:

$$\log \text{MAD}_{ek} = 1.04 + 0.65 \cdot \log \mu_k \qquad k=1,\ldots,K \qquad (177)$$

Setzt man nun für ein neues Erzeugnis den geschätzten Mittelwert der Periodennachfragemenge in die Regressionsgleichung ein, dann erhält man einen Schätzwert für die zu erwartende Streuung des Prognosefehlers für dieses Erzeugnis, der als Startwert bei der *Initialisierung eines Prognoseverfahrens* ($\text{MAD}_0$) oder für die Bestimmung des *Sicherheitsbestands* in einem stochastischen Lagerdispositionssystem verwendbar ist.

In vielen Fällen ist man zu Beginn der Anwendung eines Prognoseverfahrens für einen Verbrauchsfaktor gezwungen, zunächst einige Perioden der Datensammlung abzuwarten, bis der erste Prognosewert errechnet werden kann. Liegen dann Beobachtungswerte für einen ausreichend langen Zeitraum vor, dann kann

---

136  vgl. **Brown** (1984), S. 45-74, S. 152-153; **Silver/Peterson** (1985), S. 143-144

eines der in Abschnitt 22. beschriebenen Verfahren zu Erkennung der typischen Merkmale einer Zeitreihe eingesetzt werden.

### 343. Behandlung von Ausreißern

Insbesondere in Verbrauchszeitreihen, die durch einen hohen Anteil der zufälligen Komponente geprägt sind, tritt das Problem auf, daß Extremwerte des Periodenbedarfs (Ausreißer) als solche erkannt und aus dem normalen Prognoseprozeß ausgeschaltet werden. Betriebliche Verbrauchs- und Auftragsdaten werden in der Praxis i.a. vor ihrer Speicherung nicht danach aufgeschlüsselt, welche Einflußfaktoren die Ursache für einen in einer Periode aufgetretenen außergewöhnlich hohen oder niedrigen Verbrauch ausschlaggebend waren. Oft sind diese Einflußfaktoren nicht einmal bekannt. Als mögliche Determinanten, die das gewohnte Erscheinungsbild einer Verbrauchszeitreihe stören können, sind zu nennen: Projektbedarf, Bedarf aufgrund eines hohen Auftrags, Bedarf aufgrund von Sonderaktionen, Betriebsstörungen etc.

Es ist außerordentlich schwierig, oft unmöglich, derartige Einflüsse, die zu Ausreißern im Erscheinungsbild der Zeitreihe führen, durch ein systematisches Verfahren zu erkennen und aus dem Prognoseprozeß auszuschalten. Hilfestellung bei der Erkennung eines Ausreißers können die zur Überwachung der Prognosequalität eingesetzten Größen, z.B. die mittlere absolute Abweichung $MAD_t$, leisten. So empfiehlt es sich, einen Verbrauchswert als Ausreißer zu behandeln, wenn er etwa um das Vier- bis Fünffache des aktuellen $MAD_t$-Werts vom Prognosewert abweicht[137]. Eine mögliche Korrekturmaßnahme besteht darin, den Beobachtungswert durch einen "normalen" Beobachtungswert zu ersetzen. Ein solcher Eingriff sollte jedoch nicht ausschließlich einem automatisierten Prognoseverfahren überlassen werden. Vielmehr ist eine Überwachung durch den verantwortlichen Disponenten angebracht.

**Vertiefende Literatur zu den Abschnitten 33.-34.:**

*Brown* (1963b), (1984)
*Hax/Candea* (1984)
*Johnson/Montgomery* (1974)
*Lewandowski* (1974)
*Mertens* (1981)
*Mertens/Backert* (1980)
*Scheer* (1983)
*Silver/Peterson* (1985)
*Weber* (1990)

---

137 vgl. **Brown** (1984), S. 100

# 4. Programmorientierte Bedarfsermittlung und Losgrößenplanung

Im Gegensatz zur verbrauchsorientierten (stochastischen) Bedarfsplanung erfolgt bei der programmorientierten (deterministischen) Bedarfsermittlung die Berechnung der zukünftigen Bedarfsmengen für Verbrauchsfaktoren nicht mit Hilfe von Prognoseverfahren, sondern es werden die Ergebnisse der im Produktionsplanungsprozeß vorgelagerten kurzfristigen Produktionsprogrammplanung als Daten übernommen. Das *kurzfristige Produktionsprogramm* bildet für die Bedarfsplanung ein mit Sicherheit bekanntes und (kurzfristig) unveränderliches Datum. Die programmorientierte Bedarfsermittlung greift auf vier wichtige **Informationsquellen** zurück:

- das geplante kurzfristige **Hauptproduktionsprogramm**[138] für absatzbestimmte Produkte, d.h. Endprodukte und evtl. auch Ersatzteile;

- den **Erzeugniszusammenhang**;

- die **Durchlaufzeiten** bzw. Beschaffungszeiten der Erzeugnisse (Endprodukte, Baugruppen, Einzelteile);

- die periodenbezogenen **Lagerbestände**.

Bevor wir uns in diesem Abschnitt ausführlich mit den Algorithmen der programmorientierten Materialbedarfsrechnung und der damit eng verknüpften Losgrößenplanung befassen, sollen zunächst die verschiedenen Möglichkeiten zur Darstellung des Zusammenhangs zwischen den Erzeugnissen (Endprodukte, Baugruppen und Einzelteile) erläutert werden.

## 41. Darstellung des Erzeugniszusammenhangs

Der Zusammenhang zwischen den Erzeugnissen, d.h. zwischen den Endprodukten, Bauteilen und Einzelteilen, läßt sich **graphisch, tabellarisch** und in **Matrixform** darstellen.

---

138 Zur Planung des Hauptproduktionsprogramms siehe **Günther/Tempelmeier** (1994), S. 163-171.

## 411. Graphische Darstellungsformen

Die Erzeugnisstruktur kann graphisch in Form eines Baums oder (allgemeiner) durch einen gerichteten Graphen dargestellt werden. Ein solcher Graph besteht aus Knoten und Pfeilen (gerichteten Kanten). Die **Knoten** repräsentieren die Erzeugnisse, während die **Pfeile** die mengenmäßigen Input-Output-Beziehungen zwischen den Erzeugnissen beschreiben. So signalisiert ein Pfeil, der im Knoten i startet und im Knoten j endet: das (untergeordnete) Erzeugnis i geht in das (übergeordnete) Erzeugnis j ein, d.h. es wird dessen Bestandteil. Die Bewertungen der Pfeile geben an, wieviel Mengeneinheiten des untergeordneten Erzeugnisses i zur Herstellung einer Mengeneinheit des übergeordneten Erzeugnisses j benötigt werden. Diese Größen bezeichnet man als **Direktbedarfskoeffizienten** oder Produktionskoeffizienten.

❐ **Erzeugnisbaum**

Ein Erzeugnisbaum (auch Stammbaum oder Aufbauübersicht genannt) ist ein spezieller gerichteter Graph mit Baumstruktur.

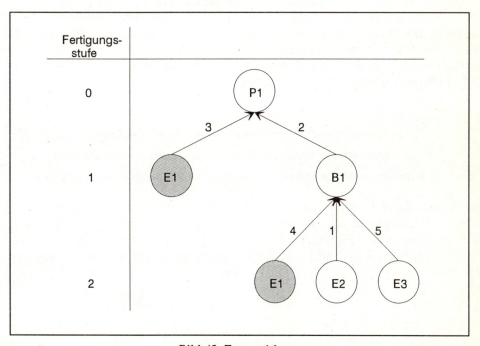

*Bild 45: Erzeugnisbaum*

Üblicherweise werden die Knoten des Erzeugnisbaums graphisch so angeordnet, daß gleichzeitig die Grundstruktur des **fertigungstechnischen Ablaufs** und des

**Materialflusses** ersichtlich wird. Bild 45 zeigt einen Erzeugnisbaum, in dem die Erzeugnisse in dieser Weise nach **Fertigungsstufen** angeordnet sind. Die Fertigungsstufen werden dabei i.a. entgegen dem Fertigungsablauf durchnumeriert: das Endprodukt ist der Fertigungsstufe 0 zugeordnet, alle Erzeugnisse, die unmittelbar in das Endprodukt eingehen, gehören der Fertigungsstufe 1 an, usw.

Es ist kennzeichnend für die **Baumstruktur**, daß jeder Knoten (in Pfeilrichtung gesehen) nur einen Nachfolger hat, aber mehrere Vorgänger haben kann. Baugruppen oder Einzelteile, die in mehrere übergeordnete Erzeugnisse eingehen (in Bild 45 z.B. Erzeugnis E1), werden jeweils an den Stellen im Erzeugnisbaum aufgeführt, an denen sie in der Erzeugnisstruktur vorkommen. Das führt dazu, daß *ein Erzeugnis oft durch mehrere Knoten im Erzeugnisbaum dargestellt* werden muß. Dadurch entstehen bei der Speicherung des Erzeugnisbaums Redundanzen, die bei Verwendung der Darstellung mittels eines Gozintographen vermieden werden können.

☐ **Gozintograph**

Der Begriff "Gozintograph" wurde von *Vaszonyi*[139] geprägt, der einen nicht existenten italienischen Mathematiker **Zepartzat Gozinto** erwähnte. Ein "oberflächlicher" Vergleich mit den englischen Worten "the part that goes into" zeigt, was Vaszonyi mit dieser Bezeichnung gemeint hat und damit auch, was der eigentliche Inhalt des Gozintographen ist. Der Gozintograph ist ein gerichteter, bewerteter Graph G, der formal durch eine **Knotenmenge V**, eine **Pfeilmenge E** und **Pfeilbewertungen a** beschrieben wird:

$$G = (V, E, a)$$

- Pfeilbewertungen (Direktbedarfskoeffizienten zwischen den Erzeugnissen)
- Pfeilmenge (direkte technologische Beziehungen zwischen den Erzeugnissen)
- Knotenmenge (Menge aller Erzeugnisse, d.h. Einzelteile, Baugruppen, Endprodukte)

Die *Knoten* des Gozintographen stellen die Endprodukte, Baugruppen und Einzelteile dar, während die *Pfeile* die Input-Output-Beziehungen angeben. Die *Pfeilbewertungen* repräsentieren die Direktbedarfskoeffizienten. In Bild 46 ist ein Gozintograph für ein Endprodukt (P1) dargestellt, das aus zwei Baugruppen (B1, B2) und zwei Einzelteilen (E1, E2) besteht.

---

[139] vgl. **Vazsonyi** (1962), S. 385

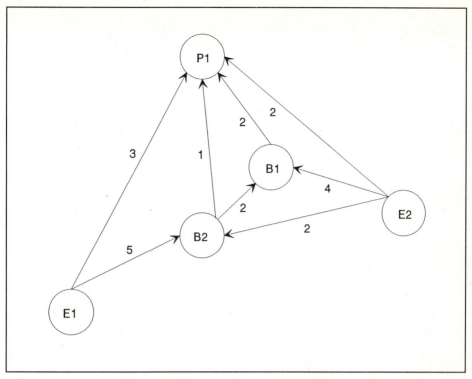

*Bild 46: Gozintograph*

Die Besonderheit des Gozintographen gegenüber dem Erzeugnisbaum besteht darin, daß auch in dem Fall, daß ein Produkt in mehrere übergeordnete Produkte eingeht, **jedes Erzeugnis nur durch einen Knoten** repräsentiert wird. Diese redundanzfreie Darstellung wird dadurch möglich, daß im Gozintographen mehrere Pfeile von einem Knoten ausgehen können. Mit Hilfe des Gozintographen lassen sich beliebige Formen von Erzeugnisstrukturen darstellen. Nach ihrer Komplexität unterscheidet man die Grundformen der

- **linearen** Erzeugnisstruktur
- **konvergierenden** Erzeugnisstruktur
- **divergierenden** Erzeugnisstruktur
- **generellen** Erzeugnisstruktur.

Bei der **linearen** Erzeugnisstruktur hat jedes Erzeugnis maximal einen direkten Nachfolger[140] und maximal einen direkten Vorgänger[141] (Bild 47a). Hier kann man sich den Produktionsprozeß als die Bearbeitung eines Rohmaterials in

---

140 *über*geordnetes Erzeugnis
141 *unter*geordnetes Erzeugnis

mehreren Arbeitsgängen vorstellen, wobei nach jedem Arbeitsgang ein neues identifizierbares und evtl. gelagertes Zwischenprodukt vorliegt.

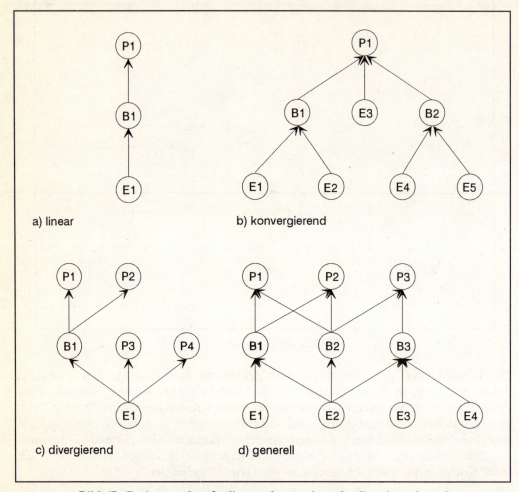

Bild 47: *Gozintographen für lineare, konvergierende, divergierende und generelle Erzeugnisstrukturen*

Die **konvergierende** Erzeugnisstruktur ist dadurch gekennzeichnet, daß jedes Erzeugnis maximal einen direkten Nachfolger hat, aber mehrere direkte Vorgänger haben kann (Bild 47b). Eine solche Erzeugnisstruktur ist für Montageprozesse üblich. Bei der **divergierenden** Erzeugnisstruktur hat jedes Erzeugnis maximal einen direkten Vorgänger, kann aber mehrere direkte Nachfolger haben (Bild 47c)[142]. Die hier betrachtete *programmbedingte Divergenz*, bei der ein Erzeugnis in Abhängigkeit vom kurzfristigen Produktionsprogramm in un-

---

142 Die divergierende Erzeugnisstruktur wird auch als Distributionsstruktur bezeichnet.

terschiedliche Produkte eingehen kann, ist zu unterscheiden von der *prozeßbedingten Divergenz*, bei der ein Ausgangsprodukt in mehrere Erzeugnisse aufgespalten wird[143]. Die **generelle** Erzeugnisstruktur vereint die Merkmale aller oder einiger der oben genannten Erzeugnisstrukturen in sich (Bild 47d).

Die Form der Erzeugnisstruktur bestimmt in hohem Maße die *Komplexität* der bei der Produktionsplanung und -steuerung auftretenden Probleme. Dies wird auch im Zusammenhang mit der weiter unten darzustellenden Losgrößenplanung deutlich werden.

Die bisher beschriebenen Erzeugnisstrukturtypen sind *zyklenfrei*. Ein Gozintograph ist zyklenfrei, wenn es keinen geschlossenen Weg von einem Knoten zu diesem zurück gibt; andernfalls ist der Gozintograph *zyklisch*. Zyklische Erzeugnisstrukturen kommen z.B. in der chemischen Industrie vor[144].

## 412. Tabellarische Darstellungsformen

Die graphische Darstellung einer Erzeugnisstruktur ist zwar sehr anschaulich. Das ist aber nur dann der Fall, wenn wenige Erzeugnisse zu betrachten sind. In der betrieblichen Praxis mit einer großen Anzahl zusammenhängender Erzeugnisse wird der Erzeugnisaufbau daher vor allem tabellarisch dargestellt. Hierbei ist zu unterscheiden zwischen verschiedenen Formen von **Stücklisten** und der **Gozintoliste**.

## 4121. Stücklisten

Stücklisten sind mengenmäßige Verzeichnisse der in ein Endprodukt oder eine Baugruppe eingehenden Erzeugnisse (Baugruppen oder Einzelteile). Sie werden entsprechend der Perspektive, mit der sie den Zusammenhang zwischen den Erzeugnissen darstellen, als (analytische) **Stücklisten** oder als (synthetische) **Teileverwendungsnachweise** bezeichnet. Während bei der analytischen Stückliste gefragt wird: *"Aus welchen untergeordneten Teilen besteht ein Erzeugnis?"*, lautet die Fragestellung beim synthetischen Teileverwendungsnachweis: *"In welche übergeordneten Erzeugnisse geht ein bestimmtes Teil ein?"*.

Beide Fragestellungen sind für die Produktionsplanung und -steuerung von großer Bedeutung. So kann die **analytische** Betrachtung Aufschluß darüber geben, welche Einzelteile und Baugruppen in welchen Mengen beschafft bzw. produziert werden müssen, damit ein Kundenauftrag für ein Endprodukt zum gewünschten Termin fertiggestellt werden kann. Die **synthetische** Betrachtungsweise ermöglicht die Rückverfolgung eines Auftrags für ein untergeordnetes Erzeugnis zu seinen Verursachern. Sie gibt z.B. Auskunft darüber, welche Produk-

---

143 vgl. **Küpper** (1980), S. 50
144 vgl. hierzu **Hahn/Laßmann** (1990), S. 377-381

tionsaufträge für übergeordnete Erzeugnisse betroffen sind, wenn sich die Produktionsdauer eines Auftrags für ein bestimmtes Einzelteil aufgrund eines Maschinenausfalls verlängert.

Stücklisten können *unstrukturiert* oder *strukturiert* sein. Eine unstrukturierte Stückliste ist die Mengenübersichtsstückliste, während die Baukastenstückliste und die Strukturstückliste strukturierte Stücklisten sind.

☐ **Mengenübersichtsstückliste**

Die Mengenübersichtsstückliste ist die einfachste, *unstrukturierte* Form einer Stückliste. In ihr wird lediglich aufgelistet, aus welchen Bestandteilen mit welchen Mengen ein Erzeugnis besteht. Dabei bleibt unbeachtet, in welcher Weise die einzelnen Bestandteile ihrerseits aufgebaut sind, ob z.B. ein Einzelteil direkt in das Enderzeugnis eingebaut wird oder ob es Bestandteil einer Baugruppe ist. Damit geben Mengenübersichtsstücklisten keinen Hinweis auf die Form der Erzeugnisstruktur. Die Mengenangaben beziehen sich jeweils auf *eine* Mengeneinheit des Erzeugnisses, für das die Liste aufgestellt wurde. Sie bezeichnen somit den *Gesamtbedarf* eines Produkts pro Mengeneinheit des betrachteten Erzeugnisses. Gegebenenfalls muß eine Kumulation der Bedarfsmengen über mehrere Fertigungsstufen erfolgen.

Zur Erläuterung sei die in Bild 45 als Erzeugnisbaum dargestellte Erzeugnisstruktur betrachtet. Sie wird durch die in Tabelle 27 wiedergegebene Mengenübersichtsstückliste beschrieben.

| Erzeugnis P1 | | |
|---|---|---|
| Sachnummer | Menge | Bezeichnung |
| E1 | 11 | Einzelteil |
| B1 | 2 | Baugruppe |
| E2 | 2 | Einzelteil |
| E3 | 10 | Einzelteil |

*Tabelle 27: Mengenübersichtsstückliste*

Mengenübersichtsstücklisten bieten einen schnellen, umfassenden Überblick über den gesamten Verbrauchsfaktorbedarf, der mit der Produktion einer Mengeneinheit des betrachteten Erzeugnisses verbunden ist. Sie liefern damit wertvolle Informationen für die Kalkulation.

☐ **Strukturstückliste**

In der Strukturstückliste wird ein Erzeugnis mit allen seinen Bestandteilen, aber im Gegensatz zur Mengenübersichtsstückliste *strukturiert*, dargestellt: zu jeder Baugruppe werden in den Folgezeilen der Liste jeweils die direkt eingehenden

Teile mit ihren Direktbedarfsmengen aufgeführt. Einzelteile (bzw. Baugruppen), die in mehrere übergeordnete Baugruppen eingehen, erscheinen *mehrfach* - jeweils mit all ihren Bestandteilen. Die Struktur des betrachteten Erzeugnisses wird durch Einrücken und besondere Kennzeichnung der baugruppen- und einzelteilbezogenen Angaben in einer besonderen Spalte durch Zahlen, Sterne, Punkte usw. deutlich gemacht.

Der *Vorteil der Strukturstückliste* besteht darin, daß aus einer Liste der hierarchische Gesamtzusammenhang eines Erzeugnisses erkennbar ist. Dieser Vorteil der Übersichtlichkeit geht aber - ebenso wie beim Erzeugnisbaum - bei umfangreichen mehrstufigen Erzeugnissen mit genereller Struktur verloren. Tabelle 28 zeigt die Strukturstückliste für das betrachtete Beispiel.

| Erzeugnis P1 | | | |
|---|---|---|---|
| Fertigungsstufe | Sachnummer | Menge | Bezeichnung |
| 1 | E1 | 3 | Einzelteil |
| 1 | B1 | 2 | Baugruppe |
| *2 | E1 | 4 | Einzelteil |
| *2 | E2 | 1 | Einzelteil |
| *2 | E3 | 5 | Einzelteil |

*Tabelle 28: Strukturstückliste*

☐ **Baukastenstückliste**

Die Baukastenstückliste enthält nur die Baugruppen oder Einzelteile, die direkt in ein Erzeugnis eingehen. Sie ist eine *einstufige* Liste. Für eine mehrstufige Erzeugnisstruktur, also dann, wenn ein Erzeugnis z.T. aus Baugruppen besteht, die sich ihrerseits aus mehreren Komponenten zusammensetzen, sind daher mehrere Baukastenstücklisten erforderlich. Für das obige Beispiel mit einer Baugruppe sind daher die folgenden beiden Baukastenstücklisten aufzustellen.

| Erzeugnis P1 | | | |
|---|---|---|---|
| Position | Sachnummer | Menge | Bezeichnung |
| 1 | E1 | 3 | Einzelteil |
| 2 | B1 | 2 | Baugruppe |

| Erzeugnis B1 | | | |
|---|---|---|---|
| Position | Sachnummer | Menge | Bezeichnung |
| 1 | E1 | 4 | Einzelteil |
| 2 | E2 | 1 | Einzelteil |
| 3 | E3 | 5 | Einzelteil |

*Tabelle 29: Baukastenstücklisten*

Da die Erzeugnisstruktur nicht aus der Baukastenstückliste zu ersehen ist, ist es notwendig, die Positionen zu kennzeichnen, zu denen weitere Stücklisten existieren. Dies geschieht in Tabelle 29 in der Spalte "Bezeichnung". Die Baukastenstückliste läßt sich bei EDV-gestützter Speicherung der Erzeugnisstruktur nach dem Netzwerkmodell direkt durch Verfolgung der Stücklistenketten ermitteln[145].

### 4122. Gozintoliste

Eine weitere Form der tabellarischen Darstellung von Erzeugnisstrukturen ist die Gozintoliste. Sie ist die nach Knoten sortierte listenförmige Zusammenfassung der Pfeile eines Gozintographen. Ein Pfeil des Gozintographen, d.h. eine Input-Output-Beziehung zwischen den Erzeugnissen wird durch die drei Größen (*Zielknoten*[146], *Startknoten*[147], *Bewertung*[148]) gekennzeichnet. Die in Bild 45 dargestellte Erzeugnisstruktur wird durch die in Tabelle 30 wiedergegebene Gozintoliste beschrieben.

| j | i | $a_{ij}$ |
|---|---|---|
| P1 | E1 | 3 |
| P1 | B1 | 2 |
|  |  |  |
| B1 | E1 | 4 |
| B1 | E2 | 1 |
| B1 | E3 | 5 |

*Tabelle 30: Gozintoliste*

Wie die Darstellung zeigt, entspricht die Gozintoliste in der vorliegenden Sortierung nach Zielknoten (übergeordneten Erzeugnissen) einer Aneinanderreihung aller Baukastenstücklisten (im vorliegenden Fall existieren zwei Baukastenstücklisten: P1, B1).

### 413. Lineares Gleichungssystem

Betrachtet man einen Gozintographen, dann drängt sich unmittelbar die Analogie zu einem Leitungsnetz auf, durch das Material in Pfeilrichtung hindurchfließt. Man kann nun für jeden Knoten eine Gleichung formulieren, die den *Output* des Knotens (Gesamtmenge, die in die ausgehenden Pfeile eines Knotens fließt) als *Funktion* des erforderlichen *Inputs an allen direkten Folgeknoten* (Menge, die an den Zielknoten der Pfeile ankommt) beschreibt. So können

---

145 vgl. hierzu Abschnitt 414.
146 übergeordnetes Erzeugnis j
147 untergeordnetes Erzeugnis i
148 Direktbedarfskoeffizient $a_{ij}$

## 413. Lineares Gleichungssystem

wir z.B. für das Einzelteil E1 des in Bild 46 dargestellten Gozintographen Gleichung (178) aufstellen, die den **Sekundärbedarf** des Einzelteils E1 beschreibt.

$$y_{E1} = 5 \cdot r_{B2} + 3 \cdot r_{P1} \tag{178}$$

Dabei bezeichnen:

$r_k$         Gesamtbedarf des Erzeugnisses k, d.h. die insgesamt bereitzustellende Menge des Erzeugnisses k

$y_k$         Sekundärbedarf des Erzeugnisses k, d.h. der aus dem Gesamtbedarf der übergeordneten Erzeugnisse abgeleitete Bedarf des Erzeugnisses k

Der aus übergeordneten Produkten abgeleitete Bedarf (Sekundärbedarf) des Einzelteils E1 setzt sich damit zusammen aus dem Fünffachen des Gesamtbedarfs der Baugruppe B2 und dem Dreifachen des Gesamtbedarfs des Endprodukts P1. Eine derartige Gleichung kann *für jedes Erzeugnis*, d.h. für jeden Knoten des Gozintographen, aufgestellt werden. Allgemein wird der Sekundärbedarf des Erzeugnisses k durch Gleichung (179) beschrieben.

$$y_k = \sum_{j \in N_k} a_{kj} \cdot r_j \qquad k=1,2,\ldots,K \tag{179}$$

- Gesamtbedarf des übergeordneten Erzeugnisses j
- Direktbedarfskoeffizient, d.h. Anzahl der Mengeneinheiten des Erzeugnisses k, die zur Produktion einer Mengeneinheit des Erzeugnisses j benötigt werden
- Menge der dem Erzeugnis k direkt übergeordneten Erzeugnisse (Nachfolger von k)

Für den in Bild 46 dargestellten Gozintographen erhalten wir das folgende, aus fünf Gleichungen bestehende, lineare Gleichungssystem zur Berechnung der Sekundärbedarfsmengen:

$$\begin{aligned}
y_{E1} &= 0 \cdot r_{E1} + 0 \cdot r_{E2} + 0 \cdot r_{B1} + 5 \cdot r_{B2} + 3 \cdot r_{P1} \\
y_{E2} &= 0 \cdot r_{E1} + 0 \cdot r_{E2} + 4 \cdot r_{B1} + 2 \cdot r_{B2} + 2 \cdot r_{P1} \\
y_{B1} &= 0 \cdot r_{E1} + 0 \cdot r_{E2} + 0 \cdot r_{B1} + 0 \cdot r_{B2} + 2 \cdot r_{P1} \\
y_{B2} &= 0 \cdot r_{E1} + 0 \cdot r_{E2} + 2 \cdot r_{B1} + 0 \cdot r_{B2} + 1 \cdot r_{P1} \\
y_{P1} &= 0 \cdot r_{E1} + 0 \cdot r_{E2} + 0 \cdot r_{B1} + 0 \cdot r_{B2} + 0 \cdot r_{P1}
\end{aligned} \tag{180}$$

Der **Gesamtbedarf** $r_k$ eines Erzeugnisses k setzt sich nach Gleichung (181) zusammen aus dem *Sekundärbedarf* $y_k$, d.h. dem abgeleiteten Bedarf, und einem extern vorgegebenen *Primärbedarf* $d_k$:

$$r_k = y_k + d_k \qquad k=1,2,\ldots,K \tag{181}$$

- Primärbedarf
- Sekundärbedarf
- Gesamtbedarf

Als **Primärbedarf** bezeichnet man den absatzbestimmten Bedarf eines Erzeugnisses. Für Endprodukte können die Primärbedarfsmengen aus dem kurzfristigen Hauptproduktionsprogramm übernommen werden. Primärbedarf kann aber auch für selbständig absatzfähige Zwischenprodukte auftreten, die z.B. als Ersatzteile verkauft werden. Zur Quantifizierung dieser Bedarfsmengen kann auf die *Verfahren der verbrauchsorientierten Bedarfsplanung* zurückgegriffen werden. Der **Sekundärbedarf** für *Enderzeugnisse* ist immer Null, da die Mengen $N_k$ der Nachfolgeknoten für die Endprodukte leer sind. Setzt man Gleichung (179) in (181) ein, dann ergibt sich der **Gesamtbedarf** des Erzeugnisses k, $r_k$, wie folgt:

$$r_k = \sum_{j \in N_k} a_{kj} \cdot r_j + d_k \qquad k=1,2,\ldots,K \qquad (182)$$

oder in Matrixschreibweise[149]

$$\underline{r} = \underline{A} \cdot \underline{r} + \underline{d} \qquad (183)$$

Die Matrix $\underline{A}$ bezeichnet man als *Direktbedarfsmatrix*. Die Gleichungen (182) bilden einen wichtigen *Bestandteil mehrstufiger Losgrößenmodelle*[150].

### 414. EDV-gestützte Speicherung des Erzeugniszusammenhangs

Die bislang beschriebenen Instrumente zur Darstellung des Erzeugniszusammenhangs lassen sich nur auf vergleichsweise kleine oder auf Ausschnitte aus größeren Erzeugnisstrukturen anwenden. In der betrieblichen Praxis sind oft mehrere zehntausend identifizierbare Erzeugnisse (Sachnummern) zu verwalten und deren Daten für die Produktionsplanung- und steuerung im schnellen Zugriff bereitzuhalten - eine Aufgabe, die nur durch Einsatz der EDV bewältigt werden kann.

Kernstück der EDV-gestützten Systeme zur Produktionsplanung und -steuerung (PPS-Systeme) ist eine **Datenbank des Fertigungsbereichs**[151]. In einer derartigen Produktionsdatenbank werden Daten über alle für die Produktionsplanung und -steuerung relevanten Objekte des Produktionsbereichs und deren Beziehungen untereinander gespeichert. Solche Objekte sind z.B. Erzeugnisse, Aufträge, Arbeitspläne, Arbeitsgänge, Lagerorte, Maschinen, Transportmittel und Werkzeuge. Bei der Konzeption einer Fertigungsdatenbank faßt man alle Objekte mit gleicher Struktur zu **Objekttypen** zusammen. So enthält der Objekttyp "AUFTRÄGE" alle Aufträge, die in der Fertigungsdatenbank gespeichert sind.

---

[149] vgl. **Küpper** (1980), S. 59-62. Auf der Basis der von *Küpper* entwickelten *dynamischen Produktionsfunktion* können die hier ausschließlich mengenbezogenen Direktbedarfskoeffizienten auch um eine *Zeitkomponente* ergänzt werden. Dadurch wird es möglich, die zeitliche Struktur des Produktionsprozesses unter Einschluß der Transportzeiten (für den Transport des untergeordneten Produkts k zum Ort der Produktion des übergeordneten Produkts j) in die Bedarfsplanung zu integrieren. Vgl. **Küpper** (1980), S. 97

[150] siehe Abschnitt 4342.

[151] Eine umfassende Darstellung einer Datenbank zum Produktionsbereich gibt **Scheer** (1978). Vgl. auch **Scheer** (1994); **Kurbel** (1993), S. 49-116

### 414. EDV-gestützte Speicherung des Erzeugniszusammenhangs

Desgleichen bilden alle Erzeugnisse den Objekttyp "TEILE". Zwischen den einzelnen Objekten können vielfältige Beziehungen bestehen. Beziehungen, die Objekte aus denselben Objekttypen miteinander verbinden, bilden einen **Beziehungstyp**. So können z.B. alle Beziehungen zwischen Aufträgen für Einzelteile, Baugruppen und Endprodukte zu einem Beziehungstyp "AUFTRAGSSTRUKTUR" zusammengefaßt werden.

Die Erfassung des **Erzeugniszusammenhangs** in einer Fertigungsdatenbank läßt sich leicht anhand eines *Gozintographen* veranschaulichen, der bekanntlich eine vollständige und redundanzfreie Darstellung der Erzeugnisse eines Unternehmens und deren Zusammensetzung ist. Die Erzeugnisse werden im Gozintographen als Knoten und die zwischen ihnen bestehenden Input-Output-Beziehungen als (mit Direktbedarfskoeffizienten bewertete) Pfeile wiedergegeben. Ein Gozintograph läßt sich somit als aus dem Objekttyp "TEILE" (Knoten) und dem Beziehungstyp "STRUKTUR" (Pfeile) bestehend auffassen. Zwischen den Objekten des Typs "TEILE" können Beziehungen vom Komplexitätsgrad m:n bestehen. Das bedeutet, daß sich ein Erzeugnis aus mehreren untergeordneten Produkten zusammensetzen kann. Es kann aber selbst wiederum in mehrere übergeordnete Erzeugnisse eingehen. Bild 48 stellt die Erzeugniszusammensetzung in einem Datenbankstrukturdiagramm (*Entity-Relationship-Diagramm*) dar, wobei den Objekt- bzw. Beziehungstypen jeweils die identifizierenden Attribute angefügt sind (TNRUNTEN = Teilenummer des untergeordneten Produkts; TNROBEN = Teilenummer des übergeordneten Produkts).

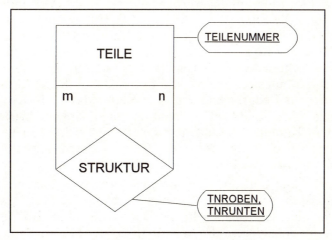

*Bild 48: Datenbankstrukturdiagramm des Erzeugniszusammenhangs*

Grundlage des Entwurfs einer Datenbank ist ein *Datenmodell*, d.h. ein formales Hilfsmittel zur Beschreibung der logischen Struktur einer Datenbank. Zur redundanzfreien Darstellung des Erzeugniszusammenhangs eignen sich vor allem das **relationale Datenmodell** und das **Netzwerkmodell**, wobei letzteres (derzeit noch) die Grundlage der meisten in der Praxis eingesetzten PPS-Systeme bildet.

In einem Netzwerkmodell sind nur Beziehungen vom Komplexitätsgrad 1:n zugelassen. Dieser Beziehungstyp wird "Set" genannt. Die im Gozintographen enthaltenen Beziehungstypen vom Komplexitätsgrad m:n werden in zwei Beziehungstypen mit den Komplexitätsgraden 1:m und 1:n aufgelöst. Dies ist in Bild 49 dargestellt.

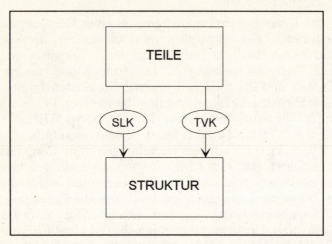

*Bild 49: Darstellung des Erzeugniszusammenhangs im Netzwerkmodell*

Die *Pfeile* des Gozintographen werden nun in dem Verbindungsobjekttyp "STRUKTUR" und die *Knoten* im Objekttyp "TEILE" gespeichert. Die Verbindung der Mitglieder eines Sets erfolgt im Netzwerkmodell durch die Einführung einer Kette, d.h. einer Folge von Zeigern, die ein Navigieren durch das Netzwerk in der gewünschten Auswertungsrichtung gestatten. Zur Unterstützung der *analytischen* Betrachtungsweise wird eine Kettenklasse "SLK" (Stücklistenkette) und zur *synthetischen* Bedarfsrechnung eine Kettenklasse "TVK" (Teileverwendungskette) eingeführt. Jede Kette beginnt an einem Ankersatz (owner-record), der immer einem Knoten des Gozintographen entspricht. Tabelle 31 zeigt die elementbezogene Speicherung des in Bild 46 abgebildeten Gozintographen.

Die dargestellte Speicherung des Gozintographen erlaubt nun die Ermittlung der *Baukastenstückliste* und des *Baukastenteileverwendungsnachweises* eines beliebigen Erzeugnisses. Soll z.B. die Zusammensetzung des Produkts B1 ermittelt werden, dann erfolgt der Einstieg in die Datenbank über den Teilestammsatz Nr. 2, aus dem die Satzadresse des ersten Glieds der Stücklistenkette SLK (Erzeugnisstruktursatz Nr. 15) gelesen werden kann. Nach Feststellung des in diesem Satz angegebenen untergeordneten Teils wird geprüft, ob es ein weiteres Glied in der Stücklistenkette gibt. Dies ist der Fall (Erzeugnisstruktursatz Nr. 16). Nach Ermittlung des betreffenden untergeordneten Teils wird das Ende der Stücklistenkette festgestellt und die Auswertung beendet. In gleicher Weise kann eine Teileverwendungsbetrachtung angestellt werden.

### 414. EDV-gestützte Speicherung des Erzeugniszusammenhangs

| | | TEILEstammdatei | | |
|---|---|---|---|---|
| | Satz-adresse | Adresse der ersten Struktur der Stückliste | Adresse der ersten Struktur der Teile-verwendung | Teile-bezeichnung |
| → | 1 | 11 | ENDE | P1 |
| | 2 | 15 | 11 | B1 |
| | 3 | 17 | 12 | B2 |
| | 4 | ENDE | 13 | E1 |
| | 5 | ENDE | 14 | E2 |

| | | | ErzeugnisSTRUKTURdatei | | |
|---|---|---|---|---|---|
| Satz adresse | Adresse des überge-ordneten Teils (TVK) | Adresse des unter-geord-neten Teils (SLK) | Folge-adresse in der Stückli-stenver-bindung (SLK) | Folge-adresse in der Teilever-wendungs verbindung (TVK) | Direkt-bedarfs-koeffi-zient |
| 11 | 1 | 2 | 12 | ENDE | 2 |
| 12 | 1 | 3 | 13 | 15 | 1 |
| 13 | 1 | 4 | 14 | 17 | 3 |
| 14 | 1 | 5 | ENDE | 16 | 2 |
| → 15 | 2 | 3 | 16 | ENDE | 2 |
| → 16 | 2 | 5 | ENDE | 18 | 4 |
| 17 | 3 | 4 | 18 | ENDE | 5 |
| 18 | 3 | 5 | ENDE | ENDE | 2 |

*Tabelle 31: Teilestammdatei und Erzeugnisstrukturdatei in einer nach dem Netzwerkmodell organisierten Fertigungsdatenbank*

Bei Speicherung der Erzeugnisstruktur in einer **relationalen Datenbank** werden die Objekttypen "TEILE" und "STRUKTUR" in Form von Relationen dargestellt (Bild 50).

```
TEILE    (TEILENUMMER,Bezeichnung, etc.)
STRUKTUR (TNROBEN,TNRUNTEN,Direktbedarfskoeffizient)
```

*Bild 50: Darstellung des Erzeugniszusammenhangs nach dem Relationenmodell*

Eine Relation ist eine Tabelle mit mehreren Zeilen und mehreren Spalten. In den Spalten werden die Attribute des in der Relation erfaßten Objekttyps gespeichert. Mindestens ein Attribut muß ein eindeutiger Schlüssel sein, der die Identifizierung der Objekte erlaubt. Der Objekttyp "TEILE" wird eindeutig durch den Schlüssel "TEILENUMMER" identifiziert, während zur Identifizierung der Pfeile des Gozintographen (Objekttyp "STRUKTUR") zwei Schlüsselattribute notwendig sind.

Tabelle 32 zeigt die Speicherung des in Bild 46 dargestellten Gozintographen nach dem Relationenmodell.

```
Relation TEILE
TEILENUMMER    Bezeichnung
     1              P1
     2              B1
     3              B2
     4              E1
     5              E2

Relation STRUKTUR
TNROBEN    TNRUNTEN    Direktbedarfskoeffizient
   1          2                   2
   1          3                   1
   1          4                   3
   1          5                   2
   2          3                   2
   2          5                   4
   3          4                   5
   3          5                   2
```

*Tabelle 32: Elementbezogene Darstellung des Erzeugniszusammenhangs in einer Fertigungsdatenbank nach dem Relationenmodell*

Die Speicherung des Erzeugniszusammenhangs nach dem Relationenmodell erlaubt eine flexible Auswertung der Datenbank durch Einsatz mengenorientierter Abfragesprachen. Eine Abfrage zur Erstellung der Baukastenstückliste für das Erzeugnis B2 (Teilenummer 3) in der Sprache SQL (Structured Query Language) ist in Bild 51 wiedergegeben.

```
SELECT    TNRUNTEN,Direktbedarfskoeffizient
FROM      STRUKTUR
WHERE     TNROBEN EQ 3.
```

*Bild 51: SQL-Abfrage zur Erzeugung einer Baukastenstückliste*

Die Technologie **objektorientierter Datenbanksysteme** gestattet es, den Erzeugnissen neben den Stammattributen (z.B. Teilebezeichnung) auch sog. *Funktionsattribute* zuzuordnen. So könnte man für den Objekttyp "TEILE" ein Funktionsattribut "Gesamtbedarf" definieren. Dieses enthält die *funktionale Beziehung*, nach der sich der Gesamtbedarf einer Periode als Summe aus dem Primärbedarf und dem Sekundärbedarf errechnet. Ändert sich nun z.B. der Primärbedarf eines übergeordneten Produkts, dann kann über die spezifizierte funktionale Beziehung automatisch der Sekundärbedarf und damit auch der Gesamtbedarf des betrachteten Erzeugnisses aktualisiert werden[152].

**Vertiefende Literatur zu Abschnitt 41.:**

*Franken* (1984)
*Glaser/Geiger/Rohde* (1992)
*Grochla* (1978)
*Hahn/Laßmann* (1990)
*Küpper* (1989)
*Kurbel* (1993)
*Scheer* (1978), (1994)
*Zäpfel* (1982)

## 42. Verfahren der Bedarfsauflösung
### 421. Ablauf der Materialbedarfsplanung

Aufgabe der Materialbedarfsplanung ist es, die für die Herstellung der im kurzfristigen Produktionsprogramm festgelegten absatzbestimmten Erzeugnisse erforderlichen Verbrauchsfaktoren in der benötigten Menge termingerecht bereitzustellen. Dies geschieht in der Weise, daß aus dem vorgegebenen Produktionsprogramm je Periode der Bedarf an Baugruppen und untergeordneten Teilen abgeleitet wird, wobei auch *zeitliche Vorlaufverschiebungen* zu berücksichtigen sind, die dadurch entstehen, daß die Produktion der Teile selbst wiederum Zeit in Anspruch nimmt.

Der **Bedarf** für ein Erzeugnis kann nach unterschiedlichen Kriterien gegliedert werden. Nach seiner *Stellung im Produktions- bzw. Planungsprozeß* ist zu unterscheiden zwischen

- **Primärbedarf** und
- **Sekundärbedarf**.

Unter **Primärbedarf** versteht man den Bedarf an Fertigprodukten und Ersatzteilen, d.h. den Bedarf an Erzeugnissen, die *absatzbestimmt* sind und damit nicht mehr in nachgelagerte Produktionsprozesse eingehen. In Betrieben mit mehrteiliger Fertigung muß aus dem Primärbedarf der **Sekundärbedarf** abgeleitet werden. Der Sekundärbedarf umfaßt die Bedarfsmengen an Rohstoffen, Einzelteilen und Baugruppen, die zur Herstellung des Primärbedarfs notwendig sind.

---

152 vgl. **Kränzle** (1992) und die dort angegebene Literatur

Nach dem eingesetzten *Verfahren der Bedarfsplanung* ist zu unterscheiden zwischen

- **programmorientiert errechnetem Bedarf**,
- **verbrauchsorientiert errechnetem Bedarf** und
- **Zusatzbedarf**.

*Programmorientiert errechneter Bedarf* wird durch Einsatz eines der im folgenden darzustellenden Verfahren der deterministischen Bedarfsauflösung ermittelt. *Verbrauchsorientiert errechneter Bedarf* wird mit Hilfe eines systematischen Prognoseverfahrens[153] aufgrund von Vergangenheitsdaten bestimmt. Es kann sich dabei um Primärbedarf handeln, z.B. bei Ersatzteilbedarf, dessen Höhe mit Hilfe von Verfahren der verbrauchsorientierten Bedarfsplanung festgelegt wird. Aber auch Sekundärbedarf kann mittels verbrauchsorientierter Verfahren bestimmt werden, z.B. wenn ein Erzeugnis nach einer ABC-Analyse der Gruppe der C-Teile zugeordnet worden ist. *Zusatzbedarf* schließlich ist über einen prozentualen Zuschlag pauschal erfaßter Bedarf, z.B. erwarteter Mehrbedarf aufgrund von Ausschuß.

Eine weitere Systematisierung des Bedarfs kann *nach seiner Zuordnung zu den Verarbeitungsstufen* der Materialdisposition vorgenommen werden. Hier ist unter Berücksichtigung der Lagerbestände zu unterscheiden zwischen

- **Bruttobedarf** und
- **Nettobedarf**.

Der **Bruttobedarf** ist der periodenbezogene Bedarf ohne Berücksichtigung der Lagerbestände, evtl. ausstehender Bestellungen und reservierter Lagerbestandsmengen. Der Bruttobedarf für ein Erzeugnis besteht aus dem *Primärbedarf*, dem aus dem Bedarf an übergeordneten Produkten abgeleiteten *Sekundärbedarf*, dem Bedarf, der mit Hilfe *verbrauchsorientierter Verfahren* ermittelt wird und evtl. auftretendem *Zusatzbedarf*, wobei einige der aufgeführten Komponenten auch Null sein können. So ist z.B. der *Sekundärbedarf eines Endprodukts* immer Null.

Die *Vorgehensweise bei der Bedarfsplanung* kann im Prinzip wie folgt beschrieben werden[154]:

1. Gegeben ist ein mengen- und terminmäßig spezifiziertes kurzfristiges Produktionsprogramm, das als **Primärbedarf** bezeichnet wird. Dieser Primärbedarf wird zeitlich um evtl. auftretende Produktionszeiten (Durchlaufzeiten) vorgezogen. Daraus ergibt sich dann das mengenmäßig und nach dem spätesten Zeitpunkt des Produktionsbeginns spezifizierte Produktionsprogramm.

---

153 vgl. Abschnitt 3.
154 vgl. auch **Tersine** (1988), S. 338-352

2. Aus dem geplanten Produktionsprogramm eines Endproduktes wird unter Beachtung der Erzeugnisstruktur der **Sekundärbedarf** an Baugruppen, Einzelteilen und Material abgeleitet. Für jedes in ein übergeordnetes Produkt eingehende Produkt wird zum Sekundärbedarf der evtl. auftretende Primärbedarf addiert. Dies ist für selbständig absatzfähige Baugruppen und Einzelteile erforderlich, die z.B. als Ersatzteile verkauft werden. Dazu werden schließlich noch der verbrauchsorientiert errechnete Bedarf und der Zusatzbedarf addiert. Die Summe bildet den Bruttobedarf eines Erzeugnisses (Endprodukt, Baugruppe, Einzelteil). Für das Erzeugnis k ergibt sich in bezug auf die Periode t die in Tabelle 33 zusammengestellte Gleichung.

```
Primärbedarf k  ( = direkt absatzbestimmter Bedarf)
+ Sekundärbedarf k ( = abgeleiteter Bedarf)
+ verbrauchsorientiert errechneter Bedarf k
+ Zusatzbedarf k
─────────────────────────────────────────────────
= Bruttobedarf des Erzeugnisses k in Periode t, BRUTTO_{kt}
```

*Tabelle 33: Errechnung des terminierten Bruttobedarfs eines Erzeugnisses*

Der Bruttobedarf ist terminiert, d.h. er wird zu einem bestimmten Zeitpunkt t benötigt, und zwar zum frühesten Termin, an dem mit der Produktion eines übergeordneten Produkts begonnen werden soll.

3. Nun subtrahiert man vom terminierten Bruttobedarf des Erzeugnisses k in der Periode t, $BRUTTO_{kt}$, den disponiblen Lagerbestand, $DISPON_{kt}$. Der **disponible Lagerbestand** des Produkts k in Periode t setzt sich wie folgt zusammen:

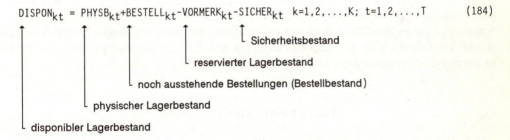

Subtrahieren wir vom Bruttobedarf des Erzeugnisses k in der Periode t den disponiblen Lagerbestand, dann erhalten wir den Nettobedarf des Erzeugnisses k in Periode t. Ein Nettobedarf entsteht aber nur dann, wenn der disponible Lagerbestand kleiner als der Bruttobedarf ist, andernfalls ist der Nettobedarf 0. Der **periodenspezifische Nettobedarf** eines Erzeugnisses läßt sich damit durch Gleichung (185) beschreiben.

$$NETTO_{kt} = \max \{BRUTTO_{kt} - DISPON_{kt}, 0\} \qquad k=1,2,\ldots,K; \ t=1,2,\ldots,T \qquad (185)$$

4. Da die Beschaffung bzw. Produktion der in übergeordnete Erzeugnisse eingehenden Baugruppen, Einzelteile und Materialien selbst eine bestimmte Zeitdauer in Anspruch nimmt, müssen die Nettobedarfsmengen um die Beschaffungs- bzw. Produktionszeiten vorgezogen werden, woraus dann die periodenspezifischen **Beschaffungs-** bzw. **Produktionsmengen** ermittelt werden können.

Allgemein gilt: soll die Nettobedarfsmenge des Erzeugnisses k in der Periode t, $NETTO_{kt}$, termingerecht bereitstehen, dann muß mit der Produktion (bzw. Beschaffung) dieser Menge *spätestens* in der Periode t-z(k) begonnen werden, wenn z(k) die Beschaffungs- bzw. Produktionszeit des Erzeugnisses k ist. Für jede Produktionsperiode t muß die kumulierte Beschaffungs- bzw. Produktionsmenge des Erzeugnisses k mindestens so groß sein wie der bis zur Periode t+z(k) kumulierte Nettobedarf. Es muß also gelten:

$$\sum_{\tau=1}^{t} PROD_{k\tau} = \sum_{\tau=t+z(k)}^{t} NETTO_{k\tau} \qquad k=1,2,\ldots,K;\ t=1,2,\ldots,t-z(k) \qquad (186)$$

Allerdings ist die Vorlaufzeit (Produktionsdauer; Durchlaufzeit) z eines eigengefertigten Erzeugnisses zum Planungszeitpunkt i.d.R. nicht bekannt, so daß das beschriebene Grundkonzept in der Weise, wie es hier beschrieben und in der betrieblichen Praxis angewandt wird, mit *unbekannten Planungsgrößen* arbeitet. Daraus können erhebliche Probleme für die Durchführbarkeit eines aufgestellten Produktionsplans entstehen.

Die beschriebene grundsätzliche Vorgehensweise zur Ermittlung des periodenbezogenen Produktions- und Beschaffungsprogramms an Endprodukten, Bauteilen und Einzelteilen ist für jedes Erzeugnis durchzuführen. Diese Rechnung kann nun auf unterschiedliche Arten algorithmisch umgesetzt werden. Grundsätzlich ist zu unterscheiden zwischen **analytischen** und **synthetischen** Verfahren sowie Verfahren, die auf der Darstellung des Erzeugniszusammenhangs als **linearem Gleichungssystem** aufbauen.

## 422. Analytische Verfahren

Analytische Verfahren der Bedarfsauflösung gehen von den zu produzierenden Mengen der absatzbestimmten Produkte aus, wie sie im kurzfristigen Produktionsplan festgelegt sind. Die Enderzeugnisse werden dann aufgrund der bekannten Erzeugniszusammensetzung auf dem Weg über die verschiedenen Baugruppen bis hin zu den nicht weiter zerlegbaren Einzelteilen und Rohmaterialien zergliedert. Im folgenden werden das **Dispositionsstufenverfahren** und das **Gozintoverfahren** eingehend erläutert, während bezüglich der aus theoretischer und praktischer Sicht unbefriedigenden Baustufen- und Renettingverfahren auf die Literatur verwiesen sei[155].

### 4221. Dispositionsstufenverfahren

Bei der Bedarfsauflösung nach dem Dispositionsstufenverfahren wird jedes Produkt genau einer *Dispositionsstufe*[156] zugeordnet. Unter Rückgriff auf die graphische Darstellung der Erzeugnisstruktur kann die Dispositionsstufe des Erzeugnisses k, $u_k$, nach Gleichung (187) bestimmt werden.

$$u_k = \begin{cases} \max_{j \in N_k} \{u_j\} + 1 & N_k \neq \emptyset \text{ (untergeordnete Produkte)} \\ 0 & N_k = \emptyset \text{ (Endprodukte)} \end{cases} \qquad (187)$$

wobei gilt:

$u_k$    Dispositionsstufe des Erzeugnisses k
$N_k$    Menge der Erzeugnisse, in die das Erzeugnis k direkt eingeht (im Gozintographen: Menge der Nachfolgeknoten des Knotens k)

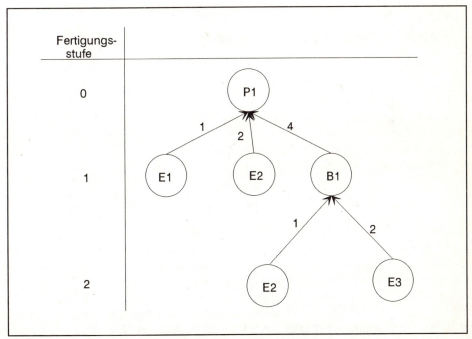

*Bild 52: Erzeugnisbaum in Fertigungsstufendarstellung*

---

155   vgl. **Treu** (1972); **Hahn/Laßmann** (1990), S. 365-367
156   Die Dispositionsstufennummer wird im englischsprachigen Schrifttum als *low level code* bezeichnet.

Die Dispositionsstufe des Produkts k entspricht damit dem *längsten Weg* (gemessen durch die Anzahl der Pfeile) im Gozintographen (bzw. Erzeugnisbaum) von einem Endprodukt zu dem betrachteten Produkt. Die Bilder 52 und 53 zeigen die Unterschiede zwischen der fertigungsstufenbezogenen und der dispositionsstufenbezogenen Darstellung eines Erzeugnisbaums.

Die Bedarfsermittlung erfolgt nach dem oben dargestellten allgemeinen Verfahren. Die Produkte werden dabei in der Reihenfolge ihrer Dispositionsstufenzuordnung abgearbeitet. In EDV-gestützten PPS-Systemen wird für jede Dispositionsstufe eine *Aktivitätskette* geführt, über die alle Erzeugnisse miteinander verkettet werden, die der Dispositionsstufe angehören. Bei der Bearbeitung einer Dispositionsstufe werden die terminierten Nettobedarfsmengen der dieser Stufe angehörenden Erzeugnisse auf die untergeordneten Produkte[157] weitergewälzt. Durch die dispositionsstufenbezogene Vorgehensweise ist sichergestellt, daß bei der Bedarfsauflösung für ein Produkt der gesamte Nettobedarf dieses Produkts bekannt ist.

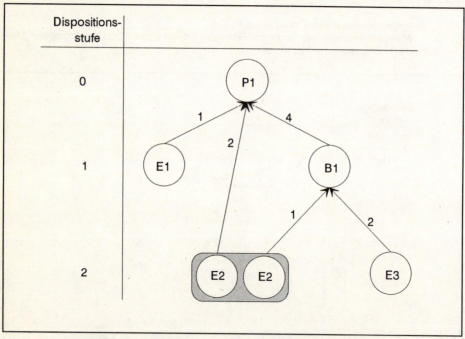

*Bild 53: Erzeugnisbaum in Dispositionsstufendarstellung*

Die Anwendung des Dispositionsstufenverfahrens wird in Tabelle 34 anhand der in Bild 53 dargestellten Erzeugnisstruktur demonstriert. Die Zeile "Bedarf für die Auflösung" gibt dabei jeweils die spätesten Produktions- bzw. Beschaffungstermine der angegebenen Mengen an.

---

157 Diese Produkte sind immer einer Dispositionsstufe mit einer höheren Nummer zugeordnet.

### 4221. Dispositionsstufenverfahren

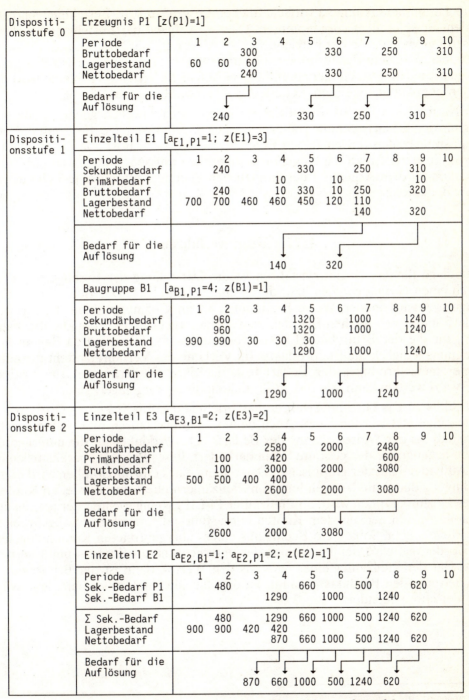

Tabelle 34: *Bedarfsrechnung nach dem Dispositionsstufenverfahren*

Eine Zusammenfassung zu wirtschaftlichen **Losgrößen** bzw. Bestellmengen wird in dem Beispiel nicht vorgenommen. Dies ist Aufgabe der Bestellmengen- bzw. Losgrößenplanung. In der betrieblichen Praxis erfolgt die Losbildung jeweils unmittelbar, nachdem der terminierte Nettobedarf[158] eines Erzeugnisses feststeht. Wegen der damit verbundenen umfangreichen nicht trivialen Probleme wird die Losgrößenplanung in einem gesonderten Abschnitt behandelt[159].

Als Nachteil des Dispositionsstufenverfahrens wird zuweilen genannt, daß vor Beginn der Bedarfsrechnung zunächst eine u.U. aufwendige Bestimmung der Dispositionsstufen der einzelnen Erzeugnisse erforderlich ist. Da die Produkte, die in die Bedarfsplanung aufgenommen werden müssen, ohnehin zu ermitteln sind, kommt dem Argument des zusätzlichen Planungsaufwandes jedoch nur geringe Bedeutung zu.

### 4222. Gozintoverfahren

Grundlage für das Gozintoverfahren ist die Darstellung der Erzeugnisstruktur durch einen *Gozintographen* bzw. durch eine Gozintoliste. Der Bedarf eines Erzeugnisses wird in der Weise bestimmt, daß im Gozintographen der Bruttobedarf immer von solchen Erzeugnissen auf untergeordnete Produkte überwälzt wird, für die der Bruttobedarf bereits bekannt ist[160]. Dies sind zu Beginn der Rechnung lediglich die Endprodukte. Im Verlaufe des Verfahrens steht dann für immer mehr Produkte der Bedarf fest, der dann wiederum auf Erzeugnisse überwälzt werden kann, die diesen Produkten direkt vorgelagert sind.

In Bild 54 ist das Gozintoverfahren beschrieben, das für *zyklenfreie* Gozintographen eingesetzt werden kann. Auch beim Gozintoverfahren muß sichergestellt sein, daß bei der Weiterwälzung des Bedarfs eines Produkts auf die untergeordneten Erzeugnisse der gesamte Sekundärbedarf dieses Produkts bereits bekannt ist. Aufbauend auf der graphischen Darstellung eines Gozintographen wird diese Bedingung durch die Verwendung von Pfeilzählern überprüft. Für jeden Knoten k des Gozintographen wird ein **Pfeilzähler** $PFEILE_k$ eingerichtet, der jeweils die aktuelle Anzahl der aus dem Knoten herausführenden, noch nicht abgearbeiteten Pfeile angibt. Sobald ein Bedarf aus einem übergeordneten Knoten abgeleitet worden ist, wird der Pfeilzähler des untergeordneten Knotens um 1 verringert. Hat der Pfeilzähler eines Knotens den Wert 0, dann ist der Bruttobedarf des betreffenden Produkts bekannt. Ist dies für alle Knoten der Fall, dann wird das Verfahren beendet.

---

158 "Bedarf für die Auflösung"
159 vgl. Abschnitt 43.
160 Dies ist auch bei Einsatz des Dispositionsstufenverfahrens der Fall.

## 4222. Gozintoverfahren

| SCHRITT 0: | |
|---|---|
| | Ermittle für jeden Knoten k des Gozintographen die Anzahl der ausgehenden Pfeile, $PFEILE_k$, und die Indexmenge der Vorgänger $V_k$. <br><br> Für alle k=1,2,...,K: <br><br> $r_k = d_k$       Primärbedarf |
| **SCHRITT k:** | |
| | Wähle ein Erzeugnis k (einen Knoten) mit einem Pfeilzähler $PFEILE_k=0$, dessen Vorgängerindexmenge $V_k$ nicht leer ist. Gibt es kein solches Erzeugnis, STOP; <br><br> andernfalls, für alle $j \in V_k$: <br><br> $r_j = r_j + a_{jk} \cdot r_k$       Bedarfsmenge <br><br> $PFEILE_j = PFEILE_j - 1$       Pfeilzähler <br><br> $V_k = V_k - \{j\}$       Vorgängerindexmenge <br><br> Wiederhole Schritt k. |

*Bild 54: Verfahren GOZINTO[161]*

Die im Verfahren GOZINTO verwendeten *Vorgängerindexmengen* $V_k$ dienen zur Verwaltung der in einem Knoten eintreffenden Pfeile, über die der Bedarf noch weitergewälzt werden muß.

Zur Veranschaulichung des Verfahrens betrachten wir den in Bild 55 dargestellten Gozintographen. Tabelle 35 enthält die tabellarische Aufstellung der zu Beginn des Verfahrens vorliegenden Daten.

| k | $d_k$ | $PFEILE_k$ | $V_k$ |
|---|---|---|---|
| P1 | 100 | 0 | {B1} |
| P2 | 80 | 0 | {B1,B2,E3} |
| B1 | 20 | 2 | {E1,E2,B2} |
| B2 | 40 | 2 | {E2,E3} |
| E1 | 0 | 1 | ∅ |
| E2 | 0 | 2 | ∅ |
| E3 | 0 | 2 | ∅ |

*Tabelle 35: Beispieldaten zur Bedarfsauflösung nach dem Verfahren GOZINTO*

---

[161] vgl. auch **Zäpfel** (1982), S. 159-160

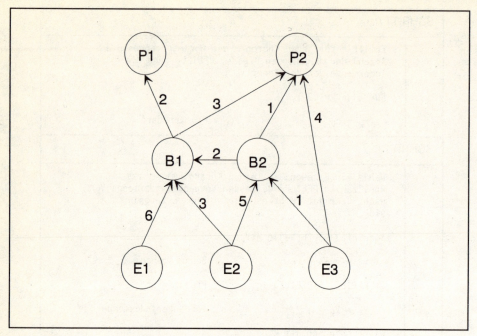

*Bild 55: Gozintograph des Beispiels*

## Beispiel zum Verfahren GOZINTO

**Schritt 0:**

Initialisierung der Bedarfsmengen

$r_{P1} = 100$
$r_{P2} = 80$
$r_{B1} = 20$
$r_{B2} = 40$
$r_{E1} = 0$
$r_{E2} = 0$
$r_{E3} = 0$

**Schritt 1:**

übergeordnetes Produkt k = P1

$V_{P1} = \{B1\}$

Menge der Vorgänger des Endprodukts P1

j = B1

Vorgänger: Baugruppe B1

$r_{B1} = 20 + 2 \cdot 100 = 220$
$PFEILE_{B1} = 2 - 1 = 1$
$V_{P1} = \emptyset$

Alle Input-Output-Beziehungen zwischen dem Produkt P1 und seinen unmittelbaren Vorgängern sind erfaßt.

**Schritt 2:**

übergeordnetes Produkt k = P2

$V_{P2} = \{B1, B2, E3\}$

Menge der Vorgänger des Endprodukts P2

## 4222. Gozintoverfahren

**j = B1**   Vorgänger: Baugruppe B1

$r_{B1} = 220 + 3 \cdot 80 = 460$
$PFEILE_{B1} = 1 - 1 = 0$
$V_{P2} = \{B2, E3\}$

**j = B2**   Vorgänger: Baugruppe B2

$r_{B2} = 40 + 1 \cdot 80 = 120$
$PFEILE_{B2} = 2 - 1 = 1$
$V_{P2} = \{E3\}$

**j = E3**   Vorgänger: Einzelteil E3

$r_{E3} = 0 + 4 \cdot 80 = 320$
$PFEILE_{E3} = 2 - 1 = 1$
$V_{P2} = \emptyset$

Alle Input-Output-Beziehungen zwischen dem Produkt P2 und seinen unmittelbaren Vorgängern sind erfaßt.

### Schritt 3:

übergeordnetes Produkt k = B1

$V_{B1} = \{E1, E2, B2\}$   Menge der Vorgänger der Baugruppe B1

**j = E1**   Vorgänger: Einzelteil E1

$r_{E1} = 0 + 6 \cdot 460 = 2760$
$PFEILE_{E1} = 1 - 1 = 0$
$V_{B1} = \{E2, B2\}$

**j = E2**   Vorgänger: Einzelteil E2

$r_{E2} = 0 + 3 \cdot 460 = 1380$
$PFEILE_{E2} = 2 - 1 = 1$
$V_{B1} = \{B2\}$

**j = B2**   Vorgänger: Baugruppe B2

$r_{B2} = 120 + 2 \cdot 460 = 1040$
$PFEILE_{B2} = 1 - 1 = 0$
$V_{B1} = \emptyset$

Alle Input-Output-Beziehungen zwischen der Baugruppe B1 und ihren unmittelbaren Vorgängern sind erfaßt.

### Schritt 4:

übergeordnetes Produkt k = B2

$V_{B2} = \{E2, E3\}$   Menge der Vorgänger der Baugruppe B2

**j = E2**   Vorgänger: Einzelteil E2

$r_{E2} = 1380 + 5 \cdot 1040 = 6580$
$PFEILE_{E2} = 1 - 1 = 0$
$V_{B2} = \{E3\}$

**j = E3**   Vorgänger: Einzelteil E3

$r_{E3} = 320 + 1 \cdot 1040 = 1360$
$PFEILE_{E3} = 1 - 1 = 0$
$V_{B2} = \emptyset$

Alle Input-Output-Beziehungen zwischen der Baugruppe B2 und ihren unmittelbaren Vorgängern sind erfaßt. Damit sind alle Produkte abgearbeitet.

---

**Ende des Beispiels zum Verfahren GOZINTO**

Die Bedarfsmengen lauten: $r_{B1} = 460$; $r_{B2} = 1040$; $r_{E1} = 2760$; $r_{E2} = 6580$; $r_{E3} = 1360$.

### 423. Synthetische Verfahren

Im Gegensatz zu den analytischen Methoden geht man bei der synthetischen Bedarfsermittlung nicht vom Enderzeugnis, sondern von der Ebene der *Einzelteile* aus. Während bei der analytischen Bedarfsrechnung die Suche nach den Bestandteilen eines Erzeugnisses im Vordergrund des Interesses steht, lautet die Fragestellung nun: *In welche übergeordneten Produkte geht das betrachtete Einzelteil ein?* Diese Frage ist z.B. dann zu beantworten, wenn sich die Produktionsdauer eines untergeordneten Teils aufgrund unvorhersehbarer Verzögerungen verlängert hat und festzustellen ist, welche übergeordneten Erzeugnisse davon betroffen sind.

Bei der synthetischen Bedarfsermittlung kann im Prinzip nach denselben Verfahren vorgegangen werden wie bei der analytischen Bedarfsermittlung. Lediglich die Bearbeitungsrichtung ist zu ändern. Während z.B. beim analytischen Dispositionsstufenverfahren die Bedarfsauflösung von den Endprodukten in Richtung auf die Einzelteile erfolgt, ist die Bearbeitungsrichtung bei der synthetischen Bedarfsrechnung genau umgekehrt. Zum Zweck der synthetischen Bedarfsermittlung kann jedes Erzeugnis einer **Auflösungsstufe**[162] zugeordnet werden, die dieselbe Funktion hat wie die Dispositionsstufe bei der analytischen Bedarfsrechnung.

### 424. Lösung eines linearen Gleichungssystems

Im Zusammenhang mit der Diskussion der Darstellungsformen des Erzeugniszusammenhangs[163] wurde bereits auf die Beschreibung der Erzeugnisse und ihrer Input-Output-Beziehungen durch ein **lineares Gleichungssystem** eingegangen. Der Gesamtbedarf eines Erzeugnisses k, $r_k$, setzt sich, wie gezeigt wurde, gemäß Gleichung (188) aus dem *Primärbedarf* $d_k$ und dem *Sekundärbedarf* $y_k$ zusammen.

$$r_k = y_k + d_k \qquad k = 1, 2, \ldots, K \qquad (188)$$

Der *Sekundärbedarf* des Erzeugnisses k ist wiederum davon abhängig, in welche anderen Produkte das Erzeugnis k mit welchen Mengen eingeht. Dies wird durch die Direktbedarfsmengen der übergeordneten Erzeugnisse j[164] am Erzeugnis k ausgedrückt.

---

162 vgl. **Zäpfel** (1982), S. 156-158; **Hartmann** (1988), S. 207-209
163 vgl. Abschnitt 413.
164 Nachfolgeknoten im Gozintographen

## 424. Lösung eines linearen Gleichungssystems

In Matrixschreibweise beträgt der **Gesamtbedarf** aller Produkte:

$$\underline{r} = \underline{y} + \underline{d} \tag{189}$$

mit Gesamtbedarf, Sekundärbedarf, Primärbedarf

oder

$$\underline{r} = \underline{\underline{A}} \cdot \underline{r} + \underline{d} \tag{190}$$

(Direktbedarfsmatrix)

Löst man Gleichung (190) nach dem Gesamtbedarfsvektor $\underline{r}$ auf, dann erhält man durch einige Umformungen die Gleichungen (191) bis (193). Die Matrix $(\underline{\underline{E}} - \underline{\underline{A}})$ wird auch als **Technologiematrix** bezeichnet. Die Inverse der Technologiematrix heißt **Verflechtungsbedarfsmatrix**.

$$\underline{\underline{E}} \cdot \underline{r} - \underline{\underline{A}} \cdot \underline{r} = \underline{d} \tag{191}$$

oder

$$(\underline{\underline{E}} - \underline{\underline{A}}) \cdot \underline{r} = \underline{d} \tag{192}$$

(Technologiematrix)

$$\underline{r} = (\underline{\underline{E}} - \underline{\underline{A}})^{-1} \cdot \underline{d} \tag{193}$$

(Verflechtungsbedarfsmatrix)

Die genannten Zusammenhänge sollen anhand eines **Beispiels** betrachtet werden. Die Mengenbeziehungen des in Bild 55 dargestellten Gozintographen können durch folgendes System linearer Gleichungen erfaßt werden:

$$\begin{aligned}
r_{E1} &= 0 \cdot r_{E1} + 0 \cdot r_{E2} + 0 \cdot r_{E3} + 6 \cdot r_{B1} + 0 \cdot r_{B2} + 0 \cdot r_{P1} + 0 \cdot r_{P2} + 0 \\
r_{E2} &= 0 \cdot r_{E1} + 0 \cdot r_{E2} + 0 \cdot r_{E3} + 3 \cdot r_{B1} + 5 \cdot r_{B2} + 0 \cdot r_{P1} + 0 \cdot r_{P2} + 0 \\
r_{E3} &= 0 \cdot r_{E1} + 0 \cdot r_{E2} + 0 \cdot r_{E3} + 0 \cdot r_{B1} + 1 \cdot r_{B2} + 0 \cdot r_{P1} + 4 \cdot r_{P2} + 0 \\
r_{B1} &= 0 \cdot r_{E1} + 0 \cdot r_{E2} + 0 \cdot r_{E3} + 0 \cdot r_{B1} + 0 \cdot r_{B2} + 2 \cdot r_{P1} + 3 \cdot r_{P2} + 20 \\
r_{B2} &= 0 \cdot r_{E1} + 0 \cdot r_{E2} + 0 \cdot r_{E3} + 2 \cdot r_{B1} + 0 \cdot r_{B2} + 0 \cdot r_{P1} + 1 \cdot r_{P2} + 40 \\
r_{P1} &= 0 \cdot r_{E1} + 0 \cdot r_{E2} + 0 \cdot r_{E3} + 0 \cdot r_{B1} + 0 \cdot r_{B2} + 0 \cdot r_{P1} + 0 \cdot r_{P2} + 100 \\
r_{P2} &= 0 \cdot r_{E1} + 0 \cdot r_{E2} + 0 \cdot r_{E3} + 0 \cdot r_{B1} + 0 \cdot r_{B2} + 0 \cdot r_{P1} + 0 \cdot r_{P2} + 80
\end{aligned} \tag{194}$$

(Sekundärbedarf, Primärbedarf)

Dem Gleichungssystem (194) entsprechen folgende Matrizen:

$$\underline{A} = \begin{bmatrix} & E_1 & E_2 & E_3 & B_1 & B_2 & P_1 & P_2 \\ 0 & 0 & 0 & 6 & 0 & 0 & 0 \\ 0 & 0 & 0 & 3 & 5 & 0 & 0 \\ 0 & 0 & 0 & 0 & 1 & 0 & 4 \\ 0 & 0 & 0 & 0 & 0 & 2 & 3 \\ 0 & 0 & 0 & 2 & 0 & 0 & 1 \\ 0 & 0 & 0 & 0 & 0 & 0 & 0 \\ 0 & 0 & 0 & 0 & 0 & 0 & 0 \end{bmatrix} \quad \underline{d} = \begin{bmatrix} 0 \\ 0 \\ 0 \\ 20 \\ 40 \\ 100 \\ 80 \end{bmatrix} \begin{matrix} E1 \\ E2 \\ E3 \\ B1 \\ B2 \\ P1 \\ P2 \end{matrix}$$

Die **Technologiematrix** ($\underline{E}$-$\underline{A}$) lautet

$$(\underline{E}-\underline{A}) = \begin{bmatrix} 1 & 0 & 0 & -6 & 0 & 0 & 0 \\ 0 & 1 & 0 & -3 & -5 & 0 & 0 \\ 0 & 0 & 1 & 0 & -1 & 0 & -4 \\ 0 & 0 & 0 & 1 & 0 & -2 & -3 \\ 0 & 0 & 0 & -2 & 1 & 0 & -1 \\ 0 & 0 & 0 & 0 & 0 & 1 & 0 \\ 0 & 0 & 0 & 0 & 0 & 0 & 1 \end{bmatrix}$$

Bilden wir nun die Inverse der Technologiematrix, $(\underline{E}-\underline{A})^{-1}$, dann ergibt sich die **Verflechtungsbedarfsmatrix** $\underline{V}$:

$$\underline{V} = (\underline{E}-\underline{A})^{-1} = \begin{bmatrix} E_1 & E_2 & E_3 & B_1 & B_2 & P_1 & P_2 \\ 1 & 0 & 0 & 6 & 0 & 12 & 18 \\ 0 & 1 & 0 & 13 & 5 & 26 & 44 \\ 0 & 0 & 1 & 2 & 1 & 4 & 11 \\ 0 & 0 & 0 & 1 & 0 & 2 & 3 \\ 0 & 0 & 0 & 2 & 1 & 4 & 7 \\ 0 & 0 & 0 & 0 & 0 & 1 & 0 \\ 0 & 0 & 0 & 0 & 0 & 0 & 1 \end{bmatrix} \begin{matrix} E1 \\ E2 \\ E3 \\ B1 \\ B2 \\ P1 \\ P2 \end{matrix}$$

Die Verflechtungsbedarfsmatrix beschreibt die Input-Output-Relationen zwischen allen Erzeugnissen, also auch zwischen Erzeugnissen, zwischen denen kein direkter, sondern nur ein *mittelbarer Zusammenhang* besteht. Ein Element $v_{ij}$ der Verflechtungsbedarfsmatrix gibt an, wieviel Mengeneinheiten des Erzeugnisses i benötigt werden, um **eine** Mengeneinheit des Erzeugnisses j herzustellen. So ist bspw. das Element $a_{E2,P2}$ in der Direktbedarfsmatrix gleich 0. D.h. das Einzelteil E2 geht nicht direkt in das Erzeugnis P1 ein. Trotzdem ist das Element $v_{E2,P2} = 44$. Der Grund dafür liegt darin, daß das Einzelteil E2 auf **drei Wegen** in das Endprodukt P2 Eingang findet: {E2→B1→P2, E2→B2→P2, E2→B2→B1→P2}. Diese Wege sind in Bild 56 dargestellt.

424. Lösung eines linearen Gleichungssystems

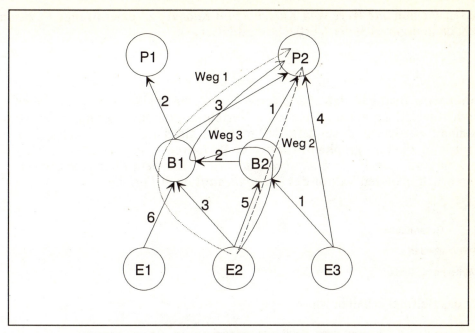

*Bild 56: Beziehungen zwischen Einzelteil E2 und Endprodukt P2*

Multipliziert man die den Pfeilen auf diesen Wegen zugeordneten Direktbedarfskoeffizienten und addiert man dann über alle drei Wege, dann erhält man den mittelbaren Produktionskoeffizienten $v_{E2,P2}$, wie er in der Verflechtungsbedarfsmatrix gespeichert ist:

$$v_{E2,P2} = a_{E2,B1} \cdot a_{B1,P2} + a_{E2,B2} \cdot a_{B2,P2} + a_{E2,B2} \cdot a_{B2,B1} \cdot a_{B1,P2} \qquad (195)$$
$$= 3 \cdot 3 + 5 \cdot 1 + 5 \cdot 2 \cdot 3 = 44$$

Zur Formalisierung der Berechnung des Verflechtungsbedarfskoeffizienten $v_{ij}$ beschreiben wir den Weg vom Knoten (Produkt) i zum Knoten j durch eine Folge von s Nummern der Knoten, die auf diesem Weg liegen[165]:

$$p_{ij} = \{i = i_1, i_2, \ldots, i_s = j\} \qquad \text{alle ij} \qquad (196)$$

Der einem Weg $p_{ij}$ zugeordnete Verflechtungsbedarf errechnet sich dann wie folgt:

$$w_{ij} = \prod_{m=1}^{s-1} \underbrace{a(i_m, i_{m+1})}_{\text{Direktbedarfskoeffizient zwischen den Erzeugnissen } i_m \text{ und } i_{m+1}} \qquad \text{alle ij} \qquad (197)$$

---

[165] vgl. **Berr/Papendieck** (1968); **Afentakis/Gavish** (o.J.), S. 8

Fassen wir nun *alle Wege vom Knoten i zum Knoten j* zu einer Menge $P_{ij}$ zusammen, dann ergibt sich der Verflechtungsbedarf als:

$$v_{ij} = \sum_{p_{ij} \in P_{ij}} w_{ij} \qquad \text{alle } ij \qquad (198)$$

Damit wird deutlich, daß die Inverse der Technologiematrix nicht unbedingt durch Anwendung eines allgemeinen Verfahrens zur Invertierung einer Matrix bestimmt werden muß, sondern daß man das gleiche Ergebnis auch durch wesentlich effizientere **graphentheoretische Verfahren** erreichen kann[166]. Multipliziert man nun die *Verflechtungsbedarfsmatrix* $\underline{V}$ mit dem *Primärbedarfsvektor* $\underline{d}$, dann erhält man den Vektor des *Gesamtbedarfs* einer Periode:

$$\underline{V} \cdot \underline{d} = \underline{r} \qquad (199)$$

- Gesamtbedarf
- Primärbedarf
- Verflechtungsbedarf

Für das Beispiel erhalten wir:

$$
\begin{bmatrix}
1 & 0 & 0 & 6 & 0 & 12 & 18 \\
0 & 1 & 0 & 13 & 5 & 26 & 44 \\
0 & 0 & 1 & 2 & 1 & 4 & 11 \\
0 & 0 & 0 & 1 & 0 & 2 & 3 \\
0 & 0 & 0 & 2 & 1 & 4 & 7 \\
0 & 0 & 0 & 0 & 0 & 1 & 0 \\
0 & 0 & 0 & 0 & 0 & 0 & 1
\end{bmatrix}
\cdot
\begin{bmatrix}
0 \\ 0 \\ 0 \\ 20 \\ 40 \\ 100 \\ 80
\end{bmatrix}
=
\begin{bmatrix}
2760 \\ 6580 \\ 1360 \\ 460 \\ 1040 \\ 100 \\ 80
\end{bmatrix}
\begin{matrix}
E1 \\ E2 \\ E3 \\ B1 \\ B2 \\ P1 \\ P2
\end{matrix}
$$

Dieses Ergebnis stimmt - natürlich - mit der Lösung überein, die durch Anwendung des Gozintoverfahrens ermittelt wurde[167].

Eine Erweiterungsmöglichkeit eröffnet sich unmittelbar, wenn man die Primärbedarfsmengen nach *Perioden* spezifiziert. Dies geschieht mit Hilfe der *Primärbedarfsmatrix* $\underline{D}$ (K×T), wobei K die Anzahl der Erzeugnisse und T die Anzahl der Perioden bezeichnet. Als Folge der Bedarfsauflösung wird der Gesamtbedarf dann durch eine Matrix $\underline{R}$ (K×T) spezifiziert. Das sei anhand der in Bild 57 dargestellten Erzeugnisstruktur[168] erläutert.

---

166 Eine Übersicht über Algorithmen zur Berechnung der Verflechtungsbedarfsmatrix auf der Grundlage graphentheoretischer Methoden findet sich in **Afentakis/Gavish** (o.J.)
167 vgl. Abschnitt 4222.
168 vgl. **Chang** (1981); **Chang/Brown/Johnson** (1983), S. 310

## 424. Lösung eines linearen Gleichungssystems

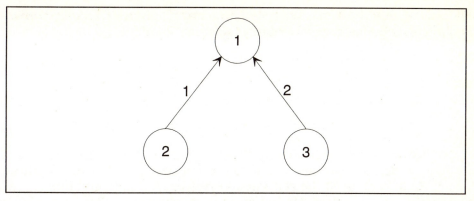

*Bild 57: Erzeugnisstruktur (Beispiel)*

**Direktbedarfsmatrix**:

$$\underline{A} = \begin{bmatrix} 0. & 0. & 0. \\ 1. & 0. & 0. \\ 2. & 0. & 0. \end{bmatrix}$$

**Technologiematrix**:

$$\underline{T} = \begin{bmatrix} 1. & 0. & 0. \\ -1. & 1. & 0. \\ -2. & 0. & 1. \end{bmatrix}$$

**Verflechtungsbedarfsmatrix**:

$$\underline{V} = \begin{bmatrix} 1. & 0. & 0. \\ 1. & 1. & 0. \\ 2. & 0. & 1. \end{bmatrix}$$

**Primärbedarfsmatrix** (T = 10 Perioden):

$$\underline{D} = \begin{bmatrix} 0. & 0. & 0. & 0. & 0. & 0. & 40. & 60. & 80. & 40. \\ 0. & 0. & 0. & 0. & 0. & 0. & 0. & 0. & 0. & 10. \\ 0. & 0. & 0. & 0. & 0. & 0. & 0. & 0. & 0. & 20. \end{bmatrix}$$

Die Multiplikation der *Verflechtungsbedarfsmatrix* $\underline{V}$ mit der *Primärbedarfsmatrix* $\underline{D}$ ergibt folgende **Matrix des Gesamtbedarfs** aller Perioden, $\underline{R}$:

$$\underline{R} = \begin{bmatrix} 0. & 0. & 0. & 0. & 0. & 0. & 40. & 60. & 80. & 40. \\ 0. & 0. & 0. & 0. & 0. & 0. & 40. & 60. & 80. & 50. \\ 0. & 0. & 0. & 0. & 0. & 0. & 80. & 120. & 160. & 100. \end{bmatrix}$$

Die produktbezogenen periodenspezifischen Gesamtbedarfsmengen müssen spätestens zu den angegebenen Terminen produziert sein bzw. zur Verfügung stehen[169]. Man kann auch die zeitliche Vorlaufverschiebung mit Hilfe von Matrizen vornehmen[170], sofern Bedarfsmengen aus mehreren Perioden nicht zu Losen zusammengefaßt werden, d.h. *keine Losbildung* erfolgt. Wir führen eine **Vorrangmatrix** $\underline{S}$ (K×K) ein. Das Element $s_{ij}=1$ dieser Matrix gibt an, daß das Erzeugnis i (direkt oder indirekt) für die Produktion einer Einheit des Erzeugnisses j bereitgestellt werden muß; anderfalls ist $s_{ij}=0$. Es besteht somit der in Gleichung (200) formulierte Zusammenhang mit den Elementen der Verflechtungsbedarfsmatrix $\underline{V}$.

$$s_{ij} = \begin{cases} 1, & \text{falls } v_{ij} > 0 \\ 0, & \text{falls } v_{ij} = 0 \end{cases} \qquad \text{alle ij} \qquad (200)$$

Die **Vorrangmatrix** $\underline{S}$ dient zur Kumulation der Vorlaufverschiebungen für untergeordnete Erzeugnisse. Sie lautet für die betrachtete Erzeugnisstruktur:

$$\underline{S} = \begin{bmatrix} 1. & 0. & 0. \\ 1. & 1. & 0. \\ 1. & 0. & 1. \end{bmatrix}$$

Des weiteren wird eine **Bearbeitungszeitmatrix** $\underline{B}$ (K×K) eingeführt, deren Diagonalelemente die Stückbearbeitungszeiten der Produkte enthalten. Die *Stückbearbeitungszeiten* sind auf dieselbe Zeiteinheit bezogen wie die Primärbedarfsmengen. Entspricht eine Periode z.B. einer *Woche* (=40 Stunden), dann ist für eine Stückbearbeitungszeit von einer Stunde der Wert $b_{kk}=0.025$ zu verwenden.

---

[169] Auch die zum Planungszeitpunkt disponiblen Lagerbestände können durch eine Matrix erfaßt werden. Davon wird hier jedoch abgesehen. Vgl. dazu **Chang** (1981), S. 30
[170] vgl. **Chang/Brown/Johnson** (1983); **Chang** (1985); vgl. auch **Vazsonyi** (1962), S. 393-405

## 424. Lösung eines linearen Gleichungssystems

Im betrachteten Beispiel lautet die Matrix $\underline{B}$:

$$\underline{B} = \begin{bmatrix} 0.0250 & 0.0000 & 0.0000 \\ 0.0000 & 0.0500 & 0.0000 \\ 0.0000 & 0.0000 & 0.0375 \end{bmatrix}$$

Die aus den Gesamtbedarfen abgeleiteten **Arbeitsvolumina** (ausgedrückt in Zeiteinheiten) betragen dann unter der Voraussetzung, daß keine Zusammenfassung von Periodenbedarfsmengen zu größeren Fertigungsaufträgen (Losen) erfolgt:

$$\underline{W} = \underline{B} \cdot \underline{R} \tag{201}$$

$$\underline{W} = \begin{bmatrix} 0.0 & 0.0 & 0.0 & 0.0 & 0.0 & 0.0 & 1.0 & 1.5 & 2.0 & 1.0 \\ 0.0 & 0.0 & 0.0 & 0.0 & 0.0 & 0.0 & 2.0 & 3.0 & 4.0 & 2.5 \\ 0.0 & 0.0 & 0.0 & 0.0 & 0.0 & 0.0 & 3.0 & 4.5 & 6.0 & 3.75 \end{bmatrix}$$

Die Matrix $\underline{W}$ (K×T) enthält die aus den periodenspezifischen Gesamtbedarfsmengen der Erzeugnisse abgeleiteten *periodenspezifischen Vorlaufverschiebungen*. Ein Element $w_{it}$ gibt dann an, um wieviel Perioden vor dem Zeitpunkt t mit der Produktion der in Periode t bereitzustellenden Gesamtbedarfsmenge des Erzeugnisses i begonnen werden muß, wenn keine Ressourcenknappheit besteht und die einzelnen Mengeneinheiten *nacheinander* hergestellt werden. So gibt der Wert $w_{29} = 4.0$ in der obigen Matrix an, daß mit der Produktion der in Periode 9 bereitzustellenden Gesamtbedarfsmenge des Erzeugnisses 2 4.0 Perioden vorher begonnen werden muß. Dabei werden die Über-Unterordnungsbeziehungen der Erzeugnisse noch nicht beachtet.

Da aber im vorliegenden Beispiel mit der Produktion der Gesamtbedarfsmenge des Endprodukts 1 für Periode 9 $w_{19} = 2.0$ Perioden früher begonnen werden muß, dieses Endprodukt 1 aber die Gesamtbedarfsmenge des Erzeugnisses 2 der Periode 9 benötigt, muß mit der Produktion dieser Gesamtbedarfsmenge des Produkts 2 nicht nur 4.0 Perioden, sondern bereits 6.0 Perioden früher begonnen werden. Berücksichtigt man diese Verflechtungen zwischen den Erzeugnissen über die Matrix $\underline{S}$, dann erhält man die Matrix $\underline{L}$ (K×T) der **Vorlaufverschiebungen** der Produkte in den einzelnen Perioden.

$$\underline{L} = \underline{S} \cdot \underline{W} \tag{202}$$

oder aufgerundet, damit die Produktion jeweils schon zu Periodenbeginn eingeplant wird:

$$\underline{Z} = [\underline{L}]^+ \tag{203}$$

Im vorliegenden Beispiel ergibt sich als Matrix der **Vorlaufzeiten**:

$$\underline{L} = \begin{bmatrix} 0.0 & 0.0 & 0.0 & 0.0 & 0.0 & 0.0 & 1.0 & 1.5 & 2.0 & 1.0 \\ 0.0 & 0.0 & 0.0 & 0.0 & 0.0 & 0.0 & 3.0 & 4.5 & 6.0 & 3.5 \\ 0.0 & 0.0 & 0.0 & 0.0 & 0.0 & 0.0 & 4.0 & 6.0 & 8.0 & 4.75 \end{bmatrix}$$

oder aufgerundet:

$$\underline{Z} = \begin{bmatrix} 0 & 0 & 0 & 0 & 0 & 0 & 1 & 2 & 2 & 1 \\ 0 & 0 & 0 & 0 & 0 & 0 & 3 & 5 & 6 & 4 \\ 0 & 0 & 0 & 0 & 0 & 0 & 4 & 6 & 8 & 5 \end{bmatrix}$$

Die perioden- und produktbezogenen Gesamtbedarfsmengen sowie die unter Beachtung der Erzeugnisstruktur notwendigen Vorlaufzeiten sind damit bekannt. Nun müssen für die Produkte und die Perioden des Planungszeitraums die Produktionsmengen abgeleitet werden. Die **Matrix der terminierten Produktionsmengen** wird wie folgt berechnet[171]:

$$\underline{P} = \sum_{t=1}^{T} \sum_{k=1}^{K} \underline{F}_k \cdot \underline{R} \cdot \underline{e}_t^T \cdot \underline{e}_{t-z(kt)} \tag{204}$$

- Vorlaufverschiebung (produkt- und periodenspezifisch)
- Auswahl der Bedarfsperiode
- Auswahl des Erzeugnisses

Dabei bezeichnen:

$\underline{F}_k$      (K×K)-Matrix mit $f_{kk} = 1$ und sonst Nullen
$e_t$      (1×T)-Vektor mit $e_t = 1$ und sonst Nullen

Die Summation in Gleichung (204) ist erforderlich, weil die Produktionsmengen eines Produkts für verschiedene spätere Bedarfsperioden vorgesehen sein können. Im Beispiel ergeben sich folgende Zwischenschritte bei der Berechnung der Matrix $\underline{P}$:

$k = 1$, $t = 7$ (Produkt 1; erste Periode mit positivem Bedarf):

$$\underline{F}_1 = \begin{bmatrix} 1. & 0. & 0. \\ 0. & 0. & 0. \\ 0. & 0. & 0. \end{bmatrix}$$

---

[171] vgl. auch **Troßmann** (1986)

### 424. Lösung eines linearen Gleichungssystems

$$\underline{F}_1 \cdot \underline{R} = \begin{bmatrix} 0. & 0. & 0. & 0. & 0. & 0. & 40. & 60. & 80. & 40. \\ 0. & 0. & 0. & 0. & 0. & 0. & 0. & 0. & 0. & 0. \\ 0. & 0. & 0. & 0. & 0. & 0. & 0. & 0. & 0. & 0. \end{bmatrix}$$

$$\underline{e}_7^T = \begin{bmatrix} 0. \\ 0. \\ 0. \\ 0. \\ 0. \\ 0. \\ 1. \\ 0. \\ 0. \\ 0. \end{bmatrix}$$

$$\underline{F}_1 \cdot \underline{R} \cdot \underline{e}_7^T = \begin{bmatrix} 40. \\ 0. \\ 0. \end{bmatrix}$$

$$\underline{e}_{7-1} = \begin{bmatrix} 0. & 0. & 0. & 0. & 0. & 1. & 0. & 0. & 0. & 0. \end{bmatrix}$$

$$\underline{F}_1 \cdot \underline{R} \cdot \underline{e}_7^T \cdot \underline{e}_{7-1} = \begin{bmatrix} 0. & 0. & 0. & 0. & 0. & 40. & 0. & 0. & 0. & 0. \\ 0. & 0. & 0. & 0. & 0. & 0. & 0. & 0. & 0. & 0. \\ 0. & 0. & 0. & 0. & 0. & 0. & 0. & 0. & 0. & 0. \end{bmatrix}$$

Die obige Rechnung muß für alle Perioden t und alle Produkte k wiederholt werden. Dabei ist zu beachten, daß [(t-z(kt)] nicht negativ werden darf, da sonst die Zeit nicht mehr ausreicht, um die Erzeugnisse termingerecht bereitzustellen.

Nach Abschluß der Rechnung liegt folgende **Matrix der terminierten Produktionsmengen $\underline{P}$** vor:

$$\underline{P} = \begin{bmatrix} 0. & 0. & 0. & 0. & 0. & 100. & 80. & 0. & 40. & 0. \\ 0. & 0. & 140. & 40. & 0. & 50. & 0. & 0. & 0. & 0. \\ 160. & 120. & 80. & 0. & 100. & 0. & 0. & 0. & 0. & 0. \end{bmatrix}$$

Der Wert $p_{16}=100$ kommt z.B. dadurch zustande, daß die Gesamtbedarfsmenge $r_{17}=40$ um eine Periode und die Gesamtbedarfsmenge $r_{18}=60$ um zwei Perioden vorgezogen worden sind.

Die *Matrixdarstellung* eignet sich sehr gut zur Veranschaulichung der Zusammenhänge bei der Bedarfsauflösung in kleinen Erzeugnisstrukturen und bei einer geringen Anzahl von Planungsperioden. Eine praktische Relevanz kommt ihr aber nicht zu, da bei umfangreicheren Erzeugnisstrukturen der Speicherbedarf für die Matrizen und der Rechenaufwand - sofern keine spezialisierten Verfahren zur Matrizeninversion zum Einsatz kommen - zu groß wird. Darüberhinaus können mit dieser Darstellungsform nicht alle Aspekte der programmgesteuerten Bedarfsplanung erfaßt werden. Vor allem die Berücksichtigung der in den einzelnen Perioden des Planungszeitraums verfügbaren *Lagerbestände* und die Einbeziehung der *Losgrößenplanung* bereiten erhebliche Probleme.

Die Beziehungen zwischen Lagerbeständen, Losgrößen sowie Primär- und Sekundärbedarfsmengen der Erzeugnisse bilden ein wesentliches Element von **Entscheidungsmodellen zur Bestimmung optimaler Losgrößen** in ein- und mehrstufigen Erzeugnisstrukturen. Sie lassen sich durch die Gleichungen (205) beschreiben.

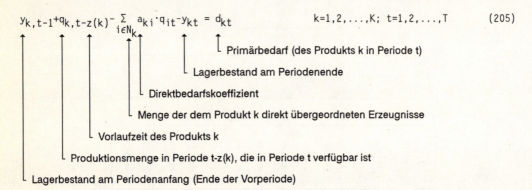

$$y_{k,t-1} + q_{k,t-z(k)} - \sum_{i \in N_k} a_{ki} \cdot q_{it} - y_{kt} = d_{kt} \qquad k=1,2,\ldots,K;\ t=1,2,\ldots,T \qquad (205)$$

- Primärbedarf (des Produkts k in Periode t)
- Lagerbestand am Periodenende
- Direktbedarfskoeffizient
- Menge der dem Produkt k direkt übergeordneten Erzeugnisse
- Vorlaufzeit des Produkts k
- Produktionsmenge in Periode t-z(k), die in Periode t verfügbar ist
- Lagerbestand am Periodenanfang (Ende der Vorperiode)

Die beiden *Bestandteile des Gesamtbedarfs* des Produkts k in Periode t sind durch die rechte Seite (Primärbedarf) sowie durch den Summenausdruck auf der linken Seite (Sekundärbedarf) der Gleichung (205) gegeben. Sind Losgrößen für die Endprodukte bekannt, dann ergibt sich der Gesamtbedarf als zulässige Lösung eines LP-Modells, das aus den Nebenbedingungen (205) sowie einer beliebigen Zielfunktion besteht.

Für das mit Bild 57 eingeführte Beispiel erhalten wir unter der Annahme, daß für das Endprodukt in jeder Periode jeweils nur der Periodenbedarf produziert wird (d.h. $q_{11}=40$, $q_{12}=60$, $q_{13}=80$, $q_{14}=40$), das in Bild 58 angegebene LP-Modell[172].

---

[172] Wir betrachten hier nur den Ausschnitt des Planungshorizonts, für den Primärbedarfe vorliegen: Perioden 7(=1) bis 10(=4). Für die Vorlaufzeiten wird z(k)=0 (k=1,2,3) angenommen.

## 424. Lösung eines linearen Gleichungssystems

```
MIN      Z
SUBJECT TO
         Q11            - Y11 =  40 ⎫
   Y11 + Q12            - Y12 =  60 ⎪
   Y12 + Q13            - Y13 =  80 ⎪
   Y13 + Q14            - Y14 =  40 ⎪
         Q21  -   Q11   - Y21 =   0 ⎪
   Y21 + Q22  -   Q12   - Y22 =   0 ⎪
   Y22 + Q23  -   Q13   - Y23 =   0 ⎬ Gleichung (205)
   Y23 + Q24  -   Q14   - Y24 =  10 ⎪
         Q31  - 2 Q11   - Y31 =   0 ⎪
   Y31 + Q32  - 2 Q12   - Y32 =   0 ⎪
   Y32 + Q33  - 2 Q13   - Y33 =   0 ⎪
   Y33 + Q34  - 2 Q14   - Y34 =  20 ⎭
         Q11                  =  40 ⎫
         Q12                  =  60 ⎬ extern vorgegebene
         Q13                  =  80 ⎪ Losgrößen
         Q14                  =  40 ⎭
END
```

*Bild 58: LP-Modell zur Materialbedarfsrechnung (LINDO-Format[173])*

Eine zulässige Lösung dieses LP-Modells ist in Tabelle 36 wiedergegeben. Die *Gesamtbedarfsmengen* stimmen offensichtlich mit den in der obigen Matrix $\underline{R}$ enthaltenen Werten überein.

| Variable | Wert |
|---|---|
| Q11 | 40 |
| Q12 | 60 |
| Q13 | 80 |
| Q14 | 40 |
| Q21 | 40 |
| Q22 | 60 |
| Q23 | 80 |
| Q24 | 50 |
| Q31 | 80 |
| Q32 | 120 |
| Q33 | 160 |
| Q34 | 100 |

*Tabelle 36: Lösung des LP-Modells zur Materialbedarfsrechnung*

Um den *Einfluß der Losgrößenentscheidungen* auf die Bedarfsrechnung zu demonstrieren, sei nun angenommen, daß alle *Primärbedarfe des Endprodukts* bereits in der ersten Periode produziert werden (d.h. $q_{11}=220$, $q_{12}=0$, $q_{13}=0$, $q_{14}=0$). Die in Tabelle 37 angegebene Lösung des resultierenden LP-Modells zeigt, daß die Bedarfsmengen der untergeordneten Produkte sowie die Entwicklung des Lagerbestands für das Endprodukt korrekt erfaßt werden. Für die Produkte 2 und 3 treten keine physischen Lagerbestände auf, da die gesamten Bedarfsmengen dieser Produkte unmittelbar an das Produkt 1 weitergegeben werden.

---

[173] vgl. **Schrage** (1991)

| Variable | Wert |
|---|---|
| Q11 | 220 |
| Q21 | 220 |
| Q24 | 10 |
| Q31 | 440 |
| Q34 | 20 |
| Y11 | 180 |
| Y12 | 120 |
| Y13 | 40 |

*Tabelle 37: Lösung des LP-Modells zur Materialbedarfsrechung (veränderte Losgrößen für das Endprodukt)*

**Vertiefende Literatur zu Abschnitt 42.:**

*Afentakis* (1982)
*Chang* (1981)
*Chang/Brown/Johnson* (1983)
*Grochla* (1978)
*Küpper* (1980)
*Müller-Merbach* (1966)
*Müller-Merbach/Schmidt* (1970)
*Tersine* (1988)
*Troßmann* (1986)
*Vazsonyi* (1962)

## 43. Losgrößenplanung

Bei der Diskussion der Verfahren zur Materialbedarfsermittlung in den vorangegangenen Abschnitten wurde die Frage der Fertigungsauftragsbildung bzw. der Losgrößenbestimmung zunächst ausgeklammert. Da mit der Losgrößenplanung zahlreiche schwierige Probleme verbunden sind, wird ihr dieser gesonderte Abschnitt gewidmet.

### 431. Grundsätzliche Überlegungen zum Zusammenhang zwischen Materialbedarfsrechnung und Losgrößenplanung

Sind die periodenbezogenen Nettobedarfsmengen eines Erzeugnisses bekannt, dann stellt sich die Frage, zu welchen Terminen sie produziert bzw. zum Verbrauch bereitgestellt werden sollen. Grundsätzlich bestehen hierzu folgende Möglichkeiten:

- Man beschafft bzw. produziert in jeder Periode genau die Nettobedarfsmenge eines Erzeugnisses. Dies entspricht den Prinzipien der **Materialbereitstellung im Bedarfsfall** bzw. der **einsatzsynchronen Materialbereitstellung**[174]. Die Fertigungsauftragsgröße ist dabei jeweils gleich dem Nettobedarf einer Fertigstellungsperiode.

- Man faßt mehrere Nettobedarfsmengen eines Produkts aus (im Extremfall allen) aufeinanderfolgenden Perioden zu größeren Produktions- bzw. Beschaffungslosen zusammen. Diese Politik entspricht dem **Materialbereitstellungsprinzip der Vorratshaltung**.

Nach welchem der genannten Prinzipien nun in einem konkreten Anwendungsfall vorzugehen ist, hängt - vernachlässigt man einmal die technischen Voraussetzungen, z.B. die notwendige Lagerfähigkeit der Produkte - von den damit verbundenen **Zielwirkungen**, vor allem von *Kosten-*, *Kapazitäts-* und *Servicegrad*aspekten, ab.

Wird primär das Prinzip der Materialbereitstellung im Bedarfsfall verfolgt, dann stehen niedrigen Lagerkosten (wegen eines geringen durchschnittlichen Lagerbestands) hohe Beschaffungs- bzw. Rüstkosten (aufgrund einer großen Anzahl von Beschaffungs- bzw. Rüstvorgängen) gegenüber. Umgekehrt ist es bei Anwendung des Materialbereitstellungsprinzips der Vorratshaltung: hier stehen hohen Lagerkosten (große Lose) vergleichsweise niedrige Rüstkosten (geringe Anzahl von Rüstvorgängen) gegenüber.

Damit stellt sich das **Optimierungsproblem der Bestimmung der optimalen Fertigungsauftrags- oder Beschaffungslosgrößen** in den einzelnen Perioden des Pla-

---

[174] vgl. **Grochla** (1978), S. 24-26; **Kilger** (1986), S. 285-287

nungszeitraums. Danach sind die Nettobedarfsmengen der Erzeugnisse in der Weise zu Losen zusammenzufassen, daß die gesamten davon beeinflußbaren (relevanten) Kosten minimiert werden, wobei die verfügbare **Produktionskapazität** nicht überschritten und evtl. ein vorgegebenes Niveau des Lieferservice[175] nicht unterschritten werden darf.

Da für die Einhaltung des Lieferserviceniveaus vor allem stochastische Komponenten der Problemstruktur von Bedeutung sind, sollen mit diesem Fragenkreis zusammenhängende Aspekte in einem späteren Abschnitt[176] behandelt und an dieser Stelle zunächst ausgeklammert werden.

Als relevante Kosten werden vor allem die Lagerkosten und die Rüst- bzw. Bestellkosten berücksichtigt, wie sie aus dem klassischen Losgrößenmodell bekannt sind[177].

Die Quantifizierung der Rüstkosten bereitet in der Praxis erhebliche Schwierigkeiten. Entscheidungstheoretisch betrachtet sollen die Rüstkosten als **Opportunitätskosten** den entgangenen Nutzen quantifizieren, der mit einem Rüstvorgang verbunden ist. Ein Nutzenentgang wird vor allem dadurch verursacht, daß produktive Kapazität der Produktionsfaktoren nicht zur Produktion eingesetzt, sondern unproduktiv durch den Rüstvorgang gebunden wird. Ist die Kapazität eines Produktionsfaktors knapp, dann entsprechen die Rüstkosten dem *entgangenen Deckungsbeitrag der mangels Kapazität nicht produzierten Produktionsmenge* (zuzügl. evtl. entstehender direkt zurechenbarer Kosten). Sind die Kapazitäten der Produktionsfaktoren nicht knapp, dann ist der Opportunitätskostenanteil der Rüstkosten Null.

Ein *Problem* ergibt sich nun daraus, daß bei mehrstufigen Erzeugnisstrukturen die Bedarfsmengen der einzelnen *Produkte voneinander abhängig* sind. Beziehungen zwischen den Erzeugnissen bestehen einmal aufgrund der Tatsache, daß Endprodukte aus Baugruppen und Einzelteilen zusammengesetzt werden. Dies muß sich auch auf die Nettobedarfsrechnung auswirken. Soll z.B. in einer Periode mit der Produktion eines Endprodukts begonnen werden, dann muß spätestens zu Beginn dieser Periode der aus der geplanten Produktionsmenge des Endprodukts abgeleitete Bedarf an untergeordneten Baugruppen und Erzeugnissen (Sekundärbedarf) fertiggestellt sein.

Die Zusammenfassung mehrerer Periodenbedarfsmengen eines Endprodukts (bzw. allgemein: eines übergeordneten Erzeugnisses) zu einem Produktionsauftrag und damit die frühzeitige Fertigstellung und Einlagerung dieser Produktmengen bedingt, daß auch bestimmte Mengen an untergeordneten Erzeugnissen früher produziert und gelagert werden müssen. Diese Interdependenzen sind bei der im Rahmen der Losgrößenbestimmung vorzunehmenden Abwägung der Lagerkostenzuwächse gegenüber den Rüstkosteneinsparungen zu berücksichtigen.

---

175 zum Problem des Lieferservice vgl. z.B. **Tempelmeier** (1983b), S. 5-9
176 vgl. Abschnitt 5.
177 Sofern die variablen Produktionskosten (z.B. Fertigungslöhne, Materialkosten) zeitabhängig oder von der Losgröße abhängig sind, müssen auch sie in die Betrachtung einbezogen werden.

Eine weitere Ursache für die Existenz von Beziehungen zwischen den Produkten in mehrstufigen Erzeugnisstrukturen liegt in der **gemeinsamen Nutzung knapper Produktionsfaktoren** (Potentialfaktoren, Ressourcen, z.B. Maschinen, Arbeitsplätze) durch die Produktion der Einzelteile, Baugruppen und Endprodukte. In vielen Fällen konkurrieren mehrere Erzeugnisse zu einem bestimmten Zeitpunkt um dieselben Produktionsfaktoren[178]. Eine solche Situation ist dadurch gekennzeichnet, daß nicht mehr allein Kostengesichtspunkte für die Losgrößenpolitik maßgebend sind, sondern daß Kapazitätsüberlegungen dazu zwingen, von der kostenminimalen (aber kapazitätsmäßig nicht zulässigen) Losgrößenpolitik abzuweichen.

Zur **Bestimmung optimaler Losgrößen** stehen zahlreiche quantitative Entscheidungsmodelle zur Verfügung[179]. Diese Modelle unterscheiden sich in vielfacher Hinsicht, u.a. auch durch die ihnen zugrundeliegenden Annahmen über den **Bedarfsverlauf** und durch die Berücksichtigung von **Kapazitäten** der Ressourcen.

Der **Bedarfsverlauf** eines Erzeugnisses kann entweder *stark schwankend* oder relativ *gleichbleibend* sein. In engem Zusammenhang damit steht die für die Durchführung der Materialbedarfsplanung bedeutsame Frage, ob der Bedarf eines Produkts vom Bedarfsverlauf übergeordneter Erzeugnisse *unabhängig* oder *abhängig* ist.

Je nach Kombination der Ausprägungen dieser beiden Merkmale können in einem konkreten Fall zunächst die in Tabelle 38 zusammengefaßten Problemsituationen auftreten.

| Grad der Abhängigkeit | Niveau der Bedarfsmengen | |
|---|---|---|
| | gleichbleibend | schwankend |
| unabhängig | statische Lagerhaltungsproblem mit *unabhängigem* Bedarf (Fall I) | dynamische Lagerhaltungsproblem mit *unabhängigem* Bedarf (Fall II) |
| abhängig | [statische Lagerhaltungsproblem mit abhängigem Bedarf (Fall III)] | dynamische Lagerhaltungs-Probleme mit *abhängigem* Bedarf (Fall IV) |

*Tabelle 38: Charakterisierung von Lagerhaltungsproblemen nach dem Grad der Abhängigkeit der Bedarfsmengen und der Form des Bedarfsverlaufs*

Im **Fall I** ist der Bedarf *unabhängig* und im Durchschnitt *gleichbleibend* bzw. angenähert konstant. Ein derartiger Bedarfsverlauf ist oft bei Baugruppen und Einzelteilen festzustellen, die in sehr viele übergeordnete Produkte eingebaut werden. Durch die vielfältige Verwendung der Erzeugnisse ergibt sich ein annähernd regelmäßiger Bedarf, der durch statistische Prognoseverfahren vorhergesagt werden kann. Zur Bestimmung der optimalen Auftragsgröße eignet sich das klassische Losgrößenmodell oder eine daraus abgeleitete Variante[180].

---

178 vgl. **Axsäter** (1986), S. 52
179 Zu einem aktuellen Überblick siehe **Kuik/Salomon/Van Wassenhove** (1994) sowie **Derstroff** (1995).
180 vgl. **Schneeweiß** (1981), S. 49-52; **Tempelmeier** (1983b), S. 120-130; **Tersine** (1988), S. 89-159

**Fall II** ist dadurch gekennzeichnet, daß der Bedarf zwar *unabhängig*, aber im Zeitablauf *nicht konstant* ist. Hier liegt ein *dynamisches Losgrößenproblem* vor. Zur Behandlung dieses Problemtyps kann das dynamische Losgrößenmodell für isolierte Produkte eingesetzt werden. Einige der zahlreichen verfügbaren Verfahren zur Lösung dieses Modells werden weiter unten dargestellt.

**Fall III** ist eingeklammert, weil *diese Situation in der Praxis kaum vorkommt*. Denn wenn die Periodenbedarfsmengen eines untergeordneten Produkts von den Produktionsmengen (Losgrößen) eines übergeordneten Produkts abhängen, dann ist der Periodenbedarf dieses Produkts nicht mehr gleichbleibend, sondern er weist dynamische Schwankungen auf.

Bedarfsschwankungen treten einmal dann auf, wenn die *Produktionsgeschwindigkeiten* aufeinanderfolgender Produktionsstufen (Produkte) unterschiedlich sind. Am Beispiel einer linearen Produktionsstruktur läßt sich zeigen, daß bei unterschiedlichen Produktionsgeschwindigkeiten die Produktion des schneller produzierten Produkts zeitweise eingestellt werden muß, damit sich keine überhöhten Lagerbestände anhäufen[181].

Die zweite wesentliche Ursache dafür, daß die Periodenbedarfsmengen für das abhängige Produkt schwanken, liegt in der *geschlossenen Produktweitergabe*, die häufig in der Praxis verwendet wird. Das heißt, ein Fertigungsauftrag (Los) wird erst dann zur nächsten Bearbeitungsstufe weitertransportiert, wenn alle Werkstücke des Loses fertiggestellt sind. Dies veranschaulicht Bild 59[182], in dem die gemeinsame Entwicklung der Lagerbestände zweier Erzeugnisse im Zeitablauf dargestellt ist.

Das Endprodukt 1 steht einer kontinuierlichen Nachfrage gegenüber. Die Auftragsgrößen werden z.B. nach der klassischen Losgrößenformel unter der Annahme unendlicher Fertigungsgeschwindigkeit gebildet. Die Produktweitergabe ist geschlossen, d.h. zu Beginn der Produktion eines Loses des Endprodukts wird der gesamte dazu benötigte Sekundärbedarf des Einzelteils 2 vom Lager entnommen.

In der Periode, in der ein neues Los des Endprodukts 1 aufgelegt wird, tritt für das untergeordnete Produkt 2 ein Bedarf in Höhe der Losgröße des Endprodukts 1 auf. In allen anderen Perioden dagegen ist der Bedarf für das untergeordnete Produkt gleich Null.

Selbst wenn auf der übergeordneten Erzeugnisebene gleichbleibende Bedarfe auftreten, entstehen durch die dort vorgenommene Losbildung Schwankungen des Periodenbedarfs auf der untergeordneten Erzeugnisebene, so daß der **Bedarf** dort einen **sporadischen** Charakter annimmt. Wegen dieser zwischen den verschiedenen Erzeugnisstufen bestehenden Interdependenzen dürfen bei der Losbildung die Produkte nicht isoliert betrachtet werden, sondern man muß die Auswirkungen der Losbildung auf einer übergeordneten Stufe auf alle untergeordneten Produkte beachten.

---

181 vgl. **Müller-Merbach** (1963)
182 vgl. ähnlich **Brown** (1967)

Der für abhängigen Bedarf und geschlossene Produktweitergabe typische Fall ist nun der **Fall IV**, bei dem der Bedarfsverlauf eines untergeordneten Erzeugnisses sowohl von den Losgrößenentscheidungen auf den übergeordneten Erzeugnisstufen *abhängig* als auch *dynamisch* ist.

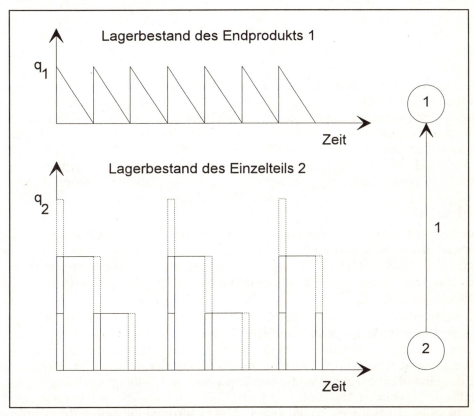

*Bild 59: Gemeinsame Entwicklung der Lagerbestände zweier durch direkte Input-Output-Beziehungen miteinander verbundener Erzeugnisse*[183]

Außer im Hinblick auf die unterstellten Eigenschaften des **Bedarfsverlaufs** und den Grad der Abhängigkeit (*Mehrstufigkeit*) des Bedarfs lassen sich die vorliegenden Entscheidungsmodelle zur Losgrößenbestimmung danach differenzieren, ob die **Kapazitäten** der Ressourcen als knapp oder unbeschränkt angesehen werden und schließlich ob lediglich ein Produkt oder ob mehrere Produkte betrachtet werden (*Produktanzahl*). Bei mehrstufigen Ansätzen kann darüberhinaus nach der **Form der Erzeugnis- und Prozeßstruktur** unterschieden werden (*lineare, konvergierende, divergierende* oder *generelle* Erzeugnis- und Prozeßstruktur)[184].

---

[183] vgl. auch **Tempelmeier** (1986), S. 62-64
[184] vgl. auch **Zäpfel/Attmann** (1978), S. 532; **Billington** (1983), S. 10-22

Es ist nicht das Ziel der vorliegenden Arbeit, einen umfassenden Überblick über die gesamte Losgrößentheorie zu vermitteln. Vielmehr wollen wir uns auf die Diskussion von *Lösungsansätzen* beschränken, die zur Behandlung des Problems der **Losgrößenbestimmung bei mehreren Produkten, mehrstufiger Erzeugnisstruktur und dynamischem Bedarf** (Fall IV) vorgeschlagen wurden. Derartige Lösungsansätze werden vor allem zur Unterstützung der Auftragsbildung in EDV-gestützten Systemen zur *Produktionsplanung und -steuerung* (PPS-Systeme) benötigt.

Werden die terminierten Nettobedarfsmengen eines übergeordneten Produkts zu Produktionslosen zusammengefaßt, dann hat dies zur Folge, daß sich auch die Nettobedarfsmengen der untergeordneten Erzeugnisse verändern. Die Veränderung der Periodenbedarfsmengen eines Produkts hat aber einen Einfluß auf dessen optimale Losgrößen bzw. Bestellmengen. Es bestehen damit *Interdependenzen* zwischen der für ein übergeordnetes Produkt verfolgten Losgrößenpolitik und den auf den untergeordneten Stufen verfolgten Losgrößenpolitiken. Wegen dieser Interdependenzen kann die Losgröße eines übergeordneten Produkts nicht unabhängig von den Losgrößen der untergeordneten Produkte bestimmt werden.

Das bedeutet aber: **die Materialbedarfsrechnung und die Losgrößenbestimmung sind als Ganzheit zu betrachten**. Eine Losgrößenbestimmung ohne Berücksichtigung der Materialbedarfsrechnung ist sinnlos. Andererseits ist auch eine Materialbedarfsrechnung ohne simultane Bestimmung der Losgrößen nicht optimal.

Die weiteren Ausführungen sind wie folgt strukturiert. Zunächst wird das **dynamische Einprodukt-Losgrößenproblem** behandelt (Abschnitt 432.), da dieses Problem u.a. die Grundlage der in der betrieblichen Praxis eingesetzten heuristischen Losgrößenverfahren darstellt. Im Anschluß daran wird die Betrachtung auf das **einstufige Mehrprodukt-Losgrößenproblem** bei knapper Produktionskapazität ausgeweitet (Abschnitt 433.), d.h. auf den Fall, daß mehrere Produkte um dieselben Ressourcen konkurrieren. Dabei wird die einstufige Betrachtungsweise beibehalten. Schließlich untersuchen wir im letzten Teil dieses Abschnitts die in der betrieblichen Praxis i.d.R. vorherrschenden **mehrstufigen Mehrprodukt-Losgrößenprobleme** (Abschnitt 434.).

### 432. Das dynamische Einprodukt-Losgrößenproblem

Die einfachste Form der Reduzierung der Komplexität des mehrstufigen Mehrprodukt-Losgrößenproblems mit dynamischem Bedarfsverlauf besteht darin, **sämtliche Interdependenzen zwischen den Erzeugnissen zu vernachlässigen** und jedes Produkt isoliert zu behandeln. Berücksichtigt man dabei den Umstand, daß die Periodennettobedarfsmengen der Erzeugnisse Schwankungen unterliegen, dann kann das resultierende Problem als ein dynamisches Einprodukt-Losgrößenproblem dargestellt werden.

Das dynamische Einprodukt-Losgrößenproblem bildet die Grundlage, auf der viele der in den folgenden Abschnitten diskutierten Ansätze zur Lösung des dynamischen *Mehrprodukt-Losgrößenproblems* basieren. Ein großer Teil der betriebswirtschaftlichen Literatur zur Losgrößenplanung konzentriert sich auf diesen Problemtyp[185]. Dies gilt auch für die *betriebliche Praxis*, die im Rahmen der Materialbedarfsrechnung und Losgrößenplanung unter Vernachlässigung der Interdependenzen zwischen den Endprodukten, Baugruppen und Einzelteilen für jedes Erzeugnis isoliert Fertigungs- bzw. Beschaffungsaufträge bildet. Dabei wird gedanklich auf dem dynamischen Einprodukt-Losgrößenproblem aufgebaut.

### 4321. Modellformulierungen

Das dynamische *Einprodukt-Losgrößenproblem* läßt sich wie folgt beschreiben. Für einen Planungszeitraum von T Perioden liegen geplante Nettobedarfsmengen[186] $d_t$ (t = 1,2,...,T) *eines* isoliert betrachteten *Produkts* vor, die jeweils zum Beginn einer Periode bereitzustellen sind. Der Lagerbestand des Produkts zu Beginn der Periode 1 bzw. am Ende der Periode 0, $y_0$, sei Null. Denn evtl. vorhandene Bestandsmengen werden bereits bei der *Nettobedarfsrechnung* berücksichtigt. Der Lagerbestand am Ende des Planungszeitraums, $y_T$, soll ebenfalls Null betragen. Soll am Ende des Planungszeitraums ein positiver Lagerbestand bestehen, dann ist der Bedarf der letzten Periode um diesen Ziellagerbestand zu erhöhen.

Die Beschaffungs- bzw. Produktionszeit[187] des Erzeugnisses wird vernachlässigt. *Fehlmengen* sind nicht erlaubt, d.h. der Bedarf einer Periode muß vollständig und rechtzeitig, d.h. zum Beginn einer Periode, befriedigt werden. Das Produkt wird auf einer Maschine (Ressource) mit *unbeschränkter Kapazität* produziert. Damit werden *Wartezeiten* vor dem Produktionsbeginn *ausgeschlossen*. Im folgenden wird nur noch auf Produktionsvorgänge Bezug genommen. Die Problemstellung kann jedoch sinngemäß auf Beschaffungsvorgänge übertragen werden. Jede Auflage eines Produktionsloses verursacht fixe Rüstkosten in Höhe von s GE[188]. Lagerkosten in Höhe von h GE je Mengeneinheit und Periode werden immer auf die am Ende einer Periode gelagerte Produktmenge berechnet. Zusätzlich können variable Produktionskosten $p_t$ berücksichtigt werden[189]. Es ist

---

185 vgl. z.B. **Ohse** (1970); **Wemmerlöv** (1981), (1982); **Knolmayer** (1985); **Robrade** (1991) und die dort angegebene Literatur
186 Aus Gründen der Einfachheit verwenden wir in allen dynamischen Losgrößenmodellen zur Bezeichnung des aus der Sicht des jeweiligen Modells extern vorgegebenen Bedarfs eines Produkts in der Periode t das Symbol $d_t$ (bzw. in Mehrproduktmodellen $d_{kt}$), das bislang den Primärbedarf bezeichnete.
187 Die Beschaffungs- bzw. Produktionszeit kann Werte größer als Null annehmen, sofern sie von der Losgröße unabhängig ist. In diesem Fall sind die Lose lediglich entsprechend früher aufzulegen, so daß sie rechtzeitig zu Beginn ihrer ersten Bedarfsperiode bereitstehen. Diese einfache Form der Berücksichtigung der Produktionszeit ist allerdings nur anwendbar, wenn keine Kapazitätsbeschränkungen bestehen.
188 Geldeinheiten
189 Sind die variablen Produktionskosten im Zeitablauf konstant, dann können sie als nicht entscheidungsrelevant unberücksichtigt bleiben.

die kostenminimale Folge von Losen $q_t$ ($t=1,2,...,T$) (d.h. ein *Produktionsplan* für das betrachtete Produkt) zu bestimmen. Das beschriebene Problem[190] kann durch folgendes Entscheidungsmodell dargestellt werden:

**Modell WW:**

$$\text{Min } C = \sum_{t=1}^{T} [\underbrace{s \cdot \gamma_t}_{\text{Rüstkosten in Periode t}} + \underbrace{h \cdot y_t}_{\text{Lagerkosten am Ende der Periode t}} + \underbrace{p_t \cdot q_t}_{\text{variable Produktionskosten}}] \tag{206}$$

u.B.d.R.

$$y_{t-1} + q_t - y_t = d_t \qquad t=1,2,\ldots,T \tag{207}$$

$$q_t - M \cdot \gamma_t \leq 0 \qquad t=1,2,\ldots,T \tag{208}$$

$$q_t \geq 0 \qquad t=1,2,\ldots,T \tag{209}$$

$$y_t \geq 0 \qquad t=1,2,\ldots,T \tag{210}$$

$$y_0, y_T = 0 \tag{211}$$

$$\gamma_t \in \{0,1\} \qquad t=1,2,\ldots,T \tag{212}$$

Es bedeuten:

| | |
|---|---|
| $d_t$ | Nettobedarfsmenge in Periode t |
| h | Lagerkostensatz |
| M | große Zahl |
| $p_t$ | variable Produktionskosten |
| $q_t$ | Losgröße in Periode t |
| s | Rüstkostensatz |
| T | Länge des Planungszeitraums |
| $y_t$ | Lagerbestand am Ende der Periode t |
| $\gamma_t$ | binäre Rüstvariable |

Die *Zielfunktion* setzt sich zusammen aus den von der Anzahl der aufgelegten Lose abhängigen *Rüstkosten*, den Kosten für die *Lagerung* der Erzeugnismengen und den *variablen Produktionskosten*. Die Größe $\gamma_t$ ist eine Binärvariable, die nur dann den Wert 1 annimmt, wenn in Periode t ein Los aufgelegt wird. Dies wird durch die Nebenbedingungen (208) in Verbindung mit der Minimierungsvorschrift der Zielfunktion erreicht. Sie erzwingen für die Binärvariable $\gamma_t$ den Wert 1, falls die Losgröße $q_t$ größer als Null ist.

---

[190] Dieses Problem wird auch als Wagner-Whitin-Problem bezeichnet. Vgl. **Wagner/Whitin** (1958); **Johnson/Montgomery** (1974), S. 74-79; **Schneeweiß** (1981), S. 53-58; **Silver/Peterson** (1985), S. 220-224

M ist eine große Zahl, die so groß sein muß, daß sie die Losgröße einer Periode niemals beschränkt. Definiert man die kumulierten Bedarfsmengen der Perioden t bis i nach Gleichung (213)[191],

$$d_{ti} = \sum_{j=t}^{i} d_j \qquad t, i=1,2,\ldots,T; \; i \geq t \qquad (213)$$

dann beschreibt $d_{tT}$ die maximal sinnvolle Losgröße der Periode t. Die Nebenbedingung (208) kann daher auch wie folgt ersetzt werden:

$$q_t - d_{tT} \cdot \gamma_t \leq 0 \qquad t=1,2,\ldots,T \qquad (214)$$

Die Beziehungen (207) stellen den Zusammenhang zwischen der Bedarfsmenge einer Periode, den Lagerbeständen am Periodenanfang und -ende und der Produktionsmenge her. **Kapazitätsgesichtspunkte** werden in der Modellformulierung (206)-(212) **nicht** berücksichtigt. So kann der Fall eintreten, daß eine im Hinblick auf die verfolgte Zielsetzung (206) optimale Folge von Losen nicht produzierbar ist. Dies ist insb. dann der Fall, wenn das betrachtete Erzeugnis neben anderen Produkten auf einer Maschine in der gleichen Periode bearbeitet werden soll. Wegen der Grobheit des verwendeten Periodenrasters - eine Periode t entspricht i.a. einem Zeitraum von einer bis mehreren Wochen - besteht für die Produktionsablaufplanung aber noch die Möglichkeit, innerhalb einer solchen Teilperiode Freiheitsgrade der Produktionssteuerung auszunutzen[192], z.B. durch Änderung der Produktionsreihenfolge der einzelnen Aufträge an einer Maschine die Rüstzeitensumme zu vermindern[193].

Eine auch für das Verständnis anderer Modellformulierungen des dynamischen Losgrößenproblems wichtige Eigenschaft der optimalen Lösung wurde von *Wagner und Whitin* bewiesen: optimal kann nur eine Losgrößenpolitik sein, in der immer nur dann Lose aufgelegt werden, wenn der Lagerbestand am Ende der Vorperiode erschöpft ist. Es muß also gelten:

$$q_t \cdot y_{t-1} = 0 \qquad t=1,2,\ldots,T \qquad (215)$$

Aus dieser Optimalitätsbedingung kann abgeleitet werden, daß ein Los jeweils eine **ganzzahlige Anzahl von Periodenbedarfen** umfassen muß. Andernfalls entstehen Lagerbestandsmengen am Ende einer Periode, die geringer sind als der Bedarf der nächsten Periode. Die Bedingung (215) und ihre beschriebene Konsequenz erlauben die Darstellung des Problems durch andere Modellierungsvarianten. So kann das dynamische Losgrößenproblem auch als Problem der Bestimmung des **kürzesten Weges in einem Netzwerk**[194] dargestellt werden. Für

---

191 vgl. **Wagelmans/Van Hoesel/Kolen** (1992)
192 vgl. **McClain/Trigeiro** (1985), S. 347
193 Dies ist dann möglich, wenn die Rüstzeiten zwischen den Aufträgen an einer Maschine reihenfolgeabhängig sind.
194 vgl. z.B. **Evans** (1985), S. 231. Eine andere graphentheoretische Darstellung verwendet Zangwill. Vgl. **Zangwill** (1969)

jeden Periodenbedarf führt man einen Knoten ein. Die *Periodenknoten* werden durch Pfeile miteinander verbunden, die die Reichweiten der Lose (ganzzahlige Anzahl von Periodenbedarfen) zum Ausdruck bringen. Ein Pfeil zwischen den Knoten $\tau$ und t bedeutet: es wird am Ende der Periode $\tau$ (zu Beginn der Periode $\tau+1$) ein Los produziert, das die Bedarfsmengen der Perioden $\tau+1$ bis t umfaßt. Bild 60 zeigt ein solches Netzwerk für einen Planungszeitraum von T=3 Perioden.

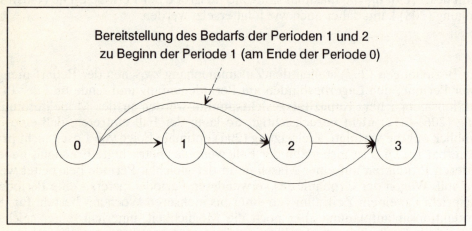

*Bild 60: Netzwerkdarstellung des dynamischen Losgrößenproblems*

Dabei werden alle möglichen Losgrößen, die jeweils die vollständigen Bedarfsmengen einer ganzzahligen Anzahl von Perioden umfassen, durch die Pfeile repräsentiert. Die einem Pfeil vom Knoten $\tau$ zum Knoten t zugeordneten Kosten, d.h. die Kosten eines Loses[195], das den Bedarf der Perioden $\tau+1$ bis t abdeckt, betragen:

$$c_{\tau t} = s + h \cdot \sum_{j=\tau+1}^{t} (j-\tau-1) \cdot d_j \qquad \tau < t \qquad (216)$$

- Bedarfsmenge der Periode j
- Lagerdauer des Bedarfs der Periode j
- Lagerkostensatz
- Rüstkostensatz

Durch die vorgenommene Transformation ist das betrachtete dynamische Losgrößenproblem in das Problem der Bestimmung des *kostenminimalen ("kürzesten") Weges in einem Netzwerk* überführt worden. Eine *zulässige Lösung* des Problems entspricht einem geschlossenen *Weg durch das Netzwerk vom Knoten 0*

---

[195] Periodenabhängige lineare variable Produktionskosten lassen sich ebenfalls berücksichtigen. Vgl. **Zäpfel** (1982), S. 198-200; **Elsayed/Boucher** (1985), S. 133; **Evans** (1985)

*zum Knoten T.* Die einem Pfeil zugeordneten Kosten sind die Summe aus Rüstkosten, Lagerkosten und evtl. variablen Produktionskosten. Der Vorteil dieser graphentheoretischen Interpretation besteht darin, daß *effiziente Algorithmen* zur Bestimmung kostenminimaler Wege in Netzwerken verfügbar sind[196]. Die netzwerkorientierte Darstellung erweist sich darüberhinaus als sehr hilfreich für die *Abstimmung der Losgrößenpolitiken verschiedener Erzeugnisse* in mehrstufigen Erzeugnisstrukturen[197].

Eine andere Formulierung des dynamischen Losgrößenproblems wird von *Krarup und Bilde*[198] vorgeschlagen. Sie interpretieren das Problem als ein **multiples Standortproblem** ohne Kapazitätsbeschränkungen[199] mit einer speziellen Struktur der möglichen Transportverbindungen. Die möglichen Produktionszeitpunkte werden als *potentielle Standorte* und die Bedarfszeitpunkte als *Nachfrageorte* dargestellt. Ein Rüstvorgang (zu Beginn der Periode $\tau$) entspricht dann der Wahl eines Standorts (in Knoten $\tau$). Lagerung bedeutet Transport der Produktmenge über die Zeit (von Produktionsperiode $\tau$ bis zur Bedarfsperiode t, d.h. vom Standort $\tau$ zum Nachfrageort t). Das dynamische Einprodukt-Losgrößenmodell lautet in dieser Interpretation:

**Modell SFLP:**

$$\text{Min } C = \sum_{\tau=1}^{T} s \cdot \gamma_\tau + \sum_{\tau=1}^{T} \sum_{t=\tau}^{T} h_{\tau t} \cdot \delta_{\tau t} \tag{217}$$

- Transport vom Standort $\tau$ zum Bedarfsort t (= Lagerung in Periode $\tau$ produzierter Mengen bis zur Periode t)
- Wahl des Standorts $\tau$ (= Produktion in Periode $\tau$)

u.B.d.R.

$$\sum_{\tau=1}^{t} \delta_{\tau t} = 1 \qquad\qquad t=1,2,\ldots,T \tag{218}$$

$$\delta_{\tau t} \leq \gamma_\tau \qquad\qquad \tau=1,2,\ldots,T;\ t=\tau,\tau+1,\ldots,T \tag{219}$$

$$\delta_{\tau t}, \gamma_\tau \in \{0,1\} \qquad\qquad \tau=1,2,\ldots,T;\ t=\tau,\tau+1,\ldots,T \tag{220}$$

Es bedeuten:

| | |
|---|---|
| $h_{\tau t}$ | Kosten für die Lagerung der Bedarfsmenge der Periode t, falls sie bereits in Periode $\tau$ hergestellt wird |
| s | Rüstkostensatz |
| T | Länge des Planungszeitraums |
| $\gamma_t$ | binäre Rüstvariable |

---

196 vgl. **Domschke** (1989); **Domschke/Drexl** (1991)
197 vgl. Abschnitt 43433.
198 vgl. **Krarup/Bilde** (1977); vgl. auch **Rosling** (1986)
199 Simple facility location problem. Zu Standortproblemen siehe **Domschke/Drexl** (1990).

$\delta_{\tau t}$ binäre Variable, die den Wert 1 annimmt, wenn der Bedarf der Periode t durch Produktion in der Periode $\tau$ gedeckt wird

Die Größe $\delta_{\tau t}$ bezeichnet den Anteil der Bedarfsmenge der Periode t, der in Periode $\tau$ produziert und demzufolge von Periode $\tau$ bis zur Periode t gelagert wird. Die Beschränkung dieser Variablen auf die Werte 0 oder 1 in Nebenbedingung (220) bedeutet, daß ein Periodenbedarf nicht aus mehreren, in unterschiedlichen Perioden produzierten, Losen befriedigt wird. Diese Bedingung ergibt sich unmittelbar aus der Optimalitätsbedingung (215)[200]. Da die Produktionskapazität in den einzelnen Perioden, d.h. die Kapazität der einzelnen "Standorte", nicht beschränkt ist, führt auch die Lösung einer LP-Relaxation des Modells SFLP bezüglich $\delta_{\tau t}$ für gegebene Werte von $\gamma_\tau$ (Produktionsperioden) immer zu ganzzahligen Werten der Variablen $\delta_{\tau t}$[201]. Dies ist offensichtlich, da jede Bedarfsperiode dann *vollständig* aus der für sie kostengünstigsten Produktionsperiode versorgt werden kann.

Die spezielle Struktur der Transportverbindungen ergibt sich aus Beziehung (218). Im "normalen" multiplen Standortproblem läuft der Summationsindex bis T[202]. Da Bedarfe nicht aus zeitlich nachgelagerten Produktionsperioden versorgt werden können, ergibt sich als Summationsgrenze die Bedarfsperiode t. Die Lagerkosten[203] für die in Periode $\tau$ produzierte Bedarfsmenge der Periode t, $h_{\tau t}$ sind durch Gleichung (221) definiert.

$$h_{\tau t} = h \cdot d_t \cdot (t-\tau) \qquad \tau=1,2,\ldots,T;\ t=\tau,\tau+1,\ldots,T \qquad (221)$$

- Lagerdauer
- Bedarfsmenge der Periode t
- Lagerkostensatz

Die Nebenbedingungen (218) stellen sicher, daß der Bedarf der Periode t spätestens durch eine Produktion in dieser Periode gedeckt wird. Auf diese Weise werden geplante Fehlmengen verhindert. Durch die Beziehungen (219) wird erzwungen, daß immer dann, wenn in einer Periode t produziert wird, die damit verbundenen Rüst- bzw. Produktionskosten in der Zielfunktion berücksichtigt werden. Die Formulierung des Modells SFLP unterstellt, daß in jeder Periode ein positiver Bedarf ($d_t>0$) auftritt. Ist dies nicht der Fall ($d_t=0$), dann sind die auf diese Periode bezogenen Variablen zu löschen und die Berechnung der Lagerkosten entsprechend anzupassen.

Bild 61 veranschaulicht die Struktur des Modells SFLP. Ein heuristisches Lösungsverfahren auf der Grundlage dieser Modellvorstellung wird von *Bahl* und

---

[200] Die Versorgung eines Periodenbedarfs aus mehreren Losen würde bedeuten, daß zumindest in einer Periode produziert wird, ohne daß der Lagerbestand auf Null gesunken ist. Dies widerspricht der Optimalitätsbedingung (215).
[201] vgl. **Krarup/Bilde** (1977)
[202] vgl. **Domschke/Drexl** (1990), S. 33-34
[203] Auch hier lassen sich wieder periodenabhängige lineare variable Produktionskosten einbeziehen.

*Zionts*[204] vorgeschlagen. Während das multiple Standortproblem ein relativ schwer zu lösendes kombinatorisches Optimierungsproblem darstellt, ist aufgrund der durch Gleichung (221) gegebenen speziellen Kostenstruktur eine sehr einfache Lösung des Modells SFLP möglich[205].

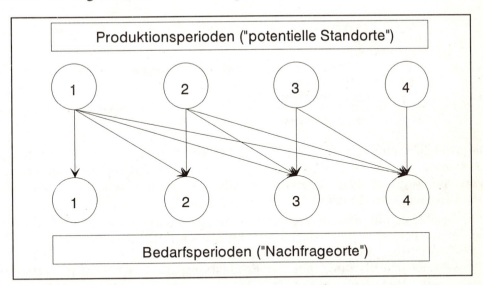

*Bild 61: Darstellung des dynamischen Losgrößenproblems als Standortproblem*

*Rosling*[206] erweitert das System der Nebenbedingungen im Modell SFLP durch *explizite Schlupfvariablen* und entwickelt das folgende Modell:

**Modell SFLP-Ros:**

$$\text{Min } C = \sum_{\tau=1}^{T} s \cdot \gamma_\tau + \sum_{\tau=1}^{T} \sum_{t=\tau}^{T} h_{\tau t} \cdot \delta_{\tau t} \qquad (222)$$

u.B.d.R.

$\delta_{1t} - s_{1t} = 0$ \hfill $t = 1, 2, \ldots, T$ \hfill (223)

$\delta_{\tau t} - s_{\tau t} + s_{\tau-1, t} = 0$ \hfill $t = 3, \ldots, T;\ \tau = 2, \ldots, t-1$ \hfill (224)

$\delta_{tt} + s_{t-1, t} = 1$ \hfill $t = 1, 2, \ldots, T$ \hfill (225)

$\delta_{\tau t} \leq \gamma_\tau$ \hfill $\tau = 1, 2, \ldots, T;\ t = \tau, \ldots, T$ \hfill (226)

$s_{01} = 0$ \hfill (227)

---

204  vgl. **Bahl/Zionts** (1986). Die Heuristik entspricht der von *Khumawala* für die Standortplanung entwickelten "largest-omega-rule". Vgl. **Khumawala** (1973)
205  vgl. **Rosling** (1984)
206  vgl. **Rosling** (1986)

$$s_{\tau t} \geq 0 \qquad\qquad \tau=1,2,\ldots,T;\ t=\tau,\ldots,T \qquad (228)$$

$$\delta_{\tau t},\ \gamma_\tau \in \{0,1\} \qquad\qquad \tau=1,2,\ldots,T;\ t=\tau,\ldots,T \qquad (229)$$

Es bedeuten:

| | |
|---|---|
| $h_{\tau t}$ | Kosten für die Lagerung des Anteils der Bedarfsmenge der Periode t, der bereits in Periode $\tau$ hergestellt wird |
| s | Rüstkostensatz |
| $s_{\tau t}$ | bis zum Ende der Periode $\tau$ bereits produzierter Anteil der Bedarfsmenge der Periode t |
| T | Länge des Planungszeitraums |
| $\gamma_\tau$ | binäre Rüst- bzw. Produktionsvariable |
| $\delta_{\tau t}$ | binäre Variable, die den Wert 1 annimmt, wenn der Bedarf der Periode t durch Produktion in der Periode $\tau$ gedeckt wird |

Die Modellformulierungen SFLP und SFLP-Ros sind äquivalent. Dies läßt sich nachweisen, indem man die Gleichungen (223) bis (225) für einen gegebenen Wert von t addiert. Das Ergebnis der Addition ist eine Nebenbedingung vom Typ (218) aus dem Modell SFLP.

Die Variable $\delta_{\tau t}$ nimmt den Wert 1 an, wenn die Bedarfsmenge der Periode t bereits in der Periode $\tau$ produziert wird. Das Modell SFLP-Ros unterscheidet sich vom Modell SFLP durch die Einbeziehung der Schlupfvariablen $s_{\tau t}$. Die Variable $s_{\tau t}$ beschreibt den bis zum Ende der Produktionsperiode $\tau$ bereits produzierten Anteil an der Bedarfsmenge der Bedarfsperiode t. Sie hat somit die Aufgabe der Fortschreibung der bis zu einer Periode produzierten Bedarfsmenge. Dies läßt sich anhand der Nebenbedingungen (223) bis (225) veranschaulichen. In Beziehung (223) wird die in Periode 1 hergestellte Produktionsmenge für Periode t, $\delta_{1t}$, gleich der kumulierten Produktionsmenge für Periode t, $s_{1t}$, gesetzt. Beziehung (224) kann auch wie folgt geschrieben werden:

$$\delta_{\tau t} = s_{\tau t} - s_{\tau-1,t} \qquad (230)$$

↑ in Periode $\tau$ produzierter *Zuwachs der kumulierten Produktionsmenge* für Periode t

↑ Anteil der Bedarfsmenge der Periode t, der in der Periode $\tau$ produziert wird

Diese Schreibweise verdeutlicht, daß die Schlupfvariablen $s_{\tau t}$ zur Erfassung des bis zu einer Periode $\tau$ bereits produzierten Bedarfs einer Periode t dienen.

Gleichung (225) beschreibt die Beziehung zwischen der erst in der Bedarfsperiode t produzierten Menge, $\delta_{tt}$, und der kumulierten Produktionsmenge bis zur Vorperiode (t-1), $s_{t-1,t}$: ist der Bedarf der Periode t schon bis zur Periode (t-1) produziert worden ($s_{t-1,t}=1$), dann wird in der Periode t nicht mehr für diese Bedarfsperiode produziert ($\delta_{tt}=0$). Ist der Bedarf noch nicht produziert worden ($s_{t-1,t}=0$), dann muß die Produktion in Periode t erfolgen ($\delta_{tt}=1-s_{t-1,t}=1$).

Die Modellformulierung SFLP-Ros kann sehr einfach zu einem mehrstufigen dynamischen Mehrprodukt-Losgrößenproblem für eine konvergierende Erzeugnisstruktur erweitert werden[207].

### 4322. Lösungsverfahren

Zur Lösung des dynamischen Einprodukt-Losgrößenproblems sind einige exakte und eine Vielzahl heuristischer Verfahren vorgeschlagen worden.

### 43221. Bestimmung der optimalen Lösung mittels dynamischer Optimierung

Das klassische Verfahren zur Lösung des dynamischen Einprodukt-Losgrößenproblems geht auf *Wagner und Whitin*[208] zurück. Sie schlagen einen Ansatz der dynamischen Optimierung vor. Ein Beispiel soll den Lösungsweg der dynamischen Programmierung für die vorliegende Problemstellung verdeutlichen. Für einen Planungszeitraum von 6 Perioden werden die in Tabelle 39 wiedergegebenen Bedarfsmengen eines Verbrauchsfaktors prognostiziert.

| t | 1 | 2 | 3 | 4 | 5 | 6 |
|---|---|---|---|---|---|---|
| $d_t$ | 100 | 120 | 80 | 110 | 80 | 40 |

*Tabelle 39: Bedarfsmengen eines Verbrauchsfaktors*

Die Rüstkosten betragen s=250. Die Lagerung einer ME des Verbrauchsfaktors verursacht Kosten von h=2 pro Periode. Variable Produktionskosten werden vernachlässigt.

Eine mögliche Lösung dieses Problems besteht darin, daß der Bedarf jeder Periode jeweils zu Periodenbeginn durch ein Los gedeckt wird. In diesem Fall entstehen zwar keine Lagerkosten, da die gesamte Produktionsmenge sofort verbraucht wird. Dafür fallen aber in jedem Monat Rüstkosten in Höhe von s=250 an[209]. Es kann aber auch der Bedarf mehrerer Perioden durch eine Bestellung gedeckt werden. Dabei entstehen einmalige losfixe Kosten s und Lagerkosten für die Gütermengen, die erst in den darauffolgenden Perioden verbraucht werden. So können z.B. zu Beginn der ersten Periode 220 ME beschafft werden, wovon 100 ME sofort verbraucht und die restlichen 120 ME bis zum Verbrauch in Periode 2 gelagert werden.

---

[207] vgl. Abschnitt 4342.
[208] vgl. **Wagner/Whitin** (1958); vgl. auch **Schneeweiß** (1981), S. 53-58; **Zäpfel** (1982), S. 201-206; **Hax/Candea** (1984), S. 89-92; **Silver/Peterson** (1985), S. 227-232
[209] Diese Vorgehensweise entspricht dem Prinzip der Materialbereitstellung im Bedarfsfall. Vgl. **Grochla** (1978)

Eine *zulässige Lösung* des betrachteten Problems soll im folgenden **Losgrößenpolitik** genannt werden. Jede Losgrößenpolitik kann sich aus mehreren zeitraumbezogenen *Teilpolitiken* zusammensetzen. Es gibt sehr viele verschiedene zulässige Losgrößenpolitiken. Allgemein bezeichnen wir eine **Teilpolitik**, die den Bedarfszeitraum von Periode $\tau$ bis zur Periode j abdeckt, mit $p_{\tau j}$. In der netzwerkorientierten Problemdarstellung entspricht eine solche Teilpolitik einem Pfeil im Netzwerk vom Knoten ($\tau$-1) zum Knoten j. Das heißt, es wird zu Beginn der Periode $\tau$ eine Menge bereitgestellt, die ausreicht, um den Bedarf bis zur Periode j zu decken. Ein solches Los deckt aber noch nicht den gesamten Planungszeitraum von Periode 0 bis Periode T ab. Um dies zu erreichen, könnte man z.B. eine Teilpolitik $p_{12}$ durch die Teilpolitik $p_{36}$ ergänzen. Eine Kombination von Teilpolitiken, die den *gesamten* Planungszeitraum abdecken, ist eine *zulässige Lösung* des Problems. Offenbar gibt es nun soviel zulässige Lösungen, wie es Kombinationsmöglichkeiten der Teilpolitiken $p_{\tau j}$ gibt. Das *Problem* besteht damit darin, die beste Losgrößenpolitik als *optimale Kombination dieser Teilpolitiken* zu finden.

Jede Teilpolitik ist mit bestimmten **Kosten** verbunden. Wir bezeichnen die Kosten der Teilpolitik $p_{\tau j}$ als $c_{\tau j}$. Sie werden wie folgt errechnet:

$$c_{\tau j} = s + h \cdot \underbrace{\sum_{t=\tau}^{j} (t-\tau) \cdot d_t}_{\text{Lagerdauer des Bedarfs der Periode t, } d_t, \text{ wenn er schon in Periode } \tau \text{ bereitgestellt wird}} \qquad \tau \leq j \qquad (231)$$

Im obigen Beispiel erhalten wir die in Tabelle 40 zusammengefaßten Kosten $c_{\tau j}$ (j = 1,2,...,6; $\tau$ = 1,2,...,j) der Teilpolitiken.

| Bereitstellungs-Periode ($\tau$) | letzte Verbrauchs-Periode (j) | | | | | |
|---|---|---|---|---|---|---|
| | 1 | 2 | 3 | 4 | 5 | 6 |
| 1 | 250 | 490 | 810 | 1470 | 2110 | 2510 |
| 2 | - | 250 | 410 | 850 | 1330 | 1650 |
| 3 | - | - | 250 | 470 | 790 | 1030 |
| 4 | - | - | - | 250 | 410 | 570 |
| 5 | - | - | - | - | 250 | 330 |
| 6 | - | - | - | - | - | 250 |

*Tabelle 40: Tabelle der Kosten für alle Teilpolitiken*

Anhand dieser Daten kann nun die optimale Lösung bestimmt werden. Dabei können folgende Eigenschaften des Problems genutzt werden: eine zulässige *Lösung* des Problems ist eine *Kombination von Teilpolitiken*, die den gesamten Planungshorizont abdecken. Jede dieser Teilpolitiken deckt jeweils einen bestimmten Ausschnitt des Planungszeitraums ab. Eine zulässige Lösung für den Planungszeitraum T bezeichnen wir als $P_T$. So kann eine zulässige Lösung für den Planungszeitraum T = 6 in unserem obigen Beispiel lauten:

### 43221. Bestimmung der optimalen Lösung mittels dynamischer Optimierung

$$P_6 = (P_5, p_{66}) \tag{232}$$

- $p_{66}$: Produktion in Periode 6 und Verbrauch in Periode 6
- $P_5$: eine noch nicht näher spezifizierte Politik für die ersten fünf Perioden (T=5)

Andere zulässige Losgrößenpolitiken für den Planungszeitraum T=6 lauten:

$$\begin{aligned} P_6 &= (P_4, p_{56}) \\ P_6 &= (P_3, p_{46}) \\ P_6 &= (P_2, p_{36}) \\ P_6 &= (P_1, p_{26}) \\ P_6 &= (\phantom{P_1,} p_{16}) \end{aligned} \tag{233}$$

Man beachte, daß jede der Politiken $P_i$ sich wiederum aus Teilpolitiken zusammensetzen kann. So könnte $P_5$ z.B. lauten:

$$P_5 = (P_2, p_{35}) \tag{234}$$

- $p_{35}$: Produktion in Periode 3 und Verbrauch in den Perioden 3 bis 5
- $P_2$: eine noch nicht näher spezifizierte Politik für die ersten beiden Perioden (T=2)

Es läßt sich nun folgende Aussage treffen: wenn eine Politik $P_6$ die optimale Politik für den Zeitraum T=6 sein soll, dann muß die Politik $P_i$ (i=1,...,5), die ja Bestandteil von $P_6$ ist, die optimale Politik für den Zeitraum i sein. Die **Kosten** dieser Politik $P_6$ betragen:

$$C_6 = C_i + c_{i+1,6} \tag{235}$$

z.B.

$$C_6 = C_5 + c_{66}$$

Die Größe $c_{66}$ ist eine *Konstante*. Die Kosten $C_6$ sind daher nur dann minimal, wenn auch $C_5$ minimal ist. Das bedeutet: die minimalen Kosten einer Losgrößenpolitik $P_6 = (P_5, p_{66})$ werden dann erreicht, wenn für die ersten i=5 Perioden des Planungszeitraums die kostenminimale Politik betrieben wird. Ist das nicht der Fall, dann kann auch $P_6$ nicht die beste Politik für den Zeitraum von T=6 Perioden sein[210]. Bezeichnen wir die minimalen Kosten einer Losgrößenpolitik, die die ersten i Perioden des Planungszeitraums abdeckt, mit $f_i$, dann kann man diese Kosten durch folgende rekursive Beziehung beschreiben[211]:

$$f_i = \min_{1 \leq l \leq i} \{f_{l-1} + c_{li}\} \qquad i=1,2,\ldots,T \tag{236}$$

mit

$$f_0 = 0 \tag{237}$$

---

[210] Diese Aussage entspricht dem **Bellman'schen Optimalitätsprinzip**. Vgl. Bellman (1957), S. 83; **Beveridge/Schechter** (1970), S. 677

[211] vgl. auch **Johnson/Montgomery** (1974), S. 74-78

Die Kosten für eine Losgrößenpolitik, die den Zeitraum von Periode 0 bis Periode i abdeckt, setzen sich damit aus *zwei Komponenten* zusammen: zum einen den Kosten einer (nicht näher spezifizierten) Losgrößenpolitik, die den Zeitraum von Periode 0 bis Periode l-1 abdeckt und zum anderen den Kosten der (genau spezifizierten) Teilpolitik, die den gesamten Bedarf der Perioden l bis i durch ein in Periode l produziertes Los abdeckt. Gleichung (236) kann nun schrittweise ausgewertet werden, indem man der Reihe nach die minimalen Kosten $f_1, f_2, ..., f_T$ und die damit verbundenen Losgrößenpolitiken ausrechnet. Die *optimale Losgrößenpolitik* ist dann diejenige, bei der die Kosten $f_T$ entstehen. Das sei für das betrachtete Beispiel anhand der Tabelle 41 demonstriert.

| Berechnung von $f_1$: | |
|---|---|
| Politik-Kombination | Kosten |
| ($p_{11}$) | 250+0=250 ← min |
| $f_1 = 250$; $P_{1opt} = (p_{11})$ | |

*Tabelle 41-1: Lösungsweg der dynamischen Optimierung; Teil 1*

| Berechnung von $f_2$: | |
|---|---|
| Politik-Kombination | Kosten |
| ( $p_{12}$) | 490 ← min |
| ($P_{1opt}$, $p_{22}$) | 250+250=500 |
| $f_2 = 490$; $P_{2opt} = (p_{12})$ | |

*Tabelle 41-2: Lösungsweg der dynamischen Optimierung; Teil 2*

| Berechnung von $f_3$: | |
|---|---|
| Politik-Kombination | Kosten |
| ( $p_{13}$) | 810 |
| ($P_{1opt}$, $p_{23}$) | 250+410=660 ← min |
| ($P_{2opt}$, $p_{33}$) | 490+250=740 |
| $f_3 = 660$; $P_{3opt} = (P_{1opt}, p_{23}) = (p_{11}, p_{23})$ | |

*Tabelle 41-3: Lösungsweg der dynamischen Optimierung; Teil 3*

| Berechnung von $f_4$: | |
|---|---|
| Politik-Kombination | Kosten |
| ( $p_{14}$) | 1470 |
| ($P_{1opt}$, $p_{24}$) | 250+850=1100 |
| ($P_{2opt}$, $p_{34}$) | 490+470= 960 |
| ($P_{3opt}$, $p_{44}$) | 660+250= 910 ← min |
| $f_4 = 910$; $P_{4opt} = (P_{3opt}, p_{44}) = (p_{11}, p_{23}, p_{44})$ | |

*Tabelle 41-4: Lösungsweg der dynamischen Optimierung; Teil 4*

| Berechnung von $f_5$: Politik-Kombination | Kosten |
|---|---|
| ( $p_{15}$) | 2110 |
| ($P_{1opt}, p_{25}$) | 250+1330=1580 |
| ($P_{2opt}, p_{35}$) | 490+ 790=1280 |
| ($P_{3opt}, p_{45}$) | 660+ 410=1070 ← min |
| ($P_{4opt}, p_{55}$) | 910+ 250=1160 |
| $f_5 = 1070$; $P_{5opt} = (P_{3opt}, p_{45}) = (p_{11}, p_{23}, p_{45})$ ||

*Tabelle 41-5: Lösungsweg der dynamischen Optimierung; Teil 5*

| Berechnung von $f_6$: Politik-Kombination | Kosten |
|---|---|
| ( $p_{16}$) | 2510 |
| ($P_{1opt}, p_{26}$) | 250+1650=1900 |
| ($P_{2opt}, p_{36}$) | 490+1030=1520 |
| ($P_{3opt}, p_{46}$) | 660+ 570=1230 ← min |
| ($P_{4opt}, p_{56}$) | 910+ 330=1240 |
| ($P_{5opt}, p_{66}$) | 1070+ 250=1320 |
| $f_6 = 1230$; $P_{6opt} = (P_{3opt}, p_{46}) = (p_{11}, p_{23}, p_{46})$ ||

*Tabelle 41-6: Lösungsweg der dynamischen Optimierung; Teil 6*

Das beschriebene Verfahren ermittelt die optimalen Losgrößen unter der Voraussetzung, daß der Lagerbestand am Ende des Planungszeitraums eine zum Planungszeitpunkt bereits bekannte, fest vorgegebene Höhe erreichen soll. Setzt man - was in der betrieblichen Praxis unvermeidbar ist - dieses Verfahren in einem Konzept der **rollenden Planung** mit einem zeitlich sich verschiebenden Planungsfenster ein, dann ist die ermittelte Losgrößenpolitik nur dann optimal, wenn auch der als Datum vorzugebende Endlagerbestand optimal ist. Die Anwendung des exakten Verfahrens zur Lösung des Modells WW ist in einem rollenden Planungskonzept daher oft nicht optimal. Dies liegt an dem begrenzten Horizont des Modells und an der expliziten Annahme über die Schnittstellen zur zeitlichen Umwelt. Das exakte Verfahren zur Lösung des Modells WW kann daher nicht a priori als das Verfahren angesehen werden, das auch unter praxisnahen Einsatzbedingungen zu den besten Ergebnissen führt. *Robrade* empfiehlt, unter den Bedingungen der rollenden Planung auf die exakte Lösung des Modells WW zu verzichten und statt dessen ein heuristisches Verfahren einzusetzen[212].

Eine netzwerkorientierte Lösung des Problems findet sich bei *Padilla*, wobei auf eine Bibliothek von graphentheoretischen Algorithmen[213] zurückgegriffen wird.

---

212 vgl. auch **Robrade** (1991), S. 74-77
213 vgl. **Padilla** (1982). Die Bibliothek ist in Form von Nassi-Shneiderman-Diagrammen dokumentiert in **Jensen/Barnes** (1980).

Eine effiziente FORTRAN-Implementation des Verfahrens gibt *Evans*[214] an. Sie wurde von *Höter*[215] weiter verbessert. Das beschriebene, auf der dynamischen Optimierung basierende Verfahren zur Lösung des Modells WW verursacht einen Rechenaufwand, der eine Funktion $O(T^2)$ ist[216]. *Wagelmans, Van Hoesel und Kolen*[217] sowie *Federgruen und Tzur*[218] entwickeln Verfahren, bei denen durch Ausnutzung der Problemstruktur sowie durch eine geeignete Datenstrukturierung der Rechenaufwand nur noch eine Funktion $O(T \log T)$ ist. Für den Spezialfall zeitinvarianter variabler Produktionskosten $p_t = p$ $(t=1,2,...,T)$ reduziert sich der Rechenaufwand sogar auf $O(T)$. Dies ist bei großen Problemen mit vielen Perioden vorteilhaft. *Federgruen und Tzur* berichten, daß ihr Verfahren für $T=500$ etwa 3-mal so schnell ist wie die Implementation von *Evans*. Für $T=5000$ ist ihr Verfahren etwa 70-mal so schnell. Sie berichten weiterhin, daß ein Rechenzeitvorteil ab $T=20$ eintritt. Es wird deutlich, daß offensichtlich der von der Problemgröße T unabhängige ("fixe") Aufwand höher ist als in der Implementation von *Evans*.

Die Bedeutung schneller Verfahren zur exakten Lösung des Wagner-Whitin-Problems wird offensichtlich, wenn das für sich allein betrachtet recht restriktiv erscheinende Wagner-Whitin-Modell im Rahmen eines übergordneten Lösungskonzepts eingesetzt wird. So zerlegt *Derstroff* das mehrstufige Mehrprodukt-Losgrößenproblem mit Kapazitätsbeschränkungen nach dem Konzept der Lagrange-Relaxation in mehrere voneinander unabhängige dynamische Einprodukt-Losgrößenprobleme vom Wagner-Whitin-Typ. Diese müssen jeweils mehrmals im Rahmen eines iterativen Verfahrens exakt gelöst werden[219].

### 43222. Heuristische Lösungsverfahren

Mit dem im vorangegangenen Abschnitt dargestellten Lösungsverfahren werden die optimalen Losgrößen für ein isoliert betrachtetes Erzeugnis in einem abgegrenzten Planungszeitraum mit einer vordefinierten Schnittstelle zum vorhergehenden und zum nachfolgenden Planungszeitraum gefunden. Allerdings wurde bislang vielfach der mit diesem Verfahren verbundene *Rechenaufwand* als zu hoch angesehen. Es sind daher eine Reihe heuristischer Lösungsverfahren entwickelt worden[220]. Einige dieser Verfahren sollen im folgenden beschrieben werden.

---

214 vgl. **Evans** (1985)
215 vgl. **Höter** (1994)
216 vgl. **Ohse** (1990), S. 104
217 vgl. **Wagelmans/Van Hoesel/Kolen** (1992); vgl. auch **Domschke/Scholl/Voß** (1993)
218 vgl. **Federgruen/Tzur** (1991)
219 vgl. **Tempelmeier/Derstroff** (1993a); **Derstroff** (1995). Siehe auch Abschnitt 434432. dieser Arbeit.
220 Zu einem zusammenfassenden Überblick über heuristische Verfahren zur Lösung des dynamischen Einprodukt-Losgrößenproblems vgl. **Wemmerlöv** (1980); **Knolmayer** (1985); **Zoller/Robrade** (1987); **Robrade** (1991).

## 432221. Verfahren der gleitenden wirtschaftlichen Losgröße

Die grundlegende Idee bei der Entwicklung des Verfahrens der gleitenden wirtschaftlichen Losgröße (least unit cost-Regel) war die Tatsache, daß im klassischen stationären Grundmodell der Losgrößenbestimmung[221] die Funktion der *durchschnittlichen Kosten (bezogen auf eine Mengeneinheit)* an der Stelle der optimalen Losgröße ein Minimum aufweist. Das Verfahren der gleitenden wirtschaftlichen Losgröße ergibt sich durch Übertragung dieser Eigenschaft auf die dynamische Situation. Die Produktionsmenge in einer Periode $\tau$ wird solange um zukünftige Bedarfsmengen erhöht, wie dadurch die durchschnittlichen Kosten je Mengeneinheit verringert werden.

Die **durchschnittlichen Stückkosten** sind wie folgt definiert, wenn in der Periode $\tau$ ein Los aufgelegt wird und damit der Bedarf bis zur Periode j gedeckt wird:

$$c_{\tau j}^{Stück} = \frac{s + h \cdot \sum_{t=\tau}^{j} (t-\tau) \cdot d_t}{\underbrace{\sum_{t=\tau}^{j} d_t}_{\text{Losgröße in Periode } \tau}} \qquad \tau \leq j \qquad (238)$$

Es ist jeweils die Losgröße eines in Periode $\tau$ fertigzustellenden Loses zu bestimmen, bei der die in Gleichung (238) angegebene Durchschnittskostenfunktion ihr Minimum annimmt. Für die betrachtete Produktionsperiode $\tau$ ist damit folgendes Problem zu lösen:

$$\text{Max } \{j \mid c_{\tau j}^{Stück} < c_{\tau, j-1}^{Stück}\} \qquad \tau < j \qquad (239)$$

Bei der Ermittlung der optimalen Losgröße eines in Periode $\tau$ aufzulegenden Loses erhöht man j, beginnend mit $(\tau+1)$, schrittweise solange, wie dadurch die Lösung im Sinne des Optimalitätskriteriums (239) verbessert werden kann. Das Verfahren zur Bestimmung der gleitenden wirtschaftlichen Losgröße $q_\tau$ eines in Periode $\tau$ aufzulegenden Loses kann damit durch Bild 62 beschrieben werden.

Nachdem die Losgröße $q_\tau$ bestimmt worden ist, wird als nächste Produktionsperiode die erste Periode festgelegt, deren Bedarf noch nicht durch die Produktion in der Periode $\tau$ gedeckt wird.

---

221 vgl. **Günther/Tempelmeier** (1994), S. 201-204

| |
|---|
| **START:** |
| $j=\tau;\ c^{Stück}_{\tau j}=\dfrac{s}{d_\tau}$ |
| **ITERATION j** ($j=\tau+1,\tau+2,\ldots$): |
| falls $c^{Stück}_{\tau j} \leq c^{Stück}_{\tau,j-1}$, führe eine weitere Iteration j durch; <br> andernfalls setze $q_\tau = \sum_{i=\tau}^{j-1} d_i$, <br> STOP |

*Bild 62: Verfahren der gleitenden wirtschaftlichen Losgröße*

Tabelle 42 zeigt die Anwendung des Verfahrens der gleitenden wirtschaftlichen Losgröße auf das in Abschnitt 43221. eingeführte Beispiel, bei dem die Kosten der optimalen Losgrößenpolitik 1230 betragen. Die optimale Lösung wird hier nicht erreicht.

| |
|---|
| $\tau=1$; j=1: $c_{\tau j}$ = 250/100 = 2.50 <br> j=2: $c_{\tau j}$ = 490/220 = 2.23 ← min <br> j=3: $c_{\tau j}$ = 810/300 = 2.70 <br> $q_1$ = 220 |
| $\tau=3$; j=3: $c_{\tau j}$ = 250/80 = 3.13 <br> j=4: $c_{\tau j}$ = 470/190 = 2.47 ← min <br> j=5: $c_{\tau j}$ = 790/270 = 2.93 <br> $q_3$ = 190 |
| $\tau=5$; j=5: $c_{\tau j}$ = 250/80 = 3.13 <br> j=6: $c_{\tau j}$ = 330/120 = 2.75 ← min <br> $q_5$ = 120 <br> Kosten: 1290 |

*Tabelle 42: Rechenbeispiel zum Verfahren der gleitenden wirtschaftlichen Losgröße*

### 432222. Stückperiodenausgleichsverfahren

Das Stückperiodenausgleichsverfahren[222] (part period-Verfahren; Kostenausgleichsverfahren) basiert auf der Tatsache, daß im klassischen stationären Losgrößenmodell bei der optimalen Losgröße die *Rüstkosten gleich den Lagerkosten*

---

222 vgl. **DeMatteis** (1968); **Schneeweiß** (1981), S. 60-61

sind. Bei diesem Verfahren werden Bedarfsmengen sovieler aufeinanderfolgender Perioden zu einem Los zusammengefaßt, bis die Rüstkosten annähernd gleich den Lagerkosten sind. Zu einem Zeitpunkt $\tau$, an dem ein erneutes Los $q_\tau$ aufgelegt wird, ist damit das in Gleichung (240) gegebene Problem zu betrachten:

$$\text{Max } \{j | s \geq h \cdot \sum_{t=\tau+1}^{j} (t-\tau) \cdot d_t\} \qquad \tau < j \qquad (240)$$

oder

$$\text{Max } \{j | \underbrace{\frac{s}{h} \geq \sum_{t=\tau+1}^{j} (t-\tau) \cdot d_t}_{\text{Stückperioden}}\} \qquad \tau < j \qquad (241)$$

Die Summe auf der rechten Seite der Beziehung (241) hat die Dimension **Mengeneinheiten mal Zeiteinheiten** (Stückperioden). Daraus leitet sich der Name des Verfahrens ab. Beim Stückperiodenausgleichsverfahren geht man wieder in der Weise vor, daß man ein in einer Periode $\tau$ aufzulegendes Los sukzessive jeweils um den Bedarf einer weiteren Periode erhöht, bis das Optimalitätskriterium (241) erfüllt ist. Bild 63 zeigt den Verfahrensablauf.

---

ITERATION j (j=$\tau$+1, $\tau$+2,...):

berechne $v = \sum_{t=\tau+1}^{j} (t-\tau) \cdot d_t$,

falls $v < \frac{s}{h}$, führe eine weitere Iteration j durch;

andernfalls setze $q_\tau = \sum_{i=\tau}^{j-1} d_i$,

STOP

---

*Bild 63: Stückperiodenausgleichsverfahren*

In Tabelle 43 ist die Anwendung des Stückperiodenausgleichsverfahrens auf das betrachtete Beispiel wiedergegeben. Auch hier wird das exakte Optimum verfehlt.

|  |  |  |
|---|---|---|
| s/h = 250/2 = 125 | | Stückperioden |
| τ=1; j=1: | | v = 0 < 125 |
| j=2: | | v = 120 < 125 |
| j=3: | | v = 280 > **125** |
| $q_1$ = 220 | | |
| τ=3; j=3: | | v = 0 < 125 |
| j=4: | | v = 110 < 125 |
| j=5: | | v = 270 > **125** |
| $q_3$ = 190 | | |
| τ=5; j=5: | | v = 0 < 125 |
| j=6: | | v = 40 < 125 |
| $q_5$ = 120 | | |
| Kosten: 1290 | | |

*Tabelle 43: Rechenbeispiel zum Stückperiodenausgleichsverfahren*

### 432223. Silver-Meal-Verfahren

Das Verfahren von *Silver und Meal*[223] basiert auf der Eigenschaft des klassischen Losgrößenmodells, daß bei der optimalen Losgröße die *durchschnittlichen Kosten pro Zeiteinheit* ihr Minimum annehmen. Nach dem Silver-Meal-Verfahren wird nun versucht, dieses Ergebnis auch in der dynamischen Situation zu erreichen. Wird in Periode $\tau$ der Bedarf der Perioden $\tau$ bis j produziert, dann betragen die **durchschnittlichen Kosten pro Zeiteinheit**:

$$c_{\tau j}^{Per} = \frac{s + h \cdot \sum_{t=\tau}^{j} (t-\tau) \cdot d_t}{\underbrace{j - \tau + 1}_{\substack{\text{Anzahl der Perioden, für die ein Los aufgelegt wird} \\ \text{(einschl. der ersten Periode, für die nicht gelagert wird)}}} \qquad \tau \le j \qquad (242)$$

Auf dieses Kriterium wird auch in Abschnitt 43321. im Zusammenhang mit der Lösung eines einstufigen Mehrprodukt-Losgrößenproblems mit *Kapazitätsbeschränkungen* zurückgegriffen.

In einer Periode $\tau$, d.h. bei der Ermittlung der Losgröße, wird damit die Zielfunktion (243) verfolgt.

$$\text{Max } \{j \mid c_{\tau j}^{Per} < c_{\tau, j-1}^{Per}\} \qquad \tau < j \qquad (243)$$

---

[223] vgl. **Silver/Meal** (1969), S. 51-55; **Silver/Meal** (1973); **Wemmerlöv** (1980), S. 172

### 2223. Silver-Meal-Verfahren

In Bild 64 ist der Verfahrensablauf dargestellt.

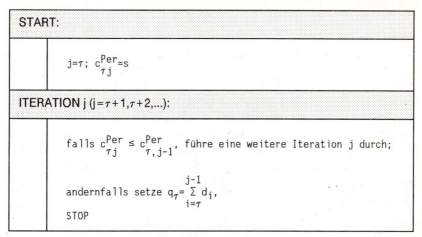

Bild 64: Silver-Meal-Verfahren

Tabelle 44 zeigt die Anwendung des Silver-Meal-Verfahrens auf das Beispiel.

```
τ=1;  j=1: c_{τj} = 250/1                = 250
      j=2: c_{τj} = (250+240)/2          = 245    ← min
      j=3: c_{τj} = (250+240+320)/3      = 270
      q_1 = 220

τ=3;  j=3: c_{τj} = 250/1                = 250
      j=4: c_{τj} = (250+220)/2          = 235    ← min
      j=5: c_{τj} = (250+220+320)/3      = 263.33
      q_3 = 190

τ=5;  j=5: c_{τj} = 250/1                = 250
      j=6: c_{τj} = (250+80)/2           = 165    ← min
      q_5 = 120
Kosten: 1290
```

Tabelle 44: Rechenbeispiel zum Silver-Meal-Verfahren

Auch bei Einsatz dieses Verfahrens wird für das betrachtete Beispiel das globale Optimum nicht erreicht.

Bei *stark schwankenden Bedarfsmengen* können die durchschnittlichen Kosten pro Zeiteinheit als Funktion der Reichweite mehrere *lokale Minima* aufweisen[224]. Der Abbruch des Verfahrens in einem solchen lokalen Minimum läßt sich dadurch vermeiden, daß man die Berechnung der Gleichung (242) mit Reichweiten bis zum Ende des Planungszeitraums T durchführt und dann das

---

[224] vgl. zu einem Beispiel **Knolmayer** (1987), S. 268

globale Minimum auswählt. Diese Vorgehensweise ist jedoch mit erhöhtem Rechenaufwand verbunden.

Numerische Untersuchungen haben ergeben, daß die Lösungsqualität des Silver-Meal-Verfahrens insbesondere dann abnimmt, wenn der Bedarf einen *fallenden Trend* aufweist[225] oder wenn der Anteil von Perioden ohne Bedarf (Nullperioden) relativ hoch ist, d.h. bei *sporadischem Bedarf*. Für beide Situationen entwickeln *Silver und Miltenburg*[226] Modifikationen des Verfahrens, die - wie sich in Testrechnungen erwiesen hat - bessere Ergebnisse als die ursprüngliche Silver-Meal-Heuristik erwarten lassen. *Kiran*[227] schlägt zur Lösung von Problemen dieser Art vor, zusätzlich zur Silver-Meal-Heuristik ein Verfahren einzusetzen, in dessen Verlauf die Losgrößen rückwärts - beginnend mit der Periode T - aufgebaut werden, und dann die beste gefundene Lösung auszuwählen.

Eine einfachere Anpassung des Silver-Meal-Verfahrens für sporadischen Bedarf schlägt *Knolmayer*[228] vor.

### 432224. Losgrößen-Saving-Verfahren

*Axsäter*[229] modifiziert das für die *Tourenplanung* entwickelte Clarke-Wright-Saving-Verfahren[230] zur heuristischen Lösung des dynamischen Einprodukt-Losgrößenproblems[231]. Dieses Verfahren ist einsetzbar, da das dynamische Losgrößenproblem formal in die Struktur eines sehr einfachen Tourenplanungsproblems überführt werden kann. Zu diesem Zweck wird das dynamische Losgrößenproblem als ein Netzwerk dargestellt (siehe Bild 65).

Jede Periode ($\tau = 1, 2, ..., T$) wird durch einen Knoten repräsentiert. Zusätzlich wird noch ein zentraler Knoten (mit der Nummer 0; *Depot*) eingerichtet. Zwischen *benachbarten Periodenknoten* sowie zwischen diesen und dem *zentralen Knoten* werden Kanten eingeführt. Die Kanten vom Knoten 0 zum Knoten $\tau$ werden mit den Rüstkosten, s, bewertet[232]. Die Bewertung der Kante zwischen dem Knoten $\tau$ und dem Knoten $\tau+1$ repräsentiert die Lagerkosten, die entstehen, wenn eine Mengeneinheit am Ende der Periode $\tau$ bis zur Periode $\tau+1$ gelagert wird. Für jede Kante zwischen zwei aufeinanderfolgenden Perioden $\tau$ und $\tau+1$ wird ein *Savingwert* (Kostenersparnis) errechnet. Dieser beschreibt die

---

[225] Dies ist z.B. bei auslaufenden Produkten der Fall. *Axsäter* hat nachgewiesen, daß bei sehr stark fallenden Bedarfswerten die mit dem Silver-Meal-Verfahren erreichbare Lösungsqualität nach unten nicht beschränkt ist, daß also beliebig schlechte Lösungen möglich sind. Vgl. **Axsäter** (1982)

[226] vgl. **Silver/Miltenburg** (1984)

[227] vgl. **Kiran** (1989)

[228] vgl. **Knolmayer** (1987)

[229] vgl. **Axsäter** (1980)

[230] vgl. zu diesem Verfahren **Tempelmeier** (1983b), S. 256-280

[231] Offenbar unabhängig von *Axsäters* Entwicklung wurde von *Karni* ein im Prinzip identisches Verfahren präsentiert. Vgl. **Karni** (1981)

[232] Die in der Tourenplanung mögliche Rückfahrt von einem Kundenstandort zum Depot (Kante vom Knoten $\tau$ zum Knoten 0) entfällt hier.

Kostenreduktion, die eintritt, wenn eine Produktionsmenge von der Periode $\tau+1$ in die Periode $\tau$ verschoben wird.

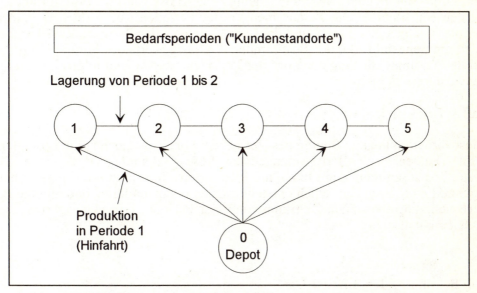

*Bild 65: Problemdarstellung für das Losgrößen-Saving-Verfahren*

Beim Savingverfahren wird in einer *Startlösung* zunächst angenommen, für jeden Periodenbedarf werde ein separates Los aufgelegt. Ausgehend von dieser Startlösung werden dann sukzessive jeweils die beiden *zeitlich benachbarten Lose* zu einem größeren Los zusammengefaßt, bei denen die Kostenersparnis (Savingwert) am größten ist. Die Kostenersparnis ergibt sich jeweils als Differenz aus eingesparten Rüstkosten und zusätzlichen Lagerkosten.

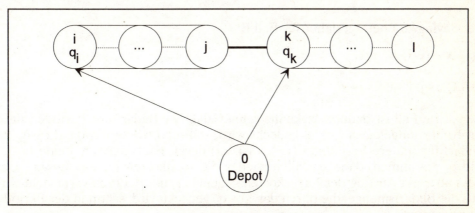

*Bild 66: Ausschnitt aus einem Netzwerk (Zwischenlösung nach dem Losgrößen-Saving-Verfahren mit Produktion in den Perioden i und k)*

Zur Berechnung der Kostenersparnisse in den verschiedenen Phasen des Verfahrens sei die in Bild 66 dargestellte Zwischenlösung betrachtet. Vier Knoten (Perioden) sind bei der Zusammenlegung zweier Lose von Interesse. Es sind die Knoten i, j, k und l. Die Bedarfsmengen der Perioden i bis j seien in dem in Periode i aufgelegten Los $q_i$ und die Bedarfsmengen der Perioden k bis l im Los $q_k$ zusammengefaßt. Bei der Bestimmung des Savingwerts der Kante j-k, $s_{jk}$, d.h. bei der Zusammenlegung der Lose der Perioden j und k, sind folgende Situationen zu unterscheiden:

**Fall A**: i=j; k=l; k=j+1

Diese Situation liegt zu Beginn des Verfahrens vor: Es ist noch keine Losbildung erfolgt. Fassen wir die Bedarfsmengen bzw. Lose $q_j = d_j$ und $q_k = d_k$ zu einem größeren Los zusammen, dann fallen die Rüstkosten s für das zweite, später aufzulegende Los $q_k$ weg. Zusätzlich entstehen Lagerkosten dadurch, daß nun die Bedarfsmenge $d_k$ über einen Zeitraum von einer Periode (k-j=1) gelagert werden muß. Es gilt also:

$$s_{jk} = s - h \cdot d_k \qquad j=1,2,\ldots,T-1;\ k=j+1 \qquad (244)$$

**Fall B**: i<j; k=l; k=j+1

In diesem Fall wird der Bedarf der Periode j durch ein Los einer früheren Periode i, $q_i$, gedeckt. Werden nun die Lose $q_i$ und $q_k = d_k$ zusammengefaßt, dann entfallen wieder die Rüstkosten s für das zweite Los $q_k$. Die zusätzlichen Lagerkosten entstehen aber dadurch, daß die Bedarfsmenge $d_k$ nun schon in Periode i bereitgestellt und damit über einen Zeitraum (k-i) gelagert wird. Die zusätzlichen Lagerkosten betragen damit:

$$\text{Lagerkostenanstieg} = h \cdot (k-i) \cdot d_k \qquad (245)$$

Der Savingwert beträgt daher für Fall B:

$$s_{jk} = s - h \cdot (k-i) \cdot d_k \qquad j=1,2,\ldots,T-1;\ k=j+1 \qquad (246)$$

**Fall C**: i<j; k<l; k=j+1

Der dritte Fall ist dadurch gekennzeichnet, daß der Bedarf der Periode j durch ein früher aufgelegtes Los $q_i$ gedeckt wird, während wiederum das Los $q_k$ den Bedarf für spätere Perioden t (t=k,k+1,...,l) deckt. Faßt man nun beide Lose $q_i$ und $q_k$ zusammen, dann entfallen wieder die Rüstkosten für das Los $q_k$. Dem steht aber ein Anstieg der Lagerkosten gegenüber, der dadurch verursacht wird, daß die Bedarfsmenge, die durch das Los $q_k$ gedeckt wird, schon in der Periode i eingelagert wird:

## 432224. Losgrößen-Saving-Verfahren

$$\text{Lagerkostenanstieg} = h \cdot (k-i) \cdot q_k = h \cdot (k-i) \cdot \underbrace{\sum_{t=k}^{l} d_t}_{q_k} \qquad (247)$$

Durch Subtraktion des Lagerkostenanstiegs von den eingesparten Rüstkosten ergibt sich der Savingwert wie folgt:

$$s_{jk} = s - h \cdot (k-i) \cdot \underbrace{\sum_{t=k}^{l} d_t}_{q_k} \qquad j=1,2,\ldots,T-1;\ k=j+1 \qquad (248)$$

Gleichung (248) beschreibt die allgemeine Form der Berechnung der mit einer Zusammenlegung zweier Lose verbundenen Kostenersparnis. Sie kann auch für die Fälle A und B eingesetzt werden, wenn man i=j bzw. k=l setzt. Eine einfache Umformung von Beziehung (248) verdeutlicht, *wann die Zusammenlegung der Lose der Perioden i und k vorteilhaft ist*. Die Bereitstellung der Menge $q_k$ bereits in Periode i ist dann vorteilhaft, wenn gilt:

$$\frac{s}{h} > (k-i) \cdot q_k \qquad (249)$$

Die rechte Seite der Ungleichung hat wieder die Dimension **Mengeneinheiten mal Zeiteinheiten**. Hier wird der Zusammenhang zum Stückperiodenausgleichsverfahren - und damit auch der Grund, weswegen *Karni* das verwendete Kriterium für die Zusammenfassung zweier Lose als "Maximum Part-Period Gain"[233] bezeichnet - sichtbar. Während beim Stückperiodenausgleichsverfahren ein Los in der fest vorgegebenen Produktionsperiode $\tau$ solange um Bedarfsmengen zukünftiger Perioden vergrößert wird, bis das Verhältnis aus Rüst- und Lagerkostensatz größer als die Summe der Stückperioden ist, wird beim Losgrößen-Saving-Verfahren auch die *Produktionsperiode als variabel* betrachtet. Es wird jeweils nach der Periode $\tau$ (bzw. i) gesucht, bei der die Summe der Stückperioden und damit der durch die Zusammenlegung der beiden Lose verursachte *Anstieg der Lagerkosten* minimal ist.

In Bild 67 ist der formale Ablauf des Losgrößen-Saving-Verfahrens beschrieben. Im Unterschied zu den bisher diskutierten, durch *Abbruchregeln* gekennzeichneten Verfahren ist dieses Verfahren offensichtlich aufwendiger, da hier eine Sortierung der Savingwerte notwendig ist.

---

[233] vgl. **Karni** (1981); **Robrade** (1991), S. 48-49

| SCHRITT 0: |
|---|
| Berechne Savingwerte der Kanten j-k wie folgt:<br><br>$s_{jk} = s - h \cdot d_k$      $j=1,2,\ldots,T-1; \; k=j+1.$<br><br>Sortiere die Kanten nach sinkenden Savingwerten und bilde eine Startlösung:<br><br>$q_j = d_j$      $j=1,2,\ldots,T$ |
| **SCHRITT t:** |
| Ermittle die Kante mit dem höchsten Savingwert. Falls alle Savingwerte kleiner oder gleich Null sind, STOP. Benenne den Startknoten der Kante mit j und den Zielknoten der Kante mit k. Bezeichne die Periode, in der das Los aufgelegt wird, aus dem der Bedarf der Periode j gedeckt wird, mit i. Bezeichne die letzte Periode, deren Bedarf das Los $q_k$ noch abdeckt, mit l. Fasse die Lose der Perioden i und k zusammen:<br><br>$q_i = q_i + q_k$<br><br>Lösche den Savingwert $s_{jk}$: $s_{jk}=0$<br><br>Berechne neue Savingwerte $s_{i-1,i}$ (i>1) und $s_{l,l+1}$ (l<T) und wiederhole Schritt t. |

*Bild 67: Verfahren WWSAV*

Die Anwendung des Verfahrens WWSAV soll wieder an dem bekannten Beispiel demonstriert werden.

### Beispiel zum Verfahren WWSAV

Schritt 0:

|  | $s_{jk}$ | Rang | Initialisierung und Sortierung der Savingwerte |
|---|---|---|---|
| $s_{12} = 250 - 2 \cdot 120 =$ | 10 | 5 | |
| $s_{23} = 250 - 2 \cdot 80 =$ | 90 | 2 | |
| $s_{34} = 250 - 2 \cdot 110 =$ | 30 | 4 | |
| $s_{45} = 250 - 2 \cdot 80 =$ | 90 | 3 | |
| $s_{56} = 250 - 2 \cdot 40 =$ | 170 | 1 | |

$q_1 = 100$    Startlösung
$q_2 = 120$
$q_3 = 80$
$q_4 = 110$
$q_5 = 80$
$q_6 = 40$

Kosten = $6 \cdot 250 = 1500$

**Schritt 1:**

$j=5$, $k=6$, $i=5$, $l=6$
$q_5=80+40=120$

$s_{56}=0$

$s_{45}=250-2\cdot 120=10$

Kosten=1500-170=1330

Aufnahme von 5-6 in die Lösung
Zusammenlegung der Lose 5 und 6
Löschen der Kante zwischen Knoten 5 und 6
Aktualisierung des Savingwerts der Kante zwischen den Knoten 4 und 5.

**Schritt 2:**

$j=2$, $k=3$, $i=2$, $l=3$
$q_2=120+80=200$

$s_{23}=0$

$s_{12}=250-2\cdot 200=-150$
$s_{34}=250-2\cdot(4-2)\cdot 110=-190$

Kosten=1330-90=1240

Aufnahme von 2-3 in die Lösung
Zusammenlegung der Lose 2 und 3
Löschen der Kante zwischen Knoten 2 und 3
Aktualisierung der Savingwerte der Kanten zwischen den Knoten 1 und 2 sowie 3 und 4

**Schritt 3:**

$j=4$, $k=5$, $i=4$, $l=6$
$q_4=110+120=230$

$s_{45}=0$

$s_{34}=250-2\cdot(4-2)\cdot 230=-670$

Kosten=1240-10=1230

STOP

Aufnahme von 4-5 in die Lösung
Zusammenlegung der Lose 4 und 5
Löschen der Kante zwischen Knoten 4 und 5
Aktualisierung des Savingwerts der Kante zwischen den Knoten 3 und 4

Alle Savingwerte sind kleiner oder gleich Null. Die Lösung kann nicht weiter verbessert werden.

**Ende des Beispiels zum Verfahren WWSAV**

Die Lösung lautet: $q_1=100$, $q_2=200$, $q_4=230$; Kosten = 1230. Bild 68 veranschaulicht den Ablauf des Verfahrens.

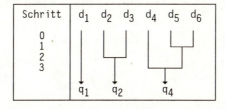

*Bild 68: Ablauf des Losgrößen-Saving-Verfahrens*

Der ermittelte Produktionsplan ist optimal. *Axsäter* hat in umfangreichen numerischen Untersuchungen festgestellt, daß das Losgrößen-Saving-Verfahren ca.

40-50% weniger Rechenzeit als das exakte Verfahren von *Wagner und Whitin* benötigt, aber in sehr vielen Fällen (ca. 70% der untersuchten Beispiele) die optimale Lösung ermittelt.

### 432225. Grenzkostenverfahren von Groff

Auch das Verfahren von *Groff*[234] basiert auf einer Eigenschaft des klassischen Losgrößenmodells, und zwar darauf, daß bei der optimalen Losgröße die *marginale Verringerung der durchschnittlichen Rüstkosten* pro Periode gleich dem *marginalen Anstieg der durchschnittlichen Lagerkosten* pro Periode ist. D.h. Grenz-Rüstkosten und Grenz-Lagerkosten sind bei der optimalen Losgröße gleich.

Wird eine gegebene Losgröße, die den Bedarf der Perioden 1 bis t abdeckt, um die Bedarfsmenge der Periode (t+1) vergrößert, dann sinken die durchschnittlichen Rüstkosten um den Betrag:

$$\frac{s}{t} - \frac{s}{t+1} = \frac{s}{t \cdot (t+1)} \qquad t=1,\ldots,T-1 \qquad (250)$$

↑ marginale Verringerung der durchschnittlichen Rüstkosten pro Periode

Der marginale Anstieg der durchschnittlichen Lagerkosten pro Periode wird wie folgt angenähert:

$$\frac{d_{t+1}}{2} \cdot h \qquad t=1,\ldots,T-1 \qquad (251)$$

↑ Approximation des marginalen Anstiegs der durchschnittlichen Lagerkosten pro Periode

*Groff* schlägt vor, ausgehend von einer bestimmten Periode $\tau$ die Losgröße dieser Periode, $q_\tau$, solange um Bedarfsmengen zukünftiger Perioden zu vergrößern, bis der Anstieg der durchschnittlichen Lagerkosten pro Periode größer ist als die Verringerung der durchschnittlichen Rüstkosten pro Periode. Die Entscheidungsregel nach diesem Verfahren lautet damit, wenn wir uns in Periode $\tau$ befinden:

$$\text{Max } \{j | \frac{d_{\tau+j}}{2} \cdot h \leq \frac{s}{j \cdot (j+1)}\} \qquad (252)$$

oder

$$\text{Max } \{j | d_{\tau+j} \cdot j \cdot (j+1) \leq 2 \cdot \frac{s}{h}\} \qquad j=0,1,\ldots \qquad (253)$$

---

234 vgl. **Groff** (1979); **Wemmerlöv** (1980), S. 172-173

## 5. Grenzkostenverfahren von Groff

In Bild 69 ist die Struktur des Verfahrens von *Groff* wiedergegeben.

```
ITERATION j (j=0,1,...):

    berechne v=d_{τ+j}·j·(j+1),

                2·s
    falls v < ───,
                h

    führe eine weitere Iteration durch;

                       τ+j-1
    andernfalls setze q_τ= Σ d_l,
                        l=τ
    STOP
```

*Bild 69: Verfahren von Groff*

Tabelle 45 zeigt die Anwendung des Verfahrens von *Groff* auf das bekannte Beispiel. Auch diese Lösung ist nicht optimal, denn sie verursacht Kosten in Höhe von 1290.

| $2 \cdot s/h = 2 \cdot 250/2 = 250$ | |
|---|---|
| $\tau=1$: j=0: $d_1 \cdot 0 \cdot 1 = 0$ | < 250 |
| j=1: $d_2 \cdot 1 \cdot 2 = 240$ | < 250 |
| j=2: $d_3 \cdot 2 \cdot 3 = 480$ | > 250 |
| $q_1 = 220$ | |
| $\tau=3$: j=0: $d_3 \cdot 0 \cdot 1 = 0$ | < 250 |
| j=1: $d_4 \cdot 1 \cdot 2 = 220$ | < 250 |
| j=2: $d_5 \cdot 2 \cdot 3 = 480$ | > 250 |
| $q_3 = 190$ | |
| $\tau=5$: j=0: $d_5 \cdot 0 \cdot 1 = 0$ | < 250 |
| j=1: $d_6 \cdot 1 \cdot 2 = 80$ | < 250 |
| $q_5 = 120$ | |
| Kosten: 1290 | |

*Tabelle 45: Beispiel zum Verfahren von Groff*

In einem numerischen Experiment hat *Wemmerlöv* verschiedene heuristische Verfahren im Hinblick auf ihre Lösungsqualität miteinander verglichen[235]. Dabei lagen die Kosten bei Einsatz des *Silver-Meal*-Verfahrens und des Verfahrens von *Groff* im Durchschnitt nur um etwa 1% über den mit dem exakten Verfahren von *Wagner und Whitin* errechneten Kosten, während im Vergleich dazu die in der Praxis favorisierten Verfahren der gleitenden wirtschaftlichen

---

[235] vgl. **Wemmerlöv** (1980); vgl. auch **Wemmerlöv** (1982).

Losgröße und das Stückperiodenausgleichsverfahren erheblich schlechtere Lösungen ergaben[236].

Die von *Groff* vorgeschlagene Approximation der marginalen Lagerkosten ist nur unter den Annahmen des klassischen Losgrößenmodells korrekt. *Baker*[237] weist darauf hin, daß das Verfahren von *Groff* bei exakter Beschreibung der marginalen Lagerkosten pro Periode mit dem *Silver-Meal*-Verfahren identisch ist.

*Zoller und Robrade*[238] untersuchen den Einsatz der verschiedenen Verfahren zur exakten und heuristischen Lösung des dynamischen Einprodukt-Losgrößenproblems in einem **rollenden Planungshorizont**. Sie kommen aufgrund einer umfangreichen numerischen Untersuchung zu dem Ergebnis, daß für regelmäßigen Bedarf insb. das Verfahren von *Groff* zu empfehlen ist, während sie für sporadischen Bedarf eine Kombination aus dem Verfahren von *Groff* und dem *Silver-Meal-Verfahren* vorschlagen. Insgesamt ist festzustellen, daß insb. die Verfahren von *Groff* sowie *Silver und Meal* unter deterministischen dynamischen Bedarfsbedingungen im Durchschnitt besser geeignet sind als die anderen in der Praxis eingesetzten heuristischen Verfahren[239].

Diese Aussage verliert an Gültigkeit, wenn man die Tatsache berücksichtigt, daß die Bedarfsmengen oft Prognosewerte sind, denen naturgemäß ein **Prognosefehler** anhaftet. *DeBodt und Van Wassenhove* kommen anhand begrenzter analytischer Überlegungen und nach Durchführung eines umfassenden Simulationsexperimentes zu dem Ergebnis, daß bei Auftreten von Prognosefehlern und bei Implementierung der Losgrößenverfahren in einem System der rollenden Planung *keine signifikanten Unterschiede* zwischen den meisten untersuchten heuristischen Losgrößenverfahren festgestellt werden können[240].

Die aus der Untersuchung von dynamischen Einprodukt-Problemen abgeleitete Beurteilung der genannten Verfahren wird schließlich in erheblichem Maße dadurch relativiert, daß in den in der betrieblichen Praxis verbreiteten EDV-Systemen zur *Produktionsplanung und -steuerung* die beschriebenen Lösungsverfahren in einem **mehrstufigen Erzeugniszusammenhang** eingesetzt werden. Hierdurch werden Fehler induziert, die weit über den in den numerischen Untersuchungen genannten relativen Kostenunterschieden liegen können[241].

**Vertiefende Literatur zu den Abschnitten 431.-432.:**

*Axsäter* (1986)
*Domschke/Scholl/Voß* (1993)

---

236  Zu ähnlichen Ergebnissen kommt auch Knolmayer. Vgl. **Knolmayer** (1984), (1985)
237  vgl. **Baker** (1989)
238  vgl. **Zoller/Robrade** (1987); **Robrade** (1991)
239  vgl. **Gupta/Keung/Gupta** (1992)
240  vgl. **DeBodt/Van Wassenhove** (1983); vgl. auch **Wemmerlöv/Whybark** (1984); **Lee/Adam** (1986)
241  vgl. insb. **Blackburn/Millen** (1982); **Afentakis** (1987); **Heinrich** (1987)

*Evans* (1985)
*Gupta/Keung/Gupta* (1992)
*Knolmayer* (1985), (1987)
*Kuik/Salomon/Van Wassenhove* (1994)
*Robrade* (1991)
*Silver/Peterson* (1985)
*Zoller/Robrade* (1987)

### 433. Das dynamische einstufige Mehrprodukt-Losgrößenproblem

#### 4331. Modellformulierung

Eine naheliegende Erweiterung des dynamischen Einprodukt-Losgrößenproblems ergibt sich aus der simultanen Betrachtung mehrerer Produkte mit dynamisch schwankendem Bedarf, die um **knappe Ressourcen** (i.a. Maschinen mit zeitlich beschränkter Kapazität) konkurrieren. Diese Fragestellung wird durch folgendes Entscheidungsmodell[242] erfaßt:

**Modell CLSP:**

$$\text{Min } C = \sum_{k=1}^{K} \sum_{t=1}^{T} s_k \cdot \gamma_{kt} + h_k \cdot y_{kt} + p_{kt} \cdot q_{kt} \tag{254}$$

- variable Produktionskosten für Produkt k
- Lagerkosten für Produkt k am Ende der Periode t
- Rüstkosten für Produkt k in Periode t

u.B.d.R.

$$y_{k,t-1} + q_{kt} - y_{kt} = d_{kt} \qquad k=1,2,\ldots,K;\ t=1,2,\ldots,T \tag{255}$$

$$q_{kt} - M \cdot \gamma_{kt} \leq 0 \qquad k=1,2,\ldots,K;\ t=1,2,\ldots,T \tag{256}$$

$$\sum_{k=1}^{K} tb_{jk} \cdot q_{kt} + tr_{jk} \cdot \gamma_{kt} \leq b_{jt} \qquad j=1,2,\ldots,J;\ t=1,2,\ldots,T \tag{257}$$

$$q_{kt} \geq 0 \qquad k=1,2,\ldots,K;\ t=1,2,\ldots,T \tag{258}$$

$$y_{k0},\ y_{kT} = 0 \qquad k=1,2,\ldots,K \tag{259}$$

$$y_{kt} \geq 0 \qquad k=1,2,\ldots,K;\ t=1,2,\ldots,T \tag{260}$$

$$\gamma_{kt} \in \{0,1\} \qquad k=1,2,\ldots,K;\ t=1,2,\ldots,T \tag{261}$$

---

[242] Capacitated lotsizing problem. Vgl. **Zäpfel/Attmann** (1979); **DeBodt/Gelders/Van Wassenhove** (1984)

Es bedeuten:

| | |
|---|---|
| $b_{jt}$ | Kapazität der Maschine j in Periode t (in Zeiteinheiten, z.B. Stunden) |
| $d_{kt}$ | Bedarfsmenge des Produkts k in Periode t |
| $h_k$ | Lagerkostensatz für Produkt k |
| J | Anzahl der Maschinen |
| K | Anzahl der Produkte |
| M | große Zahl |
| $p_{kt}$ | Produktionskostensatz für Produkt k in Periode t |
| $q_{kt}$ | Losgröße für Produkt k in Periode t |
| $s_k$ | Rüstkostensatz für Produkt k |
| T | Länge des Planungszeitraums |
| $tb_{jk}$ | Stückbearbeitungszeit für Produkt k an Maschine j |
| $tr_{jk}$ | Rüstzeit für Produkt k an Maschine j |
| $y_{kt}$ | Lagerbestand für Produkt k am Ende der Periode t |
| $\gamma_{kt}$ | binäre Rüstvariable |

Dabei werden die Symbole für die aus dem Einprodukt-Losgrößenproblem bekannten Entscheidungsvariablen und Parameter nun produktbezogen - ergänzt um den Index k - definiert. Zusätzlich werden **J Maschinen** (j = 1,2,...J) mit den periodenbezogenen Kapazitäten $b_{jt}$ betrachtet. Die Fertigungsaufträge der Produkte beanspruchen diese Ressourcen mit den **Rüstzeiten** $tr_{jk}$ und den **Stückbearbeitungszeiten** $tb_{jk}$. Die Durchlaufzeit wird gleich Null gesetzt. Daher sind die in einer Periode t eingeplanten Produktionsmengen bereits in derselben Periode zur Befriedigung des Bedarfs verfügbar.

Üblicherweise werden die **Rüstzeiten** aus der Modellformulierung eliminiert, indem man die geschätzte benötigte Gesamtrüstzeit einer Periode von den verfügbaren Periodenkapazitäten abzieht[243]. Die *genaue Bestimmung der Gesamtrüstzeit* je Periode setzt aber die Kenntnis der Anzahl der Produktionsperioden voraus. Diese sind jedoch *erst nach der Lösung des Problems bekannt*. Ein Verzicht auf die Berücksichtigung von Rüstzeiten ist aber vertretbar, wenn die Planungsperioden und die Bearbeitungszeiten einer Periodenbedarfsmenge im Vergleich zur Rüstzeit eines Auftrags relativ lang sind. Dies ist im betrachteten Planungsraster, in dem mit Wochen oder längeren Zeiträumen und daher auch mit hohen Periodenbedarfsmengen gerechnet wird, der Fall. Im folgenden sollen daher die **Rüstzeiten vernachlässigt** werden. Erst im Rahmen der Produktionssteuerung werden Rüstzeiten beachtet. Wir ersetzen die Beziehungen (257) durch die Nebenbedingungen:

$$\sum_{k=1}^{K} tb_{jk} \cdot q_{kt} \leq b_{jt} \qquad j=1,2,\ldots,J;\ t=1,2,\ldots,T \qquad (262)$$

Für die Anwendung einiger Lösungsverfahren ist eine weitere Veränderung der obigen Modellformulierung notwendig: die Beschränkung auf nur *eine Ressource*. Die Beziehungen (262) lauten unter dieser Annahme:

---

[243] vgl. **DeBodt/Gelders/Van Wassenhove** (1984), S. 175. Zu einer praktischen Anwendung vgl. **Van Wassenhove/DeBodt** (1983).

## 4332. Lösungsverfahren

$$\sum_{k=1}^{K} tb_k \cdot q_{kt} \leq b_t \qquad t=1,2,\ldots,T \qquad (263)$$

Eng verwandt mit dem Modell CLSP sind verschiedene Problemformulierungen, bei denen neben den **Losgrößen** der Produkte auch ihre **Reihenfolgen** (Maschinenbelegung) ermittelt werden.

Beim Discrete Lotsizing and Scheduling Problem (DLSP) wird eine so kleine Periodeneinteilung vorgegeben, daß immer nur *ein Produkt pro Periode* hergestellt werden kann. Dadurch wird es möglich, für die betrachtete Produktiveinheit einen eindeutigen periodenbezogenen *Rüstzustand* zu erfassen und fortzuschreiben. Wird in zwei aufeinanderfolgenden Perioden t und t+1 dasselbe Produkt bearbeitet, dann wird - anders als im Modell CLSP - berücksichtigt, daß in der Periode t+1 kein Rüstvorgang mehr notwendig ist, da die Produktiveinheit sich bereits im richtigen Rüstzustand befindet. Ein Verfahren zur exakten Lösung dieses diskreten Losgrößen- und Losreihenfolgeproblems wurde von *Fleischmann*[244] entwickelt.

Das Continuous Setup Lotsizing Problem (CSLP) ist zusätzlich in der Lage, den Rüstzustand der Produktiveinheit über *mehrere Perioden* hinweg fortzuschreiben. Wird z.B. in den Perioden t und t+2 das Produkt k produziert, während in Periode t+1 die Produktiveinheit ungenutzt bleibt, dann wird in Periode t+2 auf den Rüstvorgang verzichtet und unmittelbar mit der Produktion begonnen.

*Drexl und Haase*[245] schlagen das Proportional Lotsizing and Scheduling Problem (PLSP) als Verfeinerung der genannten Ansätze vor. Hier wird angenommen, daß in einer Periode maximal einmal *umgerüstet* werden kann. In einer Periode t wird zunächst die bereits in einer (unmittelbar vorgelagerten oder weiter zurückliegenden) Vorperiode begonnene Produktion eines Erzeugnisses fortgesetzt und bei Bedarf - nach einem Umrüstvorgang - mit der Produktion eines anderen Produkts fortgefahren. Dabei wird der Rüstzustand - wie beim CSLP - auch dann erkannt, wenn die Produktiveinheit zwischenzeitlich unbeschäftigt war.

*Drexl und Haase* diskutieren die Beziehungen zwischen den genannten Modellformulierungen und zeigen, daß für ein konkretes Problem die optimale Lösung des Modells DLSP niemals besser sein kann als die optimale Lösung des Modells CSLP, welche wiederum niemals besser sein kann als die optimale Lösung des Modells PLSP. Zur *Anwendbarkeit* der genannten Modellierungsansätze, die explizit den Rüstzustand einer Ressource periodenübergreifend fortschreiben, ist einschränkend anzumerken, daß ihnen eine Modellierungsphilosophie zugrundeliegt, die die gesamte Nutzung der Ressource erfaßt. Modelle dieser Art verlangen die Berücksichtigung *sämtlicher Produkte*, durch die eine Ressource in Anspruch genommen wird. Ungeplante Ereignisse während des Planungszeitraums, die den Rüstzustand der Ressource verändern (z.B. Maschinenausfälle, Eilaufträge, Produktion von C-Produkten), können aufgrund des hohen Detail-

---

244 vgl. **Fleischmann** (1990); **Salomon/Kroon/Kuik/Van Wassenhove** (1991); **Drexl/Haase** (1992)
245 vgl. **Drexl/Haase** (1992); **Haase** (1994)

lierungsgrades des Losgrößenmodells kaum absorbiert werden. Modelle dieser Art können daher u.E. nur bedingt in hierarchische Planungskonzepte integriert werden.

Eine Übertragung des Modells CLSP auf den Beschaffungsbereich nimmt *Günther*[246] vor. Er betrachtet das Problem der Bestimmung optimaler *Liefermengen* für mehrere Produkte, die um *knappe Lagerkapazitäten* konkurrieren. Dieses Problem unterscheidet sich vom bislang behandelten Losgrößenproblem dadurch, daß mit der Anlieferung von Produktmengen in einer Periode nicht nur Kapazität aus derselben Periode, sondern auch in den nachfolgenden Perioden in Anspruch genommen wird. Zur Lösung dieses Problems schlägt *Günther* ein Verfahren vor, in dessen Verlauf auf das Kriterium von *Groff* zurückgegriffen wird.

### 4332. Lösungsverfahren

Das Problem CLSP ist ein schwieriges Problem[247] der kombinatorischen Optimierung. Da praxisrelevante exakte Lösungsverfahren nicht zur Verfügung stehen, wurden zahlreiche heuristische Verfahren[248] entwickelt. Man kann folgende grundsätzliche Typen von Lösungsansätzen unterscheiden[249]:

- **Heuristische Verfahren für eine knappe Ressource**
    - ⇨ Verfahren, die den *Planungshorizont sukzessiv erweitern*[250]
    - ⇨ Verfahren, die *produktorientiert* vorgehen[251]
    - ⇨ *Verbesserungsverfahren*[252]

- **Ansätze der mathematischen Optimierung**
    - ⇨ Verfahren, die eine Auswahl aus einer *vorgegebenen Menge von Produktionsplänen* treffen[253]
    - ⇨ Verfahren, die *relaxierte Modellvarianten* verwenden[254]
    - ⇨ Ansätze, die *spezielle LP-Formulierungen* des Mehrprodukt-Losgrößenproblems mit Hilfe von Standardverfahren der gemischt-ganzzahligen linearen Optimierung lösen[255]

---

246 vgl. **Günther** (1991); siehe auch **Dixon/Poh** (1990)
247 Die Komplexität des Problems wird behandelt in **Florian/Lenstra/Rinooy Kan** (1980)
248 vgl. **Zäpfel/Attmann** (1979); **Gelders/Van Wassenhove/Maes** (1986); **Bahl/Ritzman/Gupta** (1987)
249 vgl. **Van Wassenhove/Maes** (1984)
250 vgl. **Lambrecht/Vanderveken** (1979); **Dixon/Silver** (1981); **Maes/Van Wassenhove** (1986b); **Günther** (1987); **Maes** (1987)
251 vgl. **Kirca/Kökten** (1994)
252 vgl. **Dogramaci/Panayiotopoulos/Adam** (1981); **Karni/Roll** (1982)
253 vgl. **Manne** (1958); **Lasdon/Terjung** (1971); **Bahl/Ritzman** (1984a)
254 vgl. **Newson** (1975); **Thizy/Van Wassenhove** (1985); **Trigeiro** (1987); **Chen/Thizy** (1990); **Lozano/Larraneta/Onieva** (1991); **Diaby/Bahl/Karwan/Zionts** (1992a), (1992b)
255 vgl. **Barany/Van Roy/Wolsey** (1984); **Eppen/Martin** (1987)

Im folgenden wird mit dem Verfahren von *Dixon* ein Verfahren mit schrittweiser Erweiterung des Planungshorizonts und mit dem Verfahren von *Bahl und Ritzman* ein Vertreter der Lösungsmethoden, die auf der mathematischen Programmierung beruhen, beschrieben.

### 43321. Das Verfahren von Dixon

*Dixon*[256] betrachtet die Formulierung des Modells CLSP mit der Beschränkung auf **eine Ressource** (Maschine) und unter **Vernachlässigung der Rüstzeiten**. Er baut bei der Losgrößenbestimmung auf der **Silver-Meal-Heuristik** auf[257]. Diese Heuristik versucht bekanntlich, für ein isoliertes Produkt Bedarfsmengen aus einer ganzzahligen Anzahl aufeinanderfolgender Perioden zu einem in der Periode $\tau$ zu produzierenden Los zusammenzufassen, so daß die durchschnittlichen Kosten pro Periode minimal werden. Nach dem *Silver-Meal-Kriterium* (242) werden in der Periode $\tau$ die Bedarfsmengen für die Perioden ($\tau, \tau+1, ..., j$) produziert.

Ist die **Kapazität einer Maschine beschränkt**, dann kann es zu Konflikten kommen, wenn mehrere Produkte in derselben Periode auf dieser Maschine bearbeitet werden sollen. In einer derartigen Situation kann nicht sichergestellt werden, daß für jedes Produkt der Produktionsplan realisiert wird, für den die durchschnittlichen Kosten pro Periode ihr Minimum annehmen. Vielmehr kann es notwendig werden, einzelne oder mehrere *Produkte schon in früheren Perioden mit nicht voll ausgelasteter Produktionskapazität zu produzieren*, um überhaupt einen zulässigen Produktionsplan zu erhalten. Das führt aber zwangsläufig zu einer Abweichung vom Kostenminimum. Bei der Festlegung der Produkte, deren Periodenbedarfsmengen teilweise oder vollständig früher produziert werden sollen, sind die produktbezogenen *Rüst- und Lagerkosten* sowie ihre *Stückbearbeitungszeiten* (Kapazitätsinanspruchnahmefaktoren) zu beachten.

Wie bei vielen heuristischen Verfahren, so hängt auch hier die Qualität der Lösung von der Reihenfolge ab, in welcher die einzelnen Entscheidungsalternativen betrachtet werden. Man benötigt daher eine Vorschrift zur Bestimmung der Reihenfolge, in welcher die Produkte im Rahmen der Losgrößenplanung behandelt werden. *Dixon* schlägt vor, Prioritätsziffern unter Verwendung der aus der Silver-Meal-Heuristik bekannten Durchschnittskosten gemäß Beziehung (264) zu errechnen[258].

---

256 vgl. **Dixon/Silver** (1981).
257 vgl. Abschnitt 432223.
258 vgl. **Silver/Peterson** (1985), S. 590. *Günther* schlägt in einem ähnlichen Verfahren die Verwendung des Marginalkostenkriteriums von *Groff* vor. Vgl. **Günther** (1987).

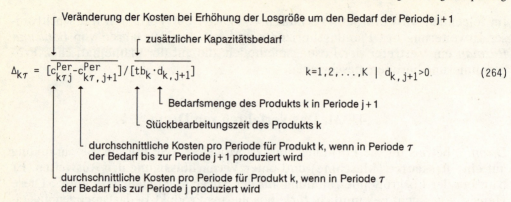

(264)

Der Ausdruck im Zähler beschreibt die *Veränderung der periodenbezogenen Durchschnittskosten* bei Vergrößerung der Produktionsmenge für Produkt k in Periode $\tau$ um den Bedarf der nächsten Periode (j+1). Der Ausdruck im Nenner gibt die damit verbundene *Erhöhung der Inanspruchnahme der knappen Ressource* (zusätzlicher Kapazitätsbedarf) an. Durch die Verknüpfung beider Größen bezeichnet $\Delta_{k\tau}$ damit die **marginale Kostenveränderung pro zusätzlich eingesetzter Kapazitätseinheit** (z.B. Maschinenstunde). Ist diese Größe *negativ*, dann steigen die Kosten bei Verwendung der nächsten Kapazitätseinheit zur Produktion des Erzeugnisses k an, d.h. die Produktion weiterer Mengeneinheiten des betrachteten Produkts ist unvorteilhaft.

Die *grundsätzliche Vorgehensweise* des Verfahrens von *Dixon* (siehe Bild 70) besteht darin, daß der Produktionsplan zeitlich nach Produktionsperioden geordnet aufgebaut wird. Zunächst werden die Produktionsmengen aller Produkte in Periode $\tau=1$ festgelegt, dann die Produktionsmengen in Periode $\tau=2$, usw. Die Produktionsmengen werden ähnlich wie im Silver-Meal-Verfahren bestimmt.

| ITERATION $\tau$ ($\tau=1,2,...,T-1$): |
| --- |
| Vergrößere die Produktionsmenge des Produkts mit der jeweils größten marginalen Verringerung der durchschnittlichen Periodenkosten (264) um den Bedarf der nächsten Periode. Dies geschieht so lange, bis entweder *keine Kostenersparnisse* mehr möglich sind oder bis die *Kapazität* der Ressource in Periode $\tau$ *erschöpft* ist. |
| Für zukünftige Perioden, in denen die Kapazität nicht ausreicht, um den gesamten Bedarf zu produzieren: berechne für jedes Produkt die Kosten, die durch ein Vorziehen der Produktion entstehen und produziere das Produkt mit dem geringsten Kostenanstieg früher. |

*Bild 70: Grundstruktur des Verfahrens von Dixon*

Die *Reihenfolge*, in der die einzelnen Produkte betrachtet werden, wird durch die in Beziehung (264) angegebenen Prioritätsziffern bestimmt. Es werden für ein gegebenes Produkt k, für das zum Zeitpunkt $\tau(k)$ ein neues Produktionslos aufzulegen ist, die Bedarfsmengen aus den Perioden $[\tau(k),\tau(k)+1,...,j(k)]$ zu dem

Produktionslos in Periode $\tau(k)$ zusammengefaßt. Dieser Prozeß wird beendet, wenn die *Durchschnittskosten* des Produkts *pro Periode* wieder ansteigen oder wenn die verfügbare *Kapazität* der Maschine nicht mehr ausreicht, um die Bedarfsmenge aus der gerade betrachteten Periode zu produzieren.

Wird die *Kapazität der Maschine in einer Periode überschritten*, dann muß die Produktion einzelner produktbezogener Periodenbedarfsmengen zeitlich vorgezogen werden, d.h. es müssen Kapazitätsanforderungen in frühere Perioden verlagert werden, da ansonsten eine unzulässige Lösung auftritt. Dies wird durch die am *Silver-Meal-Kriterium* ausgerichtete Vorgehensweise zur Bestimmung der Losgrößen jedoch noch nicht berücksichtigt.

Damit die **Zulässigkeit** einer Lösung, d.h. einer geplanten Kombination von produktbezogenen Losgrößen in einer Periode $\tau$, gesichert ist, müssen zusätzliche Bedingungen eingehalten werden. Betrachten wir eine (vorläufige) Kombination von Losen der Produkte in der Periode $\tau$, für die in einer bestimmten Stufe des Verfahrens gerade ein Produktionsplan aufgestellt wird. Diese Produktionsmengen enthalten Bedarfsmengen der Periode $\tau$ sowie evtl. zukünftiger Perioden j ($j = \tau+1, \tau+2, \ldots$). Wir bezeichnen die bereits in Periode $\tau$ produzierte Bedarfsmenge der Periode j für das Produkt k mit $n_{\tau jk}$. Der sich aus der Bedarfsmenge der Periode j ableitende Kapazitätsbedarf in der Produktionsperiode $\tau$, $CV_{\tau j}$, kann nun mit Gleichung (265) beschrieben werden.

$$CV_{\tau j} = \sum_{k=1}^{K} tb_k \cdot n_{\tau jk} \qquad \tau = 1, 2, \ldots, T; \; j = \tau, \tau+1, \ldots, T \qquad (265)$$

↑ in Periode $\tau$ produzierte Bedarfsmenge des Produkts k in Periode j

↑ Kapazitätsverbrauch in Periode $\tau$ für Periode j

Diese Größe entspricht der Produktionskapazität in Periode $\tau$, die durch die - evtl. vorgezogene - Produktion von Bedarfsmengen der Bedarfsperiode j mit der gerade betrachteten Kombination von produktbezogenen Losgrößen bereits verbraucht wird. Summiert man über alle zukünftigen Bedarfsperioden (einschl. der Periode $\tau$), dann erhält man mit Beziehung (266) die insgesamt bereits *verbrauchte bzw. reservierte Kapazität* der Periode $\tau$.

$$CV_{\tau} = \sum_{j=\tau}^{T} CV_{\tau j} \qquad \tau = 1, 2, \ldots, T \qquad (266)$$

↑ verbrauchte bzw. reservierte Kapazität der Periode $\tau$

Weiterhin bezeichnen wir die in Kapazitätseinheiten ausgedrückte gesamte Bedarfsmenge aller Produkte der Periode j mit $CB_j$. Sie wird durch Gleichung (267) beschrieben.

$$CB_j = \sum_{k=1}^{K} tb_k \cdot d_{kj} \qquad j = 1, 2, \ldots, T \qquad (267)$$

↑ Kapazitätsbedarf der Periode j

Schließlich berücksichtigen wir, daß für einige Produkte u.U. bereits Bedarfsmengen der Perioden ($j=\tau,\tau+1,...$) in einer früher betrachteten Planungsperiode $t<\tau$ produziert werden. Dadurch reduziert sich die bei Betrachtung der Periode $\tau$ für Periode j noch bereitzustellende Kapazität auf:

$$CN_{\tau j} = CB_j - \sum_{t=1}^{\tau-1} \sum_{k=1}^{K} tb_k \cdot n_{tjk} \qquad \tau=1,2,\ldots,T; \; j=\tau,\tau+1,\ldots,T \qquad (268)$$

↑ Netto-Kapazitätsbedarf der Periode j aus der Sicht der Planungsperiode $\tau$

Da die Kapazität der Maschine in Periode j nun $b_j$ Einheiten beträgt, ergibt sich bei Betrachtung der Produktionsperiode $\tau$ für Periode j folgender **Kapazitätsfehlbedarf**:

$$CF_{\tau j} = CN_{\tau j} - b_j \qquad \tau=1,2,\ldots,T; \; j=\tau,\tau+1,\ldots,T \qquad (269)$$

↑ fehlende Kapazität in Periode j, die noch in Periode $\tau$ bereitgestellt werden muß

Tritt ein Kapazitätsfehlbedarf in Periode j auf (d.h. $CF_{\tau j}>0$), dann kann dieser *nur durch Produktion in früheren Perioden* ($\tau,\tau+1,\ldots,j-1$) *beseitigt* werden, da annahmegemäß keine Fehlmengen auftreten dürfen. Eine Produktion *vor* der gerade betrachteten Produktionsperiode $\tau$ ist nicht möglich, da in dem Verfahren von *Dixon* aufgrund der periodenbezogenen Vorgehensweise die Produktionsmengen, die in den vor der aktuellen Periode $\tau$ liegenden Perioden eingeplant worden sind, nicht mehr verändert werden.

Bild 71 zeigt eine Situation, in der durch die rechtzeitige Produktion von Bedarfsmengen der Periode j in Periode $\tau$ das Auftreten einer Unzulässigkeit in der Periode j vermieden wird. Aus den produktspezifischen Periodenbedarfsmengen für die zukünftige Periode j ergibt sich ein Kapazitätsbedarf $CB_j$, der in der abgebildeten Situation die verfügbare Kapazität $b_j$ weit überschreitet. Ein Teil der in Periode j bereitzustellenden Bedarfsmengen (dargestellt durch das schraffierte Kästchen) wurde bereits in einem vorangegangenen Planungsschritt (Iteration t) für die Periode $t<\tau$ eingeplant. Denn bei der Betrachtung dieser Produktionsperiode wurde bereits durch eine antizipierende Zulässigkeitsprüfung erkannt, daß auch die Kapazität der Periode $\tau$ nicht ausreichen würde, um den gesamten Kapazitätsfehlbedarf der Periode j zu decken.

Daher muß nur noch der verbleibende Kapazitätsfehlbedarf $CF_{\tau j}$ (dargestellt durch das gepunktete Kästchen) in einer vor j liegenden Periode produziert werden. Nehmen wir an, in Periode $\tau=j-1$ seien bereits $CV_\tau$ Kapazitätseinheiten (in diesem Fall nur zur Produktion der Bedarfsmengen der Periode $\tau$) verplant worden. Dann stehen noch ($b_\tau-CV_\tau$) Kapazitätseinheiten zur vorgezogenen Produktion des Kapazitätsfehlbedarfs der Periode j zur Verfügung. Diese werden nun eingesetzt, um den Kapazitätsfehlbedarf der Periode j zu decken. Treten weitere Kapazitätsfehlbedarfe in späteren Perioden ($j+1,j+2,...$) auf, dann ist entsprechend zu verfahren.

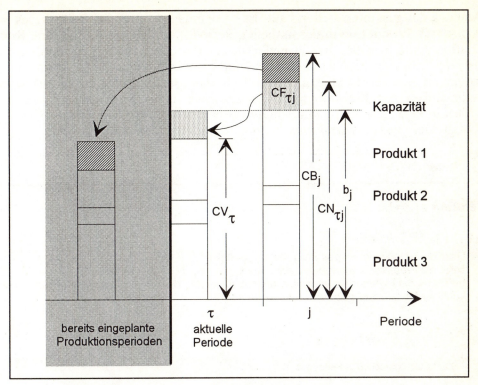

*Bild 71: Erzeugung eines zulässigen Produktionsplans in Periode $\tau$*

In einer betrachteten Produktionsperiode $\tau$ ist also *mindestens* der Kapazitätsfehlbedarf der Periode j abzudecken, der nicht mehr zu einem späteren Zeitpunkt $[\tau+1,\tau+2,...,j-1]$ absorbiert werden kann. Eine Kombination von produktbezogenen Losgrößen, d.h. ein Produktionsplan, in Periode $\tau$ ist somit nur dann *zulässig*, wenn für alle Zeitspannen von der aktuellen Produktionsperiode $\tau$ bis zu einer zukünftigen Periode t $(t=\tau+1,\tau+2,...,T)$ gilt:

$$\sum_{j=\tau+1}^{t} CV_{\tau j} \geq \sum_{j=\tau+1}^{t} CF_{\tau j} \qquad \tau=1,2,\ldots,T-1;\ t=\tau+1,\tau+2,\ldots,T \quad (270)$$

- gesamter Kapazitätsfehlbedarf im Zeitraum $[\tau+1,t]$, der bereits in Periode $\tau$ gedeckt werden muß
- in Periode $\tau$ für den Bedarfszeitraum $[\tau+1,t]$ produzierte Mengen

Beziehung (270) fordert, daß in der betrachteten aktuellen Produktionsperiode $\tau$, für die die Produktionsmengen festgelegt werden, *soviel zukünftiger Kapazitätsfehlbedarf absorbiert wird, daß in keiner zukünftigen Periode eine Unzulässigkeit auftritt*. Ist Bedingung (270) für mindestens einen zukünftigen Zeitraum $[\tau+1,t]$ nicht erfüllt, dann wird in Periode $\tau$ nicht genug produziert. Denn die in den folgenden Perioden noch verbleibende Kapazität reicht dann nicht mehr zur

Deckung des gesamten Bedarfs aus. Es ist demnach notwendig, Teile dieses Bedarfs durch Produktion in der aktuellen Periode $\tau$ zu decken. Damit eine Kombination von Losgrößen der Produkte in der Periode $\tau$ zulässig ist, muß also in Periode $\tau$ der Kapazitätsfehlbedarf zukünftiger Perioden ($j = \tau+1,...,t$) im voraus produziert werden. Ist dies nicht der Fall, dann treten Fehlmengen auf. Diese Bedingungen zur Beurteilung der Zulässigkeit einer Kombination von Losgrößen in Periode $\tau$ werden in dem heuristischen *Verfahren von Dixon*[259] berücksichtigt. Der genaue Verfahrensablauf wird im folgenden beschrieben.

| Verfahren DIXON |
|---|

**Iteration** $\tau$ ($\tau = 1,2,...,T$):

**Schritt 1:** *Initialisierung*

setze die *Reichweite*[260] *des Produkts k*, $r_{k\tau} = 0$ ($k = 1,2,...,K$);
setze die *Produktionsmenge des Produkts k*, $q_{k\tau} = d_{k\tau}$ ($k = 1,2,...,K$);
berechne die in Periode $\tau$ verbleibende *freie Kapazität*, die zur vorgezogenen Produktion zukünftiger Bedarfsmengen verwendet werden kann:

$$RC_\tau = b_\tau - \sum_{k=1}^{K} tb_k \cdot q_{k\tau}$$

↑ Kapazitätsüberschuß in Periode $\tau$

**Schritt 2:**

bestimme die *früheste Periode* $t_c$, in der die aktuelle, für Periode $\tau$ betrachtete Kombination von Losgrößen im Hinblick auf die Kapazitätsbedingung (270) *unzulässig* wird;
falls $t_c > T$ (Planungshorizont), setze $t_c = T + 1$

**Schritt 3:** *Vergrößerung der Produktionsmengen*

betrachte die *Menge M der Produkte*, deren Reichweite $r_{k\tau}$ nicht[261] die Periode $t_c$ umfaßt, und deren nächste noch nicht für die Produktion eingeplante Bedarfsmenge noch in Periode $\tau$ produziert werden kann:

$$M = \{k \mid r_{k\tau} < t_c - \tau \text{ und } d_{k, \tau + r_{k\tau}} \cdot tb_k \leq RC_\tau\}$$

• ist die Menge M leer, führe die nächste Iteration durch;

• andernfalls bestimme aus der Menge M das Produkt l mit der höchsten Prioritätsziffer $\Delta_{l\tau}$ gemäß (264), d.h. das Produkt mit der größten marginalen Verringerung der Kosten pro zusätzlich eingesetzter Kapazitätseinheit;

---

259 vgl. **Dixon/Silver** (1981), S. 26-28
260 Die Reichweite eines Produkts ist hier die Anzahl aufeinanderfolgender Perioden, für deren Bedarf die aktuelle Losgröße ausreicht, die aktuelle Produktionsperiode nicht eingeschlossen.
261 Nur für Produkte mit einer Reichweite $r_{k\tau}$, die nicht die Periode $t_c$ umfaßt, können noch zukünftige Bedarfsmengen vorgezogen produziert werden.

- ist die Prioritätsziffer $\Delta_{l\tau} \geq 0$, dann ist die Vergrößerung der Reichweite des Produkts l in Periode $\tau$, $r_{l\tau}$ um eine Periode vorteilhaft:

  setze $r_{l\tau} = r_{l\tau} + 1$       neue Reichweite

  setze $q_{l\tau} = q_{l\tau} + d_{l,\tau+r_{l\tau}}$      neue Losgröße

  setze $RC_\tau = RC_\tau - tb_l \cdot d_{l,\tau+r_{l\tau}}$      verbleibende Kapazität

  gehe zu Schritt 2[262];

- ist die Prioritätsziffer $\Delta_{l\tau} < 0$, dann lohnt sich die Vergrößerung der Reichweite nicht, gehe zu Schritt 4.

## Schritt 4: *Ist der Produktionsplan für Periode $\tau$ zulässig?*

falls $t_c > T$, dann liegt eine zulässige Kombination von Produktionsmengen für Periode $\tau$ vor, führe die nächste Iteration durch;

falls $t_c \leq T$, dann liegt noch keine zulässige Kombination von Produktionsmengen für Periode $\tau$ vor; daher muß für mindestens eines der Produkte die Produktionsmenge in Periode $\tau$ erhöht werden[263], gehe zu Schritt 5;

## Schritt 5:

bestimme den *Kapazitätsbedarf Q, der in Periode $\tau$ noch für zukünftige Perioden bereitzustellen ist*, damit der Produktionsplan der Periode $\tau$ im Hinblick auf alle zukünftigen Perioden ($t_c, t_c+1, ..., T$) zulässig ist[264]. Der Kapazitätsbedarf ergibt sich als maximale Differenz zwischen der kumulierten fehlenden Kapazität und den kumulierten bereits in Periode $\tau$ produzierten Mengen. Dabei ist bei der Berechnung der fehlenden Kapazität $CF_{\tau j}$ zu berücksichtigen, daß ein Teil des Bedarfs einer zukünftigen Periode bereits in einer vorangegangenen Iteration (Periode $t < \tau$) produziert worden sein kann:

$$Q = \max_{t_c \leq t \leq T} \left[ \sum_{j=\tau+1}^{t} CF_{\tau j} - CV_{\tau j} \right]$$

- $CV_{\tau j}$: in Periode $\tau$ produzierte Menge für Periode $j$ (in Kapazitätseinheiten)
- $CF_{\tau j}$: fehlende Kapazität in Periode $j$

## Schritt 6:

betrachte die Produkte, deren Reichweite nicht bis zur Periode $t_c$ reicht:

- erhöhe probeweise für das Produkt k die Reichweite entweder um eine Periode oder um soviel, wie der Kapazitätsbedarf Q in Periode $\tau$ erzwingt:

---

262 Der Sprung zu Schritt 2 wird notwendig, da sich durch Verlängerung der Reichweite des gerade betrachteten Produkts l und die damit verbundene Änderung des Produktionsplans der Periode $\tau$ der Wert von $t_c$ verändert haben kann.
263 D.h. es müssen Bedarfsmengen aus späteren Perioden in der Periode $\tau$ auf Vorrat produziert werden.
264 siehe Gleichung (270).

$$r_{k\tau neu} = \min \{r_{k\tau}+1,\ r_{k\tau}+Q/(tb_k \cdot d_{k,\tau+r_{k\tau}+1})\}$$

- Erhöhung der Reichweite um mindestens eine Periode notwendig
- die Reichweite muß um weniger als eine Periode erhöht werden

berechne unter Verwendung der Reichweiten $r_{k\tau neu}$ für jedes Produkt jeweils den marginalen Anstieg[265] der Kosten *pro zusätzlich eingesetzter Kapazitätseinheit* gemäß Beziehung (264), wobei die Berechnung davon abhängt, ob die neue Reichweite ganzzahlig ist oder nicht.

falls die neue Reichweite $r_{k\tau neu}$ *ganzzahlig* ist, gilt:

$$\Delta_{k\tau} = [c^{Per}_{k\tau,\tau+r_{k\tau}} - c^{Per}_{k\tau,\tau+r_{k\tau neu}}]/[tb_k \cdot d_{k,\tau+r_{k\tau neu}}]$$

falls die neue Reichweite $r_{k\tau neu}$ *nicht ganzzahlig* ist, wird nur die dem Kapazitätsfehlbedarf entsprechende Menge früher produziert, wobei bei der Berechnung der *durchschnittlichen Kosten* pro Periode zu berücksichtigen ist, daß auch nur diese Menge früher eingelagert wird:

$$\Delta_{k\tau} = [c^{Per}_{k\tau,\tau+r_{k\tau}} - c^{Per}_{k\tau,\tau+r_{k\tau neu}}]/Q$$

- erhöhe die Produktionsmenge für das Produkt k mit dem geringsten marginalen Kostenanstieg (d.h. mit dem größten Wert $\Delta_{k\tau}$); dabei werden W zusätzliche Kapazitätseinheiten der Periode $\tau$ verbraucht; errechne die noch bereitzustellende Kapazität: Q = Q-W

falls die Produktionsmenge nicht um eine ganze Periodenbedarfsmenge erhöht wurde, aktualisiere die Periodenbedarfsmenge der betreffenden Periode.

falls Q > 0, wiederhole Schritt 6; andernfalls führe die nächste Iteration durch.

| Ende des Verfahrens DIXON |
|---|

Nach Beendigung des Verfahrens liegt eine zulässige Lösung des dynamischen Mehrprodukt-Losgrößenproblems mit Kapazitätsbeschränkungen vor. Durch zusätzliche Maßnahmen (z.B. Eliminierung eines Loses, Zusammenfassung zweier Lose) kann versucht werden, diese Lösung weiter zu verbessern[266].

Das Verfahren von *Dixon* soll anhand eines Beispiels mit zwei Produkten erläutert werden. Die Bedarfsmengen der beiden Produkte für einen Planungszeitraum von vier Perioden sind in Tabelle 46 wiedergegeben.

---

[265] In Schritt 4 wurde festgestellt, daß die Vergrößerung der Reichweiten der jetzt noch betrachteten Produkte nur noch zu Kostenerhöhungen führt.

[266] vgl. **Dixon/Silver** (1981), S. 25-26

### 43321. Das Verfahren von Dixon

| t | 1 | 2 | 3 | 4 |
|---|---|---|---|---|
| $d_{1t}$ | 110 | 49 | 0 | 82 |
| $d_{2t}$ | 48 | 75 | 15 | 120 |

*Tabelle 46: Bedarfsmengen*

Die Produkte werden auf einer Maschine mit Rüstkosten $s_1 = 100$ und $s_2 = 50$ hergestellt. Die Lagerkostensätze betragen $h_1 = 4$ und $h_2 = 1$. Die Maschine steht mit einer konstanten Periodenkapazität von $b_t = 160$ Stunden ($t = 1,...,4$) zur Verfügung. Die Stückbearbeitungszeiten betragen für beide Produkte $tb_1 = tb_2 = 1$ Stunde.

**Beispiel zum Verfahren DIXON**

**Iteration $\tau = 1$:**
**Schritt 1:**
Initialisierung der Produktionsmengen in Periode 1

$r_{11}=0$, $q_{11}=110$;   Reichweite und Losgröße für Produkt 1 in Periode 1

$r_{21}=0$, $q_{21}=48$    Reichweite und Losgröße für Produkt 2 in Periode 1

$RC_1=2$    Verbleibende Restkapazität in Periode 1

Aktuelle (Teil-)Lösung

| t | 1 | 2 | 3 | 4 |
|---|---|---|---|---|
| $q_{1t}$ | 110 | - | - | - |
| $q_{2t}$ | 48 | - | - | - |
| $CN_{\tau t}$ | - | 124 | 15 | 202 |
| $RC_t$ | 2 | 160 | 160 | 160 |

**Schritt 2:**
Bestimmung der Periode, ab der der bisherige Produktionsplan unzulässig wird ($t_c$)

$t=2$:

$CN_{12} = 49 + 75 = 124$

Die Kapazität in Periode 2 (160) reicht aus, um die gesamte noch bereitzustellende Bedarfsmenge der Periode 2 (124) zu produzieren. Es bleibt ein Kapazitätsüberschuß von 36.

$\sum_{j=2}^{2} CV_{1j} = 0 \geq \sum_{j=2}^{2} (CN_{1j} - b_j) = -36$

$t=3$:

$CN_{13} = 0 + 15 = 15$

Die kumulierte Kapazität der Perioden 2 und 3 (320) reicht aus, um den gesamten Bedarf der Perioden 2 und 3 (139) zu produzieren. Es bleibt ein Kapazitätsüberschuß von 181.

$\sum_{j=2}^{3} CV_{1j} = 0 \geq \sum_{j=2}^{3} (CN_{1j} - b_j) = -181$

$t=4$:

$CN_{14} = 82 + 120 = 202$

Die kumulierte Kapazität der Perioden 2 bis 4 (480) reicht insgesamt aus, um den gesamten Bedarf der Perioden 2 bis 4 (341) zu produzieren. Es bleibt ein Kapazitätsüberschuß von 139.

$\sum_{j=2}^{4} CV_{1j} = 0 \geq \sum_{j=2}^{4} (CN_{1j} - b_j) = -139$

$t_c \geq T = 4$

$t_c = 5$

Die vorliegenden Losgrößen in Periode 1 können produziert werden, ohne daß in den nachfolgenden Perioden (2 bis 4) ein nicht innerhalb dieser Perioden abdeckbarer Kapazitätsfehlbedarf auftritt.

**Schritt 3:**

Versuch, die Lose der Periode 1 zu vergrößern

$d_{12} \cdot tb_1 = 49 > RC_1 = 2$

Die Reichweite für Produkt 1 reicht nicht bis zur Periode $t_c$. Eine Vergrößerung der Produktionsmenge für Produkt 1 in Periode 1 wird in Betracht gezogen.
Aber: die Restkapazität (2) reicht nicht aus, um den Bedarf der Periode 2 (49) schon in Periode 1 zu produzieren.

$d_{22} \cdot tb_2 = 75 > RC_1 = 2$

Die Reichweite für Produkt 2 reicht nicht bis zur Periode $t_c$. Eine Vergrößerung der Produktionsmenge für Produkt 2 in Periode 1 wird in Betracht gezogen.
Aber: es steht nicht genügend Restkapazität zur Verfügung, um den Bedarf der Periode 2 (75) schon in Periode 1 zu produzieren.

**Iteration $\tau = 2$**

**Schritt 1:**

Initialisierung der Produktionsmengen in Periode 2

$r_{12} = 0, \ q_{12} = 49;$

Reichweite und Losgröße für Produkt 1 in Periode 2.

$r_{22} = 0, \ q_{22} = 75$

Reichweite und Losgröße für Produkt 2 in Periode 2.

$RC_2 = 36$

Verbleibende Restkapazität in Periode 2. Nach Produktion der Bedarfsmengen der Periode 2 steht noch eine Restkapazität von 36 Stunden zur Verfügung.

Aktuelle (Teil-)Lösung

| t | 1 | 2 | 3 | 4 |
|---|---|---|---|---|
| $q_{1t}$ | 110 | 49 | – | – |
| $q_{2t}$ | 48 | 75 | – | – |
| $CN_{\tau t}$ | – | – | 15 | 202 |
| $RC_t$ | 2 | 36 | 160 | 160 |

**Schritt 2:**

Bestimmung der Periode, ab der der bisherige Produktionsplan unzulässig wird ($t_c$)

$t = 3:$

Die Kapazität der Periode 3 (160) reicht aus, um den gesamten Bedarf der Periode 3 (15) zu produzieren. Es bleibt ein Kapazitätsüberschuß von 145.

$CN_{23} = 0 + 15 = 15$

$\sum_{j=3}^{3} CV_{2j} = 0 \geq \sum_{j=3}^{3} (CN_{2j} - b_j) = -145$

## 43321. Das Verfahren von Dixon

**t=4:**

$CN_{24} = 82 + 120 = 202$

$\sum_{j=3}^{4} CV_{2j} = 0 \geq \sum_{j=3}^{4} (CN_{2j} - b_j) = -103$

$t_c \geq T = 4$

$t_c = 5$

Die kumulierte Kapazität der Perioden 3 und 4 (320) reicht aus, um den gesamten Bedarf der Perioden 3 und 4 (217) zu produzieren. Es bleibt ein Kapazitätsüberschuß von 103.

Die für Periode 2 eingeplanten Losgrößen können produziert werden, ohne daß in den nachfolgenden Perioden (3 bis 4) ein nicht innerhalb dieser Perioden abdeckbarer Kapazitätsfehlbedarf auftritt.

### Schritt 3:

$r_{12} = 1$

Versuch, die Lose der Periode 2 zu vergrößern

Da der Bedarf des Produkts 1 in Periode 3 Null ist, kann die Reichweite des Produkts 1 in Periode 2 direkt auf $r_{12} = 1$ erhöht werden.

$d_{23} \cdot tb_2 = 15 \leq RC_2 = 36$

Die Reichweite des in Periode 2 aufgelegten Loses für Produkt 2 reicht nicht bis zum Ende des Planungshorizonts (d.h. bis zur Periode $t_c = 5$). Daher wird überprüft, ob der Bedarf der Periode 3 noch in das Los aufgenommen werden kann. Die Restkapazität (36) reicht aus, um den Bedarf der Periode 3 bereits in Periode 2 zu produzieren.

Jetzt ist zu prüfen, ob es sich unter Kostengesichtspunkten lohnt, das in Periode 2 aufgelegte Los für Produkt 2 um den Bedarf der Periode 3 zu vergrößern.

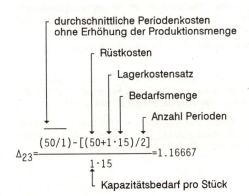

Veränderung der Kosten pro zusätzlich eingesetzter Kapazitätseinheit bei Erhöhung der Produktionsmenge des Produkts 2 um den Bedarf der Periode 3. Da die Kosten sinken, ist es vorteilhaft, die Produktionsmenge für Produkt 2 in Periode 2 um den Bedarf der Periode 3 zu erhöhen. Später wird sich herausstellen, daß dies unvorteilhaft ist, da wegen der knappen Kapazität in Periode 4 ein Los in Periode 3 aufgelegt werden muß. Dabei bleibt soviel Kapazität übrig, daß auch noch der Bedarf der Periode 3 produziert werden kann. Aufgrund dieser Überlegungen wird die soeben vorgenommene Erhöhung der Produktionsmenge in Periode 2 später wieder rückgängig gemacht.

$l = 2$

Index des Produkts, für das die in Periode 2 verbliebene Restkapazität verwendet wird.

$r_{22} = 1$

Neue Reichweite für Produkt 2 in Periode 2

$q_{22} = 90$

Neue Losgröße für Produkt 2 in Periode 2

$RC_2 = 21$

Verbleibende Restkapazität in Periode 2

| t | 1 | 2 | 3 | 4 |
|---|---|---|---|---|
| $q_{1t}$ | 110 | 49 | – | – |
| $q_{2t}$ | 48 | 90 | – | – |
| $CN_{\tau t}$ | – | – | – | 202 |
| $RC_t$ | 2 | 21 | 160 | 160 |

Aktuelle (Teil-)Lösung

**Schritt 2:**

t=3:

$CN_{23}=0$

$\sum_{j=3}^{3} CV_{2j}=15 \geq \sum_{j=3}^{3}(CN_{2j}-b_j)=-160$

t=4:

$CN_{24}=202$

$\sum_{j=3}^{4} CV_{2j}=15 \geq \sum_{j=3}^{4}(CN_{2j}-b_j)=-118$

$t_c \geq T=4$

$t_c=5$

Bestimmung der Periode, ab der der bisherige Produktionsplan unzulässig wird ($t_c$)

Die Kapazität der Periode 3 (160) reicht aus, um den gesamten noch in Periode 3 zu deckenden Bedarf der Periode 3 (0) zu produzieren. Auf der linken Seite der Ungleichung wird die in Periode 2 bereits produzierte Bedarfsmenge der Periode 3 erfaßt.

Die kumulierte Kapazität der Perioden 3 und 4 (320) reicht aus, um den gesamten noch nicht gedeckten Bedarf der Perioden 3 und 4 (202) zu produzieren. Es bleibt ein Kapazitätsüberschuß von 118.

Die für Periode 2 eingeplanten Produktionsmengen können produziert werden, ohne daß in den nachfolgenden Perioden (3 bis 4) ein nicht innerhalb dieser Perioden abdeckbarer Kapazitätsfehlbedarf auftritt.

**Schritt 3:**

$d_{14} \cdot tb_1 = 82 > RC_2 = 21$

$d_{24} \cdot tb_2 = 120 > RC_2 = 21$

Versuch, die Lose der Periode 2 weiter zu vergrößern

Der Bedarf der Periode 4 für Produkt 1 ist größer als die Restkapazität. Daher kann die Losgröße für Produkt 1 in Periode 2 nicht erhöht werden.

Der Bedarf der Periode 4 für Produkt 2 ist größer als die Restkapazität. Daher kann die Losgröße für Produkt 2 in Periode 2 nicht vergrößert werden.

**Iteration $\tau=3$:**

**Schritt 1:**

$r_{13}=0, q_{13}=0;$

$r_{23}=0, q_{23}=0;$

$RC_3=160$

Initialisierung der Produktionsmengen in Periode 3

Reichweite und Produktionsmenge für Produkt 1 in Periode 3. In Periode 3 liegt kein Bedarf für Produkt 1 vor.

Reichweite und Produktionsmenge für Produkt 2 in Periode 3. Der Bedarf der Periode 3 wird bereits in Periode 2 produziert.

Verbleibende Restkapazität in Periode 3

## Schritt 2:

t=4:

$CN_{34} = 82 + 120 = 202$

$\sum_{j=4}^{4} CV_{3j} = 0 < \Sigma(CN_{3j} - b_j) = 42$

$t_c = 4$

Bestimmung der Periode, ab der der bisherige Produktionsplan unzulässig wird ($t_c$)

Die in Periode 4 fehlende Kapazität (42) ist größer als die Menge, die bereits durch Produktion in Periode 3 (0) abgedeckt wird. Werden nicht mindestens 42 Mengeneinheiten des Bedarfs der Periode 4 früher (in Periode 3) produziert, dann kann keine zulässige Lösung erreicht werden.

Es liegt nun die Situation vor, daß die Produktionsmengen in Periode $\tau = 3$ erhöht werden müssen, damit der Kapazitätsfehlbedarf in Periode 4 abgedeckt werden kann.

## Schritt 3:

$\Delta_{13} = \dfrac{(100/1) - [(100 + 4 \cdot 82)/2]}{1 \cdot 82} = -1.3902$

$\Delta_{23} = \dfrac{(50/1) - [(50 + 1 \cdot 120)/2]}{1 \cdot 120} = -0.2917$

Versuch, die Lose der Periode 3 zu vergrößern

Pro zusätzlicher für Produkt 1 eingesetzter Kapazitätseinheit in Periode 3 steigen die Kosten um 1.3902.

Pro zusätzlicher für Produkt 2 eingesetzter Kapazitätseinheit steigen die Kosten um 0.2917. Da in beiden Fällen die Kosten steigen würden, lohnt sich die Erhöhung der Produktionsmengen der Periode $\tau = 3$ unter Kostengesichtspunkten nicht. Weiter bei Schritt 4.

## Schritt 4:

Weiter bei Schritt 5, da $t_c = 4$

Prüfung, ob ein zulässiger Produktionsplan vorliegt

Es liegt noch kein zulässiger Produktionsplan vor.

## Schritt 5:

Q=42

Bestimmung der in Periode 3 für spätere Perioden noch bereitzustellenden Kapazität

Kapazitätsfehlbedarf in späteren Perioden. Da in Periode 4 insgesamt 42 Kapazitätseinheiten fehlen, müssen diese bereits in Periode 3 bereitgestellt werden.

## Schritt 6:

$r_{13neu} = 42/82 = 0.51$

Wird der Kapazitätsbedarf durch Produktion des Produkts 1 abgedeckt, dann muß die Reichweite des in Periode 3 aufzulegenden Loses mindestens 0.51 betragen.

$r_{23neu} = 42/120 = 0.35$

Wird der Kapazitätsbedarf durch Produktion des Produkts 2 abgedeckt, dann muß die Reichweite des in Periode 3 aufzulegenden Loses mindestens 0.35 betragen.

$\Delta_{13} = \dfrac{(0/1) - [(100 + 4 \cdot \{42/1\})/1.51]}{42} = -4.2258$

Veränderung der Kosten pro zusätzlich eingesetzter Kapazitätseinheit bei Produktion von Produkt 1. *Achtung*: In Periode 3 wurde nicht produziert. Daher wird beim Kostenvergleich für die Rüstkosten 0 eingesetzt. Es wird davon ausgegangen, daß nur die dem Kapazitätsfehlbedarf entsprechende Bedarfsmenge (42) früher produziert wird.

$\Delta_{23} = \dfrac{(0/1) - [(50 + 1 \cdot \{42/1\})/1.35]}{42} = -1.6223$

Veränderung der Kosten pro zusätzlich eingesetzter Kapazitätseinheit bei Produktion von Produkt 2. Die Erhöhung der Produktionsmenge des Produkts 2 (um 42 Mengeneinheiten) ist mit dem geringsten Kostenanstieg verbunden.

$r_{23}=0.35$, $q_{23}=42$;

Neue Reichweite und Losgröße für Produkt 2 in Periode 3. Der restliche Bedarf des Produkts 2 in Periode 4 wird durch ein Los in Periode 4 gedeckt. Dadurch wird erreicht, daß die Lagerkosten so gering wie möglich steigen.

$d_{24}=120-42=78$

Noch zu produzierende Bedarfsmenge für Produkt 2 in Periode 4.

Aktuelle (Teil-)Lösung

| t | 1 | 2 | 3 | 4 |
|---|---|---|---|---|
| $q_{1t}$ | 110 | 49 | - | - |
| $q_{2t}$ | 48 | 90 | 42 | - |
| $CN_{\tau t}$ | - | - | - | 160 |
| $RC_t$ | 2 | 21 | 118 | 160 |

$Q=0$

Die Produktionsmengen in Periode 3 sind zulässig. Ein weiterer schon in Periode 3 zu deckender Kapazitätsbedarf aus späteren Perioden besteht nicht.

**Iteration $\tau=4$:**

**Schritt 1:**

$r_{14}=0$, $q_{11}=82$;

Reichweite und Losgröße für Produkt 1 in Periode 4

$r_{24}=0$, $q_{21}=78$

Reichweite und Losgröße für Produkt 2 in Periode 4

$RC_4=0$

Verbleibende Restkapazität in Periode 4

Aktuelle (Teil-)Lösung

| t | 1 | 2 | 3 | 4 |
|---|---|---|---|---|
| $q_{1t}$ | 110 | 49 | - | 82 |
| $q_{2t}$ | 48 | 90 | 42 | 78 |
| $CN_{\tau t}$ | - | - | - | - |
| $RC_t$ | 2 | 21 | 118 | 0 |

**Schritt 2:**

$t_c=5$

Das Ende des Planungshorizonts ist erreicht. STOP.

---

**Ende des Beispiels zum Verfahren DIXON**

---

Die vorliegende Lösung kann noch weiter *verbessert* werden. So ist z.B. eine Verbesserung dadurch möglich, daß überprüft wird, ob *alle Produktmengen so spät wie möglich* produziert werden. Dies ist für die Bedarfsmengen des Produkts 2 in Periode 3 nicht der Fall. Wir ändern den Produktionsplan durch Verschiebung dieser Mengen in Periode 3. Die derart verbesserte Lösung ist in Tabelle 47 dargestellt.

| t | 1 | 2 | 3 | 4 |
|---|---|---|---|---|
| $q_{1t}$ | 110 | 49 | - | 82 |
| $q_{2t}$ | 48 | 75 | 57 | 78 |
| $RC_t$ | 2 | 36 | 103 | 0 |

*Tabelle 47: Optimale Produktionspläne*

Über einen praktischen Anwendungsfall des Verfahrens von *Dixon* berichten *Van Wassenhove und Vanderhenst*[267]. *Günther* beschreibt eine Anwendung des Verfahrens von *Dixon*, in der die Kapazitätsschranke als Entscheidungsparameter verwendet wird, mit dem Ziel, eine möglichst *gleichmäßige Auslastung* der Kapazität zu erreichen[268].

Die publizierten Ergebnisse von numerischen Untersuchungen verschiedener heuristischer Verfahren zur Lösung des betrachteten Mehrprodukt-Losgrößenproblems mit Kapazitätsbeschränkungen (einschl. des Verfahrens von *Dixon*) zeigen, daß mit dem Verfahren von *Dixon* i.d.R. eine sehr gute Lösungsqualität erreichbar ist[269].

In Abschnitt 43442. werden wir ein Verfahren zur Lösung eines mehrstufigen Mehrprodukt-Losgrößenproblems mit beschränkten Kapazitäten beschreiben, in dessen Verlauf das Verfahren von *Dixon* zur Bearbeitung von einstufigen Teilproblemen eingesetzt wird.

### 43322. Das Verfahren von Bahl

Das Verfahren von *Bahl*[270] baut auf einem bereits 1958 von *Manne*[271] vorgetragenen Ansatz der mathematischen Programmierung auf. Die Grundidee des Verfahrens besteht darin, eine *endliche Menge* $P_k$ von produktbezogenen *Produktionsplänen* mit jeweils unterschiedlichen Produktionszyklen zu erzeugen und diese als Entscheidungsalternativen in einem Modell der linearen Programmierung zusammenzufassen. Für jedes Produkt k werden mehrere Produktionspläne i ($i \in P_k$) entwickelt. Ist ein Produktionsplan für den gesamten Planungshorizont definiert, dann lassen sich die damit verbundenen Kosten sowie die Belastung der Ressourcen in den einzelnen Planungsperioden leicht ermitteln. Die Nebenbedingungen des LP-Modells enthalten die Kapazitätsrestriktionen der knappen Ressourcen. Eine vereinfachte Form des von *Bahl* formulierten LP-Modells lautet wie folgt[272]:

---

267 vgl. **Van Wassenhove/Vanderhenst** (1983)
268 vgl. **Günther** (1987)
269 vgl. z.B. die Ergebnisse von **Thizy/Van Wassenhove** (1985); **Günther** (1988)
270 vgl. **Bahl** (1983); **Bahl/Ritzman** (1984a), (1984b)
271 vgl. **Manne** (1958)
272 *Bahl und Ritzman* berücksichtigen die Möglichkeit, durch Überstunden die Periodenkapazität einer Ressource zu erweitern. Vgl. auch **Bahl/Ritzman** (1984a), (1984b).

**Modell BAHL:**

$$\text{Min} = \sum_{k=1}^{K} \sum_{i \in P_k} c_i \cdot \gamma_i \tag{271}$$

$c_i$: Kosten des Produktionsplans i für Produkt k
$P_k$: Menge der für Produkt k definierten Produktionspläne

u.B.d.R.

$$\sum_{k=1}^{K} \sum_{i \in P_k} t_{ijt} \cdot \gamma_i \leq b_{jt} \qquad j=1,2,\ldots,J;\ t=1,2,\ldots,T \tag{272}$$

$t_{ijt}$: Kapazitätsbelastung der Ressource j durch den Produktionsplan i (des Produkts k) in Periode t

$$\sum_{i \in P_k} \gamma_i = 1 \qquad k=1,2,\ldots,K \tag{273}$$

$$\gamma_i \in \{0,1\} \qquad i \in P_k;\ k=1,2,\ldots,K \tag{274}$$

Es bedeuten:

$b_{jt}$    Kapazität der Ressource j in Periode t
$c_i$    Kosten des Produktionsplans i (dieser ist eindeutig einem Produkt k zugeordnet)
$\gamma_i$    binäre Variable, die den Wert 1 annimmt, wenn Produktionsplan i (für Produkt k) gewählt wird
$P_k$    Menge der für Produkt k betrachteten Produktionsplanalternativen
$t_{ijt}$    Kapazitätsbelastung der Ressource j in Periode t durch den Produktionsplan i

Das Problem (271)-(274) ist ein **binäres Optimierungsproblem** mit den Entscheidungsvariablen $\gamma_i$. *Rüstvorgänge* (insb. Rüstzeiten), *Losgrößen* und *Lagermengen* werden *implizit* durch die Zuordnung zu einer spezifizierten Produktionsplanalternative erfaßt. Die Nebenbedingungen (272) stellen sicher, daß die in Periode t verfügbare Kapazität der Ressourcen nicht überschritten wird. Die Gleichungen (273) gewährleisten, daß für jedes Produkt k genau ein Produktionsplan ausgewählt wird.

Zur Lösung des Problems könnten prinzipiell Standardalgorithmen der binären Optimierung eingesetzt werden. Wegen der hohen Anzahl von Binärvariablen ist dies jedoch in der praktischen Anwendung zu aufwendig. Deshalb vernachlässigen *Bahl und Ritzman* die Ganzzahligkeitsbedingungen und lösen das Problem durch Einsatz eines Standardverfahrens der linearen (kontinuierlichen) Optimierung. Die Binärvariablen werden dann auf- bzw. abgerundet.

Die mit diesem Verfahren erreichbare Lösungsqualität wird vor allem durch die Qualität der generierten und im LP-Ansatz zur Auswahl gestellten Produktionsplanalternativen beeinflußt. Deren Anzahl kann offensichtlich so groß sein, daß bereits ihre *Generierung ein erhebliches Problem* darstellt. Darüberhinaus ist die

Rundung der in der optimalen kontinuierlichen Lösung nicht-ganzzahligen Binärvariablen eine Fehlerquelle. Diese Fehlerquelle verliert jedoch an Gewicht, je größer die Anzahl der Produkte K im Vergleich zum Produkt aus der Länge des Planungshorizontes T und der Anzahl knapper Ressourcen J ist[273].

Der beschriebene Lösungsansatz des Mehrprodukt-Losgrößenproblems bildet eine Komponente eines heuristischen Verfahrens zur kurzfristigen Produktionsprogramm-, Materialbedarfs- und Losgrößenplanung[274].

**Vertiefende Literatur zu Abschnitt 433:**

*Bahl* (1980), (1983)
*Bahl/Ritzman* (1984a), (1984b)
*Bahl/Ritzman/Gupta* (1987)
*Chen/Thizy* (1990)
*De Bodt/Gelders/Van Wassenhove* (1984)
*Diaby/Bahl/Karwan/Zionts* (1992a), (1992b)
*Dixon/Silver* (1981)
*Domschke/Scholl/Voß* (1993)
*Drexl/Haase* (1992)
*Gelders/Van Wassenhove/Maes* (1986)
*Günther* (1987), (1988)
*Haase* (1994)
*Kuik/Salomon/Van Wassenhove* (1994)
*Maes* (1987)
*Maes/Van Wassenhove* (1986a), (1986b)
*Salomon* (1991)
*Salomon/Kroon/Kuik/Van Wassenhove* (1991)
*Thizy/Van Wassenhove* (1985)

## 434. Das dynamische mehrstufige Mehrprodukt-Losgrößenproblem

### 4341. Grundsätzliche Überlegungen

Die bisherigen Ausführungen waren auf einstufige Erzeugnis- und Prozeßstrukturen beschränkt. In der betrieblichen Praxis sind jedoch mehrstufige und mehrteilige Erzeugnis- und Prozeßstrukturen vorherrschend. Während wir bei der Darstellung des Erzeugniszusammenhangs[275] vor allem auf die *mengenmäßige Zusammensetzung der Endprodukte aus Baugruppen und Einzelteilen* abgestellt haben, sind nun auch die Strukturen der Produktionsprozesse zu berücksich-

---

273 vgl. **Van Wassenhove/Maes** (1984)
274 vgl. **Bahl/Ritzman** (1984b)
275 vgl. Abschnitt 41.

tigen. Die im Zusammenhang mit der Materialbedarfsplanung verwendete **produktbezogene** Darstellung des Erzeugniszusammenhangs dient vor allem der mengenmäßigen Ermittlung der Sekundärbedarfe. Für die Produktionsplanung (Losgrößenbestimmung und Terminplanung) ist diese Darstellungsweise aber i.a. zu hoch aggregiert. Vielmehr ist es notwendig, als kleinste Planungseinheiten die einzelnen Arbeitsgänge, die an den Produkten auszuführen sind, zu betrachten[276]. Denn nicht ein Erzeugnis, sondern ein **Arbeitsgang** bzw. ein arbeitsgangbezogener Auftrag nimmt Ressourcen in Anspruch. Setzt sich ein erzeugnisbezogener Arbeitsplan darüberhinaus aus mehreren Arbeitsgängen zusammen, dann nehmen diese normalerweise *unterschiedliche Ressourcen* in Anspruch. Da bei der Bestimmung von Fertigungsauftragsgrößen (Losgrößen) aber immer **ressourcenbezogene Rüstkosten** (bzw. Rüstzeiten) gegenüber Lagerkosten abgewogen werden, *kann nur in einer arbeitsgangbezogenen Darstellung eine detaillierte Kapazitätsbelegung* berücksichtigt werden.

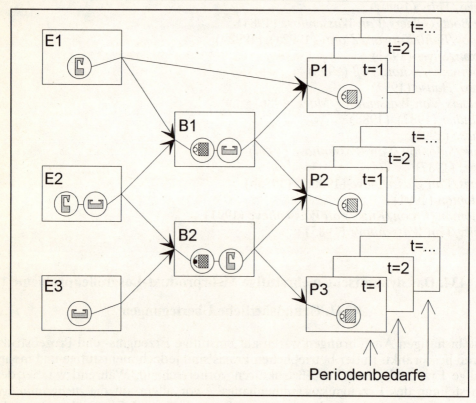

Bild 72: *Arbeitsgangbezogene Darstellung einer generellen Erzeugnisstruktur*

---

276 vgl. **Scheer** (1978); **Aquilano/Smith** (1980); **Smith** (1980). Eine arbeitsgangbezogene Darstellung der Erzeugnis- und Prozeßstruktur wird auch im Produktionsplanungs- und -steuerungssystem OPT verwendet. Vgl. z.B. **Fox** (1983)

### 4341. Grundsätzliche Überlegungen

Eine **arbeitsgangbezogene** Darstellung der Erzeugnis- und Prozeßstruktur ist in Bild 72 wiedergegeben. Rechtecke stellen die **Erzeugnisse** dar. Ein Pfeil zwischen zwei Rechtecken symbolisiert die unmittelbaren mengenmäßigen Input-Output-Beziehungen zwischen den betroffenen Erzeugnissen. Die Symbole innerhalb eines Rechtecks repräsentieren die zur Produktion eines Erzeugnisses notwendigen **Arbeitsgänge** bzw. Ressourcen. Die *Menge und Anordnung* der Symbole in einem Erzeugnisrechteck beschreiben den **Arbeitsplan** dieses Erzeugnisses. Stehen für einen Arbeitsgang *alternative Ressourcen* zur Verfügung, dann kann die Darstellung um parallele Arbeitsgänge erweitert werden. Untereinander verschachtelt dargestellte Rechtecke beschreiben die periodisierten absatzbestimmten Primärbedarfsmengen eines Erzeugnisses. Dabei kann durchaus auch die Situation auftreten, daß ein Betriebsmittel durch Produkte (bzw. Arbeitsgänge) auf unterschiedlichen Dispositionsstufen beansprucht wird[277].

Die durch die obige Erzeugnis- und Prozeßstruktur betroffenen Ressourcen könnten z.B. in den in Bild 73 dargestellten Werkstätten angeordnet sein, die neben anderen Produktionssegmenten[278] in einer Produktionsstätte vorhanden sind. Ein Modell zur Losgrößenplanung muß diese Werkstätten gemeinsam berücksichtigen, da die dort stattfindenden Produktionsprozesse aufgrund der sich aus der Erzeugnis- und Prozeßstruktur ergebenden Materialflußbeziehungen zwischen den Erzeugnissen interdependent sind.

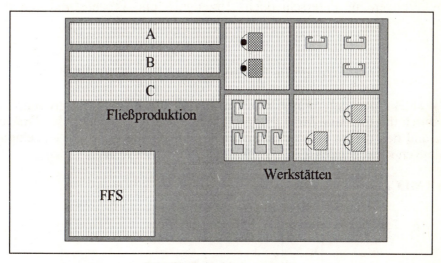

*Bild 73: Produktionssegmente*

Die in der Literatur vorliegenden Untersuchungen zum Problem der Bestimmung von Losgrößen im Rahmen der Materialwirtschaft (insb. in der Materialbedarfsrechnung) beziehen sich i.a. auf *Erzeugnisse* als kleinste betrachtete Einheiten. Diese Vorgehensweise basiert auf der Annahme, daß man die linear an-

---

277 vgl. **Maes/McClain/Van Wassenhove** (1991); **Tempelmeier/Helber** (1994)
278 vgl. **Günther/Tempelmeier** (1994), S. 78-80

einandergereihten an einem Erzeugnis vorgenommenen *Bearbeitungsoperationen* (Arbeitsgänge) zu einem komplexen erzeugnisbezogenen Bearbeitungsprozeß *aggregieren*, die Rüstkosten für die einzelnen Arbeitsgänge zu einem erzeugnisbezogenen Rüstkostenblock addieren und die *Kapazitätsbedarfe* produktbezogen eindeutig zuordnen kann. Das ist jedoch nur möglich, wenn nicht mehrere Erzeugnisse auf denselben Betriebsmitteln bearbeitet werden. Nur unter dieser Voraussetzung kann ein Mehrprodukt-Losgrößenproblem in mehrere voneinander unabhängige Einprodukt-Losgrößenprobleme zerlegt werden[279], deren Losauflagehäufigkeit durch extern vorgegebene Rüstkosten beeinflußt wird.

Eines der **Hauptprobleme** der derzeit in der Praxis eingesetzten **PPS-Systeme** liegt darin, daß es bislang nicht gelungen ist, ein praktikables Verfahren zur Lösung des mehrstufigen dynamischen Mehrprodukt-Losgrößenproblems bei beschränkten Kapazitäten zu entwickeln und dieses in ein sinnvolles Konzept der Produktionsplanung und -steuerung zu integrieren.

### 4342. Modellformulierungen

In der Literatur sind zahlreiche Modellformulierungen des dynamischen mehrstufigen Losgrößenproblems vorgeschlagen worden[280]. Im folgenden werden Formulierungen für unterschiedliche Erzeugnis- und Prozeßstrukturen dargestellt.

### 43421. Generelle Erzeugnis- und Prozeßstruktur

Das Problem der deterministischen Materialbedarfs- und Losgrößenplanung kann durch das folgende Modell abgebildet werden, wobei neben den *Enderzeugnissen* und den extern zu beschaffenden Produkten die nach den einzelnen Arbeitsgängen vorliegenden *Zwischenprodukte* betrachtet werden[281]:

**Modell MLCLSP**:

$$\text{Min } Z = \sum_{t=1}^{T} \sum_{k=1}^{K} p_{kt} \cdot q_{kt} + h_k \cdot y_{kt} + s_k \cdot \gamma_{kt} \tag{275}$$

- Rüstvariable für Arbeitsgang k in Periode t
- Lagerbestand nach Arbeitsgang k am Ende der Periode t
- Losgröße für Arbeitsgang k zu Beginn der Periode t

---

279 vgl. z.B. **Moily** (1986)
280 vgl. z.B. **Rao** (1981); **Billington/McClain/Thomas** (1983); **DeBodt/Gelders/Van Wassenhove** (1984)
281 Multilevel **c**apacitated **l**ot**s**izing **p**roblem. Im folgenden werden **Arbeitsgänge** und **Produkte** als **synonym** betrachtet.

## 43421. Generelle Erzeugnis- und Prozeßstruktur

u.B.d.R.

$$y_{k,t-1} + q_{k,t-z(k)} - \sum_{i \in N_k} a_{ki} \cdot q_{it} - y_{kt} = d_{kt} \qquad k=1,2,\ldots,K;\ t=1,2,\ldots,T \qquad (276)$$

$$\sum_{k \in K_j} tb_k \cdot q_{kt} + tr_k \cdot \gamma_{kt} \leq b_{jt} \qquad j=1,2,\ldots,J;\ t=1,2,\ldots,T \qquad (277)$$

- Kapazität der Ressource j in Periode t
- Rüstzeit für Arbeitsgang k
- Stückbearbeitungszeit für Arbeitsgang k

$$q_{kt} - M \cdot \gamma_{kt} \leq 0 \qquad k=1,2,\ldots,K;\ t=1,2,\ldots,T \qquad (278)$$

$$q_{kt} \geq 0 \qquad k=1,2,\ldots,K;\ t=1,2,\ldots,T \qquad (279)$$

$$y_{kt} \geq 0 \qquad k=1,2,\ldots,K;\ t=1,2,\ldots,T \qquad (280)$$

$$y_{k0} = 0 \qquad k=1,2,\ldots,K \qquad (281)$$

$$\gamma_{kt} \in \{0,1\} \qquad k=1,2,\ldots,K;\ t=1,2,\ldots,T \qquad (282)$$

Es bedeuten:

| | |
|---|---|
| $a_{ki}$ | Direktbedarfskoeffizient bezüglich Produkt k und i |
| $b_{jt}$ | verfügbare Kapazität der Ressource j in Periode t |
| $d_{kt}$ | Primärbedarf für Produkt k in Periode t |
| $h_k$ | voller Lagerkostensatz des Produkts k (dieser kann auch periodenabhängig definiert werden) |
| J | Anzahl der Ressourcen (j = 1,2,...,J) |
| K | Anzahl der Produkte bzw. Arbeitsgänge (k = 1,2,...,K) |
| $K_j$ | Menge der Arbeitsgänge, die durch die Ressource j vollzogen werden |
| M | große Zahl |
| $N_k$ | Menge der Nachfolger des Produkts k (direkt übergeordnete Produkte bzw. nachfolgende Arbeitsgänge) |
| $p_{kt}$ | variable Produktionskosten für Produkt k in Periode t |
| $q_{kt}$ | Losgröße für Arbeitsgang k in Periode t |
| $s_k$ | Rüstkostensatz des Produkts k (dieser kann auch periodenabhängig definiert werden) |
| T | Länge des Planungszeitraums in Perioden (t = 1,2,...,T) |
| $tb_k$ | Stückbearbeitungszeit für Arbeitsgang k |
| $tr_k$ | Rüstzeit für Arbeitsgang k |
| $y_{kt}$ | Lagerbestand für Produkt k am Ende der Periode t |
| z(k) | Mindestvorlaufzeit eines Auftrags für Produkt k |
| $\gamma_{kt}$ | binäre Rüstvariable für Arbeitsgang bzw. Produkt k in Periode t |

Die Größe z(k) bezeichnet die *minimale arbeitsgangbezogene Durchlaufzeit* eines Fertigungsauftrags, die auch bei unbeschränkten Kapazitäten niemals unterschritten werden kann. Mit dem Arbeitsgang k muß mindestens z(k) Zeiteinheiten vor Beginn des frühesten Nachfolgearbeitsgangs begonnen werden. Benötigt man z.B. für die Lackierung (einschl. Trocknung) eines Schaltkastens 10 Minuten und für die Umrüstung der Lackiervorrichtung 30 Minuten, dann benötigt man bei einer Losgröße von 45 Stück mindestens 480 Minuten. Ist der Planungszeitraum in ein Tagesraster (480 Minuten) unterteilt, dann muß bei geschlossener Produktweitergabe mit der Lackierung genau $z(k)=1$ Periode vor dem Bedarfstermin begonnen werden.

Die minimale Vorlaufzeitverschiebung $z(k)$ ist sachlich identisch mit einem Summanden auf der linken Seite der Kapazitätsrestriktion (277), sofern keine ablaufbedingten Wartezeiten berücksichtigt werden. Streng genommen ist $z(k)$ also keine konstante Größe, wie in der Formulierung des Modells MLCLSP angenommen, sondern eine Variable, deren Höhe von den Losgrößen $q_{kt}$ abhängt.

Empirische Untersuchungen haben jedoch ergeben, daß die Bearbeitungszeit i.d.R. nur einen vergleichsweise geringen Anteil an der gesamten Durchlaufzeit eines Erzeugnisses in Anspruch nimmt. Diese Ergebnisse beziehen sich zwar auf Produktionssysteme, in denen aufgrund unzureichender Berücksichtigung der Kapazitäten im Rahmen der Produktionsplanung vermeidbare Wartezeiten vermutet werden können. Dennoch ist anzunehmen, daß die ermittelten Zusammenhänge wegen der kombinatorischen Struktur des Problems tendenziell auch bei "optimaler" Produktionsplanung gelten.

Man kann daher - ohne größere Verzerrungen des Problems befürchten zu müssen - die Mindestvorlaufverschiebung $z(k)$ als eine *Konstante* behandeln. In vielen Fällen wird ein zulässiger Produktionsplan erreicht, wenn man die Periodenlänge ausreichend groß wählt und $z(k)=1$ setzt. Dabei darf aber nur die Durchlaufzeit berücksichtigt werden, die bei unbeschränkten Kapazitäten aller Ressourcen realisierbar wäre. Zusätzliche Verschiebungen des Produktionsbeginns eines Auftrags, die aufgrund mangelnder Bearbeitungskapazität in einer Periode notwendig werden können, werden in der vorliegenden Modellformulierung durch die Kapazitätsrestriktionen (277) modellintern ermittelt[282]. Reicht die Kapazität einer Produktiveinheit in einer Periode t nicht aus, um die bezüglich der Lager- und Rüstkosten optimalen Losgrößen der Erzeugnisse zu produzieren, dann wird die Produktion (mindestens) eines Erzeugnisses zeitlich in eine frühere Periode $\tau$ vorgezogen[283]. Die Differenz $[t-\tau-z(k)]$ entspricht dann der *Wartezeit* bzw. Lagerdauer der Zwischenprodukte *nach Beendigung der Produktion*. Dabei kann auch der Fall eintreten, daß die Periodenbedarfsmenge eines Produkts durch Produktion in mehreren Perioden - evtl. mit zusätzlichen Rüstkosten - bereitgestellt wird.

Die obige Formulierung des Modells MLCLSP bezieht sich auf **Arbeitsgänge** bzw. deren Ergebnisse, die Zwischen- und Endprodukte. Denn nur auf dieser Aggregationsebene läßt sich ein Bezug zur periodenbezogenen Kapazitätsbeanspruchung der einzelnen Ressourcen herstellen. In der Literatur zur Losgrößenplanung wird jedoch vorwiegend eine Darstellung des Problems gewählt, in der

---

282 vgl. **Billington/McClain/Thomas** (1983)
283 vgl. auch Abschnitt 4332.

die Kapazitätsbeschränkungen der Ressourcen unbeachtet bleiben[284]. Dadurch wird es möglich, die linear aneinandergereihten Arbeitsgänge eines (Zwischen-) Produkts zu einer komplexeren Einheit zu aggregieren und das Losgrößenproblem auf der Basis von Produkten zu behandeln.

*Maes, McClain und Van Wassenhove*[285] zeigen, daß bereits das Problem der Bestimmung einer *zulässigen Lösung* des Modells MLCLSP NP-vollständig ist, wenn *Rüstzeiten* berücksichtigt werden müssen.

Zur **Bewertung der Lagerbestände** in einer mehrstufigen Erzeugnisstruktur bieten sich zwei Möglichkeiten an. Die *erste Möglichkeit* baut auf den *physischen Lagerbeständen* nach den einzelnen Arbeitsgängen auf. Alle Lagerbestände werden mit ihren vollen Lagerkostensätzen bewertet. Die isoliert betrachtete zusätzliche Produktion einer Mengeneinheit eines Produkts führt in diesem Fall c.p. zu einer Erhöhung des mit dem vollen Lagerkostensatz dieses Produkts bewerteten Lagerbestands. Gleichzeitig reduziert sich der mit dem vollen Lagerkostensatz bewertete Lagerbestand eines direkt untergeordneten Erzeugnisses.

Diese Form der Bewertung wurde auch in der obigen Modellformulierung eingesetzt. Die *zweite Möglichkeit* besteht darin, nach jedem Arbeitsgang (bzw. nach jeder Wertsteigerungsstufe) nur den *Wertzuwachs* der betreffenden Produktionsstufe zu betrachten. Als Mengengerüst der Kostenberechnung dient dann der *systemweite Lagerbestand* (echelon stock)[286] eines Erzeugnisses. Der systemweite Lagerbestand eines Produkts k in Periode t, $E_{kt}$, ist die Gesamtmenge dieses Produkts, die sich noch im Lagersystem der betrachteten Unternehmung befindet, d.h. die noch nicht an Abnehmer weiterverkauft worden ist. Dabei ist es unerheblich, ob die einzelnen Mengeneinheiten noch physisch als identifizierbare Exemplare des Produkts k vorliegen oder ob sie schon in übergeordnete Erzeugnisse eingebaut worden sind und damit ihre Identität verloren haben.

Bei Verwendung der zweiten Modellierungsvariante geht man wie folgt vor. Zunächst wird der Lagerbestand des Erzeugnisses k durch den **systemweiten Lagerbestand** (echelon stock), $E_{kt}$, ersetzt:

$$E_{kt} = y_{kt} + \sum_{j \in \Gamma_k} v_{kj} \cdot y_{jt} \qquad k=1,2,\ldots,K; \; t=1,2,\ldots,T \qquad (283)$$

wobei der Klammerterm $\sum_{j \in \Gamma_k} v_{kj} \cdot y_{jt}$ den *Verflechtungsbedarf zwischen den Produkten k und j* bzw. die Menge des Erzeugnisses k, die in übergeordnete Erzeugnisse eingebaut worden ist, darstellt, und $y_{kt}$ die Menge des Erzeugnisses k, die in Periode t noch nicht in übergeordnete Teile eingegangen ist (physischer Lagerbestand).

---

284 Derartige Formulierungen des Problems finden sich z.B. in **McLaren** (1977); **Jacobs/Khumawala** (1982); **McClain/Maxwell/Muckstadt/Thomas/Weiss** (1982); **Billington** (1983); **De Bodt/Gelders/van Wassenhove** (1984); **Heinrich** (1987).
285 vgl. **Maes/McClain/Van Wassenhove** (1991)
286 Der Begriff *echelon stock* wurde von *Clark und Scarf* eingeführt. Vgl. **Clark/Scarf** (1960)

Die Größe $\Gamma_k$ bezeichnet die Indexmenge *aller* (direkt oder indirekt) dem Erzeugnis k *übergeordneten* Erzeugnisse. Mit $v_{kj}$ wird der *Verflechtungsbedarf* zwischen den Erzeugnissen k und j bezeichnet[287]. Der mit Gleichung (283) beschriebene systemweite Lagerbestand des Erzeugnisses k ist gleich der gesamten Menge dieses Erzeugnisses, die *an irgendeiner Stelle im betrachteten Lagersystem* noch vorhanden ist.

Der *marginale Lagerkostensatz* eines Produkts, mit dem der systemweite Lagerbestand bewertet wird, ergibt sich wie folgt:

$$e_k = h_k - \sum_{j \in V_k} a_{jk} \cdot h_j \qquad k=1,2,\ldots,K \qquad (284)$$

- $h_k$: Lagerkostensatz bezogen auf den physischen Lagerbestand
- $e_k$: marginaler Lagerkostensatz

Die Größe $V_k$ bezeichnet dabei die Menge der Indizes der *direkten Vorgänger* des Produkts k. Auf das Konzept des systemweiten Lagerbestands wird in Abschnitt 4343131. noch ausführlich eingegangen. Zur Veranschaulichung der unterschiedlichen Methoden zur Lagerkostenberechnung soll aber bereits an dieser Stelle ein einfaches **Beispiel** mit einem Endprodukt P1 und einem Einzelteil E1 dargestellt werden. Zu Beginn einer Periode beträgt der Lagerbestand des Endprodukts 0 und der Lagerbestand des Einzelteils 1. Die vollen Lagerkostensätze seien für P1 10 und für E1 6. In der betrachteten Periode wird eine Einheit von P1 produziert und auf Lager gelegt. Zur Produktion von P1 wird eine Einheit von E1 vom Lager entnommen. Tabelle 48 zeigt die Berechnung der Lagerkostenerhöhung auf der Grundlage einer Bewertung der Bestände mit *vollen Lagerkostensätzen*.

| k  | $h_k$ | Bestand am Periodenanfang | Lagerkosten | Bestand am Periodenende (physisch) | Lagerkosten | Anstieg der Lagerkosten |
|----|----|----|----|----|----|----|
| P1 | 10 | 0 | 0 | 1 | 10 | 10 |
| E1 | 6  | 1 | 6 | 0 | 0  | -6 |
|    |    |   |   |   |    | 4  |

*Tabelle 48: Bewertung der Lagerbestandsveränderung mit vollen Lagerkostensätzen*

In Tabelle 49 wird der gleiche Vorgang mit Hilfe von *marginalen Lagerkostensätzen* analysiert.

---

[287] vgl. auch Abschnitt 424.

| k | $e_k$ | Bestand am Periodenanfang | Lagerkosten | Bestand am Periodenende (systemweit) | Lagerkosten | Anstieg der Lagerkosten |
|---|---|---|---|---|---|---|
| P1 | 4 | 0 | 0 | 1 | 4 | 4 |
| E1 | 6 | 1 | 6 | 1 | 6 | 0 |
| | | | | | | 4 |

*Tabelle 49: Bewertung der Lagerbestandsveränderung mit marginalen Lagerkostensätzen*

Verwenden wir das Konzept des **systemweiten Lagerbestands**, dann lautet das dynamische mehrstufige Mehrprodukt-Losgrößenproblem[288] (unter Vernachlässigung der variablen Produktionskosten) wie folgt:

### Modell MLCLSP$_e$:

$$\text{Min } Z = \sum_{k=1}^{K} \sum_{t=1}^{T} \underbrace{s_k \cdot \gamma_{kt}}_{\text{Rüstkosten}} + \underbrace{e_k \cdot E_{kt}}_{\text{Lagerkosten bezogen auf den systemweiten Lagerbestand}} \tag{285}$$

u.B.d.R.

Lagerbilanzgleichung für Produkt k in Periode t:

$$E_{k,t-1} + q_{k,t-z(k)} - \underbrace{\sum_{i \in \Gamma_k} v_{ki} \cdot d_{it} - E_{kt}}_{\text{Menge des Erzeugnisses k, die in Periode t in übergeordneten Produkten das Lagersystem verläßt}}^{\text{Systemweite Abgangsmenge des Produkts k in Periode t}} = d_{kt} \qquad k=1,2,\ldots,K; \ t=1,2,\ldots,T \tag{286}$$

Physischer Lagerbestand für Produkt k in Periode t:

$$E_{kt} - \sum_{i \in N_k} a_{ki} \cdot E_{it} \geq 0 \qquad k=1,2,\ldots,K; \ t=1,2,\ldots,T \tag{287}$$

$\uparrow$ Indexmenge der direkten Nachfolger des Produkts k

$$\sum_{k \in K_j} tb_k \cdot q_{kt} + tr_k \cdot \gamma_{kt} \leq b_{jt} \qquad j=1,2,\ldots,J; \ t=1,2,\ldots,T \tag{288}$$

$$q_{kt} - M \cdot \gamma_{kt} \leq 0 \qquad k=1,2,\ldots,K; \ t=1,2,\ldots,T \tag{289}$$

$$q_{kt}, E_{kt} \geq 0 \qquad k=1,2,\ldots,K; \ t=1,2,\ldots,T \tag{290}$$

---

[288] vgl. ähnlich **Afentakis** (1982), S. 75; **Afentakis/Gavish** (1986), S. 239

$\gamma_{kt} \in \{0,1\}$ \hfill k=1,2,...,K; t=1,2,...,T \hfill (291)

Es bedeuten:

| | |
|---|---|
| $a_{ki}$ | Direktbedarfskoeffizient bezüglich Produkt k und i |
| $b_{jt}$ | verfügbare Kapazität der Ressource j in Periode t |
| $d_{kt}$ | Primärbedarf für Produkt k in Periode t |
| $e_k$ | marginaler Lagerkostensatz des Produkts k |
| $E_{kt}$ | systemweiter Lagerbestand des Produkts k am Ende der Periode t |
| J | Anzahl der Ressourcen (j=1,2,...,J) |
| K | Anzahl der Produkte (k=1,2,...,K) |
| $K_j$ | Menge der Arbeitsgänge, die durch die Ressource j vollzogen werden |
| M | große Zahl |
| $N_k$ | Indexmenge der direkten Nachfolger des Produkts k (direkt übergeordnete Produkte bzw. nachfolgende Arbeitsgänge) |
| $q_{kt}$ | Losgröße des Produkts k in Periode t |
| $s_k$ | Rüstkosten für Produkt k |
| T | Länge des Planungszeitraums in Perioden (t=1,2,...,T) |
| $tb_k$ | Stückbearbeitungszeit für Arbeitsgang k |
| $tr_k$ | Rüstzeit für Arbeitsgang k |
| $v_{ki}$ | Verflechtungsbedarfskoeffizient bezüglich Produkt k und i |
| z(k) | Mindestvorlaufzeit eines Auftrags für Produkt k |
| $\Gamma_k$ | Indexmenge aller dem Produkt k übergeordneten Erzeugnisse |
| $\gamma_{kt}$ | binäre Rüstvariable |

Die Nebenbedingung (286) beschreibt die Zusammensetzung des systemweiten Lagerbestands eines Produkts. Dieser wird in ähnlicher Weise wie im Modell MLCLSP errechnet. Ein Unterschied besteht lediglich in der Erfassung der Input-Output-Beziehungen zu den übergeordneten Erzeugnissen. Anstelle der Subtraktion des Sekundärbedarfs - wie im Modell MLCLSP - wird mit dem Summenausdruck in Gleichung (286) der *gesamte systemweite Abfluß eines Erzeugnisses* aus dem Lagersystem erfaßt. Hierdurch wird beschrieben, daß der systemweite Lagerbestand c.p. sinkt, wenn für irgendeines der Erzeugnisse, in das das Erzeugnis k eingebaut worden ist, ein Primärbedarf auftritt.

In Bild 74 ist die Zusammensetzung des systemweiten Lagerbestands eines Erzeugnisses mit zwei übergeordneten Produkten in einer linearen Erzeugnisstruktur graphisch dargestellt. Im Modell MLCLSP wurde das Auftreten einer Fehlmenge (negativer *physischer* Lagerbestand) durch Beschränkung der Lagerbestandsvariablen $y_{kt}$ auf nicht-negative Werte verhindert. Eine unmittelbare Übertragung dieser Bedingung auf den *systemweiten* Lagerbestand ist nicht möglich, da der physische Lagerbestand eines Erzeugnisses negativ sein kann, obwohl der systemweite Lagerbestand positiv ist. Dies ist dann der Fall, wenn in einer Periode die Gesamtmenge der bereits in nachfolgende Erzeugnisse eingebauten (und noch nicht aus dem Lagersystem abgegangenen) Einheiten eines Produkts größer ist als die Fehlmenge. Nur für Endprodukte verhindert die Beschränkung des systemweiten Lagerbestands auf nicht-negative Werte das Auftreten von Fehlmengen. Für untergeordnete Erzeugnisse wird dies durch die Ungleichungen (287) erreicht. Sie beschreiben den *physischen Lagerbestand* eines Erzeugnisses k *als Funktion des systemweiten Lagerbestands* dieses Erzeugnisses und der systemweiten Lagerbestände seiner direkten Nachfolger.

Zusammen mit den Gleichungen (286) stellen die Beziehungen (287) die termingerechte Weiterwälzung der Primärbedarfsmengen auf die untergeordneten Erzeugnisse sicher (Materialbedarfsrechnung).

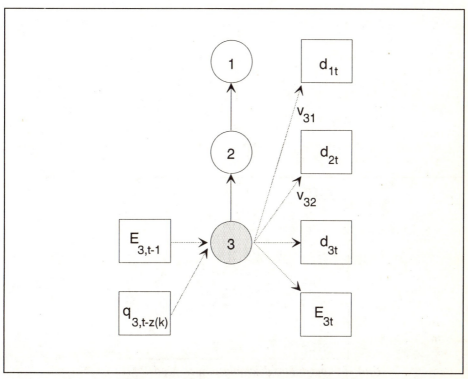

*Bild 74: Bestandteile des systemweiten Lagerbestands*

Zur Veranschaulichung des Unterschiedes zwischen den Lagerbilanzgleichungen (276) und (286) sowie (287) sei die in Bild 75 dargestellte Erzeugnisstruktur mit vier Produkten betrachtet, wobei ein Planungshorizont von T=2 Perioden angenommen wird. Die *Bedarfsmengen* der beiden Endprodukte betragen $d_{11}=10$, $d_{12}=20$, $d_{21}=25$ und $d_{22}=30$. Es wird unterstellt, daß für beide Endprodukte in Periode 1 jeweils ein Los aufgelegt wird. Die *Losgrößen* betragen damit $q_{11}=30$ und $q_{21}=55$. Die Vorlaufzeiten z(k) der Produkte seien Null.

Nach Modell MLCLSP erhalten wir das in Bild 76 dargestellte Gleichungssystem und die in Tabelle 50 angegebene Lösung. Es ist erkennbar, daß physische Lagerbestände nur für die beiden Endprodukte auftreten. Der Gesamtbedarf für die untergeordneten Erzeugnisse 3 und 4 wird bereits in Periode 1 bereitgestellt und direkt an die nachfolgenden Produkte weitergegeben. Daher tritt hier *kein physischer Lagerbestand* auf.

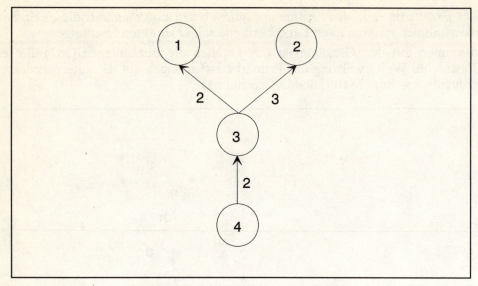

*Bild 75: Erzeugnisstruktur des Beispiels*

```
        Q11 -   Y11                        = 10
Y11 +   Q12 -   Y12                        = 20
        Q21 -   Y21                        = 25
Y21 +   Q22 -   Y22                        = 30
        Q31 - 2 Q11 - 3 Q21 - Y31          =  0
Y31 +   Q32 - 2 Q12 - 3 Q22 - Y32          =  0
        Q41 - 2 Q31 - Y41                  =  0
Y41 +   Q42 - 2 Q32 - Y42                  =  0
Q11 =   30
Q12 =    0
Q21 =   55
Q22 =    0
```

*Bild 76: Lagerbilanzgleichungen nach Modell MLCLSP*

| Variable | Wert |
|---|---|
| Q11 | 30 |
| Q21 | 55 |
| Q31 | 225 |
| Q41 | 450 |
| Y11 | 20 |
| Y21 | 30 |

*Tabelle 50: Ergebnisse nach Modell MLCLSP*

Bei Verwendung des Modells MLCLSP$_e$ erhalten wir das in Bild 77 dargestellte Gleichungssystem und die in Tabelle 51 angegebene Lösung. Hier sind die *systemweiten Lagerbestände* der Erzeugnisse 3 und 4 *positiv*. Es handelt sich dabei um die Mengen, die bereits in übergeordnete Produkte eingegangen sind und dort auf Lager liegen. So setzt sich z.B. der Wert $E_{31} = 130$ aus dem Anteil des

Produkts 3 am Lagerbestand des Endprodukts 1 (2·20) und am Lagerbestand des Endprodukts 2 (3·30) zusammen.

```
        Q11 -  E11                         = 10
 E11 +  Q12 -  E12                         = 20
        Q21 -  E21                         = 25
 E21 +  Q22 -  E22                         = 30
        Q31 - 2 D11 - 3 D21 - E31          =  0
 E31 +  Q32 - 2 D12 - 3 D22 - E32          =  0
        Q41 - 4 D11 - 6 D21 - E41          =  0
 E41 +  Q42 - 4 D12 - 6 D22 - E42          =  0
 2 E11 + 3 E21 - E31          <=  0
 2 E12 + 3 E22 - E32          <=  0
 2 E31 - E41                  <=  0
 2 E32 - E42                  <=  0

 Q11 =   30
 Q12 =    0
 Q21 =   55
 Q22 =    0

 D11 =   10
 D12 =   20
 D21 =   25
 D22 =   30
```

*Bild 77: Lagerbilanzgleichungen nach Modell MLCLSP$_e$*

| Variable | Wert |
|---|---|
| Q11 | 30 |
| Q21 | 55 |
| Q31 | 225 |
| Q41 | 450 |
| E11 | 20 |
| E21 | 30 |
| E31 | 130 |
| E41 | 260 |

*Tabelle 51: Ergebnisse nach Modell MLCLSP$_e$*

*Billington*[289] entwickelt folgende Formulierung des Modells MLCLSP. Zunächst eliminiert er die Lagerbestandsvariablen $y_{kt}$ aus der Zielfunktion. Hierzu wird der *Lagerbestand* des Produkts k am Ende der Periode t mit Gleichung (292) als *Differenz zwischen kumulierter Produktionsmenge und kumulierter Bedarfsmenge* beschrieben.

$$y_{kt} = \sum_{\tau=1}^{t} \left[ q_{k,\tau-z(k)} - d_{k\tau} - \sum_{i \in N_k} a_{ki} \cdot q_{i\tau} \right] + y_{k0} \qquad k=1,2,\ldots,K; \ t=1,2,\ldots,T \qquad (292)$$

Die Lagerkosten in der Zielfunktion (275) des Modells MLCLSP werden durch Gleichung

---

[289] vgl. **Billington** (1983); **Billington/McClain/Thomas** (1986)

$$Z_L = \sum_{t=1}^{T} \sum_{k=1}^{K} h_k \cdot y_{kt} \tag{293}$$

wiedergegeben. Ersetzen wir die Größe $y_{kt}$ durch Beziehung (292), wobei die *Konstanten* $d_{kt}$ und $y_{k0}$ *vernachlässigt* werden können, dann erhalten wir:

$$Z_L^* = \sum_{t=1}^{T} \sum_{k=1}^{K} \sum_{\tau=1}^{t} h_k \cdot \left[ q_{k,\tau-z(k)} - \sum_{i \in N_k} a_{ki} \cdot q_{i\tau} \right] \tag{294}$$

Eine Vereinfachung wird erkennbar, wenn man die aus der Lagerbilanzgleichung übernommene *Teileverwendungsbetrachtung* (Produkt k und seine Nachfolger, $N_k$) in eine *Stücklistenbetrachtung* (Produkt k und seine Vorgänger $V_k$) umkehrt. Setzt man vereinfachend alle Vorlaufzeiten $z(k) = 0$, dann gilt für Periode $\tau$:

$$\sum_{k=1}^{K} h_k \cdot \underbrace{\left[ q_{k\tau} - \sum_{i \in N_k} a_{ki} \cdot q_{i\tau} \right]}_{\text{Menge der direkten } \textit{Nachfolger} \text{ des Produkts k}}$$

$$= \sum_{k=1}^{K} \left[ h_k \cdot q_{k\tau} - \sum_{i \in N_k} h_k \cdot a_{ki} \cdot q_{i\tau} \right]$$

$$= \sum_{k=1}^{K} h_k \cdot q_{k\tau} - \underbrace{\sum_{j \in V_k} h_j \cdot a_{jk} \cdot q_{k\tau}}_{\text{Menge der direkten } \textit{Vorgänger} \text{ des Produkts k}}$$

$$= \sum_{k=1}^{K} q_{k\tau} \cdot \underbrace{\left[ h_k - \sum_{j \in V_k} h_j \cdot a_{jk} \right]}_{\text{marginaler Lagerkostensatz } e_k{}^{290}}$$

$$= \sum_{k=1}^{K} e_k \cdot q_{k\tau} \qquad\qquad \tau = 1, \ldots, T \tag{295}$$

Für die in Bild 75 dargestellte Erzeugnisstruktur erhalten wir z.B.:

| Nachfolgerorientierte Schreibweise | Vorgängerorientierte Schreibweise |
|---|---|
| $\phantom{+}h_1 \cdot q_{1\tau}$ | $\phantom{+}h_1 \cdot q_{1\tau} - 2 \cdot h_3 \cdot q_{1\tau}$ |
| $+ h_2 \cdot q_{2\tau}$ | $+ h_2 \cdot q_{2\tau} - 3 \cdot h_3 \cdot q_{2\tau}$ |
| $+ h_3 \cdot q_{3\tau} - 2 \cdot h_3 \cdot q_{1\tau} - 3 \cdot h_3 \cdot q_{2\tau}$ | $+ h_3 \cdot q_{3\tau} - 2 \cdot h_4 \cdot q_{3\tau}$ |
| $+ h_4 \cdot q_{4\tau} - 2 \cdot h_4 \cdot q_{3\tau}$ | $+ h_4 \cdot q_{4\tau}$ |
| $= e_1 \cdot q_{1\tau} + e_2 \cdot q_{2\tau} + e_3 \cdot q_{3\tau} + e_4 \cdot q_{4\tau}$ | |

---

290 siehe Gleichung (284)

Damit beträgt die Lagerkostenkomponente der Zielfunktion:

$$Z_L^* = \sum_{t=1}^{T} \sum_{\tau=1}^{t} \sum_{k=1}^{K} e_k \cdot q_{k\tau} \qquad k=1,2,\ldots,K \qquad (296)$$

Durch Änderung der Indizierung kann man die *kumulierten Produktionsmengen* des Produkts k auch wie folgt beschreiben:

$$\sum_{t=1}^{T} \sum_{\tau=1}^{t} q_{k\tau} =$$

$$= q_{k1}$$
$$+ q_{k1}+q_{k2}$$
$$\ldots$$
$$+ q_{k1}+q_{k2}+\ldots+q_{kT}$$

$$= \sum_{t=1}^{T} (T-t+1) \cdot q_{kt} \qquad k=1,2,\ldots,K \qquad (297)$$

Diese Umformung der Lagerkostenkomponente des Produkts k bewirkt, daß die benötigten *Produktmengen so spät wie möglich produziert* werden. Damit ist dem Ziel der Lagerkostenminimierung genüge getan, ohne daß die Lagerbestandsvariablen explizit in die Zielfunktion aufgenommen werden müssen. Schreibt man die Lagerbilanzgleichung in der Form (292) und berücksichtigt man die Forderung, daß der Lagerbestand niemals negativ werden darf (keine Fehlmengen), dann kann das Modell MLCLSP (unter Vernachlässigung der variablen Produktionskosten $p_{kt}$ und bei Beschränkung auf einen knappen Produktionsfaktor) wie folgt dargestellt werden.

**Modell MLCLSP-Bill:**

$$\text{Min } Z = \sum_{t=1}^{T} \sum_{k=1}^{K} e_k \cdot (T-t+1) \cdot q_{kt} + s_k \cdot \gamma_k \qquad (298)$$

u.B.d.R.

$$\sum_{\tau=1}^{t} \left[ q_{k,\tau-z(k)} - \sum_{i \in N_k} a_{ki} \cdot q_{i\tau} \right] \geq \sum_{\tau=1}^{t} d_{k\tau} - y_{k0} \qquad k=1,2,\ldots,K;\ t=1,2,\ldots,T \qquad (299)$$

$$\sum_{k=1}^{K} tb_k \cdot q_{kt} + tr_k \cdot \gamma_{kt} \leq b_t \qquad t=1,2,\ldots,T \qquad (300)$$

$$q_{kt} - M \cdot \gamma_{kt} \leq 0 \qquad k=1,2,\ldots,K;\ t=1,2,\ldots,T \qquad (301)$$

$$q_{kt} \geq 0 \qquad k=1,2,\ldots,K;\ t=1,2,\ldots,T \qquad (302)$$

$$\gamma_{kt} \in \{0,1\} \qquad k=1,2,\ldots,K;\ t=1,2,\ldots,T \qquad (303)$$

Das Modell MLCLSP-Bill bildet die Grundlage für ein von *Billington* entwickeltes Lösungsverfahren, in dessen Verlauf die "Mehrstufigkeits"-Restriktionen (299) und die Kapazitäts-Restriktionen (300) unter Verwendung von *Lagrange-Multiplikatoren* $w_{kt}$ bzw. $u_t$ relaxiert werden. Dadurch entstehen dynamische Einprodukt-Losgrößenprobleme vom Typ WW, deren Lösungen mit Hilfe der Lagrange-Multiplikatoren aufeinander abgestimmt werden müssen. Wir werden in Abschnitt 434432. auf diese Formulierung noch einmal zurückkommen.

Eine ähnliche Formulierung wird von *Salomon*[291] für das mehrstufige Mehrprodukt-Losgrößenproblem ohne Kapazitätsbeschränkungen eingesetzt.

Die Lösung des Modells MLCLSP mit Hilfe eines Standard-Verfahrens der gemischt-ganzzahligen linearen Optimierung, z.B. mit einem Branch-and-Bound-Verfahren, ist bereits für sehr kleine Probleme äußerst rechenaufwendig. Dies liegt z.T. daran, daß die LP-Relaxationen des Modells so niedrige untere Schranken liefern, daß diese im Enumerationsprozeß keine Anhaltspunkte für das Ausloten eines Astes bieten[292]. *Tempelmeier und Helber*[293] schlagen folgende, graphenorientierte Formulierung vor. Bezeichnen wir mit $\Omega$ die Menge der Endprodukte, dann beträgt der Gesamtbedarf für Erzeugnis k in Periode t:

$$D_{kt} = d_{kt} + \sum_{j \in \Omega} v_{kj} \cdot d_{jt} \qquad k=1,2,\ldots,K;\ t=1,2,\ldots,T \qquad (304)$$

Kumulieren wir diesen Bedarf über den Zeitraum $[t,\tau]$, dann erhalten wir

$$D_{kt\tau} = \sum_{l=t}^{\tau} D_{kl} \qquad \begin{array}{l} k=1,2,\ldots,K;\ t=1,2,\ldots,T; \\ \tau=t,t+1,\ldots,T \end{array} \qquad (305)$$

Bezeichnen wir nun mit $\delta_{kt\tau}$ den Anteil des kumulierten Bedarfs des Produkts k, $D_{kt\tau}$, der bereits in Periode t produziert wird[294], dann erhalten wir bei Vernachlässigung der Vorlaufzeiten $z(k)$ folgende Formulierung mit wesentlich mehr Variablen, deren LP-Relaxation aber untere Schranken liefert, die um eine ganze Größenordnung besser sind als die unteren Schranken, die mit der LP-Relaxation des Modells MLCLSP erzeugt werden können:

**Modell MLCLSP-Helber:**

$$\text{Min } Z = \sum_{k=1}^{K} \sum_{t=1}^{T} s_k \cdot \gamma_{kt} + \sum_{k=1}^{K} \sum_{t=1}^{T} \sum_{\tau=t}^{T} h_{kt\tau} \cdot \delta_{kt\tau} \qquad (306)$$

u.B.d.R.

---

291 vgl. **Salomon** (1991), S. 109-113
292 Zum Branch-and-Bound-Verfahren vgl. **Domschke/Drexl** (1991), S. 114-119
293 vgl. **Tempelmeier/Helber** (1994); **Helber** (1994)
294 vgl. auch Modell KON-Ros, Abschnitt 43422.

$$\sum_{\tau=1}^{T} \delta_{k1\tau} = 1 \qquad k=1,2,\ldots,K \qquad (307)$$

$$-\sum_{l=1}^{t-1} \delta_{k1,t-1} + \sum_{\tau=t}^{T} \delta_{kt\tau} = 0 \qquad k=1,2,\ldots,K; \ t=2,3,\ldots,T \qquad (308)$$

$$\sum_{\substack{\tau=t \\ D_{kt\tau}>0}}^{T} \delta_{kt\tau} \leq \gamma_{kt} \qquad k=1,2,\ldots,K; \ t=1,2,\ldots,T \qquad (309)$$

$$\sum_{k \in K_j} \underbrace{\left[\sum_{\tau=t}^{T} tb_k \cdot D_{kt\tau} \cdot \delta_{kt\tau}\right] + tr_k \cdot \gamma_{kt}}_{\text{Kapazitätsbedarf in Periode t für Produkt k}} \leq b_{jt} \qquad j=1,2,\ldots,J; \ t=1,2,\ldots,T \qquad (310)$$

$$\sum_{l=1}^{t}\sum_{\tau=1}^{T} D_{k1\tau} \cdot \delta_{k1\tau} - \sum_{i \in N_k} a_{ki} \cdot \sum_{l=1}^{t}\sum_{\tau=1}^{T} D_{i1\tau} \cdot \delta_{i1\tau} \geq 0 \qquad k=1,2,\ldots,K; \ t=1,2,\ldots,T \qquad (311)$$

$$\gamma_{kt} \in \{0,1\} \qquad k=1,2,\ldots,K; \ t=1,2,\ldots,T \qquad (312)$$

$$\delta_{kt\tau} \geq 0 \qquad k=1,2,\ldots,K; \ t=1,2,\ldots,T; \ \tau=t,t+1,\ldots,T \qquad (313)$$

Es bedeuten:

| | |
|---|---|
| $a_{ki}$ | Direktbedarfskoeffizient bezüglich Produkt k und i |
| $b_{jt}$ | verfügbare Kapazität der Ressource j in Periode t |
| $d_{kt}$ | Primärbedarf für Produkt k in Periode t |
| $D_{kt}$ | Gesamtbedarf für Produkt k in Periode t |
| $D_{kt\tau}$ | kumulierter Gesamtbedarf für Produkt k in den Perioden t bis $\tau$ |
| $h_{kt\tau}$ | marginaler Lagerkostensatz für die Lagerung des in Periode t produzierten kumulierten Bedarfs des Produkts k für die Perioden t bis $\tau$ |
| J | Anzahl der Ressourcen (j = 1,2,...,J) |
| K | Anzahl der Produkte bzw. Arbeitsgänge (k = 1,2,...,K) |
| $K_j$ | Indexmenge der Arbeitsgänge, die durch die Ressource j vollzogen werden |
| $N_k$ | Indexmenge der Nachfolger des Produkts k (direkt übergeordnete Produkte bzw. nachfolgende Arbeitsgänge) |
| $s_k$ | Rüstkostensatz des Produkts k (dieser kann auch periodenabhängig definiert werden) |
| T | Länge des Planungszeitraums in Perioden (t = 1,2,...,T) |
| $tb_k$ | Stückbearbeitungszeit für Arbeitsgang k |
| $tr_k$ | Rüstzeit für Arbeitsgang k |
| $\delta_{kt\tau}$ | Anteil der Bedarfsmenge des Produkts k in den Perioden t bis $\tau$, der bereits in Periode t produziert wird |
| $\gamma_{kt}$ | binäre Rüstvariable für Arbeitsgang bzw. Produkt k in Periode t |
| $\Omega$ | Indexmenge der Endprodukte |

Die Zielfunktion (306) minimiert die Rüstkosten und die Lagerkosten. Die *Lagerkosten* eines Produkts k, die infolge der Produktion in Periode t entstehen, hängen davon ab, für welche zukünftigen Perioden $\tau > t$ bereits in Periode t produziert wird. Die Gleichungen (307) und (308) beschreiben für jedes Produkt k das Einprodukt-Losgrößenproblem als ein *Kürzeste-Wege-Problem*[295]. Mit Beziehung (307) wird erreicht, daß für jedes Produkt eine Produktion in Periode 1 stattfindet. Gleichung (308) sichert, daß sich die "Versorgungsintervalle" [l,t-1] und [t,τ] benachbarter Produktionstermine l und t nicht überschneiden. Die Ungleichung (309) stellt den Zusammenhang zwischen den Produktions- und den Rüstvariablen her.

Die Kapazitätsrestriktionen werden durch Beziehung (310) erfaßt. Restriktion (311) stellt sicher, daß zu jedem Zeitpunkt die kumulierte Produktionsmenge eines Produkts zur Deckung des kumulierten Gesamtbedarfs ausreicht. Mit dieser Bedingung wird die Mehrstufigkeit der Erzeugnisstruktur berücksichtigt.

Mit dem Modell MLCLSP-Helber können im Rahmen der LP-Relaxation wesentlich höhere unteren Schranken (LB) als mit dem Modell MLCLSP erreicht werden. In einer numerischen Untersuchung ergab sich bei sehr kleinen Problemen (10 Produkte, 4 Perioden) eine Verringerung der Ganzzahligkeitslücke $[(Z_{opt}-LB)/Z_{opt}]$ von durchschnittlich 64% bei Anwendung des Modells MLCLSP auf durchschnittlich 7% bei Verwendung des Modells MLCLSP-Helber. Bei größeren Problemen ist die Reduktion nicht so dramatisch, aber immer noch bemerkenswert. So sank die Ganzzahligkeitslücke [(UB-LB)/UB] für eine andere Gruppe von Problemen (40 Produkte, 16 Perioden) von durchschnittlich 80% auf 12%. Allerdings ist die Lösung des relaxierten LP-Modells sehr aufwendig.

### 43422. Konvergierende Erzeugnis- und Prozeßstruktur

Eine konvergierende Erzeugnis- und Prozeßstruktur ist dadurch gekennzeichnet, daß jedes Erzeugnis **nur einen Nachfolger**, d.h. ein übergeordnetes Produkt hat. Die Indexmenge $N_k$ reduziert sich damit auf einen Index n(k). Eine solche Erzeugnisstruktur ist für reine **Montageprozesse** typisch. Das mehrstufige dynamische Losgrößenproblem für eine konvergierende Erzeugnisstruktur kann (unter Vernachlässigung der Kapazitätsbeschränkungen und der Durchlaufzeiten) wie folgt dargestellt werden[296]:

**Modell KON:**

$$\text{Min } Z = \sum_{k=1}^{K} \sum_{t=1}^{T} \underbrace{s_k \cdot \gamma_{kt}}_{\text{Rüstkosten}} + \underbrace{h_k \cdot y_{kt}}_{\text{Lagerkosten}} \tag{314}$$

---

295 vgl. **Eppen/Martin** (1987), S. 842
296 vgl. **Crowston/Wagner** (1973); **Afentakis/Gavish/Karmarkar** (1984)

## 43422. Konvergierende Erzeugnis- und Prozeßstruktur

u.B.d.R.

Lagerbilanzgleichung für das Endprodukt:

$$y_{1,t-1} + q_{1t} - y_{1t} = \underbrace{d_{1t}}_{\text{Primärbedarf des Endprodukts 1 in Periode t}} \qquad t=1,2,\ldots,T \qquad (315)$$

Lagerbilanzgleichung für die untergeordneten Erzeugnisse:

$$y_{k,t-1} + q_{kt} - \underbrace{a_{k,n(k)} \cdot q_{n(k),t}}_{\substack{\text{aus dem direkten Nachfolger abgeleiteter Sekundärbedarf} \\ \text{des Erzeugnisses k in Periode t}}} - y_{kt} = 0 \qquad k=2,3,\ldots,K;\ t=1,2,\ldots,T \qquad (316)$$

$$q_{kt} - M \cdot \gamma_{kt} \leq 0 \qquad k=1,2,\ldots,K;\ t=1,2,\ldots,T \qquad (317)$$

$$q_{kt},\ y_{kt} \geq 0 \qquad k=1,2,\ldots,K;\ t=1,2,\ldots,T \qquad (318)$$

$$\gamma_{kt} \in \{0,1\} \qquad k=1,2,\ldots,K;\ t=1,2,\ldots,T \qquad (319)$$

Es bedeuten:

$a_{ki}$   Direktbedarfskoeffizient bezüglich Produkt k und i
$d_{1t}$   Primärbedarf des Endprodukts 1 in Periode t
$h_k$     voller Lagerkostensatz für Produkt k
$n(k)$    Index des dem Produkt k direkt übergeordneten Erzeugnisses (einziger Nachfolger)
$q_{kt}$   Losgröße des Produkts k in Periode t
$s_k$     Rüstkostensatz für Produkt k
$y_{kt}$   physischer Lagerbestand des Produkts k am Ende der Periode t
$\gamma_{kt}$ binäre Rüstvariable

Primärbedarf tritt - so wird angenommen - nur für das Endprodukt auf. Auf die Berücksichtigung von Durchlaufzeiten wird verzichtet, da die zeitliche Struktur des Produktionsprozesses nach Ermittlung der optimalen Lösung problemlos durch entsprechende Rückwärtsterminierung der Lose erfaßt werden kann.

Verwendet man den *systemweiten Lagerbestand*, dann lautet das dynamische Mehrprodukt-Losgrößenproblem für eine konvergierende Erzeugnisstruktur:

### Modell KON$_e$:

$$\text{Min } Z = \sum_{k=1}^{K} \sum_{t=1}^{T} \underbrace{s_k \cdot \gamma_{kt}}_{\text{Rüstkosten}} + \underbrace{e_k \cdot E_{kt}}_{\text{Lagerkosten bezogen auf den systemweiten Lagerbestand}} \qquad (320)$$

u.B.d.R.

Lagerbilanzgleichung für das Erzeugnis k in Periode t:

$$E_{k,t-1} + q_{kt} - E_{kt} = \underbrace{v_{k1} \cdot d_{1t}}_{\text{Gesamtbedarf für Erzeugnis k in Periode t}}^{\text{Primärbedarf des Endprodukts 1 in Periode t}} \qquad k=1,2,\ldots,K;\ t=1,2,\ldots,T \qquad (321)$$

Physischer Lagerbestand für das Erzeugnis k in Periode t:

$$E_{kt} - \underbrace{a_{k,n(k)}}_{\text{Direktbedarfskoeffizient}} \cdot E_{n(k),t} \geq 0 \qquad k=2,\ldots,K;\ t=1,2,\ldots,T \qquad (322)$$

$$q_{kt} - M \cdot \gamma_{kt} \leq 0 \qquad k=1,2,\ldots,K;\ t=1,2,\ldots,T \qquad (323)$$

$$q_{kt},\ E_{kt} \geq 0 \qquad k=1,2,\ldots,K;\ t=1,2,\ldots,T \qquad (324)$$

$$\gamma_{kt} \in \{0,1\} \qquad k=1,2,\ldots,K;\ t=1,2,\ldots,T \qquad (325)$$

Es bedeuten:

$a_{ki}$     Direktbedarfskoeffizient bezüglich Produkt k und i
$d_{1t}$     Primärbedarf des Endprodukts 1 in Periode t
$e_k$     marginaler Lagerkostensatz des Produkts k
$E_{kt}$     systemweiter Lagerbestand des Produkts k am Ende der Periode t
$n(k)$     Index des dem Produkt k direkt übergeordneten Erzeugnisses (einziger Nachfolger)
$q_{kt}$     Losgröße des Produkts k in Periode t
$s_k$     Rüstkostensatz für Produkt k
$v_{k1}$     Verflechtungsbedarfskoeffizient zwischen Produkt k und dem Endprodukt 1 ($v_{11}=1$)
$\gamma_{kt}$     binäre Rüstvariable

Da es nur ein Produkt gibt, für das Primärbedarf auftritt (Endprodukt 1), kann der Sekundärbedarf eines jeden untergeordneten Teils mit Hilfe des Verflechtungsbedarfskoeffizienten $v_{k1}$ direkt aus dem Primärbedarf $d_{1t}$ dieses Produkts abgeleitet werden. Soll der Primärbedarf des Endprodukts 1 in Periode t erfüllt werden, dann muß die Menge des untergeordneten Erzeugnisses k zu Beginn der Periode t entweder im Lager k vorrätig sein oder in der Periode t neu produziert werden oder schon in übergeordnete Erzeugnisse eingebaut sein.

Die beiden dargestellten Formulierungen des Mehrprodukt-Losgrößenproblems für konvergierende Erzeugnisstrukturen sind äquivalent, d.h. sie führen zu denselben optimalen Lösungen. Für die *optimale Lösung* beider Modellformulierungen gelten folgende *Eigenschaften*:

a) Erzeugnis k wird nur dann produziert, wenn der Lagerbestand des Erzeugnisses auf Null gesunken ist, d.h. es muß gelten[297]:

$$q_{kt} \cdot E_{k,t-1} = 0 \qquad k=1,2,\ldots,K;\ t=1,2,\ldots,T \qquad (326)$$

b) Erzeugnis k wird in Periode t nur dann produziert, wenn auch sein direkter Nachfolger n(k) in Periode t produziert wird. Das bedeutet:

$$\text{wenn } q_{kt}>0,\ \text{dann } q_{n(k),t}>0 \qquad k=2,3,\ldots,K;\ t=1,2,\ldots,T \qquad (327)$$

Wegen der Eigenschaft a) kann das Problem in K Probleme der Bestimmung des kostengünstigsten Weges in einem Netzwerk zerlegt werden[298], *zwischen deren zulässigen Lösungen bestimmte Beziehungen bestehen müssen.* Diese Beziehungen werden durch die Eigenschaft b)[299] beschrieben. Betrachten wir zur Veranschaulichung dieser Eigenschaften die in Bild 78 dargestellte Erzeugnisstruktur mit einem Endprodukt und zwei Einzelteilen.

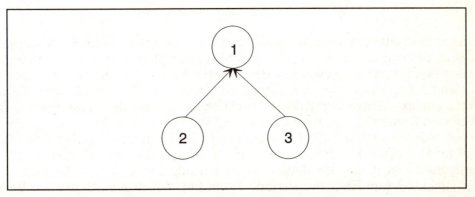

*Bild 78: Konvergierende Erzeugnisstruktur*

Vernachlässigen wir zunächst einmal die Beziehungen zwischen den Erzeugnissen, dann kann für jedes Erzeugnis k ein dynamisches Einprodukt-Losgrößenproblem identifiziert werden, das auch als Problem der Bestimmung des *kostengünstigsten Weges* von einem Startknoten 0 zu einem Endknoten T darstellbar ist. Für das Erzeugnis 3 kann z.B. bei einem Planungshorizont von T=3 das in Bild 79 wiedergegebene Netzwerk[300] entwickelt werden.

---

[297] Diese Bedingung wurde von *Zangwill* für eine lineare Erzeugnis- und Prozeßstruktur auf der Grundlage einer graphentheoretischen Problemdarstellung formuliert. Vgl. **Zangwill** (1969); vgl. auch **Veinott** (1969); **Crowston/Wagner** (1973). Vgl. auch Beziehung (214) in Abschnitt 4321.

[298] vgl. **Afentakis/Gavish/Karmarkar** (1984), S. 227

[299] Diese Eigenschaft wird "nested schedule property" genannt. Bei generellen Erzeugnisstrukturen gilt diese Eigenschaft nur noch im Hinblick auf mindestens ein Nachfolgeprodukt. Vgl. **Afentakis** (1982). *Heinrich* verwendet diese Eigenschaft in seinem heuristischen Verfahren zur Erzeugung einer Basisproduktionspolitik. Vgl. hierzu Abschnitt 43431322.

[300] vgl. auch Abschnitt 4321.

Die Pfeile beschreiben die Reichweiten der Losgrößen. Die "Benutzung" eines Pfeils verursacht Rüstkosten und Lagerkosten. Allgemein gilt für den Pfeil von Knoten $k_t$ zum Knoten $k_{t+j}$: die Losgröße entspricht der Zusammenfassung der Bedarfsmengen der Perioden $t+1, t+2, \ldots, t+j$ zu einem Los, das zu Beginn der Periode $t+1$ (am Ende der Periode t) produziert bzw. fertiggestellt wird.

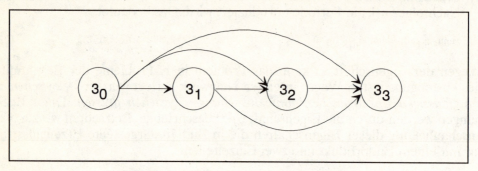

*Bild 79: Losgrößen-Netzwerk für Erzeugnis 3*

Ein solches Netzwerk kann *für jedes Erzeugnis* k formuliert werden. Die optimale Lösung des dynamischen Losgrößenproblems entspricht dann dem kostenminimalen (kürzesten) Weg zwischen dem Knoten $k_0$ und dem Knoten $k_T$. Eine zulässige Lösung eines solchen isolierten Einproduktproblems wird durch die sortierte (Index-)Menge der Knoten beschrieben, die auf dem kostengünstigsten Weg vom Knoten $k_0$ zum Knoten $k_T$ liegen. Wir bezeichnen diese erzeugnisbezogenen Indexmengen mit $H^k(T)$. So bedeutet z.B. die Indexmenge $H^3(T) = (0,2,3)$, daß für Erzeugnis 3 zu Beginn der Periode 1 (am Ende der Periode 0) ein Los fertiggestellt wird, das den Bedarf bis zur Periode 2 abdeckt und daß zu Beginn der Periode 3 (am Ende der Periode 2) ein Los aufgelegt wird, das den Bedarf der Periode 3 umfaßt. Für jedes Erzeugnis k kann die Lösung des isolierten dynamischen Losgrößenproblems durch eine solche Indexmenge dargestellt werden.

Die Erzeugnisse sind nun aber *nicht unabhängig* voneinander. So kann aufgrund der Eigenschaft b) festgestellt werden, daß nur ein Teil der erzeugnisbezogenen - isoliert betrachtet - zulässigen Lösungen auch hinsichtlich des Problems $KON_e$ zulässig ist. Insbesondere muß aufgrund Eigenschaft b) zwischen den Lösungen der Teilprobleme für zwei benachbarte Erzeugnisse die Beziehung

$$H^k(T) \subset H^{n(k)}(T) \qquad\qquad k=2,\ldots,K \qquad (328)$$

gelten. Das heißt, die Menge der Knoten auf dem kostengünstigsten Weg für das untergeordnete Produkt k muß eine Teilmenge der Knoten auf dem kostengünstigsten Weg für das (einzige) direkt übergeordnete Erzeugnis n(k) sein. So sind die folgenden beiden Lösungen für k=1 und k=3 auch bezüglich des Gesamtproblems zulässig:

$$H^1 = (0,1,2,3) \qquad\qquad (329)$$

$H^3 = (0, \quad 2,3)$ (330)

### Die Lösungen

$H^1 = (0, \quad 2,3)$ (331)

$H^3 = (0,1,2,3)$ (332)

dagegen verletzten die Eigenschaft b) und sind somit nicht zulässig. Denn hier wird für Erzeugnis 3 ein Los in Periode 1 fertiggestellt, obwohl kein Los des übergeordneten Erzeugnisses 1 produziert wird und damit auch *kein Sekundärbedarf* in der Periode 1 für das Erzeugnis 3 auftritt. Die Eigenschaft b) bezieht sich also insbesondere auf die zeitliche Abstimmung zwischen den Produktionsterminen.

Aus der Nichtnegativitätsbedingung für den *physischen Lagerbestand* ergeben sich - wie bereits in Modell MLCLSP$_e$ dargestellt wurde - Beziehungen zwischen den systemweiten Lagerbeständen der Produkte k und n(k). Diese Beziehungen lassen sich durch die Ungleichungen (333) beschreiben.

$$a_{k,n(k)} \cdot E_{n(k),t} - E_{kt} \leq 0 \qquad k=2,3,\ldots,K; \quad t=1,2,\ldots,T \qquad (333)$$

Die Bedingungen (333) verhindern, daß das Mehrprodukt-Losgrößenproblem in mehrere voneinander unabhängige, einfachere Einprodukt-Probleme zerlegt werden kann. Eine gebräuchliche Methode zur Behandlung solcher "schwieriger" Nebenbedingungen besteht darin, daß man sie mit *Lagrange-Multiplikatoren* $\underline{W} = \{w_{kt}\}$ multipliziert und in die Zielfunktion aufnimmt[301]. Die Lagrange-Multiplikatoren bestrafen die Verletzungen der Nebenbedingungen durch eine Lösung des Modells KON$_e$. Es wird eine Lösung gesucht, bei der entweder die Nebenbedingungen als Gleichungen erfüllt oder die Lagrange-Multiplikatoren Null sind. Die Zielfunktion lautet nun:

$$\text{Min } Z = \sum_{k=1}^{K} \sum_{t=1}^{T} [s_k \cdot \gamma_{kt} + e_k \cdot E_{kt}]$$

$$+ \sum_{k=1}^{K} \sum_{t=1}^{T} [\underbrace{a_{k,n(k)} \cdot E_{n(k),t} - E_{kt}}] \cdot w_{kt} \qquad (334)$$

Lagrange-Multiplikator

Den zweiten Term der Zielfunktion kann man noch weiter umformen:

$$\sum_{k=1}^{K} \sum_{t=1}^{T} [a_{k,n(k)} \cdot E_{n(k),t} - E_{kt}] \cdot w_{kt}$$

---

[301] vgl. auch **Billington** (1983); **Billington/McClain/Thomas** (1986); **Domschke/Drexl** (1991)

$$= \sum_{k=1}^{K} \sum_{t=1}^{T} [\sum_{j \in V_k} a_{jk} \cdot E_{kt} \cdot w_{jt} - E_{kt} \cdot w_{kt}]$$

↑ Indexmenge der direkten Vorgänger des Produkts k

$$= \sum_{k=1}^{K} \sum_{t=1}^{T} [\sum_{j \in V_k} a_{jk} \cdot w_{jt} - w_{kt}] \cdot E_{kt} \tag{335}$$

Damit kann das Modell $KON_e$ nun wie folgt formuliert werden:

**Modell $KON_{eLR}$:**

$$\text{Min } Z(\underline{W}) = \sum_{k=1}^{K} \sum_{t=1}^{T} [s_k \cdot \gamma_{kt} + (e_k + \sum_{j \in V_k} a_{jk} \cdot w_{jt} - w_{kt}) \cdot E_{kt}] \tag{336}$$

↑ modifizierte marginale Lagerkosten

u.B.d.R.

$E_{k,t-1} + q_{kt} - E_{kt} = v_{k1} \cdot d_{1t}$       $k=1,2,\ldots,K;\ t=1,2,\ldots,T$ (337)

$q_{kt} - M \cdot \gamma_{kt} \leq 0$      $k=1,2,\ldots,K;\ t=1,2,\ldots,T$ (338)

$q_{kt},\ E_{kt} \geq 0$      $k=1,2,\ldots,K;\ t=1,2,\ldots,T$ (339)

$\gamma_{kt} \in \{0,1\}$      $k=1,2,\ldots,K;\ t=1,2,\ldots,T$ (340)

Für gegebene Werte von $\underline{W} = \{w_{kt}\}$ kann das obige Problem in K voneinander unabhängige Teilprobleme zerlegt werden, zu deren Lösung effiziente Verfahren verfügbar sind. Das Problem besteht jedoch nun darin, die optimalen Werte der Lagrange-Multiplikatoren zu bestimmen. Hierzu schlagen *Afentakis, Gavish und Karmarkar* ein Verfahren vor, auf dessen Einzelheiten nicht weiter eingegangen werden soll[302]. Die Arbeiten an der Entwicklung eines exakten Lösungsverfahrens auf der Grundlage der obigen Problemformulierung inspirierten *Afentakis* zu der Entwicklung eines heuristischen Verfahrens, das weiter unten beschrieben wird[303].

*Rosling*[304] erweitert die Formulierung des dynamischen Einprodukt-Losgrößenproblems auf der Grundlage des unkapazitierten Standortproblems[305] für den Fall *konvergierender* Erzeugnisstrukturen. Diese Formulierung führte zur Entwicklung eines außerordentlich effizienten exakten Lösungsverfahrens. Die Modellformulierung lautet:

---

302 vgl. hierzu **Afentakis/Gavish/Karmarkar** (1984)
303 vgl. Abschnitt 43433.
304 vgl. **Rosling** (1986)
305 vgl. Abschnitt 4321.

**Modell KON-Ros:**

$$\text{Min } Z = \sum_{k=1}^{K} \left[ \sum_{\tau=1}^{T} \sum_{t=\tau}^{T} h_{k\tau t} \cdot \delta_{k\tau t} + \sum_{\tau=1}^{T} s_k \cdot \gamma_{k\tau} \right] \qquad (341)$$

↑ Rüstkosten für Produkt k in Periode $\tau$

↑ Lagerkosten für Produkt k

u.B.d.R.

$$\left.\begin{array}{l} \delta_{k1t} - s_{k1t} = \delta_{n(k),1t} \\ \delta_{k\tau t} - s_{k\tau t} + s_{k,\tau-1,t} = \delta_{n(k),\tau t} \quad \tau=2,3,\ldots,t-1 \\ \delta_{ktt} + s_{k,t-1,t} = \delta_{n(k),tt} \end{array}\right\} \quad k=1,2,\ldots,K; \; t=1,2,\ldots,T \quad \begin{array}{c}(342)\\(343)\\(344)\end{array}$$

$$\delta_{k\tau t} \leq \gamma_{k\tau} \qquad \begin{array}{l} k=1,2,\ldots,K; \; t=1,2,\ldots,T \\ \tau=1,2,\ldots,T \end{array} \qquad (345)$$

$$s_{k\tau t} \geq 0 \qquad \begin{array}{l} k=1,2,\ldots,K; \; t=1,2,\ldots,T \\ \tau=1,2,\ldots,T \end{array} \qquad (346)$$

$$\delta_{k\tau t} \geq 0 \qquad \begin{array}{l} k=1,2,\ldots,K; \; t=1,2,\ldots,T \\ \tau=1,2,\ldots,T \end{array} \qquad (347)$$

$$s_{k01} = 0 \qquad k=1,2,\ldots,K \qquad (348)$$

$$\gamma_{k\tau} \in \{0,1\} \qquad k=1,2,\ldots,K; \; \tau=1,2,\ldots,T \qquad (349)$$

Das Modell KON-Ros ist eine direkte Erweiterung der entsprechenden Modellversion SFLP-Ros für das dynamische Einprodukt-Losgrößenproblem[306], wobei die Variable $\delta_{k\tau t}$ den Anteil der Bedarfsmenge des Produkts k in Periode t beschreibt, der in Periode $\tau$ *produziert wird*. Analog zum Modell SFLP-Ros bezeichnet die Variable $s_{k\tau t}$ den Anteil an der Bedarfsmenge des Produkts k in Periode t, der bis zum Ende der Periode $\tau$ bereits *produziert worden ist*. Da unbeschränkte Kapazitäten der Ressourcen unterstellt werden, nehmen diese Variablen immer ganzzahlige Werte an. Zur Interpretation der Variablen sei auf das Modell SFLP-Ros in Abschnitt 4321. sowie auf die Veröffentlichung von *Rosling* und das folgende Modell KON-Maes verwiesen. Es handelt sich um ein großes gemischt-ganzzahliges lineares Optimierungsproblem, das jedoch so umfangreich ist, daß eine Lösung mit Standardalgorithmen nicht in Frage kommt. *Rosling* schlägt zur Lösung dieses Problems ein spezialisiertes Branch&Bound-Verfahren vor, in dem die heuristische Lösung einer relaxierten Form des Modells KON-Ros zur Bestimmung der Zielfunktionsuntergrenzen verwendet wird.

*Maes*[307] formuliert in direkter Anlehnung an die Modellformulierung KON-Ros ein Losgrößenmodell, in dem auch **beschränkte Kapazitäten** der Ressourcen berücksichtigt werden. Dieses Modell kann für *konvergierende* Erzeugnisstrukturen

---

306 vgl. hierzu Abschnitt 4321.
307 vgl. **Maes** (1987), S. 131; **Maes/McClain/Van Wassenhove** (1991)

(mit einem Endprodukt) und für den Fall eingesetzt werden, daß mehrere *parallele lineare* Erzeugnisstrukturen (mit mehrere Endprodukten) aufgrund gemeinsamer Ressourcenbeanspruchungen miteinander verbunden sind. Das Modell lautet[308]:

**Modell KON-Maes:**

$$\text{Min } Z = \sum_{k=1}^{K} \left[ \sum_{\tau=1}^{T} \sum_{t=\tau}^{T} h_{k\tau t} \cdot \delta_{k\tau t} + \sum_{\tau=1}^{T} s_k \cdot \gamma_{k\tau} \right] \quad (350)$$

- Rüstkosten für Produkt k in Periode $\tau$
- Anteil des Bedarfs für Produkt k in Periode t, der in Periode $\tau$ produziert wird
- Lagerkosten für den gesamten Bedarf des Produkts k in Periode t, wenn dieser bereits in Periode $\tau$ produziert wird

u.B.d.R.

$$\sum_{\tau=1}^{t} \delta_{k\tau t} = 1 \qquad k=1,2,\ldots,K; \; N_k = \emptyset; \quad (351)$$
$$\qquad t=1,2,\ldots,T$$

$$\sum_{\tau=1}^{t} \delta_{k\tau i} \geq \sum_{\tau=1}^{t} \delta_{n(k)\tau i} \qquad k=1,2,\ldots,K; \; N_k \neq \emptyset; \quad (352)$$
$$\qquad t=1,2,\ldots,i; \; i=1,2,\ldots,T$$

$$\sum_{k \in K_j} \sum_{t=\tau}^{T} tb_k \cdot r_{kt} \cdot \delta_{k\tau t} \leq b_{j\tau} \qquad j=1,2,\ldots,J; \; \tau=1,2,\ldots,T \quad (353)$$

- Arbeitsbelastung der Maschine j durch den Bedarf des Produkts k in Periode t
- Menge der Produkte, die auf Maschine j bearbeitet werden

$$\delta_{k\tau t} - \gamma_{k\tau} \leq 0 \qquad k=1,2,\ldots,K; \; \tau=1,2,\ldots,T; \quad (354)$$
$$\qquad t=\tau, \tau+1,\ldots,T$$

$$\delta_{k\tau t} \geq 0 \qquad k=1,2,\ldots,K; \; \tau=1,2,\ldots,T; \quad (355)$$
$$\qquad t=\tau, \tau+1,\ldots,T$$

$$\gamma_{k\tau} \in \{0,1\} \qquad k=1,2,\ldots,K; \; \tau=1,2,\ldots,T \quad (356)$$

Es bedeuten:

| | |
|---|---|
| $b_{jt}$ | Kapazität der Maschine (Ressource) j in Periode t |
| $h_{k\tau t}$ | Lagerkosten für den Bedarf des Produkts k in Periode t, wenn dieser bereits in Periode $\tau$ produziert wird |
| $N_k$ | Indexmenge der direkten Nachfolger des Produkts k |
| $r_{kt}$ | Gesamtbedarf des Produkts k in Periode t |
| $s_k$ | Rüstkostensatz für Produkt k |
| $tb_k$ | Stückbearbeitungszeit für Produkt k |

---

308  vgl. auch **Salomon** (1991), S. 129; **Kuik/Salomon/Van Wassenhove/Maes** (1993)

$\delta_{k\tau t}$  Anteil des Bedarfs für Produkt k in Periode t, der in Periode $\tau$ produziert wird

$\gamma_{kt}$  binäre Rüstvariable

Beziehung (351) stellt sicher, daß der gesamte Bedarf des Produkts k in Periode t spätestens in dieser Periode produziert wird. Dieser Typ von Nebenbedingungen ist *nur für die Endprodukte* erforderlich. Da in dieser Formulierung alle Produktionsmengen zu 1 standardisiert worden sind, müssen die Lagerkostensätze $h_{k\tau t}$ in der Zielfunktion (350) entsprechend angepaßt werden. Der Zielfunktionskoeffizient $h_{k\tau t}$ ist gleich dem Produkt aus dem *marginalen Lagerkostensatz* des Produkts k, der *Gesamtbedarfsmenge der Periode t* und der *Lagerdauer* (t-$\tau$). Die Ungleichungen (352) stellen die Beziehungen zwischen den Produkten in der betrachteten konvergierenden Erzeugnisstruktur her. Für jede Periode t (t=1,2,...,i) muß gesichert sein, daß die in den Vorperioden $\tau$ ($\tau$=1,2,...,t) produzierten Mengen eines untergeordneten Produkts k, die für die Periode i bestimmt sind, mindestens so groß sind wie die in demselben Zeitraum kumulierten Produktionsmengen des Nachfolgerprodukts n(k). Ist dies nicht gesichert, dann kann das Nachfolgerprodukt aufgrund von Materialmangel nicht produziert werden. Die Nebenbedingungen (353) beschreiben die Kapazitätsrestriktionen der Betriebsmittel. Sie können bewirken, daß die Bedarfsmenge einer Periode aus mehreren Produktionsperioden bereitgestellt werden muß. Die Formulierung KON-Maes kann im Vergleich zum Modell KON als *disaggregierte* Formulierung bezeichnet werden.

Das Modell KON-Maes bildet die Grundlage für verschiedene von *Maes* vorgeschlagene heuristische Lösungsverfahren, auf die in Abschnitt 43441. eingegangen wird.

Weitere Modellformulierungen für das mehrstufige Mehrprodukt-Losgrößenproblem mit beschränkten Kapazitäten wurden von *Stadtler*[309] entwickelt.

*Helber*[310] erweitert das Modell MLCLSP um die Möglichkeit, für unterschiedliche Ressourcen unterschiedlich feine Periodenraster zu verwenden. Diese Option ist insbes. im Hinblick auf die Verstetigung des Materialflusses von großer Bedeutung.

### 4343. Lösungsverfahren für Probleme ohne Kapazitätsbeschränkungen

Grundsätzlich besteht die Möglichkeit, zur Lösung der im vorangegangenen Abschnitt formulierten Losgrößenmodelle in Standardsoftwarepaketen implementierte Verfahren zur gemischt-ganzzahligen linearen Optimierung einzusetzen. Wegen der - insb. bei generellen Erzeugnisstrukturen - hohen Problemkomplexität ist diese Vorgehensweise jedoch selbst dann nicht praktikabel, wenn nur we-

---

[309] vgl. **Stadtler** (1994)
[310] vgl. **Helber** (1995)

nige Produkte und wenige Planungsperioden betrachtet werden[311]. Auch Lösungsansätze, die die spezielle Struktur der jeweiligen Modellformulierung ausnutzen, liegen zur Behandlung praktisch relevanter Problemgrößen nur in beschränktem Umfang vor. So entwickelt *Rao*[312] ein exaktes Lösungsverfahren für Losgrößenprobleme bei genereller Erzeugnisstruktur ohne Kapazitätsbeschränkungen, das auf dem Benders'schen Dekompositionsverfahren basiert. *Steinberg und Napier* schlagen die Formulierung des Losgrößenproblems als ein verallgemeinertes Netzwerkflußproblem mit Fixkosten vor[313], zu dessen Lösung sie ein Standardsoftwarepaket der gemischt-ganzzahligen linearen Optimierung einsetzen.

Lediglich für spezielle Erzeugnisstrukturen existieren exakte Lösungsverfahren, die Probleme in praktisch relevanten Größenordnungen optimal zu lösen in der Lage sind. Ein effizientes Verfahren für konvergierende Erzeugnisstrukturen schlagen *Afentakis, Gavish und Karmarkar*[314] vor. Das zum gegenwärtigen Zeitpunkt effizienteste Verfahren für konvergierende Erzeugnisstrukturen wurde von *Rosling*[315] auf der Basis des Modells KON-Ros entwickelt.

Da exakte Verfahren zur Lösung praxisrelevanter Problemstellungen nicht existieren, sind zahlreiche Versuche unternommen worden, heuristische Verfahren zu entwerfen. Diese kann man zunächst danach unterscheiden, welcher Nachfrageverlauf unterstellt wird. Lösungsansätze auf der Basis **kontinuierlicher** Endproduktnachfrage wurden von *Crowston, Wagner und Henshaw*[316], *Schwarz und Schrage*[317], *Moily*[318], *Maxwell und Muckstadt*[319] sowie von *McClain und Trigeiro*[320] entwickelt. Da diese Verfahren auf den Fall konstanter Nachfrage mit unendlichem Planungshorizont zugeschnitten sind, sollen sie hier nicht weiter betrachtet werden[321]. Wir wollen uns vielmehr mit dem Fall **dynamisch schwankender** Endproduktnachfrage in einem endlichen Planungshorizont befassen. Verfahren für eine derartige Problemsituation lassen sich danach unterscheiden, ob sie das Mehrprodukt-Mehrperioden-Losgrößenproblem **erzeugnisorientiert** oder **periodenorientiert** zerlegen.

---

[311] Bei Rechentests des Verfassers wurden für mehrstufige Losgrößenprobleme mit genereller Erzeugnisstruktur und mehreren beschränkten Kapazitäten bei 10 Produkten und 4 Perioden auf einem 80486-PC mit 33 Mhz zwischen wenigen Minuten und vielen Stunden benötigt. Bereits nur geringfügig größere Probleme waren auch auf einer schnellen Workstation nicht mehr lösbar.
[312] vgl. **Rao** (1981). Das Verfahren von Rao erreichte für einige Losgrößenprobleme mit maximal neun Produkten und neun Perioden die optimale Lösung innerhalb von 30 Sek. CPU-Zeit auf einer Rechenanlage vom Typ CYBER 74.
[313] vgl. **Steinberg/Napier** (1980).
[314] vgl. **Afentakis/Gavish/Karmarkar** (1984); vgl. zur Formulierung dieses Modells auch Abschnitt 43422.
[315] vgl. **Rosling** (1986).
[316] vgl. **Crowston/Wagner/Henshaw** (1972).
[317] vgl. **Schwarz/Schrage** (1975).
[318] vgl. **Moily** (1982).
[319] vgl. **Maxwell/Muckstadt** (1984).
[320] vgl. **McClain/Trigeiro** (1985).
[321] Statische Ein- und Mehrprodukt-Losgrößenmodelle werden bei **Domschke/Scholl/Voß** (1993) diskutiert.

### 43431. Erzeugnisorientierte Dekomposition

Bei der erzeugnisorientierten Dekomposition wird das K-Produkt-T-Perioden-Problem in K voneinander unabhängig bearbeitete **Einprodukt-T-Perioden-Probleme** zerlegt. Eine Abstimmung der erzeugnisbezogenen Teilprobleme erfolgt entweder nicht oder über spezielle Modifikationen der in den Teilproblemen verwendeten Kostenparameter.

### 434311. Isolierter Einsatz von Einprodukt-Losgrößenverfahren ohne Kostenanpassung

Die in der betrieblichen Praxis übliche Methode der *Losgrößenplanung in PPS-Systemen* besteht darin, daß für jedes Erzeugnis im Anschluß an die Bestimmung seines periodenbezogenen Nettobedarfs durch Einsatz eines der in Abschnitt 432. dargestellten Losgrößenverfahren Fertigungsaufträge gebildet werden. Diese Verfahren sind jedoch nur für Erzeugnisse mit unabhängigem Bedarfsverlauf geeignet. Denn sie berücksichtigen nicht die zwischen den Produkten der verschiedenen Erzeugnisstufen bestehenden *Interdependenzen*. Es wird bei Anwendung dieser Verfahren somit implizit unterstellt, eine Losgrößenentscheidung für ein übergeordnetes Produkt könne unabhängig von den für die untergeordneten Baugruppen und Einzelteile zu bestimmenden Losgrößen getroffen werden. Wie bereits weiter oben erläutert wurde, bestehen zwischen den Erzeugnissen aber Interdependenzen. Vernachlässigt man diese Interdependenzen bei der Losgrößenbestimmung, dann kann das zur Folge haben, daß die minimalen Gesamtkosten, die bei theoretisch richtiger Losgrößenbestimmung erreicht werden können, erheblich überschritten werden.

In den in der betrieblichen Praxis verbreiteten EDV-gestützten Systemen zur Produktionsplanung und -steuerung wird den Anwendern die Wahl zwischen verschiedenen Algorithmen zur Losbildung gelassen[322]. Dabei werden regelmäßig die in Abschnitt 431. diskutierten Interdependenzen zwischen den Erzeugnissen *nicht berücksichtigt*. Als Konsequenz dieser Vorgehensweise ergibt sich eine **zeitliche Trennung von Materialbedarfsrechnung und Losgrößenplanung**. Bei Einsatz des *Dispositionsstufenverfahrens* zur Bedarfsrechnung werden zunächst für die Erzeugnisse einer Dispositionsstufe die periodenspezifischen Nettobedarfsmengen ermittelt. Bevor man dann zur nächsten Dispositionsstufe übergeht, werden die Bedarfsmengen mehrerer Perioden zu einem Los zusammengefaßt.

Das mehrstufige Losgrößenproblem für K Erzeugnisse bei abhängigem Bedarf wird in der Praxis also in K voneinander unabhängig behandelte Einprodukt-Losgrößenprobleme für unabhängigen Bedarf zerlegt. Diese Vorgehensweise

---

[322] Häufig werden in PPS-Systemen lediglich die klassische Losgrößenformel, die gleitende wirtschaftliche Losgröße oder das Stückperiodenausgleichsverfahren zur Auswahl angeboten. Vgl. **Scheer** (1980); **Skutta** (o.J.), S. 27; **Robrade** (1991), S. 12-17.

kann zu erheblichen Kostenerhöhungen im Vergleich zu einer abgestimmten Festlegung der Losgrößen führen. Die Lösungsqualität nimmt dabei mit zunehmender Tiefe der Erzeugnisstruktur ab. In den veröffentlichten numerischen Untersuchungen wurden Kostenerhöhungen im Bereich zwischen 2% und 37% (abhängig von der Erzeugnisstruktur) festgestellt[323].

Kritisch zu untersuchen ist in diesem Zusammenhang, welche **Kostensätze** bei Einsatz dieser Verfahren zu verwenden sind. Hier wird in der Praxis wohl allgemein mit **Vollkostensätzen** gerechnet, in denen die Lagerkosten für ein Endprodukt oder eine Baugruppe auf der Grundlage der gesamten Kosten aller vorhergehenden Produktionsstufen berechnet werden. Eine Alternative zu dieser Vorgehensweise besteht darin, mit produktionsstufenbezogenen **Grenzlagerkosten** zu rechnen[324].

### 434312. Abgestimmter Einsatz von Einprodukt-Losgrößenverfahren ohne Kostenanpassung

Eine geringfügige Modifikation der im vorangegangenen Abschnitt angesprochenen Vorgehensweise besteht darin, daß man versucht, für unterschiedliche Produkte auch unterschiedliche Lösungsverfahren anzuwenden und diese **Losgrößenverfahren auf den unterschiedlichen Stufen aufeinander abzustimmen**. Betrachten wir z.B. eine zweistufige Erzeugnisstruktur. Durch die Bündelung der Nettobedarfsmengen auf der übergeordneten Erzeugnisstufe wird die Ungleichmäßigkeit des Bedarfsverlaufs für das untergeordnete Erzeugnis noch verstärkt. Je weiter man sich von der Stufe der Endprodukte entfernt, umso ausgeprägter wird die Bedarfsmengenbündelung und umso ausgeprägter werden demzufolge die **Schwankungen des Kapazitätsbedarfs**[325].

Um dieser Tendenz entgegenzuwirken, kann es sinnvoll sein, auf einer direkt untergeordneten Erzeugnisstufe anstelle einer weiteren Losbildung jeweils nur die abgeleitete Nettobedarfsmenge zu produzieren. Dadurch wird vermieden, daß die Bedarfsbündelung noch weiter verstärkt wird.

Grundsätzlich kann also *auf jeder Erzeugnisstufe* eine spezifische Methode zur Losbildung eingesetzt werden. Welche Kombination in einem konkreten Fall nun anzuwenden ist, läßt sich nicht allgemeingültig bestimmen. Hier kommt es auf die Datenkonstellation des spezifischen Anwendungsfalls an. Forschungsbemühungen, die zum Ziel haben, generelle Aussagen zu diesem Thema zu treffen, erscheinen wenig erfolgversprechend, da die Anzahl der möglichen Kombinationen von erzeugnisbezogen eingesetzten Losgrößenverfahren mit der Anzahl der

---

323 vgl. **Graves** (1981); **Blackburn/Millen** (1982); **Afentakis** (1987); **Heinrich** (1987)
324 vgl. die Empfehlung in **Scheer** (1978), S. 200. Unsere weiteren Überlegungen werden zeigen, daß die von *Scheer* empfohlene Verwendung von Grenzlagerkosten bei mehrstufigen Erzeugnisstrukturen sachlich nicht zu halten ist.
325 zu einer Untersuchung der Auswirkungen verschiedener Einflußfaktoren auf die Kapazitätsauslastung vgl. **Bott** (1981)

Erzeugnisse und der Anzahl verfügbarer Losgrößenverfahren kombinatorisch ansteigt.

Um den Einfluß unterschiedlicher Kombinationen von Losgrößenverfahren auf verschiedenen Erzeugnisstufen auf die Höhe der Kosten zu demonstrieren, sollen Ergebnisse von *Jacobs und Khumawala*[326] referiert werden. Für eine zweistufige Erzeugnisstruktur wurden alle möglichen Kombinationen verschiedener Losgrößenverfahren auf verschiedene typische Bedarfszeitreihen angewandt. Die Ergebnisse wurden untereinander und mit der jeweils bekannten optimalen Lösung verglichen. Als Beispiel seien die in Tabelle 52 zusammengestellten Ergebnisse herausgegriffen.

| Regelmäßiger Bedarf: | | | Ansteigender Bedarf: | | |
|---|---|---|---|---|---|
| Stufe 1 | Stufe 2 | Kosten | Stufe 1 | Stufe 2 | Kosten |
| EOQ | EOQ | 2340 | EOQ | EOQ | 2336 |
| EOQ | L4L | 2220 | EOQ | L4L | 2178 |
| PP | PP | 1775 | PP | PP | 2017 |
| PP | L4L | 1775 | PP | L4L | 2075 |
| Minimale Kosten: | | 1775 | Minimale Kosten: | | 1827 |
| Sinkender Bedarf: | | | Sporadischer Bedarf: | | |
| Stufe 1 | Stufe 2 | Kosten | Stufe 1 | Stufe 2 | Kosten |
| EOQ | EOQ | 2464 | EOQ | EOQ | 2459 |
| EOQ | L4L | 2262 | EOQ | L4L | 2287 |
| PP | PP | 1808 | PP | PP | 2030 |
| PP | L4L | 1700 | PP | L4L | 2105 |
| Minimale Kosten: | | 1700 | Minimale Kosten: | | 1690 |

*Tabelle 52: Ergebnisse des kombinierten Einsatzes von Einprodukt-Losgrößenverfahren*[327]

Die jeweils angegebenen minimalen Kosten wurden mit Hilfe eines Lösungsansatzes der gemischt-ganzzahligen linearen Optimierung ermittelt. Die Darstellung zeigt, daß von der Wahl einer geeigneten Kombination von Losgrößenverfahren ein Einfluß auf die Höhe der gesamten Kosten ausgeht. Allgemeine Aussagen darüber, welche Verfahrenskombination in einer konkreten Situation anzuwenden ist, lassen sich jedoch nicht treffen.

Die Auswirkungen der Kombination unterschiedlicher Losgrößenverfahren auf die **Kapazitätsauslastung** untersucht *Collier*[328]. Dabei werden auch Kosten der Veränderung der Kapazitäten der Produktionsfaktoren berücksichtigt.

---

326 vgl. **Jacobs/Khumawala** (1982); vgl. auch **Collier** (1980b); für dreistufige Erzeugnisstrukturen vgl. **Choi/Malstrom/Classen** (1984)
327 Es bedeuten: EOQ - klassische Losgrößenformel; PP - Stückperiodenausgleichsverfahren; L4L - keine Losbildung (Losgrößen = Periodenbedarfsmengen)
328 vgl. **Collier** (1980a)

### 434313. Isolierter Einsatz von Einprodukt-Losgrößenverfahren mit Kostenanpassung

Während die bisher angesprochenen Losgrößenverfahren die Beziehungen zwischen den Erzeugnissen nur unvollkommen beachten, versuchen die im folgenden darzustellenden Methoden, auf dem Wege der **Kostenanpassung** eine Abstimmung zwischen den auf unterschiedlichen Erzeugnisstufen zu treffenden Losgrößenentscheidungen herbeizuführen. Die Kostenanpassung ist eine leicht zu implementierende Form der Abstimmung, da sie lediglich eine *Veränderung der Eingabedaten* der Losgrößenverfahren bewirkt, wobei die Verfahrensstruktur unverändert bleibt.

In diesem Abschnitt werden verschiedene in den letzten Jahren vorgeschlagene Methoden zur Bestimmung der "optimalen" Werte der in Einprodukt-Losgrößenverfahren einzusetzenden Kosten dargestellt. Im Prinzip versuchen diese Verfahren, abzuschätzen, in welchem Ausmaß sich die Rüst- und Lagerkosten auf untergeordneten Erzeugnisstufen verändern, wenn auf einer übergeordneten Erzeugnisstufe die Losgröße erhöht wird.

### 4343131. Verfahren für konvergierende Erzeugnisstrukturen

In den vorangegangenen Abschnitten wurde dargestellt, wie in der betrieblichen Praxis Einprodukt-Losgrößenverfahren unabhängig voneinander eingesetzt werden. Als *Lagerkostensatz* eines Erzeugnisses wird dabei i.a. eine Größe verwendet, die sich aus dem *Wert* des Erzeugnisses, z.B. den Herstellkosten $w_k$, und einem *Lagerkostenfaktor* v multiplikativ zusammensetzt:

$$h_k = w_k \cdot v \qquad k=1,2,\ldots,K \qquad (357)$$

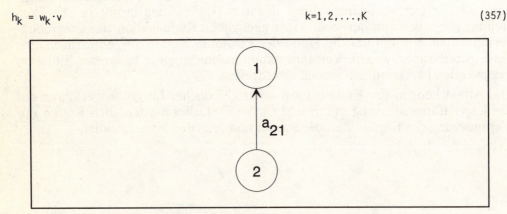

*Bild 80: Lineare Erzeugnisstruktur (Beispiel)*

Zur Veranschaulichung der folgenden Ausführungen betrachten wir die in Bild 80 dargestellte lineare Erzeugnisstruktur. Um die Ausführungen möglichst einfach zu halten, gehen wir weiterhin davon aus, daß für das Endprodukt 1 kontinuierlicher Bedarf vorliegt und daß für das Endprodukt das *klassische Losgrößenmodell* angewandt wird, während die Bestellmenge $q_2$ für das untergeordnete Erzeugnis als ein ganzzahliges Vielfaches der Losgröße $q_1$ des Endprodukts festgelegt wird.

Wird nun eine Bestellung für das Einzelteil 2 bei einem **Fremdlieferanten** aufgegeben, dann beträgt nach Eintreffen der Bestellmenge $q_2$ im Beschaffungslager der Anstieg der durchschnittlichen Lagerkosten in der Unternehmung, d.h. im betrachteten Lagersystem:

$$h_2 \cdot \frac{q_2}{2} = w_2 \cdot v \cdot \frac{q_2}{2} \tag{358}$$

wobei $w_2$ nun den Beschaffungspreis des Einzelteils darstellt. Die Größe $w_2 \cdot v$ gibt die Kosten der Lagerung einer im Rahmen dieser externen Beschaffungsmaßnahme zusätzlich eingelagerten Mengeneinheit korrekt wieder.

Fragen wir nun nach der Veränderung der Lagerkosten, wenn ein **Los für das übergeordnete Produkt 1** aufgelegt werden soll. Welcher Lagerkostensatz ist hier zu berücksichtigen? Wie verändern sich die gesamten Lagerkosten für die Produkte 1 und 2, wenn die Losgröße für das Erzeugnis 1 $q_1$ beträgt?

Zunächst *steigen die durchschnittlichen Lagerkosten für das Produkt 1* um den Betrag

$$h_1 \cdot \frac{q_1}{2} = w_1 \cdot v \cdot \frac{q_1}{2} \tag{359}$$

an, wobei $w_1$ nun die gesamten Herstellkosten des Produkts 1, also die Summe aus den Materialkosten (einschl. der Kosten für das Einzelteil 2) und den Fertigungskosten für 1 darstellt.

Andererseits hat die Produktion einer Menge $q_1$ zur Folge, daß insgesamt $a_{21} \cdot q_1$ Mengeneinheiten des Einzelteils 2 aus dem Lager entnommen werden und in die Produktion des Endprodukts 1 eingehen. Dadurch *sinken die durchschnittlichen Lagerkosten für das Produkt 2* um den Betrag:

$$\frac{a_{21} \cdot w_2 \cdot v \cdot q_1}{2} \tag{360}$$

Insgesamt ergibt sich somit als *Anstieg der Lagerkosten für die Produkte 1 und 2* infolge der Entscheidung, ein Los der Größe $q_1$ aufzulegen:

$$\frac{w_1 \cdot v \cdot q_1}{2} - \frac{a_{21} \cdot w_2 \cdot v \cdot q_1}{2} = (w_1 - a_{21} \cdot w_2) \cdot v \cdot \frac{q_1}{2} \tag{361}$$

Die bisherigen Überlegungen führen zu dem Ergebnis, daß bei der Entscheidung über die Losgröße des übergeordneten Produkts 1 als *Lagerkostensatz* die Größe

$$(w_1 - a_{21} \cdot w_2) \cdot v = h_1 - a_{21} \cdot h_2 \qquad (362)$$

entscheidungsrelevant ist. Allgemein kann man auch schreiben:

$$e_k = \underset{\underset{\text{voller Lagerkostensatz des Produkts k}}{\underset{\text{volle Lagerkosten aller direkten Vorgänger des Produkts k}}{\uparrow}}}{h_k} - \underbrace{\sum_{j \in V_k} a_{jk} \cdot h_j} \qquad k=1,2,\ldots,K \qquad (363)$$

Diese Größe ist der **marginale Lagerkostensatz**[329] des Erzeugnisses k. Bei der Entscheidung über die Losgröße eines Erzeugnisses ist also auch die Verringerung der Lagerkosten für die untergeordneten Erzeugnisse zu beachten. Als entscheidungsrelevante Lagerkosten sind somit die zusätzlichen Kosten (Grenzkosten) aus der *Gesamtlagerperspektive* anzusetzen.

Zur Bestimmung der aus einer Losgrößenentscheidung resultierenden Lagerkosten wird der Lagerkostensatz mit dem durchschnittlichen Lagerbestand eines Erzeugnisses multipliziert. Das wirft die *Frage nach der Höhe des durchschnittlichen Lagerbestands für ein untergeordnetes Erzeugnis*, im obigen Beispiel für Produkt 2, auf. Betrachtet man den Bestandsverlauf für den physischen Lagerbestand des Erzeugnisses 2, dann ist ein ausgeprägter *stufenförmiger Verlauf* festzustellen, obwohl der Bestand des Endprodukts 1 kontinuierlich abnimmt.

Trifft man nun die Entscheidung, ein Los der Größe $q_2$ aufzulegen, dann erhöht sich die Lagerbestandsmenge im gesamten Lagersystem durchschnittlich um $q_2/2$. Denn das Erzeugnis 2 bleibt bis zum endgültigen Verkauf im Lagersystem, und zwar entweder in reiner (unverarbeiteter) Form, d.h. als physisch erkennbares Produkt 2, oder als Einbauteil in anderen übergeordneten Erzeugnissen, d.h. im vorliegenden Beispiel im Produkt 1. Diese Form des Lagerbestands wurde in Abschnitt 43421. bereits als **systemweiter Lagerbestand** eingeführt.

Bild 81 verdeutlicht den Zusammenhang zwischen dem physischen Lagerbestand des Einzelteils 2 und seinem systemweiten Lagerbestand unter der Annahme, daß die Nachfrage nach dem Endprodukt 1 mit einem Mittelwert $D_1$ kontinuierlich verläuft und daß die Bestellmenge $q_2$ des Einzelteils das Dreifache der Losgröße $q_1$ des Endprodukts beträgt.

Der durchschnittliche *physische Lagerbestand* des Erzeugnisses 1, $B_1$, beträgt:

$$B_1 = \frac{q_1}{2} = \frac{D_1 \cdot t_1}{2} \qquad (364)$$

Die Größe $t_1$ bezeichnet die Länge des *Produktionszyklus* des Erzeugnisses 1. Der durchschnittliche physische Lagerbestand des Erzeugnisses 2, $B_2$, beträgt für den Fall, daß der Direktbedarfskoeffizient den Wert $a_{21} = 1$ annimmt:

---

[329] vgl. Abschnitt 43421.

$$B_2 = \frac{D_1 \cdot t_1 \cdot m_2 - D_1 \cdot t_1}{2} \tag{365}$$

Die Größe $m_2$ ist das (ganzzahlige) Verhältnis zwischen der Losgröße des untergeordneten Produkts 2 und der Losgröße des übergeordneten Produkts 1, im vorliegenden Fall also: $m_2 = 3$. Der physische Lagerbestand des Erzeugnisses 2 weist in Bild 81 einen stufenförmigen Verlauf auf.

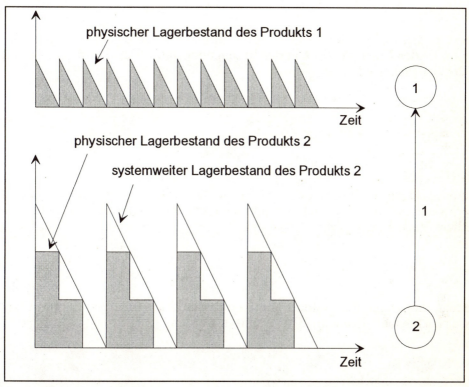

*Bild 81: Zusammenhang zwischen physischem und systemweitem Lagerbestand*

Der **systemweite Lagerbestand** des untergeordneten Erzeugnisses 2 ist gleich dem physischen Lagerbestand zuzüglich der schon in das Endprodukt eingebauten Menge, die im Lagerbestand des Endprodukts 1 enthalten sind. Die durchschnittlichen systemweiten Lagerbestände beider Produkte betragen:

$$E_1 = B_1 \tag{366}$$

$E_1$ — systemweiter Lagerbestand des Produkts 1
$B_1$ — physischer Lagerbestand des Produkts 1

$$E_2 = B_2 + E_1 \qquad (367)$$

- systemweiter Lagerbestand des Produkts 2
  - physischer Lagerbestand des Produkts 2
    - systemweiter Lagerbestand des Produkts 1

oder allgemein:

$$E_k = B_k + E_{n(k)} \qquad k=1,2,\ldots,K \qquad (368)$$

Dabei ist n(k) der Index des (einzigen) direkten Nachfolgers (übergeordneten Produkts) des Erzeugnisses k in der Erzeugnisstruktur. Für das in Bild 81 dargestellte Beispiel erhalten wir:

$$E_2 = \frac{D_1 \cdot t_1 \cdot m_2 - D_1 \cdot t_1}{2} + \frac{D_1 \cdot t_1}{2}$$

$$= \frac{D_1 \cdot t_1 \cdot m_2}{2} \qquad (369)$$

Wenn zwischen den Losgrößen bzw. Produktionszyklen der beiden Erzeugnisse, wie im betrachteten Beispiel angenommen, ein im Zeitablauf konstantes, ganzzahliges Verhältnis

$$m_2 = \frac{t_2}{t_1} \qquad (370)$$

besteht, dann kann der systemweite Lagerbestand des untergeordneten Erzeugnisses auch nach Gleichung (371) ermittelt werden.

$$E_2 = \frac{D_1 \cdot t_1 \cdot \frac{t_2}{t_1}}{2} = \frac{D_1 \cdot t_2}{2} \qquad (371)$$

Beziehung (371) beschreibt den durchschnittlichen systemweiten Lagerbestand des Erzeugnisses 2, der - bewertet mit dem marginalen Lagerkostensatz - die Lagerkosten als Funktion der Losgröße bzw. der Länge des Produktionszyklus eines Erzeugnisses angibt. Die Mengenanteile des Erzeugnisses 2, die bereits in das übergeordnete Erzeugnis 1 eingegangen sind, müssen hier als entscheidungsrelevant mitberücksichtigt werden, da die Losgrößenentscheidungen auf den nachfolgenden Erzeugnisstufen nur noch den *Wertzuwachs* berücksichtigen.

Fragen wir uns nun, was geschieht, wenn man sich an den vorgetragenen Überlegungen orientiert und diese systembezogenen (Grenz-)Kostensätze als entscheidungsrelevante Lagerkosten in einem der beschriebenen Einprodukt-Losgrößenverfahren einsetzt. Zur Beantwortung dieser Frage sei folgende Situation betrachtet, die so einfach gehalten ist, daß die Problemstruktur klar erkennbar ist:

- konvergierende Erzeugnisstruktur
- Primärbedarf tritt nur für das Endprodukt auf
- der Verlauf des Primärbedarfs ist kontinuierlich und im Durchschnitt konstant
- unendlich hohe Lagerzugangsgeschwindigkeit
- alle Direktbedarfskoeffizienten sind 1
- Durchlaufzeiten werden nicht berücksichtigt

Die Zielfunktion des *Problems der simultanen Bestimmung der Losgrößen* für alle Produkte kann unter diesen Annahmen wie folgt formuliert werden:

$$\text{Min } Z = \sum_{k=1}^{K} s_k \cdot \frac{D_k}{q_k} + e_k \cdot \frac{q_k}{2} \tag{372}$$

mit $s_k$ = Rüstkostensatz des Produkts k
und $e_k$ = marginaler Lagerkostensatz des Produkts k

Der Quotient $D_k/q_k$ ist die mittlere Anzahl von Losen pro Periode, für die die Nachfrage $D_k$ gilt. Der Kehrwert $t_k = q_k/D_k$ bezeichnet dann genau die Länge eines Produktionszyklus des Erzeugnisses k. Gleichung (372) kann damit äquivalent auch wie folgt geschrieben werden:

$$\text{Min } Z = \sum_{k=1}^{K} \frac{s_k}{t_k} + \frac{e_k \cdot D_k \cdot t_k}{2} \tag{373}$$

Zur weiteren Vereinfachung des Problems sei unterstellt, daß zwischen den Produktionszyklen der einzelnen Erzeugnisse im Zeitablauf **konstante, ganzzahlige Verhältnisse** $m_k$ bestehen. Für ein Erzeugnis k und seinen einzigen Nachfolger n(k) gilt dann:

$$m_k = \frac{t_k}{t_{n(k)}} \qquad k=1,2,\ldots,K \tag{374}$$

Das heißt, der Produktionszyklus des untergeordneten Produkts ist ein Vielfaches des Produktionszyklus des übergeordneten Produkts. Wir setzen dabei die Länge des Produktionszyklus des hypothetischen Nachfolgers des Endprodukts $t_{n(1)} = 1$[330]. Da die Direktbedarfskoeffizienten annahmegemäß gleich 1 sind, sind die durchschnittlichen Periodenbedarfsmengen aller Produkte identisch [$D_k = D_1$ (k=1,2,...,K)]. Damit kann das Problem wie folgt beschrieben werden:

---

[330] Diese Größe ist die Länge der Basisperiode, auf die sich die Bedarfsmengenangabe bezieht.

**Modell BM:**

$$\text{Min } Z = \sum_{k=1}^{K} \frac{s_k}{m_k \cdot t_{n(k)}} + \frac{e_k \cdot D_1 \cdot m_k \cdot t_{n(k)}}{2} \tag{375}$$

u.B.d.R.

$$t_k = m_k \cdot t_{n(k)} \qquad k=1,2,\ldots,K \tag{376}$$

$$m_k \geq 1 \text{ und ganzzahlig} \qquad k=1,2,\ldots,K \tag{377}$$

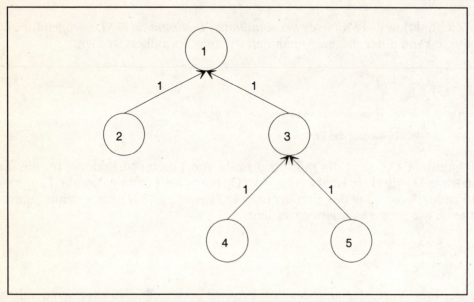

*Bild 82: Konvergierende Erzeugnisstruktur (Beispiel)*

Schreibt man die Zielfunktion (375) für die in Bild 82 dargestellte konvergierende Erzeugnisstruktur vollständig aus, dann ergibt sich:

$$Z = \frac{s_1}{m_1 \cdot 1} + \frac{s_2}{m_2 \cdot t_1} + \frac{s_3}{m_3 \cdot t_1} + \frac{s_4}{m_4 \cdot t_3} + \frac{s_5}{m_5 \cdot t_3}$$

$$+ \frac{e_1 \cdot D_1 \cdot m_1 \cdot 1}{2} + \frac{e_2 \cdot D_1 \cdot m_2 \cdot t_1}{2} + \frac{e_3 \cdot D_1 \cdot m_3 \cdot t_1}{2} + \frac{e_4 \cdot D_1 \cdot m_4 \cdot t_3}{2} + \frac{e_5 \cdot D_1 \cdot m_5 \cdot t_3}{2} \tag{378}$$

Wegen

$$m_1 = t_1 \tag{379}$$

$$m_2 = \frac{t_2}{t_1} \tag{380}$$

$$m_3 = \frac{t_3}{t_1} \tag{381}$$

$$m_4 = \frac{t_4}{t_3} \tag{382}$$

$$m_5 = \frac{t_5}{t_3} \tag{383}$$

$$t_4 = m_4 \cdot t_3 \tag{384}$$

$$t_3 = m_3 \cdot t_1 \tag{385}$$

kann Beziehung (378) in Gleichung (386) umgeformt werden:

$$Z = \frac{s_1}{t_1} + \frac{\left[\frac{s_2}{m_2}\right]}{t_1} + \frac{\left[\frac{s_3}{m_3}\right]}{t_1} + \frac{\left[\frac{s_4}{m_4 \cdot m_3}\right]}{t_1} + \frac{\left[\frac{s_5}{m_5 \cdot m_3}\right]}{t_1}$$

$$+ e_1 \cdot \frac{t_1 \cdot D_1}{2} + e_2 \cdot m_2 \cdot \frac{t_1 \cdot D_1}{2} + e_3 \cdot m_3 \cdot \frac{t_1 \cdot D_1}{2} + e_4 \cdot m_4 \cdot m_3 \cdot \frac{t_1 \cdot D_1}{2} + e_5 \cdot m_5 \cdot m_3 \cdot \frac{t_1 \cdot D_1}{2} \tag{386}$$

oder

$$Z = \frac{\overbrace{\left[s_1 + \frac{s_2}{m_2} + \frac{s_3}{m_3} + \frac{s_4}{m_4 \cdot m_3} + \frac{s_5}{m_5 \cdot m_3}\right]}^{\text{modifizierter Rüstkostensatz für Produkt 1}}}{t_1}$$

$$+ \underbrace{[e_1 + e_2 \cdot m_2 + e_3 \cdot m_3 + e_4 \cdot m_4 \cdot m_3 + e_5 \cdot m_5 \cdot m_3]}_{\text{modifizierter Lagerkostensatz für Produkt 1}} \cdot \frac{t_1 \cdot D_1}{2} \tag{387}$$

Gleichung (387), bei der die *Beziehungen zwischen den Produktionszyklen* benachbarter Erzeugnisse *implizit* mit berücksichtigt worden sind, kann weiter umgeformt werden, indem man die modifizierten Kostensätze **bei gegebenen Werten** der Faktoren $m_k$ (k = 1,2,...,K) rekursiv errechnet. Man erhält dann:

$$S_k = s_k + \sum_{i \in V_k} \frac{s_i}{m_i} \tag{388}$$

- $s_k$: Rüstkostensatz des Erzeugnisses k
- $\frac{s_i}{m_i}$ (Term in Summe): modifizierter Rüstkostensatz des Erzeugnisses i
- $S_k$: modifizierter Rüstkostensatz des Erzeugnisses k

und

$$H_k = e_k + \sum_{i \in V_k} H_i \cdot m_i \quad (389)$$

- modifizierter Lagerkostensatz des Erzeugnisses $i$
- systemweiter Lagerkostensatz des Erzeugnisses $k$
- modifizierter Lagerkostensatz des Erzeugnisses $k$

Dem Erzeugnis k werden auf diese Weise **Anteile an den Rüstkosten** aller untergeordneten Erzeugnisse $i \epsilon V_k$ zugeordnet[331]. Dies geschieht zeitproportional entsprechend dem Anteil des Produktionszyklus des Erzeugnisses k an der Länge des Produktionszyklus des untergeordneten Produkts $i \epsilon V_k$. Für **Einzelteile**, d.h. Erzeugnisse bzw. Verbrauchsfaktoren ohne direkte Vorgänger, gilt: $S_k = s_k$ und $H_k = e_k = h_k$.

Nach der Bestimmung der relevanten Kosten können nun die optimalen Losgrößen ermittelt werden. Für das *Endprodukt* 1 lautet die Zielfunktion zur Bestimmung des kostenminimalen *Produktionszyklus* $t_1$ unter Verwendung der *modifizierten Kostensätze*:

$$Z_1 = \frac{S_1}{t_1} + \frac{H_1 \cdot t_1 \cdot D_1}{2} \quad (390)$$

Sind die *optimalen Werte* der Faktoren $m_k$ für alle Erzeugnisse bekannt, dann kann man den optimalen Produktionszyklus für das Endprodukt 1 berechnen und im Anschluß daran auch die Produktionszyklen für alle anderen Produkte, d.h. für die Baugruppen und Einzelteile.

Bei *gegebenen* - nicht notwendigerweise optimalen - *Werten der Faktoren* $m_k$ ($k = 2, ..., K$) betragen die minimalen Kosten für das Endprodukt 1:

$$\text{Min}\{Z_1 | m_k \ (k=2, \ldots, K)\} = \sqrt{2 \cdot D_1 \cdot S_1 \cdot H_1} \quad (391)$$

wobei die optimale *Losgröße* mit Gleichung (392) und die Länge des *Produktionszyklus* durch Beziehung (393) definiert sind[332]:

$$\text{Opt}\{q_1 | m_k \ (k=2, \ldots, K)\} = \sqrt{\frac{2 \cdot D_1 \cdot S_1}{H_1}} \quad (392)$$

---

331 vgl. auch **Moily** (1982); **Moily** (1986), S. 119. *Moily* betrachtet eine Situation mit *endlicher Produktionsgeschwindigkeit*, in der die Faktoren $m_k$ kleiner als 1 sein können, wobei die Losgröße eines übergeordneten Produkts ein ganzzahliges Vielfaches der Losgröße des untergeordneten Produkts k ist (*Losteilung*).
332 vgl. **Chakravarty** (1984b); **Moily** (1986)

$$\text{Opt } \{t_1 | m_k \ (k=2,\ldots,K)\} = \sqrt{\frac{2 \cdot S_1}{D_1 \cdot H_1}} \tag{393}$$

Die *modifizierten Kostensätze* haben die *Aufgabe*, bei der Entscheidung über die Losgröße für ein bestimmtes Erzeugnis die sich daraus ergebenden Konsequenzen für alle diesem Erzeugnis direkt oder indirekt untergeordneten Teile *implizit* mit zu berücksichtigen. Vergleicht man die modifizierten Kostensätze mit den marginalen Lagerkostensätzen, dann ist festzustellen, daß die modifizierten Kostensätze höher sind. Leider sind die *optimalen Faktoren* $m_k$ der Produkte aber *nicht bekannt*. Man könnte nun versuchen, eine *Vollenumeration* aller möglichen Werte der Faktoren durchzuführen und dabei jeweils den optimalen Produktionszyklus des Produkts 1 zu bestimmen. Wegen des damit verbundenen hohen Rechenaufwands ist diese Lösungsstrategie jedoch bei realistischen Problemgrößen undurchführbar.

Eine **exakte Vorgehensweise** zur Bestimmung der Faktoren unter Zugrundelegung einer geringfügig geänderten Modellformulierung beschreibt *Moily*[333]. Er bestimmt *obere und untere Schranken* für die Werte von $m_k$ und schlägt eine Vollenumeration aller $m_k$-Werte innerhalb dieser Schranken vor.

Eine **heuristische Vorgehensweise** besteht darin, die Faktoren $m_k$ zu **schätzen**. Dazu sind verschiedene Verfahren vorgeschlagen worden, die im folgenden erläutert werden.

## ◻ MC-Methode[334]

Betrachten wir den Ast des Erzeugnisbaums, dessen Wurzelknoten dem Erzeugnis j entspricht, dann kann für diesen Ast folgende Zielfunktion aufgestellt werden, wobei $K_j$ die Indexmenge der Erzeugnisse repräsentiert, die dem Teilbaum mit dem Wurzelknoten j angehören[335].

$$Z_j = \sum_{k \in K_j} \frac{s_k}{t_k} + \frac{e_k \cdot D_k \cdot t_k}{2} \tag{394}$$

Beziehung (394) wird nach den Variablen $t_k$ ($k \in K_j$), d.h. nach den Längen der produktspezifischen Produktionszyklen partiell differenziert. Dabei wird zunächst jedes Produkt isoliert betrachtet. Wir erhalten als partielle Ableitungen:

---

333 vgl. **Moily** (1986)
334 vgl. **Brown** (1967); **Blackburn/Millen** (1982), (1985)
335 In der in Bild 82 angegebenen Erzeugnisstruktur gilt z.B.: $K_3 = \{3,4,5\}$

$$\frac{\partial Z_j}{\partial t_k} = -\frac{s_k}{t_k^2} + e_k \cdot \frac{D_k}{2} \qquad k \in K_j \qquad (395)$$

Nullsetzen und Auflösen von Gleichung (395) nach $t_k$ ergibt:

$$t_k = \sqrt{\frac{2 \cdot s_k}{D_k \cdot e_k}} \qquad k \in K_j \qquad (396)$$

Entsprechend erhält man für das dem Erzeugnis k *direkt übergeordnete* Erzeugnis n(k):

$$t_{n(k)} = \sqrt{\frac{2 \cdot s_{n(k)}}{D_{n(k)} \cdot e_{n(k)}}} \qquad k=j+1, j+2, \ldots, K \qquad (397)$$

Damit liegt der - isoliert betrachtet - *optimale Produktionszyklus des Produkts k* fest. Nimmt man nun weiter an, daß der Produktionszyklus des untergeordneten Produkts k genau $m_k$-mal so lang ist wie der Produktionszyklus des (einzigen) direkt übergeordneten Erzeugnisses n(k), dann gilt:

$$m_k = \frac{t_k}{t_{n(k)}} \qquad k=j+1, j+2, \ldots, K \qquad (398)$$

Ersetzt man nun $t_k$ und $t_{n(k)}$ in Gleichung (398) durch (396) und (397), dann erhält man als *optimales Verhältnis zwischen Produktionszyklen zweier direkt miteinander in Verbindung stehender Erzeugnisse* den Ausdruck:

$$m_k = \sqrt{\frac{s_k \cdot e_{n(k)}}{s_{n(k)} \cdot e_k}} \qquad k=j+1, j+2, \ldots, K \qquad (399)$$

Diese Konzeption wurde wohl erstmals von *Brown*[336] für eine serielle Erzeugnisstruktur mit *zwei Produkten* beschrieben, ohne daß dabei eine Kostenanpassung beabsichtigt war. Man geht nun so vor, daß man zunächst alle $m_k$-Werte und $t_1$, den Produktionszyklus des Endprodukts 1, berechnet und daraus dann unter Rückgriff auf die $m_k$-Werte die Produktionszyklen der übrigen Erzeugnisse ableitet.

Die Verwendung der Faktoren $m_k$ zur Modifizierung der Rüst- und Lagerkostensätze bzw. zur rekursiven Berechnung der modifizierten Kostensätze wurde

---

[336] vgl. **Brown** (1967), S. 59; vgl. auch **New** (1974); **Wemmerlöv** (1981/82)

von *Blackburn und Millen*[337] vorgeschlagen. Sie formulieren für jedes Erzeugnis k eine *modifizierte Zielfunktion* vom Typ (387), wie wir sie oben für die im Beispiel betrachtete Erzeugnisstruktur mit den 5 Produkten abgeleitet haben. Ausgehend vom Erzeugnis 5 (d.h. von den Einzelteilen ohne direkten Vorgänger) bis hin zum Erzeugnis 1 (Enderzeugnis) kann eine solche Zielfunktion formuliert werden, in die immer alle untergeordneten Erzeugnisse mit einbezogen sind. So erhält man für das Erzeugnis 5 z.B.:

$$Z_5 = \frac{S_5}{t_5} + \frac{H_5 \cdot t_5 \cdot D_1}{2} \tag{400}$$

Aus Gleichung (400) läßt sich durch Differentiation und Auflösung nach $t_5$ folgende Gleichung ermitteln:

$$t_5 = \sqrt{\frac{2 \cdot S_5}{H_5 \cdot D_1}} \tag{401}$$

Um den optimalen Produktionszyklus des Erzeugnisses 5 zu berechnen, werden hier also die *modifizierten Rüst- und Lagerkostensätze* verwendet. Da das Erzeugnis 5 auf der untersten Ebene der Erzeugnisstruktur steht, stimmen für dieses Erzeugnis die modifizierten Kostensätze mit den unmodifizierten Kostensätzen überein. In dieser Gleichung kommt $D_1$, die durchschnittliche Periodenbedarfsmenge für das Endprodukt, vor, weil alle Produktionskoeffizienten (Direktbedarfskoeffizienten) gleich 1 sind und damit $D_k = D_1$ (k = 1,2,...,K) gilt. Bei nichtidentischen Direktbedarfskoeffizienten müssen die Verflechtungsbedarfskoeffizienten mit in die Betrachtung einbezogen werden (z.B. $D_k = D_1 \cdot v_{k1}$), oder es sind entsprechende Anpassungen der Lagerkostensätze vorzunehmen.

Gleichungen der Form (401) können auch für die Produktionszyklen der anderen Produkte, $t_4$, $t_3$, usw. aufgestellt werden. Zu ihrer Lösung werden aber - wie bereits in bezug auf das Erzeugnis 1 erläutert - die optimalen Werte der Faktoren $m_k$ benötigt. Da diese Werte aber nicht bekannt sind, ist nach Wegen zu ihrer Schätzung zu suchen. *Blackburn und Millen* schlagen hierzu nun folgende Berechnungsweise vor. Sie beginnen mit den Produkten auf der untersten Ebene der Erzeugnisstruktur - im betrachteten Beispiel also mit den Erzeugnissen 5 und 4 - und berechnen für diese Erzeugnisse die optimalen $t_k$-Werte (Produktionszyklen). Für die Berechnung dieser Werte liegen alle benötigten Informationen vor[338]. Dabei werden die Produktionszyklen $t_4$ und $t_5$ aufgrund der Zielfunktion mit den modifizierten Kosten abgeleitet[339], während der Produktionszyklus des übergeordneten Produkts, $t_3$, nur wie bei *Brown*, d.h. mit unmo-

---

[337] vgl. **Blackburn/Millen** (1982); vgl. auch **McLaren** (1977)
[338] Die Erzeugnisse 5 und 4 haben ja keine Vorgänger. Daher stimmen die modifizierten Kostensätze mit den unmodifizierten Kostensätzen überein.
[339] Für Erzeugnis 5 ist das die Beziehung (400).

difizierten Kosten, abgeleitet werden kann. Denn zur Kostenmodifikation werden die Faktoren $m_4$ und $m_5$ benötigt, die beim gegenwärtigen Stand der Berechnung noch nicht bekannt sind. Sind die Produktionszyklen der Erzeugnisse 4, 5 und 3 bekannt, dann kann man unter Verwendung der Beziehungen (382) und (383) die Faktoren $m_4$ und $m_5$ ermitteln:

$$m_4 = \frac{t_4}{t_3} \quad \text{bzw.} \quad m_5 = \frac{t_5}{t_3} \tag{402}$$

Im Anschluß daran können die modifizierten Kostensätze für das Produkt 3 bestimmt werden und die Berechnungen mit dem nächsthöheren Produkt in der Erzeugnisstruktur fortgesetzt werden.

Die grundsätzliche Vorgehensweise der **Kostenanpassung** ist in Bild 83 zusammengefaßt, wobei $V_k$ die Menge der direkten Vorgänger des Produkts k beschreibt. Die Erzeugnisstruktur wird *rückwärts*, beginnend mit Erzeugnis K bis zum Endprodukt 1 abgearbeitet. Für Erzeugnis k wird das optimale Verhältnis seines Produktionszyklus $t_k$ zum Produktionszyklus des direkt übergeordneten Erzeugnisses $t_{n(k)}$ berechnet. Dabei wird angenommen, daß die Produkte so indiziert sind, daß der Index eines Produkts größer ist als der Index seines unmittelbaren Nachfolgers, d.h. $k > n(k)$.

---

**SCHRITT k (k=K,K-1,...,1):**

$S_k = s_k + \sum_{i \in V_k} S_i / m_i$

$H_k = e_k + \sum_{i \in V_k} H_i \cdot m_i$

berechne einen Schätzwert für $m_k$

---

*Bild 83: Verfahren KOSTENANPASSUNG*

Nach der **MC-Methode** werden die Faktoren $m_k$ wie folgt geschätzt:

$$t_k = \sqrt{\frac{2 \cdot S_k}{D_1 \cdot H_k}} \tag{403}$$

$$t_{n(k)} = \sqrt{\frac{2 \cdot s_{n(k)}}{D_1 \cdot e_{n(k)}}} \tag{404}$$

$$m_k = \frac{t_k}{t_{n(k)}} = \sqrt{\frac{s_k \cdot e_{n(k)}}{s_{n(k)} \cdot H_k}} \qquad k=2,\ldots,K \qquad (405)$$

Nach Ermittlung der Faktoren $m_k$ und erfolgter Kostenanpassung kann dann der Produktionszyklus des Endprodukts mit Beziehung (406) errechnet werden. Im Anschluß daran werden die Produktionszyklen der untergeordneten Erzeugnisse ermittelt.

$$t_1 = \sqrt{\frac{2 \cdot s_1}{D_1 \cdot H_1}} \qquad (406)$$

Zur Veranschaulichung sei die in Bild 82 wiedergegebene Erzeugnisstruktur betrachtet. Folgende Daten mögen gelten:

| | k | 1 | 2 | 3 | 4 | 5 |
|---|---|---|---|---|---|---|
| Rüstkosten | $s_k$ | 100 | 150 | 200 | 450 | 450 |
| Lagerkosten (voll) | $h_k$ | 13 | 1 | 10 | 4 | 2 |
| Lagerkosten (marg.) | $e_k$ | 2 | 1 | 4 | 4 | 2 |

*Tabelle 53: Beispieldaten*

Tabelle 54 zeigt die Berechnungen gemäß dem Vorschlag von *Brown*[340]:

| k | $\sqrt{[s_k \cdot e_{n(k)}/(s_{n(k)} \cdot e_k)]}$ | $m_k$ |
|---|---|---|
| 2 | $\sqrt{[150 \cdot 2/(100 \cdot 1)]}$ | 1.73 |
| 3 | $\sqrt{[200 \cdot 2/(100 \cdot 4)]}$ | 1.00 |
| 4 | $\sqrt{[450 \cdot 4/(200 \cdot 4)]}$ | 1.50 |
| 5 | $\sqrt{[450 \cdot 4/(200 \cdot 2)]}$ | 2.12 |

*Tabelle 54: Ergebnisse nach der MC-Methode (Brown)*

Die zu denselben Ergebnissen führende Version von *Blackburn und Millen* ist in Tabelle 55 dargestellt.

---

[340] siehe Gleichung (399)

| | |
|---|---|
| k=5: | $S_5=450$; $s_{n(5)}=200$; $H_5=2$; $e_{n(5)}=4$ <br> $m_5=\sqrt{[450\cdot 4/(200\cdot 2)]}$ = 2.12 |
| k=4: | $S_4=450$; $s_{n(4)}=200$; $H_4=4$; $e_{n(4)}=4$ <br> $m_4=\sqrt{[450\cdot 4/(200\cdot 4)]}$ = 1.50 |
| k=3: | $S_3=200+450/2.12+450/1.50$ = 712.13 <br> $s_{n(3)}=100$ <br> $H_3=4+2.12\cdot 2+1.50\cdot 4$ = 14.24 <br> $e_{n(3)}=2$ <br> $m_3=\sqrt{[712.13\cdot 2/(100\cdot 14.24)]}$ = 1.00 |
| k=2: | $S_2=150$; $s_{n(2)}=100$; $H_2=1$; $e_{n(2)}=2$ <br> $m_2=\sqrt{[150\cdot 2/(100\cdot 1)]}$ = 1.73 |
| k=1: | $S_1=100+150/1.73+712.13/1.00$ = 898.73 <br> $H_1=2+1/1.73+14.24/1.00$ = 17.97 |

*Tabelle 55: Ergebnisse nach der MC-Methode (Blackburn und Millen)*

☐ **MCC-Methode**[341]

Bei einigen Konstellationen der Lager- und Rüstkostensätze kann der Fall eintreten, daß die nach Gleichung (405) errechneten Werte der Faktoren $m_k$ **kleiner als 1** sind[342]. Das ist z.B. dann der Fall, wenn ein untergeordnetes Erzeugnis relativ niedrige Rüstkosten verursacht. Dieses Ergebnis ist i.a. unerwünscht. Denn es würde bedeuten, daß die Losgröße eines untergeordneten Produkts kleiner ist als die Losgröße des unmittelbar übergeordneten Erzeugnisses. Es kann daher sinnvoll sein, als untere Schranke für die Faktoren $m_k$ den Wert 1 festzulegen. Unter dieser zusätzlichen Bedingung sind die Beziehungen (407) und (408) zu verwenden.

$$t_1 = \max\left\{\sqrt{\frac{2\cdot S_1}{\underbrace{D_1}_{\text{Bedarf des Endprodukts 1}}\cdot H_1}},\ 1\right\} \qquad (407)$$

$$m_k = \max\left\{\sqrt{\frac{S_k\cdot e_{n(k)}}{s_{n(k)}\cdot H_k}},\ 1\right\} \qquad k=2,3,\ldots,K \qquad (408)$$

---

341 vgl. **Blackburn/Millen** (1982)
342 vgl. **Szendrovits** (1983)

Da im betrachteten Beispiel alle $m_k$-Werte mindestens 1 sind, stimmen die Ergebnisse der MC-Methode mit denen der MCC-Methode überein.

## ☐ MI-Methode

Bereits im Modell BM wurde Ganzzahligkeit der Faktoren $m_k$ gefordert. Es liegt daher nahe, diese Bedingung auch bei der heuristischen Bestimmung der Faktoren gelten zu lassen. In diesem Fall quadriert man zunächst Gleichung (405):

$$m_k^2 = \frac{S_k \cdot e_{n(k)}}{s_{n(k)} \cdot H_k} \qquad k=2,3,\ldots,K \qquad (409)$$

Gleichung (409) kann gelöst werden, indem man den kleinsten Wert von $m_k$ bestimmt, der folgende Ungleichung erfüllt[343]:

$$m_k \cdot (m_k+1) \geq \frac{S_k \cdot e_{n(k)}}{s_{n(k)} \cdot H_k} \qquad k=2,3,\ldots,K \qquad (410)$$

Der optimale Produktionszyklus für das Endprodukt 1 beträgt wieder:

$$t_1 = \sqrt{\frac{2 \cdot S_1}{D_1 \cdot H_1}} \qquad (411)$$

Für das betrachtete Beispiel erhalten wir die in Tabelle 56 zusammengefaßten Ergebnisse.

| | | |
|---|---|---|
| k=5: | $m_5 \cdot (m_5+1) \geq 4.50$ | ≈ $m_5=2$ |
| k=4: | $m_4 \cdot (m_4+1) \geq 2.25$ | ≈ $m_4=2$ |
| k=3: | $S_3=200+450/2+450/2$ | = 650 |
| | $H_3=4+4 \cdot 2+2 \cdot 2$ | = 16 |
| | $m_3 \cdot (m_3+1) \geq 0.81$ | ≈ $m_3=1$ |
| k=2: | $m_2 \cdot (m_2+1) \geq 3.00$ | ≈ $m_2=2$ |
| k=1: | $S_1=100+650/1+150/2$ | = 825 |
| | $H_1=2+16 \cdot 1+1 \cdot 2$ | = 20 |

*Tabelle 56: Ergebnisse nach der MI-Methode*

---

343 *Moily* schlägt in einem Modell, in dem Losteilung zugelassen ist, eine einfache *Auf- oder Abrundung* vor. Vgl. **Moily** (1986), S. 120

## Rüstkosten-Anpassung

*McLaren*[344] schlägt vor, lediglich die *Rüstkosten zu modifizieren* und die unmodifizierten vollen *Lagerkostensätze beizubehalten*. Zunächst werden die Produktionszyklusverhältnisse $m_k$ mit Hilfe der unmodifizierten Kostensätze errechnet:

$$m_k = \sqrt{\frac{s_k \cdot h_{n(k)}}{s_{n(k)} \cdot h_k}} \qquad k=2,3,\ldots,K \qquad (412)$$

↳ unmodifizierter voller Lagerkostensatz des Erzeugnisses k

Dann werden die *unmodifizierten Rüstkosten* proportionalisiert. Die *modifizierten Rüstkosten* betragen für das Erzeugnis k:

$$S_k = s_k + \sum_{i \in V_k} \frac{s_i}{m_i} \qquad k=1,2,\ldots,K \qquad (413)$$

Der optimale Produktionszyklus für das Endprodukt 1 wird nach Gleichung (414) berechnet.

$$t_1 = \sqrt{\frac{2 \cdot S_1}{D_1 \cdot h_1}} \qquad (414)$$

↳ unmodifizierter voller Lagerkostensatz für Produkt 1

| | | |
|---|---|---|
| k=5: | $m_5 = \sqrt{[450 \cdot 10/(200 \cdot 2)]}$ | = 3.35 |
| | $S_5 = 450$ | |
| k=4: | $m_4 = \sqrt{[450 \cdot 10/(200 \cdot 4)]}$ | = 2.37 |
| | $S_4 = 450$ | |
| k=3: | $m_3 = \sqrt{[200 \cdot 13/(100 \cdot 10)]}$ | = 1.61 |
| | $S_3 = 200 + 450/3.35 + 450/2.37$ | = 524.20 |
| k=2: | $m_2 = \sqrt{[150 \cdot 13/(100 \cdot 1)]}$ | = 4.42 |
| | $S_2 = 150$ | |
| k=1: | $S_1 = 100 + 200/1.61 + 150/4.42$ | = 258.16 |

*Tabelle 57: Ergebnisse nach dem Verfahren der Rüstkostenanpassung*

Die vollen Lagerkostensätze werden damit in unmodifizierter Form eingesetzt. Für das obige Beispiel ergeben sich die in Tabelle 57 zusammengefaßten Ergeb-

---

344 vgl. **McLaren** (1977); vgl. auch **McLaren/Whybark** (1976)

nisse. Tabelle 58 vermittelt einen Überblick über die nach den verschiedenen dargestellten heuristischen Verfahren zur Kostenanpassung errechneten Rüst- und Lagerkostensätze für das betrachtete Beispiel.

| | | | Kostenanpassung für eine konvergierende Erzeugnisstruktur | | | | | |
|---|---|---|---|---|---|---|---|---|
| | | | MC und MCC | | MI | | Rüstkostenanpassung | |
| k | $s_k$ | $h_k$ | $S_k$ | $H_k$ | $S_k$ | $H_k$ | $S_k$ | $h_k$ |
| 1 | 100 | 13 | 898.73 | 17.98 | 825 | 20 | 258.16 | 13 |
| 2 | 150 | 1 | 150 | 1 | 150 | 1 | 150 | 1 |
| 3 | 200 | 10 | 712.13 | 14.24 | 650 | 16 | 524.20 | 10 |
| 4 | 450 | 4 | 450 | 4 | 450 | 4 | 450 | 4 |
| 5 | 450 | 2 | 450 | 2 | 450 | 2 | 450 | 2 |

*Tabelle 58: Vergleich der Ergebnisse bei Einsatz der verschiedenen Kostenanpassungsverfahren*

Diese modifizierten Kostensätze werden nun im Rahmen des *Modells WW* zur Bestimmung der optimalen Losgrößen bzw. der optimalen Produktionszyklen verwendet. Die Lösung kann mit einem der dargestellten exakten oder heuristischen Verfahren erfolgen. Während im Modell WW jeweils nur ein Produkt betrachtet wird, werden die *Beziehungen* zwischen den einzelnen Erzeugnissen nun durch die modifizierten Kostensätze *implizit* erfaßt. Dies soll für die in Bild 82 abgebildete Erzeugnisstruktur dargestellt werden, wobei die in Tabelle 59 angegebene Bedarfszeitreihe des Endprodukts unterstellt wird.

| t | 1 | 2 | 3 | 4 | 5 | 6 | 7 | 8 | 9 | 10 | 11 | 12 | 13 | 14 | 15 |
|---|---|---|---|---|---|---|---|---|---|---|---|---|---|---|---|
| $d_t$ | 40 | 30 | 10 | 15 | 25 | 60 | 20 | 60 | 10 | 30 | 10 | 50 | 40 | 20 | 30 |

*Tabelle 59: Bedarfszeitreihe des Endprodukts*

Verwendet man die nach der **MI-Methode** modifizierten Kosten zur Bestimmung der optimalen Losgrößen, dann ergibt sich in dem betrachteten Beispiel folgender Produktionsplan:

| k\t | 1 | 2 | 3 | 4 | 5 | 6 | 7 | 8 | 9 | 10 | 11 | 12 | 13 | 14 | 15 |
|---|---|---|---|---|---|---|---|---|---|---|---|---|---|---|---|
| 1 | 80 | - | - | 40 | - | 80 | - | 70 | - | 40 | - | 50 | 60 | - | 30 |
| 2 | 120 | - | - | - | - | 80 | - | 110 | - | - | - | 140 | - | - | - |
| 3 | 80 | - | - | 40 | - | 80 | - | 70 | - | 40 | - | 50 | 60 | - | 30 |
| 4 | 80 | - | - | 40 | - | 80 | - | 110 | - | - | - | 140 | - | - | - |
| 5 | 120 | - | - | - | - | 190 | - | - | - | - | - | 140 | - | - | - |

*Tabelle 60: Produktionsplan*

Die Kosten dieses Produktionsplans betragen 10765. Die bei Verwendung optimaler Losgrößen erreichbaren Kosten betragen im vorliegenden Beispiel 10755. Tabelle 61 vermittelt einen Überblick über die *Lösungsqualität* der behandelten Verfahren zur Modifikation der Kosten bei Anwendung auf das betrachtete

Beispiel. Es wird deutlich, daß die in der Praxis übliche Verwendung unmodifizierter Kostensätze mit einem beträchtlichen Optimalitätsverlust verbunden sein kann.

| Methode | Kosten |
|---|---|
| keine Kostenanpassung | 11235 |
| MC-Methode | 10765 |
| MCC-Methode | 10765 |
| MI-Methode | 10765 |
| Rüstkosten-Anpassung | 10935 |
| optimale Lösung | 10755 |

*Tabelle 61: Vergleich der Kosten*

*Blackburn und Millen*[345] haben die dargestellten Modifikationen der Kostenparameter für die Losgrößenplanung in einem dynamischen Mehrprodukt-Losgrößenproblem eingesetzt. Obwohl die vorgenommenen Modifikationen unter der restriktiven Annahme eines *stationären* Losgrößenmodells, d.h. unter der Prämisse eines kontinuierlichen und konstanten Nachfrageverlaufs, abgeleitet wurden, zeigen die referierten Ergebnisse (bezogen auf fünf verschiedene konvergierende Erzeugnisstrukturen), daß insbesondere die **MCC-Methode** und die **MI-Methode** sowie die Methode der **Rüstkostenanpassung** gegenüber der unmodifizierten Verwendung von systembezogenen, nur auf den Wertzuwachs einer Produktionsstufe bezogenen Lagerkostensätzen erhebliche Verbesserungen der Lösung gestatten. Eine Verwendung von unmodifizierten wertzuwachsbezogenen Lagerkostensätzen (echelon holding costs) ist noch ungünstiger als die Verwendung von unmodifizierten *vollen* Lagerkostensätzen[346].

### 4343132. Verfahren für generelle Erzeugnisstrukturen

Im folgenden soll die Betrachtung auf **generelle Erzeugnisstrukturen** ausgedehnt werden. Es wird somit der in der betrieblichen Praxis häufig auftretende Fall behandelt, daß ein Erzeugnis mehrere direkte Nachfolger haben kann.

### 43431321. Das Verfahren von Heinrich

Ein auf *generelle Erzeugnisstrukturen* anwendbares heuristisches Verfahren zur Lösung von dynamischen Losgrößenproblemen ohne Kapazitätsbeschränkungen wird von *Heinrich*[347] vorgeschlagen. Der Entwicklung dieses Konzepts liegt die Auffassung zugrunde, daß weniger die deterministischen Schwankungen, d.h. der

---

345 vgl. **Blackburn/Millen** (1982); siehe auch **Gupta/Keung/Gupta** (1992)
346 Zu diesem Ergebnis kommt auch *Wemmerlöv*. Vgl. **Wemmerlöv** (1981/82)
347 vgl. **Heinrich/Schneeweiß** (1986); **Heinrich** (1987)

**dynamische Charakter** der Bedarfsmengen der Produkte, als vielmehr die **Mehrstufigkeit** des Erzeugniszusammenhangs die Struktur der optimalen Lösung des betrachteten mehrstufigen dynamischen Mehrprodukt-Losgrößenproblems bestimmen. Ausgehend von dieser Annahme schlägt *Heinrich* ein heuristisches Verfahren vor, in dessen Mittelpunkt die Lösung eines mehrstufigen stationären Losgrößenproblems steht. Der prinzipielle Aufbau des Verfahrens von *Heinrich* ist in Bild 84 wiedergegeben.

| *Phase I: Lösung eines stationären mehrstufigen Mehrprodukt-Losgrößenproblems* |
|---|
| Stufe 1: Bestimmung einer Basisproduktionspolitik (mit Koppelung der Produktionspläne) |
|     Schritt A: Bestimmung einer Startlösung<br>    Schritt B: Verbesserung der Startlösung durch *Verlängerung* der Produktionszyklen<br>    Schritt C: Verbesserung der in Schritt B ermittelten Lösung durch *Verkürzung* der Produktionszyklen |
| Stufe 2: Verbesserung der Basispolitik (ohne Koppelung der Produktionspläne) |
| *Phase II: Erzeugung eines Produktionsplans* |
| Alternativen:<br>    a) direkte Übernahme der stationären Produktionszyklen<br>    b) Kostenanpassung |

*Bild 84: Aufbau des Verfahrens HEINRICH*

Das Verfahren besteht aus **zwei Phasen**, in denen jeweils mehrere Rechenschritte durchlaufen werden. In Phase I wird die Lösung eines der ursprünglichen dynamischen Problemstellung angenäherten stationären mehrstufigen Mehrprodukt-Losgrößenproblems mit Hilfe eines heuristischen Verfahrens ermittelt. Die Lösung dieses Ersatzproblems wird dann in Phase II zur Erzeugung eines dynamischen Produktionsplans verwendet, wobei verschiedene Varianten der Generierung eines Produktionsplans betrachtet werden.

In **Phase I** wird zunächst in einer ersten Stufe eine **Basisproduktionspolitik** bestimmt, die dann in einer weiteren Stufe iterativ verbessert wird. Die Basisproduktionspolitik beruht auf **zwei Prämissen**:

- Zwischen den Produktionszyklen von Erzeugnissen mit direkten Input-Output-Beziehungen soll ein *ganzzahliges Verhältnis* bestehen[348]. Außerdem soll der Bestellzyklus eines untergeordneten Erzeugnisses k nicht kleiner sein als der Bestellzyklus des übergeordneten Produkts j. Auf diese Weise wird eine Losteilung vermieden. Es gilt also die Bedingung:

---

[348] Diese sog. integrality property ist zwar nicht immer optimal (insb. bei Erzeugnissen mit hohen Rüstkosten und geringer Nachfrage). Sie erleichtert aber die Problemlösung.

$$\frac{t_k}{t_j} \geq 1 \text{ und ganzzahlig} \qquad k=1,2,\ldots,K;\ j \in N_k \qquad (415)$$

wobei $N_k$ die Indexmenge der *direkten Nachfolger*[349] des Produkts k ist. Durch Bedingung (415) wird erzwungen, daß die Auflage eines Produktionsloses für ein Erzeugnis k mit einer gleichzeitigen Produktion für die nachfolgenden (übergeordneten) Erzeugnisse einhergeht.

- Die Produktionszyklen der Erzeugnisse werden so festgelegt, daß sie einen *gemeinsamen Multiplikator* haben. Die Länge des Produktionszyklus des Produkts k wird mit Gleichung (416) beschrieben.

$$t_k = b^{\beta(k)} \qquad \begin{array}{l} b=2,3,\ldots;\ \beta(k)=0,1,2,\ldots; \\ k=1,2,\ldots \end{array} \qquad (416)$$

Ist z.B. der Basisfaktor[350] b=2, dann sind die in Tabelle 62 wiedergegebenen Kombinationen der Produktionszyklen zweier direkt miteinander in Verbindung stehender Erzeugnisse k und $j \in N_k$ zulässig.

| $t_j$ | $t_k$ | | | | |
|---|---|---|---|---|---|
| $2^0$ | $2^0$ | $2^1$ | $2^2$ | $2^3$ | ... |
| $2^1$ | $2^1$ | $2^2$ | $2^3$ | $2^4$ | ... |
| $2^2$ | $2^2$ | $2^3$ | $2^4$ | $2^5$ | ... |
| $2^3$ | $2^3$ | $2^4$ | $2^5$ | $2^6$ | ... |

*Tabelle 62: Zulässige Kombinationen der Produktionszyklen*

Produktionspläne, die in der beschriebenen Weise aufeinander abgestimmt sind, werden *gekoppelte Produktionspläne* (nested schedules) genannt. Unter Berücksichtigung der getroffenen Annahmen formuliert *Heinrich* folgendes vereinfachte Problem mit stationärer Nachfrage und einem unendlichen Planungshorizont (*Nested Scheduling Problem*)[351]:

**Modell NSP:**

$$\text{Min } Z = \sum_{k=1}^{K} \frac{s_k}{t_k} + \frac{e_k \cdot D_k \cdot (t_k - 1)}{2} \qquad (417)$$

↑ durchschnittliche Lagerkosten je Periode
↑ durchschnittliche Rüstkosten je Periode

---

349 übergeordnete Erzeugnisse
350 Der Basisfaktor b ist die Zeiteinheit, auf die sich die Endproduktnachfrage bezieht, z.B. eine Schicht, ein Arbeitstag, eine Woche, etc.
351 vgl. **Heinrich** (1987), S. 134

u.B.d.R.

$$\frac{t_k}{t_j} \geq 1 \text{ und ganzzahlig} \qquad\qquad k=1,2,\ldots,K;\ j\epsilon N_k \qquad (418)$$

$$t_k = b^{\beta(k)} \qquad\qquad \begin{aligned}&b=2,3,\ldots;\ \beta(k)=0,1,2,\ldots;\\&k=1,2,\ldots\end{aligned} \qquad (419)$$

Es bedeuten:

| | |
|---|---|
| b | Basisperiodenlänge |
| $e_k$ | marginaler Lagerkostensatz |
| K | Anzahl der Produkte (k = 1,2,...,K) |
| $N_k$ | Menge der direkten Nachfolger des Produkts k |
| $D_k$ | durchschnittliche Bedarfsmenge für Produkt k |
| $s_k$ | Rüstkostensatz des Produkts k |
| $t_k$ | Produktionszyklus des Produkts k |
| $\beta(k)$ | Potenz der Basisperiodenlänge des Produkts k |

Entscheidungsvariablen dieses stationären Ersatzmodells für die ursprüngliche dynamische Problemstellung sind die Produktionszyklen $t_k$ aller Produkte. Die Zielfunktion beschreibt die *durchschnittlichen Rüst- und Lagerkosten je Periode*. Die Lagerdauer eines Erzeugnisses k beträgt ($t_k$-1), da angenommen wird, daß alle Bedarfsmengen (auch die Periodenbedarfsmengen der Endprodukte) jeweils zu Beginn einer Periode vom Lager entnommen werden. Wie aus Bild 81[352] zu ersehen ist, fallen dann in der letzten Periode eines Produktionszyklus für ein Produkt keine Lagerkosten mehr an, da schon zu Beginn dieser Periode das Lager geräumt worden ist. Zur Bewertung des Lagerbestands werden die *marginalen Lagerkostensätze* verwendet.

Als produktbezogene Nachfragemengen $D_k$ werden Durchschnittswerte der Periodenbedarfsmengen über alle Perioden des Planungshorizontes eingesetzt. Bei der Berechnung der durchschnittlichen Nachfragemengen für untergeordnete Erzeugnisse wird die Erzeugnisstruktur entsprechend berücksichtigt. Es gilt also[353]:

$$D_k = \frac{1}{T} \cdot \sum_{t=1}^{T} D_{kt} \qquad\qquad \text{alle Endprodukte } k\,|\,N_k = \emptyset \qquad (420)$$

$$D_k = \sum_{j\epsilon N_k} D_j \qquad\qquad \text{alle untergeordneten Produkte } k\,|\,N_k \neq \emptyset \qquad (421)$$

---

352 vgl. Abschnitt 43.
353 *Heinrich* unterstellt, daß alle Direktbedarfskoeffizienten einheitlich gleich 1 sind. Er argumentiert, Unterschiede in den Direktbedarfskoeffizienten könnten durch eine Anpassung der Lagerkostensätze erfaßt werden. Diese Argumentation ist zwar für konvergierende und lineare Erzeugnisstrukturen zutreffend, nicht aber bei generellen Erzeugnisstrukturen. Korrekterweise müssen bei der Berechnung der Sekundärbedarfsmengen auch die Direktbedarfskoeffizienten berücksichtigt werden.

Bei Berücksichtigung *beliebiger Direktbedarfskoeffizienten* $a_{kj} > 1$ können die durchschnittlichen Bedarfsmengen der untergeordneten Erzeugnisse nach Gleichung (422) bestimmt werden.

$$D_k = \sum_{j \in N_k} a_{kj} \cdot D_j \qquad \text{alle untergeordneten Produkte } k \mid N_k \neq \emptyset \qquad (422)$$

Das Modell NSP ist zwar eine vereinfachte Form des ursprünglich betrachteten dynamischen mehrstufigen Mehrprodukt-Losgrößenproblems. Aber auch zur optimalen Lösung dieses stationären Ersatzmodells ist kein effizientes Verfahren bekannt. Daher schlägt *Heinrich* ein heuristisches Lösungsverfahren[354] vor, in dessen Verlauf die Erzeugnisse jeweils entsprechend ihrer *Dispositionsstufenzuordnung* abgearbeitet werden. Die einzelnen Verfahrensschritte werden im folgenden detailliert dargestellt:

---

**Verfahren HEINRICH - Phase I - Stufe 1**

---

**Schritt A:** *Bestimmung einer Startlösung*

In der Startlösung wird in jeder Periode ein Los aufgelegt. Als Basisfaktor wird $b = 2$[355] verwendet:

$$b = 2; \quad t_k = 1 \qquad k = 1, 2, \ldots, K$$

Die durchschnittlichen Kosten pro Periode für diese Startlösung betragen:

$$Z_{alt} = \sum_{k=1}^{K} s_k$$

**Schritt B:** *Verlängerung der Produktionszyklen*

Betrachte alle Produkte k in der Reihenfolge ihrer Dispositionsstufenzuordnung, d.h. für alle Dispositionsstufen u $(u = 0, \ldots, u_{max})$ und deren Mitglieder k $(k \in K_u)$:

**Iteration l:**

a) Verlängere versuchsweise den Produktionszyklus des Erzeugnisses k, $t_k$, um den Faktor b, wobei für alle anderen Erzeugnisse j die Produktionszyklen unverändert bleiben:

$$t_{kneu} = t_k \cdot b$$
$$t_{jneu} = t_j \qquad j = 1, 2, \ldots, K; \quad j \neq k$$

b) Stelle für alle, dem Produkt k direkt oder indirekt untergeordneten Erzeugnisse $j \in \Theta_k$ sicher, daß deren Produktionszyklen mindestens genauso lang sind wie der verän-

---

[354] vgl. **Heinrich/Schneeweiß** (1986), S. 159-162
[355] Ein Wert von $b = 2$ bietet den Vorteil einer leichten zeitlichen Abstimmung der Produktionsauflagen der miteinander in Beziehung stehenden Erzeugnisse. Vgl. auch **McClain/Trigeiro** (1985)

derte Produktionszyklus des Erzeugnisses k. Falls das für ein Produkt j nicht der Fall ist, passe dessen Produktionszyklus $t_j$ wie folgt an:

$t_{jneu} = t_{kneu}$     $j \epsilon \theta_k \mid t_j < t_{kneu}$

⤷ Menge aller direkten und indirekten Vorgänger des Produkts k

c) Bestimme die durchschnittlichen Kosten pro Periode für diesen neuen Lösungsvorschlag:

$$Z_{neu} = \sum_{k=1}^{K} \frac{s_k}{t_{kneu}} + \frac{D_k \cdot e_k \cdot (t_{kneu}-1)}{2}$$

d) Prüfe, ob durch die in Betracht gezogene Modifikation des Produktionszyklus des Erzeugnisses k eine Verbesserung des Zielfunktionswerts erreicht wird:

falls $Z_{neu} < Z_{alt}$, setze $Z_{alt} = Z_{neu}$, $t_k = t_{kneu}$, $t_j = t_{jneu}$ und führe eine weitere Iteration l für das betrachtete Produkt k durch; andernfalls betrachte das nächste Produkt k.

## Schritt C: *Verkürzung der Produktionszyklen*

Nachdem die Produktionszyklen aller Erzeugnisse so weit wie möglich verlängert worden sind, wird im Schritt C versucht, durch isolierte Verkürzung der Produktionszyklen eine weitere Reduktion des Zielfunktionswertes zu erreichen.
Betrachte alle Produkte k in der Reihenfolge ihrer Dispositionsstufenzuordnung, d.h. für $u=0,...,u_{max}$; $k \epsilon K_u$:

## Iteration l:

a) Falls der Produktionszyklus des Produkts k länger als 1 ist, verkürze $t_k$ wie folgt:

$t_{kneu} = t_k / b$     falls $t_k \geq 1$
$t_{jneu} = t_j$     $j=1,2,...,K; j \neq k$

b) Stelle bei der Verkürzung des Produktionszyklus des Erzeugnisses k sicher, daß für alle dem Erzeugnis k direkt oder indirekt übergeordneten Erzeugnisse $j \epsilon \Gamma_k$ die Produktionszyklen nicht länger sind als der veränderte Produktionszyklus des Erzeugnisses k. Falls das für ein Produkt j nicht der Fall ist, passe den Produktionszyklus $t_j$ wie folgt an:

$t_{jneu} = t_{kneu}$     $j \epsilon \Gamma_k \mid t_j > t_{kneu}$

⤷ Menge der direkten und indirekten Nachfolger des Produkts k

c) Bestimme die durchschnittlichen Kosten pro Periode für diesen neuen Lösungsvorschlag:

$$Z_{neu} = \sum_{k=1}^{K} \frac{s_k}{t_{kneu}} + \frac{D_k \cdot e_k \cdot (t_{kneu}-1)}{2}$$

d) Prüfe, ob durch die vorgenommene Modifikation des Produktionszyklus des Erzeugnisses k sich der Zielfunktionswert verringert hat:

falls $Z_{neu} < Z_{alt}$, setze $Z_{alt} = Z_{neu}$, $t_k = t_{kneu}$, $t_j = t_{jneu}$ und führe eine weitere Iteration I für das betrachtete Produkt k durch; andernfalls betrachte das nächste Produkt k.

| Ende der Phase I - Stufe 1 |

Nachdem in Schritt C die Produktionszyklen der Produkte - falls sich daraus eine Kostensenkung ergab - wieder verkürzt worden sind, ist die Stufe 1 des Verfahrens abgeschlossen.

In dieser Stufe werden also in einem ersten Durchgang die Produktionszyklen der Erzeugnisse isoliert solange *verlängert*, wie damit noch Kostensenkungen erreichbar sind. Dabei werden die evtl. auftretenden Beziehungen zu den untergeordneten Produkten berücksichtigt (*Koppelung der Produktionspläne*). Nach Abschluß des Schrittes B wird dann für jedes Erzeugnis isoliert überprüft, ob durch die Verkürzung seines Produktionszyklus eine weitere Reduzierung der Kosten erreicht werden kann, wobei auch hier die Beziehungen zu den jeweils übergeordneten Produkten berücksichtigt werden. Nach Abschluß der ersten Stufe des Verfahrens liegt oft schon eine recht gute Lösung vor, die u.U. jedoch in einer weiteren Stufe verbessert werden kann.

Bevor wir die zweite Verfahrensstufe darstellen, soll zunächst der Ablauf der Stufe 1 anhand des folgenden *Beispiels* erläutert werden. Wir betrachten eine Erzeugnisstruktur mit *zwei Endprodukten* und *drei Einzelteilen* (siehe Bild 85).

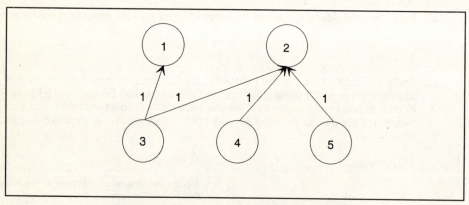

*Bild 85: Generelle Erzeugnisstruktur (Beispiel)*

Die **Primärbedarfsmengen** der beiden Endprodukte verlaufen in einem Planungszeitraum der Länge T=8 wie in Tabelle 63 dargestellt.

## 1. Das Verfahren von Heinrich

| k\t | 1 | 2 | 3 | 4 | 5 | 6 | 7 | 8 | $D_k$ |
|---|---|---|---|---|---|---|---|---|---|
| 1 | 5 | 12 | 8 | 9 | 7 | 19 | 11 | 9 | 10 |
| 2 | 38 | 45 | 34 | 40 | 42 | 48 | 35 | 38 | 40 |

*Tabelle 63: Bedarfsmengen für die Endprodukte 1 und 2*

Sämtliche Direktbedarfskoeffizienten $a_{kj}$ sind 1. Die aus den in Tabelle 63 angegebenen Primärbedarfsmengen unter Beachtung der Erzeugnisstruktur abgeleiteten Durchschnittsbedarfsmengen ($D_k$) sowie die Kostensätze ($s_k$, $e_k$, $h_k$) und die Dispositionsstufennummern ($u_k$) aller Erzeugnisse sind in Tabelle 64 zusammengefaßt.

| k | $D_k$ | $s_k$ | $e_k$ | $h_k$ | $u_k$ |
|---|---|---|---|---|---|
| 1 | 10.00 | 400.00 | 1.00 | 2 | 0 |
| 2 | 40.00 | 200.00 | 1.00 | 9 | 0 |
| 3 | 50.00 | 50.00 | 1.00 | 1 | 1 |
| 4 | 40.00 | 100.00 | 4.00 | 4 | 1 |
| 5 | 40.00 | 100.00 | 3.00 | 3 | 1 |

*Tabelle 64: Daten des Beispiels*

Die Berechnungen der Phase I des Verfahrens verlaufen wie folgt:

**Beispiel zur Phase I - Stufe 1**

**Schritt A:** *Ermittlung einer Startlösung*

b=2; $t_k$=1 (k=1,...,5)   Für jedes Produkt wird in jeder Periode ein Los aufgelegt.

$Z_{alt}$=850.00   Die durchschnittlichen Kosten pro Periode für diese Startlösung sind gleich der Summe der Rüstkosten.

**Schritt B:** *Verlängerung der Produktionszyklen*

u=0:   Dispositionsstufe 0

k=1:   Produkt 1

l=1:   Iteration 1

$\beta_j$  1 0 1 0 0    Verdoppelung des Produktionszyklus des Produkts
$t_j$   2 1 2 1 1    1. Da Produkt 3 Vorgänger von Produkt 1 ist, wird
          ↑          auch dessen Produktionszyklus verdoppelt.
   abhängige Veränderung

$Z_{neu}$= 655.00   Die neue Lösung ist besser als die bisherige Lösung.

$t_{1neu}$=2, $t_{3neu}$=2, $Z_{alt}$=655.00   Die neue Lösung wird beibehalten.

l=2:

$\beta_j$    2 0 2 0 0
$t_j$    4 1 4 1 1
          ↑
          └ abhängige Veränderung

$Z_{neu}$ = 602.50

$t_{1neu}$=4, $t_{3neu}$=4, $Z_{alt}$=602.50

l=3:

$\beta_j$    3 0 3 0 0
$t_j$    8 1 8 1 1
          ↑
          └ abhängige Veränderung

$Z_{neu}$ = 666.25 > $Z_{alt}$

k=2:

l=1:

$\beta_j$    2 1 2 1 1
$t_j$    4 2 4 2 2
              └─┬─┘
                abhängige
                Veränderung

$Z_{neu}$ = 562.50

$t_{2neu}$=2, $t_{4neu}$=2, $t_{5neu}$=2, $Z_{alt}$=562.50

l=2:

$\beta_j$    2 2 2 2 2
$t_j$    4 4 4 4 4
              └─┬─┘
                abhängige
                Veränderung

$Z_{neu}$ = 732.50 > $Z_{alt}$

u=1:

k=3:

l=1:

$\beta_j$    2 1 3 1 1
$t_j$    4 2 8 2 2

$Z_{neu}$ = 656.25 > $Z_{alt}$

### Iteration 2

Es wird versucht, die Länge des Produktionszyklus des Produkts 1 (und damit zusammenhängend auch den Produktionszyklus des Produkts 3) erneut zu verdoppeln.

Die neue Lösung ist besser als die bisherige Lösung.

Die neue Lösung wird beibehalten.

### Iteration 3

Es wird noch einmal versucht, den Produktionszyklus des Produkts 1 (und damit zusammenhängend auch den Produktionszyklus des Produkts 3) zu verdoppeln.

Diese Lösung führt zu einer Erhöhung der Kosten und wird daher verworfen. Der beste bisher gefundene Produktionszyklus für Produkt 1 ist der in Iteration 2 ermittelte Produktionszyklus.

### Produkt 2

### Iteration 1

Der Produktionszyklus des Produkts 2 wird verdoppelt. Da die Produkte 4 und 5 Vorgänger des Produkts 2 sind, werden ihre Produktionszyklen angepaßt. Produkt 3 ist zwar auch Vorgänger von Produkt 2; sein Produktionszyklus ist aber bereits ausreichend lang.

Durch diese Lösung ist eine Verringerung der Kosten möglich.

Die neue Lösung wird beibehalten.

### Iteration 2

Es wird versucht, den Produktionszyklus des Produkts 2 erneut zu verdoppeln, wobei die Produktionszyklen der Produkte 4 und 5 angepaßt werden.

Dadurch steigen die Kosten. Die Verdoppelung wird daher verworfen.

### Dispositionsstufe 1

### Produkt 3

### Iteration 1

Der Produktionszyklus des Produkts 3 wurde bereits im Zusammenhang mit der Betrachtung des Produkts 1 verlängert. Er wird nun noch einmal verdoppelt.

Die neue Lösung verursacht höhere Kosten. Sie wird daher verworfen.

| k=4: | Produkt 4 |
| | Iteration 1 |

$\beta_j$  2 1 2 2 1
$t_j^j$   4 2 4 4 2

Der Produktionszyklus des Produkts 4 wurde schon bei der Veränderung des Produktionszyklus des Produkts 2 erhöht.

$Z_{neu} = 697.50 > Z_{alt}$

Eine weitere Verlängerung führt zu einem Anstieg der Kosten und wird daher verworfen.

k=5:  Produkt 5
l=1:  Iteration 1

$\beta_j$  2 1 2 1 2
$t_j^j$   4 2 4 2 4

Auch der Produktionszyklus des Produkts 5 wurde bereits bei der Veränderung des Produktionszyklus des Produkts 2 verlängert. Es wird nun eine weitere Verdoppelung überprüft.

$Z_{neu} = 762.50 > Z_{alt}$

Die neue Lösung wird wegen der damit verbundenen Kostenerhöhung wieder verworfen.

Die nach Beendigung des Schritts B vorliegenden Produktionszyklen $t_k$ sind in Tabelle 65 wiedergegeben. Die durchschnittlichen Kosten pro Periode für diesen vorläufigen Produktionsplan betragen 562.50[356]. Im nächsten Schritt wird nun überprüft, ob diese Lösung weiter verbessert werden kann.

| k | $t_k$ |
|---|---|
| 1 | 4 |
| 2 | 2 |
| 3 | 4 |
| 4 | 2 |
| 5 | 2 |

*Tabelle 65: Produktionszyklen (nach Abschluß von Schritt B)*

**Schritt C:** *Verkürzung der Produktionszyklen*

u=0:  Dispositionsstufe 0
k=1:  Produkt 1
l=1:  Iteration 1

$\beta_j$  1 1 2 1 1
$t_j^j$   2 2 4 2 2

Versuchsweise Halbierung des Produktionszyklus des Produkts 1. Die anderen Produktionszyklen bleiben unverändert.

$Z_{neu} = 652.5 > Z_{alt}$

Die neue Lösung führt zu einem Kostenanstieg; sie wird daher verworfen.

k=2:  Produkt 2
l=1:  Iteration 1

$\beta_j$  2 0 2 1 1
$t_j^j$   4 1 4 2 2

Verkürzung des Produktionszyklus des Produkts 2.

---

356 Die Kosten werden durch Einsetzen der Produktionszyklen in die Zielfunktion (417) ermittelt.

$Z_{neu} = 642.50 > Z_{alt}$   Die Lösung verursacht einen Kostenanstieg. Die Verkürzung wird verworfen.

**u = 1:**  Dispositionsstufe 1

**k = 3:**  Produkt 3

**l = 1:**  Iteration 1

$\beta_j$  1 1 1 1 1
$t_j$  2 2 2 2 2
   ↑ abhängige Veränderung

Probeweise Halbierung des Produktionszyklus des Produkts 3. Der Produktionszyklus des Erzeugnisses 1 wird angepaßt.

$Z_{neu} = 615.00 > Z_{alt}$   Die neue Lösung wird wegen der erhöhten Kosten verworfen.

**k = 4:**  Produkt 4

**l = 1:**  Iteration 1

$\beta_j$  2 0 2 0 1
$t_j$  4 1 4 1 2
   ↑ abhängige Veränderung

Halbierung des Produktionszyklus des Produkts 4. Der Produktionszyklus des Produkts 2 wird angepaßt.

$Z_{neu} = 612.50 > Z_{alt}$   Die Reduzierung des Produktionszyklus wird verworfen.

**k = 5:**  Produkt 5

**l = 1:**  Iteration 1

$\beta_j$  2 0 2 1 0
$t_j$  4 1 4 2 1
   ↑ abhängige Veränderung

Halbierung des Produktionszyklus für Produkt 5. Der Produktionszyklus des Erzeugnisses 2 wird wieder angepaßt.

$Z_{neu} = 632.50 > Z_{alt}$   Der Zielfunktionswert wird nicht verringert. Daher wird auch die Verkürzung des Produktionszyklus des Produkts 5 nicht beibehalten. Schritt C hat damit zu keiner Verbesserung der in Schritt B ermittelten Lösung geführt.

**Ende des Beispiels - Phase I - Stufe 1**

Damit liegt folgender (gegenüber dem Ergebnis des Schritts B unveränderter) Produktionsplan vor:

| k | $t_k$ |
|---|---|
| 1 | 4 |
| 2 | 2 |
| 3 | 4 |
| 4 | 2 |
| 5 | 2 |

*Tabelle 66: Produktionszyklen (nach Beendigung des Schritts C)*

Nach Beendigung der bisher betrachteten ersten Stufe des Verfahrens ist oft schon eine recht gute Lösung erreicht. Dieser stationäre Produktionsplan wurde aber unter der einschränkenden Bedingung erzeugt, daß die Produktion eines untergeordneten Erzeugnisses immer begleitet sein muß von Produktionen aller direkten Nachfolger des Erzeugnisses (*Koppelung der Produktionspläne*). In *konvergierenden* Erzeugnisstrukturen, d.h. wenn jedes Erzeugnis höchstens einen Nachfolger hat, ist die Einhaltung dieser Bedingung Voraussetzung einer optimalen Lösung. In *generellen* Erzeugnisstrukturen dagegen ist die Koppelungsbedingung nicht mehr in bezug auf alle Nachfolger, sondern nur noch bezüglich *mindestens eines Nachfolgeprodukts* gültig. Denn wird z.B. ein Einzelteil in mehrere Baugruppen eingebaut, dann ergibt sich die Notwendigkeit der Produktion dieses Einzelteils schon dann, wenn mindestens eine der übergeordneten Baugruppen produziert wird. Bei generellen Erzeugnisstrukturen stellt die Beschränkung der Lösungsmenge auf gekoppelte Produktionspläne damit u.U. eine zu enge Restriktion dar. *Heinrich* hebt daher in der folgenden Stufe II des Verfahrens diese Restriktion wieder auf.

Zur Beurteilung der Vorteilhaftigkeit der Aufhebung der genannten Bedingung bestimmt *Heinrich* Approximationswerte (untere Schranken) für die tatsächlich möglichen Einsparungen, die dann entstehen, wenn die Produktionszyklen der Erzeugnisse verändert werden. Dabei sollen die Produktionszyklen weiterhin ein Vielfaches der Basisperiode lang sein.

Die geschätzte **Kosteneinsparung** bei Veränderung des Produktionszyklus des Produkts k um die Potenz $\Delta\beta_k = 1$ (Verlängerung) bzw. $\Delta\beta_k = -1$ (Verkürzung) wird durch Gleichung (423) bestimmt. Dabei bezeichnet $t_{kneu}$ jeweils den geänderten Produktionszyklus. Bei **Verlängerung** des Produktionszyklus gilt: $t_{kneu} = t_k \cdot b$. Bei **Verkürzung** des Produktionszyklus gilt: $t_{kneu} = t_k / b$. Die ersten beiden Komponenten dieser Kostenersparnis beschreiben die Einsparung an Rüstkosten für Produkt k. Der dritte und vierte Summand enthalten die Veränderung der Lagerkosten für Produkt k, wenn die Länge des Produktionszyklus verändert wird. Wird durch die Verkürzung des Produktionszyklus des Produkts k dieser kürzer als der Produktionszyklus des Nachfolgers j[357], dann entstehen für das Produkt k keine Lagerkosten, da die produzierten Mengen sofort in den Bestand des übergeordneten Produkts j eingehen. In diesem Fall beträgt die Lagerdauer 0. Die fünfte und sechste Komponente der Gleichung dienen der Erfassung der Auswirkungen der Veränderungen des Produktionszyklus des Erzeugnisses k auf die Lagerkosten der untergeordneten Produkte j.

---

357 Dies bedeutet eine Abweichung von der Koppelungsbedingung.

$$E(t_{kneu}) = \underbrace{\frac{s_k}{t_k}}_{\text{Rüstkosten vor Veränderung von } t_k} - \underbrace{\frac{s_k}{t_{kneu}}}_{\text{Rüstkosten nach Veränderung von } t_k}$$

$$+ \sum_{j \in N_k} \underbrace{\max\{\underbrace{t_k - t_j};\ 0\} \cdot \underbrace{D_j}_{\text{aus Produkt j abgeleiteter Sekundärbedarf für Produkt k}} \cdot \frac{h_k}{2}}_{\text{Lagerkosten des Produkts k vor Veränderung von } t_k}$$
(Lagerdauer des Produkts k vor Veränderung von $t_k$)

$$- \sum_{j \in N_k} \max\{t_{kneu} - t_j;\ 0\} \cdot D_j \cdot \frac{h_k}{2}$$
(Lagerkosten des Produkts k nach Veränderung von $t_k$; Lagerdauer des Produkts k nach Veränderung von $t_k$)

$$+ \sum_{j \in V_k} \max\{t_j - t_k;\ 0\} \cdot D_k \cdot \frac{h_j}{2}$$
(Lagerkosten der direkten Vorgänger j des Produkts k vor Veränderung von $t_k$; Lagerdauer des Produkts j vor Veränderung von $t_k$)

$$- \sum_{j \in V_k} \max\{t_j - t_{kneu};\ 0\} \cdot D_k \cdot \frac{h_j}{2} \qquad (423)$$
(Lagerkosten der direkten Vorgänger j des Produkts k nach Veränderung von $t_k$; Lagerdauer des Produkts j nach Veränderung von $t_k$)

Gleichung (423) gilt für untergeordnete Erzeugnisse, jedoch nicht für Endprodukte (mit $N_k = \emptyset$). Denn die Auswirkungen der Veränderung des Produktionszyklus eines Endprodukts auf dessen Lagerkosten werden nicht erfaßt. Wird der Produktionszyklus eines Endprodukts k verändert, dann verändern sich die Lagerkosten dieses Endprodukts um

$$(t_{kneu} - t_k) \cdot D_k \cdot \frac{h_k}{2} \qquad\qquad k \mid N_k = \emptyset \qquad (424)$$

Um die mit Beziehung (424) beschriebene Komponente ist Gleichung (423) zu erweitern, falls die kostenmäßigen Konsequenzen der Veränderung des Produktionszyklus eines *Endprodukts* geschätzt werden sollen. Die mit den Gleichungen (423) und (424) quantifizierten Kostenveränderungen stellen lediglich Schätzwerte dar, denn es werden nur die Auswirkungen der Veränderung des Produktionszyklus eines Produkts auf seine *direkten Vorgänger und Nachfolger* berücksichtigt. Evtl. auftretende Auswirkungen auf die anderen Produkte einer Erzeugnisstruktur werden vernachlässigt. Die geschätzten Kosteneinsparungen werden jeweils für isolierte Veränderungen (Verlängerungen bzw. Verkürzungen) der Produktionszyklen aller Erzeugnisse ermittelt. Stufe 2 des Verfahrens kann damit wie folgt beschrieben werden:

| Verfahren HEINRICH - Phase I - Stufe 2 |
|---|

**Iteration l:**

- berechne $E_i(t_{i_{neu}})$ für alle Produkte i (i = 1,2,...,K) sowohl für *Verlängerungen* als auch für *Verkürzungen* der Produktionszyklen;

- bestimme das Produkt k mit der größten Kostenersparnis:

    $k = i \mid \max \{E_i(t_{i_{neu}})\}$;

    falls $E_k(t_{k_{neu}}) < 0$, STOP;
    andernfalls setze $t_k = t_{k_{neu}}$ und führe eine weitere Iteration I durch.

| Ende der Phase I - Stufe 2 |
|---|

Die zweite Stufe des Verfahren soll wieder anhand des obigen Beispiels erläutert werden.

| Beispiel zur Phase I - Stufe 2 |
|---|

l = 1:

| i | $E(t_{i_{neu}})$ |
|---|---|
| 1 | 10.0 |
| 2 | -270.0 |
| 3 | -93.8 |
| 4 | -135.0 |
| 5 | -95.0 |

Iteration 1

Kostenersparnisse bei Verlängerung (Verdoppelung) der Produktionszyklen der Produkte i

| i | $E(t_{i_{neu}})$ |
|---|---|
| 1 | -90.0 |
| 2 | -80.0 |
| 3 | 27.5 |
| 4 | -50.0 |
| 5 | -50.0 |

$k=3$; max $\{E_i(t_{i_{neu}})\}=27.50$
$t_3=2$

Kostenersparnisse bei Verkürzung (Halbierung) der Produktionszyklen der Produkte i

Die maximale Kosteneinsparung ist bei Verkürzung des Produktionszyklus des Erzeugnisses 3 auf 2 Perioden zu erreichen.

**I=2:**

Iteration 2

Kostenersparnisse bei Verlängerung der Produktionszyklen der Produkte i

| i | $E(t_{i_{neu}})$ |
|---|---|
| 1 | 10.0 |
| 2 | -310.0 |
| 3 | -27.5 |
| 4 | -135.0 |
| 5 | -95.0 |

Kostenersparnisse bei Verkürzung der Produktionszyklen der Produkte i

| i | $E(t_{i_{neu}})$ |
|---|---|
| 1 | -80.0 |
| 2 | -80.0 |
| 3 | -25.0 |
| 4 | -50.0 |
| 5 | -50.0 |

$k=1$; max $\{E_i(t_{i_{neu}})\}=10.00$
$t_1=8$

Die maximale Kosteneinsparung ist bei Verlängerung des Produktionszyklus des Erzeugnisses 1 zu erreichen.

**I=3:**

Iteration 3

Kostenersparnisse bei Verlängerung der Produktionszyklen der Produkte i

| i | $E(t_{i_{neu}})$ |
|---|---|
| 1 | -55.0 |
| 2 | -310.0 |
| 3 | -27.5 |
| 4 | -135.0 |
| 5 | -95.0 |

Kostenersparnisse bei Verkürzung der Produktionszyklen der Produkte i

| i | $E(t_{i_{neu}})$ |
|---|---|
| 1 | -10.0 |
| 2 | -80.0 |
| 3 | -25.0 |
| 4 | -50.0 |
| 5 | -50.0 |

$k=1$; max $\{E(t_{i_{neu}})\}=-10.00<0$;
STOP.

Die maximale Kosteneinsparung ist bei Verlängerung des Produktionszyklus des Erzeugnisses 1 zu erreichen. Diese Ersparnis ist aber negativ (Erhöhung der Kosten).

> Ende des Beispiels - Phase I - Stufe 2

Damit ist die Phase I des heuristischen Verfahrens von *Heinrich* abgeschlossen. Die endgültige **Lösung des Modells NSP** lautet:

| k | $t_k$ |
|---|---|
| 1 | 8 |
| 2 | 2 |
| 3 | 2 |
| 4 | 2 |
| 5 | 2 |

*Tabelle 67: Produktionszyklen nach Abschluß der Phase I*

Die bisherigen Berechnungen basierten auf einem *stationären Modell mit unendlichem Planungshorizont*. Die ermittelten Produktionszyklen können auf verschiedene Weise zur Erzeugung einer Lösung für die ursprüngliche Problemstellung mit beschränktem Planungshorizont der Länge T und dynamisch schwankenden Bedarfsmengen der Produkte verwendet werden. *Heinrich* betrachtet in **Phase II** des Verfahrens neben einer *direkten Umsetzung* der Produktionszyklen auch die Möglichkeit der *Kostenanpassung*.

> Verfahren HEINRICH - Phase II

- **direkte Implementation** der in Phase I errechneten Produktionszyklen

  oder

- **Anpassung der Kostenparameter** und Lösung von K unabhängigen dynamischen Einprodukt-Losgrößenproblemen vom Typ WW.

    Während bei konvergierenden Erzeugnisstrukturen die Form der Proportionalisierung der Rüstkosten mit den Produktionszyklusrelationen eindeutig bestimmt war[358], ist dies bei einer generellen Erzeugnisstruktur nicht mehr der Fall. Zusätzlich zur produktionszyklusbezogenen Kostenverteilung besteht nun die Notwendigkeit, die Rüstkosten auf *mehrere übergeordnete Erzeugnisse* (Verursacher eines Rüstvorgangs) zu verteilen. Bei der Anpassung der Kostensätze bestehen mehrere Möglichkeiten der Proportionalisierung der Rüstkosten in bezug auf die übergeordneten Erzeugnisse. *Heinrich* betrachtet folgende Varianten:

    - Proportionalisierung entspechend der **Anzahl der Nachfolger**:

        die Rüstkosten eines Erzeugnisses k werden proportional zur *Anzahl der übergeordneten Erzeugnisse* umgelegt

        oder

    - Proportionalisierung entsprechend den **Bedarfsmengen der Nachfolger**:

---

[358] vgl. Abschnitt 4343131., Gleichung (387)

die Rüstkosten eines Erzeugnisses k werden entsprechend den *Bedarfsmengen* auf die nachfolgenden Erzeugnisse verteilt.

| Ende der Phase II |
|---|

Die genannten drei Formen der Erzeugung eines Produktionsplans können darüberhinaus auf der Grundlage der Ergebnisse der Stufe 1 (gekoppelte Produktionspläne) und auf der Grundlage der Ergebnisse der Stufe 2 der Phase I (nicht gekoppelte Produktionspläne) realisiert werden. Daraus ergeben sich *sechs alternative Produktionspläne*, die für das obige Beispiel im folgenden dargestellt werden.

## 1. Direkte Implementation der in Phase I errechneten Produktionszyklen

Die direkte Umsetzung der in Phase I des Verfahrens errechneten Produktionszyklen in erzeugnisspezifische Produktionspläne wird durch die Beziehungen (425) und (426) beschrieben.

$$q_{k\tau} = \sum_{t=\tau}^{\tau+t_k-1} d_{kt} \qquad k=1,2,\ldots,K; \; \tau=1, t_k+1,\ldots \qquad (425)$$

↑ Gesamtbedarf des Produkts k in Periode t

$$q_{kt} = 0 \qquad k=1,2,\ldots,K; \; t=1,2,\ldots,T | t \neq \tau \qquad (426)$$

Auf der Grundlage der in Stufe 1 der Phase I ermittelten Produktionszyklen (gekoppelte Produktionspläne) ergibt sich der in Tabelle 68 dargestellte Produktionsplan.

| k\t | 1 | 2 | 3 | 4 | 5 | 6 | 7 | 8 | Kosten |
|---|---|---|---|---|---|---|---|---|---|
| 1 | 34.0 | .0 | .0 | .0 | 46.0 | .0 | .0 | .0 | 1046.00 |
| 2 | 83.0 | .0 | 74.0 | .0 | 90.0 | .0 | 73.0 | .0 | 2339.00 |
| 3 | 191.0 | .0 | .0 | .0 | 209.0 | .0 | .0 | .0 | 394.00 |
| 4 | 83.0 | .0 | 74.0 | .0 | 90.0 | .0 | 73.0 | .0 | 400.00 |
| 5 | 83.0 | .0 | 74.0 | .0 | 90.0 | .0 | 73.0 | .0 | 400.00 |
| Gesamtkosten | | | | | | | | | 4579.00 |

*Tabelle 68: Produktionsplan 1*[359]

---

[359] Die Berechnung der Kosten eines Produktionsplans erfolgt unter Verwendung der systemweiten Lagerkostensätze. Dies erlaubt es uns, ohne Rücksicht auf die Abstimmung der Produktionszyklen direkt benachbarter Erzeugnisse die erzeugnisbezogenen Lagerbestände zu kumulieren. Alternativ könnte man auch die vollen Lagerkostensätze verwenden. Dann muß man aber genau die Abstimmung der einzelnen Lagerbestände berücksichtigen. Stimmen z.B. wie in Periode 3 die Produktionszyklen für die Produkte 4 und 2 überein, dann bedeutet dies, daß die Menge des Produkts 4 schon zu Beginn des Produktionszyklus an das Lager des Produkts 2 weitergegeben wird. Lagerkosten fallen für Produkt 4 dann nicht mehr an. Die gesamte Menge (Produkt 4 und 2) wird dann bei Produkt 2 gelagert.

Tabelle 69 zeigt den Produktionsplan, der unter Verwendung der Ergebnisse der Stufe 2 generiert werden kann.

| k\t | 1 | 2 | 3 | 4 | 5 | 6 | 7 | 8 | Kosten |
|---|---|---|---|---|---|---|---|---|---|
| 1 | 80.0 | .0 | .0 | .0 | 0.0 | .0 | .0 | .0 | 1014.00 |
| 2 | 83.0 | .0 | 74.0 | .0 | 90.0 | .0 | 73.0 | .0 | 2339.00 |
| 3 | 163.0 | .0 | 74.0 | .0 | 90.0 | .0 | 73.0 | .0 | 200.00 |
| 4 | 83.0 | .0 | 74.0 | .0 | 90.0 | .0 | 73.0 | .0 | 400.00 |
| 5 | 83.0 | .0 | 74.0 | .0 | 90.0 | .0 | 73.0 | .0 | 400.00 |
| Gesamtkosten | | | | | | | | | 4353.00 |

*Tabelle 69: Produktionsplan 2*

## 2. Anpassung der Kostenparameter

Die Anpassung der Kostenparameter geschieht im Prinzip in der von *Blackburn und Millen* für konvergierende Erzeugnisstrukturen vorgeschlagenen Weise, wobei der Möglichkeit Rechnung getragen wird, daß der Produktionszyklus eines übergeordneten Produkts k länger sein kann als der Produktionszyklus eines Vorgängerprodukts j. Die **Modifikation der Lagerkostensätze** erfolgt nach Gleichung (427).

$$H_k = e_k + \sum_{\substack{j \in V_k \\ m_{jk} \geq 1}} H_j \cdot a_{jk} \cdot m_{jk} + \sum_{\substack{j \in V_k \\ m_{jk} < 1}} h_j \cdot a_{jk} \qquad k=1,2,\ldots,K \qquad (427)$$

wobei:
- $e_k$: systemweiter (marginaler) Lagerkostensatz
- $a_{jk}$: Direktbedarfskoeffizient
- $m_{jk}$: Verhältnis der Produktionszyklen der Produkte j und k
- $h_j$: voller Lagerkostensatz

Ist der Produktionszyklus eines untergeordneten Produkts j kürzer als der Produktionszyklus des übergeordneten Produkts k, dann werden für Erzeugnis j keine Bestände gelagert, die zum Einbau in Produkt k vorgesehen sind. *Heinrich* berücksichtigt im letzten Summanden der Gleichung (427) für derartige Produkte daher nur die vollen Lagerkostensätze.

Die **modifizierten Rüstkosten** des Produkts k werden nach Gleichung (428) berechnet, wobei eine Kostenüberwälzung nur von solchen untergeordneten Produkten j erfolgt, deren Produktionszyklus länger ist als der Produktionszyklus des Produkts k.

$$S_k = s_k + \sum_{\substack{j \in V_k \\ m_{jk} \geq 1}} S_j \cdot \frac{\alpha_{jk}}{m_{jk}} \qquad k=1,2,\ldots,K \qquad (428)$$

- Faktoren zur mengenbezogenen Proportionalisierung
- Verhältnis der Produktionszyklen der Produkte j und k
- unmodifizierter Rüstkostensatz des Produkts k

Die mit den Beziehungen (427) und (428) beschriebene Modifikation der Rüst- und Lagerkostensätze unterscheidet sich von der Variante von *Dagli und Meral* dadurch, daß hier eine *differenzierte Behandlung der Vorgängerprodukte* j erfolgt, die einen kürzeren Produktionszyklus als das Produkt k haben.

Die Faktoren $\alpha_{jk}$ dienen zur mengenbezogenen Proportionalisierung der Rüstkosten von Erzeugnissen mit mehreren Nachfolgern. Ihre Berechnung kann nachfolgerorientiert oder bedarfsorientiert erfolgen.

### a) Nachfolgerproportionale Anpassung der Kostenparameter

Bei nachfolgerproportionaler Kostenanpassung ist der Verteilungsfaktor $\alpha_{kj}$ gleich dem Kehrwert der Anzahl der direkten Nachfolger j ($j \in N_k$) des Produkts k mit einem Produktionszyklus, der nicht länger ist als der Produktionszyklus des Produkts k. Auch hier kann wieder von den Ergebnissen der Stufe 1 (gekoppelte Produktionspläne) oder der Stufe 2 (nicht gekoppelte Produktionspläne) ausgegangen werden.

*Kostenanpassung auf der Grundlage der Ergebnisse der Stufe 1:*

| k   | 1 | 2 | 3 | 4 | 5 |
|-----|---|---|---|---|---|
| $t_k$ | 4 | 2 | 4 | 2 | 2 |

in Stufe 1 errechnete Produktionszyklen

| k | j | $\alpha_{kj}$ |
|---|---|-----|
| 3 | 1 | 0.5 |
| 3 | 2 | 0.5 |
| 4 | 2 | 1.0 |
| 5 | 2 | 1.0 |

Verteilungsfaktoren auf der Grundlage der in Stufe 1 errechneten Produktionszyklen (gekoppelte Produktionspläne). k ist der Index des untergeordneten Produkts. j bezeichnet den Index des übergeordneten Produkts.

| k | $S_k$ | $H_k$ |
|---|--------|-------|
| 1 | 425.00 | 2.00 |
| 2 | 412.50 | 10.00 |
| 3 | 50.00 | 1.00 |
| 4 | 100.00 | 4.00 |
| 5 | 100.00 | 3.00 |

modifizierte Rüst- und Lagerkosten

Unter Berücksichtigung dieser modifizierten Kostensätze wird nun für jedes Produkt ein dynamisches Einprodukt-Losgrößenproblem (Modell WW) gelöst. Der in dieser Weise ermittelte Produktionsplan 3 ist in Tabelle 70 zusammengefaßt:

| k\t | 1 | 2 | 3 | 4 | 5 | 6 | 7 | 8 | Kosten |
|---|---|---|---|---|---|---|---|---|---|
| 1 | 80.0 | .0 | .0 | .0 | .0 | .0 | .0 | .0 | 1014.00 |
| 2 | 38.0 | 79.0 | .0 | 40.0 | 42.0 | 83.0 | .0 | 38.0 | 1821.00 |
| 3 | 118.0 | 79.0 | .0 | 82.0 | .0 | 83.0 | .0 | 38.0 | 292.00 |
| 4 | 38.0 | 79.0 | .0 | 40.0 | 42.0 | 83.0 | .0 | 38.0 | 600.00 |
| 5 | 38.0 | 79.0 | .0 | 40.0 | 42.0 | 83.0 | .0 | 38.0 | 600.00 |
| Gesamtkosten | | | | | | | | | 4327.00 |

*Tabelle 70: Produktionsplan 3*

*Kostenanpassung auf der Grundlage der Ergebnisse der Stufe 2:*

| k | 1 | 2 | 3 | 4 | 5 |
|---|---|---|---|---|---|
| $t_k$ | 8 | 2 | 2 | 2 | 2 |

in Stufe 2 errechnete Produktionszyklen

| k | j | $\alpha_{kj}$ |
|---|---|---|
| 3 | 1 | 0.0 |
| 3 | 2 | 1.0 |
| 4 | 2 | 1.0 |
| 5 | 2 | 1.0 |

Verteilungsfaktoren auf der Grundlage der in Stufe 2 errechneten Produktionszyklen. Der Verteilungsfaktor $\alpha_{31}$ ist 0, weil der Produktionszyklus des Produkts 1 ($t_1=8$) länger ist als der Produktionszyklus des untergeordneten Produkts 3 ($t_3=2$). Eine Umlage der Rüstkosten des Produkts 3 auf Produkt 1 kommt somit nicht in Betracht.

| k | $S_k$ | $H_k$ |
|---|---|---|
| 1 | 400.00 | 2.00 |
| 2 | 450.00 | 9.00 |
| 3 | 50.00 | 1.00 |
| 4 | 100.00 | 4.00 |
| 5 | 100.00 | 3.00 |

modifizierte Rüst- und Lagerkosten

Der unter Verwendung dieser Kostensätze ermittelte Produktionsplan 4 ist in Tabelle 71 wiedergegeben.

| k\t | 1 | 2 | 3 | 4 | 5 | 6 | 7 | 8 | Kosten |
|---|---|---|---|---|---|---|---|---|---|
| 1 | 80.0 | .0 | .0 | .0 | .0 | .0 | .0 | .0 | 1014.00 |
| 2 | 38.0 | 79.0 | .0 | 82.0 | .0 | 83.0 | .0 | 38.0 | 1999.00 |
| 3 | 118.0 | 79.0 | .0 | 82.0 | .0 | 83.0 | .0 | 38.0 | 250.00 |
| 4 | 38.0 | 79.0 | .0 | 82.0 | .0 | 83.0 | .0 | 38.0 | 500.00 |
| 5 | 38.0 | 79.0 | .0 | 82.0 | .0 | 83.0 | .0 | 38.0 | 500.00 |
| Gesamtkosten | | | | | | | | | 4263.00 |

*Tabelle 71: Produktionsplan 4*

## b) Bedarfsproportionale Anpassung der Kostenparameter

Bei der bedarfsproportionalen Kostenanpassung bilden die relativen Bedarfsmengen der direkten Nachfolger eines Produkts die Basis für die Proportionalisierung der Rüstkosten.

*Kostenanpassung auf der Grundlage der Ergebnisse der Stufe 1:*

| k   | 1 | 2 | 3 | 4 | 5 |
|-----|---|---|---|---|---|
| $t_k$ | 4 | 2 | 4 | 2 | 2 |

in Stufe 1 errechnete Produktionszyklen

| k | j | $\alpha_{kj}$ |
|---|---|------|
| 3 | 1 | 0.2  |
| 3 | 2 | 0.8  |
| 4 | 2 | 1.0  |
| 5 | 2 | 1.0  |

Verteilungsfaktoren auf der Grundlage der in Stufe 1 errechneten Produktionszyklen (gekoppelte Produktionspläne)

| k | $S_k$  | $H_k$ |
|---|--------|-------|
| 1 | 410.00 | 2.00  |
| 2 | 420.00 | 10.00 |
| 3 | 50.00  | 1.00  |
| 4 | 100.00 | 4.00  |
| 5 | 100.00 | 3.00  |

modifizierte Rüst- und Lagerkosten

Damit läßt sich der in Tabelle 72 dargestellte **Produktionsplan** 5 ableiten.

| k\t | 1     | 2    | 3  | 4    | 5  | 6    | 7  | 8    | Kosten  |
|-----|-------|------|----|------|----|------|----|------|---------|
| 1   | 80.0  | .0   | .0 | .0   | .0 | .0   | .0 | .0   | 1014.00 |
| 2   | 38.0  | 79.0 | .0 | 82.0 | .0 | 83.0 | .0 | 38.0 | 1999.00 |
| 3   | 118.0 | 79.0 | .0 | 82.0 | .0 | 83.0 | .0 | 38.0 | 250.00  |
| 4   | 38.0  | 79.0 | .0 | 82.0 | .0 | 83.0 | .0 | 38.0 | 500.00  |
| 5   | 38.0  | 79.0 | .0 | 82.0 | .0 | 83.0 | .0 | 38.0 | 500.00  |
| Gesamtkosten | | | | | | | | | 4263.00 |

*Tabelle 72: Produktionsplan 5*

*Kostenanpassung auf der Grundlage der Ergebnisse der Stufe 2:*

| k   | 1 | 2 | 3 | 4 | 5 |
|-----|---|---|---|---|---|
| $t_k$ | 8 | 2 | 2 | 2 | 2 |

in Stufe 2 errechnete Produktionszyklen

| k | j | $\alpha_{kj}$ |
|---|---|---|
| 3 | 1 | 0.0 |
| 3 | 2 | 1.0 |
| 4 | 2 | 1.0 |
| 5 | 2 | 1.0 |

Verteilungsfaktoren auf der Grundlage der in Stufe 2 errechneten Produktionszyklen

| k | $S_k$ | $H_k$ |
|---|---|---|
| 1 | 400.00 | 2.00 |
| 2 | 450.00 | 9.00 |
| 3 | 50.00 | 1.00 |
| 4 | 100.00 | 4.00 |
| 5 | 100.00 | 3.00 |

modifizierte Rüst- und Lagerkosten

Der entsprechende Produktionsplan ist in Tabelle 73 dargestellt.

| k\t | 1 | 2 | 3 | 4 | 5 | 6 | 7 | 8 | Kosten |
|---|---|---|---|---|---|---|---|---|---|
| 1 | 80.0 | .0 | .0 | .0 | .0 | .0 | .0 | .0 | 1014.00 |
| 2 | 38.0 | 79.0 | .0 | 82.0 | .0 | 83.0 | .0 | 38.0 | 1999.00 |
| 3 | 118.0 | 79.0 | .0 | 82.0 | .0 | 83.0 | .0 | 38.0 | 250.00 |
| 4 | 38.0 | 79.0 | .0 | 82.0 | .0 | 83.0 | .0 | 38.0 | 500.00 |
| 5 | 38.0 | 79.0 | .0 | 82.0 | .0 | 83.0 | .0 | 38.0 | 500.00 |
| Gesamtkosten | | | | | | | | | 4263.00 |

*Tabelle 73: Produktionsplan 6*

Dieser Produktionsplan ist *optimal*. Heinrich hat das Verfahren anhand einer großen Anzahl synthetisch erzeugter Beispiele unter Zugrundelegung verschiedener Erzeugnisstrukturtypen mit alternativen Vorgehensweisen zur Losgrößenbestimmung in mehrteiligen Erzeugnisstrukturen verglichen. Die referierten Ergebnisse[360] deuten auf eine hohe zu erwartende Lösungsqualität bei Einsatz des Verfahrens hin. Insbesondere im Vergleich mit der in der betrieblichen Praxis gängigen Methode der Verwendung unmodifizierter Kostensätze in Einprodukt-Losgrößenmodellen wurden Kosteneinsparungen zwischen 1.6% und 24% erzielt. Es zeigte sich, daß die Kostenanpassung vor allem bei tief gestaffelten linearen Erzeugnisstrukturen vorteilhaft ist. Bei Erzeugnisstrukturen, in denen ein großer Anteil an divergierenden Materialflüssen enthalten ist, fielen die Ergebnisse dagegen nicht so deutlich aus. Für die von *Heinrich* betrachtete generelle Erzeugnisstruktur betrug die durch das beschriebene Verfahren mögliche Lösungsverbesserung ca. 4.5%.

Das Verfahren läßt sich in gleicher Weise wie alle Ansätze, die auf dem Prinzip der Kostenanpassung basieren, leicht in herkömmliche EDV-Systeme zur Produktionsplanung und -steuerung integrieren. Dies gilt umso mehr, wenn es gelingt, auch *Kapazitätsaspekte* in die Überlegungen einzubeziehen.

---

[360] vgl. **Heinrich** (1987), S. 174-201

### 43431322. Marginalanalytische Verfahren

Marginalanalytische Verfahren zerlegen das Mehrprodukt-Losgrößenproblem in mehrere Einprodukt-Losgrößenprobleme, die mit Hilfe von marginalanalytisch abgeleiteten Dualvariablen miteinander verknüpft und iterativ gelöst werden.

*Graves*[361] schlägt zur Behandlung des mehrstufigen Losgrößenproblems ein iteratives Verfahren vor, in dessen Verlauf einstufige dynamische Einprodukt-Losgrößenprobleme vom Typ WW unter Berücksichtigung von *periodenspezifischen variablen Produktionskosten* $p_{kt}$ optimal gelöst werden. Dabei erfolgt die Abstimmung zwischen den direkt benachbarten Erzeugnissen über eine marginalanalytisch abgeleitete Modifikation der Kostenparameter.

Das Grundprinzip des Verfahrens von *Graves* soll *für eine zweistufige lineare Erzeugnisstruktur* mit dem übergeordneten Produkt j und einem direkt untergeordneten Erzeugnis k sowie dem Direktbedarfskoeffizienten $a_{kj}$ beschrieben werden (siehe Bild 86).

| ITERATION 0: |
|---|
| Löse für das Endprodukt j das dynamische Einprodukt-Losgrößenproblem[362] <br> $WW[d_{jt}, s_j, h_j, p_{jt}(t=1,2,\ldots)]$ |
| **ITERATION i:** |
| Leite aus den Losgrößen für das Endprodukt j die Gesamtbedarfsmengen $d_{kt}$ für das untergeordnete Erzeugnis k ab und löse das Losgrößenproblem <br> $WW[d_{kt}, s_k, h_k, p_{kt}(t=1,2,\ldots)]$ |
| Bestimme marginale Kosten $\pi_{kt}$ der Erhöhung des Bedarfs für das untergeordnete Produkt k in Periode t unter der Voraussetzung unveränderter Produktionstermine für dieses Erzeugnis. |
| Erhöhe die variablen Kosten $p_{jt}$ (t=1,2,...) des übergeordneten Erzeugnisses j um die periodenspezifischen marginalen Kosten $\pi_{kt}$, d.h. setze <br> $p_{jt} = p_{jt} + a_{kj} \cdot \pi_{kt}$    t=1,2,3,... |
| Löse das Problem <br> $WW[d_{jt}, s_j, h_j, p_{jt}(t=1,2,\ldots)]$ <br> Haben sich die Losgrößen für das übergeordnete Erzeugnis j nicht verändert, STOP; andernfalls wiederhole Iteration i. |

*Bild 86: Verfahren GRAVES*

---

361 vgl. **Graves** (1981)
362 Mit WW[·] wird ein einstufiges dynamisches Losgrößenproblem bezeichnet. Vgl. Abschnitt 4321.

## 43431322. Marginalanalytische Verfahren

Die marginalen Kosten der Erhöhung des Bedarfs für Produkt k in Periode t werden bestimmt durch den Anstieg der Lagerkosten für Produkt k (und evtl. der Produktionskosten, wenn diese periodenabhängig sind), der dadurch entsteht, daß die um eine Mengeneinheit erhöhte Nachfrage für Produkt k in Periode t durch Vergrößerung des zuletzt (in Periode $\tau$) aufgelegten Loses für Produkt k befriedigt wird. Die *marginale Kostenerhöhung* des Erzeugnisses k beträgt somit:

$$\pi_{kt} = p_{k\tau} + (t-\tau) \cdot h_k \tag{429}$$

Wird durch Erhöhung der Losgröße des übergeordneten Produkts j in Periode t der Sekundärbedarf für das untergeordnete Produkt k in dieser Periode t um eine Mengeneinheit erhöht, dann muß diese Sekundärbedarfsmenge zunächst einmal *produziert* werden. Das geschieht durch Erhöhung der Produktion des Erzeugnisses k in dessen letzter Produktionsperiode $\tau$. Außerdem muß die zusätzlich produzierte Menge von Periode $\tau$ bis zur Bedarfsperiode t *gelagert* werden. Die Summe beider Kosten ergibt den marginalen Kostenanstieg für Produkt k bei Erhöhung der Produktionsmenge des übergeordneten Erzeugnisses j in Periode t.

Die *marginalen Kosten* der Erhöhung der Bedarfsmengen für das untergeordnete Erzeugnis k in den einzelnen Perioden sollen die Auswirkungen quantifizieren, die sich bei der Erhöhung der Losgröße des übergeordneten Erzeugnisses j in bezug auf das untergeordnete Erzeugnis k ergeben. Sie dienen damit der *Abstimmung der Produktionspläne* der Produkte in einer mehrstufigen Erzeugnisstruktur. Betrachten wir als Beispiel eine lineare Erzeugnisstruktur mit dem Endprodukt 1 und dem untergeordneten Erzeugnis 2. Für das Endprodukt liegen die in Tabelle 74 angegebenen Bedarfsmengen vor.

| t | 1 | 2 | 3 | 4 | 5 | 6 | 7 | 8 |
|---|---|---|---|---|---|---|---|---|
| $d_{1t}$ | 5 | 12 | 8 | 9 | 7 | 19 | 11 | 9 |

*Tabelle 74: Bedarfsmengen für das Endprodukt 1*

Der Lagerkostensatz für das Produkt 1 (2) beträgt 2 (1). Der Rüstkostensatz betrage für beide Produkte 50. Die variablen Produktionskosten sind für beide Erzeugnisse zeitunabhängig und werden daher vernachlässigt.

**Beispiel zum Verfahren GRAVES**

Iteration 0:

Problem WW[$d_{1t}$, $s_1$=50, $h_1$=2, $p_{1t}$=0 (t=1,2,...,8)]

$q_{11}$=17, $q_{13}$=24, $q_{16}$=39                        Optimale Lösung

**Iteration 1:**

| t    | 1  | 2 | 3  | 4 | 5 | 6  | 7 | 8 |
|------|----|---|----|---|---|----|---|---|
| $d_{2t}$ | 17 | 0 | 24 | 0 | 0 | 39 | 0 | 0 |

Gesamtbedarfsmengen für Produkt 2

Problem $WW[d_{2t}, s_2=50, h_2=1, p_{2t}=0 \ (t=1,2,\ldots,8)]$

$q_{21}=41, \ q_{26}=39$ 

Optimale Lösung

$\pi_{11}=0; \ \pi_{12}=1; \ \pi_{13}=2; \ \pi_{14}=3; \ \pi_{15}=4; \ \pi_{16}=0;$
$\pi_{17}=1; \ \pi_{18}=2$

Marginale Kosten der Erhöhung der Periodenbedarfsmengen für das untergeordnete Produkt 2. Wird die aus dem Produkt 1 abgeleitete Bedarfsmenge für Erzeugnis 2 z.B. in Periode 5 um eine Einheit erhöht, dann muß diese Einheit unter der Annahme unveränderter Losgrößen und Produktionszeitpunkte für Produkt 2 schon zum letzten Produktionstermin des Produkts 2 (Periode 1) hergestellt werden und bis zur Periode 5 gelagert werden. Die damit verbundenen Lagerkosten für Erzeugnis 2 betragen $(5-1)\cdot 1 = 4$. Diese Kosten sind bei der Entscheidung über die Erhöhung der Produktionsmenge des übergeordneten Produkts 1 in Periode 5 zusätzlich zu berücksichtigen.

$p_{11}=0; \ p_{12}=1; \ p_{13}=2; \ p_{14}=3; \ p_{15}=4; \ p_{16}=0;$
$p_{17}=1; \ p_{18}=2$

Erhöhung der variablen Produktionskosten des Produkts 1 um die marginalen Kosten

Problem $WW[d_{1t}, s_1=50, h_1=2, p_{1t} \ (t=1,2,\ldots,8)]$

$q_{11}=41, \ q_{16}=39$

Optimale Lösung. Die Losgrößen des Produkts 1 haben sich verändert. Daher ist ein erneuter Durchlauf erforderlich.

**Iteration 2:**

| t    | 1  | 2 | 3 | 4 | 5 | 6  | 7 | 8 |
|------|----|---|---|---|---|----|---|---|
| $d_{2t}$ | 41 | 0 | 0 | 0 | 0 | 39 | 0 | 0 |

Gesamtbedarfsmengen für Produkt 2

Problem $WW[d_{2t}, s_2=50, h_2=1, p_{2t}=0 \ (t=1,2,\ldots,8)]$

$q_{21}=41, \ q_{26}=39$

Optimale Lösung. Sie ist gegenüber Iteration 1 unverändert. Da die marginalen Produktionskosten des Produkts 1 gegenüber der Iteration 1 somit unverändert bleiben, erübrigt sich eine erneute Betrachtung des Produkts 1.

**Ende des Beispiels**

Im Beispiel sinken die Gesamtkosten von 426 auf 424. *Graves* hat nachgewiesen, daß das Verfahren in einer endlichen Folge von Iterationen zu einem (lokalen)

Optimum konvergiert. Das beschriebene Grundkonzept der Bestimmung marginaler Kosten kann auch auf generelle Erzeugnisstrukturen angewandt werden[363].

In einem numerischen Test hat *Graves* die Lösungsqualität des Verfahrens für konvergierende Erzeugnisstrukturen[364] mit den jeweils optimalen Lösungen verglichen. Dabei zeigte sich, daß in mehr als 90% der Fälle die optimale Lösung gefunden wurde. Die durchschnittliche Kostenerhöhung der gefundenen Lösungen lag dabei unter 1%. *Heinrich* hat in seiner Untersuchung das Verfahren von *Graves* zur Erzeugung von Referenzlösungen eingesetzt. Dabei zeigte sich, daß das Verfahren (abgesehen von wenigen Ausnahmen) kostengünstigere Lösungen als das Verfahren von *Heinrich* generiert. In einer anderen Untersuchung vergleicht *Rao* das Verfahren von *Graves* mit einem exakten Verfahren, wobei anhand von 38 Beispielen alle Formen von Erzeugnisstrukturen betrachtet werden[365]. Die Ergebnisse bestätigen die Qualität des Verfahrens von *Graves* für konvergierende Erzeugnisstrukturen, geben aber gleichzeitig Anlaß zu der Vermutung, daß die *Lösungsqualität mit wachsender Divergenz der Erzeugnisstruktur sinkt*.

Schließlich sei erwähnt, daß die Reihenfolge der Betrachtung der einzelnen Erzeugnisse im Verfahren von *Graves* für komplexe Erzeugnisstrukturen mit mehr als zwei Dispositionsstufen nicht eindeutig definiert ist. Aufgrund der bestehenden Freiheitsgrade sind Rechenergebnisse für derartige Erzeugnisstrukturen u.U. nicht vergleichbar.

*Salomon*[366] betrachtet das Modell MLCLSP-Bill[367] unter Vernachlässigung der Kapazitätsrestriktionen. Die Beziehungen zwischen den Produktionsmengen der Erzeugnisse werden dadurch berücksichtigt, daß die Nebenbedingungen, in denen die Lagervariablen vorkommen, mit *Lagrange-Multiplikatoren* multipliziert und in die Zielfunktion aufgenommen werden (Relaxation der Mehrstufigkeit). Auf diese Weise entsteht für jedes Erzeugnis ein (parametrisiertes) dynamisches Einprodukt-Losgrößenproblem, das mit einem geeigneten Verfahren gelöst werden kann[368]. Zur Lösung des Gesamtproblems müssen allerdings die Werte der Lagrange-Multiplikatoren bekannt sein. *Salomon* schlägt ein iteratives Verfahren vor, in dem diese systematisch mit Hilfe eines Verfahrens der Subgradientenoptimierung aktualisiert werden.

Die referierten Ergebnisse für kleine Probleme weisen auf die Leistungsfähigkeit des Konzepts hin. Allerdings ist mit diesem Verfahren ein beträchtlicher Rechenaufwand verbunden. So wurden z.B. für ein Problem mit K=14 Produkten und T=12 Perioden auf einem 80387-PC ca. 200 Sek. benötigt. Die An-

---

[363] vgl. **Graves** (1981); **Heinrich** (1987), S. 77-82
[364] Es wurden konvergierende Erzeugnisstrukturen betrachtet, weil nur für solche Erzeugnisstrukturen Verfahren bekannt sind, die zur Bestimmung der optimalen Lösung bei größeren Problemen einsetzbar sind.
[365] vgl. **Rao** (1981), S. 256-265
[366] vgl. **Salomon** (1991), S. 109-113
[367] vgl. Abschnitt 43421.
[368] vgl. ähnlich **Billington** (1983), S. 55-65

wendbarkeit des Verfahrens für Probleme praktischer Größenordnung muß daher bezweifelt werden.

### 43432. Periodenorientierte Dekomposition - das Verfahren von Afentakis

Bei der bisher behandelten **erzeugnisorientierten** Dekomposition steht die Behandlung der *dynamischen* Komponente des Problems im Vordergrund des Interesses. Dies äußert sich darin, daß für ein Produkt zunächst ein Produktionsplan über den gesamten Planungshorizont aufgestellt wird, bevor zum nächsten Produkt übergegangen wird. Die Abstimmung zwischen den miteinander verbundenen Erzeugnissen in einer mehrstufigen Erzeugnisstruktur wird erst an zweiter Stelle berücksichtigt. Eine andere Auffassung liegt den Verfahren zugrunde, die eine **periodenorientierte** Dekomposition der dynamischen und mehrstufigen Problemstruktur vornehmen. Bei diesen Verfahren wird der Planungshorizont schrittweise um eine Periode erweitert, wobei in jedem Planungsschritt für alle Erzeugnisse aufeinander abgestimmte Losgrößen ermittelt werden. Diese Vorgehensweise hat den Vorteil[369], daß die sich mit zunehmender Länge des Planungshorizontes verschlechternde Prognosegenauigkeit besser berücksichtigt werden kann. Vor allem aber eröffnet sich dadurch die Möglichkeit, in einem Konzept der *rollenden Planung* immer nur die dem Planungszeitpunkt am nächsten liegenden Lose zur Produktion freizugeben. Veränderungen von Planungsdaten, die sich auf weiter in der Zukunft liegende Perioden beziehen, führen dann nicht zu veränderten Planvorgaben für bereits zur Produktion freigegebene Fertigungsaufträge.

*Afentakis*[370] schlägt ein heuristisches Verfahren zur Lösung des dynamischen Mehrprodukt-Losgrößenproblems bei **konvergierender Erzeugnis- und Prozeßstruktur** vor, in dem durch schrittweise Vergrößerung des Planungshorizonts von $\tau=1$ bis $\tau=T$ mehrere aufeinander aufbauende Mehrprodukt-Losgrößenprobleme erzeugt werden. Bei der Behandlung eines $\tau$-Perioden-Problems werden jeweils *alle Produkte simultan* betrachtet. Eine Lösung für ein $\tau$-Perioden-Problem wird erzielt, indem die *Lösungsmenge* eines $(\tau-1)$-Perioden-Problems unter Verwendung bestimmter heuristischer Konstruktionsregeln erweitert wird.

*Afentakis* geht von einer Darstellung des Losgrößenproblems als **Netzwerk** aus. Für jedes Produkt wird ein solches Netzwerk aufgebaut und sukzessive um eine Periode erweitert. Bei der Bestimmung der produktbezogenen Losgrößen für den um eine Periode erweiterten Planungshorizont werden dann alle Produkte *simultan* betrachtet.

Das Verfahren läuft in zwei Abschnitten wie folgt ab. Für einen gegebenen Planungshorizont $\tau$ werden zunächst *zulässige Produktionsplanalternativen* für die betrachteten Produkte generiert. Die Zulässigkeit bezieht sich vor allem auf die

---

369 vgl. **Lambrecht/Vander Eecken/Vanderveken** (1983)
370 vgl. **Afentakis** (1982), (1987)

Abstimmung der Produktionstermine und Losgrößen der Erzeugnisse, die direkt durch Input-Output-Beziehungen miteinander verbunden sind. Die Konstruktion der zulässigen Planalternativen für einen Planungshorizont der Länge $\tau+1$ baut auf den in vorangegangenen Schritten gefundenen *Lösungen* für kürzere Planungshorizonte $1,2,\ldots,\tau$ auf. Die grundlegende *Heuristik* dabei besteht darin, daß **einmal festgelegte Produktionstermine aller Erzeugnisse in späteren Planungsphasen nicht mehr revidiert** werden[371]. Aus der Menge der für einen Planungshorizont der Länge $\tau$ erzeugten zulässigen Produktionspläne für alle Erzeugnisse wird dann durch ein Verfahren der dynamischen Optimierung die optimale Kombination von erzeugnisbezogenen Produktionsplänen ermittelt. Dies geschieht durch das Verfahren PRODPLAN$_\tau$. Das Verfahren von *Afentakis* hat die in Bild 87 dargestellte Struktur.

| ITERATION $\tau$ ($\tau=1,2,\ldots,T$): | | |
|---|---|---|
| | Bestimme für alle Produkte k (k=1,2,...,K) alle zulässigen Planalternativen $p_{ki}$ für den Planungshorizont $\tau$ und deren Kosten $c_{ki}$. | |
| | Bestimme die optimalen Produktionspläne (Losgrößen) aller Produkte für den Planungshorizont $\tau$ durch Einsatz des Verfahrens PRODPLAN$_\tau$. | |
| | Verfahren PRODPLAN$_\tau$ | |
| | SCHRITT k (k=K,K-1,...,2): | |
| | | Bestimme das dem Produkt k direkt übergeordnete Produkt, l=n(k); bezeichne die Menge der Planalternativen für Produkt l mit $P_l$; bezeichne die Menge der mit Plan $i \epsilon P_l$ des Produkts l harmonierenden Planalternativen des Produkts k mit $Z_{kli}$; |
| | | für alle Pläne $i \epsilon P_l$: |
| | | setze $c_{li}=c_{li}+\min_j\{c_{kj}|j \epsilon Z_{kli}\}$; speichere $j_{ki}$ als den optimalen Index j bezüglich des Produktionsplans i; |
| | SCHRITT 1: | |
| | | Der optimale Produktionsplan $j_1$ ist der Plan, für den gilt: $j_1=j|\min_j\{c_{1j}\}$ |

*Bild 87: Verfahren AFENTAKIS*

In Schritt k des Verfahrens PRODPLAN$_\tau$ werden die Kosten des bezüglich des Produktionsplans i eines übergeordneten Produkts l optimalen Produktionsplans j des untergeordneten Erzeugnisses k dem Produktionsplan i zugerechnet. In $c_{li}$ werden damit die gesamten Kosten, die mit dem Plan i des Produkts l verbunden

---

[371] In einem exakten Verfahren kann dagegen der Fall eintreten, daß aufgrund einer für einen späteren Zeitpunkt eingeplanten Losgröße eines Produkts sich auch die Vorteilhaftigkeit früherer Auftragsgrößen anderer Produkte verändert.

sind, akkumuliert. Sind alle untergeordneten Erzeugnisse eines Produkts l berücksichtigt worden, dann enthält $c_{li}$ die Kosten für Produkt l zuzüglich der Kosten der optimalen mit Plan i harmonierenden Produktionspläne sämtlicher Produkte im Erzeugnisbaum, dessen Wurzel der Knoten l ist.

Betrachten wir ein Beispiel[372], dessen Produktdaten und Erzeugnisstruktur in Tabelle 75 und Bild 88 dargestellt sind.

| Bedarfsmengen | | | | | |
|---|---|---|---|---|---|
| t | 1 | 2 | 3 | 4 | 5 |
| $d_t$ | 40 | 80 | 10 | 60 | 80 |
| Rüstkosten: | | $s_1=100$, $s_2=30$, $s_3=90$ | | | |
| Lagerkostensätze: | | $e_1=1$, $e_2=1$, $e_3=1$ | | | |

*Tabelle 75: Beispieldaten*

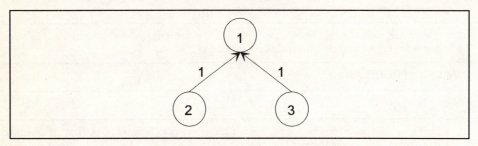

*Bild 88: Erzeugnisstruktur des Beispiels*

Zur Bestimmung des optimalen Produktionsplans für die drei Produkte wird nun wie folgt vorgegangen.

**Beispiel zum Verfahren AFENTAKIS**

*Iteration $\tau=1$:*

Die **Erzeugung der möglichen Planalternativen** $p_{ki}$ für die Produkte bei einem Planungshorizont $\tau=1$ ist sehr einfach. Denn die einzige zulässige Kombination von Losgrößen bzw. Produktionsplänen für die drei Produkte sieht jeweils die Fertigstellung eines Loses am Ende der Periode 0 vor, das den Bedarf der Periode 1 deckt. Für jedes Erzeugnis steht damit *nur ein Produktionsplan* zur Verfügung. Bild 89 zeigt die graphische Darstellung dieser Lösung. Der den aktuellen Planungshorizont $\tau$ umfassende Produktionsplan eines Erzeugnisses ist durch einen Pfeil dargestellt[373]. Der Pfeil beginnt in der Periode, an deren Ende das

---

[372] vgl. **Lambrecht/Vander Eecken/Vanderveken** (1983)
[373] Bei längeren Planungshorizonten wird ein produktbezogener Produktionsplan durch einen Pfad repräsentiert.

Los fertiggestellt wird und endet in der letzten Periode, deren Bedarf das Los noch abdeckt. Für jedes Produkt wird ein Los aufgelegt. Lagerung erfolgt nicht. Die Kosten dieser Lösung betragen 220.

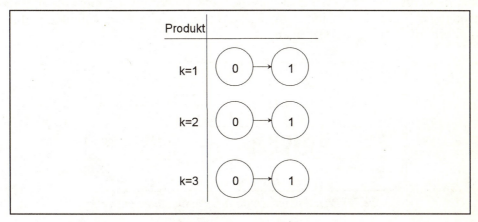

*Bild 89: Optimale Lösung für den Planungshorizont $\tau = 1$ (in Netzwerkdarstellung)*

Tabelle 76 zeigt den aktuellen Produktionsplan sowie die damit verbundenen Kosten.

| k\$\tau$ | Losgrößen 1 | 2 | 3 | 4 | 5 | Lagerkosten 1 | 2 | 3 | 4 | 5 | Rüstkosten |
|---|---|---|---|---|---|---|---|---|---|---|---|
| 1 | 40 | - | - | - | - | 0 | - | - | - | - | 100 |
| 2 | 40 | - | - | - | - | 0 | - | - | - | - | 30 |
| 3 | 40 | - | - | - | - | 0 | - | - | - | - | 90 |
| | | | | | | | Gesamtkosten | | | | 220 |

*Tabelle 76: Optimale Lösung für den Planungshorizont $\tau = 1$*

*Iteration $\tau = 2$:*

Bei Erweiterung des Planungshorizonts um eine Periode auf $\tau = 2$ Perioden sind zunächst alle zu berücksichtigenden Produktionsplanalternativen für die Produkte zu erzeugen. Dabei wird folgende Eigenschaft der optimalen Lösung eines dynamischen Einprodukt-Losgrößenproblems genutzt: **Die Erweiterung des Planungshorizontes von $\tau$-1 auf $\tau$ Perioden führt niemals zu einer zeitlichen Rückwärtsverschiebung des letzten für den Planungshorizont von $\tau$-1 Perioden aufgelegten Loses eines Produkts**[374]. Das Verfahren von *Afentakis* ist ein heuristi-

---

[374] Dieses Planungshorizonttheorem gilt für ein Einprodukt-Losgrößenproblem unter Annahme, daß die variablen Produktionskosten im Zeitablauf nicht steigen. Vgl. **Zäpfel** (1982), S. 205; **Hax/Candea** (1984), S. 91

sches Verfahren, weil diese Eigenschaft auch für den hier betrachteten Fall *mehrerer Produkte* angenommen wird. Als mögliche Produktionstermine, an denen der Bedarf der neu hinzugekommenen Bedarfsperiode $\tau$ gedeckt werden kann, kommen somit alle Perioden zwischen der letzten Produktionsperiode und der Periode $\tau$ in Betracht. Es sind demzufolge die in Tabelle 77 zusammengefaßten Planalternativen zu berücksichtigen.

|  | $p_{ki}$ | t<br>1 2 | Produktion in Periode | Kosten |
|---|---|---|---|---|
| Erzeugnis 1: | $p_{11} = \{1,0\}$<br>$p_{12} = \{1,1\}$ | | 1<br>1, 2 | 180(=100+80)<br>200(=2·100) |
| Erzeugnis 2: | $p_{21} = \{1,0\}$<br>$p_{22} = \{1,1\}$ | | 1<br>1, 2 | 110(=30+80)<br>60(=2·30) |
| Erzeugnis 3: | $p_{31} = \{1,0\}$<br>$p_{32} = \{1,1\}$ | | 1<br>1, 2 | 170(=90+80)<br>180(=2·90) |

*Tabelle 77: Planalternativen für den Planungshorizont $\tau=2$*

Die Größe $p_{ki}$ bezeichnet den Produktionsplan i des Erzeugnisses k. Dieser Produktionsplan wird durch eine zeitlich geordnete Folge von $\tau$ binären Ziffern dargestellt, wobei eine 1 angibt, daß zu Beginn der betreffenden Periode ein in der Vorperiode fertiggestelltes Produktionslos zur Bedarfsdeckung bereitsteht.

In Bild 90 sind die Planalternativen graphisch dargestellt, wobei für jedes Produkt wieder ein separates Netzwerk verwendet wird. Die gestrichelten Pfeile stellen die Verbindungen zwischen dem Netzwerk für einen Planungshorizont von $\tau$-1[375] und dem neu hinzugekommen Knoten $\tau$ dar. Die letzte Produktionsperiode eines Produkts ist jeweils durch ein Rechteck markiert. Bezeichnen wir den Knoten, an dem das letzte Los aufgelegt wird, mit n, dann werden die *neu hinzugekommenen Produktionsplanalternativen* durch Einführung von Verbindungen zwischen dem Knoten $\tau$ und allen Knoten (n,...,$\tau$-2,$\tau$-1) erzeugt.

Eine **Produktionsplanalternative** für ein Erzeugnis entspricht immer einem geschlossenen Weg vom Knoten 0 zum Knoten $\tau$ (aktueller Planungshorizont). Dieser Weg besteht u.U. aus einem bereits in einem vorangegangenen Planungsschritt festgelegten Weg zwischen dem Knoten 0 und einem Knoten n sowie einem Pfeil von diesem Knoten n zum (vorläufigen) Planungshorizont $\tau$. Für jedes Produkt bestehen im vorliegenden Beispiel zwei Planalternativen. Die *erste Alternative* entspricht dem Pfeil vom Knoten 0 zum Knoten $\tau=2$[376]. Die *zweite Alternative* entspricht dem zweiten möglichen Weg vom Knoten 0 zum Knoten $\tau=2$, wobei dieser Weg über den bei einem Planungshorizont von $\tau=1$ ausgewählten Pfeil von Knoten 0 zum Knoten 1 führt.

---

375 vgl. Bild 89
376 d.h. das erste Los umfaßt den Bedarf der Perioden 1 und 2

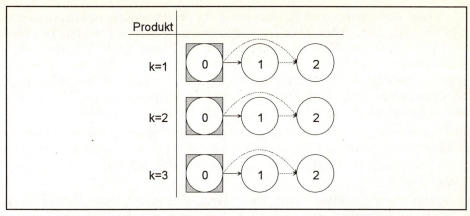

*Bild 90: Produktionsplanalternativen für den Planungshorizont $\tau = 2$*

Nach der Erzeugung aller Planalternativen sind die *Produktionspläne der Erzeugnisse aufeinander abzustimmen*. Bei der Koordination der Produktionsmengen und -termine wird die Optimalitätsbedingung (326)[377] berücksichtigt. Danach sind die Produktionstermine der Produkte so festzulegen, daß ein untergeordnetes Produkt (z.B. Produkt 2) nur dann produziert wird, wenn auch für das direkt übergeordnete Produkt 1 ein Los aufgelegt wird und damit ein *Sekundärbedarf* für das untergeordnete Produkt 2 besteht. Es wird nun *für jede Planalternative des übergeordneten Erzeugnisses 1* festgestellt, *welche Planalternativen der untergeordneten Produkte 2 und 3 mit ihr harmonieren*.

| Produkt l=1: | | Produkt k=2 | Produkt k=3 |
|---|---|---|---|
| P l a n | i=1 | $p_{11}=\{1,0\}$ (180) | $p_{21}=\{1,0\}$ (110) | $p_{31}=\{1,0\}$ (170) |
| | i=2 | $p_{12}=\{1,1\}$ (200) | $p_{21}=\{1,0\}$ (110) | $p_{31}=\{1,0\}$ (170) |
| | | | $p_{22}=\{1,1\}$ (60) | $p_{32}=\{1,1\}$ (180) |

*Tabelle 78: Produktionspläne der Produkte $k=2$ und $k=3$, die mit den Produktionsplänen $i=1$ und $i=2$ des Produkts 1 harmonieren*

Tabelle 78 zeigt die mit den beiden Plänen i (i=1,2) des Endprodukts l=1 harmonierenden Pläne der Produkte k=2 und k=3. Dabei gilt die aus der Bedingung (327) abgeleitete **Konstruktionsregel**, daß die Produktionspläne eines Erzeugnisses l und eines diesem direkt untergeordneten Erzeugnisses k dann miteinander harmonieren, wenn die Binärdarstellung des Produktionsplans des Pro-

---

[377] vgl. Abschnitt 43422.

dukts k eine *Untermenge* der Binärdarstellung des Produktionsplans des Erzeugnisses l ist. Mit dem ersten Plan (i=1) des übergeordneten Produkts l=1 harmoniert jeweils nur ein Plan der Erzeugnisse k=2 und k=3. Mit dem zweiten Produktionsplan (i=2) des Produkts l=1 harmonieren dagegen jeweils zwei Pläne der untergeordneten Erzeugnisse. Die produktbezogenen Kosten eines Produktionsplans sind in Klammern angegeben. Dabei werden die Lagerkosten unter Verwendung des *marginalen Lagerkostensatzes* berechnet[378].

Alle Planalternativen des untergeordneten Erzeugnisses k, die mit dem Plan i des direkt übergeordneten Erzeugnisses l harmonieren, können in einer Menge $Z_{kli}$ zusammengefaßt werden. Im vorliegenden Fall gilt z.B.: $Z_{212} = \{p_{21}, p_{22}\} = \{(1,0),(1,1)\}$[379].

Das **Optimierungsproblem** besteht nun darin, eine miteinander harmonierende, d.h. zulässige, Kombination von Produktionsplänen der drei Erzeugnisse für den Planungshorizont $\tau = 2$ zu finden, deren *Gesamtkosten minimal* sind. Dieses Problem läßt sich durch Einsatz des Verfahrens **PRODPLAN**$_\tau$ lösen, das im folgenden anhand des Beispiels im Detail erläutert werden soll:

| Beispiel zum Verfahren PRODPLAN$_\tau$: | |
| --- | --- |
| *Schritt k=3:* | Erzeugnis 3 |
| l=n(k)=1 | Nachfolger von Erzeugnis 3 ist das Endprodukt l=1. |
| $P_l = P_1 = \{p_{11}, p_{12}\} = \{(1,0),(1,1)\}$ | Menge der Produktionsplanalternativen des Endprodukts l=1. |
| i=1 | Plan 1 für Endprodukt 1 |
| $Z_{311} = \{1,0\}$ | Der einzige Plan des Produkts 3, der mit dem Plan 1 des Endprodukts 1 harmoniert, ist der Plan 1. |
| $c_{1i} = c_{11} = 180 + \min\{170\} = 350$ | In $c_{11}$ werden die Kosten des Plans 1 des übergeordneten Produkts 1 sowie die Kosten des optimalen damit harmonierenden Produktionsplans des untergeordneten Produkts 3 akkumuliert. |
| $j_{31} = 1$ | Der kostengünstigste Plan des Produkts 3, der mit Plan 1 des Endprodukts 1 harmoniert, ist der Plan j=1. |
| i=2 | Plan 2 für Endprodukt 1 |
| $Z_{312} = \{(1,0),(1,1)\}$ | Mit dem Plan 2 des Endprodukts 1 harmonieren beide Pläne des Produkts 3. |
| $c_{1i} = c_{12} = 200 + \min\{170, 180\} = 370$ | In $c_{12}$ werden die Kosten des Plans 2 des übergeordneten Produkts 1 (200) sowie des optimalen damit harmonierenden Produktionsplans des Produkts 3 (170) akkumuliert. |

---

378 z.B. $c_{21} = s_2 + e_2 \cdot d_2 = 30 + 1 \cdot 80 = 110$
379 Dies sind beide Produktionspläne für Erzeugnis k=2, die mit dem Produktionsplan i=2 des übergeordneten Erzeugnisses l=1 harmonieren, d.h. in Bezug auf diesen zulässig sind.

| | |
|---|---|
| $j_{32}=1$ | Der kostengünstige Plan des Produkts 3, der mit dem Plan 2 des Endprodukts harmoniert, ist der Plan $j=1$. |
| *Schritt $k=2$:* | Erzeugnis 2 |
| $l=n(k)=1$ | Nachfolger von Erzeugnis 2 ist das Endprodukt $l=1$. |
| $P_l=P_1=\{p_{11},p_{12}\}=\{(1,0),(1,1)\}$ | Menge der Produktionsplanalternativen des Endprodukts $l=1$. |
| $i=1$ | Plan 1 für Endprodukt 1 |
| $Z_{211}=\{1,0\}$ | Der einzige Plan des Produkts 2, der mit dem Plan 1 des Endprodukts 1 harmoniert, ist der Plan 1. |
| $c_{1i}=c_{11}=350+\min\{110\}=460$<br>└ In Schritt $k=3$ akkumulierte Kosten, die dem Plan 1 des Produkts 1 zugerechnet werden können | Jetzt werden zu den in Schritt 3 akkumulierten Kosten des Plans 1 des Endprodukts 1 und des Plans 1 des Produkts 3 (350) die Kosten des Plans 1 des Produkts 2 addiert. Damit stehen die gesamten Kosten des Plans 1 des Endprodukts einschl. der jeweils günstigsten damit harmonierenden Pläne der untergeordneten Erzeugnisse fest. |
| $j_{21}=1$ | Der kostengünstigste Plan des Produkts 2, der mit Plan 1 des Produkts 1 harmoniert, ist der Plan $j=1$. |
| $i=2$ | Plan 2 für Endprodukt 1 |
| $Z_{212}=\{(1,0),(1,1)\}$ | Mit dem Plan 2 des Endprodukts 1 harmonieren beide Pläne des Produkts 2. |
| $c_{1i}=c_{12}=370+\min\{110,60\}=430$ | In $c_{12}$ werden nun zu den in Schritt 3 kumulierten Kosten des Plans 2 für Produkt 1 und des Plans 1 für Produkt 3 (370) die Kosten des optimalen damit harmonierenden Produktionsplans des Produkts 2 (60) addiert. |
| $j_{22}=2$ | Der kostengünstige Plan des Produkts 2, der mit dem Plan 2 des Endprodukts 2 harmoniert, ist der Plan $j=2$. |
| *Schritt 1:* | Endprodukt 1 |
| $\min\{460,430\}=430$<br>└ Gesamtkosten des Plans 2<br>└ Gesamtkosten des Plans 1<br>Problemlösung für Planungshorizont $\tau=2$:<br>$j_1=2$;<br>$j_{22}=2$; $j_{32}=1$ | Auswahl aus der Menge der Pläne des Produkts 1. In den Kosten sind jeweils die Kosten der günstigsten damit harmonierenden Pläne der untergeordneten Produkte berücksichtigt.<br><br>Der optimale Produktionsplan des Endprodukts 1 ist der Plan 2. Der optimale damit harmonierende Plan des untergeordneten Produkts 2 (3) ist der Plan 2 (1). |

| Ende des Beispiels zum Verfahren PRODPLAN$_\tau$ |
|---|

Das Verfahren PRODPLAN$_\tau$ ist ein exaktes Verfahren der *dynamischen Optimierung*, wobei die optimale Lösung aus einer *heuristisch begrenzten Alternativenmenge* ermittelt wird. Die optimale Lösung für einen Planungshorizont von $\tau=2$ Perioden enthält damit den *Plan 2 für Produkt 1:* {1,1}, den *Plan 2 für Pro-*

*dukt 2:* {1,1} und den *Plan 1 für Produkt 3:* {1,0}. Die mit dieser Lösung verbundenen Kosten betragen 430. Ein Vergleich der Produktionspläne zeigt, daß das übergeordnete Erzeugnis 1 häufiger produziert wird als das untergeordnete Produkt 3. In Bild 91 ist die ausgewählte Kombination der Produktionspläne mit durchgehenden Linienzügen graphisch veranschaulicht.

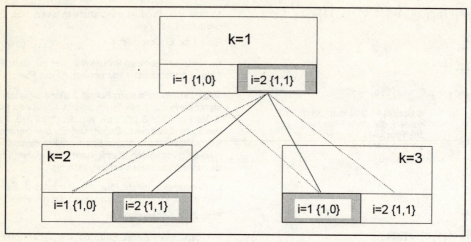

*Bild 91: Optimale Lösung für den Planungshorizont $\tau = 2$*

Es wird deutlich, daß jede zulässige Kombination von Produktionsplänen als ein *Baum* dargestellt werden kann, dessen *Wurzel* einem *Produktionsplan des übergeordneten Erzeugnisses* entspricht. Der aktuelle Stand der Problemlösung ist in Tabelle 79 zusammengefaßt.

| k\\$\tau$ | Losgrößen | | | | | Lagerkosten | | | | | Rüstkosten |
|---|---|---|---|---|---|---|---|---|---|---|---|
| | 1 | 2 | 3 | 4 | 5 | 1 | 2 | 3 | 4 | 5 | |
| 1 | 40 | 80 | - | - | - | 0 | 0 | - | - | - | 200 |
| 2 | 40 | 80 | - | - | - | 0 | 0 | - | - | - | 60 |
| 3 | 120 | 0 | - | - | - | 80 | 0 | - | - | - | 90 |
| | | | | | | Gesamtkosten | | | | | 430 |

*Tabelle 79: Optimale Lösung für den Planungshorizont $\tau = 2$*

Bild 92 zeigt die optimalen Wege durch die erzeugnisbezogenen Netzwerke. Diese Lösung für einen Planungshorizont der Länge $\tau = 2$ bildet die Basis für die Entwicklung von Produktionsplanalternativen für den nächsten zu betrachtenden, um eine Periode verlängerten Planungshorizont $\tau = 3$.

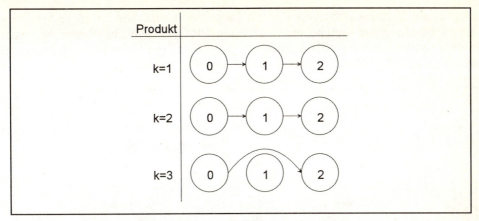

*Bild 92: Optimale Lösung für den Planungshorizont $\tau=2$*
*(in Netzwerkdarstellung)*

Es zeigt sich, daß *für jeden Planungshorizont $\tau$* eine optimale Kombination produktbezogener Wege existiert. Die Menge der optimalen Wege für alle Planungshorizonte bildet in der Terminologie der Graphentheorie einen *Baum* mit dem Wurzelknoten 0. Jeder optimale Weg vom Knoten 0 zum Knoten $t=1,2,...,\tau$ bildet einen *Zweig* dieses Baums. Wird der Planungshorizont um eine Periode verlängert, dann wird jedem produktbezogenen Netzwerk ein weiterer Knoten $\tau+1$ hinzugefügt. Dieser Knoten wird mit dem Baum der optimalen Wege verbunden, indem die Zweige dieses Baums durch Pfeile mit dem Zielknoten $\tau+1$ verbunden werden.

*Iteration $\tau=3$:*

Es wird nun wieder davon ausgegangen, daß die produktbezogenen Produktionstermine, die in der letzten Planungsstufe, d.h. bei einem Planungshorizont von $\tau=2$ bestimmt worden sind, auch bei Erweiterung des Planungshorizontes auf $\tau=3$ beibehalten werden.

Unter dieser Annahme sind die in Tabelle 80 angegebenen und in Bild 93 graphisch dargestellten Planalternativen für die Erzeugnisse zu betrachten.

| | | t<br>1 2 3 | Produktion<br>in Periode | Kosten |
|---|---|---|---|---|
| Erzeugnis 1: | $p_{11}$ =<br>$p_{12}$ = | {1,1,0}<br>{1,1,1} | 1, 2<br>1, 2, 3 | 210(=2·100+10)<br>300(=3·100) |
| Erzeugnis 2: | $p_{21}$ =<br>$p_{22}$ = | {1,1,0}<br>{1,1,1} | 1, 2<br>1, 2, 3 | 70(=2·30+10)<br>90(=3·30) |
| Erzeugnis 3: | $p_{31}$ =<br>$p_{32}$ =<br>$p_{33}$ = | {1,0,0}<br>{1,1,0}<br>{1,0,1} | 1<br>1, 2<br>1, 3 | 190(=90+80+2·10)<br>190(=2·90+10)<br>260(=90+80+90) |

*Tabelle 80: Planalternativen für den Planungshorizont $\tau=3$*

Die optimale Kombination von Produktionsplänen wird wieder - wie für Iteration $\tau=2$ beschrieben - nach dem Verfahren PRODPLAN$_\tau$ bestimmt. Sie ist in Bild 94 graphisch dargestellt. Tabelle 81 faßt den derzeitigen Planungsstand zusammen.

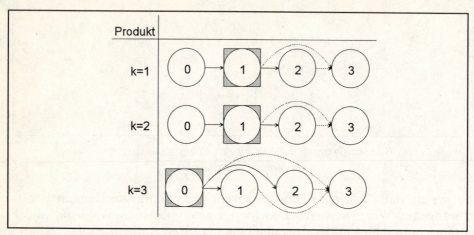

*Bild 93: Planalternativen für den Planungshorizont $\tau=3$*

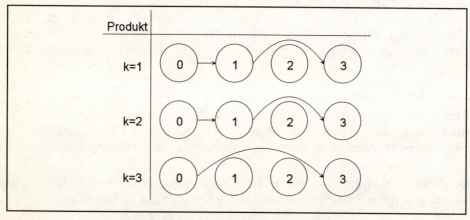

*Bild 94: Optimale Lösung für den Planungshorizont $\tau=3$*
*(in Netzwerkdarstellung)*

| k\τ | Losgrößen | | | | | Lagerkosten | | | | | Rüstkosten |
|---|---|---|---|---|---|---|---|---|---|---|---|
|  | 1 | 2 | 3 | 4 | 5 | 1 | 2 | 3 | 4 | 5 |  |
| 1 | 40 | 90 | 0 | – | – | 0 | 10 | 0 | – | – | 200 |
| 2 | 40 | 90 | 0 | – | – | 0 | 10 | 0 | – | – | 60 |
| 3 | 130 | 0 | 0 | – | – | 90 | 10 | 0 | – | – | 90 |
|  |  |  |  |  |  | Gesamtkosten |  |  |  |  | 470 |

*Tabelle 81: Optimale Lösung für den Planungshorizont $\tau = 3$*

Die Bilder 95 bis 98 sowie die Tabellen 82 und 83 zeigen für die weiteren Planungshorizonte $\tau = 4$ und $\tau = 5$ jeweils die Planalternativen und die optimalen Lösungen, ohne daß im einzelnen auf die Erzeugung der Planalternativen und die Auswahl der jeweils optimalen Kombination eingegangen wird.

*Iteration $\tau = 4$:*

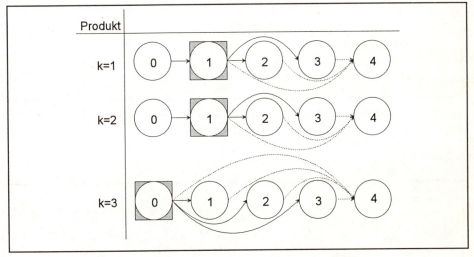

*Bild 95: Planalternativen für den Planungshorizont $\tau = 4$*

Bei genauerer Betrachtung der in den einzelnen Planungsschritten erzeugten Produktionsplanalternativen ist festzustellen, daß die *Alternativenmengen sehr umfangreich* sein können. Die Anzahl der bei Erweiterung des Planungshorizontes um eine Periode zu betrachtenden Alternativen hängt davon ab, in welchen Perioden für die Erzeugnisse zum letztenmal ein Los aufgelegt wurde. Je früher der letzte Produktionszeitpunkt liegt, umso größer ist die Menge der Produktionsplanalternativen und umso rechenaufwendiger wird das Verfahren zur Bestimmung der optimalen Alternative.

| k\τ | Losgrößen | | | | | Lagerkosten | | | | | Rüstkosten |
|---|---|---|---|---|---|---|---|---|---|---|---|
| | 1 | 2 | 3 | 4 | 5 | 1 | 2 | 3 | 4 | 5 | |
| 1 | 40 | 90 | 0 | 60 | – | 0 | 10 | 0 | 0 | – | 300 |
| 2 | 40 | 90 | 0 | 60 | – | 0 | 10 | 0 | 0 | – | 90 |
| 3 | 130 | 0 | 0 | 60 | – | 90 | 10 | 0 | 0 | – | 180 |
| | | | | | | Gesamtkosten | | | | | 690 |

*Tabelle 82: Optimale Lösung für den Planungshorizont $\tau = 4$*

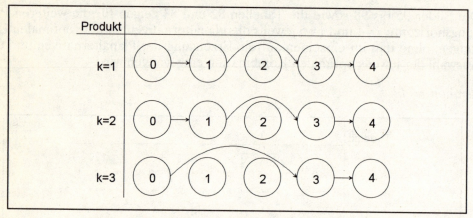

*Bild 96: Optimale Lösung für den Planungshorizont $\tau = 4$*
*(in Netzwerkdarstellung)*

Iteration $\tau = 5$:

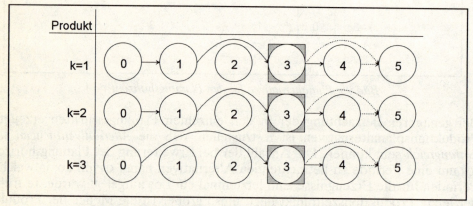

*Bild 97: Planalternativen für den Planungshorizont $\tau = 5$*

| k\τ | Losgrößen | | | | | Lagerkosten | | | | | Rüstkosten |
|---|---|---|---|---|---|---|---|---|---|---|---|
| | 1 | 2 | 3 | 4 | 5 | 1 | 2 | 3 | 4 | 5 | |
| 1 | 40 | 90 | 0 | 60 | 80 | 0 | 10 | 0 | 0 | 0 | 400 |
| 2 | 40 | 90 | 0 | 60 | 80 | 0 | 10 | 0 | 0 | 0 | 120 |
| 3 | 130 | 0 | 0 | 140 | 0 | 90 | 10 | 0 | 80 | 0 | 180 |
| | | | | | | Gesamtkosten | | | | | 900 |

*Tabelle 83: Optimale Lösung für den Planungshorizont τ = 5*

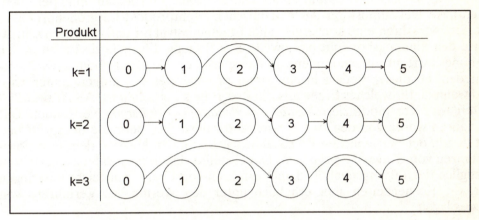

*Bild 98: Optimale Lösung für den Planungshorizont τ = 5 (in Netzwerkdarstellung)*

**Ende des Beispiels zum Verfahren von AFENTAKIS**

Die ermittelte Lösung ist die global optimale Lösung[380]. *Afentakis* hat das beschriebene heuristische Verfahren einem numerischen Test unterzogen. Dabei wurden unterschiedliche konvergierende Erzeugnisstrukturen mit bis zu 200 Erzeugnissen auf maximal 45 Produktionsstufen betrachtet. Die Länge des Planungshorizonts variierte zwischen 6 und 18 Perioden. Die mittlere Abweichung der Zielfunktionswerte vom Optimum betrug 0.5%. Die Rechenzeit betrug etwa das Dreifache der Rechenzeit, die bei einem isoliertem Einsatz des Wagner-Whitin-Verfahrens zur Lösung der dynamischen Einprodukt-Losgrößenprobleme benötigt wurde[381].

*Afentakis* weist darauf hin, daß das Verfahren auf unterschiedliche Weise um *Kapazitätsgesichtspunkte* erweitert werden kann. So besteht z.B. die Möglichkeit, aus der Menge der Planalternativen diejenigen Pläne zu entfernen, die zu einer Verletzung der Kapazitätsbeschränkungen führen. Diese Vorgehensweise ent-

---

380 vgl. **Lambrecht/Vander Eecken/Vanderveken** (1983), S. 39
381 vgl. **Afentakis** (1987), S. 39

hält jedoch noch einige Freiheitsgrade, da eine Überschreitung der Produktionskapazität in einer Periode üblicherweise nicht durch ein Produkt, sondern durch mehrere Produktionsplanalternativen, die sich auf verschiedene Produkte beziehen, hervorgerufen wird. Eine Alternative dazu könnte darin bestehen, schon im Prozeß der Erzeugung der einzelnen Planalternativen die Knappheit der Produktionskapazität zu berücksichtigen. Dies kann z.B. durch Einsatz eines einstufigen Einprodukt-Losgrößenverfahrens geschehen, das Kapazitätsbeschränkungen berücksichtigt[382]. Die konkrete Ausgestaltung derartiger Erweiterungen des heuristischen Verfahrens von *Afentakis* ist jedoch noch offen.

*Lambrecht, Vander Eecken und Vanderveken*[383] schlagen ebenfalls eine periodenorientierte Dekomposition des dynamischen Mehrprodukt-Losgrößenproblems vor. Sie betrachten eine konvergierende Erzeugnisstruktur und erweitern schrittweise den Planungshorizont um jeweils eine Periode. Für jede zusätzlich in den Planungshorizont aufgenommene Bedarfsperiode $\tau$ des Endprodukts wird entschieden, ob dieser Bedarf in ein früher produziertes Los aufgenommen wird und wenn ja, für welches Erzeugnis die Losgröße zu erhöhen ist. Als *Auswahlkriterium* wird ein modifiziertes *Stückperiodenausgleichskriterium* verwendet. Das Verfahren wurde von den Autoren anhand zahlreicher Beispiele überprüft und mit den in der betrieblichen Praxis üblichen Methoden[384] sowie dem Iterationsverfahren von *Graves*[385] verglichen. Dabei stellte sich heraus, daß das Verfahren bezüglich der Lösungsqualität dem Verfahren von *Graves* nur leicht unterlegen war, die Rechenzeiten aber erheblich unter den Werten des Verfahrens von *Graves* lagen.

*Chiu und Lin*[386] betrachten die in Abschnitt 43422. beschriebene Modellformulierung $KON_e$ und entwickeln ein *exaktes* Verfahren der dynamischen Optimierung, bei dem auf die von *Afentakis* eingeführte graphentheoretische Interpretation des Problems zurückgegriffen wird. Weiterhin schlagen sie ein *heuristisches* Verfahren vor, in dessen Verlauf zunächst für jedes Produkt isoliert der optimale Produktionsplan (nach dem Modell WW) bestimmt wird. Im Anschluß daran werden die Produktionspläne direkt benachbarter Produkte heuristisch aufeinander abgestimmt.

### 43433. Heuristische Suchverfahren

Betrachten wir das Modell MLCLSP[387] ohne die Kapazitätsrestriktionen genauer, dann können wir feststellen, daß das wesentliche Problem die Bestimmung der Produktionszeitpunkte für die einzelnen Produkte, d.h. die Festlegung der

---

382 vgl. z.B. **Florian/Klein** (1971); **Bitran/Matsuo** (1986)
383 vgl. **Lambrecht/Vander Eecken/Vanderveken** (1983)
384 vgl. Abschnitt 434321.
385 vgl. Abschnitt 43432323.
386 vgl. **Chiu/Lin** (1989)
387 vgl. Abschnitt 43421.

binären Rüstvariablen, ist. Hierin liegt der kombinatorische Charakter der Problemstellung. Sind die *Produktionstermine gegeben*, dann können die jeweiligen *Produktionsmengen* durch Lösung des folgenden LP-Modells bestimmt werden:

**Modell MLULSP($\gamma$):**

$$\text{Min } Z = \sum_{t=1}^{T} \sum_{k=1}^{K} p_{kt}(\gamma) \cdot q_{kt} + h_k \cdot y_{kt} + \text{Rüstkosten} \tag{430}$$

u.B.d.R.

$$y_{k,t-1} + q_{k,t-z(k)} - \sum_{i \in N_k} a_{ki} \cdot q_{it} - y_{kt} = d_{kt} \qquad k=1,2,\ldots,K;\ t=1,2,\ldots,T \tag{431}$$

$$q_{kt} \geq 0 \qquad k=1,2,\ldots,K;\ t=1,2,\ldots,T \tag{432}$$

$$y_{kt} \geq 0 \qquad k=1,2,\ldots,K;\ t=1,2,\ldots,T \tag{433}$$

$$y_{k0} = 0 \qquad k=1,2,\ldots,K \tag{434}$$

Dabei werden die variablen Produktionskosten $p_{kt}$ in allen Perioden, in denen keine Produktion stattfindet, gleich $\infty$ gesetzt. Zur Lösung dieses Modells für eine gegebene Produktionspolitik ($\gamma$) steht ein effizientes Verfahren zur Verfügung, das einen Rechenaufwand von $O(K \cdot T)$ verursacht[388].

In den vorangegangenen Abschnitten wurden Lösungsverfahren zur Bestimmung der optimalen Kombination der binären Rüstvariablen (und der damit verknüpften Produktions- und Lagermengen) dargestellt, die direkt auf die Problemstruktur zugeschnitten sind. Prinzipiell lassen sich jedoch auch allgemeine heuristische Suchverfahren einsetzen, wie sie zur Lösung anderer kombinatorischer Optimierungsprobleme verwendet werden. Eine *Produktionspolitik* ist eine Kombination der binären Rüstvariablen, die anschaulich durch eine Tabelle beschrieben werden kann:

| k\t | 1 | 2 | 3 |
|-----|---|---|---|
| 1   | 1 | 0 | 1 |
| 2   | 1 | 0 | 1 |
| 3   | 1 | 0 | 0 |

*Tabelle 84: Kombination von Rüstvariablen*

Man erkennt, daß hier die Produkte 1 und 2 in den Perioden 1 und 3 und das Produkt 3 in Periode 1 produziert werden. Insgesamt gibt es $2^{K \cdot T}$ verschiedene Produktionspolitiken (*Rüstmuster*), die auf ihre Zulässigkeit und ihren Zielfunktionswert hin untersucht werden können. Bei Einsatz eines **deterministischen**

---

[388] vgl. **Kuik/Salomon** (1990)

**heuristischen Suchverfahrens**[389] könnte man nun im Prinzip so vorgehen, daß man eine vorgegebene Startlösung, z.B. die Lösung in Tabelle 84, sukzessive durch Veränderung einer oder weniger Binärvariablen und bei entsprechender Anpassung der restlichen Variablen solange verändert, bis keine Verbesserung des Zielfunktionswertes mehr möglich ist. In diesem Fall ist eine (i.a. lokal optimale) Lösung gefunden, die nach der verfolgten *deterministischen Suchstrategie* eines derartigen Verfahrens nicht mehr verbessert werden kann.

Die Qualität einer solchen Lösung hängt offensichtlich vom *Startpunkt* (d.h. der vorgegebenen Anfangslösung) und dem durch die Suchstrategie und den Verlauf der Zielfunktion beeinflußten eingeschlagenen *Weg* (d.h. der Folge von Zwischenlösungen) ab. Verläuft die Zielfunktion z.B. wie im Bild 99 dargestellt, dann führt ein deterministisches Suchverfahren von einer Startlösung im Punkt A in das *lokale* Minimum, wo das Verfahren beendet wird. Startet man dagegen im Punkt B, dann führt das Suchverfahren zum *globalen* Minimum der Zielfunktion.

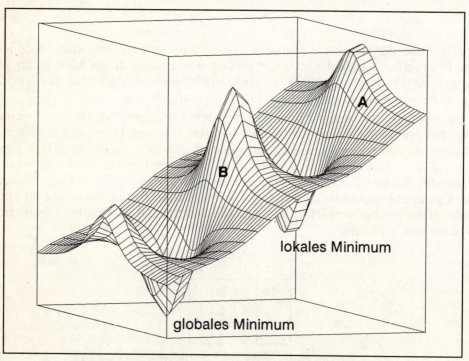

*Bild 99: Zielfunktion mit lokalem und globalem Minimum*

Ist man in einem *lokalen* Minimum der Zielfunktion angelangt (wobei man nicht weiß, daß es sich um ein lokales Minimum handelt), dann kann man dieses bei

---

[389] zu einer Übersicht über prinzipielle Vorgehensweisen zur Lösung kombinatorischer Probleme vgl. **Domschke/Drexl** (1991), S. 112-119

Anwendung einer deterministischen Suchstrategie nicht mehr verlassen. Denn alle benachbarten Zwischenlösungen führen zu einer Verschlechterung des Zielfunktionswerts. Da Verschlechterungen des Zielfunktionswerts aber nicht zugelassen werden, sitzt man "in der Falle".

Nach dem **Prinzip der simulierten Abkühlung**[390] wird versucht, dieses Problem dadurch zu beseitigen, daß kurzfristig auch eine *Verschlechterung der Lösung* zugelassen wird. Solange beim Übergang von einer (Zwischen-)Lösung zu einer benachbarten Lösung eine Verbesserung des Zielfunktionswerts eintritt, wird in gleicher Weise wie bei einem deterministischen Suchverfahren vorgegangen: die neue Lösung wird zur aktuellen Referenzlösung und das Verfahren wird fortgesetzt. Ist aber mit der betrachteten Nachbarschaftslösung eine *Verschlechterung* des Zielfunktionswerts verbunden, dann wird diese mit einer bestimmten *Annahmewahrscheinlichkeit* akzeptiert und zur neuen Referenzlösung gemacht. Heuristische Verfahren, die nach dem Prinzip der simulierten Abkühlung vorgehen, gehören zur Gruppe der *stochastischen Suchverfahren*, da die ermittelte Folge von Zwischenlösungen vom Zufall beeinflußt wird.

Die Annahmewahrscheinlichkeit hängt dabei von dem Ausmaß der Verschlechterung des Zielfunktionswerts und von einem Parameter $\beta$ ab, den man aufgrund einer Analogie zum Abkühlungsprozeß eines Stoffes[391] als Kühlungsparameter bezeichnet. Üblicherweise wird dabei die Annahmewahrscheinlichkeit gleich $\exp(-\beta \cdot \Delta Z)$ gesetzt, wobei $\Delta Z$ die Zielfunktionswertverschlechterung bezeichnet. Der Parameter $\beta$ wird im Verlaufe des Verfahrens derart verändert, daß die Annahmewahrscheinlichkeit systematisch kleiner wird und mit zunehmendem Fortschritt des Verfahrens immer seltener Lösungsverschlechterungen akzeptiert werden. Die konkrete Anwendung eines Verfahrens, das auf das Konzept der simulierten Abkühlung zurückgreift, wird maßgeblich durch folgende Größen beeinflußt:

- die Regel, nach der *Nachbarschaftslösungen* erzeugt werden,
- die Geschwindigkeit, mit der die *Annahmewahrscheinlichkeit reduziert* wird, und
- das *Abbruchkriterium*.

*Kuik und Salomon*[392] setzen die simulierten Abkühlung zur Lösung des mehrstufigen Mehrprodukt-Losgrößenproblems (ohne Kapazitätsbeschränkungen) ein. Sie verwenden verschiedene Regeln zur Erzeugung von Nachbarschaftslösungen. Eine Regel besteht z.B. darin, jeweils für *ein Produkt in einer Periode* die Rüstvariable zu verändern. In Tabelle 84 entspricht das dem Umsetzen eines Wertes von 0 nach 1 oder von 1 nach 0. Dabei muß jeweils die Zulässigkeit der neuen Lösung geprüft werden. Dies kann - ebenso wie die Bestimmung der optimalen

---

[390] vgl. **Eglese** (1990) sowie **Kuhn** (1992) und die dort angegebene Literatur
[391] vgl. **Kuhn** (1992)
[392] vgl. **Kuik/Salomon** (1990)

Werte der restlichen Variablen und des Zielfunktionswerts - durch Lösung des Modells MLULSP($\chi$) geschehen.

Aufgrund eines numerischen Experiments kommen *Kuik und Salomon* zu dem Schluß, daß mit dem betrachteten Verfahren zwar bessere Lösungen erzielbar sind als mit den in der Praxis eingesetzten isolierten Einprodukt-Losgrößenverfahren ohne Kostenanpassung. Sie gehen aber davon aus, daß mit *problemspezifischen heuristischen Verfahren* i.a. bessere Lösungen ermittelt werden können. Als Erschwernis für den praktischen Einsatz des Prinzips der simulierten Abkühlung ist die Vielzahl der festzulegenden Verfahrensparameter anzusehen, deren "optimale" Werte erst nach eingehender Analyse der Problemstruktur angegeben werden können. Auch die relativ hohen Rechenzeiten dürften einen Einsatz des Verfahrens in der betrieblichen Praxis verhindern. So wurden z.B. für eine generelle Erzeugnisstruktur mit 57 Produkten und 12 Perioden auf einer SUN3/160 Workstation in Abhängigkeit von der verwendeten Strategie zur Erzeugung von Nachbarschaftslösungen zwischen 6 und 18 Minuten Rechenzeit benötigt.

**Vertiefende Literatur zu den Abschnitten 4341.-43433.:**

*Afentakis/Gavish/Karmarkar* (1984)
*Billington/McClain/Thomas* (1983), (1986)
*Blackburn/Millen* (1982), (1985)
*Chiu/Lin* (1989)
*DeBodt/Gelders/Van Wassenhove* (1984)
*Derstroff* (1995)
*Domschke/Scholl/Voß* (1993)
*Heinrich* (1987)
*Helber* (1994)
*Jacobs/Khumawala* (1982)
*Kuik/Salomon* (1990)
*Kuik/Salomon/Van Wassenhove* (1994)
*Maes* (1987)
*Maes/McClain/Van Wassenhove* (1991)
*Salomon* (1991)

## 4344. Lösungsverfahren für Probleme mit Kapazitätsbeschränkungen

## 43441. Integration der Materialsbedarfs- und Losgrößenplanung in ein PPS-System

In den bisher dargestellten Lösungsansätzen zur Behandlung des dynamischen mehrstufigen Mehrprodukt-Losgrößenproblems blieben die Kapazitäten der Ressourcen unberücksichtigt. Dies ist auch die Vorgehensweise der in der betrieblichen Praxis implementierten Systeme zur Produktionsplanung und -steuerung (PPS-Systeme). Diese nach dem **Sukzessivplanungskonzept** vorgehenden Planungssysteme zerlegen das Gesamtproblem der Produktionsplanung und -steuerung in die nacheinander zu durchlaufenden Planungsphasen der (kurzfristigen) *Produktionsprogrammplanung*, der *Mengenplanung*, der *Termin- und Kapazitätsbelegungsplanung* sowie der *Produktionssteuerung*, welche wiederum aus der *Auftragsveranlassung* und der *Kapazitäts- und Auftragsüberwachung* besteht[393]. Man kann diese Grundkonzeption als **phasenbezogene Sukzessivplanung** bezeichnen.

Betrachten wir die Phase der *Mengenplanung* genauer, dann stellen wir fest, daß innerhalb dieser Phase wiederum ein - **erzeugnisbezogenes** - **Sukzessivplanungskonzept** zum Einsatz kommt. Dabei werden zunächst - wie in Abschnitt 422. beschrieben - die Erzeugnisse nach Dispositionsstufen sortiert. Für jedes Erzeugnis werden dann in einem ersten Rechengang die Nettobedarfsmengen errechnet. Daran schließt sich die Phase der Losbildung an. Nach Abschluß dieser Phase wird zum nächsten Erzeugnis (entweder auf derselben Dispositionsstufe oder - falls diese abgearbeitet ist - auf der nächsthöheren Dispositionsstufe) übergegangen. Dabei stellt die Bedarfsrechnung den *Verfahrensrahmen* dar, innerhalb dessen die Auftragsgrößen bestimmt werden[394]. Kapazitätsgesichtspunkte werden i.a. erst in einer nachgelagerten Planungsstufe im Rahmen der **Termin- und Kapazitätsbelegungsplanung** berücksichtigt.

Die Struktur der phasenbezogenen Sukzessivplanung bringt es mit sich, daß die Ergebnisse der Mengenplanung (Bedarfs- und Losgrößenplanung) für die anschließende Planung der Termine und der Kapazitätsbelegungen als Daten zu betrachten sind[395].

Diese in Bild 100 skizzierte Vorgehensweise ist mit schwerwiegenden Mängeln verbunden. So wurde bereits in den vorangegangenen Abschnitten herausgearbeitet, daß die erzeugnisorientierte Trennung von Materialbedarfsrechnung und

---

393 vgl. **Zäpfel** (1982), S. 304-308; **Adam** (1988); **Zäpfel** (1989), S. 190-196
394 vgl. **Drexl/Fleischmann/Günther/Stadtler/Tempelmeier** (1994)
395 Zwar ist in vielen PPS-Systemen die Möglichkeit vorgesehen, die unter Kostengesichtspunkten gebildeten Lose u.U. wieder in kleinere Einheiten zu zerlegen und damit die (im Hinblick auf die Einhaltung zugesagter Liefertermine evtl. nicht zulässigen) Ergebnisse der Mengenplanung zu modifizieren. Diese sog. Losteilung ist ein weit verbreitetes Hilfsmittel zur Verkürzung der geplanten Durchlaufzeiten der Aufträge. Sie entbehrt aber jeglicher methodischer Grundlage und zeigt nur, daß die Produktionsplaner dem Ergebnis der Losgrößenplanung nur geringe Bedeutung beimessen. Vgl. z.B. **Zäpfel** (1982), S. 230

Losgrößenplanung der Problemstruktur, insb. den zwischen den Erzeugnissen bestehenden Interdependenzen nicht gerecht wird.

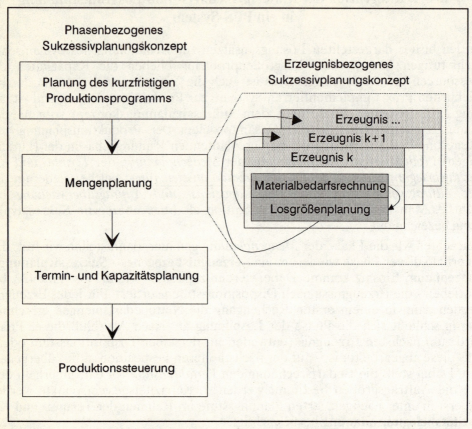

*Bild 100: Struktur eines typischen PPS-Systems*

Werden nun in der Bedarfs- und Losgrößenplanung die *Kapazitäten* nicht berücksichtigt und damit Produktionspläne fixiert, die nicht zulässig sind, dann ist offensichtlich, daß auch in der anschließenden Termin- und Kapazitätsbelegungsplanung erhebliche Probleme auftreten werden. Sind bereits die (aggregierten) *Eingabedaten* einer Planungsphase *nicht zulässig*, dann steht in dieser (detaillierteren) Planungsphase kein Spielraum zur Generierung einer zulässigen Lösung mehr zur Verfügung. Da sich in der Planungsphase der Lösungsraum durch Beachtung weiterer Nebenbedingungen verkleinert, wird der bereits auf aggregierter Ebene unzulässige Produktionsplan bei detaillierter Betrachtung noch "unzulässiger".

Angesichts der Tatsache, daß die Erzeugung eines **zulässigen Produktionsplans** durch ein PPS-System aufgrund der systemimmanenten konzeptionellen Mängel praktisch nahezu nicht möglich ist, muß das geringe Problembewußtsein erstaunen, das sowohl bei Anwendern als auch bei den Anbietern von PPS-Systemen besteht.

Das beschriebene Problem läßt sich nur dann vermeiden, wenn **bereits in der Phase der Bedarfs- und Losgrößenplanung ein zulässiger Produktionsplan** erzeugt wird. Dies ist aber nur möglich, wenn bei der Losgrößenplanung die Kapazitäten der Ressourcen *explizit* über Nebenbedingungen berücksichtigt werden. Ein dieser Anforderung entsprechendes PPS-System muß damit im Bereich der Bedarfs- und Losgrößenplanung die in Bild 101 skizzierte Grundstruktur eines erzeugnisbezogenen **Simultanplanungskonzepts** aufweisen[396].

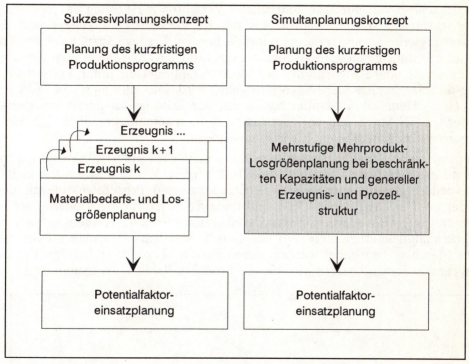

*Bild 101: Vergleich von Sukzessiv- und Simultanplanungskonzept im Bereich der Bedarfs- und Losgrößenplanung*

Kern des dargestellten PPS-Konzepts ist die Lösung eines mehrstufigen Mehrprodukt-Losgrößenproblems bei beschränkten Kapazitäten, dynamisch schwankenden Bedarfsmengen und genereller Erzeugnis- und Prozeßstruktur. In Abschnitt 4342. wurde bereits ein *dynamisches mehrstufiges Mehrprodukt-Losgrößenmodell* für eine generelle Erzeugnisstruktur formuliert[397], in dem die Kapazitäten der Produktiveinheiten berücksichtigt werden.

---

396 Ähnliche Überlegungen sind auch für den Bereich der Termin- und Kapazitätsbelegungsplanung anzustellen. Dies würde jedoch den Rahmen der vorliegenden Arbeit sprengen und soll daher unterbleiben.
397 Modell MLCLSP.

Der *Einsatz* eines derartigen Modells scheiterte bislang daran, daß weder exakte noch heuristische Verfahren zur Lösung dieses Modells existierten. In den letzten Jahren sind jedoch einige heuristische Konzepte entwickelt worden, mit denen kapazitierte Losgrößenprobleme für bestimmte Typen von Erzeugnis- und Prozeßstrukturen gelöst werden können. Diese sollen im folgenden dargestellt werden.

### 43442. Verfahren für konvergierende Erzeugnis- und Prozeßstrukturen

*Maes*[398] schlägt verschiedene heuristische Verfahren zur Lösung des mehrstufigen Mehrprodukt-Losgrößenproblems mit Kapazitätsbeschränkungen vor, die für konvergierende (und mehrere parallele lineare) Erzeugnisstrukturen einsetzbar sind. Grundlage dieser Verfahren ist das Modell KON-Maes[399], das zunächst mit einem Standard-Algorithmus zur linearen Optimierung unter Vernachlässigung der Ganzzahligkeitsbedingungen gelöst wird. Die einzelnen von *Maes* untersuchten Heuristik-Varianten bauen auf der Lösung des derart relaxierten Modells KON-Maes auf und versuchen, auf systematische Weise zu einer zulässigen, d.h. ganzzahligen Lösung zu gelangen.

Die prinzipielle Vorgehensweise der unterschiedlichen Heuristik-Varianten soll anhand eines einfachen Beispiels erläutert werden. Wir betrachten die in Bild 102 wiedergegebene konvergierende Erzeugnis- und Prozeßstruktur mit drei Produkten. Für das Endprodukt 1 sind Bedarfsmengen für 3 Perioden gegeben. Sie betragen jeweils 1. Alle Direktbedarfskoeffizienten sind 1. Alle Kapazitätsinanspruchnahmekoeffizienten sind ebenfalls 1. Sämtliche Produkte müssen auf einer Maschine bearbeitet werden, deren Periodenkapazität 6 beträgt. Für die Rüst- und Lagerkostensätze wird für alle Produkte 100 bzw. 1 angenommen.

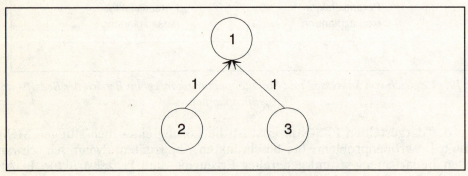

*Bild 102: Erzeugnisstruktur des Beispiels*

---

398  vgl. **Maes** (1987); vgl. auch **Maes/Van Wassenhove** (1991); **Maes/McClain/Van Wassenhove** (1991)
399  vgl. Abschnitt 43422.

Formulieren wir das Modell KON-Maes für dieses Beispiel, dann erhalten wir folgendes LP-Modell (LINDO-Format; $Ykt \approx \gamma_{kt}$, $Xk\tau t \approx \delta_{k\tau t}$):

```
MIN  100 Y11 + 100 Y12 + 100 Y13 +              ⎫
     100 Y21 + 100 Y22 + 100 Y23 +              ⎬ Rüstkosten
     100 Y31 + 100 Y32 + 100 Y33 +              ⎭
       1 X112 +   2 X113 +                      ⎫
       1 X123 +                                 ⎪
       1 X212 +   2 X213 +                      ⎬ Lagerkosten
       1 X223 +                                 ⎪
       1 X312 +   2 X313 +                      ⎪
       1 X323                                   ⎭

SUBJECT TO

  2) X111 - Y11 <= 0                            ⎫
  3) X112 - Y11 <= 0                            ⎪
  4) X113 - Y11 <= 0                            ⎪
  5) X122 - Y12 <= 0                            ⎪
  6) X123 - Y12 <= 0                            ⎪
  7) X133 - Y13 <= 0                            ⎪
  8) X211 - Y21 <= 0                            ⎪
  9) X212 - Y21 <= 0                            ⎪
 10) X213 - Y21 <= 0                            ⎬ Rüstrestriktionen
 11) X222 - Y22 <= 0                            ⎪
 12) X223 - Y22 <= 0                            ⎪
 13) X233 - Y23 <= 0                            ⎪
 14) X311 - Y31 <= 0                            ⎪
 15) X312 - Y31 <= 0                            ⎪
 16) X313 - Y31 <= 0                            ⎪
 17) X322 - Y32 <= 0                            ⎪
 18) X323 - Y32 <= 0                            ⎪
 19) X333 - Y33 <= 0                            ⎭
 20) X111 = 1                                   ⎫
 21) X112 + X122 = 1                            ⎬ Bedarfsrestriktionen
 22) X113 + X123 + X133 = 1                     ⎭
 23) X211 - X111 >= 0                           ⎫
 24) X212 - X112 >= 0                           ⎪
 25) X212 + X222 - X112 - X122 >= 0             ⎬ Beziehungen zwischen
 26) X213 - X113 >= 0                           ⎪ den Produkten 2 und 1
 27) X213 + X223 - X113 - X123 >= 0             ⎪
 28) X213 + X223 + X233 - X113 - X123 - X133 >= 0 ⎭
 29) X311 - X111 >= 0                           ⎫
 30) X312 - X112 >= 0                           ⎪
 31) X312 + X322 - X112 - X122 >= 0             ⎬ Beziehungen zwischen
 32) X313 - X113 >= 0                           ⎪ den Produkten 3 und 1
 33) X313 + X323 - X113 - X123 >= 0             ⎪
 34) X313 + X323 + X333 - X113 - X123 - X133 >= 0 ⎭
 35) X111 + X211 + X311 + X112 + X212 + X312 + ⎫
     X113 + X213 + X313 <= 6                    ⎪
 36) X122 + X123 + X222 + X223 + X322 + X323 <= 6 ⎬ Kapazitätsrestriktionen
 37) X133 + X233 + X333 <= 6                    ⎭
```

Vernachlässigt man die Kapazitätsrestriktionen, dann ergeben sich aufgrund der relativ geringen Lagerkosten die in Bild 103 dargestellten Produktionspläne, nach denen für jedes Produkt der Gesamtbedarf des Planungszeitraums bereits in der ersten Periode bereitgestellt wird.

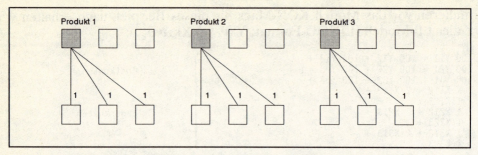

*Bild 103: Produktionspläne ohne Kapazitätsbeschränkungen*

Zur graphischen Veranschaulichung der Lösungen greifen wir auf die Analogie zur Standortplanung zurück. Die obere Reihe von Kästchen beschreibt jeweils die möglichen Produktionsperioden (potentielle Standorte), während die untere Reihe die Bedarfsperioden darstellt (Bedarfsorte). Ein schraffiertes Kästchen signalisiert eine Produktion in der betreffenden Periode. Ist ein Kästchen nur teilweise schraffiert, dann ist die entsprechende Rüstvariable nicht-ganzzahlig. Die eingezeichneten Kanten markieren die Beziehungen zwischen Produktions- und Bedarfsperioden. Dabei beschreibt eine schräg von links oben nach rechts unten verlaufende Verbindung einen Lagervorgang.

Die relaxierte Lösung des Modells KON-Maes für das Beispiel führt zu einem Kapazitätsbedarf von 9 Einheiten in Periode 1. Lösen wir nun das LP-Modell einschließlich der Kapazitätsrestriktion, aber unter Vernachlässigung der Ganzzahligkeitsbedingungen für die Rüstvariablen ($Y_{kt}$), dann entsteht die in Bild 104 skizzierte Situation.

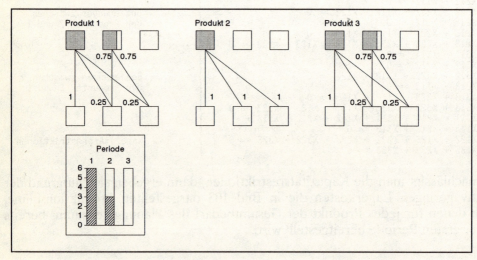

*Bild 104: Produktionspläne bei LP-Relaxation aller Binärvariablen*

Die Kosten dieser (nicht zulässigen) Lösung betragen 456. Aufgrund der Kapazitätsrestriktion in Periode 1 sind nun Produktionsmengen in die Periode 2 verschoben worden. Das angegebene Kapazitätsbelastungsdiagramm zeigt, daß die Maschine in Periode 1 voll ausgelastet ist. Es ist erkennbar, daß die Rüstvariablen der Produkte 1 und 3 in der Periode 2 nicht-ganzzahlig sind. *Maes* schlägt nun verschiedene Möglichkeiten vor, die noch nicht-ganzzahligen Rüstvariablen auf den Wert 0 oder 1 zu fixieren.

Ein einfacher - aber i.a. ungünstiger[400] - Weg könnte darin bestehen, *alle von Null verschiedenen Werte der Rüstvariablen auf 1 aufzurunden* und im Anschluß daran das LP-Modell erneut zu lösen. In unserem Beispiel würde das bedeuten: Y12=1 und Y32=1. Die mit dieser (zulässigen) Lösung verbundenen Kosten betragen 505.

Eine andere Möglichkeit besteht darin, in *mehreren Schritten* jeweils eine oder mehrere der nicht-ganzzahligen Rüstvariablen auf 1 zu fixieren und das resultierende LP-Modell zu lösen, wobei die Rechnung beendet werden kann, sobald alle Rüstvariablen in einer Lösung des LP-Modells ganzzahlig sind. Diese Vorgehensweise soll anhand des Beispiels erläutert werden. Da in der zuletzt errechneten Lösung des LP-Modells zwei Rüstvariablen (Y12 und Y32) nicht-ganzzahlig sind, muß eine Entscheidung darüber getroffen werden, welche der beiden Variablen fixiert werden soll. Diese Variable wird auch in allen weiteren evtl. noch zu lösenden LP-Modellen den Wert 1 beibehalten. Daher hat die Reihenfolge, in der die Rüstvariablen fixiert werden, einen Einfluß auf die Qualität der besten erreichten Lösung des Losgrößenproblems. Im vorliegenden Fall entscheiden wir uns für die Fixierung von Y12=1. Nach Lösung des resultierenden LP-Modells erhalten wir die in Bild 105 dargestellten Produktionspläne.

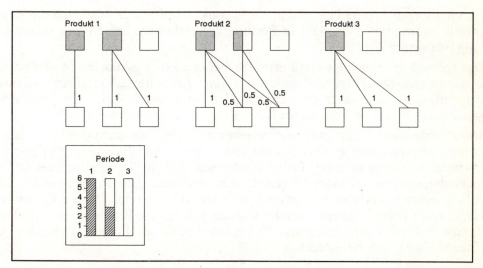

*Bild 105: Produktionspläne mit erzwungener Produktion für Produkt 1 in Periode 2*

---

400 vgl. **Maes** (1987), S. 149

In dieser Lösung ist nun nur noch die Rüstvariable des Produkts 2 in Periode 2 nicht-ganzzahlig. Die Kosten dieser - noch nicht zulässigen Lösung - betragen 456.

Im nächsten Schritt fixieren wir zusätzlich die Rüstvariable Y22 = 1 und lösen das resultierende LP-Modell erneut. Die - nun auch hinsichtlich der Ganzzahligkeitsbedingungen der Rüstvariablen zulässigen - Produktionspläne zeigt Bild 106.

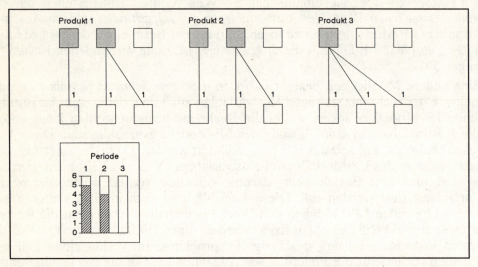

*Bild 106: Produktionspläne mit erzwungener Produktion für Produkt 1 und 2 in Periode 2*

Durch die erzwungene Produktion für Produkt 2 in Periode 2 hat sich die Kapazitätsbelastung von Periode 1 in Periode 2 verschoben. Die Kosten dieser Lösung betragen 505.

Das anhand des Beispiels erläuterte heuristische Lösungskonzept ist in Bild 107 zusammengefaßt. Dabei sind einige von *Maes* formulierte Verfahrensvarianten aufgeführt, die sich dadurch unterscheiden, in welcher Weise die jeweils auf ganzzahlige Werte zu fixierenden Rüstvariablen ausgewählt werden.

Maes[401] hat diese Lösungsstrategien neben anderen, hier nicht diskutierten Varianten anhand einer großen Anzahl von numerischen Beispielen mit *linearen Erzeugnisstrukturen* getestet. Dabei zeigte sich, daß die Lösungsqualität der als "periodenbezogen rückwärts" bezeichneten Variante gute Ergebnisse brachte. Alle getesteten Verfahren benötigten aber schon für vergleichsweise kleine Probleme recht hohe Rechenzeiten. So wurden z.B. für ein Problem mit 3 Endprodukten, 3 Produktionsstufen und 10 Perioden mehr als 45 Sek. Rechenzeit auf einer VAX 11/785 verbraucht.

---

401 vgl. **Maes** (1987); vgl. auch **Maes/McClain/Van Wassenhove** (1991)

Schon anhand des Beispiels wird deutlich, daß das Modell KON-Maes bereits für Probleme geringer Größenordnung sehr umfangreich wird. Dies wirkt sich unmittelbar auf die zur (mehrfachen) Lösung der relaxierten LP-Modelle benötigte Rechenzeit aus. *Maes* gibt Bedingungen an, anhand derer die Anzahl der zu berücksichtigenden Variablen reduziert werden kann.

Weiterhin ist anzumerken, daß das Verfahren auf der Modellformulierung KON-Maes basiert, die *nur für lineare und konvergierende Erzeugnisstrukturen einsetzbar* ist. Nur für diese Formulierung des Losgrößenproblems ergeben sich bei Anwendung der LP-Relaxation nicht-ganzzahlige Werte, die *signifikant von Null verschieden* sind und daher einen Ansatzpunkt für sinnvolles Auf- oder Abrunden bieten. Löst man dagegen eine relaxierte Variante des Modells MLCLSP, dann sind die nicht-ganzzahligen Werte der Rüstvariablen i.d.R. so klein, daß ein sinnvolles Auf- oder Abrunden kaum möglich ist.

---

**Schritt 0: Vollständige Relaxation**

> Löse das bezüglich aller Rüstvariablen relaxierte LP-Modell KON-Maes.

**Schritt 1: Fixierung von Rüstvariablen**

> Fixiere eine oder mehrere nicht-ganzzahlige Rüstvariable(n).
>
>> Hier sind mehrere **Strategien** zur Auswahl der nächsten zu fixierenden Variablen denkbar, z.B.:
>>
>> <u>Isolierte Variablenfixierung</u>
>>
>> - **Periodenbezogen vorwärts**: Es werden zunächst alle Rüstvariablen der Periode 1 fixiert, dann alle Rüstvariablen der Periode 2, etc.
>> - **Periodenbezogen rückwärts**: Es werden zunächst alle Rüstvariablen der Periode T fixiert, dann alle Rüstvariablen der Periode T-1, etc.
>> - **Produktbezogen rückwärts**: Für jedes Produkt wird zunächst die am weitesten in der Zukunft liegende nicht-ganzzahlige Rüstvariable ermittelt. Aus dieser Menge wird dann die Variable mit dem größten Wert fixiert.
>> - **Globales Maximum**: Es wird jeweils die größte nicht-ganzzahlige Rüstvariable fixiert.
>>
>> <u>Simultane Variablenfixierung</u>
>>
>> - **Fixierung logisch zusammenhängender Variablen**: Hier werden mehrere nicht-ganzzahlige Rüstvariablen simultan fixiert.

**Schritt 2: Lösung des teilweise relaxierten LP-Modells**

> Löse das resultierende LP-Modell.
> Falls alle Rüstvariablen ganzzahlig sind, STOP;
> andernfalls gehe zu Schritt 1.

*Bild 107: Verfahren MAES*

Neben den hier angesprochenen LP-basierten Verfahren beschreibt *Maes*[402] weitere Verfahren zur Lösung von mehrstufigen Mehrprodukt-Losgrößenproblemen, die allerdings nur für lineare Erzeugnisstrukturen einsetzbar sind.

*Blackburn und Millen*[403] integrieren Kapazitätsaspekte in das in Abschnitt 4343231. beschriebene Konzept der *Kostenanpassung* für konvergierende Erzeugnisstrukturen, indem sie für jedes Produkt isoliert die Länge des Produktionszyklus (und damit die Losgröße) aufgrund von Kapazitätsüberlegungen beschränken. Sie weisen darauf hin, daß die *Beschränkung der Losgröße für ein untergeordnetes Erzeugnis* zu einer Erhöhung des Anteils der Rüstkosten des untergeordneten Erzeugnisses führt, der durch den Mechanismus der Kostenanpassung bereits bei der Losgrößenentscheidung für das übergeordnete Produkt berücksichtigt werden muß. Erhöhte Rüstkosten führen aber c.p. zu einem *Anstieg der Losgrößen*. Dieser Effekt mag überraschen, ist aber dadurch bedingt, daß im übergeordneten Losgrößenproblem nur die Kosten verändert werden. Sind dort auch Kapazitätsbeschränkungen zu berücksichtigen oder - was bei *Blackburn und Millen* nicht betrachtet wird - nehmen mehrere Produkte dieselben knappen Ressourcen in Anspruch, dann besteht dieser systematische Zusammenhang nicht mehr.

Zur Bestimmung der für die Anpassung der Rüst- und Lagerkostensätze benötigten Faktoren unter Beachtung der Kapazitäten setzen *Blackburn und Millen* ein spezialisiertes Branch&Bound-Verfahren ein[404]. Die derart modifizierten Kostensätze werden dann bei der Lösung der resultierenden einstufigen Einprodukt-Losgrößenprobleme vom Typ des Modells WW verwendet. Es wird jedoch nicht deutlich, inwieweit die Beschränkungen der Losgrößen im Verlaufe der Losgrößenbildung unter den Bedingungen dynamisch schwankender Bedarfsmengen tatsächlich eingehalten werden, da *Blackburn und Millen* nach der Kostenanpassung nur noch das Modell WW - in dem keine Kapazitätsbeschränkungen enthalten sind - lösen. Die einmalige Kostenanpassung allein kann aber nicht die Einhaltung der knappen Kapazitäten garantieren.

*Raturi und Hill*[405] erweitern das von *Blackburn und Millen* formulierte Modell BM[406] um Kapazitätsrestriktionen für mehrere (J) Ressourcen, die in der Weise formuliert sind, daß die *durchschnittliche Kapazitätsbelastung* einer Ressource j, resultierend aus Rüst- und Bearbeitungszeiten, ihre Kapazität $b_j$ nicht überschreiten darf. Das betrachtete statische Losgrößenmodell lautet:

**Modell BMC:**

$$\text{Min } Z = \sum_{k=1}^{K} \frac{s_k}{t_k} + \frac{e_k \cdot D_k \cdot t_k}{2} \tag{435}$$

---

402 vgl. **Maes** (1987); vgl. auch **Maes/Van Wassenhove** (1991)
403 vgl. **Blackburn/Millen** (1984)
404 vgl. hierzu auch **Maes** (1987), S. 166-174
405 vgl. **Raturi/Hill** (1988)
406 siehe auch Abschnitt 4343231.

u.b.d.R.

$$\sum_{k=1}^{K} \underbrace{tb_{kj} \cdot D_k}_{} + \underbrace{\frac{tr_{kj}}{t_k}}_{} \leq b_j \qquad j=1,2,\ldots,J \qquad (436)$$

durchschnittliche Rüstzeit für Produkt k an Maschine j
durchschnittliche Bearbeitungszeit für Produkt k an Maschine j

$$t_k = m_k \cdot t_{n(k)} \qquad k=1,2,\ldots,K \qquad (437)$$

$m_k$ ganzzahlig $\qquad k=1,2,\ldots,K \qquad (438)$

Es bedeuten:

| | |
|---|---|
| $b_j$ | Periodenkapazität der Maschine j |
| $D_k$ | durchschnittliche Periodenbedarfsmenge des Produkts k |
| $e_k$ | marginaler Lagerkostensatz des Produkts k |
| j | Index der Maschinen (j=1,2,...,J) |
| k | Index der Produkte (k=1,2,...,K) |
| $m_k$ | Verhältnis der Produktionszyklen der Produkte k und n(k) |
| n(k) | Index des direkten Nachfolgers des Produkts k |
| $s_k$ | Rüstkostensatz des Produkts k |
| $t_k$ | Produktionszyklus des Produkts k |
| $tb_{kj}$ | Stückbearbeitungszeit des Produkts k an Maschine j |
| $tr_{kj}$ | Rüstzeit des Produkts k an Maschine j |

*Raturi und Hill* multiplizieren die Kapazitätsrestriktionen (436) mit **Lagrange-Multiplikatoren** $u_j$ und nehmen sie in die Zielfunktion auf. Unter Vernachlässigung der Ganzzahligkeitsbedingungen (438) und der durch die Nebenbedingungen (437) beschriebenen Interdependenzen zwischen den Produktionszyklen der Produkte entwickeln sie die Lagrange-Funktion (439).

$$\text{Min } L(\underline{t},\underline{u}) = \sum_{k=1}^{K}\left[\frac{s_k}{t_k} + \frac{e_k \cdot D_k \cdot t_k}{2}\right] + u_j \cdot \left[\sum_{k=1}^{K} tb_{kj} \cdot D_k + \frac{tr_{kj}}{t_k} - b_j\right] \qquad (439)$$

Durch Bildung der partiellen Ableitungen der Lagrange-Funktion (439) nach den Variablen $t_k$ und $u_j$ und einigen Umformungen ergibt sich unter der Annahme vernachlässigbarer Rüstkosten $s_k$ folgende *Approximation der optimalen Schattenpreise der Ressourcen:*

$$u_{jopt} = \left\{\frac{\left(\sum_{k=1}^{K}\sqrt{\frac{tr_{kj} \cdot e_k \cdot D_k}{2}}\right)^2}{b_j - \sum_{k=1}^{K} D_k \cdot tb_{kj}}\right\} \qquad j=1,2,\ldots,J \qquad (440)$$

*Raturi und Hill* schlagen vor, diese heuristisch abgeleiteten Schattenpreise zur Bestimmung der Rüstkosten zu verwenden:

$$s_k^* = \sum_{j \in J_k} u_{jopt} \cdot tr_{kj} \qquad k=1,2,\ldots,K \qquad (441)$$

↑ Menge der Maschinen, die durch das Produkt k in Anspruch genommen werden

Zur Vermeidung zu großer Schwankungen der Rüstkostensätze im Zeitablauf und der sich daraus ergebenden *Nervosität* des Planungssystems werden die zu einem Planungszeitpunkt $\tau$ ermittelten Rüstkostensätze mit Hilfe des Verfahrens der *exponentiellen Glättung* fortgeschrieben:

$$s_k(\tau) = \alpha \cdot s_k^* + (1-\alpha) \cdot s_k(\tau-1) \qquad (442)$$

Diese Rüstkostensätze werden im Rahmen der isolierten produktbezogenen Materialbedarfs- und Losgrößenplanung verwendet, wobei nach dem Dispositionsstufenverfahren für jedes Produkt zunächst der Nettobedarf ermittelt wird und im Anschluß daran das Modell WW durch Einsatz eines der beschriebenen heuristischen Verfahren gelöst wird. Zur Beurteilung der Leistungsfähigkeit ihres Vorschlags führen *Raturi und Hill* ein Simulationsexperiment für eine konvergierende Erzeugnisstruktur unter Berücksichtigung von drei Maschinen durch. Dabei wird auch der Fall der stufenübergreifenden Ressourcenkonkurrenz betrachtet, d.h., daß eine Maschine durch Produkte auf unterschiedlichen Dispositionsstufen in Anspruch genommen wird. Die referierten Simulationsergebnisse deuten darauf hin, daß bei Anwendung des beschriebenen Verfahrens im Vergleich zu der in der betrieblichen Praxis üblichen Vorgehensweise sowohl die durchschnittlichen *Lagerbestände* gesenkt werden können als auch eine Verbesserung der *Liefertermineinhaltung* möglich ist.

*Hechtfischer*[407] schlägt ein Verfahren zur Lösung von mehrstufigen Mehrprodukt-Problemen für konvergierende Erzeugnis- und Prozeßstrukturen vor, in dem auch Rüstzeiten berücksichtigt werden. Es wird eine knappe Ressource betrachtet, wobei stufenübergreifende Ressourcenkonkurrenz ausgeschlossen ist. Das Mehrprodukt-Problem wird erzeugnisorientiert in Einprodukt-Probleme vom Typ des Modells WW zerlegt. Diese werden mit Hilfe des Stückperiodenausgleichsverfahrens heuristisch gelöst. Die Abstimmung zwischen den Produktionspolitiken der einzelnen Erzeugnisse im Hinblick auf die Inanspruchnahme der knappen Kapazität erfolgt mit heuristisch abgeleiteten Lenkpreisen.

*Toklu und Wilson*[408] betrachten Losgrößenprobleme mit konvergierenden oder mehreren parallelen linearen Erzeugnis- und Prozeßstrukturen, wobei davon ausgegangen wird, daß ausschließlich die Endprodukte einen knappen Produktionsfaktor in Anspruch nehmen. *Rüstzeiten* werden explizit berücksichtigt. Zur Lösung der Probleme schlagen *Toklu und Wilson* eine heuristische Vorgehens-

---

407 vgl. **Hechtfischer** (1991)
408 vgl. **Toklu/Wilson** (1992)

weise vor, nach der die knappe Kapazität sukzessive den einzelnen Produkten entsprechend den periodenbezogenen Bedarfsmengen zugewiesen wird. Für die untergeordneten Erzeugnisse wird eine aus dem klassischen (stationären) Losgrößenmodell abgeleitete Produktionspolitik eingesetzt. Die Ausführungen lassen jedoch nicht erkennen, inwieweit Lager- und Rüstkosten bei der Generierung einer Lösung berücksichtigt werden.

### 43443. Verfahren für generelle Erzeugnis- und Prozeßstrukturen

### 434431. Ein Dekompositionsverfahren mit stufenübergreifender Zulässigkeitsprüfung

Im folgenden wollen wir einen Lösungsansatz für generelle Erzeugnis- und Prozeßstrukturen beschreiben, nach dem ein Verfahren zur Lösung des *einstufigen* Mehrprodukt-Losgrößenproblems bei beschränkten Kapazitäten[409] mit verschiedenen Berechnungsvarianten der Rüst- und Lagerkostensätze kombiniert wird. Dabei greifen wir u.a. auch auf den Vorschlag von *Heinrich*[410] zurück, der die Mehrstufigkeit der Erzeugnis- und Prozeßstruktur durch Anpassung der Kosten berücksichtigt[411]. Da ein wichtiger Aspekt dieses Verfahrens die Zerlegung des mehrstufigen Losgrößenproblems in einfachere Teilprobleme ist, kann man das Verfahren auch als Dekompositionsverfahren bezeichnen.

Erinnern wir uns an das Grundprinzip des Verfahrens von *Heinrich*. Die Phase I dient der zeitlichen Abstimmung der Produktionsmengen der durch Input-Output-Beziehungen miteinander verbundenen Einzelteile, Baugruppen und Endprodukte. Nach Beendigung dieser Phase bestehen verschiedene Möglichkeiten, einen Produktionsplan zu erzeugen. Dem Vorschlag von *Heinrich* zufolge können die in Phase I ermittelten Produktionszyklen direkt übernommen oder zur Modifikation der Kostenparameter für anschließend zu lösende dynamische Einprodukt-Losgrößenprobleme eingesetzt werden. Diese zweite Möglichkeit ist für unsere weiteren Überlegungen von Bedeutung.

*Heinrich* löst in Phase II des Verfahrens Einprodukt-Losgrößenprobleme **ohne Kapazitätsbeschränkungen**. Geht man nun davon aus, daß die Produkte an Maschinen mit beschränkter Kapazität bearbeitet werden müssen, dann kann der Fall eintreten, daß **ein in Phase II des Verfahrens ermittelter Produktionsplan nicht zulässig** ist. Betrachten wir noch einmal den Produktionsplan, der sich bei bedarfsproportionaler Aufteilung der Rüstkosten in dem Beispiel[412] ergibt, das zur Veranschaulichung des Verfahrens HEINRICH verwendet wurde.

Es sei nun angenommen, daß die Produkte 3 und 4 auf einer Ressource (Maschine) A mit einer Periodenkapazität von 160 Einheiten produziert werden. Ta-

---

[409] vgl. Modell CLSP, Abschnitt 4331.
[410] vgl. Abschnitt 43432322.
[411] vgl. **Tempelmeier/Helber** (1994)
[412] vgl. Tabelle 72, Produktionsplan 5

belle 85 zeigt die sich aus dem Produktionsplan 5 ergebende Belastung der Maschine durch die Produkte 3 und 4. Der nach dem Verfahren von *Heinrich* ermittelte Produktionsplan ist im Hinblick auf die zusätzlich unterstellte Kapazitätsbeschränkung nicht zulässig, denn die Kapazität der Maschine wird in den Perioden 4 und 6 überschritten.

| k\t | 1 | 2 | 3 | 4 | 5 | 6 | 7 | 8 |
|-----|-----|-----|-----|-----|-----|-----|-----|-----|
| 3 | 118.0 | 79.0 | 0.0 | 82.0 | 0.0 | 83.0 | 0.0 | 38.0 |
| 4 | 38.0 | 79.0 | 0.0 | 82.0 | 0.0 | 83.0 | 0.0 | 38.0 |
| Kap | 156.0 | 158.0 | 0.0 | **164.0** | 0.0 | **166.0** | 0.0 | 76.0 |

nicht zulässig

*Tabelle 85: Bedarfsmengen und Produktionsplan 5 für die Erzeugnisse 3 und 4 (ohne Berücksichtigung von knappen Kapazitäten)*

Es bietet sich nun an, anstelle der isolierten dynamischen Einprodukt-Losgrößenprobleme in Phase II des Verfahrens von *Heinrich* für alle Erzeugnisse einer Dispositionsstufe, die dieselbe Ressource belegen, ein dynamisches Mehrprodukt-Losgrößenproblem mit beschränkter Produktionskapazität zu lösen. Dazu kann auf eines der in Abschnitt 433. dargestellten Lösungsverfahren zurückgegriffen werden. Setzt man z.B. das Verfahren von *Dixon*[413] ein, dann ergibt sich der in Tabelle 86 dargestellte Produktionsplan für die Erzeugnisse 3 und 4, wobei als Kostenparameter die gemäß der bedarfsbezogenen Proportionalisierung modifizierten Kostensätze nach dem Verfahren von *Heinrich* verwendet werden.

Vergleicht man beide Produktionspläne, dann ist zu erkennen, daß die Produktionsmengen, die über die verfügbare Kapazität der Maschine hinausgehen, in frühere Perioden verschoben worden sind. Die überschüssige Bedarfsmenge der Periode 4 wird nicht bereits in Periode 3 produziert - dies wäre zwar im Hinblick auf die Lagerkosten günstig, würde aber zusätzliche Rüstkosten verursachen - sondern in Periode 2 verschoben. Da in dieser Periode aber nur 2 ME zusätzlich produziert werden können, müssen die restlichen beiden ME bereits in Periode 1 hergestellt werden. Die durch die Verschiebung entstehenden zusätzlichen Lagerkosten könnten nur durch Inkaufnahme zusätzlicher Rüstkosten in Periode 3 vermieden werden. Für die Verschiebung der überschüssigen Bedarfsmenge der Periode 6 dagegen besteht wegen der allgemein knappen Kapazität in den Produktionsperioden nur noch die Möglichkeit, in einer freien Periode ein neues Los aufzulegen. Dies geschieht so spät wie möglich, d.h. in Periode 5.

---

[413] vgl. Abschnitt 43321. Die hier dargestellte Lösung kommt zustande, wenn man die mit dem Verfahren von Dixon ermittelte Lösung einer Nachoptimierung unterzieht.

| k\t | 1 | 2 | 3 | 4 | 5 | 6 | 7 | 8 |
|---|---|---|---|---|---|---|---|---|
| 3 | 118.0 | 79.0 | 0.0 | 82.0 | 0.0 | 83.0 | 0.0 | 38.0 |
| 4 | 40.0 | 81.0 | 0.0 | 78.0 | 6.0 | 77.0 | 0.0 | 38.0 |
|  | ↳ 2 ↲ |  | ↳ 4 ↲ |  | ↳ 6 ↲ |  |  |  |
| Kap | 158.0 | 160.0 | 0.0 | 160.0 | 6.0 | 160.0 | 0.0 | 76.0 |

zulässig

*Tabelle 86: Produktionsplan für die Erzeugnisse 3 und 4 (mit Berücksichtigung von knappen Kapazitäten)*

Das oben betrachtete Beispiel ist bewußt einfach gehalten. So wird nur eine Ressource betrachtet und es wird unterstellt, daß diese nur durch Erzeugnisse derselben Dispositionsstufe in Anspruch genommen wird. In größeren Erzeugnis- und Prozeßstrukturen kann jedoch der Fall auftreten, daß **mehrere Ressourcentypen** zu berücksichtigen sind. Darüberhinaus kann nicht ausgeschlossen werden, daß eine Ressource durch Erzeugnisse bzw. Arbeitsgänge beansprucht wird, die unterschiedlichen Dispositionsstufen zugeordnet sind. In Bild 108 ist eine derartige Erzeugnis- und Prozeßstruktur mit *stufenübergreifender Ressourcenkonkurrenz* abgebildet. Ein Knoten (Erzeugnis, Arbeitsgang) wird identifiziert durch die Nummer des Erzeugnisses und die Kennung der betreffenden Ressource (Buchstabe).

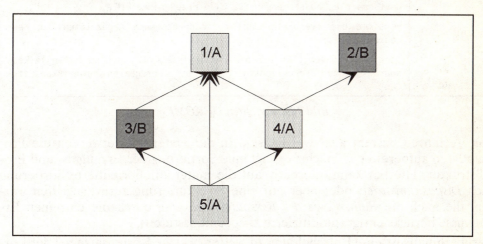

*Bild 108: Erzeugnis- und Prozeßstruktur mit stufenübergreifender Ressourcenkonkurrenz*

Durch das einführende Beispiel wird erkennbar, daß man das mehrstufige Mehrprodukt-Losgrößenproblem mit beschränkten Kapazitäten heuristisch in eine Folge von einstufigen Losgrößenproblemen vom Typ CLSP zerlegen kann, die aufeinander aufbauen und nacheinander gelöst werden.

Der formale Ablauf eines Verfahrens zur Lösung des *mehrstufigen Mehrprodukt-Losgrößenproblems bei genereller Erzeugnis- und Prozeßstruktur und stufenübergreifender Ressourcenkonkurrenz* ist in Bild 109 wiedergegeben[414].

| Phase I: Problemstrukturierung |
|---|
| Sortiere die Erzeugnis- und Prozeßstruktur<br>• nach Dispositionsstufen (ohne Berücksichtigung der Ressourcen) oder<br>• nach modifizierten Dispositionsstufen (mit Berücksichtigung der Ressourcen). |
| Verwende als Kostenparameter<br>• unmodifizierte Rüst- und Lagerkostensätze oder<br>• modifizierte Rüst- und Lagerkostensätze nach dem Verfahren von Heinrich. |
| **Phase II: Losbildung mit einer modifizierten Version des Verfahrens DIXON:** |
| Für alle (modifizierten) Dispositionsstufen (u=0,1,2,...): |
| Weise alle Ressourcen, die durch ein Erzeugnis der Dispositionsstufe u in Anspruch genommen werden, der Menge $J_u$ zu. |
| Für alle Ressourcen $j \epsilon J_u$: |
| Bestimme die Menge $K_{ju}$ der Erzeugnisse, die die Ressource j belegen und zur aktuellen Dispositionsstufe gehören;<br>Bestimme die Bedarfsmengen für alle Erzeugnisse $k \epsilon K_{ju}$;<br>Bestimme die (verbleibenden) periodenbezogenen Kapazitäten der Ressource j, $b_{jt}$;<br>Löse das Problem CLSP für die Erzeugnisse $k \epsilon K_{ju}$ und die aktuelle Ressource j unter Berücksichtigung der noch verfügbaren Periodenkapazitäten. |

*Bild 109: Verfahren DEKOMP*

Das Verfahren besteht aus zwei Phasen. In der ersten Phase werden die Problemdaten aufbereitet. Zunächst erfolgt eine Sortierung der Erzeugnis- und Prozeßstruktur. Hierbei kann alternativ auf die materialflußorientierte Sortierung nach *Dispositionsstufen* oder aber auf eine Strukturierung zurückgegriffen werden, die auch die *Reihenfolge der Ressourcenbelegung* durch die einzelnen Erzeugnisse berücksichtigt (modifizierte Dispositionsstufen).

Darüberhinaus ist eine Entscheidung zu treffen, welche Kostensätze bei der Losgrößenplanung eingesetzt werden sollen. Hier bieten sich als Alternativen die Verwendung *unmodifizierter* Kostensätze oder der Einsatz von Kostensätzen an, die nach dem *Verfahren von Heinrich modifiziert* worden sind. Die zweite Phase des Verfahrens umfaßt die eigentliche Losgrößenplanung. Hier werden Probleme des Typs CLSP unter Berücksichtigung unterschiedlicher Produkte, Res-

---

414 vgl. **Helber** (1994); **Tempelmeier/Helber** (1994)

sourcen und Restkapazitäten gelöst. Für die im obigen Beispiel betrachtete Erzeugnis- und Prozeßstruktur sind nach dem Verfahren DEKOMP bei Sortierung der Erzeugnis- und Prozeßstruktur nach Dispositionsstufen nacheinander die in Tabelle 87 zusammengestellten Losgrößenprobleme zu bearbeiten.

| Problem Nr. | Produkt | Ressource | Kapazität |
|---|---|---|---|
| 1 | 1 | A | Gesamtkapazität |
| 2 | 2 | B | Gesamtkapazität |
| 3 | 3 | B | Restkapazität |
| 4 | 4 | A | Restkapazität |
| 5 | 5 | A | Restkapazität |

*Tabelle 87: Folge von Losgrößenproblemen*

Es entstehen hier nur Losgrößenprobleme mit *einem* Erzeugnis, weil keine Ressource durch Erzeugnisse derselben Dispositionsstufe beansprucht wird. In der betrieblichen Praxis, d.h. bei größeren Erzeugnis- und Prozeßstrukturen, wird dies aber nicht der Fall sein, so daß jeweils echte Modelle vom Typ CLSP zu lösen sein werden. Es besteht jedoch die Möglichkeit, durch eine geeignete Problemstrukturierung die Zahl der zu lösenden CLSP-Probleme u.U. erheblich zu verringern. Dies soll im folgenden erläutert werden.

Vernachlässigen wir für einen Augenblick die Ressourcen und konzentrieren wir uns nur auf die mengenmäßigen Beziehungen zwischen den Erzeugnissen, dann stellen wir fest, daß diese Erzeugnisstruktur **zyklenfrei** ist. Das bedeutet, wir können jedes Erzeugnis einer Dispositionsstufe zuordnen und die Erzeugnisstruktur im Rahmen des Verfahrens DEKOMP schrittweise abarbeiten. In jedes behandelte Losgrößenproblem nehmen wir alle Produkte auf, für die wir den aus übergeordneten Erzeugnissen abgeleiteten Sekundärbedarf bereits kennen.

Betrachtet man dieselbe Erzeugnis- und Prozeßstruktur unter dem Aspekt der Ressourcenbelegung, dann ergibt sich der in Bild 110 dargestellte **zyklische Ressourcen-Graph**, in dem einige Pfeile von oben nach unten oder zu ihrem Startknoten zurückführen. Jeder Pfeil in Bild 110 entspricht einem Pfeil in Bild 108.

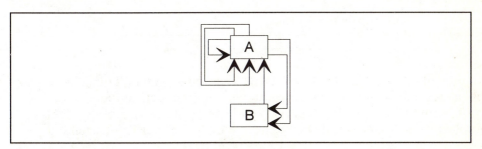

*Bild 110: Ressourcen-Graph*

Offensichtlich ist es wünschenswert, im Verfahren DEKOMP bei der Lösung eines Problems vom Typ CLSP möglichst alle die betrachtete Ressource in Anspruch nehmenden Erzeugnisse zu erfassen. Im Idealfall wäre das Verfahren abgeschlossen, wenn für jede Ressource genau ein Problem CLSP gelöst ist. Wie wir gesehen haben, werden bei einer Sortierung der Erzeugnis- und Prozeßstruktur nach Dispositionsstufen nur die *mengenmäßigen Interdependenzen* zwischen den Erzeugnissen erfaßt. Die *ressourcenbezogenen Interdependenzen* werden dabei nicht berücksichtigt.

Um möglichst große Probleme vom Typ CLSP zu erhalten, müssen wir die Erzeugnis- und Prozeßstruktur so sortieren, daß einerseits die aus Sicht der mengenbezogenen Bedarfsplanung erforderliche Dispositionsstufenordnung nicht zerstört wird, daß aber andererseits Produkte, die gemeinsam in einem Modell CLSP behandelt werden könnten, auch tatsächlich dort berücksichtigt werden. Um dies zu erreichen, kann das in Bild 111 wiedergegebene Verfahren eingesetzt werden[415], das anhand des Beispiels aus Bild 112 veranschaulicht werden soll.

| Führe für jede Ressource einen Knoten im Ressourcen-Graphen mit der Partitionsnummer 1 ein. |
|---|
| Weise jedem Produkt die Ressourcenpartitionsnummer 1 zu. |
| Betrachte alle Produkte in der Reihenfolge ihrer Dispositionsstufenzuordnung. |
|    Betrachte im Gozintographen alle ausgehende Pfeile eines Produkts. |
|       Ermittle die Ressourcen und die Partitionsnummern der Start- und Zielknoten des aktuellen Pfeils. |
|       Falls in dem Ressourcen-Graphen noch kein Pfeil vom korrespondierenden Start- zum Zielknoten existiert und ein solcher Pfeil keinen Zyklus im Ressourcen-Graphen verursachen würde, füge den Pfeil in den Ressourcen-Graphen ein; |
|       andernfalls erhöhe die Ressourcen-Partitionsnummer des Startknotens im Gozintographen um Eins, führe ggf. einen neuen Ressourcen-Partitionsknoten in den Ressourcen-Graphen ein und wiederhole die Prüfung. |

*Bild 111: Verfahren zur Erzeugung eines zyklenfreien Ressourcen-Graphen*

Der Ablauf des Verfahrens ist in Bild 112 zusammengefaßt. Die linke Seite zeigt den materialflußorientierten Gozintographen (mit den aktuellen Ressourcen-Partitionsnummern der Erzeugnisse) und die rechte Seite gibt den Ressourcen-Graphen wieder. Der gerade betrachtete Pfeil wird jeweils gestrichelt dargestellt.

---

415 vgl. **Helber** (1994), S. 67

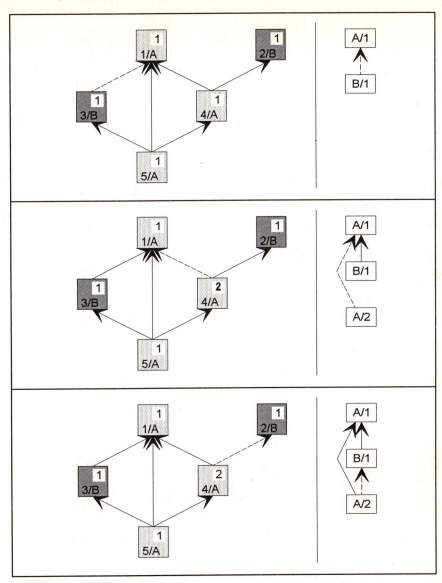

*Bild 112-1: Verfahren zur Erzeugung eines zyklenfreien Ressourcen-Graphen (Teil 1)*

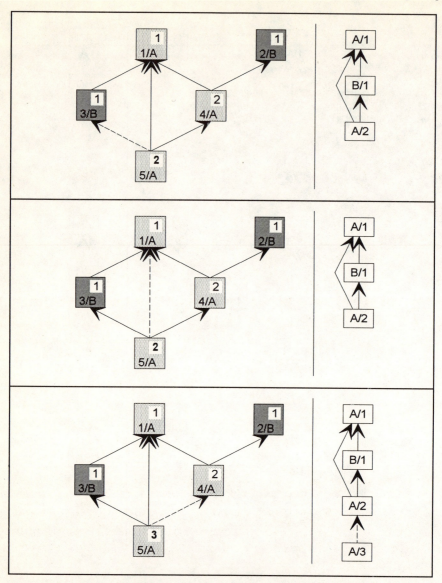

*Bild 112-2: Verfahren zur Erzeugung eines zyklenfreien Ressourcen-Graphen (Teil 2)*

Als Ergebnis erhalten wir die in Bild 113 dargestellte modifizierte Erzeugnis- und Prozeßstruktur, deren Analyse zeigt, daß nunmehr weniger CLSP-Probleme entstanden sind. So können die Erzeugnisse 2 und 3 im Rahmen *eines* Losgrößenproblems betrachtet werden (siehe Tabelle 88).

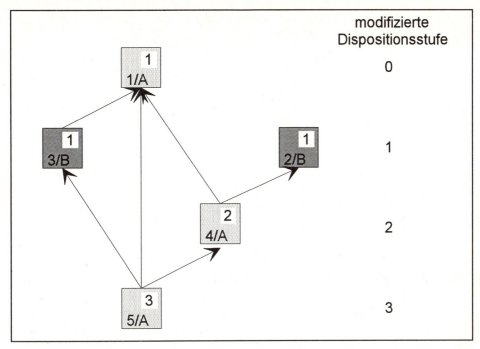

*Bild 113: Modifizierte Erzeugnis- und Prozeßstruktur*

| Problem Nr. | Produkte | Ressource | Kapazität |
|---|---|---|---|
| 1 | 1 | A/1 | Gesamtkapazität |
| 2 | 2,3 | B | Gesamtkapazität |
| 3 | 4 | A/2 | Restkapazität |
| 4 | 5 | A/3 | Restkapazität |

*Tabelle 88: Folge von Losgrößenproblemen*

Die Problemstrukturierung unter Verwendung von modifizierten Dispositionsstufen führt also zu einem höheren Grad an "Simultaneität" der resultierenden Losgrößenprobleme und berechtigt zu der Hoffnung, daß dadurch auch eine bessere Lösungsqualität erreicht wird.

Allerdings ist mit der *Mehrstufigkeit der Erzeugnisstruktur* das **Problem** verbunden, daß ein Produktionsplan für ein Produkt nicht nur im Hinblick auf die verfügbare Kapazität des in Anspruch genommenen Betriebsmittels zulässig sein muß. Vielmehr ist zusätzlich bei der Verschiebung von Produktionsmengen in frühere Produktionsperioden zu berücksichtigen, daß die damit verbundenen *Verschiebungen der Vorgänger-Erzeugnisse* ebenfalls möglich sein müssen.

Die Überprüfung der **Zulässigkeit einer Produktionsmengenverschiebung hinsichtlich aller Vorprodukte** eines Erzeugnisses kann prinzipiell mit einem LP-Modell erfolgen, wenn - wie im vorliegenden Planungszusammenhang unterstellt wird - keine Rüstzeiten zu berücksichtigen sind. Dies sei anhand eines einfachen

Beispiels erläutert. Wir betrachten den in Bild 114 dargestellten Ausschnitt aus einer Erzeugnis- und Prozeßstruktur.

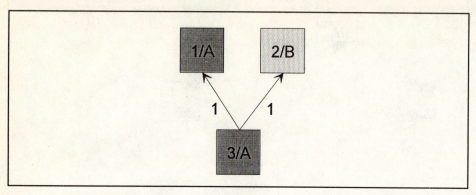

*Bild 114: Erzeugnis- und Prozeßstruktur*

Die Produkte 1 und 3 werden auf der Maschine A und das Produkt 2 auf der Maschine B bearbeitet. Die Periodenkapazitäten der Maschine A betragen $b_{At}=33$ ($t=1,...,4$), während die Maschine B nur mit $b_{Bt}=15$ zur Verfügung steht. Alle Direktbedarfskoeffizienten und Kapazitätsinanspruchnahmefaktoren sind gleich 1. Für das Produkt 1 wurde bereits der in Tabelle 89 angegebene *Produktionsplan* festgelegt.

| t | 1 | 2 | 3 | 4 |
|---|---|---|---|---|
| $q_{1t}$ | 10 | 10 | 10 | 10 |

*Tabelle 89: Produktionsmengen für Produkt 1*

Für das Produkt 2 mögen die in Tabelle 90 aufgeführten *Bedarfsmengen* gelten.

| t | 1 | 2 | 3 | 4 |
|---|---|---|---|---|
| $d_{2t}$ | - | 20 | - | 20 |

*Tabelle 90: Bedarfsmengen für Produkt 2*

Da die Kapazität der Maschine B mit $b_{Bt}=15$ nicht ausreicht, um die Periodenbedarfsmengen jeweils vollständig in einer Periode zu produzieren, wird die in Tabelle 91 zusammengestellte *Verteilung der Produktion auf mehrere Perioden* in Erwägung gezogen.

| t | 1 | 2 | 3 | 4 |
|---|---|---|---|---|
| $q_{2t}$ | 5 | 15 | 5 | 15 |

*Tabelle 91: Produktionsplan für Produkt 2*

# 434431. Ein Dekompositionsverfahren mit stufenübergreifender Zulässigkeitsprüfung

Es ist nun zu überprüfen, ob die vorliegenden Produktionspläne für die Produkte 1 und 2 noch genügend Kapazität der Maschine A übriglassen, damit auch die Sekundärbedarfsmengen des Erzeugnisses 3 produziert werden können. Zur Beantwortung dieser Frage kann prinzipiell das folgende LP-Modell[416] vom Typ MLCLSP eingesetzt werden:

```
MIN      Z
SUBJECT TO
  2)          Q11 - Y11              =  10  ⎫
  3)    Y11 + Q12 - Y12              =  10  ⎪
  4)    Y12 + Q13 - Y13              =  10  ⎪
  5)    Y13 + Q14                    =  10  ⎪
  6)          Q21 - Y21              =   0  ⎪
  7)    Y21 + Q22 - Y22              =  20  ⎬  Lagerbilanzgleichungen
  8)    Y22 + Q23 - Y23              =   0  ⎪
  9)    Y23 + Q24                    =  20  ⎪
 10)          Q31 - Q11 - Q21 - Y31  =   0  ⎪
 12)    Y31 + Q32 - Q12 - Q22 - Y32  =   0  ⎪
 13)    Y32 + Q33 - Q13 - Q23 - Y33  =   0  ⎪
 14)    Y33 + Q34 - Q14 - Q24        =   0  ⎭
 15)          Q11 + Q31              <= 33  ⎫
 16)          Q12 + Q32              <= 33  ⎪
 17)          Q13 + Q33              <= 33  ⎪
 18)          Q14 + Q34              <= 33  ⎪
 19)          Q21                    <= 15  ⎬  Kapazitätsrestriktionen
 20)          Q22                    <= 15  ⎪
 21)          Q23                    <= 15  ⎪
 22)          Q24                    <= 15  ⎭
 23)          Q11  = 10                     ⎫
 24)          Q12  = 10                     ⎪
 25)          Q13  = 10                     ⎪
 26)          Q14  = 10                     ⎪  vorgegebene
 27)          Q21  =  5                     ⎬  Produktionspläne
 28)          Q22  = 15                     ⎪
 29)          Q23  =  5                     ⎪
 30)          Q24  = 15                     ⎭
```

Neben den Lagerbilanzgleichungen und den Kapazitätsrestriktionen werden die bereits bekannten Produktionspläne der Produkte 1 und 2 in den Nebenbedingungen definiert. Besitzt dieses LP-Modell eine *zulässige Lösung*, dann sind die beiden vorgegebenen Produktionspläne auch im Hinblick auf das untergeordnete Produkt 3 zulässig. Im vorliegenden Fall erhalten wir die in Tabelle 92 zusammengestellte zulässige Lösung.

Prinzipiell müßte ein derartiges LP-Modell bei jeder Veränderung des Produktionsplans eines übergeordneten Produkts gelöst werden. Bedenkt man jedoch, daß diese mehrstufige Zulässigkeitsprüfung im Verfahren DIXON zusätzlich zu der "normalen" einstufigen Zulässigkeitsprüfung bei jeder Vergrößerung eines Loses durchzuführen ist, dann ist offensichtlich, daß der LP-Ansatz aufgrund des zu hohen Rechenzeitbedarfs ausscheidet.

Die Zulässigkeit der Erhöhung der Produktionsmenge für ein übergeordnetes Produkt in einer Periode kann aber auch mit Hilfe einer heuristischen **Rückwärtseinplanung** überprüft werden, indem man die abgeleiteten Bedarfsmengen der untergeordneten Erzeugnisse sukzessiv soweit vorzieht, bis für diese ein zu-

---

[416] vgl. **Maes** (1987), S. 192; **Maes/McClain/Van Wassenhove** (1991)

lässiger Produktionsplan gefunden ist. Gelingt das nicht, dann wird davon ausgegangen, daß die zu überprüfende Losgrößenveränderung des übergeordneten Produkts aufgrund der daraus entstehenden Kapazitätsüberlastungen durch untergeordnete Erzeugnisse nicht zulässig ist.

| Variable | Wert |
|---|---|
| Q11 | 10 |
| Q12 | 10 |
| Q13 | 10 |
| Q14 | 10 |
| Q21 | 5 |
| Q22 | 15 |
| Q23 | 5 |
| Q24 | 15 |
| Q31 | 17 |
| Q32 | 23 |
| Q33 | 23 |
| Q34 | 17 |
| Y21 | 5 |
| Y23 | 5 |
| Y31 | 2 |
| Y33 | 8 |

*Tabelle 92: Zulässige Lösung*

In unserem Beispiel errechnen wir nach dieser Strategie zunächst die abgeleiteten Bedarfsmengen für das Produkt 3 (Tabelle 93).

| t | 1 | 2 | 3 | 4 |
|---|---|---|---|---|
| $d_{3t}$ | 15 | 25 | 15 | 25 |

*Tabelle 93: Abgeleitete Bedarfsmengen für Produkt 3*

Diese können nicht unmittelbar in einen Produktionsplan übertragen werden, da die verbleibende Periodenkapazität der Maschine A nach Berücksichtigung der Produktion des Produkts 1 nur noch 23 beträgt. Es ist aber möglich, jeweils 2 ME aus den Perioden 2 und 4 bereits in den Perioden 1 und 3 zu produzieren, so daß festgestellt werden kann, daß der Produktionsplan des Produkts 2 auch im Hinblick auf das untergeordnete Produkt 3 zulässig ist. Wie Tabelle 94 zeigt, hat sich bei der Rückwärtseinplanung eine andere Lösung ergeben als nach dem LP-Modell. Die Rückwärtseinplanung berücksichtigt implizit das Ziel der *Lagerkostenminimierung*, während im LP-Modell überhaupt keine Zielsetzung verfolgt wird, sondern nach einer beliebigen zulässigen Lösung gesucht wird.

| t | 1 | 2 | 3 | 4 |
|---|---|---|---|---|
| $q_{3t}$ | 17 | 23 | 17 | 23 |

*Tabelle 94: Produktionsplan für Produkt 3*

Hätte das Produkt 3 seinerseits weitere Vorgänger, dann müßte die beschriebene Vorgehensweise der Rückwärtseinplanung für diese Erzeugnisse fortgesetzt werden.

Kombiniert man die beiden Aspekte der Sortierung der Erzeugnis- und Prozeßstruktur und der Kostenparameter, dann lassen sich vier verschiedene *Varianten des Verfahrens DEKOMP* definieren:

- keine Kostenanpassung, Sortierung der Erzeugnis- und Prozeßstruktur nach Dispositionsstufen
- Kostenanpassung nach *Heinrich*, Sortierung nach Dispositionsstufen
- keine Kostenanpassung, Sortierung nach modifizierten Dispositionsstufen
- Kostenanpassung nach *Heinrich*, Sortierung nach modifizierten Dispositionsstufen

*Tempelmeier und Helber*[417] stellten in einem numerischen Experiment fest, daß keine dieser Verfahrensvarianten die anderen in der Weise dominiert, daß sie immer die beste heuristische Lösung findet. Für 300 Beispiele mit jeweils 10 Produkten und 4 Perioden unter Zugrundelegung verschiedener konvergierender und genereller Erzeugnis- und Prozeßstrukturen mit und ohne stufenübergreifender Ressourcenkonkurrenz wurden die in Tabelle 95 angegebenen Ergebnisse erzielt. Es ist jeweils der Anteil von Problemen angegeben, für den eine Verfahrensvariante die beste heuristische Lösung gefunden hat. Bei den restlichen (100-x)% verfehlte die jeweilige Variante die beste heuristische Lösung.

| eingesetzte Variante | Kostenanpassung | |
|---|---|---|
| | ja | nein |
| unmodifizierte Dispositionsstufen | 56.67% | 47.33% |
| modifizierte Dispositionsstufen | 57.33% | 59.67% |

*Tabelle 95: Anteil der Probleme, bei denen die beste Lösung gefunden wurde*

Die relative Überlegenheit der einzelnen Varianten hängt offenbar von der jeweils betrachteten Problemstruktur ab. So kann davon ausgegangen werden, daß folgende Eigenschaften einer konkreten Problemstellung einen Einfluß auf die Lösungsqualität haben:

- die *Form der Erzeugnis- und Prozeßstruktur*,
- die *Variabilität* der Primärbedarfsmengen,
- die Verhältnisse der *Rüst- und Lagerkosten*,
- das Ausmaß der stufenübergreifenden *Ressourcenkonkurrenz* sowie
- die *Auslastungen der Ressourcen*.

---

417 vgl. **Tempelmeier/Helber** (1994)

Da es keine "optimale" Variante des heuristischen Lösungsverfahrens gibt, bietet es sich an, jeweils *immer alle Varianten des Verfahrens DEKOMP* einzusetzen und dann die beste Lösung zu implementieren. Diese Lösungsstrategie ist angesichts der geringen Rechenzeiten problemlos realisierbar. So betrug die Rechenzeit zur Lösung einer Ausprägung des obigen 40-Produkte-16-Perioden-Problems für eine Lösungsvariante auf einem 80486/33MHz-PC ca. 8 Sekunden.

Das beschriebene Verfahren DEKOMP wurde anhand zahlreicher Beispiele eingehend getestet[418]. Um Vergleiche mit optimalen Lösungen zu ermöglichen, wurden 300 kleine Probleme mit 10 Erzeugnissen, 3 Ressourcen und 4 Perioden bei unterschiedlichen Bedarfsverläufen, Auslastungen und Verhältnissen von Rüst- und Lagerkostensätzen untersucht. Zur Bestimmung der optimalen Lösungen auf der Basis des Modells MLCLSP-Helber wurde Standard-Software (LINDO) eingesetzt. Die mittlere *Abweichung* der nach dem Verfahren DEKOMP ermittelten Lösung *von der optimalen Lösung* betrug *3.7 %*. Daneben wurde eine Reihe größerer Probleme mit bis zu 80 Produkten und 16 Perioden betrachtet[419].

Die bislang gewonnenen Ergebnisse lassen zwar noch keine generellen Aussagen über die Qualität des Verfahrens DEKOMP zu. So sind insb. weitere Untersuchungen bezüglich des Einflusses der Form der Erzeugnis- und Prozeßstruktur sowie des Ausmaßes der stufenübergreifenden Ressourcenkonkurrenz anzustellen. Es besteht aber Anlaß zu der Hoffnung, daß für kapazitierte mehrstufige Losgrößenprobleme praktischer Größenordnungen in vertretbarer Rechenzeit zufriedenstellende Lösungen ermittelt werden können.

### 434432. Ein heuristisches Verfahren auf der Basis der Lagrange-Relaxation

*Billington*[420] entwickelt einen Branch&Bound-Ansatz zur Lösung des Modells MLCLSP-Bill, in dem auch *Rüstzeiten* berücksichtigt werden. In den einzelnen Knoten des Lösungsbaums werden jeweils zur Bestimmung einer *heuristischen bzw. unechten* unteren Schranke K **relaxierte Versionen des Modells MLCLSP-Bill** gelöst. Die Relaxation bezieht sich auf die *Kapazitätsrestriktionen* (Relaxation der Kapazitätsbeschränkungen) und auf jeweils (K-1) *Lagerbilanzgleichungen*, die die Produktionsmengen der unterschiedlichen Produkte miteinander verknüpfen. Es erfolgt somit eine *partielle Relaxation* der Mehrstufigkeit, von der jeweils nur das gerade betrachtete Produkt j ausgeschlossen ist. Für dieses Produkt j wird die Einhaltung der Lagerbilanzgleichungen durch eine zusätzliche Nebenbedingung und eine dispositionsstufenorientierte Bedarfsauflösung erzwungen. Gewichtet man die Kapazitätsrestriktionen des Modells MLCLSP-Bill mit *Lagrange-Multiplikatoren* $u_t$ und die Lagerbilanzgleichungen aller Produkte -

---

418 vgl. **Helber** (1994); **Tempelmeier/Helber** (1994)
419 vgl. hierzu **Helber** (1994), (1995)
420 vgl. **Billington** (1983); **Billington/McClain/Thomas** (1986)

außer für das Produkt j - mit $w_{kt}$ und nimmt man diese Restriktionen in die Zielfunktion auf, dann entsteht folgendes relaxierte Modell:

**Modell MLCLSP-Bill$_{LRj}$:**

$$\text{Min } L(\underline{u},\underline{w}) = \sum_{t=1}^{T}\sum_{k=1}^{K} e_k \cdot (T-t+1) \cdot q_{kt} + s_k \cdot \gamma_{kt} \qquad (443)$$

$$+ \sum_{t=1}^{T}\sum_{\substack{k=1 \\ k \neq j}}^{K} w_{kt} \cdot \left\{ \sum_{\tau=1}^{t} d_{k\tau} - y_{k0} - \sum_{\tau=1}^{t}\left[ q_{k,\tau-z(k)} - \sum_{i \in N_k} a_{ki} \cdot q_{i\tau} \right] \right\}$$

⌐ Lagrange-Multiplikator der *Lagerbilanzgleichung* für Produkt k in Periode t

$$+ \sum_{t=1}^{T} u_t \cdot \left\{ \sum_{k=1}^{K} (tb_k \cdot q_{kt} + tr_k \cdot \gamma_{kt}) - b_t \right\}$$

⌐ Lagrange-Multiplikator der *Kapazitätsrestriktion* in Periode t

u.B.d.R.

$$\sum_{\tau=1}^{t}\left[ q_{j,\tau-z(j)} - \sum_{i \in N_j} a_{ji} \cdot q_{i\tau} \right] \geq \sum_{\tau=1}^{t} d_{j\tau} - y_{j0} \qquad t=1,2,\ldots,T \qquad (444)$$

$$q_{kt} - M \cdot \gamma_{kt} \leq 0 \qquad k=1,2,\ldots,K;\ t=1,2,\ldots,T \qquad (445)$$

$$q_{kt} \geq 0 \qquad k=1,2,\ldots,K;\ t=1,2,\ldots,T \qquad (446)$$

$$\gamma_{kt} \in \{0,1\} \qquad \text{für einige k und t} \qquad (447)$$

Es bedeuten:

| | |
|---|---|
| $a_{ki}$ | Direktbedarfskoeffizient bezüglich Produkt k und i |
| $b_t$ | verfügbare Kapazität der Ressource in Periode t |
| $d_{kt}$ | Primärbedarf für Produkt k in Periode t |
| $e_k$ | marginaler Lagerkostensatz des Produkts k |
| K | Anzahl der Produkte (k=1,2,...,K) |
| M | große Zahl |
| $N_k$ | Menge der direkten Nachfolger des Produkts k |
| $p_{kt}$ | variable Produktionskosten für Produkt k in Periode t |
| $q_{kt}$ | Losgröße für Produkt k in Periode t |
| $s_k$ | Rüstkostensatz des Produkts k |
| T | Länge des Planungszeitraums in Perioden (t=1,2,...,T) |
| $tb_k$ | Stückbearbeitungszeit für Produkt k |
| $tr_k$ | Rüstzeit für Produkt k |
| $u_t$ | Lagrange-Multiplikator der Kapazitätsrestriktion in Periode t |
| $w_{kt}$ | Lagrange-Multiplikator der Lagerbilanzgleichung für Produkt k in Periode t |
| $y_{kt}$ | Lagerbestand für Produkt k am Ende der Periode t |
| $z(k)$ | Mindestvorlaufzeit eines Loses des Produkts k |
| $\gamma_{kt}$ | binäre Rüstvariable für Produkt k in Periode t |

Die nach dem generellen Konzept der **Lagrange-Relaxation** entstandene Formulierung ist ein (parametrisiertes) *Ein-Produkt-Losgrößenproblem* ohne Kapazitätsbeschränkungen mit nur einer Mehrstufigkeitsrestriktion (Typ WW, mit periodenbezogenen Zielfunktionskoeffizienten), zu dessen Lösung allerdings die *Werte der Lagrange-Multiplikatoren* bekannt sein müssen. *Billington* löst ein derartiges Problem für jedes Produkt, wobei er die Erzeugnis- und Prozeßstruktur nach dem Dispositionsstufenverfahren abarbeitet.

Nach dem Konzept der Lagrange-Relaxation soll die Einhaltung der relaxierten Nebenbedingungen durch die *Lagrange-Multiplikatoren* sichergestellt werden. Im vorliegenden Fall kann dies aber nicht garantiert werden, denn es kann erforderlich werden, daß aufgrund der knappen Kapazität die Bedarfsmenge von Produkt k in Periode t auf mehrere Produktionsperioden verteilt werden muß. Dies wird aber durch Losgrößenverfahren, die keine Kapazitäten berücksichtigen, nicht geleistet. Zur Bestimmung einer oberen Schranke, d.h. einer zulässigen Lösung des Modells MLCLSP-Bill, setzt *Billington* ein einfaches heuristisches *Verfahren der Rückwärtseinplanung* der Produktionsmengen ein.

Ein weiteres Problem entsteht durch die Notwendigkeit der Bestimmung der *Lagrange-Multiplikatoren*. Hierzu greift *Billington* u.a. auf das Verfahren der Subgradientenoptimierung zurück, wobei die Lagrange-Multiplikatoren so festgesetzt werden sollen, daß möglichst hohe (unechte) untere Schranken für den optimalen Zielfunktionswert erreicht werden.

Obwohl das Verfahren vom Konzept her auch für generelle Erzeugnis- und Prozeßstrukturen einsetzbar ist, beschränkt *Billington* sich in seinen numerischen Tests auf (parallele) lineare und konvergierende Erzeugnisstrukturen.

Im folgenden wird ein mehrstufiges iteratives Verfahren[421] zur Lösung des betrachteten Problems beschrieben. Durch **Lagrange-Relaxation der Lagerbilanzgleichungen sowie der Kapazitätsrestriktionen** wird das kapazitierte mehrstufige Mehrprodukt-Losgrößenproblem in *mehrere voneinander unabhängige unkapazitierte dynamische Einprodukt-Losgrößenprobleme* zerlegt. Diese Probleme vom Typ des Modells WW[422] werden isoliert optimal gelöst. Die zunächst vernachlässigten Nebenbedingungen, die die *beschränkten Kapazitäten* und die *Mehrstufigkeit der Erzeugnisstruktur* erfassen, werden implizit durch die Lagrange-Multiplikatoren berücksichtigt. Die Vernachlässigung der Mehrstufigkeit der Erzeugnisstruktur kann dazu führen, daß die für die Produktion eines Erzeugnisses in einer Periode benötigte Menge eines untergeordneten Produkts nicht rechtzeitig bereitgestellt wird. Es kommt dann zu *Fehlmengen*. Nachdem für alle Produkte das Modell WW optimal gelöst worden ist, werden die produktbezogenen Produktionspläne zusammengefaßt und im Hinblick auf die vernachlässigten Restriktionen analysiert. Aus den entstandenen Überschreitungen der verfügbaren Kapazitäten sowie den aufgetretenen Fehlmengen werden Lagrange-Multiplikatoren (Strafkostensätze) abgeleitet, die in den Zielfunktionen der Teilprobleme berücksichtigt werden.

---

[421] vgl. **Tempelmeier/Derstroff** (1993); **Derstroff** (1995)
[422] siehe Abschnitt 4321.

Aus den Lösungen der einstufigen unkapazitierten Losgrößenprobleme wird eine echte **untere Schranke des optimalen Zielfunktionswerts** ermittelt. Die Lagrange-Multiplikatoren werden mit Hilfe eines Verfahrens der Subgradientenoptimierung[423] aktualisiert. Zur Bestimmung **oberer Schranken des optimalen Zielfunktionswerts** wird ein heuristisches Verfahren eingesetzt, mit dem jeweils eine auch im Hinblick auf die Kapazitätsbeschränkungen *zulässige Lösung* des mehrstufigen Mehrprodukt-Losgrößenproblems bestimmt wird. Der prinzipielle Ablauf des Verfahrens ist in Bild 115 dargestellt.

Grundlage des Verfahrens ist eine Umformung des Modells MLCLSP. Durch die Relaxation der Kapazitätsrestriktionen wird das Problem MLCLSP in ein *unkapazitiertes mehrstufiges Mehrprodukt-Losgrößenproblem* überführt. Die Lösung dieses Problems könnte im Prinzip durch ein beliebiges exaktes Verfahren erfolgen. Da hierfür aber derzeit kein effizientes Verfahren existiert[424], wird das Mehrprodukt-Losgrößenproblem durch zusätzliche Relaxation der Lagerbilanzgleichungen, welche die Materialflußbeziehungen zwischen den Erzeugnissen erfassen, in mehrere *unkapazitierte dynamische Einprodukt-Losgrößenprobleme* (Modell WW) transformiert. Diese werden in Schritt 1 isoliert gelöst.

Im anschließenden Schritt 2 werden zunächst die mit den Ergebnissen aus Schritt 1 verbundenen Lagerbestände und Fehlmengen sowie Über- und Unterauslastungen der Ressourcen ermittelt und zur Veränderung der Lagrange-Multiplikatoren herangezogen.

```
Schritt 0:  Initialisiere die Lagrange-Multiplikatoren. Definiere ein
            Abbruchkriterium.

Schritt 1:  Aktualisiere die untere Schranke des optimalen Zielfunk-
            tionswerts durch Lösung einer relaxierten Variante des
            Modells MLCLSP, d.h. durch Lösung von durch die Relaxation
            entstandenen unkapazitierten Einprodukt-Losgrößenproblemen.

Schritt 2:  Bestimme aufgrund der in Schritt 1 ermittelten Lösung die
            Belastungen der Ressourcen sowie die Fehlmengen und
            aktualisiere die Lagrange-Multiplikatoren unter Rückgriff
            auf die aktuelle Belastungs- und Fehlmengensituation.

Schritt 3:  Aktualisiere die obere Schranke des optimalen Zielfunktions-
            werts; falls das Abbruchkriterium nicht erfüllt ist,
            gehe zu Schritt 1; andernfalls STOP.
```

*Bild 115: Grundstruktur des Verfahrens PRIMDUAL*

Schließlich wird in Schritt 3 eine zulässige Lösung des Problems ermittelt, mit der u.U. die obere Schranke des optimalen Zielfunktionswerts aktualisiert werden kann. Entstandene Fehlmengen werden durch Verwendung des Disposi-

---

423 vgl. **Nemhauser/Wolsey** (1988)
424 vgl. hierzu Abschnitt 4343.

tionsstufenverfahrens beseitigt. Zum Abbau von Kapazitätsüberlastungen wird ein heuristischer Kapazitätsabgleich durchgeführt.

### a) Bestimmung der unteren Schranke

Die Lagrange-Relaxation ist ein Konzept zur Lösung von Problemen, nach dem "schwierige" Nebenbedingungen aus dem Restriktionensystem gestrichen und in der Zielfunktion implizit berücksichtigt werden. Dies geschieht durch Multiplikation der Nebenbedingungen mit sog. Lagrange-Multiplikatoren, deren Werte so festgelegt werden müssen, daß die Nebenbedingungen eingehalten werden. An die Stelle der direkten Berücksichtigung der schwierigen Nebenbedingungen tritt nun das Problem, "optimale" Werte der Lagrange-Multiplikatoren zu bestimmen, durch die die Nichteinhaltung der "schwierigen" Nebenbedingungen so stark bestraft wird, daß eine Einhaltung dieser Nebenbedingungen günstiger ist.

Die "schwierigen" Nebenbedingungen im Modell MLCLSP sind die *Kapazitätsrestriktionen* sowie die *Lagerbilanzgleichungen*, die in Verbindung mit den Nichtnegativitätsbedingungen des Lagerbestands Beziehungen zwischen den Produktions- und Bedarfsmengen der Erzeugnisse herstellen. Sie werden im folgenden der Einfachheit halber als *Fehlmengenrestriktionen* bezeichnet.

**Relaxation des Modells MLCLSP.** Ziel der folgenden Überlegungen ist die Formulierung von unkapazitierten dynamischen Einprodukt-Losgrößenproblemen (Modell WW). Zunächst werden die Lagerbestandsvariablen $y_{kt}$ wie folgt eliminiert. Fehlmengen eines Produkts k können nicht auftreten, wenn für jeden Zeitraum von 1 bis t (t=1,2,...,T) die kumulierte Produktionsmenge größer ist als die kumulierte Gesamtbedarfsmenge (Primär- und Sekundärbedarf). Gehen wir davon aus, daß der Lagerbestand jedes Produkts zu Beginn des Planungszeitraums, $y_{k0}$, Null ist, dann kann der Lagerbestand des Produkts k am Ende der Periode t mit Gleichung (448) dargestellt werden[425].

$$y_{kt} = \underbrace{\sum_{\tau=1}^{t} q_{k\tau}}_{\text{kumulierte Produktionsmenge im Intervall [1,t]}} - \underbrace{\sum_{\tau=1}^{t} \left[ d_{k\tau} + \sum_{i \in N_k} a_{ki} \cdot q_{i\tau} \right]}_{\text{kumulierte Gesamtbedarfsmenge im Intervall [1,t]}} \qquad k=1,2,\ldots,K;\ t=1,2,\ldots,T \qquad (448)$$

Ersetzt man nun die Variablen $y_{kt}$ im Modell MLCLSP durch Gleichung (448), dann erhält man nach einigen Umformungen:

**Modell MLCLSP-2**:

$$\text{Min } Z = \sum_{t=1}^{T} \sum_{k=1}^{K} \left\{ [e_k \cdot (T-t+1) + p_{kt}] \cdot q_{kt} + s_k \cdot \gamma_{kt} \right\} - F \qquad (449)$$

---

[425] Siehe auch Gleichung (292). Im folgenden werden die deterministischen Vorlaufzeiten z(k) vernachlässigt.

u.B.d.R.

$$\sum_{\tau=1}^{t} q_{k\tau} \geq \sum_{\tau=1}^{t} \left[ d_{k\tau} + \sum_{i \in N_k} a_{ki} \cdot q_{i\tau} \right] \qquad k=1,2,\ldots,K; \; t=1,2,\ldots,T \qquad (450)$$

$$\sum_{k \in K_j} (tr_k \cdot \gamma_{kt} + tb_k \cdot q_{kt}) \leq b_{jt} \qquad j=1,2,\ldots,J; \; t=1,2,\ldots,T \qquad (451)$$

$$q_{kt} - M \cdot \gamma_{kt} \leq 0 \qquad k=1,2,\ldots,K; \; t=1,2,\ldots,T \qquad (452)$$

$$q_{kt} \geq 0 \qquad k=1,2,\ldots,K; \; t=1,2,\ldots,T \qquad (453)$$

$$\gamma_{kt} \in \{0,1\} \qquad k=1,2,\ldots,K; \; t=1,2,\ldots,T \qquad (454)$$

Es bedeuten:

| | |
|---|---|
| $a_{ki}$ | Direktbedarfskoeffizient bezüglich Produkt k und i |
| $b_{jt}$ | verfügbare Kapazität der Ressource j in Periode t |
| $d_{kt}$ | Primärbedarf für Produkt k in Periode t |
| $e_k$ | systemweiter Lagerkostensatz des Produkts k |
| F | Konstante |
| J | Anzahl der Ressourcen (j = 1,2,...,J) |
| K | Anzahl der Produkte bzw. Arbeitsgänge (k = 1,2,...,K) |
| $K_j$ | Menge der Arbeitsgänge, die durch die Ressource j vollzogen werden |
| M | große Zahl |
| $N_k$ | Menge der Nachfolger des Produkts k (direkt übergeordnete Produkte bzw. nachfolgende Arbeitsgänge) |
| $p_{kt}$ | variable Produktionskosten für Produkt k in Periode t |
| $q_{kt}$ | Losgröße für Arbeitsgang k in Periode t |
| $s_k$ | Rüstkostensatz des Produkts k (dieser kann auch periodenabhängig definiert werden) |
| T | Länge des Planungszeitraums in Perioden (t = 1,2,...,T) |
| $tb_k$ | Stückbearbeitungszeit für Arbeitsgang k |
| $tr_k$ | Rüstzeit für Arbeitsgang k |
| $y_{kt}$ | Lagerbestand für Produkt k am Ende der Periode t |
| $\gamma_{kt}$ | binäre Rüstvariable für Arbeitsgang bzw. Produkt k in Periode t |

Dabei stellt F einen konstanten Term dar, der keinen Einfluß auf die Struktur der Lösung hat und nur zur Berechnung der unteren Schranke des optimalen Zielfunktionswerts benötigt wird, die im folgenden erläutert wird.

Führt man nun Lagrange-Multiplikatoren der Kapazitätsrestriktionen, $u_{jt}$, und der Fehlmengenrestriktionen, $v_{kt}$, ein, dann erhält man unter Vernachlässigung der Konstanten F und nach einigen Umformungen für jedes Produkt k ein *dynamisches unkapazitiertes Einprodukt-Losgrößenproblem* (Modell $WW_k$). Durch die Relaxation der Fehlmengenrestriktionen erfolgt die Abstimmung der Produktionsmengen über- und untergeordneter Produkte nur noch implizit durch die Lagrange-Multiplikatoren, wozu diese i.d.R. mehrmals aktualisiert werden müssen und daher einige Iterationen benötigt werden. Damit in jeder Iteration produktspezifische Produktionspläne ohne Fehlmengen entstehen, werden die relaxierten Probleme um Lagerbestandsbedingungen (456) erweitert, welche garantieren, daß die kumulierte Produktionsmenge eines untergeordneten Produkts zur Versorgung aller übergeordneten Produkte ausreicht. Das relaxierte unkapazitierte Einprodukt-Losgrößenproblem für das Produkt k lautet somit:

**Modell $WW_k$:**

$$\text{Min } Z_k = \sum_{t=1}^{T} (c_{kt} \cdot q_{kt} + s_{kt} \cdot \gamma_{kt}) \tag{455}$$

u.B.d.R.

$$\sum_{\tau=1}^{t} q_{k\tau} \geq \sum_{\tau=1}^{t} D_{k\tau} \qquad k=1,2,\ldots,K;\ t=1,2,\ldots,T \tag{456}$$

$$q_{kt} - M \cdot \gamma_{kt} \leq 0 \qquad k=1,2,\ldots,K;\ t=1,2,\ldots,T \tag{457}$$

$$q_{kt} \geq 0 \qquad k=1,2,\ldots,K;\ t=1,2,\ldots,T \tag{458}$$

$$\gamma_{kt} \in \{0,1\} \qquad k=1,2,\ldots,K;\ t=1,2,\ldots,T \tag{459}$$

mit

$$c_{kt} = e_k \cdot (T-t+1) + p_{kt} + \sum_{\tau=t}^{T} \left[ \sum_{i \in V_k} a_{ik} \cdot v_{i\tau} - v_{k\tau} \right] + tb_k \cdot u_{jt} \qquad k=1,2,\ldots,K;\ t=1,2,\ldots,T \tag{460}$$

$$s_{kt} = s_k + tr_k \cdot u_{jt} \qquad k=1,2,\ldots,K;\ t=1,2,\ldots,T \tag{461}$$

$$D_{kt} = d_{kt} + \sum_{i \in N_k} a_{ki} \cdot D_{it} \qquad k=1,2,\ldots,K;\ t=1,2,\ldots,T \tag{462}$$

Es bedeuten:

| | |
|---|---|
| $D_{kt}$ | Gesamtbedarf des Produkts k in Periode t[426] |
| $u_{jt}$ | Lagrange-Multiplikator der Kapazitätsrestriktion der Ressource j in Periode t |
| $v_{kt}$ | Lagrange-Multiplikator der Lagerbilanzgleichung für Produkt k in Periode t |
| $V_k$ | Menge der Vorgänger des Produkts k (direkt untergeordnete Produkte bzw. vorangehende Arbeitsgänge) |
| $y_{kt}$ | Lagerbestand für Produkt k am Ende der Periode t |
| $\gamma_{kt}$ | binäre Rüstvariable für Arbeitsgang bzw. Produkt k in Periode t |

Die Lösung dieser unkapazitierten dynamischen Einprodukt-Losgrößenprobleme kann mit Hilfe eines der bekannten exakten Verfahren[427] erfolgen, wobei die Reihenfolge, in der die einzelnen Produkte betrachtet werden, sich aus ihrer Dispositionsstufenzuordnung ergibt. Aus den optimalen Lösungen kann dann die **untere Schranke** des Zielfunktionswerts des Modells MLCLSP-2 wie folgt errechnet werden:

---

426 siehe Abschnitt 413.
427 siehe Abschnitt 43221.

$$LB = \sum_{t=1}^{T} \sum_{k=1}^{K} [e_k \cdot (T-t+1) + p_{kt}] \cdot q_{kt} + s_k \cdot \gamma_{kt}$$

$$- \sum_{t=1}^{T} \sum_{k=1}^{K} v_{kt} \cdot \sum_{\tau=1}^{t} \left[ q_{k\tau} - \sum_{i \in N_k} a_{ki} \cdot q_{i\tau} - d_{k\tau} \right]$$

$$+ \sum_{t=1}^{T} \sum_{j=1}^{J} u_{jt} \cdot \left[ \sum_{k \in K_j} (tr_k \cdot \gamma_{kt} + tb_k \cdot q_{kt}) - b_{jt} \right] - F \qquad (463)$$

**Aktualisierung der Lagrange-Multiplikatoren.** Zur Bestimmung der Lagrange-Multiplikatoren wird ein iteratives Verfahren der **Subgradientenoptimierung**[428] eingesetzt. In jeder Iteration l werden die - nun mit dem Iterationszähler l markierten - Vektoren der Lagrange-Multiplikatoren, $\underline{u}^l$ und $\underline{v}^l$, durch Addition eines mit einer Schrittweite $\lambda^l$ multiplizierten Richtungsvektors aktualisiert. Die Aktualisierung der Lagrange-Multiplikatoren der *Kapazitätsrestriktionen* in der Iteration l wird nach Gleichung (464) vorgenommen.

$$u_{jt}^l = \max \left\{ 0, u_{jt}^{l-1} + \lambda^l \cdot \left[ \sum_{k \in K_j} (tr_k \cdot \gamma_{kt} + tb_k \cdot q_{kt}) - b_{jt} \right] \right\} \quad j=1,2,\ldots,J; \; t=1,2,\ldots,T \qquad (464)$$

↳ Über- oder Unterauslastung der Ressource j in Periode t

Die Aktualisierung der Lagrange-Multiplikatoren der Fehlmengenrestriktionen erfolgt nach Gleichung (465).

$$v_{kt}^l = \max \left\{ 0, v_{kt}^{l-1} - \lambda^l \cdot \sum_{\tau=1}^{t} \left[ q_{k\tau} - \sum_{i \in N_k} a_{ki} \cdot q_{i\tau} - d_{k\tau} \right] \right\} \quad k=1,2,\ldots,K; \; t=1,2,\ldots,T \qquad (465)$$

↳ Lagerbestand bzw. Fehlmenge des Produkts k in Periode t

Die Schrittweite $\lambda^l$ wird in jeder Iteration l wie folgt angepaßt:

$$\lambda^l = \delta^l \cdot \frac{[UB - LB(\underline{u}^{l-1}, \underline{v}^{l-1})]}{\sqrt{\sum_{t=1}^{T} \sum_{j=1}^{J} \left[ \sum_{k \in K_j} (tr_k \cdot \gamma_{kt} + tb_k \cdot q_{kt}) - b_{jt} \right]^2 + \sum_{t=1}^{T} \sum_{k=1}^{K} \sum_{\tau=1}^{t} \left[ d_{k\tau} + \sum_{i \in N_k} a_{ki} \cdot q_{i\tau} - q_{k\tau} \right]^2}} \qquad (466)$$

↳ Kapazitätsrestriktionen    ↳ Fehlmengenrestriktionen

Die Schrittweite $\lambda^l$ hängt somit von dem Parameter $\delta^l$, der Differenz zwischen der oberen Schranke UB und der unteren Schranke $LB(\underline{u}^{l-1}, \underline{v}^{l-1})$ und der euklidischen Norm der Abweichungen der kritischen Nebenbedingungen (Kapazitäts-

---

[428] vgl. **Nemhauser/Wolsey** (1988).

und Fehlmengenrestriktionen) ab. Auf die Bestimmung der *oberen Schranke* UB des Zielfunktionswerts, die aus einer *zulässigen* Lösung des Modells MLCLSP-2 resultiert, wird weiter unten eingegangen.

Der Parameter $\delta^l$ wird wie folgt aktualisiert. Beginnend mit dem Startwert $\delta^1 = 2$ wird $\delta^l$ in den folgenden Iterationen immer dann halbiert, wenn $LB(\underline{u}^{l-1},\underline{v}^{l-1})$ während der jeweils letzten 4 Iterationen nicht verbessert werden konnte. Zur Stabilisierung des Konvergenzverhaltens der Subgradienten wird - wie von *Crowder*[429] vorgeschlagen - die exponentielle Glättung erster Ordnung eingesetzt.

Das Verfahren PRIMDUAL wird beendet, wenn eines der folgenden *Abbruchkriterien* erfüllt ist:

- *Maximale Anzahl Iterationen erreicht*
  Aufgrund des empirisch festgestellten Verlaufs der oberen Schranke als Funktion der Anzahl Iterationen wird das Verfahren nach 50 Iterationen abgebrochen.

- *Einhaltung der kritischen Restriktionen gesichert*
  Sobald die Kapazitätsrestriktionen und die Fehlmengenrestriktionen nur noch vernachlässigbar verletzt werden, wird das Verfahren beendet. Diese Abruchbedingung lautet:

$$\sum_{t=1}^{T} \sum_{j=1}^{J} \left[ \sum_{k \in K_j} (tr_k \cdot \gamma_{kt} + tb_k \cdot q_{kt}) - b_{jt} \right]^2 + \sum_{t=1}^{T} \sum_{k=1}^{K} \sum_{\tau=1}^{t} \left[ d_{k\tau} + \sum_{i \in N_k} a_{ki} \cdot q_{i\tau} - q_{k\tau} \right]^2 \leq 0.001 \quad (467)$$

- *Werte der Lagrange-Multiplikatoren vernachlässigbar*
  In engem Zusammenhang mit der Einhaltung der kritischen Restriktionen stehen die Werte der Lagrange-Multiplikatoren. Hier wird folgendes Abbruchkriterium verwendet:

$$u_{jt} \leq 0.001 \land v_{kt} \leq 0.001 \qquad j=1,2,\ldots,J;\ k=1,2,\ldots,K;\ t=1,2,\ldots,T \quad (468)$$

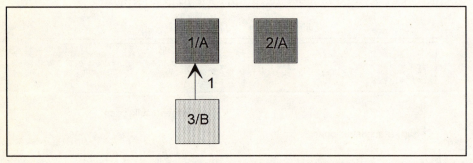

*Bild 116: Erzeugnis- und Prozeßstruktur*

---

429 vgl. **Crowder** (1976)

Betrachten wir ein **Beispiel**. Drei Produkte werden auf zwei Ressourcen A und B bearbeitet. Das Einzelteil 3 wird mit einem Direktbedarfskoeffizienten von $a_{31}$ in das Endprodukt 1 eingebaut. Die Erzeugnis- und Prozeßstruktur ist in Bild 116 wiedergegeben.

Die Periodenkapazitäten der Ressourcen betragen $b_A = 30$ und $b_B = 20$. Die Rüstzeiten $tr_k$, Stückbearbeitungszeiten $tb_k$ und Lagerkostensätze $e_k$ der Produkte sind in Tabelle 96 zusammengestellt. Rüstkosten fallen nicht an.

| k | $tr_k$ | $tb_k$ | $e_k$ | $s_k$ |
|---|---|---|---|---|
| 1 | 5 | 1 | 1 | 0 |
| 2 | 5 | 1 | 2 | 0 |
| 3 | 5 | 1 | 1 | 0 |

*Tabelle 96: Daten des Beispiels*

Tabelle 97 enthält die Bedarfsmengen der beiden Endprodukte für zwei Perioden.

| k\t | 1 | 2 |
|---|---|---|
| 1 | 10 | 5 |
| 2 | 5 | 20 |

*Tabelle 97: Bedarfsmengen*

Da die Rüstkosten Null sind, bestehen die optimalen Lösungen der Modelle $WW_k$ (k = 1,2,3) darin, daß für jedes Produkt in jeder Periode produziert wird. Unter Beachtung der Rüstzeiten und der Stückbearbeitungszeiten ergibt sich dann der in Tabelle 98 angegebene Kapazitätsbedarf.

| k\t | 1 | 2 |
|---|---|---|
| 1 | $q_{11}=10$: 5+10 | $q_{12}= 5$: 5+ 5 |
| 2 | $q_{21}= 5$: 5+ 5 | $q_{22}=20$: 5+20 |
| Summe A | 25 | 35 |
| 3 | $q_{31}=10$: 5+10 | $q_{32}= 5$: 5+ 5 |
| Summe B | 15 | 10 |

*Tabelle 98: Kapazitätsbedarfe nach Iteration 1 (Startlösung)*

Die Kapazität der Ressource A ($b_A = 30$) wird in Periode 2 um 5 Einheiten überschritten. Diese Lösung ist somit im Hinblick auf das Modell MLCLSP-2 *nicht zulässig*. Daher setzen wir den Lagrange-Multiplikator der Ressource A für Periode 2 auf $u_{A2} = 0.57143$ (dieser Wert ergibt sich aus den obigen Beziehungen zur Aktualisierung der Lagrange-Multiplikatoren) und lösen die Modelle $WW_k$ (k = 1,2,3) erneut. Die Lösungen sind in Tabelle 99 zusammengefaßt.

| k\t | 1 | 2 |
|---|---|---|
| 1 | $q_{11}$=15: 5+15 | $q_{12}$= 0: 0+ 0 |
| 2 | $q_{21}$= 5: 5+ 5 | $q_{22}$=20: 5+20 |
| Summe A | 30 | 25 |
| 3 | $q_{31}$=10: 5+10 | $q_{32}$= 5: 5+ 5 |
| Summe B | 15 | 10 |

*Tabelle 99: Kapazitätsbedarfe nach Iteration 2*

Die Verteuerung der Produktion des Produkts 1 in Periode 2 durch den Lagrange-Multiplikator $u_{A2}$ hat es günstiger werden lassen, bereits den gesamten Bedarf in Periode 1 zu produzieren. Dadurch wird die Verletzung der Kapazitätsrestriktion der Ressource A beseitigt. Allerdings entsteht jetzt eine *Fehlmenge* für das Erzeugnis 3, da die Produktionsmenge $q_{13}=10$ nicht ausreicht, um den sich aus der Produktion des Produkts 1 ergebenden Sekundärbedarf (=15) zu decken. Im nächsten Schritt erhöhen wir den Lagrange-Multiplikator der Fehlmengenrestriktion des Produkts 3 in Periode 1, $v_{31}$, passen $u_{A2}$ den Gleichungen (464) und (466) entsprechend an und lösen alle Modelle $WW_k$ - soweit sich deren Parameter geändert haben - erneut.

Die Entwicklung der Lagrange-Multiplikatoren $u_{A2}$ und $v_{31}$ sowie der Belastung (Überstunden) der Ressource A in Periode 2 und der Fehlmenge für Produkt 3 in Periode 1 im Verlaufe der Iterationen zeigt Tabelle 100. In der rechten Spalte ist mit K (Kapazität) bzw. L (Lagerbestand) die Ursache der Unzulässigkeit der aktuellen Lösung markiert.

| l | $u_{A2}$ | Überstunden | $v_{31}$ | Fehlmenge | |
|---|---|---|---|---|---|
| 1 | .00000 | 5 | .00000 | 0 | K |
| 2 | .57143 | -5 | .00000 | 5 | L |
| 3 | .28914 | 5 | .37639 | 0 | K |
| 4 | .63575 | 5 | .48304 | 0 | K |
| 5 | 1.00285 | -5 | .50211 | 5 | L |
| . | ... | ... | ... | ... | . |

*Tabelle 100: Iterationsverlauf*

**b) Bestimmung der oberen Schranke**

Zur Aktualisierung des $\lambda$-Wertes [Gleichung (466)] wird in jeder Iteration die obere Schranke UB des optimalen Zielfunktionswerts benötigt. Aus diesem Grund wird in jeder Iteration eine *zulässige Lösung* des Modells MLCLSP-2 ermittelt. Aufbauend auf den in Schritt 1 ermittelten (nicht-zulässigen) Produktionsplänen der Produkte werden nun zunächst *Fehlmengen* und dann *Überlastungen* der Kapazitäten beseitigt.

**Berücksichtigung der Fehlmengenrestriktionen.** Damit Fehlmengen vermieden werden, muß entsprechend den Lagerbilanzgleichungen und den Nicht-Negativitätsbedingungen für die Lagerbestände sichergestellt werden, daß die Losgrößen für übergeordnete Produkte nicht zu Fehlmengen bei untergeordneten Produkten führen. Ein hinsichtlich dieser Bedingung zulässiger Produktionsplan wird auf einfache Weise dadurch erreicht, daß man die Produkte nach dem *Dispositionsstufenverfahren* abarbeitet[430]. Beginnend mit den Produkten der obersten Dispositionsstufe (0) werden zunächst die sich ergebenden Einprodukt-Losgrößenprobleme vom Typ des Modells $WW_k$ gelöst. Die erzeugten Produktionspläne der Produkte der Dispositionsstufe 0 dienen als Grundlage für die Bestimmung der Sekundärbedarfsmengen für die direkten Vorgänger dieser Produkte auf der Dispositionsstufe 1, für die dann ebenfalls Probleme vom Typ $WW_k$ gelöst werden, etc. Nach Betrachtung aller Produkte liegt eine zulässige Lösung für das Modell MLCLSP-2 - ohne die Kapazitätsrestriktionen - vor.

**Berücksichtigung der Kapazitätsrestriktionen.** Zunächst werden die resultierenden Kapazitätsbelastungen den verfügbaren Kapazitäten der Ressourcen, $b_{jt}$ (j=1,2,...,J; t=1,2,...,T) gegenübergestellt. Überschreitungen der Kapazitäten werden der Einfachheit halber als *Überstunden* interpretiert. Diese lassen sich gegebenenfalls auch zur Definition "weicher" Kapazitätsrestriktionen einsetzen. Zur Bestimmung einer zulässigen Lösung des Problems MLCLSP-2 wird nun sukzessive versucht, alle aufgetretenen Überstunden abzubauen. Sobald dies oder eine vorgegebene maximale Iterationszahl (für den Kapazitätsabgleich) erreicht ist, wird der Kapazitätsabgleich abgebrochen.

Bei der Durchführung des Kapazitätsabgleichs bestehen zahlreiche Freiheitsgrade[431]:

- **Reihenfolge, in der Perioden mit Überstunden betrachtet werden**
  Ein *Vorwärtsabgleich* beginnt in der ersten Periode, in der Überstunden aufgetreten sind, und verlagert Produktionsmengen aus Perioden mit Überstunden in Richtung Planungshorizont T. Umgekehrt verschiebt der *Rückwärtsabgleich* Überstunden vom Planungshorizont in Richtung Periode 1. Zwischen diesen beiden Abgleichrichtungen wird solange abgewechselt, bis eine Lösung ohne Überstunden gefunden oder bis die maximale Iterationszahl für den Kapazitätsabgleich erreicht wurde. Das Grundprinzip dieser beiden Formen des Kapazitätsabgleichs wird in Bild 117 veranschaulicht.

---

430 vgl. Abschnitt 4221.
431 vgl. **Derstroff** (1995)

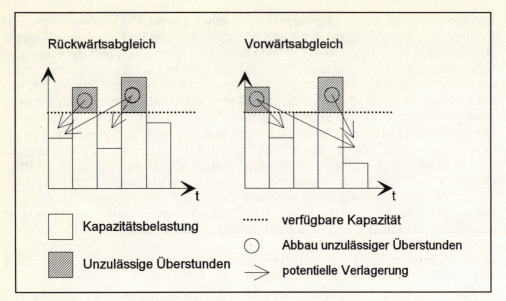

*Bild 117: Rückwärts- und Vorwärtsabgleich*

- **Anzahl der bei einer Verlagerung gemeinsam betrachteten Produkte**
  Hinsichtlich der Anzahl der von einem Verlagerungsschritt betroffenen Produkte besteht einmal die Möglichkeit, einzelne Lose von Produkten bzw. Teillose isoliert zu verlagern (*einfacher Abgleich*). Eine andere Möglichkeit ist die Betrachtung von Teilerzeugnisstrukturen, d.h. die simultane Verlagerung der Lose von Enderzeugnissen und ihren Baugruppen oder Baugruppen und ihren Einzelteilen (*Strukturabgleich*).
  Zunächst wird versucht, möglichst ganze Lose zu verlagern, um so durch die Verlagerung keine zusätzlichen Rüstvorgänge zu erzeugen. Ferner wird versucht, eine Periode zu finden, in der bereits für das betreffende Produkt gerüstet wird. Durch die Verlagerung eines vollständigen Loses in eine Periode, in der bereits für dieses Produkt gerüstet wird, kann ein Rüstvorgang und damit die entsprechende Rüstzeit eingespart werden. Da diese Prüfung für ein einzelnes Produkt relativ schnell möglich ist, wird die Form des einfachen Abgleichs zunächst bevorzugt eingesetzt, um Überstunden abzubauen.
  Konnten die Überstunden durch den einfachen Abgleich nicht abgebaut werden, wird zum *Strukturabgleich* übergegangen. Auch hier wird jeweils versucht, durch Verlagerung von ganzen Losen Rüstzeiten zu vermeiden.

- **Reihenfolge, in der die Ressourcen betrachtet werden**
  Ein weiterer Freiheitsgrad besteht in der Reihenfolge, in der die überlasteten Ressourcen betrachtet werden. Damit möglichst viele einfache Abgleiche möglich sind, wird bei einer Verlagerung in Richtung Zukunft versucht, zunächst an solchen Ressourcen Überstunden abzubauen, die durch viele Endprodukte in Anspruch genommen werden. Dadurch ist eher gewährleistet,

daß auch ganze Lose verschoben werden können, ohne daß es zu Fehlmengen kommt. Umgekehrt werden bei Verlagerung in Richtung Gegenwart zuerst solche Ressourcen betrachtet, auf denen die meisten Einzelteile bearbeitet werden, da deren Lose, ohne Fehlmengen zu verursachen, verschoben werden können. Dieser Aspekt wird berücksichtigt, wenn man die Ressourcen nach ihrer Position im Ressourcengraphen[432] behandelt. Ist der Ressourcengraph zyklisch, dann richtet sich die Reihenfolge der Betrachtung der Ressourcen beim Kapazitätsabgleich nach der Differenz zwischen eingehenden und ausgehenden Pfeilen im Ressourcengraphen.

Beim Kapazitätsabgleich wird im Prinzip wie folgt vorgegangen: Wir betrachten eine Ressource, deren Kapazität in Periode t durch die vorläufig eingeplanten Produktionsmengen überschritten wird. Um Überstunden abzubauen, wird nun über alle Produkte i und alle Zielperioden t die Verlagerung realisiert, die zur größten Verringerung des Zielfunktionswertes führt.

- **Reihenfolge, in der Ressourcen oder Perioden betrachtet werden**
  Schließlich besteht prinzipiell die Möglichkeit, entweder zuerst die Ressourcen und dann die Perioden zu betrachten oder umgekehrt. Das Prinzip ist in Bild 118 wiedergegeben.

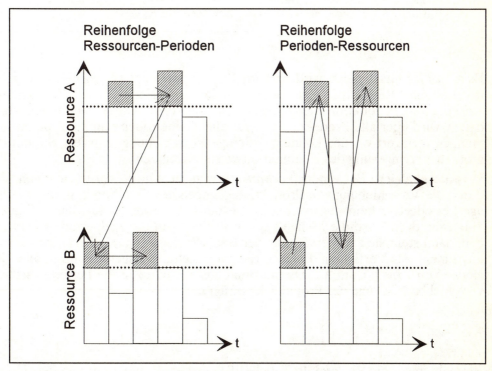

*Bild 118: Abgleichreihenfolgen*

---

[432] vgl. Abschnitt 434431.

Insgesamt bestehen somit vier Freiheitsgrade zur konkreten Ausgestaltung des Verfahrens. Der grundsätzliche Ablauf des Kapazitätsabgleichsverfahren ist in Bild 119 zusammengefaßt.

| Iteration 0: |
|---|
| Berechne die Überstunden |
| **Iteration I:** |
| Solange noch Kapazitätsüberlastungen bestehen und noch nicht alle Ressourcen betrachtet worden sind: |
| Betrachte nacheinander alle überlasteten Ressourcen: <br> Führe einen **Vorwärtsabgleich** durch. Versuche dabei zunächst einen **Einfachabgleich**. Führe gegebenenfalls einen **Strukturabgleich** durch. |
| Falls immer noch Kapazitätsüberlastungen bestehen: |
| Betrachte nacheinander alle überlasteten Ressourcen: <br> Führe einen **Rückwärtsabgleich** durch. Versuche dabei zunächst einen **Einfachabgleich**. Führe gegebenenfalls einen **Strukturabgleich** durch. |

*Bild 119: Kapazitätsabgleichsverfahren*

Beim Kapazitätsabgleich wird nun im Prinzip wie folgt vorgegangen: Wir betrachten eine Ressource, deren Kapazität in der Periode $\tau$ durch die vorläufig eingeplanten Produktionsmengen überschritten wird. Um Überstunden abzubauen, wird über alle Produkte k und für alle Zielperioden t, in die Produktionsmengen verlagert werden können, diejenige Verschiebung realisiert, die mit der größten Verringerung des Zielfunktionswerts verbunden ist.

**Vorwärtsabgleich.** Bei einem *Vorwärtsabgleich* ist nun zu berücksichtigen, daß durch die Verschiebung von Produktionsmengen des Produkts k in eine *zukünftige* Periode t>$\tau$ kein negativer Lagerbestand (Fehlmenge) für dieses Produkt entstehen darf. Wird die Menge $\Delta_{i\tau t}$ von Periode t in die Zielperiode $\tau$ verschoben, dann steht sie zur Versorgung der Bedarfsmengen in den Perioden $\tau$ bis t-1 nicht mehr zur Verfügung. Folglich reduziert sich der Lagerbestand in allen Perioden von $\tau$ bis t-1 um $\Delta_{i\tau t}$. Die maximal aus Periode $\tau$ in die Periode t isoliert verschiebbare Menge des Produkts k beträgt damit:

$$\Delta_{k\tau t}^{max} = \min\left\{q_{k\tau}, \min_{\tau \leq l \leq t-1}[y_{kl}]\right\} \qquad \tau>t;\ k=1,2,\ldots,K \qquad (469)$$

Betrachten wir ein **Beispiel**. In Tabelle 101 wird ein Produktionsplan für ein Produkt angegeben, der zur Überlastung einer Ressource führt.

| t | 1 | 2 | 3 | 4 |
|---|---|---|---|---|
| $d_t$ | 10 | 20 | 10 | 10 |
| $q_t$ | 30 | - | 20 | - |
| $y_t$ | 20 | - | 10 | - |
| $KN_t$ | 30 | - | 20 | - |
| $b_t$ | 20 | 20 | 20 | 20 |
| $\Delta_{k1t}^{max}$ | unzulässig | 20 | - | - |

*Tabelle 101: Maximale Verlagerungsmenge*

Aus der Produktionsmenge $q_t$ ergibt sich der Kapazitätsbedarf $KN_t$. In Periode 1 entsteht eine Überlastung, die durch eine Verlagerung von Produktionsmengen aus Periode 1 in die Perioden 2 bis 4 beseitigt werden soll. Die Höhe der maximal zu verschiebenden Produktionsmenge hängt davon ab, in welche Zielperiode die Verlagerung erfolgt. Wird die Zielperiode 2 betrachtet, dann können maximal $\min\{q_{k1}, y_{k1}\} = \min\{30, 20\} = 20$ ME verlagert werden. In die Zielperiode 3 kann nichts verlagert werden: $\min\{q_{k1}, y_{k1}, y_{k2}\} = \min\{30, 20, 0\} = 0$. Würde man z.B. 10 ME in Periode 3 verlagern, dann könnte der Bedarf in Periode 2 nicht erfüllt werden.

Um Lagerkosten einzusparen, werden bei der Verlagerung über die zum Abbau von Überstunden notwendigen Mengen hinaus weitere Mengen in die Zielperiode t verlagert, sofern die dort verbliebene Restkapazität dies zuläßt.

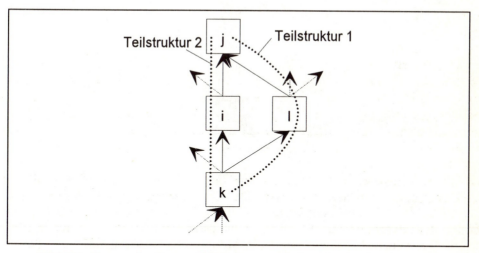

*Bild 120: Untersuchte lineare Teilstrukturen zwischen den Produkten k und j*

Kann für keines der die Überlastung der Ressource in Periode $\tau$ hervorrufenden Produkte eine isolierte Mengenverlagerung durchgeführt werden, dann wird zum *Strukturabgleich* in Richtung Zukunft übergegangen. Dabei wird für die direkten und indirekten Nachfolger j des Produkts k, für die die maximale Verlagerungsmenge nach Gleichung (469) positiv ist, ermittelt, welche Menge mitverlagert werden muß, um eine Verlagerung von Produktionsmengen des Produkts k zu ermöglichen. Es werden dabei nur die linearen Teilstrukturen zwischen den Produkten k und j untersucht (siehe Bild 120). Die verlagerte Menge kann die zum Überstundenabbau notwendige Mindestmenge überschreiten, wenn die in der Zielperiode t verbliebene Restkapazität dies zuläßt.

**Rückwärtsabgleich.** Bei einem *Rückwärtsabgleich* wird die Produktionsmenge des Produkts k aus einer Periode $\tau$ in eine *frühere* Periode $t<\tau$ vorgezogen. Dabei sind die Auswirkungen auf die Sekundärbedarfsmengen und den Lagerbestand der direkt untergeordneten Produkte $j \epsilon V_k$ zu berücksichtigen. Die Menge des Produkts k, die isoliert aus der Periode $\tau$ in die Periode t vorgezogen werden kann, beträgt dann höchstens:

$$\Delta_{k\tau t}^{max} = \min \left\{ q_{k\tau}, \min_{j \epsilon V_k, \tau \leq l \leq t-1} \left( \frac{y_{kl}}{a_{jk}} \right) \right\} \qquad t<\tau;\ k=1,2,\ldots,K \qquad (470)$$

Betrachten wir als **Beispiel** die in Bild 121 dargestellte Erzeugnis- und Prozeßstruktur. Es sei angenommen, daß die durch das Produkt 1 belegte Ressource A in Periode 4 überlastet ist, weil sie auch noch andere - hier nicht betrachtete - Produkte bearbeitet.

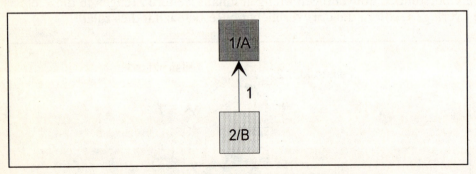

*Bild 121: Lineare Erzeugnis- und Prozeßstruktur*

Die Überlastung der Ressource A in Periode 4 soll durch Vorziehen der Produktion des Produks 1 beseitigt werden. Da pro vorgezogener ME des Produkts 1 auch eine ME des untergeordnetes Produkts 2 früher produziert werden muß, können bei unverändertem Produktionsplan für Produkt 2 höchstens 20 ME in Periode 3 produziert werden. Für diese Menge reicht der Lagerbestand des Produkts 2 in Periode 3 gerade aus. Eine Verlagerung der Produktion des Produkts 1 in eine noch frühere Periode, z.B. Periode 2, ist nicht möglich, da die Produktion in dieser Periode mangels Lagerbestand des Produkts 2 nicht durchführbar wäre.

| t | 1 | 2 | 3 | 4 |
|---|---|---|---|---|
| $d_{1t}$ | 20 | 20 | 20 | 20 |
| $q_{1t}$ | 20 | 20 | 20 | 20 |
| $y_{1t}$ | 20 | - | 10 | - |
| $KN_{At}$ | 20 | 20 | 20 | 60 |
| $b_{At}$ | 40 | 40 | 40 | 40 ↑ |
|  |  |  | unzulässig ⌐ |  |
| $q_{1t} \cdot a_{21}$ | 20 | 20 | 20 | 20 |
| $q_{2t}$ | 40 | - | 40 | - |
| $y_{2t}$ | 20 | - | 20 | - |
| $\Delta_{14t}^{max}$ | - | - | 20 | - |

*Tabelle 102: Maximale Verlagerungsmenge*

Ist die maximale Verlagerungsmenge für alle Produkte, die in einer Periode eine Ressourcenüberlastung verursachen, gleich Null, dann wird versucht, durch die gemeinsame Verlagerung der Produktionsmengen mehrerer über- und untergeordneter Produkte eine zulässige Lösung herbeizuführen (*Strukturabgleich*).

Zwischen den Phasen des Vorwärts- und Rückwärtsabgleich wird solange abgewechselt, bis eine zulässige Lösung erreicht oder bis die maximale Anzahl Iterationen für den Kapazitätsabgleich erreicht worden ist. Auch wenn keine zulässige Lösung gefunden wurde, wird das Verfahren in Schritt 1 fortgesetzt und versucht, neue Werte der Lagrange-Multiplikatoren zu finden.

Das Verfahren wurde anhand zahlreicher Beispiele eingehend getestet[433]. Die mittlere Abweichung von der optimalen Lösung für das in Abschnitt 434431. erwähnte Beispiel mit K=10 Produkten und T=4 Perioden betrug bereits nach einer Iteration nur noch 3.54 % und reduzierte sich nach 50 Iterationen (=1.3 Sek. Rechenzeit[434]) auf 1.48 %.

Probleme mit K=100 Produkten und T=16 Perioden wurden ebenfalls gelöst. Für 20 Iterationen wurden dabei ca. 200 Sek. Rechenzeit benötigt. Die Lösungsqualität war bei gleicher Rechenzeit für die weitaus überwiegende Mehrzahl der untersuchten Probleme besser als bei Einsatz des in Abschnitt 434431. beschriebenen Dekompositionsverfahrens. Vergleiche mit optimalen Lösungen sind derzeit allerdings nicht möglich, da diese aufgrund der hohen Problemkomplexität nicht bestimmt werden können. Für die Gruppe der (K=100, T=16, J=10)-Probleme betrug der Abstand zwischen oberer und unterer Schranke nach 50 Iterationen (450 Sek. Rechenzeit) im Durchschnitt 17.89 % der oberen Schranke.

Das prinzipielle Lösungskonzept der Lagrange-Relaxation kann (mit einigen Modifikationen) auch eingesetzt werden, wenn die einzelnen Produkte alternativ auf unterschiedlichen Ressourcen bearbeitet werden können (variable Arbeitsgang-Ressource-Zuordnung). *Derstroff*[435] erweitert das Modell MLCLSP

---

[433] vgl. **Tempelmeier/Derstroff** (1993), (1994); **Derstroff** (1995)
[434] Die Berechnungen wurden auf einem 80486/33MHz-PC unter MS-DOS 6.0 durchgeführt.
[435] vgl. **Derstroff** (1995)

für diese Situation und entwickelt die notwendigen Modifikationen zur Lösung der resultierenden Teilprobleme (Bestimmung der unteren und oberen Schranke).

Ein weiteres heuristisches Verfahren für generelle Erzeugnis- und Prozeßstrukturen, das allerdings nur für Losgrößenprobleme mit *einer Ressource* einsetzbar ist, wird von *Roll und Karni*[436] vorgeschlagen. Sie entwickeln ein mehrstufiges Lösungskonzept, in dessen Verlauf durch systematisches *Verschieben und Vertauschen* von Produktionsmengen versucht wird, Unzulässigkeit hinsichtlich der Kapazitätsbeanspruchung zu beseitigen sowie kostenungünstige Produktionspläne zu verbessern. Das Lösungskonzept ist so angelegt, daß nach jeder Stufe mit einem zulässigen Produktionsplan abgebrochen werden kann.

Die von *Roll und Karni* angeführten Rechenergebnisse deuten darauf hin, daß mit dem Ansatz sehr gute Ergebnisse erzielt werden können. Allerdings ist angesichts der relativ hohen Rechenzeiten die Anwendbarkeit des Verfahrens für Probleme realistischer Größenordnungen zu bezweifeln. So wurden für Probleme mit 4 Produkten und 8 Perioden auf einem Großrechner vom Typ IBM 3081D Rechenzeiten zwischen 0.47 und 1.41 Sekunden benötigt.

*Helber*[437] hat untersucht, ob und inwieweit heuristische Suchverfahren[438] (Simulierte Abkühlung, Tabu-Suche, genetischer Algorithmus, Evolutionsstrategie) zur Lösung des Modells MLCLSP einsetzbar sind. Seine Rechentests legen den Schluß nahe, daß diese Verfahren derzeit für Probleme praxisrelevanter Größenordnungen ungeeignet sind.

Unabhängig von der Lösungsgüte ist festzustellen, daß die Verfügbarkeit von Verfahren, die systematisch in der Lage sind, zulässige Lösungen für mehrstufige Losgrößenprobleme bei beschränkten Kapazitäten und zu berücksichtigenden Rüstzeiten zu bestimmen, bereits einen erheblichen Fortschritt gegenüber der derzeitigen betrieblichen Planungspraxis darstellt. Die direkte praktische Anwendung eines der ausführlich dargestellten Lösungsansätze ist dann möglich, wenn man von einer Aufteilung des Produktionsbereichs in **Produktionssegmente**[439] ausgeht. Für ein Produktionssegment, das dem Organisationstyp der Werkstattproduktion folgt, könnte ein Losgrößenmodell vom Typ des Modells MLCSLP formuliert und für den anstehenden Planungszeitraum von wenigen Wochen gelöst werden. Bei geeigneter Einbettung der Losgrößenplanung in eine sinnvoll konzipierte hierarchische Planung würde das Losgrößenmodell eine Komplexität (mehrere Tausend aktive Arbeitsgänge) erlangen, die mit den verfügbaren Lösungsverfahren auf einer Workstation problemlos handhabbar wäre.

Das vielfach auch in neueren Lehrbüchern geäußerte, noch aus den sechziger Jahren stammende Argument, angesichts der großen Anzahl von Arbeitsgängen könnten Simultanplanungsansätze nicht eingesetzt werden, muß angesichts der

---

436  vgl. **Roll/Karni** (1991)
437  vgl. **Helber** (1994)
438  vgl. Abschnitt 43433.
439  vgl. **Günther/Tempelmeier** (1994), S. 78

dargestellten Lösungsansätze relativiert werden. Simultanplanungsansätze, die auf global optimale Lösungen abzielen, sind nach wie vor nicht einsetzbar. Simultanplanungsansätze, die zur Erzeugung *heuristischer*, zumindest *zulässiger*, Lösungen dienen, sind nunmehr vorhanden. Neuere PPS-Systeme bieten dem Anwender über eine Abfragesprache z.B. die Möglichkeit, alle für einen bestimmten Planungszeitraum und ein abgegrenztes Produktionssegment aktiven Aufträge bzw. Bedarfe zu selektieren und auf eine lokale Workstation herunterzuladen. Dort könnte dann die Lösung des segmentspezifischen dynamischen Mehrprodukt-Losgrößenproblems mit beschränkten Kapazitäten erfolgen.

## 43444. Einsatz der kapazitierten Losgrößenplanung in einem rollenden Planungskonzept

Löst man das Modell MLCLSP für gegebene Endprodukt-Bedarfszeitreihen und bei positiven minimalen Vorlaufzeiten z(k), dann muß berücksichtigt werden, daß Produktionsmengen für übergeordnete Produkte (Baugruppen, Endprodukte) in den ersten Perioden des Planungszeitraums nur dann eingeplant werden können, wenn die dazu benötigten Mengen der untergeordneten Erzeugnisse zu Beginn der Produktionsperiode verfügbar sind. Wird nun z.B. ein Los für ein Endprodukt in Periode 1 eingeplant und werden hierzu Mengen eines Einzelteils benötigt, die mit einer Durchlaufzeit von einer Periode produziert werden, dann muß die Sekundärbedarfsmenge des Einzelteils bereits zum Beginn des Planungszeitraums (Produktionsbeginn des Endprodukts) als disponibler Lagerbestand vorhanden sein. Von Bedeutung sind dabei der *physische Lagerbestand* und der zu Beginn der Periode 1, d.h. vor dem Produktionsbeginn des Endprodukts noch eintreffende *Bestellbestand*, dessen Produktion in einer vergangenen Periode eingeleitet worden ist. Bei längeren Mindestvorlaufzeiten (z.B. bei Trocknungsprozessen) müssen u.U. mehrere, zu Beginn unterschiedlicher Perioden verfügbar werdende Produktionsmengen berücksichtigt werden.

In der betrieblichen Praxis tritt das durch das Modell MLCLSP erfaßte kapazitierte Losgrößenproblem nicht nur einmal auf, sondern es werden sinnvollerweise in einem Konzept der **rollenden Planung** nacheinander mehrere Planungsläufe durchgeführt. Dabei wird das Planungsfenster der Länge T in Abständen von R Perioden verschoben, wobei sich die Planungsfenster i.d.R. zeitlich überlappen. Dies bedeutet, daß eine Folge von kapazitierten Losgrößenproblemen zu den Zeitpunkten 0, R, 2·R, 3·R, usw. zu lösen ist. Ein nachfolgendes Losgrößenproblem (Planungslauf $\ell$) übernimmt dabei die Datensituation, d.h. die Entwicklung der disponiblen Lagerbestände aller Erzeugnisse von seinem unmittelbaren Vorgänger (Planungslauf $\ell-1$). Damit die Primärbedarfe der am Anfang des Planungszeitraums $\ell$ liegenden Perioden erfüllt werden können, muß bereits im Planungslauf $\ell-1$ mit der Produktion ausreichender Mengen begonnen worden sein. Diese werden als Bestellbestände in die disponiblen Lagerbestände einbezogen und bei der Nettobedarfsrechnung im Planungslauf $\ell$ berücksichtigt. Bei korrekter Planung reichen die disponiblen Lagerbestände aus, um sämtliche Primärbedarfsmengen über die kumulierte Durchlaufzeit zu erfüllen. Das Konzept der rollenden Losgrößenplanung ist graphisch in Bild 122 dargestellt.

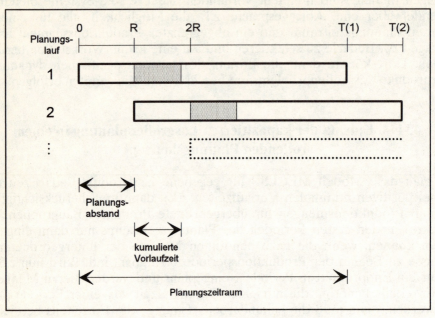

*Bild 122: Rollende Losgrößenplanung*

Zur Veranschaulichung betrachten wir ein Beispiel mit deterministischen Zeitreihen der Endproduktbedarfsmengen[440]. Dabei gehen wir von der in Bild 123 dargestellten Erzeugnis- und Prozeßstruktur aus.

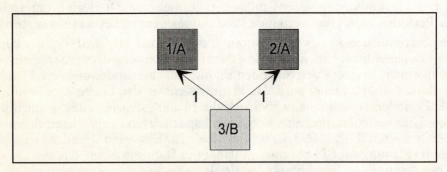

*Bild 123: Erzeugnisstruktur*

---

[440] Auf die Probleme, die zusätzlich durch die stochastische Veränderung der Primärbedarfszeitreihen entstehen (Änderung der Bedarfsprognosen in der Hauptproduktionsprogrammplanung), wird in Abschnitt 5. eingegangen.

# 43444. Einsatz der kapazitierten Losgrößenplanung in einem rollenden Planungskonzept

Zwei Endprodukte 1 und 2 werden auf der Ressource A produziert, die mit einer Kapazität von 350 ZE/Periode zur Verfügung steht. Die Rüstkosten betragen für alle Produkte 400 GE/Rüstvorgang. Die Lagerkostensätze der Produkte 1 (2, 3) seien 2 (2, 1) GE/(ME·ZE). Das untergeordnete Produkt 3 wird auf der Ressource B (Kapazität 500) bearbeitet. Die Mindestvorlaufzeit des Produkts 3 beträgt zwei Perioden, während beide Endprodukte mit vernachlässigbaren Vorlaufzeiten produziert werden können.

Die erste Periode des aktuell betrachten Planungsfensters sei Periode 1. Unterstellen wir nun, daß für das Produkt 3 in Periode -1 mit der Produktion von 292 ME begonnen wurde, die bei einer Durchlaufzeit von zwei Perioden zu Beginn der Periode 1 zur Bedarfsdeckung zur Verfügung stehen werden. Ebenfalls wurde in Periode 0 mit der Produktion von weiteren 350 ME begonnen, die wegen der zu berücksichtigenden Mindestvorlaufzeit jedoch erst zu Beginn der Periode 2 im Lager eintreffen werden. Nimmt man weiter an, daß für die beiden Endprodukte deterministische Bedarfsmengen für einen Planungszeitraum von T=8 Perioden gegeben sind, dann führt die Anwendung des Modells MLCSLP zu der in Tabelle 103 zusammengestellten optimalen Lösung.

| t | -1 | 0 | 1 | 2 | 3 | 4 | 5 | 6 | 7 | 8 |
|---|----|----|-----|-----|-----|-----|-----|-----|-----|-----|
| $d_{1t}$ |  |  | 111 | 110 | 103 | 118 | 104 | 106 | 101 | 111 |
| $d_{2t}$ |  |  | 166 | 152 | 148 | 156 | 125 | 116 | 139 | 153 |
| $q_{1t}$ |  |  | 126 | 198 | 0 | 328 | 0 | 0 | 212 | 0 |
| $q_{2t}$ |  |  | 166 | 152 | 304 | 0 | 242 | 0 | 138 | 153 |
| $y_{1t}$ |  | 0 | 15 | 103 | 0 | 210 | 106 | 0 | 111 | 0 |
| $y_{2t}$ |  | 0 | 0 | 0 | 156 | 0 | 117 | 1 | 0 | 0 |
| Sekundärbedarf$_{3t}$ | 292 | 350 | 292 | 350 | 304 | 328 | 242 | 0 | 350 | 153 |
| $q_{3t}$ |  |  | 377 | 500 | 0 | 0 | 500 | 0 | - | - |
| $y_{3t}$ |  |  | 0 | 0 | 73 | 245 | 3 | 3 | 153 | 0 |

*Tabelle 103: Lösung des ersten Planungslaufs*

Gehen wir nun davon aus, daß nach R=3 Perioden ein neuer Planungslauf durchgeführt wird, dann muß bei der Anwendung des Modells MLCLSP der Tatbestand berücksichtigt werden, daß am Ende der Periode 3 physische Lagerbestände des Endprodukts 2 in Höhe von 156 ME und des Einzelteils 3 in Höhe von 73 ME vorhanden sind. Außerdem ist für das Einzelteil 3 ein Bestellbestand zu berücksichtigen, der zu Beginn der Periode 4 (d.h. in Periode 1 des verschobenen Planungsfensters) zur Verfügung stehen wird.

Man kann die nächste Ausprägung des Modells MLCLSP in der Weise erzeugen, daß man das verschobene Planungsfenster (Perioden 4 bis 11) rückwärts bis zur frühesten noch nicht abgeschlossenen Produktionsmenge des untergeordneten Erzeugnisses ausdehnt. Im vorliegenden Beispiel sind danach die Perioden 2 und 3 (nach neuer Indizierung -1 und 0) in die Betrachtung einzubeziehen. Die Endproduktbedarfsmengen dieser Dummy-Perioden werden gleich Null gesetzt und die begonnenen Produktionsmengen sowie die Lagerbestände werden im Modell MLCLSP durch Einfügung entsprechender Nebenbedingungen direkt fixiert ($y_{20}=156$; $y_{30}=73$; $q_{3,-1}=500$). Die exakte Lösung des resultierenden Modells zeigt Tabelle 104.

| t(alt)<br>t(neu) | 2<br>-1 | 3<br>0 | 4<br>1 | 5<br>2 | 6<br>3 | 7<br>4 | 8<br>5 | 9<br>6 | 10<br>7 | 11<br>8 |
|---|---|---|---|---|---|---|---|---|---|---|
| $d_{1t}$ | | | 118 | 104 | 106 | 101 | 111 | 106 | 103 | 93 |
| $d_{2t}$ | | | 156 | 125 | 116 | 139 | 153 | 131 | 154 | 139 |
| $q_{1t}$ | | | 328 | 0 | 0 | 212 | 0 | 209 | 0 | 93 |
| $q_{2t}$ | | | 0 | 242 | 0 | 138 | 284 | 0 | 293 | 0 |
| $y_{1t}$ | | 0 | 210 | 106 | 0 | 111 | 0 | 103 | 0 | 0 |
| $y_{2t}$ | | 156 | 0 | 117 | 1 | 0 | 131 | 0 | 139 | 0 |
| Sekundärbedarf$_{3t}$ | | 0 | 328 | 242 | 0 | 350 | 284 | 209 | 293 | 93 |
| $q_{3t}$ | 500 | 0 | 0 | 347 | 493 | 0 | 386 | 0 | - | - |
| $y_{3t}$ | | 73 | 245 | 3 | 3 | 0 | 209 | 0 | 93 | 0 |

*Tabelle 104: Lösung des zweiten Planungslaufs*

Aus den beiden dargestellten Lösungen wird auch erkennbar, daß in den letzten beiden ($z(3)=2$) Perioden des Planungsfensters für das Produkt 3 keine Produktion mehr eingeplant wird, da für die Perioden 9 und 10 bzw. 12 und 13 keine Endproduktbedarfsmengen angegeben sind.

**Vertiefende Literatur zu Abschnitt 4344.:**

*Billington* (1983)
*Billington/McClain/Thomas* (1983), (1986)
*Billington/Blackburn/Maes/Millen/Van Wassenhove* (1994)
*Derstroff* (1995)
*Domschke/Scholl/Voß* (1993)
*Kuik/Salomon/Van Wassenhove* (1994)
*Kuik/Salomon/Van Wassenhove/Maes* (1993)
*Helber* (1994), (1995)
*Maes* (1987)
*Maes/McClain/Van Wassenhove* (1991)
*McLaren* (1977)
*Raturi/Hill* (1988)
*Roll/Karni* (1991)
*Tempelmeier/Derstroff* (1993), (1994)
*Tempelmeier/Helber* (1994)

# 5. Berücksichtigung der Unsicherheit in mehrstufigen Produktionsprozessen

In den bisherigen Ausführungen zur Materialbedarfs- und Losgrößenplanung wurde davon ausgegangen, daß alle entscheidungsrelevanten Informationen zum Zeitpunkt der Aufstellung eines Produktionsplanes mit Sicherheit bekannt sind. Das bedeutet, daß nicht nur die **Primärbedarfsmengen**, sondern auch die **Durchlaufzeiten** (einschl. der ablaufbedingten Wartezeiten) und die **Ausschußraten** als deterministische Größen behandelt werden können. Die folgenden Ausführungen haben die Probleme zum Gegenstand, die sich daraus ergeben, daß die genannten Annahmen in der betrieblichen Realität *nicht erfüllt* sind.

Die Ergebnisse empirischer Untersuchungen über die Häufigkeitsverteilung von **Auftragsdurchlaufzeiten** in Unternehmen legen den Schluß nahe, daß die Durchlaufzeit in vielen Fällen - zumindest aus der Sicht des Produktionsplaners - eine **Zufallsvariable** mit einer linkssteilen Verteilung und einer sehr hohen Varianz ist[441]. Die Ursachen dafür liegen einmal in **externen Einflußfaktoren**, die auf den Produktionsprozeß in unvorhersehbarer Weise einwirken, z.B. Verzögerungen in der Beschaffung von Material[442], Maschinenausfälle bei Engpaßmaschinen, die zu nicht aufholbaren Verzögerungen im Produktionsprozeß führen.

Darüberhinaus werden die Schwankungen der Durchlaufzeit aber auch durch **Entscheidungen der Produktionsplanung und -steuerung** verursacht. So hat z.B. in der kurzfristigen Ablaufplanung die Anwendung einiger Prioritätsregeln zur Folge, daß bestimmte Aufträge vor einer Maschine länger warten müssen als andere[443], weil sie durch Anwendung dieser Prioritätsregeln mehrfach an das Ende der Warteschlange vor der Maschine gesetzt werden. Die *wesentliche Ursache* für die Unvorhersehbarkeit der tatsächlichen Durchlaufzeit eines Auftrags besteht aber darin, daß der in der Materialbedarfs- und Losgrößenplanung vernachlässigte Tatbestand **beschränkter Kapazitäten** zu nicht zulässigen Produktionsplänen führt. Übersteigt die geplante Produktionsmenge einer Periode die verfügbare Kapazität, dann ist dies oft mit einer Verschiebung von Produktionsmengen in die Zukunft verbunden. Dadurch ergeben sich *ungeplante Verspätungen* der Produktionsaufträge.

Da für die Vorlaufzeitverschiebung nach dem dargestellten Konzept der Materialbedarfs- und Losgrößenplanung, wie es in der betrieblichen Praxis zum Einsatz

---

441 vgl. z.B. **Buchmann** (1982); **Wiendahl** (1984)
442 Da die Lieferanten des Materials selbst einer stochastischen Nachfrage gegenüberstehen, lassen sich Fehlmengen und damit auch lagerbedingte Lieferzeiten nicht vermeiden. Vgl. hierzu auch **Tempelmeier** (1983a)
443 Eine Prioritätsregel, die zu einer hohen Varianz der Durchlaufzeit der Aufträge führt, ist die Kürzeste-Operationszeit-Regel (KOZ-Regel). Vgl. z.B. **Hax/Candea** (1984), S. 314-317

kommt, aber fixierte Werte der Durchlaufzeit eines Auftrags benötigt werden, bleibt dem Produktionsplaner vielfach nur die Möglichkeit, die **Durchlaufzeit** eines Auftrags (oder eines Arbeitsgangs) zu schätzen. Als grober Schätzwert wird dabei in einigen Fällen der um einen Risikozuschlag erhöhte Mittelwert vergangener Beobachtungswerte der Durchlaufzeit (für vergleichbare Aufträge) verwendet[444]. Wird die tatsächliche Produktionsdauer *überschätzt*, dann werden Produktionsaufträge früher als notwendig zur Fertigung freigegeben. Das wiederum bewirkt, daß sich die Aufträge und das entsprechende Material im Produktionsbereich vor einzelnen Maschinen *stauen*. Dadurch können weitere Erhöhungen der zu beobachtenden Durchlaufzeiten entstehen[445]. Wird dagegen die tatsächliche Durchlaufzeit *unterschätzt*, dann kann dies Produktionsstillstand bzw. die Überschreitung von Lieferterminen zur Folge haben, da evtl. zur Fertigstellung eines Auftrags benötigtes Material nicht rechtzeitig bereitsteht.

Da in den Standard-Softwaresystemen zur Produktionsplanung und -steuerung das Problem der beschränkten Kapazitäten weitgehend vernachlässigt wird, ist es auch nicht verwunderlich, daß die *Durchlaufzeit* i.d.R. als Bestandteil der *Stammdaten eines Erzeugnisses* gespeichert wird.

Zur Milderung der unerwünschten Auswirkungen von unvermeidbaren Fehlprognosen werden in der betrieblichen Praxis die **Produktionspläne kurzfristig verändert**. So kann man z.B. die Losgröße eines noch nicht fertiggestellten Produktionsauftrags erhöhen oder den Freigabetermin des Auftrags gegenüber dem geplanten Termin zeitlich vorziehen. Dadurch entsteht eine "*Nervosität*" des Planungssystems[446], die noch durch den Umstand verstärkt wird, daß die Aufträge der Erzeugnisse miteinander verflochten sind. Häufiges Verändern eines Produktionsplanes kann zu Akzeptanzproblemen auf Seiten der ausführenden Mitarbeiter führen, die dann die Prioritäten der Aufträge evtl. nicht mehr ernst nehmen[447]. Parallel zur Umplanung von Mengen und Terminen der Aufträge werden oft **mengenmäßige und zeitliche Puffer** vorgesehen.

Der Problemkreis der *Unsicherheit in mehrstufigen Produktionsprozessen* ist noch vergleichsweise unerforscht. Zur Berücksichtigung der Unsicherheit bei *einstufigen* Produktionsprozessen (z.B. bei unabhängigem Bedarfsverlauf eines Erzeugnisses) kann auf die Ergebnisse und Entscheidungsregeln der *Lagerhaltungstheorie* für einstufige stochastische Lagerprozesse zurückgegriffen werden. Im Rahmen dieser Lagerdispositionssysteme wird jedes Produkt isoliert betrachtet und durch einen Sicherheitsbestand von den Einflüssen der stochastischen Größen, die sich auf die Bedarfsmengen und -zeitpunkte sowie die Produktionsmengen und Fertigstellungstermine auswirken, abgeschirmt[448].

In der betrieblichen Praxis wird in dieser Weise auch bei mehrstufigen Erzeugnis- und Prozeßstrukturen vorgegangen. In ähnlicher Weise wie bei der Losgrö-

---

444 vgl. **St. John** (1983), S. 2
445 vgl. **Tatsiopoulos/Kingsman** (1983); **Zäpfel** (1989), S. 217-218
446 vgl. **Steele** (1975); **Mather** (1977); **Ho/Carter/Melnyk/Narasimhan** (1986)
447 vgl. **Carlson/Jucker/Kropp** (1979); **Grasso** (1982)
448 vgl. hierzu z.B. **Schneeweiß** (1981); **Tempelmeier** (1983b); **Robrade** (1991)

ßenplanung werden die einzelnen Erzeugnisse isoliert betrachtet und für jedes Produkt ein **isolierter Sicherheitsbestand** berücksichtigt[449]. Berechnet man aber für mehrere durch Input-Output-Beziehungen miteinander verknüpfte Erzeugnisse derartige isolierte Sicherheitsbestände, dann ergeben sich daraus tendenziell *überhöhte Lagerbestände*, denn die Möglichkeiten des Ausgleichs der Unsicherheit zwischen den verschiedenen Produktions- und Erzeugnisstufen werden nicht genutzt. So ist z.B. die Standardabweichung der Durchlaufzeiten zweier *unmittelbar hintereinandergeschalteter* Arbeitsgänge niedriger als die Summe der isoliert berechneten Standardabweichungen der arbeitsgangbezogenen Durchlaufzeiten[450]. Das leuchtet unmittelbar ein, da die zufällige *Überschreitung* der geplanten Durchlaufzeit auf einer Produktionsstufe z.T. durch eine ebenso zufällige *Unterschreitung* der Durchlaufzeit auf einer nachfolgenden Produktionsstufe kompensiert werden kann. Da die Berechnung von Sicherheitsbeständen aber i.a. auf der isolierten Standardabweichung eines Arbeitsgangs basiert, werden die *Sicherheitsbestände tendenziell zu hoch* festgelegt.

Das im folgenden betrachtete Problem besteht darin, die Ergebnisse der deterministischen Bedarfsrechnung und der Losgrößenplanung vor den negativen Auswirkungen der Unsicherheit abzuschirmen. Zunächst werden die **Ursachen der Unsicherheit** näher untersucht. Im Anschluß daran erfolgt eine Diskussion der planerischen **Möglichkeiten zur Berücksichtigung der Unsicherheit** in der Materialbedarfs- und Losgrößenplanung.

## 51. Einflußgrößen der Unsicherheit in mehrstufigen Produktionsprozessen

Betrachten wir zunächst die Einflußgrößen, deren stochastischer Charakter Unsicherheit bei der Produktionsplanung hervorruft. Die Komponenten der Planungsstruktur sind in Bild 124 wiedergegeben[451].

---

449  vgl. z.B. **Skutta** (o.J.); **Vollmann/Berry/Whybark** (1992), S. 33
450  Diese Aussage läßt sich durch Rückgriff auf wahrscheinlichkeitstheoretische Überlegungen bezüglich der Verteilung einer Summe von Zufallsvariablen begründen. Bei Unabhängigkeit der Zufallsvariablen ist die Standardabweichung der Summe kleiner als die Summe der Standardabweichungen der Zufallsvariablen. Vgl. z.B. **Kohlas** (1977), S. 32-33
451  vgl. **Chang** (1981), S. 6

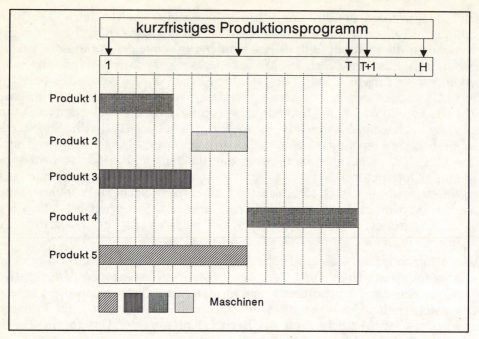

*Bild 124: Komponenten der zeitlichen Planungsstruktur in einem PPS-System*

Die Materialbedarfs- und Losgrößenplanung arbeitet in einem über die Zeitachse hinwegrollenden Planungsfenster der Länge H auf der Grundlage eines für diesen Zeitraum extern vorgegebenen kurzfristigen Produktionsplans, in dem auch die Losgrößen festgelegt sind. Für einen kurzen Zeitraum, d.h. für die ersten T Perioden des Planungsfensters, sind die Produktionsaufträge bereits freigegeben worden und liegen damit unveränderbar fest. Dieser Zeitraum sollte mindestens die maximale Durchlaufzeit eines Endprodukts über alle Fertigungsstufen umfassen[452]. Mit zunehmender zeitlicher Entfernung einer Periode vom Planungszeitpunkt nimmt der Grad der Unsicherheit der auf diese Periode bezogenen Informationen und Entscheidungen zu.

**Unsicherheit** kann in unterschiedlicher Weise charakterisiert werden. Stellt man in den Vordergrund der Betrachtung den Tatbestand, daß in einem Produktionsprozeß Potentialfaktoren Aktionen an Erzeugnissen vornehmen, dann lassen sich als Ansatzpunkte zur Kennzeichnung der Unsicherheit einmal die Eigenschaften der *Potentialfaktoren* sowie der von ihnen durchgeführten *Aktionen* (bzw. Prozesse) und zum anderen die Eigenschaften der *Erzeugnisse* unterscheiden.

---

[452] Durch Produktion der Einzelteile oder Baugruppen auf Lager kann der notwendige Planungsvorlauf verkürzt werden.

Dies führt zur Differenzierung zwischen

· **potentialfaktorbezogener Unsicherheit** und
· **produktbezogener Unsicherheit**[453].

Beide Formen der Unsicherheit verlangen nach unterschiedlichen Absorptionsmechanismen. Während *produktbezogene Unsicherheit* nur durch Maßnahmen aufgefangen werden kann, die auf das einzelne Produkt bezogen sind (z.B. durch einen produktspezifischen Sicherheitsbestand), stehen zur Berücksichtigung der *potentialfaktorbezogenen Unsicherheit* alternative Maßnahmen zur Verfügung, die sich - sofern der Potentialfaktor zur Produktion mehrerer Erzeugnisse eingesetzt wird - auf verschiedene Erzeugnisse beziehen können.

Betrachten wir ein Beispiel. Eine Maschine produziert abwechselnd zwei Produkte A und B mit konstantem kontinuierlichem Bedarf. Während der Produktion des Produkts A fällt die Maschine aus. Wird nach dem Maschinenausfall die Produktion des Produkts A wieder aufgenommen, bis die festgelegte Losgröße erreicht ist, dann hat dies Auswirkungen auf das Produkt B. Ist für Produkt B kein Sicherheitsbestand vorhanden, dann kommt es zu Fehlmengen, da der Lagerbestand aus dem vorangegangenen Produktionszyklus nicht ausreicht, um den gesamten Bedarf bis zum erneuten Produktionsbeginn des Produkts B zu decken.

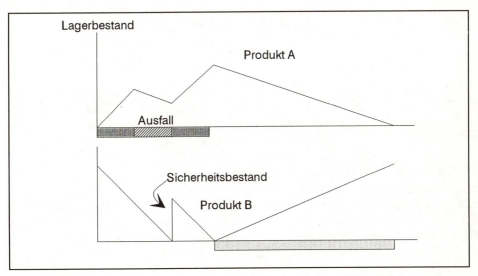

*Bild 125: Pufferung eines Maschinenausfalls durch einen Sicherheitsbestand für Produkt B*

Um diese Situation zu vermeiden, kann für Produkt B ein *Sicherheitsbestand* bevorratet werden, der mindestens den Bedarf während der Ausfalldauer der Ma-

---

453 vgl. **Bemelmans** (1986), S. 26-29

schine abdeckt. In Bild 125 ist diese Situation dargestellt, wobei angenommen wird, daß der Sicherheitsbestand dem Lagerbestand erst zu dem Zeitpunkt hinzugerechnet wird, an dem auf ihn zurückgegriffen wird. Die negativen Konsequenzen des Maschinenausfalls während der Produktion der Produkts A können somit durch einen *Sicherheitsbestand des Produkts B* abgefangen werden.

Der Maschinenausfall kann aber auch durch einen *Sicherheitsbestand für das Produkt A* absorbiert werden. In diesem Fall wird der Bedarf für das Produkt A während des Maschinenausfalls aus dem Sicherheitsbestand gedeckt und die Losgröße entsprechend reduziert, um Fehlmengen für das Produkt B zu vermeiden (siehe Bild 126, wobei der Sicherheitsbestand erst ab dem Zeitpunkt in die Darstellung einbezogen wird, ab dem auf ihn zurückgegriffen wird).

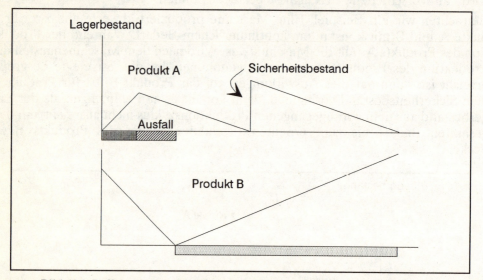

*Bild 126: Pufferung eines Maschinenausfalls durch einen Sicherheitsbestand für Produkt A*

In beiden Fällen wurde nur ein Produktionszyklus dargestellt. Es ist jedoch zu berücksichtigen, daß der verbrauchte *Sicherheitsbestand wieder aufgefüllt* werden muß. Dies kann - falls der normale Produktionsrhythmus nicht verändert werden soll - z.B. durch *Überstunden* oder durch Einsatz einer *Reservemaschine* geschehen. Das Beispiel macht deutlich, daß bei potentialfaktorbezogener Unsicherheit das Entscheidungsproblem der *Allokation des Sicherheitsbestands* auf die Produkte entsteht.

Eine andere Unterscheidung der Unsicherheit orientiert sich an den unterschiedlichen *Sicherheitsgraden der Planungsinformationen* in den einzelnen Phasen des Planungsprozesses. Hier läßt sich differenzieren zwischen Unsicherheit, die aus der Differenz zwischen tatsächlicher und prognostizierter Bedarfsmenge einer Periode entsteht (Prognosefehler) und der Unsicherheit, die daraus resultiert, daß im Verlaufe eines rollenden Planungsprozesses die Prognosewerte selbst stochastischen Schwankungen unterliegen[454].

Von besonderer Bedeutung ist die Unsicherheit bezüglich der Höhe der **Prognosefehler**. Der Prognosefehler ist nach Gleichung (471) die Differenz zwischen dem *zuletzt* (vor der endgültigen Fixierung des Produktionsplans) prognostizierten und der tatsächlich eingetretenen Bedarfsmenge der Periode $\tau$[455]. Nehmen wir an, daß zum Zeitpunkt t der letzte Prognosewert für die Periode $\tau$ ermittelt wurde, dann beträgt der Prognosefehler:

$$E_t(\tau) = Y_\tau - P_t(\tau) \tag{471}$$

$P_t(\tau)$ zuletzt (in Periode t) ermittelter Prognosewert des Bedarfs in Periode $\tau$

$Y_\tau$ beobachteter Bedarf in Periode $\tau$

$E_t(\tau)$ Prognosefehler in Periode t bezüglich des Bedarfs in Periode $\tau$

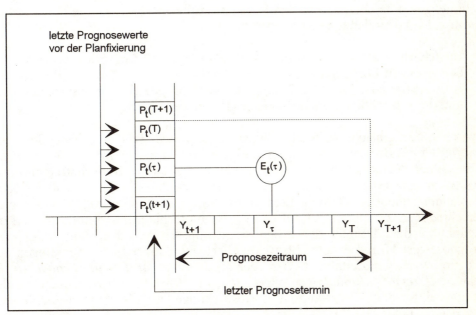

*Bild 127: Zusammenhang zwischen Prognosetermin, Prognosezeitraum und Prognosefehlern*

Bild 127 zeigt die Zusammenhänge zwischen den betrachteten Größen. In der Periode t werden die Prognosewerte für die Bedarfsmengen des Prognosezeitraums [$\tau = t+1, 2, ..., T, ..., H$] ermittelt. Aufgrund dieser Prognose wird der verbindliche Produktionsplan für die ersten T Perioden des Prognosezeitraums auf-

---

[454] vgl. **Candea** (1977), S. 220-249
[455] Im folgenden unterscheiden wir zwischen einer *Zufallsvariablen* und ihren *Realisationen* (Ausprägungen) durch Groß- und Kleinschreibung.

gestellt. Weicht die für die Periode τ zuletzt erstellte Prognose von der tatsächlich eintretenden Bedarfsmenge ab, dann entsteht ein **Prognosefehler**.

Wird nach Ablauf jeder Periode eine neue Prognose für den gesamten Prognosezeitraum (τ=1,2,...,T,...,H) erstellt und führen Änderungen der Prognosen unmittelbar zu Änderungen des Produktionsplans, dann sind die **Schwankungen der Prognosen** im Zeitablauf von Interesse. Die Unsicherheit bezüglich der Dauerhaftigkeit der Prognosewerte ist abhängig von dem eingesetzten Prognoseverfahren und dem Verlauf der beobachteten Zeitreihe der Bedarfsmengen. Eine solche Situation tritt dann auf, wenn Produktionsaufträge für untergeordnete Teile schon aufgrund vorliegender (Sekundär-)Bedarfsprognosen ausgelöst werden. Wenn sich nun nach Produktionsbeginn eines Einzelteils die tatsächlichen Sekundärbedarfsmengen für dieses Erzeugnis aufgrund von Veränderungen der Primärbedarfsmengen der übergeordneten Produkte verändern, dann können - falls der Sicherheitsbestand des untergeordneten Erzeugnisses nicht ausreicht - Fehlmengen entstehen[456]. Für den Produktionsplaner kann sich die Unsicherheit damit auf verschiedene Weise darstellen:

- **Unsicherheit** bezüglich der **Dauerhaftigkeit eines Bedarfsprognosewertes**[457]
- **Unsicherheit** bezüglich der Übereinstimmung zwischen (zuletzt, d.h. vor der Auftragsfreigabe bzw. der Planfixierung, ermitteltem) Bedarfsprognosewert und der tatsächlichen **Bedarfsmenge** (Prognosefehler)

Zwischen den Unsicherheiten bezüglich der *Höhe des Prognosefehlers*, der *Dauerhaftigkeit der Bedarfsprognosewerte* und der *Höhe der tatsächlichen Bedarfsmenge* bestehen Beziehungen. Die Unsicherheit bezüglich der **Dauerhaftigkeit eines Bedarfsprognosewertes** entsteht - wie bereits erwähnt - dadurch, daß im Rahmen einer rollenden Planung Prognosewerte für eine zukünftige Periode τ zu verschiedenen Zeitpunkten t auf der Basis unterschiedlicher Informationen errechnet werden. Umfaßt der Prognosezeitraum H Perioden, dann wird jeder Prognosewert H-mal ermittelt bzw. revidiert. Dies führt zu Schwankungen der Prognosewerte im Zeitablauf. Wird der *Produktionsplan in jeder Periode an die neuesten Prognoseinformationen angepaßt*, dann ergeben sich bei Änderung der Prognoseinformationen zwangsläufig Auswirkungen auf die Planungsergebnisse.

Die Schwankungen der Prognoseinformationen hängen von der Reagibilität des verwendeten Prognoseverfahrens in Bezug auf Veränderungen der Beobachtungswerte ab[458]. Die Reagibilität der Prognosewerte auf Veränderungen ihrer Datengrundlage, d.h. auf neu eintreffende Beobachtungen, kann allgemein durch die *Kovarianz-Matrix* der Koeffizienten des Prognosemodells erfaßt werden. Ist diese Matrix bekannt, dann läßt sich die **Varianz der Prognoseänderungen** er-

---

[456] Dieses Problem kann dadurch beseitigt werden, daß man den fixierten Planungshorizont T verlängert (extended frozen schedule).

[457] *Graves et al.* berichten über ein Unternehmen, in dem aufgrund häufiger Veränderungen der geplanten Produktionsmengen in einem Montageprozeß für die vorgelagerten Produktionsstufen erhebliche Unsicherheiten resultierten. Vgl. **Graves/Meal/Dasu/Qui** (1986)

[458] vgl. **Brown** (1963b), S. 227-237; **Hax/Candea** (1984), S. 172-178

## 51. Einflußgrößen der Unsicherheit in mehrstufigen Produktionsprozessen

rechnen. Die Ermittlung der Kovarianz-Matrix ist jedoch relativ aufwendig, so daß man versucht, den Mittelwert und die Varianz der Prognoseänderungen zu approximieren.

Grundsätzlich besteht folgender Zusammenhang zwischen den Varianzen der Beobachtungswerte der Bedarfsmengen, $Y_\tau$, der Prognosewerte $P_t(\tau)$ und der Prognosefehler $E_t(\tau)$[459]:

$$VAR\{E_t(\tau)\} = VAR\{Y_\tau\} + VAR\{P_t(\tau)\} \tag{472}$$

Der Prognosefehler der in Periode t für die Periode $\tau$ berechneten Prognose ist gemäß Beziehung (471) definiert. Wir nehmen nun an, daß die Varianz der Bedarfsmenge, $VAR\{Y_\tau\}$, zeitinvariant ist. Die Varianz der Prognoseänderungen wird durch die *Schwankungen der Koeffizienten* $\underline{b}(t)$ des verwendeten Prognosemodells im Zeitablauf beeinflußt. Für ein einfaches Modell der **exponentiellen Glättung erster Ordnung** (mit dem Glättungsparameter $\alpha$) hängt die Varianz der in Periode t ermittelten Prognosewerte bezüglich der Periode $\tau$ wie folgt von der Varianz $VAR\{E_t(\tau)\}$ der irregulären Schwankungen der Beobachtungswerte ab[460]:

$$VAR\{P_t(\tau)\} = \frac{\alpha}{2-\alpha} \cdot VAR\{E_t(\tau)\} \tag{473}$$

↑ in Periode t ermittelter Prognosewert für den Bedarf in Periode $\tau$

Derartige Beziehungen können auch für andere Prognosemodelle entwickelt werden[461]. *Brown*[462] untersucht die Entwicklung der Varianzen der Prognosewerte für verschiedene Prognosemodelle als Funktion der Entfernung der Prognoseperiode ($\tau$) vom Prognosezeitpunkt (t=0). Er kommt dabei zu dem Ergebnis, daß bei Vorliegen eines *linearen Trends* in der Bedarfszeitreihe die Varianz der Prognosewerte eine annähernd lineare Funktion der Zeit ($\tau$) ist, während für ein Prognosemodell mit gleichbleibendem Bedarf die Varianz der Prognosewerte konstant bleibt. Sind nun die Varianzen der auf einzelne zukünftige Perioden ($\tau$) bezogenen, in Periode t erstellten Prognosewerte $P_t(\tau)$ gegeben, dann lassen sich auch die **Varianzen der Bedarfsprognosen** über einen zukünftigen Zeitraum $[t+1,\tau]$ ermitteln. Die prognostizierte *kumulierte Bedarfsmenge* während des Zeitraums $[t+1,\tau]$, z.B. während der Durchlaufzeit eines Produkts, beträgt:

$$P_t([t+1,\tau]) = \sum_{i=t+1}^{\tau} P_t(i) \tag{474}$$

---

459 vgl. **Candea** (1977)
460 vgl. **Brown** (1963b), S. 110; **Hax/Candea** (1984), S. 173
461 vgl. **Brown** (1963b), S. 235-237; **Candea** (1977), S. 219
462 vgl. **Brown** (1963b), S. 235-237

Bei gleichbleibendem Niveau des Bedarfsverlaufs ergibt sich daraus:

$$P_t([t+1,\tau]) = (\tau-t) \cdot P_t(t+1) \tag{475}$$

Die **Varianz der Bedarfsprognose**, VAR$\{P_t([t+1,\tau])\}$, kann unter Rückgriff auf Beziehung (473) abgeleitet werden. Ist dies geschehen, dann kann eine Aussage über die *Beständigkeit des Prognosewertes als Grundlage für die zukünftigen Planungen* getroffen werden. Je größer die Varianz der Bedarfsprognose ist, umso größer wird die Gefahr, daß *Nervosität des Planungssystems* auftritt.

Sofern der Produktionsplan auch bei sich ändernden Bedarfsprognosen für einen bestimmten Zeitraum fixiert wird, ist vor allem die Höhe der mit Beziehung (471) angegebenen Prognosefehler von Bedeutung. Hierbei ist zu unterscheiden zwischen der **Primärbedarfsprognose** und der **Prognose abgeleiteter Bedarfsmengen** (Sekundärbedarfsprognose). Auch wenn letztere im Rahmen der *deterministischen Bedarfsplanung* ermittelt wird, schlagen unvorhergesehene Änderungen des Primärbedarfs doch unmittelbar auf die Sekundärbedarfsmengen für die untergeordneten Erzeugnisse durch.

Bezüglich der **Unsicherheit der Primärbedarfsmengen** kann auf die Wahrscheinlichkeitsverteilung der Prognosefehler abgestellt werden. Von besonderer Bedeutung sind dabei die Prognosefehler bezüglich des kumulierten Bedarfs in der Wiederbeschaffungszeit bzw. Durchlaufzeit eines Produkts. Bei Anwendung eines korrekten Prognosemodells kann davon ausgegangen werden, daß der *Erwartungswert* des Prognosefehlers für den kumulierten Bedarf der Zeitspanne $[t+1,\tau]$ Null beträgt. Seine *Varianz* dagegen wird durch die Eigenschaften des verwendeten Prognoseverfahrens beeinflußt. Wird z.B. das Verfahren der exponentiellen Glättung 1. Ordnung eingesetzt, dann beträgt die Varianz des Prognosefehlers bezüglich des in Periode t prognostizierten Bedarfs der Zeitspanne $[t+1,\tau]$[463]:

$$\text{VAR}\{E_t[t+1,\tau]\} = \left[(\tau-t)+(\tau-t)^2 \cdot \frac{\alpha}{2-\alpha}\right] \cdot \text{VAR}\{E_t(\tau)\} \tag{476}$$

Bei regelmäßigem, gleichbleibendem Bedarf kann unterstellt werden, daß die Varianz VAR$\{E_t(\tau)\}$ der einperiodischen Prognosefehler vom Prognosezeitpunkt $\tau$ unabhängig ist: VAR$\{E_t(\tau)\}$ = VAR$\{E_t\}$. Sie kann nach empirischer Beobachtung der Prognosefehler geschätzt werden.

Die **Unsicherheit bezüglich der Sekundärbedarfsprognosen** der untergeordneten Erzeugnisse erfordert eine andersartige Betrachtung. Denn in **mehrstufigen Erzeugnisstrukturen** tritt das Problem auf, daß die Veränderung der Bedarfsprognose für ein übergeordnetes Produkt, z.B. für ein für den Absatz vorgesehenes Endprodukt, aufgrund des *deterministischen Erzeugniszusammenhangs* sich direkt auf die Sekundärbedarfsmengen der untergeordneten Erzeugnisse überträgt. Für ein untergeordnetes Erzeugnis k, das direkt oder indirekt in überge-

---

[463] vgl. **Hax/Candea** (1984), S. 172-178; **Eppen/Martin** (1988)

ordnete Erzeugnisse eingebaut wird, beträgt die **Varianz des Prognosefehlers** bezüglich des Sekundärbedarfs dann[464]:

$$VAR\{E_k\} = \sum_{i \in \Delta_k} v_{ki} \cdot VAR\{E_i\} + 2 \cdot \sum_{i \in \Delta_k} \sum_{j \in \Delta_k} v_{ki} \cdot v_{kj} \cdot COV\{E_i, E_j\} \qquad (477)$$

- Kovarianz der Bedarfsprognosefehler der Produkte i und j
- Verflechtungsbedarfskoeffizient
- Menge der dem Produkt k übergeordneten *Endprodukte*

Sofern zwischen den Bedarfsprognosen der Endprodukte keine Korrelation besteht, reduziert sich der Ausdruck auf den ersten Summanden. Bild 128 veranschaulicht den varianzverstärkenden Effekt, der sich infolge des deterministischen Zusammenhangs zwischen den Bedarfsprognosen über- und untergeordneter Erzeugnisse in einer mehrstufigen Erzeugnisstruktur ergibt.

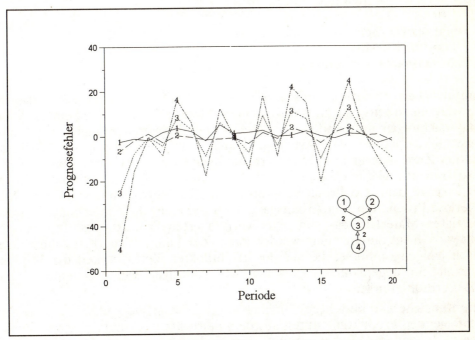

Bild 128: *Schwankungen der Prognosefehler für 4 Produkte*

Während die Prognosefehler für die beiden Endprodukte 1 und 2 noch relativ gering sind, nehmen die Schwankungen der abgeleiteten Prognosefehler für die untergeordneten Produkte 3 und 4 mit der Entfernung von der Endproduktstufe zu. Berücksichtigt man ferner, daß durch den Mechanismus der *Vorlaufzeitver-*

---

464 vgl. **Meal** (1979); **Baker** (1985)

*schiebung* für die untergeordneten Erzeugnisse der Prognosezeitraum verlängert wird, dann können hieraus zusätzliche varianzverstärkende Effekte resultieren.

Beziehung (477) verdeutlicht, daß ein direkter Zusammenhang zwischen den Sekundärbedarfsprognosen eines untergeordneten Erzeugnisses und den Prognosen der Bedarfsmengen der übergeordneten Erzeugnisse besteht. Dieser Zusammenhang ist allerdings in der Praxis schwer quantifizierbar, da die Kovarianzen der Prognosefehler der Bedarfsmengen unterschiedlicher Produkte empirisch nur schwer zu bestimmen sind. Aus diesem Grund wird die direkte Erfassung der Prognosefehler auch für untergeordnete Produkte empfohlen[465].

Eine weitere, in der Literatur weit verbreitete Klassifizierung der Unsicherheit orientiert sich an dem prozessualen Charakter der Produktion eines Erzeugnisses. Betrachtet man den Produktionsvorgang eines Erzeugnisses als einen Prozeß der *Transformation von Input in Output*, der durch bestimmte Planungsinformationen ausgelöst wird, dann lassen sich nach dem Bezugsobjekt folgende **Bereiche der Unsicherheit** unterschieden:

- **Inputunsicherheit**
- **Outputunsicherheit**
- **Informationsunsicherheit**

**Inputunsicherheit** besteht hinsichtlich der rechtzeitigen Verfügbarkeit des im betrachteten Arbeitsgang zu verarbeitenden Materials. Hierzu sind einmal **Mengenabweichungen** aufgrund von Ausschuß auf der vorangegangenen Produktionsstufe, die das vor dem Arbeitsgang angesiedelte Zwischenlager auffüllt, zu rechnen. Zum anderen besteht auch **terminliche** Unsicherheit, z.B. wenn sich die Durchlaufzeit auf der vorangehenden Produktionsstufe erhöht. Inputunsicherheit ist insb. dann ein Problem, wenn bei perfekt abgestimmtem Materialfluß (lagerlose Produktion) ein Arbeitsgang aufgrund mangelnder Verfügbarkeit des benötigten Materials, das von einer vorgelagerten Produktionsstufe bereitgestellt wird, nicht durchgeführt werden kann. Zur Inputunsicherheit zählen auch alle diejenigen Einflüsse, die aus der beschränkten Verfügbarkeit der Produktionsanlagen (ungeplante Wartezeiten von Aufträgen wegen knapper Kapazitäten) resultieren[466].

**Outputunsicherheit** besteht im Hinblick auf den Bedarfsverlauf, d.h. auf die den nachfolgenden Produktionsstufen aus dem betrachteten Arbeitsgang zur Verfügung zu stellenden Zwischenprodukt- oder Endproduktmengen. Diese Unsicherheit leitet sich aus der Unsicherheit bezüglich des Endproduktbedarfs ab. Sie kann aber auch durch Ausschuß entstehen, wenn im nachfolgenden Produktionsprozeß aufgrund von Produktionsfehlern Material vernichtet wird und dieses aus dem vorangestellten Lager nachgeliefert werden muß. In diese Kategorie fällt auch die Unsicherheit bezüglich der Beständigkeit der Bedarfsprognosen.

---

[465] vgl. **Meal** (1979). Folgt man dieser Empfehlung, dann sind u.U. die Auswirkungen der Losgrößenplanung auf die Schwankungen der Prognosefehler zu berücksichtigen.
[466] vgl. hierzu auch **Bemelmans** (1986), S. 2f.

**Informationsunsicherheit** schließlich tritt dann auf, wenn das betriebliche Informationssystem nicht immer Auskunft über die *aktuelle Höhe der Lagerbestände* geben kann, z.B. weil die *Lagerbestandsüberwachung nur periodisch* vorgenommen wird oder weil die *Notwendigkeit der Aktualität der Daten nicht ernst genommen* wird. Dies scheint in der betrieblichen Praxis - auch in Großunternehmen - ein erhebliches Problem zu sein. In diesem Fall besteht Unsicherheit bezüglich der innerhalb der Überwachungsperioden eingetretenen Ereignisse[467], die zwar schon eingetreten, aber noch nicht bekannt sind. Die Informationsunsicherheit bezieht sich auf die Informationen über den Systemzustand, nicht aber auf die Prognoseinformationen der Bedarfsmengen, die zur Outputunsicherheit gerechnet werden. Berücksichtigt man zusätzlich evtl. auftretende *Planungs- und Kommunikationsfehler*, etwa durch Einsatz unsachgemäßer Planungsverfahren oder durch mangelnde Abstimmung zwischen den durch einen Produktionsplan betroffenen Abteilungen bzw. Unternehmensbereichen, dann kann Informationsunsicherheit als eine Komponente einer allgemeiner gefaßten **Planungs- und Kontrollsystem-Unsicherheit** aufgefaßt werden[468]. In diesem Zusammenhang wären dann auch die Probleme bezüglich der Realisierbarkeit des geplanten Fertigstellungstermins eines Auftrags zu erwähnen, die sich aus der Schwierigkeit der Generierung kapazitätsmäßig zulässiger Produktionspläne ergibt. Vernachlässigt man bei der Produktionsplanung die Kapazitätsbeschränkungen, dann resultieren daraus zwangsläufig unvorhersehbare Entwicklungen des Produktionsprozesses.

Charakterisiert man die Erzeugnisse nach der mengenmäßigen und der zeitlichen Verteilung des Bedarfs (Lagerabgang) und der Produktion (Lagerzugang)[469], dann lassen sich in dieser Hinsicht zwei **Dimensionen** der Unsicherheit[470] unterscheiden.

- **Unsicherheit bezüglich der Menge**
- **Unsicherheit bezüglich des Zeitpunkts**

Unsicherheit bezüglich der *Menge* kann sich auf die Bedarfsmenge (Output) und/oder auf die Lagerzugangsmenge (Input) beziehen. In beiden Fällen wird der Nettobedarf in einer Periode beeinflußt. Unsicherheit bezüglich des *Zeitpunkts* kann einmal den Bedarfstermin (Output) betreffen; zum anderen kann sie sich aber auch auf den Beschaffungstermin (Anlieferungstermin; Input) oder den Fertigstellungstermin eines Fertigungsauftrags für das betrachtete Produkt beziehen. Im letztgenannten Fall hat sich die Bearbeitungszeit eines produktbe-

---

[467] Ein typisches Lagerdispositionssystem, in dem Informationsunsicherheit auftritt, ist das (r,S)-System mit periodischer Lagerüberwachung. Dabei wird in gleichbleibenden Abständen von r Perioden eine Vorratsergänzung ausgelöst, die den disponiblen Lagerbestand auf das Niveau S anhebt. Zum Problem der Informationsunsicherheit vgl. insb. **Morey** (1985).

[468] vgl. **Van Donselaar** (1989), S. 8

[469] vgl. **Küpper** (1989), S. 199

[470] vgl. auch **Vollmann/Berry/Whybark** (1992), S. 460-465

zogenen Auftrags verlängert. Man kann demnach die in Bild 129 zusammengestellten **Erscheinungsformen der Unsicherheit** unterscheiden.

| Dimensionen | Bezugsobjekte | |
|---|---|---|
| | Output | Input |
| Zeitpunkt | Bedarfszeitpunkt verschiebt sich bei gegebener Bedarfsmenge | Geplante Zugangsmenge trifft zu einem anderen Zeitpunkt im Lager ein |
| Menge | Bedarfsmenge einer Periode verändert sich | Lager-Zugangsmenge weicht vom Plan ab |

*Bild 129: Ausgewählte Erscheinungsformen der Unsicherheit*[471]

Während das Ausmaß der mengenmäßigen Bedarfsunsicherheit bei untergeordneten Erzeugnissen, d.h. bei abhängigem Bedarf - zumindest für den Zeitraum, für den der Produktionsplan festgeschrieben worden ist - vergleichsweise gering ist, sind **zeitliche Abweichungen** in der betrieblichen Praxis an der Tagesordnung[472]. Tabelle 105 zeigt Beispiele für die vier beschriebenen Erscheinungsformen der Unsicherheit in einem Zwischenproduktlager[473].

| Periode | 1 | 2 | 3 | 4 | 5 | 6 | 7 | 8 | 9 | 10 |
|---|---|---|---|---|---|---|---|---|---|---|
| Output Zeitpunkt geplant | 0 | 0 | 0 | 0 | 0 | 0 | 372 | 130 | 0 | 255 |
| eingetreten | 0 | 0 | 0 | 372 | 130 | 0 | 255 | 0 | 0 | 0 |
| Ursache: Bedarfsverschiebung (um drei Perioden) | | | | | | | | | | |
| Input Zeitpunkt geplant | 0 | 0 | 502 | 0 | 0 | 403 | 0 | 0 | 144 | 0 |
| eingetreten | 502 | 0 | 0 | 0 | 0 | 403 | 0 | 0 | 0 | 144 |
| Ursache: zu frühe oder zu späte Anlieferung | | | | | | | | | | |
| Output Menge geplant | 85 | 122 | 42 | 190 | 83 | 48 | 41 | 46 | 108 | 207 |
| eingetreten | 103 | 77 | 0 | 101 | 124 | 15 | 0 | 100 | 80 | 226 |
| Ursache: Bedarfsüber- bzw. unterschreitung (Fehlprognosen) | | | | | | | | | | |
| Input Menge geplant | 0 | 161 | 0 | 271 | 51 | 0 | 81 | 109 | 0 | 327 |
| eingetreten | 0 | 158 | 0 | 271 | 50 | 0 | 77 | 113 | 0 | 327 |
| Ursache: mehr bzw. weniger Ausschuß als geplant | | | | | | | | | | |

*Tabelle 105: Typen der Unsicherheit (Beispiele)*

Es ist offensichtlich, daß in vielen Fällen eine eindeutige Trennung von mengenmäßigen und zeitlichen Abweichungen kaum durchführbar ist. So kann man z.B.

---

471 In einem konkreten Fall ist die Art der Unsicherheit jedoch sehr schwer zu erkennen.
472 vgl. **Padilla** (1982), S. 243; **Wiendahl** (1984); **Zäpfel** (1989), S. 216
473 vgl. **Whybark/Williams** (1976)

auch zeitliche Verschiebungen von einer Periode in eine andere in beiden betroffenen Perioden als mengenmäßige Verschiebungen interpretieren[474].

Sofern allerdings die Mengen konstant sind und nur die *Zeitpunkte* des Lagerzugangs bzw. des Lagerabgangs stochastisch schwanken, kann man auch hier zeitbezogene Prognosen erstellen und die Prognosefehler erfassen. Aus den erfaßten Daten kann dann eine Wahrscheinlichkeitsverteilung der Abweichungen der Lagerzugangstermine und der Bedarfstermine von den prognostizierten Terminen ermittelt werden. Die Kenntnis einer derartigen Wahrscheinlichkeitsverteilung ist insb. dann notwendig, wenn **Sicherheitszeiten** zur Absorption der Unsicherheit eingesetzt werden sollen.

## 52. Methoden zur Berücksichtigung der Unsicherheit in mehrstufigen Produktionsprozessen

Es bestehen verschiedene Möglichkeiten, mit denen die genannten Formen der Unsicherheit in bezug auf ein Erzeugnis sachlich berücksichtigt werden können[475]:

- *Einsatz* **stochastischer Planungsmodelle**

- *Verwendung von* **Pufferungsmechanismen**

  - ⇨ *Sicherheitsbestand (safety stock)*
  - ⇨ *Sicherheitsvorlaufzeit (safety lead time)*
  - ⇨ *Überschätzung der Nachfragemenge (hedging)*
  - ⇨ *Unterschätzung der Ausbringungsmenge* einer Produktionsstufe

- **Fixierung von Primärbedarfsmengen** bzw. *Planvorgaben in den ersten Perioden eines Planungshorizontes (frozen schedule)*

- **Neueinplanung** *von Produktionsaufträgen (rescheduling)*

  - ⇨ mit *verkürzter Plandurchlaufzeit* (Freigabe von Eilaufträgen)
  - ⇨ mit *veränderter Produktionsmenge*
  - ⇨ mit *verändertem Fertigstellungstermin*

Diese Ansätze werden i.d.R. in einem Planungssystem eingesetzt, in dem nach dem Konzept der **rollenden Planung** vorgegangen wird. Danach werden in regelmäßigen Abständen aktualisierte Produktionspläne entworfen, die sich auf einen über die Zeitachse hinweggleitenden Zeitraum von H Perioden beziehen[476]. Nur

---

[474] Eine zeitliche Verschiebung eines Bedarfs kann in der einen Periode als eine mengenmäßige Verringerung und in der anderen Periode als eine mengenmäßige Erhöhung aufgefaßt werden.
[475] vgl. **Jönsson/Lundell/Thorstensson** (1982); **Tatsiopoulos/Kingsman** (1983); **Wijngaard/Wortmann** (1985); **Ho/Carter/Melnyk/Narasimhan** (1986); **Bhatnagar/Chandra/Goyal** (1993).
[476] Im Zusammenhang mit Bild 124 wurde bereits auf das Konzept der rollenden Planung Bezug genommen.

die auf wenige unmittelbar bevorstehende Perioden bezogenen Planungsergebnisse werden umgesetzt, während die (Teil-)Produktionspläne für die restlichen Perioden nur einen vorläufigen Charakter haben und in weiteren Planungsläufen revidiert werden können.

### 521. Stochastische Planungsmodelle

Bei Anwendung **stochastischer Planungsmodelle**[477] wird versucht, das betrachtete Problem der dynamischen Materialbedarfs- und Losgrößenplanung durch ein stochastisches Entscheidungsmodell abzubilden und mit Hilfe geeigneter Verfahren zu lösen. Angesichts der Komplexität der deterministischen Modellierungsvariante, die wir bislang behandelt haben, hat ein solcher Versuch nur geringe Aussicht auf Erfolg. Die bisher vorliegenden Ansätze beziehen sich daher auf *ausgewählte Aspekte* des betrachteten Problemkreises. So liegen in beschränktem Umfang z.B. Ansätze zur Erweiterung des dynamischen Einprodukt-Losgrößenproblems um den Aspekt der Unsicherheit oder zur Betrachtung von seriellen Erzeugnis- und Prozeßstrukturen vor[478].

Von grundlegender Bedeutung ist die Arbeit von *Clark und Scarf*[479], die für ein mehrstufiges Produktionssystem mit linearer Struktur nachweisen, daß unter bestimmten Annahmen (insb. lineare Produktions- und Lagerhaltungskosten, d.h. keine Rüstkosten; Fehlmengenkosten; konstante Produktionszeiten der einzelnen Stufen; stochastische Endproduktnachfrage) die optimale Produktionspolitik einer Produktionsstufe darin besteht, daß in jeder Periode eine Bestandsergänzung ausgelöst wird, die den *systemweiten* disponiblen Lagerbestand der Produktionsstufe k auf das Niveau $S_k$ anhebt. *Clark und Scarf* geben ein einfaches Verfahren zur Bestimmung der optimalen $S_k$-Werte an.

### 522. Mengen- und Zeitpuffer

Die Verwendung von **mengenmäßigen und zeitlichen Puffern** ist in den in der betrieblichen Praxis eingesetzten Systemen zur Produktionsplanung und -steuerung weit verbreitet. Zur Vorbereitung der nachfolgenden Überlegungen sei zunächst der grundsätzliche *Zusammenhang zwischen prognostizierter Bedarfsmenge, disponiblem Lagerbestand, Vorlaufzeitverschiebung und der Mindestproduktionsmenge* beschrieben.

Wir bezeichnen mit $BRUTTO_{t\tau}$ die in Periode t prognostizierte Bedarfsmenge der zukünftigen Periode $\tau$. Mit $DISPON_t$ sei der zu Beginn der Periode t geplan-

---

[477] vgl. hierzu **DeBodt/Gelders/Van Wassenhove** (1984); **Karmarkar/Lin** (1986)
[478] vgl. z.B. **Silver** (1978); **Burstein/Nevison/Carlson** (1984); **Nevison** (1985). Eine einfache Erweiterung des (s,q)-Lagerdispositionssystems für den Fall einer linearen Erzeugnisstruktur bei deterministischen Durchlaufzeiten, gekoppelten Produktionsplänen sowie einer speziellen Form des Bedarfsverlaufs wird von *DeBodt und Graves* vorgeschlagen. Vgl. **DeBodt/Graves** (1985).
[479] vgl. **Clark/Scarf** (1960); **Rosling** (1989); **Langenhoff/Zijm** (1990); **Van Houtum/Zijm** (1991)

te disponible Lagerbestand (einschl. aller bis zur Periode (t+z[480]) noch eintreffenden Produktionsmengen, die aus vor dem Zeitpunkt t ausgelösten Produktionsaufträgen stammen) bezeichnet[481]. Dann gilt folgende generelle Beziehung zwischen der in Periode t für den Zeitraum [t,t+z] prognostizierten gesamten Bedarfsmenge sowie dem disponiblen Lagerbestand $DISPON_t$ einerseits und der Mindestproduktionsmenge $MINPROD_t$, mit deren Produktion spätestens zu Beginn der Periode t begonnen werden muß, andererseits, wenn die Durchlaufzeit z Perioden beträgt:

$$\underset{\text{Mindestproduktionsmenge in Periode t}}{MINPROD_t(Z=z)} = \max\left\{\left[\underset{\text{in Periode t prognostizierte Bruttobedarfsmenge für den Zeitraum [t,t+z]}}{\underset{\tau=t}{\overset{t+z}{\sum}} BRUTTO_{t\tau}} - \underset{\substack{\text{zu Beginn der Periode t vorhandener disponibler Lagerbestand}\\ \text{(einschl. der bereits eingeplanten Produktionsaufträge,}\\ \text{ohne die noch in Periode t einzuplanende Produktionsmenge)}}}{DISPON_t}\right], 0\right\} \quad (478)$$

(geplante Durchlaufzeit)

Ein Produktionsauftrag, der in Periode t aufgelegt wird, wird erst nach einer Durchlaufzeit von z Perioden fertiggestellt. Periode (t+z) ist damit die nächste Periode, in der die Produktionsentscheidung in Periode t wirksam wird und zu einem Zugang im Lager führt. Reicht der disponible Lagerbestand zum Zeitpunkt t (einschl. der im Zeitraum [t,t+z] noch eintreffenden Mengen) nicht aus, um den **gesamten Bruttobedarf während der Durchlaufzeit**, d.h. im Zeitraum [t,t+z], zu versorgen, dann muß in Periode t ein Produktionslos mit der Mindesthöhe $MINPROD_t$ aufgelegt werden. Geschieht dies nicht, dann kann nicht der gesamte Bedarf im Zeitraum [t,t+z] erfüllt werden und es treten Fehlmengen auf. Die in Periode t noch einzuplanende Mindestproduktionsmenge ist damit entweder Null oder gleich der Differenz zwischen der kumulierten prognostizierten Bedarfsmenge für den Zeitraum [t,t+z] und dem in Periode t verfügbaren Lagerbestand.

Tabelle 106 zeigt den Zusammenhang zwischen der Bedarfsmenge, dem disponiblem Lagerbestand und der Mindestproduktionsmenge an einem Beispiel[482]. Dabei werden für den disponiblen Lagerbestand einer Periode jeweils zwei Angaben (*vor* der Bestandsüberprüfung und *nach* der Bestandsüberprüfung, einschl. eines evtl. ausgelösten Auftrags) fortgeschrieben. Bis zur Periode 4 ist der disponible Lagerbestand größer als die Bruttobedarfsmenge und der Nettobedarf de-

---

[480] Mit z wird eine Ausprägung der für die Berechnung relevanten Durchlaufzeit (Zufallsvariable Z) bezeichnet.
[481] Der geplante disponible (verfügbare) Lagerbestand entspricht dem geplanten physisch vorhandenen Bestand zuzüglich der für den Zeitraum [t,t+z] geplanten Zugangsmenge, evtl. vermindert um bereits anderweitig reservierte Produktmengen (z.B. Fehlmengen).
[482] vgl. **Whybark/Williams** (1976)

finitionsgemäß Null[483]. Damit der Nettobedarf in Periode 5 erfüllt werden kann, muß zu Beginn dieser Periode ein Lagerzugang eingeplant werden. Daher wird in Periode 3 ein Produktionsauftrag ausgelöst, der nach einer geplanten Durchlaufzeit von z = 2 Perioden, d.h. zu Beginn der Periode 5, fertiggestellt wird.

| Periode t | 1 | 2 | 3 | 4 | 5 |
|---|---|---|---|---|---|
| Bruttobedarfsmenge BRUTTO$_t$ | 20 | 40 | 20 | 0 | 30 |
| disponibler Lagerbestand DISPON$_t$ (vorher) | 90 | 70 | 30 | 10 | -10 |
| Nettobedarf | 0 | 0 | 0 | 0 | >20 |
| Mindestproduktionsmenge MINPROD$_t$ | | | 20 | | |
| disponibler Lagerbestand DISPON$_t$ (nachher) | 90 | 70 | 50 | 30 | 30 |

*Tabelle 106: Zusammenhang zwischen Mindestproduktionsmenge, disponiblem Lagerbestand und Bedarfsmenge*

Der Unsicherheit bezüglich der Höhe der *Bedarfsmengen* und der Länge der *Durchlaufzeit* eines Produktionsauftrags (bzw. der Wiederbeschaffungszeit eines Einzelteils) kann durch verschiedene **Pufferungsmechanismen** Rechnung getragen werden. Bei Verwendung eines **Sicherheitsbestands** SB, einem Mengenpuffer, wird der zum Zeitpunkt t zur Deckung der Periodenbedarfe vorhandene disponible Lagerbestand DISPON$_t$ rechnerisch um den Sicherheitsbestand reduziert.

In einem stationären Einprodukt-Lagerdispositionssystem mit *kontinuierlicher Überwachung*, z.B. im (s,q)-System[484], ist der Sicherheitsbestand die Differenz zwischen dem bei Auslösung einer Wiederbeschaffungsmaßnahme vorhandenen Lagerbestand (physischer Bestand zuzüglich noch ausstehender Lagerzugänge) und der erwarteten Bedarfsmenge innerhalb der Wiederbeschaffungszeit. In dem hier betrachteten Planungskontext erfolgt jedoch keine kontinuierliche, sondern eine *periodische* Lagerüberwachung, wobei der Überwachungszyklus eine Periode beträgt.

Unter diesen Bedingungen ist der Zeitraum, für den Unsicherheit abgefangen werden muß, gleich $(z+1)$[485]. Der zu einem Zeitpunkt t, an dem ein Produktionslos aufgelegt oder eine externe Beschaffungsmaßnahme ausgelöst wird, vorhandene **Sicherheitsbestand** eines Erzeugnisses ist dann die Differenz zwischen dem zum Zeitpunkt t für den Zeitraum $[t, t+z]$ vorhandenen disponiblen Lagerbestand DISPON$_t$ und dem Erwartungswert der kumulierten Bedarfsmenge im Zeitraum $[t, t+z]$. Zeigt sich, daß die kumulierte Bedarfsmenge während dieser Zeitspanne kleiner als der Bestellpunkt (Meldebestand) ist bzw. daß die kumulierten Prognosefehler während dieser Zeitspanne kleiner als der Sicherheitsbestand sind, dann entstehen keine Lieferprobleme.

---

[483] vgl. Abschnitt 421., Beziehung (185)
[484] vgl. **Tempelmeier** (1983b), S. 131-141; **Günther/Tempelmeier** (1994), S. 256-263
[485] Dies wird bereits bei der Summation in den Gleichung (478) dadurch berücksichtigt, daß auch der Bedarf der Periode $(t+z)$ mit erfaßt wird.

Wird ein Sicherheitsbestand zur Absorption der Unsicherheit eingesetzt, dann beträgt die Mindestproduktionsmenge in Periode t bei einer Durchlaufzeit von z Perioden:

$$\text{MINPROD}_t(Z=z) = \max\left\{[\sum_{\tau=t}^{t+z} \text{BRUTTO}_{t\tau} - (\text{DISPON}_t - \text{SB})], 0\right\} \quad (479)$$

- nach Abzug des Sicherheitsbestands noch vorhandener disponibler Lagerbestand
- Mindestproduktionsmenge in Periode t (unter Berücksichtigung des Sicherheitsbestands)

Wurde in den vorangegangenen Perioden $\tau < t$ der Sicherheitsbestand infolge unvorhergesehener Bedarfsschwankungen angegriffen, dann wird diese fehlende Menge nach Gleichung (479) wieder aufgefüllt, da sich der disponible Lagerbestand entsprechend verringert hat.

*Yano und Carlson*[486] weisen darauf hin, daß der Sicherheitsbestand dazu dienen kann, ungeplante Terminverschiebungen für Produktionsaufträge zu verhindern. Ist es aufgrund mangelnder Flexibilität der Produktionsanlagen nicht möglich, auf unvorhersehbare Änderungen der Bedarfsmengen kurzfristig zu reagieren, dann kann dieser Mangel mit Hilfe eines Sicherheitsbestands ausgeglichen werden[487]. Dies wird z.B. in Produktionssystemen mit konstanten Produktionsintervallen erforderlich.

| Periode t | 1 | 2 | 3 | 4 | 5 |
|---|---|---|---|---|---|
| Bruttobedarfsmenge BRUTTO$_t$ | 20 | 40 | 20 | 0 | 30 |
| disponibler Lagerbestand DISPON$_t$ (vorher) | 90 | 70 | 30 | | |
| disponibler Lagerbestand DISPON$_t$-SB (vorher) | 70 | 50 | 10 | | |
| Nettobedarf | 0 | 0 | >10 | | |
| Mindestproduktionsmenge MINPROD$_1$ | 10 | | | | |
| disponibler Lagerbestand DISPON$_t$-SB (nachher) | 80 | 60 | 20 | | |

Tabelle 107: *Zusammenhang zwischen Mindestproduktionsmenge, disponiblem Lagerbestand und Bedarfsmenge bei Verwendung eines Sicherheitsbestands SB=20*

In Tabelle 107 wird das obige Beispiel durch Bevorratung eines **Sicherheitsbestands** von SB=20 erweitert. Ein Produktionsauftrag wird nun z Perioden vor der Periode ausgelöst, in der der disponible Lagerbestand auf das Niveau des Sicherheitsbestands sinkt. Das geschieht im Beispiel bereits in der Periode 1. Denn ohne den in dieser Periode auszulösenden Produktionsauftrag würde der Lagerbestand in Periode 3 mit 10 Mengeneinheiten das Niveau des geforderten Sicherheitsbestands unterschreiten. Im Vergleich zur Situation ohne Sicherheitsbestand (Tabelle 106) wird nun schon zwei Perioden früher produziert. Die in Periode 1 zu produzierende Menge dient zur Auffüllung des nach Abzug des Bedarfs in Periode 3 noch verfügbaren Lagerbestands auf das gewünschte Niveau

---

486 vgl. **Yano/Carlson** (1985); (1987)
487 vgl. auch **Graves** (1988)

des Sicherheitsbestands[488]. Die rechnerische Reduktion des disponiblen Lagerbestands um den Sicherheitsbestand hat eine Verschiebung des Produktionstermins von Periode 3 zur Periode 1 zur Folge.

Der prognostizierte Bedarf während der Perioden 1 bis 3 darf bei Bevorratung eines Sicherheitsbestands von 20 um diese 20 Mengeneinheiten überschritten werden, bevor das Lager lieferunfähig wird. Oder die geplante Produktionsmenge darf - z.B. aufgrund von Ausschuß - um 20 Mengeneinheiten unterschritten werden. Der Sicherheitsbestand kann damit sowohl zum Ausgleich ungeplanter **Erhöhungen des Bedarfs** als auch zum Ausgleich ungeplanter **Verringerungen des Materialnachschubs** in einem Lager dienen. Sofern der Sicherheitsbestand durch diese ungeplanten Ereignisse nicht überbeansprucht wird, kann die Produktion reibungslos fortgesetzt werden.

Ist der Sicherheitsbestand verbraucht, dann muß er zum nächstmöglichen Zeitpunkt durch einen Produktionsauftrag wieder aufgefüllt werden. Dies kann durch Erhöhung der geplanten Losgröße des nächsten freizugebenden Fertigungsauftrags geschehen. Es kann aber u.U. auch sinnvoll sein, spezielle Fertigungsaufträge auszulösen, deren Zweck ausschließlich in der Auffüllung des Sicherheitsbestands besteht. Diese könnten - ohne die normale Produktionskapazität zu belasten - auf Produktionsanlagen gefertigt werden, die ansonsten zur Abdeckung von Bedarfsspitzen eingesetzt werden (quantitative Anpassung).

In der betrieblichen Praxis wird häufig versucht, durch andere Maßnahmen zu verhindern, daß der Sicherheitsbestand überhaupt angegriffen wird. So wird z.B. bei ungeplanter Erhöhung der Bedarfsmenge durch **Änderung der Prioritäten** und Neueinplanung der bereits eingeplanten Aufträge (rescheduling) versucht, die erhöhte Bedarfsmenge zu decken, ohne den Sicherheitsbestand anzugreifen. Eine derartige Vorgehensweise entspricht einem fehlerhaften Verständnis der Funktion des Sicherheitsbestands[489]. Denn in diesem Fall wird der Sicherheitsbestand niemals in Anspruch genommen und ist demzufolge *überflüssig* (toter Lagerbestand).

Bei der Bestimmung der (optimalen) **Höhe des Sicherheitsbestands** ist zu unterscheiden zwischen dem Sicherheitsbestand für **Endprodukte** (mit Primärbedarf) und dem Sicherheitsbestand für **untergeordnete Erzeugnisse** (Baugruppen und Einzelteile mit Sekundärbedarf)[490]. In beiden Fällen ist die Grundlage für die Berechnung des Sicherheitsbestands die Wahrscheinlichkeitsverteilung der Periodenbedarfsmengen oder der Prognosefehler. Für Endprodukte wird der Sicherheitsbestand i.d.R. nach Gleichung (480) als ein Vielfaches $v(\alpha)$ der Standardabweichung des kumulierten Prognosefehlers für den relevanten Zeitraum, $\sigma_e(z+1)$, festgesetzt[491], wobei $\alpha$ ein Maß für den angestrebten Servicegrad bezeichnet.

---

[488] Die sich aus dem Bedarf der Periode 5 ergebende Notwendigkeit der Produktion in Periode 3 wird hier vernachlässigt.
[489] vgl. **Wijngaard/Wortmann** (1985)
[490] vgl. **Meal** (1979); **Wijngaard/Wortmann** (1985)
[491] vgl. **Schneeweiß** (1981), S. 100-102; **Wijngaard/Wortmann** (1985)

## 522. Mengen- und Zeitpuffer

$$SB = v(\alpha) \cdot \sigma_e(z+1) \qquad (480)$$

- $v(\alpha)$: Sicherheitsfaktor
- $\sigma_e(z+1)$: Standardabweichung des Prognosefehlers der Bedarfsmenge während der Durchlaufzeit (z) und des Überwachungszyklus (1)

Die Standardabweichung der Prognosefehler während der Zeitspanne (z+1) kann durch Überwachung der Qualität des eingesetzten Prognoseverfahrens ermittelt werden[492]. Dabei wird die Standardabweichung des Prognosefehlers bezüglich des *Bedarfs während der Durchlaufzeit* (oder Wiederbeschaffungszeit) häufig vereinfachend auf der Basis empirischer Daten aus der Standardabweichung des Prognosefehlers bezüglich des *Bedarfs einer Periode* abgeleitet[493]. Die Festlegung der Höhe des **Sicherheitsfaktors** $v(\alpha)$ kann im Hinblick auf den angestrebten Servicegrad erfolgen[494].

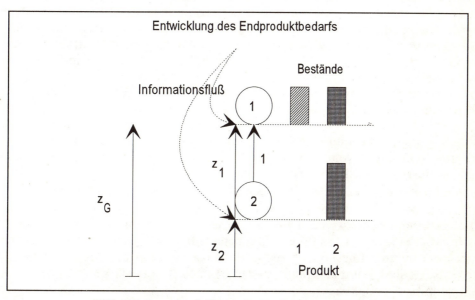

*Bild 130: Base-stock-Kontrolle des Sicherheitsbestands*

Für mehrstufige Erzeugnis- und Prozeßstrukturen kann die Planungslogik des für stationären Bedarfsverlauf konzipierten **Base-stock-Systems**[495] entsprechend angewandt werden. Hierbei wird das Konzept des *systemweiten Lagerbestands*[496] auf den Sicherheitsbestand übertragen. Die Grundüberlegung besteht darin, bei der Berechnung des Sicherheitsbestands eines untergeordneten Erzeugnisses ei-

---

492 vgl. hierzu Abschnitt 31.
493 vgl. **Silver/Peterson** (1985), S. 131-134
494 vgl. weiter unten
495 vgl. **Magee** (1958), S. 88-94; **Timmer/Monhemius/Bertrand** (1984); **Silver/Peterson** (1985), S. 476-480; **Wijngaard/Wortmann** (1985)
496 vgl. Abschnitt 43421.; **Axsäter/Rosling** (1993); **Lagodimos/Anderson** (1993)

nerseits die kumulierte Durchlaufzeit des betrachteten Erzeugnisses sowie aller nachfolgenden Produkte zu berücksichtigen, andererseits aber auch die verfügbaren Lagerbestände und Sicherheitsbestände dieser Produkte kumuliert in die Überlegungen einzubeziehen.

Bild 130 zeigt die Bestandteile der systemweiten Durchlaufzeit (echelon lead time; $z_G = z_1 + z_2$) sowie den systemweiten Sicherheitsbestand eines Einzelteils 2, das in ein Endprodukt 1 eingebaut wird. Die schraffierten Rechtecke stellen die systemweiten Sicherheitsbestände der beiden Produkte dar. Für das Einzelteil 2 ist der systemweite Sicherheitsbestand teilweise als physischer Bestand vorhanden, teilweise aber bereits in das Endprodukt eingebaut worden.

Bei Anwendung des *Base-stock-Systems* wird für jedes Produkt die Mindestproduktionsmenge auf der Grundlage der Entwicklung des Endproduktbedarfs ermittelt. Zu diesem Zweck muß jede Produktionsstufe unverzüglich Informationen über die aktuelle Entwicklung des Endproduktbedarfs erhalten (gestrichelte Pfeile). Während sich im einstufigen Fall die Mindestproduktionsmenge eines Produkts aus der Gegenüberstellung von produktbezogenem Bruttobedarf, disponiblem Lagerbestand und Sicherheitsbestand ergibt[497], erfolgt im mehrstufigen Fall eine Gegenüberstellung von *Endproduktbedarf, systemweitem disponiblem Lagerbestand* und *systemweitem Sicherheitsbestand*. Wegen des möglichen Unterschieds zwischen physischem und systemweitem Lagerbestand kann dabei auch der Fall eintreten, daß der physische Lagerbestand eines Produkts bereits auf Null gesunken ist und dennoch keine Bestandsauffüllung ausgelöst wird. Dies geschieht dann, wenn auf den nachfolgenden Produktionsstufen noch ausreichend Bestände vorhanden sind.

Bei der Bestimmung des Sicherheitsbestands für das Einzelteil 2 des abgebildeten Beispiels ist die Unsicherheit hinsichtlich der Endproduktbedarfsmenge während der um den *Überwachungszyklus r* verlängerten kumulierten Durchlaufzeit $(z_1 + z_2 + r)$ zu berücksichtigen. Denn nachdem zu einem bestimmten Zeitpunkt $\tau$ ein Beschaffungsauftrag ausgelöst worden ist, führt die nächste Beschaffungsentscheidung (zum Zeitpunkt $\tau + r$) erst nach $(z_1 + z_2 + r)$ Perioden zu einem Zugang im Endproduktlager.

Allerdings ist zu beachten, daß nicht alle unvorhergesehenen Schwankungen des Endproduktbedarfs den Sicherheitsbestand des Einzelteils angreifen, sondern daß ein Teil schon durch den Sicherheitsbestand des Endprodukts 1 bzw. den entsprechenden Bestandteil des systemweiten Lagerbestands des Einzelteils abgefangen werden kann. Den zufälligen Schwankungen des Endproduktbedarfs während der systemweiten Durchlaufzeit (sowie des Überwachungszyklus) steht also die kumulierte (systemweite) Sicherheitsbestandsmenge auf beiden Produktionsstufen gegenüber. Für das Endprodukt kann die Mindestproduktionsmenge wie folgt beschrieben werden ($r = 1$):

---

[497] siehe Gleichung (479)

## 522. Mengen- und Zeitpuffer

$$\text{MINPROD}_{1t} = \max\left\{\left[\sum_{\tau=t}^{t+z_1} \text{BRUTTO}_{t\tau} - (\text{DISPON}_{1t} - \text{SB}_1)\right], 0\right\} \quad (481)$$

- Sicherheitsbestand für Endprodukt 1
- nach Abzug des Sicherheitsbestands noch verfügbarer Lagerbestand des Endprodukts 1
- Mindestproduktionsmenge des Produkts 1 in Periode t (unter Berücksichtigung des Sicherheitsbestands)

Für die Mindestproduktionsmenge des Einzelteils 2 gilt:

$$\text{MINPROD}_{2t} = \max\left\{\left\{\sum_{\tau=t}^{t+z_1+z_2} \text{BRUTTO}_{t\tau} - [\text{DISPON}_{1t} + \text{DISPON}_{2t} - (\text{SB}_1 + \text{SB}_2)]\right\}, 0\right\} \quad (482)$$

- systemweite Durchlaufzeit des Einzelteils 2
- systemweiter Sicherheitsbestand für das Einzelteil 2
- systemweiter disponibler Lagerbestand des Einzelteils 2
- Mindestproduktionsmenge des Einzelteils 2 in Periode t

Ein Produktionsauftrag muß eingeplant werden, sobald sich abzeichnet, daß die nach Abzug des systemweiten Sicherheitsbestands insgesamt im Lagersystem vorhandene verfügbare Lagerbestandsmenge des Produkts 2 nicht mehr zur Deckung des Bedarfs innerhalb der systemweiten Durchlaufzeit $z_2$ des Einzelteils und des Überwachungszyklus r ausreicht. Durch die Verwendung systemweiter Größen (Durchlaufzeit und Lagerbestände) wird der Möglichkeit Rechnung getragen, daß eine zufällige Bedarfserhöhung in einer Teilperiode durch eine zufällige Bedarfsunterschreitung in einer anderen Teilperiode der systemweiten Durchlaufzeit kompensiert werden kann.

Tabelle 108 zeigt die Berücksichtigung des systemweiten Sicherheitsbestands für die in Bild 130 angegebene Erzeugnisstruktur mit einem Endprodukt und einem Einzelteil bei der Einplanung der Mindestproduktionsmengen, wobei die angegebenen Lagerbestände sich jeweils auf die *Situation vor der Entscheidung über die Auslösung eines Auftrags* beziehen. Damit der prognostizierte Bedarf (60) des Endprodukts 1 in Periode 13 gedeckt werden kann, muß - unter Beachtung der geforderten Sicherheitsbestände $\text{SB}_1 = 20$ und $\text{SB}_2 = 30$ - in Periode 11 ein Fertigungsauftrag über 50 Einheiten des Endprodukts und in Periode 8 ein Auftrag über 40 Einheiten des Einzelteils aufgelegt werden. Damit stehen in Periode 11 50 Einheiten des Einzelteils zum Einbau in das Endprodukt zur Verfügung. Nach weiteren zwei Perioden kann dann der prognostizierte Bedarf für das Endprodukt gedeckt werden.

Sind die Prognosewerte für die Bedarfsmengen der Perioden 8 bis 13 zutreffend, dann betragen die Lagerbestände am Ende der Periode 13 wie geplant 20 (Endprodukt 1) und 30 Mengeneinheiten (Einzelteil 2), d.h. für jedes Produkt ist nur noch der Sicherheitsbestand vorhanden.

| Produkt 1: $SB_1=20$ Periode t | 8 | 9 | 10 | 11 | 12 | 13 |
|---|---|---|---|---|---|---|
| Bruttobedarfsmenge für Endprodukt 1 | 0 | 0 | 0 | 20 | 40 | 60 |
| disponibler Lagerbestand $DISPON_{1t}$ | 90 | 90 | 90 | 90 | 70 | 30 |
| Lagerbestand $DISPON_{1t}-SB_1$ | 70 | 70 | 70 | 70 | 50 | -10 |
| Nettobedarf | 0 | 0 | 0 | 0 | 0 | >50 |
| Mindestproduktionsmenge $MINPROD_{1t}$ | | | | 50 | | |

$\longmapsto z_1=2 \dashv$

| Produkt 2: $SB_2=30$ Periode t | 8 | 9 | 10 | 11 | 12 | 13 |
|---|---|---|---|---|---|---|
| Sekundärbedarfsmenge für Einzelteil 2 | 0 | 0 | 0 | 50 | 0 | 0 |
| disponibler Lagerbestand $DISPON_{2t}$ | 40 | 40 | 40 | 40 | 30 | 30 |
| Lagerbestand $DISPON_{2t}-SB_2$ | 10 | 10 | 10 | -10 | 0 | 0 |
| Lagerbestand $DISPON_{1t}+DISPON_{2t}-SB_1-SB_2$ | 80 | 80 | 80 | 80 | 50 | 10 |
| Nettobedarf | 0 | 0 | 0 | >40 | 0 | 0 |
| Mindestproduktionsmenge $MINPROD_{2t}$ | 40 | | | | | (40) |

$\longmapsto z_2=3 \longmapsto \mid z_1=2 \dashv$

*Tabelle 108: Berücksichtigung des systemweiten Sicherheitsbestands mit $SB_1=20$ und $SB_2=30$*

Der Endproduktbedarf während der systembezogenen Durchlaufzeit des Einzelteils (Perioden 8 bis 13) darf sich nun aufgrund unvorhergesehener Ereignisse innerhalb der systembezogenen Durchlaufzeit des Einzelteils um *maximal 50 Einheiten* erhöhen, ohne daß wegen mangelnder Verfügbarkeit des Einzelteils Fehlmengen entstehen. Von der insgesamt zulässigen ungeplanten Erhöhung der Bedarfsmenge dürfen wiederum maximal $SB_1=20$ in den Perioden 11 bis 13 auftreten. Erhöhungen des Endproduktbedarfs, die bereits in Periode 10 entstanden sind, können durch eine noch mögliche Erhöhung der Produktionsmenge des Endprodukts in Periode 11 abgefangen werden. Allerdings ist dies nur soweit möglich, wie auch Einzelteile zum Einbau in das Endprodukt verfügbar sind. Daraus ergibt sich eine maximal zulässige Erhöhung des Endproduktbedarfs in den Perioden 8 bis 10 von $SB_2=30$.

Zur Verdeutlichung der Planungslogik des Base-stock-Systems und der Auswirkungen der Lieferunfähigkeit des Einzelteillagers betrachten wir die in Bild 130 dargestellte lineare Erzeugnisstruktur unter der Annahme, daß die wöchentlichen Bedarfsmengen des Endprodukts entsprechend einer Normalverteilung $N(\mu=20; \sigma=4.5)$ in einem Zeitraum von fünf Wochen {21,15,23,16,11} betragen. Der Direktbedarfskoeffizient sei 1. Weiterhin wird im Unterschied zu Bild 130 angenommen, daß die Produktionsdauer des Endprodukts $z_1=1$ und die Beschaffungszeit des Einzelteils $z_2=2$ betragen. Für beide Produkte wird eine (s,q)-Lagerpolitik[498] verfolgt, d.h. es wird am Ende einer jeden Woche der disponible Lagerbestand[499] mit dem Bestellpunkt s verglichen (periodische Überwachung; r=1). Dabei wird der disponible Bestand für beide Produkte unmittelbar *nach der Auslieferung der Periodenbedarfsmenge* und *vor der Auslösung eines Produktionsauftrags des Endprodukts* errechnet. Ist der Bestellpunkt des Endprodukts ($s_1=51$) erreicht, dann wird ein Produktionsauftrag der Höhe $q_1=60$ ausgelöst.

---

498 vgl. **Tempelmeier** (1983b), S. 131-163
499 Disponibler Bestand = physischer Bestand + Bestellbestand - Fehlbestand

Für das Einzelteil beträgt der Bestellpunkt $s_2 = 95$ und die Bestellmenge $q_2 = 120$. Ein (am Periodenende) ausgelöster Auftrag trifft zu Beginn der nächsten Periode beim Lieferanten (Einzelteillager oder Fremdlieferant) ein und führt bei dessen Lieferfähigkeit nach $z_1$ bzw. $z_2$ Wochen (wiederum Periodenbeginn) zu einem Wareneingang im Endprodukt- bzw. Einzelteillager. Ist der Lieferant nicht lieferfähig, dann verstreicht zusätzlich eine *lagerbedingte Lieferzeit*.

Tabelle 109 zeigt die Entwicklung der Planungsgrößen bei Anwendung der Basestock-Kontrolle im Überblick. Es ist eine Situation dargestellt, in der sich die Durchlaufzeit des Endprodukts aufgrund bestehender Lieferunfähigkeit des Einzelteillagers um die lagerbedingte Lieferzeit erhöht. Nach Überprüfung des disponiblen Lagerbestands des Endprodukts 1 am Ende der Periode 1 wird ein Produktionsauftrag ausgelöst, der zu Beginn der Periode 2 zu einem Bedarf für das Einzelteil führt. Da dessen physischer Lagerbestand erschöpft ist, wird der Bedarf im Einzelteillager als Fehlmenge verbucht und der Produktionsbeginn des Endprodukts verzögert. Im vorliegenden Fall wurde am Ende der Periode 0 im Einzelteillager versäumt, einen Auftrag auszulösen, obwohl der systemweite disponible Lagerbestand den (systemweiten) Bestellpunkt $s_2$ bereits unterschritten hatte. Der nun am Ende der Periode 1 ausgelöste Beschaffungsauftrag für das Einzelteil trifft erst zu Beginn der Periode 4 im Lager ein. Der dann immer noch wartende Rückstandsauftrag wird erfüllt. D.h. die zur Herstellung des Endprodukts benötigte Menge des Einzelteils wird an die nächste Produktionsstufe weitergegeben und nach einer Produktionsdauer von $z_1 = 1$ Periode trifft die Produktionsmenge des Endprodukts im Endproduktlager ein. Der beschriebene Ablauf hat zu einer *lagerbedingten Lieferzeit* von 2 Perioden geführt. Die gesamte Durchlaufzeit des Endproduktauftrags beträgt in diesem Fall 3 Perioden.

Wie man erkennt, wird der *systemweite disponible Lagerbestand* des Einzelteils gleichzeitig mit dem disponiblen Lagerbestand des Endprodukts aktualisiert. Bei der Entscheidung über die Auslösung einer Bestellung beim Lieferanten kann damit bereits die aktuelle Bedarfsmenge (insb. deren Abweichung von der prognostizierten Menge) berücksichtigt werden.

Der **Vorteil der systemweiten Betrachtung des disponiblen Lagerbestands** nach dem Konzept der *Base-stock-Kontrolle* liegt darin, daß Entscheidungen zur Vorratsergänzung auf der Grundlage der aktuellen Entwicklung der Endproduktbedarfe ohne zeitliche Verzögerung getroffen werden. Außerdem werden im Fall der Zusammenfassung von mehreren Periodenbedarfen zu einem Auftrag die Bedarfsschwankungen nicht kumuliert, was eine höhere Variabilität zur Folge hätte, sondern einzeln an die untergeordneten Erzeugnisstufen weitergemeldet. Dies kann beträchtliche Auswirkungen auf die Höhe des zur Aufrechterhaltung eines angestrebten Servicegrades notwendigen Lagerbestands haben.

|   | Produkt 2 |   | $s_2=95$ |   | Produkt 1 |   | $s_1=51$ |   |   |
|---|---|---|---|---|---|---|---|---|---|
| 0 | 0 | 0 | 0 | 60 | 0 | 60 | 0 | 60 | Anfangsbestand |
| t |   |   |   |   |   |   |   | 21 | Bedarf Periode 1 |
| 1 |   |   |   |   | 0 | 39 | 0 | 39 | $DISPON_1 < s_1$? ja |
|   |   |   |   |   | 60 | 39 | 0 | 99 | Auftrag für 1 auslösen |
|   | 0 | 0 | 0 | 39 |   |   |   |   | $DISPON_2 < s_2$? ja |
|   | 120 | 0 | 0 | 159 |   |   |   |   | Auftrag für 2 auslösen |
|   |   |   |   |   |   |   |   | 15 | Bedarf Periode 2 |
| 2 |   |   |   |   | 60 | 24 | 0 | 84 | $DISPON_1 < s_1$? nein |
|   |   |   |   |   | 60 | 24 | 0 | 84 | keinen Auftrag auslösen |
|   | 120 | 0 | 60 | 144 |   |   |   |   | $DISPON_2 < s_2$? nein |
|   | 120 | 0 | 60 | 144 |   |   |   |   | keinen Auftrag auslösen |
|   |   |   |   |   |   |   |   | 23 | Bedarf Periode 3 |
| 3 |   |   |   |   | 60 | 1 | 0 | 61 | $DISPON_1 < s_1$? nein |
|   |   |   |   |   | 60 | 1 | 0 | 61 | keinen Auftrag auslösen |
|   | 120 | 0 | 60 | 121 |   |   |   |   | $DISPON_2 < s_2$? nein |
|   | 120 | 0 | 60 | 121 |   |   |   |   | keinen Auftrag auslösen |
|   |   |   |   |   |   |   |   | 16 | Bedarf Periode 4 |
| 4 |   |   |   |   | 60 | 0 | 15 | 45 | $DISPON_1 < s_1$? ja |
|   |   |   |   |   | 120 | 0 | 15 | 105 | Auftrag für 1 auslösen |
|   |   |   |   |   |   |   |   |   | Wareneingang für 2; |
|   |   |   |   |   |   |   |   |   | Auslieferung an 1; |
|   | 0 | 60 | 0 | 105 |   |   |   |   | $DISPON_2 < s_2$? nein |
|   | 0 | 60 | 0 | 105 |   |   |   |   | keinen Auftrag auslösen |
|   |   |   |   |   |   |   |   | 11 | Bedarf Periode 5 |
| 5 |   |   |   |   | 60 | 34 | 0 | 94 | Wareneingang für 1; |
|   |   |   |   |   |   |   |   |   | $DISPON_1 < s_1$? nein |
|   |   |   |   |   | 60 | 34 | 0 | 94 |   |
|   | 0 | 0 | 0 | 94 |   |   |   |   | $DISPON_2 < s_2$? ja |
|   | 120 | 0 | 0 | 214 |   |   |   |   | Auftrag 2 auslösen |

```
                                            └ disponibler Lagerbestand 1
                                       └ Fehlmenge 1
                                  └ physischer Lagerbestand 1
                             └ Bestellbestand 1
                        └ systemweiter disponibler Lagerbestand 2
                   └ Fehlmenge 2
              └ physischer Lagerbestand 2
         └ Bestellbestand 2
```

*Tabelle 109: Zweistufiges Produktionssystem mit Base-stock-Kontrolle*

## Erläuterung der Tabelle 109:

1. Zeile: Lagerbestand *vor* der Bestandsüberwachung im Endproduktlager, nach Abbuchung der Endproduktbedarfsmenge.
2. Zeile: Lagerbestand *nach* der Bestandsüberwachung und eventueller Auftragsauslösung im Endproduktlager. Mit der Produktion soll zu Beginn der nächsten Periode begonnen werden. Der Lagerbestand im Einzelteillager bleibt unverändert.
3. Zeile: Lagerbestand *vor* der Bestandsüberwachung im Einzelteillager.
4. Zeile: Lagerbestand *nach* der Bestandsüberwachung und eventueller Auftragsauslösung im Einzelteillager.

Zur Quantifizierung der positiven Effekte der Base-stock-Kontrolle betrachten wir das in Tabelle 109 behandelte Beispiel unter der Annahme, daß für beide Produkte eine $(r=1,S)$-Politik verfolgt wird. D.h. für jedes Produkt wird in jeder Periode ein Auftrag ausgelöst, der den disponiblen Lagerbestand wieder auf das Niveau S anhebt. Auf die Zusammenfassung von Bedarfsmengen zu Losen wird dabei verzichtet. Dadurch wird der Einfluß der Losgrößenpolitik auf den Servicegrad ausgeschlossen. Darüberhinaus bleibt die Struktur des Nachfrageprozesses auch für das untergeordnete Produkt erhalten, so daß auch hier eine Normalverteilung vorliegt. Für das Endprodukt soll ein $\alpha$-Servicegrad von 90%[500] erreicht werden.

Als Alternative zur Base-stock-Kontrolle der Lagerbestände betrachten wir die Möglichkeit, beide Produktstufen *isoliert* zu behandeln. Bei normalverteilter Periodenbedarfsmenge beträgt der Sicherheitsfaktor für das Endprodukt 1 $v(0.9)=1.28$[501]. Der angestrebte Servicegrad von 90% wird aber nur erreicht, wenn die Produktionszeit des Endprodukts *nicht durch eine lagerbedingte Lieferzeit des Einzelteils* erhöht wird. Um dies zu erreichen, wird für das Einzelteil ein $\alpha$-Servicegrad von 99% festgesetzt [Sicherheitsfaktor $v(0.99)=2.23$]. Damit betragen die Bestellniveaus beider Produkte bei isolierter Kontrolle:

$$S_1^i = 2\cdot 20 + 1.28\cdot\sqrt{2\cdot 4.5^2} = 40 + 1.28\cdot 6.36 = 48.14$$

- Erwartungswert der Bedarfsmenge im Zeitraum $(z_1+1)$
- Sicherheitsfaktor $v(0.9)$
- Standardabweichung der Bedarfsmenge im Zeitraum $(z_1+1)$

$$S_2^i = 3\cdot 20 + 2.33\cdot\sqrt{3\cdot 4.5^2} = 60 + 2.33\cdot 7.79 = 78.15$$

- Erwartungswert der Bedarfsmenge im Zeitraum $(z_2+1)$
- Sicherheitsfaktor $v(0.99)$
- Standardabweichung der Bedarfsmenge im Zeitraum $(z_2+1)$

Geht man nach dem Konzept der *Base-stock-Kontrolle* vor, dann kann auf folgende Approximation des $\alpha$-Servicegrads als Funktion der für die beiden Produkte verwendeten Parameter ("interne" Servicegrade) $\alpha_1$ und $\alpha_2$ zurückgegriffen werden[502]. Danach gilt für das betrachtete zweistufige lineare Produktionssystem:

$$\alpha_1\cdot\alpha_2 < \alpha < \min\{\alpha_1,\alpha_2\} \tag{483}$$

wobei $\alpha$ zur Obergrenze (Untergrenze) tendiert, wenn die Beschaffungszeit $z_2$ für das Einzelteil im Vergleich zur systemweiten Durchlaufzeit relativ niedrig

---

500 In 90% aller Perioden sollen keine Fehlmengen auftreten.
501 vgl. **Tempelmeier** (1983b), S. 151; **Silver/Peterson** (1985), S. 702
502 vgl. **Van Donselaar/Wijngaard** (1986); **Van Donselaar** (1989), S. 137

(hoch) ist. Gehen wir im betrachteten Beispiel von der Gültigkeit der Untergrenze aus ($z_2=2>z_1=1$), dann kann der gewünschte $\alpha$-Servicegrad durch mehrere Kombinationen von $\alpha_1$ und $\alpha_2$ erreicht werden. Wählen wir z.B. $\alpha_1=96\%$ und $\alpha_2=94\%$, dann ergibt sich $\alpha_1 \cdot \alpha_2 = 90.24\%$. Damit wird der Servicegrad $\alpha$ gemäß Beziehung (483) zwischen 90.24% und 94% liegen. Die zur Erreichung dieser beiden Servicegrade erforderlichen (systemweitem) Bestellniveaus betragen[503]:

$$S_1 = 2 \cdot 20 + 1.75 \cdot \sqrt{2 \cdot 4.5^2} = 40 + 1.75 \cdot 6.36 = 51.14$$

$$S_2 = 4 \cdot 20 + 1.55 \cdot \underbrace{\sqrt{4 \cdot 4.5^2}}_{\text{systemweite Durchlaufzeit plus Überwachungszyklus } (z_1+z_2+1)} = 80 + 1.55 \cdot 9 = 93.95$$

Zur Überprüfung beider Vorgehensweisen zur Erreichung eines $\alpha$-Servicegrades von 90% wurden zwei SIMAN IV-Simulationsmodelle[504] entwickelt. In Tabelle 110 werden die physischen Lagerbestände miteinander verglichen.

|  | ohne Base-stock-Kontrolle | mit Base-stock-Kontrolle |
| --- | --- | --- |
| Produkt 1 | 10.45 | 11.99 |
| Produkt 2 | 22.25 | 8.05 |

*Tabelle 110: Vergleich der durchschnittlichen physischen Lagerbestände mit und ohne Base-stock-Kontrolle*

Im System *mit* Base-stock-Kontrolle betrug der in der Simulation erreichte $\alpha$-Servicegrad in Übereinstimmung mit Beziehung (483) 91.85%. Der Lagerbestand könnte somit noch geringfügig durch Verringerung des (systemweiten) Bestellniveaus reduziert werden. Bei der Simulation des Lagersystems *ohne* Base-stock-Kontrolle, d.h. bei isolierter Bestandskontrolle wurde der angestrebte $\alpha$-Servicegrad von 90% genau erreicht.

Die gewählte Kombination von $\alpha_1$ und $\alpha_2$ ist nur eine von mehreren Möglichkeiten, mit denen bei Anwendung des Systems der Base-stock-Kontrolle ein Servicegrad von $\alpha=90\%$ erreicht werden kann. Verwendet man statt dessen die "internen" Servicegrade $\alpha_1=91\%$ und $\alpha_2=99\%$, dann ergibt sich $\alpha_1 \cdot \alpha_2 = 90.09\%$. Diese Parameter-Konstellation entspricht der Strategie, den angestrebten Servicegrad durch einen hohen Sicherheitsbestand auf der Einzelteilstufe zu gewährleisten. Für diese Parameter-Konstellation wird in der Simulation der Base-stock-Kontrolle ein $\alpha$-Servicegrad von 90.86% erreicht, wobei die mittleren Lagerbestände 10.76 und 16.55 betragen.

---

503 Zur Begründung der Berechnungsweise sei auf die Ausführungen weiter unten verwiesen.
504 vgl. **Tempelmeier** (1991)

Auch für das System *ohne* Base-stock-Kontrolle existieren mehrere Kombinationen von $\alpha_1$ und $\alpha_2$, mit denen der angestrebte $\alpha$-Servicegrad erreicht werden kann. So könnte man z.B. $\alpha_2$ unter 99% senken, müßte aber die dann entstehende lagerbedingte Lieferzeit des Einzelteils und deren negative Effekte auf den $\alpha$-Servicegrad durch Erhöhung von $\alpha_1$ kompensieren. Damit besteht in beiden Systemvarianten - mit und ohne Base-stock-Kontrolle - ein **Optimierungsproblem**, dessen analytische Lösung aber die Kenntnis des funktionalen Zusammenhangs zwischen den Parametern $\alpha_1$, $\alpha_2$ und dem angestrebten Servicegrad voraussetzt. Bei genauerer Betrachtung ist festzustellen, daß dieser Zusammenhang nicht direkt, sondern nur indirekt besteht. Aufgrund der physischen Abläufe in dem zweistufigen Lagersystem[505] muß von folgender Wirkungskette ausgegangen werden: {Sicherheitsbestand Produkt 2}↓ ⇨ {lagerbedingte Lieferzeit Produkt 2}↑ ⇨ {Durchlaufzeit Produkt 1}↑ ⇨ {Sicherheitsbestand Produkt 1}↑ ⇨ {Servicegrad Produkt 1}.

Bei der bisherigen Darstellung der Planungslogik sind wir davon ausgegangen, daß die Höhe des auf einer Produktionsstufe zu bevorratenden Sicherheitsbestands bekannt ist bzw. bestimmt werden kann. Allgemein verwendbare analytische Aussagen zur **Bestimmung optimaler Sicherheitsbestände** in mehrstufigen Produktions- und Lagersystemen stehen derzeit nicht zur Verfügung. Insbesondere die in diesem Lehrbuch betrachtete Situation mit *dynamischem und teilweise stochastischem Endproduktbedarf*, die *Ballung von Periodenbedarfsmengen* zu Fertigungsaufträgen (Losen) sowie der stochastische Einfluß der *Materialverfügbarkeit* eines untergeordneten Produkts auf die Vorlaufzeit eines Erzeugnisses verhindern die unmittelbare Übertragung der Erkenntnisse und Lösungsmethoden der stochastischen Lagerhaltungstheorie[506]. Aufgrund der Mehrstufigkeit des Lagersystems sind zudem Interdependenzen zwischen den Sicherheitsbeständen der einzelnen Produkte zu berücksichtigen, die sich auf die optimale **Höhe** des insgesamt im Lagersystem bevorrateten Sicherheitsbestands und seine optimale **Verteilung** auf die einzelnen Produkte auswirken. Diese Zusammenhänge wurden bereits bei der Darstellung des Beispiels zur Base-stock-Kontrolle angesprochen.

Die bislang vorliegenden Analysen beziehen sich vorwiegend auf Lagersysteme mit *stationärem Bedarfsverlauf* der Endprodukte unter bestimmten Annahmen hinsichtlich der Erzeugnisstruktur (Struktur des Lagersystems) und der verfolgten *Lagerpolitik* (Lagerdispositionssystem).

So untersuchen *Yano und Carlson*[507] in mehreren Arbeiten die Beziehungen zwischen dem *Sicherheitsbestand* und der Notwendigkeit zur *Neueinplanung von Aufträgen* (rescheduling) in einem zweistufigen konvergierenden Lagersystem mit zwei Einzelteilen und einem Endprodukt. Bei Verwendung eines Sicherheitsbestands wird für jedes Produkt eine (r,S)-Lagerpolitik verfolgt, in der in festen

---

505 vgl. hierzu für ein mehrstufiges Lagersystem mit divergierender Struktur **Tempelmeier** (1992b)
506 Eine aktuelle Diskussion von Lösungsansätzen der stochastischen Lagerhaltungstheorie für isolierte Produkte findet sich bei **Robrade** (1991).
507 vgl. **Carlson/Yano** (1986); **Yano/Carlson** (1985), (1987), (1988)

Abständen von r Perioden ein Fertigungsauftrag ausgelöst wird, der den disponiblen Lagerbestand auf das Bestellniveau S anhebt. Offensichtlich muß bei Verwendung fixer Produktionstermine ein Sicherheitsbestand gehalten werden, damit die zufälligen Schwankungen des Endproduktbedarfs abgefangen werden können[508]. In einem alternativ dazu betrachteten Scenario wird auf zufällige Schwankungen des Endproduktbedarfs durch zeitliche *Verschiebung der Produktionstermine* sowie durch *Veränderung der Losgrößen* reagiert. Die referierten Ergebnisse von Simulationsuntersuchungen machen deutlich, daß die simultane Bestimmung der optimalen Lagerpolitiken für alle Produkte ein schwieriges Problem ist, dessen Lösung von der Struktur des Lagersystems, dem angestrebten Servicegrad, den Kostenparametern, den Vorlaufzeiten und dem Verlauf der Endproduktbedarfsmengen abhängt.

Eine Möglichkeit zur *Bestimmung der Sicherheitsbestände in mehrstufigen Produktions- und Lagersystemen* besteht darin, das (schwierige) mehrstufige Mehrprodukt-Problem in mehrere weniger komplizierte Teilprobleme zu zerlegen und diese separat zu behandeln. Die Teilprobleme können isolierte Einprodukt-Probleme, aber auch Mehrprodukt-Probleme mit linearer, konvergierender oder divergierender Struktur sein.

*Van Donselaar*[509] diskutiert heuristische Ansätze zur Behandlung der Unsicherheit in derartigen Lagersystemen. Seine Überlegungen[510] sollen im folgenden anhand der im obigen Beispiel betrachteten zweistufigen linearen Erzeugnisstruktur mit einem Endprodukt 1 und einem Einzelteil 2 erläutert werden. Es wird davon ausgegangen, daß am Ende eines jeden Tages der Lagerbestand überprüft wird (Überwachungszyklus r=1). Zur Bestimmung der Größe des auszulösenden Produktionsauftrags werden zwei Strategien betrachtet:

- *Bedarfssynchrone Produktion* ("lot-for-lot"-Produktion)
  In diesem Fall wird am Ende der Vorperiode eine Vorratsergänzung (Produktion oder Beschaffung) initiiert, die den disponiblen Lagerbestand des Produkts auf das Bestellniveau S anhebt (r=1,S)-Politik. Die Auftragsgröße ist dabei jeweils gleich der zuletzt aufgetretenen Periodenbedarfsmenge. Der physische Lagerbestand steigt nach einer deterministischen Produktionszeit von $z_1$ bzw. $z_2$ Perioden wieder an.

- *Losbildung*
  Hier werden mehrere zukünftige prognostizierte Periodenbedarfe zu einem Auftrag zusammengefaßt. Dieser Auftrag der Höhe q wird ausgelöst, sobald der disponible Lagerbestand den Bestellpunkt s erreicht (bzw. unterschritten) hat. Eine derartige Strategie wurde bereits in Tabelle 109 verfolgt.

---

[508] vgl. **Silver/Peterson** (1985), S. 289-296; **Robrade** (1991), S. 124-128
[509] vgl. **Van Donselaar** (1989), (1990), (1992); vgl. auch **Wijngaard/Wortmann** (1985)
[510] Auf die Resultate von *Van Donselaar* wurde bereits bei der Erläuterung des Konzepts der Base-stock-Kontrolle zurückgegriffen.

Gehen wir zunächst davon aus, daß eine *bedarfssynchrone Produktion* erfolgt ["lot-for-lot"-Produktion; (r=1,S)-Politik mit Base-stock-Kontrolle]. In diesem Fall wird zu Beginn einer Periode ein Auftrag ausgelöst, der den disponiblen Lagerbestand auf das Bestellniveau S anhebt. Das Bestellniveau muß gemäß Gleichung (484) die Summe aus dem prognostizierten Bedarf während der Produktionsdauer (und des Überwachungszyklusses) und dem Sicherheitsbestand abdecken. Bezeichnen wir die prognostizierte Bedarfsmenge während der Zeitspanne $(z_1+1)$ vereinfachend mit $\mu(z_1+1)$, dann erhalten wir für den Fall, daß in jeder Periode ein Auftrag ausgelöst wird:

$$S_1 = \underbrace{\mu(z_1+1)}_{\text{prognostizierte Bedarfsmenge für den Zeitraum } [t,t+z_1]} + v(\alpha) \cdot \underbrace{\sigma(z_1+1)}_{\text{Standardabweichung der kumulierten Bedarfsmenge}}^{\text{Sicherheitsbestand}} \quad (484)$$

Wird ein $\alpha$-*Servicegrad* angestrebt, dann muß der Sicherheitsfaktor $v(\alpha)$ so festgesetzt werden, daß die in der Zeitspanne $[t,t+z_1]$ auftretende kumulierte Bedarfsmenge $Y(z_1+1)$ (bzw. der kumulierte Prognosefehler) nur mit der Wahrscheinlichkeit $(1-\alpha)$ den disponiblen Lagerbestand (bzw. den Sicherheitsbestand) des Produkts überschreitet, d.h.

$$\text{Prob}\{Y(z_1+1) \leq S_1\} = \alpha \quad (485)$$

Die Bestimmung des Sicherheitsfaktors wird vereinfacht, wenn die Periodenbedarfsmenge (bzw. der Prognosefehler) einer theoretischen Wahrscheinlichkeitsverteilung (z.B. Normalverteilung, Exponentialverteilung, Poisson-Verteilung) folgt. In diesem Fall kann die erforderliche Höhe des Sicherheitsfaktors aus einer Tabelle[511] abgelesen werden. Ist der Prognosefehler z.B. *normalverteilt*, dann gilt

$$\Phi_{N(0,1)}[v(\alpha)] = \alpha \quad (486)$$

wobei $\Phi_{N(0,1)}[\cdot]$ die Verteilungsfunktion der Standard-Normalverteilung ist.

Bild 131 veranschaulicht den Zusammenhang zwischen der Höhe des Sicherheitsfaktors und dem $\alpha$-Servicegrad. Für einen Servicegrad von $\alpha=95\%$ beträgt der notwendige Sicherheitsfaktor $v(0.95)=1.64$. Ist der Sicherheitsfaktor 0, dann wird nur noch ein $\alpha$-Servicegrad von 50% erreicht.

Bild 132 veranschaulicht den Verlauf des physischen Lagerbestands sowie des disponiblen Lagerbestands bei Einsatz einer (r=1,S)-Politik für ein Produkt mit $N(\mu=50,\sigma=5)$-verteilter Periodennachfrage, wobei zu berücksichtigen ist, daß der Bestellbestand immer mehrere Aufträge umfaßt. Wird ein $\alpha$-Servicegrad

---

[511] vgl. für die Normalverteilung **Tempelmeier** (1983b), S. 151-155; für die Poisson-Verteilung und die Exponentialverteilung **Tersine** (1988), S. 216-217

von 95% angestrebt, dann beträgt der mit der Auslösung einer Bestellung zu erreichende disponible Lagerbestand (für z=1) S=100+1.64·√50=111.59. Im Unterschied zu Lagerpolitiken mit größeren Überwachungszyklen[512] ist der disponible Bestand nach Auslösung einer Bestellung hier immer gleich S (111.59).

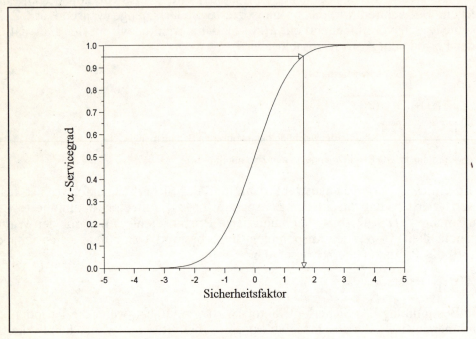

*Bild 131: Beziehung zwischen Sicherheitsfaktor und α-Servicegrad bei normalverteilter Bedarfsmenge*

Faßt man nun *mehrere Periodenbedarfe zu einem größeren Los* zusammen, dann entspricht die resultierende Lagerpolitik einer (s,q)-Politik mit periodischer Überwachung, nach der für das Endprodukt 1 immer ein Auftrag der Größe $q_1$ ausgelöst wird, sobald der disponible Lagerbestand den Bestellpunkt $s_1$ erreicht (oder unterschritten[513]) hat. Geht man davon aus, daß der disponible Lagerbestand im Intervall $[s_1, s_1+q_1]$ gleichverteilt ist, dann erhält man bei $N(\mu,\sigma)$-normalverteilten Periodenbedarfsmengen als *Wahrscheinlichkeit* dafür, daß zu einem beliebigen Zeitpunkt *keine Fehlmenge* auftritt[514]:

---

[512] vgl. z.B. **Reichwald/Dietel** (1991), S. 534
[513] Bei periodischer Lagerüberwachung und Periodenbedarfsmengen, die größer als 1 sind, tritt regelmäßig der Fall ein, daß der physische Lagerbestand zum Zeitpunkt der Auslösung einer Vorratsergänzung den Bestellpunkt bereits unterschritten hat. Dieses "Defizit" ("undershoot") und die sich daraus ergebenden negativen Auswirkungen auf den Servicegrad wollen wir im folgenden vernachlässigen. Vgl. hierzu **Tempelmeier** (1983b), S. 160-161; **Silver/Peterson** (1985), S. 346
[514] vgl. **Van Donselaar** (1989); **Robrade** (1991), S. 103

$$\frac{1}{q_1} \cdot \int_{s_1}^{s_1+q_1} \Phi_{N(0,1)} \left\{ \frac{y-\mu(z_1+1)}{\sigma(z_1+1)} \right\} \cdot dy = \alpha \qquad (487)$$

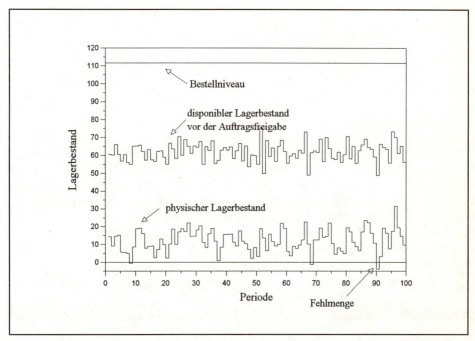

*Bild 132: Verlauf von physischem und disponiblem Lagerbestand bei einer $(r=1,S)$-Politik mit $\alpha=95\%$ und $N(50,5)$-verteilter Periodenbedarfsmenge (Simulationsergebnisse)*

Zur Bestimmung des optimalen Bestellpunkts $s_1$, bei dem der gewünschte $\alpha$-Servicegrad erreicht wird, schlägt *Van Donselaar* folgende *Approximation* vor:

$$s_1 = \mu(z_1+1) - \frac{q_1}{2} + v(\alpha) \cdot \sqrt{(z_1+1) \cdot \sigma_1^2 + q_1^2/12} \qquad (488)$$

wobei der Parameter $v(\alpha)$ für kleine Losgrößen mit Hilfe von Gleichung (486) und für große Losgrößen mit

$$v(\alpha) = (\alpha-0.5) \cdot \sqrt{12} \qquad (489)$$

bestimmt wird[515].

Betrachten wir nun das untergeordnete Produkt 2, wobei zunächst wieder von *bedarfssynchroner Produktion* [$(r=1,S)$-System] ausgegangen sei. Bei Anwendung der Base-stock-Kontrolle kann das Bestellniveau des Einzelteils, $S_2$, prinzipiell in gleicher Weise wie für das Endprodukt errechnet werden [Gleichung (484)]. Al-

---

515 vgl. **Van Donselaar** (1990), S. 81

lerdings ist der relevante Zeitraum nun nicht mehr $(z_1+1)$, sondern die um die Überwachungsperiode verlängerte *systemweite Durchlaufzeit des Einzelteils*, $(z_2+z_1+1)$. In diesem Fall wird das Bestellniveau des Einzelteils wie folgt berechnet[516]:

$$S_2 = \underbrace{\mu(z_2+z_1+1)}_{\text{prognostizierte mittlere Bedarfsmenge für den Zeitraum } [t,t+z_2+z_1]} + v(\alpha) \cdot \underbrace{\sigma(z_2+z_1+1)}_{\text{Standardabweichung der kumulierten Bedarfsmenge}} \overset{\text{Sicherheitsbestand}}{} \tag{490}$$

Während im einstufigen Fall der Zusammenhang zwischen dem Sicherheitsbestand und dem angestrebten α-Servicegrad unmittelbar erkennbar war, ist dieser Zusammenhang nun nicht mehr offensichtlich. Bei der Diskussion des Beispiels zur Base-stock-Kontrolle wurde bereits auf das Problem hingewiesen, daß bei mangelnder Lieferfähigkeit des Einzelteillagers eine Verzögerung des Materialnachschubs (*lagerbedingte Lieferzeit*) für die Produktion des Endprodukts auftritt. Dabei wurde mit Beziehung (483) eine Abschätzung für den zu erwartenden α-Servicegrad als Funktion der Parameter $\alpha_1$ und $\alpha_2$ angegeben.

Auf der Grundlage dieser Beziehung schlägt *Van Donselaar* für den Fall der bedarfssynchronen Produktion ("lot-for-lot"-Produktion) vor, in den Gleichungen (484) und (490) denselben Sicherheitsfaktor $v(\alpha)$ zu verwenden und diesen mit

$$\Phi_{N(0,1)}[v(\alpha)] = \frac{1}{3} + \frac{2}{3} \cdot \alpha \tag{491}$$

approximativ zu bestimmen[517]. In dem obigen Beispiel ergibt sich nach diesem Vorschlag ($\alpha = 90\%$):

$\Phi_{N(0,1)}[v(\alpha)] = 93.33\% \rightarrow v(0.9333) = 1.5$

$S_1 = 2 \cdot 20 + 1.5 \cdot \sqrt{(2 \cdot 4.5^2)} = 40 + 1.5 \cdot 6.36 = 49.54$

$S_2 = 4 \cdot 20 + 1.5 \cdot \sqrt{(4 \cdot 4.5^2)} = 80 + 1.5 \cdot 9 \quad = 93.50$

Die Simulation des zweistufigen Produktions- und Lagersystems ergibt einen α-Servicegrad von 89.61% bei einem mittleren physischen Lagerbestand von 10.90 für das Endprodukt und 8.83 für das Einzelteil. Vergleichen wir hiermit die in Tabelle 110 angegebenen Lagerbestände, die bei Anwendung der Base-stock-Kontrolle mit den Parametern $\alpha_1 = 96\%$ und $\alpha_2 = 94\%$ erreicht wurden, dann stellen wir fest, daß die Lagerbestände insgesamt etwas niedriger sind, sich aber anders auf die beiden Lagerstufen verteilen. Die Frage, welche der beiden Va-

---

516 vgl. **Timmer/Monhemius/Bertrand** (1984), S. 17; **Van Donselaar** (1990), S. 74
517 vgl. **Van Donselaar** (1989), S. 74

rianten besser ist, kann unter Berücksichtigung der Lagerkostensätze beantwortet werden.

Für den Fall, daß *mehrere Periodenbedarfsmengen zu einem Los* zusammengefaßt werden, schlägt *Van Donselaar* vor, für beide Produkte Gleichung (488) sinngemäß zu verwenden, wobei zur Bestimmung des Sicherheitsfaktors auf Beziehung (491) zurückgegriffen wird.

Die hier exemplarisch für eine sehr einfache lineare Erzeugnisstruktur vorgestellten Überlegungen können auch auf divergierende und konvergierende Erzeugnisstrukturen (Lagersysteme) übertragen werden[518].

*Van Donselaar*[519] schlägt vor, das ursprünglich für stationäre Lagerprozesse konzipierte Base-stock-Konzept zu dynamisieren, indem das Bestellniveau eines Produkts und damit auch die resultierende Vorratsergänzung periodenbezogen in Abhängigkeit von den prognostizierten Bedarfsmengen in der *systemweiten Durchlaufzeit* des Produkts festgelegt wird. Dieses als **Line Requirements Planning** (LRP) bezeichnete Konzept zeichnet sich dadurch aus, daß die Bedarfsauflösung für ein untergeordnetes Produkt nicht auf der Grundlage geplanter terminierter Produktionsaufträge der nachfolgenden Produktionsstufe, sondern auf der Grundlage der *Endproduktbedarfe* erfolgt, wobei zur Bestimmung der Mindestproduktionsmengen der systemweite Lagerbestand des Produkts berücksichtigt wird. Dieses System führt jedoch zu Problemen, wenn die Losgrößen nicht beliebig variiert werden können.

*Inderfurth*[520] betrachtet verschiedene mehrstufige Erzeugnis- und Prozeßstrukturen und analysiert die *Beziehungen zwischen den Sicherheitsbeständen auf den verschiedenen Produktionsstufen*. Wir wollen die Überlegungen exemplarisch für die oben betrachtete lineare Erzeugnisstruktur mit einem Endprodukt 1 und einem Einzelteil 2 nachvollziehen, wobei angenommen wird, daß die Periodenbedarfsmengen des Endprodukts (bzw. die Prognosefehler) normalverteilt sind. Es wird davon ausgegangen, daß eine (r=1,S)-Politik verfolgt wird, nach der in jeder Periode der Lagerbestand durch eine Bevorratungsmaßnahme wieder auf das Bestellniveau S angehoben wird. Jeder Periodenbedarf für das Endprodukt führt zu einem identischen Beschaffungsvorgang für das Einzelteil.

Unter diesen Annahmen läßt sich die Wahrscheinlichkeit dafür, daß der Bedarf einer Periode unverzüglich erfüllt werden kann ($\alpha$-Servicegrad), als Funktion der Sicherheitsbestände auf beiden Erzeugnisstufen ableiten. Bewertet man die Sicherheitsbestände mit Lagerkostensätzen, dann kann man den in Bild 133 dargestellten grundsätzlichen Zusammenhang feststellen.

Eine gegebene Lagermenge, z.B. 30, kann in unterschiedlicher Weise auf die Sicherheitsbestände der beiden betrachteten Erzeugnisstufen verteilt werden. Für jede Kombination der Sicherheitsbestände ergibt sich ein spezifisches Fehlmengen-Risiko sowie ein bestimmtes Lagerkostenniveau. Variiert man die *Verteilung*

---

518 vgl. **Wijngaard/Wortmann** (1985); **Van Donselaar/Wijngaard** (1986); **Van Donselaar** (1989), (1990)
519 vgl. **Van Donselaar** (1989), (1991)
520 vgl. **Inderfurth** (1991c)

des in seiner Höhe konstanten System-Sicherheitsbestands auf die beiden Erzeugnisstufen, dann erhält man eine *Indifferenzkurve*, die den *Konflikt zwischen Fehlmengen-Risiko und Lagerkosten* zum Ausdruck bringt. Es wird deutlich, daß ein bestimmtes Fehlmengen-Risiko mit unterschiedlichen Lagerkosten erreichbar ist. Andererseits können mit einem gegebenen Kostenbudget - abhängig von der Verteilung der Sicherheitsbestände - unterschiedliche Fehlmengen-Risiken erzielt werden. Für jedes vorgegebene Fehlmengen-Risiko läßt sich ein System-Sicherheitsbestand finden, dessen optimale Allokation auf die beiden Erzeugnisstufen zu minimalen Lagerkosten führt. Die effizienten Verteilungen des gesamten Sicherheitsbestands auf die beiden Erzeugnisstufen markieren die untere Hülle der Indifferenzkurvenschar.

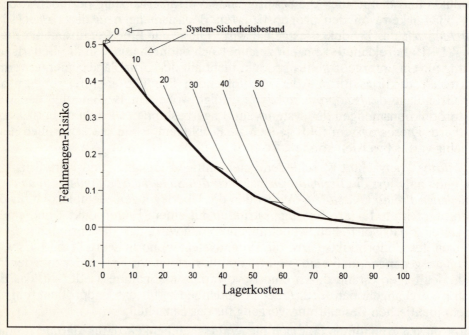

*Bild 133: Zusammenhang zwischen Fehlmengenrisiko und Lagerkosten*

Die Darstellung verdeutlicht, daß das Problem der Bestimmung des optimalen Sicherheitsbestands in einem mehrstufigen Lagersystem nicht nur darin besteht, seine optimale **Höhe** zu finden, sondern daß simultan auch die optimale **Verteilung** des (optimalen) Sicherheitsbestands auf die einzelnen Lagerstufen ermittelt werden muß[521].

Zur Frage der Bestimmung der **optimalen Verteilung der Sicherheitsbestände** stellt *Simpson*[522] folgende Überlegungen für ein *lineares Produktionssystem* mit K

---

521 vgl. auch **Tempelmeier** (1993b)
522 vgl. **Simpson** (1958); **Johnson/Montgomery** (1974), S. 148-154

## 522. Mengen- und Zeitpuffer

(k=1,2,...,K) Produktions- und Lagerstufen an. Alle Lagerstufen verfolgen (r=1,S)-Lagerpolitiken mit *Base-stock-Kontrolle*. Am Ende einer Periode werden sämtliche systemweiten disponiblen Lagerbestände unter Berücksichtigung des eingetretenen Endproduktbedarfs aktualisiert und es wird für *jedes Lager k* ein Auftrag zur Vorratsergänzung (in Höhe des aufgetretenen Endproduktbedarfs) ausgelöst, der an die unmittelbar vorgelagerte Produktionsstufe (k-1) gerichtet wird.

Unter "normalen" Umständen werden die benötigten Mengen (einschl. zufälliger Erhöhungen einer Periodenbedarfsmenge) sofort an die anfordernde Produktionsstufe k weitergegeben und sie führen nach einer Bearbeitungszeit von $z_k$ Perioden zu einem Wareneingang im Lager k. Ist aber der Bestand im Lager der Produktionsstufe (k-1) erschöpft, dann muß die Produktionsstufe k mit dem Beginn der Produktion solange warten, bis die Produktionsstufe (k-1) den Bestand wieder aufgefüllt hat. Beginnt die Produktionsstufe (k-1) zum Zeitpunkt der Anforderung an das Lager (k-1) mit der Produktion, dann dann muß die Produktionsstufe k genau $z_{k-1}$ Perioden auf den Produktionsbeginn warten. Erst dann kann sie selbst - nach weiteren $z_k$ Perioden - ihr eigenes Lager k füllen.

Wir bezeichnen nun mit $w_{k-1}$ die *maximale Wartezeit* (Lieferzeit) einer Materialanforderung, die von der Produktionsstufe k an das *Lager (k-1)* gerichtet wird. Ferner sei $\lambda_k$ die maximale Wiederbeschaffungszeit des Lagers k und $z_k$ die Produktionsdauer der Produktionsstufe k. Dann gilt (siehe auch Bild 134):

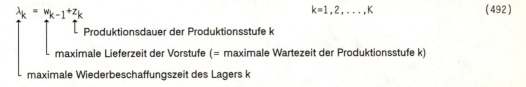

$$\lambda_k = w_{k-1} + z_k \qquad k=1,2,\ldots,K \qquad (492)$$

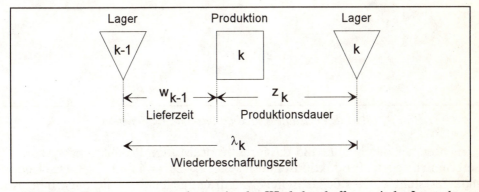

*Bild 134: Zusammensetzung der maximalen Wiederbeschaffungszeit des Lagers k*

Die maximale Wiederbeschaffungszeit des Lagers k, $\lambda_k$, hängt offenbar davon ab, ob eine Materialanforderung, die die Produktionsstufe (k-1) an das ihr vorgelagerte Lager (k-2) richtet, unverzüglich erfüllt werden kann oder ob auch hier eine Wartezeit $w_{k-2}$ verstreicht. Im letztgenannten Fall beträgt die Wiederbeschaffungszeit des Lagers (k-1): $\lambda_{k-1} = w_{k-2} + z_{k-1}$.

Die *maximale Wiederbeschaffungszeit* des Lagers k, $\lambda_k$, ist eine deterministische, *geplante Größe*. Sie entsteht durch *Kumulation der deterministischen Produktionsdauern* aufeinanderfolgender Produktionsstufen. *Simpson* geht davon aus, daß im Rohstofflager (Stufe 0) und im Endproduktlager (Stufe K) keine geplanten Wartezeiten auftreten ($w_0 = 0$; $w_K = 0$). Davon zu unterscheiden ist die Lieferzeit, die sich aufgrund einer *zufälligen Lieferunfähigkeit* eines Lagers ergibt. Im Endproduktlager K wird sie durch den Sicherheitsbestand beeinflußt. Letzterer wird so festgelegt, daß ein angestrebter α-Servicegrad erreicht wird. Auf den anderen Produktionsstufen wird angenommen, daß durch Maßnahmen im Bereich der Fertigungssteuerung, z.B. durch Bereitstellung von Reservekapazitäten, gewährleistet werden kann, daß niemals *ungeplante, lagerbedingte Lieferzeiten* auftreten. Allerdings lassen sich zur Steuerung der Höhe der Sicherheitsbestände auf diesen Lagerstufen ebenfalls α-Servicegrade verwenden. Diese Größen dienen jedoch nur dazu, das Ausmaß zu beeinflussen, in dem auf die genannten außerordentlichen Maßnahmen zur Auffüllung des Lagerbestands zurückgegriffen werden muß.

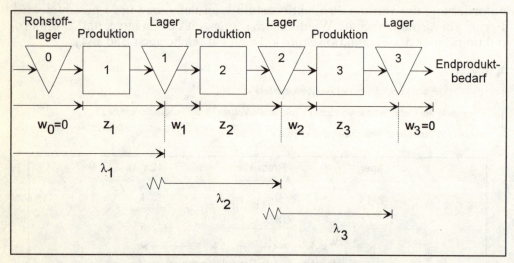

*Bild 135: Dreistufiges Produktions- und Lagersystem*

Betrachten wir das in Bild 135 dargestellte dreistufige Produktionsssystem. Die (deterministischen) Produktionsdauern seien $z_1 = 2$, $z_2 = 4$ und $z_3 = 3$. Das Endproduktlager steht einer stochastischen Nachfrage gegenüber, die nach dem Konzept der *Base-stock-Kontrolle* an jeder Produktionsstelle durch entsprechende Produktion wieder ersetzt wird. Die kumulierte Durchlaufzeit eines Auftrags beträgt damit 9 Perioden. Berücksichtigt man den Überwachungszyklus ($r = 1$), dann muß in diesem Lagersystem Bedarfsunsicherheit über eine Zeitspanne von 10 Perioden durch Bevorratung von Sicherheitsbeständen absorbiert werden.

Es sei zunächst angenommen, daß in *keinem Lager ein Sicherheitsbestand* gehalten wird. Ein durch eine *zufällige* Erhöhung des Endproduktbedarfs ausgelöster Auftrag zur Versorgung der Produktionsstufe 1 muß wegen $w_0=0$ (das Rohstofflager ist immer lieferfähig) niemals warten. Daher vergehen maximal $\lambda_1=w_0+z_1=0+2=2$ Perioden, bis ein Produktionsauftrag der Stufe 1 zu einem Wareneingang im Lager 1 geführt hat. Das bedeutet aber: ist der Bestand des Lagers 1 erschöpft, dann muß ein Produktionsauftrag der Produktionsstufe 2 maximal $w_1=2$ Perioden warten, bis mit seiner Bearbeitung begonnen werden kann. Nach weiteren $z_2=4$ Perioden, d.h. nach maximal $\lambda_2=w_1+z_2=2+4=6$ Perioden, kann dieser Auftrag zu einem Wareneingang im Lager 2 führen. Setzen wir die Überlegungen für die dritte Produktionsstufe fort, dann gilt $\lambda_3=w_2+z_3=6+3=9$. Dies ist die *über alle Produktionsstufen kumulierte Durchlaufzeit*. Wird also *vollständig auf die Haltung von Sicherheitsbeständen verzichtet*, dann können unvorhergesehene Bedarfe erst nach der kumulierten Durchlaufzeit erfüllt werden. Bei normalverteilter Endproduktnachfrage würde in diesem Fall ein $\alpha$-Servicegrad von 50% erreicht werden.

Soll der den Kunden offerierte Servicegrad verbessert werden, dann sind Sicherheitsbestände zu halten. Es bestehen nun mehrere Möglichkeiten, einen vorgegebenen $\alpha$-Servicegrad auf der Endproduktstufe zu erreichen. So könnte man z.B. einen *Sicherheitsbestand für das Endprodukt* halten, der die gesamte Unsicherheit über die Wiederbeschaffungszeit aus der Sicht des Endproduktlagers von 9 bzw. bei periodischer Lagerüberwachung von $(9+1)$ Perioden abdeckt. In diesem Fall beträgt der Sicherheitsbestand $SB_3=v(\alpha)\cdot\sigma\cdot\sqrt{(9+1)}$.

Man kann aber auch *auf jeder Produktionsstufe einen Sicherheitsbestand* bevorraten und diesen jeweils so festsetzen, daß das Lager k mit der Wahrscheinlichkeit $\alpha_k$ lieferfähig ist. Dies führt in den betreffenden Lagern zu einer Reduktion der maximalen Lieferzeit. Bevorraten wir z.B. für die Produktionsstufe 1 ($z_1=2$) einen Sicherheitsbestand, der ungeplante Bedarfsschwankungen einer Periode abfängt, dann reduziert sich die maximale Lieferzeit in diesem Lager um eine Periode[523]. Treten z.B. in beiden Teilperioden von $z_1$ zufällige Bedarfserhöhungen ein, dann kann die Bedarfserhöhung der ersten Periode aus dem vorhandenen Sicherheitsbestand gedeckt werden, während die Bedarfserhöhung der zweiten Periode erst nach einer Periode erfüllt werden kann.

Beträgt nun die maximale Lieferzeit einer Produktionsstufe $w_k$ und die maximale Wiederbeschaffungszeit eines Lagers $\lambda_k$, dann muß durch den Sicherheitsbestand die Zeitspanne $(\lambda_k-w_k)=(w_{k-1}+z_k-w_k)$ überbrückt werden. Für das Bestellniveau der Produktionsstufe k, $S_k$, ergibt sich damit:

$$S_k = \underbrace{(w_{k-1}+z_k-w_k)\cdot\mu}_{\text{erwartete Endproduktbedarfsmenge im relevanten Zeitraum}}+\underbrace{SB_k}_{\text{Sicherheitsbestand der Produktionsstufe k}} \qquad k=1,2,\ldots,K \qquad (493)$$

---

[523] Diese Vorgehensweise ist aber nicht optimal. Vgl. weiter unten.

Der Sicherheitsbestand der Stufe k der Produktionsstufe wird bei Verfolgung eines $\alpha$-Servicegrades und $N(\mu,\sigma)$-normalverteilten Periodenbedarfsmengen wie folgt berechnet[524]:

$$SB_k = \underbrace{v_k(\alpha_k)}_{\text{Sicherheitsfaktor für Lager k}} \cdot \sigma \cdot \sqrt{w_{k-1}+z_k-w_k} \qquad k=1,2,\ldots,K-1 \qquad (494)$$

Da für das Endprodukt (im Lager K) keine Wartezeiten auftreten dürfen ($w_K=0$), beträgt dessen Sicherheitsbestand unter Berücksichtigung der Länge der Überwachungsperiode:

$$SB_K = v_K(\alpha) \cdot \sigma \cdot \sqrt{w_{K-1}+z_K+1} \qquad (495)$$

Damit sind die Sicherheitsbestände als Funktion der maximalen Wartezeiten beschrieben. Berücksichtigt man nun noch Lagerkostensätze $h_k$, dann kann das Problem der Bestimmung der *optimalen Verteilung der Sicherheitsbestände* in einem linearen Produktions- und Lagersystem mit K Stufen durch das folgende Modell BASEOPT abgebildet werden.

**Modell BASEOPT**:

$$\text{Min } C = \sum_{k=1}^{K-1} c_k \cdot \sqrt{w_{k-1}+z_k-w_k} + c_K \cdot \sqrt{w_{K-1}+z_K+1} \qquad (496)$$

u.B.d.R.

$$w_k \leq w_{k-1}+z_k \qquad k=1,2,\ldots,K-1 \qquad (497)$$

$$w_0 = 0 \qquad (498)$$

mit

$$c_k = h_k \cdot v_k(\alpha_k) \cdot \underbrace{\sigma_k}_{\text{Standardabweichung der Bedarfsmenge für Stufe k}} \qquad k=1,2,\ldots,K \qquad (499)$$

Es bedeuten:

$h_k$ Lagerkostensatz im Lager k
$v_k(\alpha_k)$ Sicherheitsfaktor als Funktion des Servicegrades im Lager k
$w_k$ maximale Wartezeit einer Materialanforderung im Lager k
$z_k$ Produktionsdauer der Stufe k
$\sigma_k$ Standardabweichung der Bedarfsmenge für Stufe k (unter Berücksichtigung des Verflechtungsbedarfs zwischen den Stufen k und K)

---

524 vgl. **Inderfurth** (1991b)

Entscheidungsvariablen dieses Modells sind die maximalen *Lieferzeiten* der Produktionsstufen, die durch Sicherheitsbestände abgedeckt werden müssen. *Simpson*[525] hat nachgewiesen, daß die optimale Lösung dieses Modells dadurch gekennzeichnet ist, daß auf jeder Stufe entweder die gesamte Lieferzeit abgesichert oder überhaupt kein Sicherheitsbestand gehalten wird. Damit gilt für die optimale maximale Lieferzeit einer Produktionsstufe:

$$w_k^{opt} \in \{0, w_{k-1}^{opt} + z_k\} \qquad k = 1, 2, \ldots, K-1 \qquad (500)$$

Aufgrund dieser Eigenschaft lassen sich $2^{K-1}$ zulässige Lösungen unterscheiden, die man für geringe Anzahlen von Produktionsstufen vollständig enumerieren kann. Im vorliegenden Beispiel mit K = 3 gibt es 4 zulässige Lösungen. Sie sind in Tabelle 111 zusammengestellt.

| Nr. | $w_1$ | $w_2$ | durch Sicherheitsbestand k abzusichernder Zeitraum für Stufe | | |
|---|---|---|---|---|---|
| | | | 1 | 2 | 3 |
| 1 | 0 | 0 | 2 (=0+2-0) | 4 (=0+4-0) | 4 (=0+3+1) |
| 2 | 0 | 4 | 2 (=0+2-0) | 0 (=0+4-4) | 8 (=4+3+1) |
| 3 | 2 | 0 | 0 (=0+2-2) | 6 (=2+4-0) | 4 (=0+3+1) |
| 4 | 2 | 6 | 0 (=0+2-2) | 0 (=2+4-6) | 10 (=6+3+1) |

*Tabelle 111: Berechnung der abzusichernden Zeiträume*

Die insgesamt über alle Produktionsstufen durch Sicherheitsbestände abzudeckende Zeitspanne beträgt immer 10 Perioden. Sie entspricht der um die Länge der Überwachungsperiode erhöhten kumulierten Durchlaufzeit. Die erste Lösung ist dadurch gekennzeichnet, daß auf jeder Stufe ein Sicherheitsbestand gehalten wird, der die Unsicherheit bezüglich der Endproduktnachfrage während der Produktionsdauer der betreffenden Stufe abdeckt (*vollständig dezentrale Sicherheitsbestände*). In der zweiten Lösung deckt der Sicherheitsbestand der Stufe 3 die Unsicherheit während der Produktionsdauern der Stufen 2 und 3 ab. Auf Stufe 2 wird daher kein Sicherheitsbestand gehalten. In der dritten Lösung deckt der Sicherheitsbestand der Stufe 2 die Unsicherheit während der Produktionsdauern der Stufen 1 und 2 ab. In der vierten Lösung schließlich wird die gesamte Unsicherheit während der kumulierten Durchlaufzeit durch einen Sicherheitsbestand für das Endprodukt abgefangen (*zentraler Sicherheitsbestand*). Die optimale Lösung kann nach Berechnung der jeweils entstehenden Lagerkosten ermittelt werden. *Inderfurth*[526] beschreibt ein effizientes Verfahren der dynamischen Optimierung zur Lösung des Modells BASEOPT.

Eine wichtige **Voraussetzung** des dargestellten Ansatzes zur Sicherheitsbestandsoptimierung besteht darin, daß zwischen den Produktionsstufen *keine lagerbedingten Lieferzeiten* auftreten dürfen. Innerhalb des mehrstufigen Lagersystems

---

525 vgl. **Simpson** (1958)
526 vgl. **Inderfurth** (1991b), (1992)

muß immer vollständige Lieferfähigkeit bestehen[527]. Wurde z.B. der im Lager 1 vorhandene Sicherheitsbestand durch eine zufällige Bedarfserhöhung verbraucht und tritt dann eine weitere ungeplante Bedarfserhöhung auf, dann führt die resultierende Lieferunfähigkeit *nicht* zu einer Erhöhung der Wartezeit der nachfolgenden Produktionsstufe. Vielmehr wird dieses Problem durch "externe" Bereitstellung der benötigten Mengen beseitigt.

Dies muß durch ein **Flexibilitätspotential** des Produktionssystems gesichert werden, das immer dann genutzt wird, wenn der Sicherheitsbestand eines Produkts aufgezehrt ist und die Gefahr des Auftretens einer *lagerbedingten Lieferzeit* entsteht. Das Ausmaß, in dem dieses Flexibilitätspotential (z.B. quantitative, zeitliche oder intensitätsmäßige Anpassung; Fremdbezug; Nutzung eines Flexiblen Fertigungssystems[528]) in Anspruch genommen wird, hängt von der Höhe der Sicherheitsbestände ab. Die für die Berechnung der stufenbezogenen Sicherheitsbestände verwendeten "internen" $\alpha$-Servicegrade haben damit die Funktion, das Ausmaß zu steuern, in dem auf das Flexibilitätspotential des Produktionssystems zurückgegriffen wird. Sind z.B. die Produktionskapazitäten so hoch ausgelastet, daß die Möglichkeit der Bearbeitung von Eilaufträgen weitgehend ausgeschlossen ist, dann kann dies durch entsprechend hohe $\alpha_k$-Werte berücksichtigt werden. Offensichtlich liegt auch hier ein *Optimierungsproblem* vor.

*Inderfurth*[529] erweitert den beschriebenen Ansatz von *Simpson* auf den Fall divergierender Erzeugnisstrukturen (mit mehreren Endprodukten), wobei auch die *Korrelation* zwischen den Periodenbedarfsmengen der Endprodukte sowie *Autokorrelation* der Periodenbedarfe berücksichtigt werden. Er entwickelt ein effizientes Verfahren zur Lösung des resultierenden Entscheidungsmodells. Aus der Analyse der Struktur der optimalen Lösungen leitet er allgemeine Aussagen über die Vorteilhaftigkeit bestimmter *Regeln für die Verteilung des Sicherheitsbestands* ab[530]. Er zeigt, daß in mehrstufigen Produktionssystemen die Bevorratung von Sicherheitsbeständen auf allen Stufen sinnvoll sein kann und daß die in Literatur und Praxis vielfach diskutierten Extremstrategien der Pufferung ausschließlich auf der Endproduktstufe (K) bzw. ausschließlich auf der Rohmaterialstufe (0) nur unter bestimmten Bedingungen optimal sind. Ihre konkrete Verteilung wird von der Varianz der Endproduktbedarfsmengen, von deren Korrelation, der Höhe der Verflechtungsbedarfskoeffizienten, dem stufenbezogenen Wertzuwachs der Erzeugnisse (marginale Lagerkostensätze) sowie von der Struktur der Produktionszeiten auf den einzelnen Stufen beeinflußt.

*Inderfurth* weist darauf hin, daß in divergierenden Produktionsstrukturen im Fall nicht vollständig positiver Korrelation risikoreduzierende Effekte auftreten[531]. Daraus wird deutlich, daß die Erhöhung der Verwendungsmöglichkeiten eines untergeordneten Produkts, z.B. einer standardisierten Baugruppe, sich günstig

---

527 vgl. Graves (1988), S. 76; **Inderfurth** (1992)
528 vgl. **Tempelmeier/Kuhn** (1992)
529 vgl. **Inderfurth** (1989), (1991a), (1991b), (1991c), (1992)
530 vgl. **Inderfurth** (1992)
531 vgl. **Inderfurth** (1991c)

auf den insgesamt zur Aufrechterhaltung eines Servicegrades notwendigen Sicherheitsbestand auswirken kann. In weiteren Untersuchungen analysiert *Inderfurth*[532] die Möglichkeit, die bisher als gegeben angenommenen Bearbeitungszeiten $z_k$ innerhalb bestimmter Grenzen als variabel zu betrachten.

Ist eine **Sicherheitsvorlaufzeit** SZ vorgesehen, dann wird ein Fertigungsauftrag anstatt in Periode t schon eine oder mehrere Perioden früher, also in der Periode (t-SZ), ausgelöst[533]. Die um die Sicherheitsvorlaufzeit erhöhte Durchlaufzeit bezeichnet man in der englischsprachigen Literatur auch als **planned lead time**[534], weil sie nicht der tatsächlichen Durchlaufzeit entspricht, sondern lediglich eine Größe für Planungszwecke darstellt. Die Verwendung der Sicherheitsvorlaufzeit verschiebt den spätestzulässigen Produktionstermin in die Periode (t-SZ):

$$\text{MINPROD}_{t-SZ}(Z=z) = \max\left\{\left[\sum_{\tau=t}^{t+z} \text{BRUTTO}_{t\tau} - \text{DISPON}_t\right], 0\right\} \tag{501}$$

Bei Berücksichtigung einer Sicherheitsvorlaufzeit SZ ist die unter deterministischen Bedingungen in Periode (t+z) fertiggestellte Menge unter normalen Bedingungen nun schon in der Periode (t+z-SZ), d.h. SZ Perioden früher, im Lager verfügbar. Die tatsächliche Durchlaufzeit des Produktionsauftrags kann sich um die Sicherheitsvorlaufzeit erhöhen, ohne daß Probleme bei der Versorgung des nachfolgenden Produktionsprozesses mit Material auftreten. Tabelle 112 zeigt den Einfluß der Sicherheitszeit auf die Terminierung eines Produktionsauftrags.

| Periode t | 1 | 2 | 3 | 4 | 5 |
|---|---|---|---|---|---|
| Bruttobedarfsmenge BRUTTO$_t$ | 20 | 40 | 20 | 0 | 30 |
| disponibler Lagerbestand DISPON$_t$ (vorher) | 90 | 70 | 30 | 10 | 10 |
| Nettobedarf | 0 | 0 | 0 | 0 | 20 |
| Mindestproduktionsmenge MINPROD$_t$ |  | 20 |  |  |  |

⊢ SZ ⊣ z=2 ⊣

*Tabelle 112: Zusammenhang zwischen Mindestproduktionsmenge, verfügbarem Lagerbestand und Bruttobedarfsmenge bei Berücksichtigung einer Sicherheitsvorlaufzeit SZ = 1*

Die Bestimmung der *optimalen Sicherheitszeit* bereitet erhebliche Schwierigkeiten. Hierzu ist die Kenntnis der Wahrscheinlichkeitsverteilung der Durchlaufzeit erforderlich. Eine einfache Gleichung für die Vorlaufzeit, bei der die (stochastischen) Komponenten der Durchlaufzeit eines Erzeugnisses einzeln erfaßt werden, schlägt *Padilla* vor[535]:

---

532 vgl. **Inderfurth** (1989), (1991a), (1993)
533 vgl. **New** (1975)
534 vgl. **Padilla** (1982); vgl. auch **St. John** (1983); (1985)
535 vgl. ähnlich **Padilla** (1982), S. 205

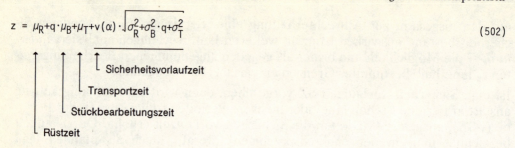

(502)

Es bedeuten:

| | |
|---|---|
| B | Stückbearbeitungszeit |
| q | Losgröße |
| R | Rüstzeit |
| T | Transportzeit |
| $v(\alpha)$ | Sicherheitsfaktor |
| z | Durchlaufzeit |
| $\sigma^2$ | Varianz |
| $\mu$ | Mittelwert |

Der Sicherheitsfaktor $v(\alpha)$ hat dieselbe Funktion wie bei der Bestimmung des Sicherheitsbestands[536]. Er kann im Hinblick auf ein tolerierbares Verspätungsrisiko festgelegt werden. Die in Gleichung (502) vorgenommene Zerlegung der Durchlaufzeit in ihre Komponenten ist in der Praxis sehr schwer realisierbar, da in einem konkreten Fall nicht sichtbar ist, welche Einflußgröße zu einer bestimmten beobachteten Ausprägung der Durchlaufzeit eines Auftrags geführt hat. Vielfach ist es einfacher, die Durchlaufzeiten der Aufträge als Globalwerte zu erfassen und statistisch auszuwerten. Allerdings löst auch diese Erfassungsmethode nicht das in der betrieblichen Praxis vorzufindende Problem, daß die beobachtbaren *Durchlaufzeiten z.T. Resultate einer suboptimalen Produktionsplanung* sind. Werden z.B. die Kapazitäten der Ressourcen bei der Losgrößenplanung nicht berücksichtigt, dann muß dies zwangsläufig zu unvorhersehbaren Erhöhungen der Durchlaufzeiten führen. In gleicher Weise wirkt sich die Vernachlässigung bzw. mangelhafte Berücksichtigung der Kapazitäten im Rahmen der Terminplanung aus. Werden solche durch mangelhafte Planungsmethoden verursachten Durchlaufzeiten aber statistisch erfaßt und systematisch bei der Auftragsterminierung verwendet, dann führt dies zu dem bekannten Problem der Inflationierung von Durchlaufzeiten ("*Durchlaufzeit-Syndrom*")[537].

Wird für jeden Arbeitsgang bzw. für jede Erzeugnisstufe eine Sicherheitsvorlaufzeit vorgesehen, dann besteht die Gefahr, daß sich diese Zeiten über die mehrstufige Erzeugnisstruktur kumulieren und überhöhte Lagerbestände zur Folge haben. Dies ist ein Problem, das in der betrieblichen Praxis häufig auftritt.

---

[536] vgl. **Melnyk/Piper** (1981), (1985); **Chang** (1985)
[537] vgl. **Zäpfel** (1989), S. 218

Bei beiden beschriebenen Pufferungsmechanismen - sowohl bei Verwendung eines Sicherheitsbestands als auch bei Einsatz einer Sicherheitsvorlaufzeit - wird der durchschnittliche Lagerbestand eines Produkts erhöht. Die Auswirkungen beider Methoden zur Absorption der Unsicherheit auf die Höhe des Lagerbestands sind aber unterschiedlich. Während die Verwendung eines Sicherheitsbestands zu einer konstanten, von einzelnen Produktionsaufträgen unabhängigen Erhöhung des Lagerbestands führt, tritt ein erhöhter Lagerbestand bei Verwendung einer *Sicherheitsvorlaufzeit* nur dann auf, wenn auch ein Produktionsauftrag früher ausgelöst worden ist. Die Höhe des aus Sicherheitsgründen überhöhten Lagerbestands entspricht dabei der Menge des zeitlich vorgezogenen Produktionsauftrags. Der durch die Unsicherheit induzierte Lagerbestand ist damit umso größer, je mehr Aufträge eingeplant und um die Sicherheitsvorlaufzeit verfrüht eingelagert werden. Da auf den unteren Erzeugnisstufen die Bedarfe zunehmend sporadischer und demzufolge Produktionsaufträge seltener aufgelegt werden, ist zu erwarten, daß die Sicherheitszeit insb. für untergeordnete Produkte bei gleichem Lieferunfähigkeitsrisiko gegenüber dem Sicherheitsbestand mit einem niedrigeren Lagerbestand verbunden ist[538]. Ein Nachteil der Sicherheitsvorlaufzeit besteht darin, daß mengenmäßige Unsicherheit (z.B. aufgrund von Ausschuß) nicht ohne die Beeinflussung anderer Produktionsaufträge aufgefangen werden kann.

Der dritte Pufferungsmechanismus besteht in der systematischen **Überschätzung der Bedarfsmengen** (hedging)[539] bzw. in der **Unterschätzung der Ausbringungsmengen** der Produktionsprozesse. Diese Methode ist insb. bei der Berücksichtigung von erwartetem Ausschuß üblich. Die Mindestproduktionsmenge wird in diesem Fall wie in Gleichung (478) bestimmt, wobei anstelle der prognostizierten Bruttobedarfsmengen überhöhte Werte angegeben werden oder die Mindestproduktionsmenge um den zu erwartenden Ausschuß erhöht wird. Anhaltspunkte für die Festlegung der ausschußbedingten Produktionsmengenzuschläge bieten Aufzeichnungen der *Qualitätskontrolle*.

### 523. Fixierung der Primärbedarfsmengen

Die **Fixierung der Primärbedarfsmengen (Hauptproduktionsprogramm)** für die zu Beginn eines Planungszeitraums liegenden Perioden ist eine weitere Möglichkeit, die Unsicherheit in der Materialbedarfs- und Losgrößenplanung zu verringern[540]. Je länger der Planungszeitraum ist, für den **verbindliche Primärbedarfsmengen** festgelegt werden, die sich auch dann nicht ändern, wenn aktualisierte Bedarfsprognosen bekannt werden, umso seltener wird eine Veränderung der Produktionspläne für die untergeordneten Erzeugnisse notwendig sein.

---

538 vgl. **New** (1975); **Meal** (1979); **Wijngaard/Wortmann** (1985), S. 286
539 vgl. **New** (1975); **Miller** (1979); **Wijngaard/Wortmann** (1985); **Kamp/Polderman/Striekwold/Weeda** (1989)
540 vgl. **Chang** (1981), S. 54-56; **Wijngaard/Wortmann** (1985)

Um die Auswirkungen der Verlängerung der Zeitspanne mit fixierten Primärbedarfsmengen zu erläutern, betten wir die Darstellung aus Bild 124 in ein rollendes Planungskonzept ein (siehe Bild 136).

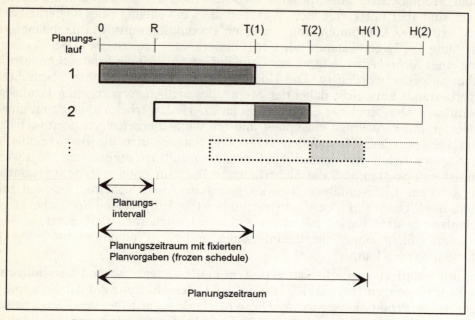

Bild 136: Rollende Planung mit fixierten Primärbedarfsmengen

Im Planungslauf 1 erfolgt die Hauptproduktionsprogrammplanung für einen Planungshorizont von H(1) Perioden. Für die ersten T(1) Perioden dieses Planungshorizontes wird das Hauptproduktionsprogramm als Planvorgabe für die Losgrößen- und Ressourceneinsatzplanung fixiert. Nach Ablauf von R Perioden wird der Planungslauf 2 durchgeführt. Es werden nun zunächst aktualisierte Bedarfsprognosen für den Zeitraum von R bis H(2) ermittelt. Allerdings gehen die Bedarfsprognosen nur in die Fortschreibung der Lagerbestände ein. Eine Änderung des Produktionsplans für die Perioden von R bis T(1) erfolgt nicht. Änderungen der Datensituation wirken sich somit erst in den geplanten Produktionsmengen für die Perioden aus, die jenseits von T(1) liegen[541].

Es wird deutlich, daß die Länge des Planungsintervalls (R) sowie die Länge der Zeitspanne mit fixierten Planvorgaben (T) die Qualität der Planungsergebnisse beeinflussen können. Je länger das Planungsintervall R ist, umso seltener werden die Planungsdaten aktualisiert und umso schwerfälliger reagiert das Planungssystem auf Datenänderungen[542]. Bei unerwartet hohen Bedarfsmengen besteht hier z.B. die Gefahr von Lieferunfähigkeit (Fehlmengen). Die Unsicherheit bezüglich der Primärbedarfsmengen kann dann durch Sicherheitsbestände auf

---

541 vgl. **Zhao/Lee** (1993)
542 vgl. **Sridharan/Berry** (1990); **Sridharan/LaForge** (1994)

der Ebene der Endprodukte abgefangen werden. Die in der betrieblichen Praxis in beträchtlichem Ausmaß bestehende Unsicherheit bezüglich der Durchlaufzeiten der einzelnen Arbeitsgänge kann jedoch auf diesem Wege nicht absorbiert werden.

Zur Festlegung der Länge der Zeitspanne mit fixierten Primärbedarfsmengen bieten sich zwei Methoden an[543]. Zum einen kann eine konstante Anzahl von T Perioden vorgegeben werden. Dies ist in Bild 136 dargestellt. Zum anderen kann die Anzahl der Produktionsaufträge fixiert werden, deren Mengen und Termine nicht verändert werden dürfen. Je kürzer dieser Planungshorizont ist, umso häufiger werden geplante Produktionsmengen verändert.

Dies ist dann problematisch, wenn dadurch auch bereits zur Produktion freigegebene Aufträge betroffen sind. Aufgrund der notwendigen zeitlichen Vorlaufverschiebungen in mehrstufigen Erzeugnisstrukturen kann der Fall eintreten, daß die Veränderung des Produktionsplans für ein Endprodukt zu Veränderungen der Sekundärbedarfsmengen eines untergeordneten Erzeugnisses in Perioden führt, für die bereits Produktionsaufträge freigegeben worden sind. Um dann z.B. Fehlmengen für das untergeordnete Erzeugnis zu verhindern, muß u.U. ein bereits freigegebener Auftrag verändert werden. Auf die dann entstehenden Probleme der Neueinplanung von Aufträgen wird im folgenden Abschnitt eingegangen.

### 524. Neueinplanung von Aufträgen

Die **Neueinplanung von Produktionsaufträgen**, die zwar schon terminiert und freigegeben sind, mit deren Bearbeitung aber noch nicht begonnen wurde (rescheduling) ist eine häufig eingesetzte Form der Reaktion auf Änderungen in der Datengrundlage der kurzfristigen Produktionsplanung. Das Ausmaß der Neueinplanung wird unmittelbar von der im vorangegangenen Abschnitt diskutierten Länge des Planungshorizonts mit verbindlich fixierten Planvorgaben beeinflußt. Dabei ist nach dem geänderten Auftragsmerkmal zu unterscheiden zwischen einer Veränderung des geplanten **Fertigstellungstermins**, einer Veränderung der geplanten **Auftragsmenge** und einer Veränderung der geplanten **Durchlaufzeit**.

Die **Veränderung des geplanten Fertigstellungstermins** (due date) eines Auftrags infolge einer Veränderung der Bedarfsmenge wird in der Literatur als eine einfach zu implementierende Methode empfohlen[544]. In diesem Fall wird ein Auftrag für ein Erzeugnis, dessen Bedarf sich in einer Periode gegenüber dem Plan erhöht hat, soweit vorgezogen, daß der zusätzliche Bedarf gedeckt werden kann. Das ist jedoch nur dann möglich, wenn genügend zeitlicher Spielraum (Pufferzeit) für die Terminverschiebung des Auftrags besteht. Wurde die Los-

---

543 vgl. **Sridharan/Berry/Udayabhanu** (1987); **Zhao/Lee** (1993)
544 vgl. **Orlicky** (1975); **Ho/Carter/Melnyk/Narasimhan** (1986); **Penlesky/Berry/Wemmerlöv** (1989), **Penlesky/Wemmerlöv/Berry** (1991)

größe des vorgezogenen Auftrags nach einem Verfahren der dynamischen Losgrößenbestimmung durch Zusammenfassung einer ganzzahligen Anzahl zukünftiger Periodenbedarfsmengen gebildet, dann bedeutet die Verwendung eines Teils dieses Loses zur Abdeckung des ungeplanten zusätzlichen Bedarfs, daß die verbleibende Reichweite des Loses sich verringert. Dies wiederum kann alle in folgenden Perioden eingeplanten Aufträge beeinflussen. Die negativen Folgen einer zeitlichen Verschiebung des Produktionstermins sind dabei umso größer, je weiter ein Los vorgezogen werden muß, d.h. je größer die Reichweiten der Lose sind.

Bei **Veränderung der Produktionsauftragsmenge** (Losteilung) aufgrund eines kurzfristigen Anstiegs der Bedarfsmenge eines Erzeugnisses wird die Losgröße um den zusätzlichen Bedarf erhöht bzw. verringert. Insb. die Verringerung der Losgröße kann in mehrstufigen Erzeugnisstrukturen schwerwiegende Probleme aufwerfen, da aufgrund der zeitlichen Vorlaufverschiebung evtl. bereits produzierte untergeordnete Einzelteile und Baugruppen nach Verringerung der Auftragsmenge des übergeordneten Produkts nicht mehr benötigt werden.

Die **Veränderung der geplanten Durchlaufzeit** (planned lead time) eines Auftrags ist eine in der betrieblichen Praxis häufig zum Einsatz kommende Vorgehensweise. Das liegt vor allem daran, daß bereits bei der Planung der Durchlaufzeit eines Auftrags wegen der bestehenden Unsicherheit mit einem überhöhten Zeitzuschlag gerechnet wird. Da ohnehin kein Vertrauen in die Realitätsnähe eines solchen Planwerts besteht, wird eine Anpassung der Plandurchlaufzeit oft zur Adaption des Produktionsplans an eine geänderte Datensituation eingesetzt. Die Veränderung der Plandurchlaufzeit wird in vielen Fällen auch von Maßnahmen zur tatsächlichen Beschleunigung des Bearbeitungsfortschritts eines Auftrags begleitet. So kann ein kritischer Auftrag als Eilauftrag deklariert und bevorzugt bearbeitet werden. Dabei ist jedoch zu beachten, daß die Verkürzung der Durchlaufzeit eines bevorzugten Auftrags zu Lasten mindestens eines anderen Auftrags geht, dessen Durchlaufzeit sich erhöht.

Von der rechtzeitigen Anpassung der Auftragsdaten (Liefertermin, Auftragsgröße, geplante Durchlaufzeit) an geänderte Datenkonstellationen werden ein *höherer Servicegrad* sowie *niedrigere Lagerbestände* erwartet, da auf diese Weise die Produktionsplanung immer auf der Grundlage aktueller Daten stattfindet. Ein höherer Servicegrad wird z.B. erreicht, wenn ein zeitlich vorgezogener Endproduktbedarf durch eine entsprechende Anpassung der Produktionstermine rechtzeitig erfüllt wird. Ein bestandssenkender Effekt ist zu erwarten, wenn aufgrund einer Bedarfsverschiebung in die Zukunft durch die Verschiebung des geplanten Produktionstermins vermieden wird, daß die Auftragmenge zu früh im Lager eintrifft und dort auf den Bedarfszeitpunkt wartet. *Penlesky, Berry und Wemmerlöv*[545] vergleichen in einer Simulationsstudie die Strategie der *dynamischen Neueinplanung* von Aufträgen infolge geänderter Primärbedarfsmengen und -termine mit dem vollständigen *Verzicht auf eine Anpassung* der Produktionspläne.

---

[545] vgl. **Penlesky/Berry/Wemmerlöv** (1989)

Sie simulieren ein aus acht Maschinen bestehendes Produktionssystem, in dem vier Endprodukte mit jeweils drei Einzelteilen nach festen Arbeitsplänen hergestellt werden. Die Simulationsergebnisse deuten darauf hin, daß die dynamische Neueinplanung der Aufträge bezüglich der Kriterien *Servicegrad* und *Gesamt-Lagerbestandsmenge* in vielen Fällen zu besseren Ergebnissen führt als der Verzicht auf eine Plananpassung. Allerdings wurde eine Tendenz zur Verschiebung der Lagerbestände von der Ebene der Einzelteile zur Ebene der Endprodukte festgestellt, so daß bei dynamischer Neueinplanung die Gefahr einer *Erhöhung des Lagerbestandswerts* besteht. Der Einfluß der im Abschnitt 522. diskutierten *Mengen- und Zeitpuffer* wurde nicht systematisch in die Simulationsstudie einbezogen. Es ist zu erwarten, daß hierdurch beträchtliche Interaktionseffekte hervorgerufen werden[546].

Mit der Neueinplanung von Aufträgen entsteht das Problem der *Nervosität des Planungssystems*[547]. Um zu verhindern, daß bereits geringfügige Datenänderungen zu einem neuen Planungslauf mit resultierender Neueinplanung von Aufträgen führen, wird empfohlen, *Filtermechanismen* zu verwenden, mit denen wichtige von unwichtigen Datenänderungen getrennt werden können[548].

Ein indirekter Filtermechanismus wird von *Carlson, Jucker und Kropp*[549] vorgeschlagen. Sie erweitern die Zielfunktion des dynamischen Losgrößenproblems (Modell WW[550]) um **Planänderungskosten**, um die die Rüstkosten einer Periode erhöht werden, wenn nach dem Produktionsplan des letzten Planungslaufs keine Produktion in dieser Periode vorgesehen war. Der Ansatz ist konzeptionell beeindruckend. Seine Anwendbarkeit hängt jedoch davon ab, daß die tatsächlich *mit einer Planänderung verbundenen Kosten quantifiziert* werden können. Diese Voraussetzung wird i.d.R. nicht erfüllt sein.

Eine andere Möglichkeit zur Reduzierung der Nervosität des Planungssystems besteht darin, nur solche Datenänderungen zum Anlaß für die Neueinplanung von Aufträgen zu nehmen, die ein bestimmtes als kritisch angesehenes Ausmaß überschreiten. *Penlesky, Wemmerlöv und Berry*[551] untersuchen verschiedene Strategien zur Beruhigung des Planungssystems, wobei sie insb. auf *Terminverschiebungen* der Aufträge abstellen. Zur Identifizierung eines unwichtigen Auftrags berücksichtigen sie das *Ausmaß der Verschiebung*, den *Planungshorizont* sowie die *verbleibende Zeit* vom Planungszeitpunkt bis zum neuen Wunschtermin des Auftrags. Aufgrund eines Simulationsexperiments kommen sie zu dem Ergebnis, daß die Anwendung eines Filtermechanismus im Vergleich zur vollständigen Umsetzung aller Datenänderungen vorteilhaft sein kann.

---

546 vgl. **Carlson/Yano** (1986); **Yano/Carlson** (1985), (1987), (1988)
547 vgl. **Steele** (1975); **Mather** (1977); **Carlson/Jucker/Kropp** (1979); **Blackburn/Kropp/Millen** (1985), (1986), (1987); **Minifie/Davis** (1990). Zum Problem der Nervosität in einstufigen Lagerhaltungssystemen vgl. **Inderfurth** (1994); **Jensen** (1993)
548 vgl. z.B. **Ho/Carter/Melnyk/Narasimhan** (1986); **Ho** (1989)
549 vgl. **Carlson/Jucker/Kropp** (1979). Zur Berücksichtigung von Planänderungskosten vgl. auch **Ho/Carter/Melnyk/Narasimhan** (1986).
550 siehe Abschnitt 4321.
551 vgl. **Penlesky/Wemmerlöv/Berry** (1991)

**Vertiefende Literatur zu Abschnitt 5.:**

Carlson/Jucker/Kropp (1979)
Graves (1988)
Ho/Carter/Melnyk/Narasimhan (1986)
Inderfurth (1989), (1991a), (1991b), (1991c), (1992)
Meal (1979)
Melnyk/Piper (1981)
New (1975)
Orlicky (1975)
Padilla (1982)
Penlesky/Berry/Wemmerlöv (1989)
Penlesky/Wemmerlöv/Berry (1991)
Robrade (1991)
Sridharan/Berry (1990)
St. John (1983)
Timmer/Monhemius/Bertrand (1984)
Van Donselaar (1989), (1990)
Whybark/Williams (1976)
Wijngaard/Wortmann (1985)
Zhao/Lee (1993)

# Literaturverzeichnis

**Adam, D. (Hrsg.)**, Fertigungssteuerung I - Grundlagen der Produktionsplanung und -steuerung, Schriften zur Unternehmensführung, Band 38, Wiesbaden (Gabler) 1988

**Afentakis, P.**, Issues in Material Requirements Planning Systems, University of Rochester, Graduate School of Management, Thesis Series No. Ph.-D.-04, Rochester 1982

**Afentakis, P.**, A Parallel Heuristic Algorithm for Lot-Sizing in Multistage Production Systems, in: IIE Transactions 19(1987)March, S. 34-42

**Afentakis, P. und B. Gavish**, Complexity Analysis of Bill of Material Processor Algorithms, Working Paper, University of Rochester, Graduate School of Management, Rochester (New York) o.J.

**Afentakis, P. und B. Gavish**, Optimal Lot-Sizing Algorithms for Complex Product Structures, in: Operations Research 34(1986), S. 237-249

**Afentakis, P., Gavish, B. und U. Karmarkar**, Computational Efficient Optimal Solutions to the Lot-Sizing Problem in Multistage Assembly Systems, in: Management Science 30(1984), S. 222-239

**Aquilano, N.J. und D.E. Smith**, A Formal Set of Algorithms For Project Scheduling With Critical Path Scheduling/Material Requirements Planning, in: Journal of Operations Management 1(1980)2, S. 57-67

**Arnolds, H., Heege, F. und W. Tussing**, Materialwirtschaft und Einkauf, 7. Aufl., Wiesbaden (Gabler) 1990

**Axsäter, S.**, Economic Lot-Sizes and Vehicle Scheduling, in: European Journal of Operational Research 4(1980), S. 395-398

**Axsäter, S.**, Worst case performance for lot sizing heuristics, in: European Journal of Operational Research 9(1982), S. 339-343

**Axsäter, S.**, Evaluation of lot-sizing techniques, in: International Journal of Production Research 24(1986)1, S. 51-57

**Axsäter, S. und K. Rosling**, Installation vs. Echelon Stock Policies for Multilevel Inventory Control, in: Management Science 39(1993), S. 1274-1280

**Bahl, H.C.**, Master Scheduling and Component Lot Sizing Decisions in Resource-Constrained Material Requirements Planning Environments, Ph.D. Diss., Ohio State University 1980

**Bahl, H.C.**, Column Generation Based Heuristic Algorithm for Multi-Item Scheduling, in: IIE Transactions 15(1983), S. 136-141

**Bahl, H.C. und L.P. Ritzman**, A cyclical scheduling heuristic for lot sizing with capacity constraints, in: International Journal of Production Research 22(1984a), S. 791-800

**Bahl, H.C. und L.P. Ritzman**, An Integrated Model for Master Scheduling, Lot Sizing and Capacity Requirements Planning, in: Journal of the Operational Research Society 35(1984b)5, S. 389-399

**Bahl, H.C. und St. Zionts**, Lot Sizing as a Fixed-Charge Problem, in: Production and Inventory Management 27(1986)1, S. 1-10

**Bahl, H.C., Ritzman, L.P. und J.N.D. Gupta**, Determining Lot Sizes and Resource Requirements: A Review, in: Operations Research 35(1987), S. 329-345

**Baker, K.R.**, Safety Stocks and Component Commonality, in: Journal of Operations Management 6(1985)1, S. 13-22

**Baker, K.R.**, Lot-Sizing Procedures and a Standard Data Set - A Reconciliation of the Literature, in: Journal of Manufacturing and Operations Management 2(1989), S. 199-221

**Bamberg, G. und F. Baur**, Statistik, 5. Aufl., München (Oldenbourg) 1987

**Banks, J. und J.S. Carson**, Discrete Event Simulation, Englewood Cliffs (Prentice-Hall) 1984

**Barany, I., Van Roy, T.J. und L.A. Wolsey**, Strong Formulations for Multi-Item Capacitated Lot-Sizing, in: Management Science 30(1984), S. 1255-1261

**Bemelmans, R.P.H.G.**, On the Capacity-Aspects of Inventories, Berlin (Springer) 1986

**Bellman, R.**, Dynamic Programming, Princeton (Princeton University Press) 1957

**Benton, W.C. und R. Srivastava**, Product Structure Complexity and Multilevel Lot Sizing Using Alternative Costing Policies, in: Decision Sciences 16(1985), S. 357-369

**Berg, C.C.**, Materialwirtschaft, Stuttgart (Fischer) 1979

**Berr, U. und A.J. Papendieck**, Grundlagen der Stücklistenauflösung, Teilebedarfsermittlung und Theorie der Graphen, in: Werkstattstechnik 58(1968)2, S. 74-76; 3, S. 130-132; 4, S. 172-177

**Beveridge, G.S.G. und R.S. Schechter**, Optimization: Theory and Practice, New York (McGraw-Hill) 1970

**Bhatnagar, R., Chandra, P. und S.K. Goyal**, Models for multi-plant coordination, in: European Journal of Operational Research 67(1993), S. 141-160

**Billington, P.J.**, Multi-Level Lot-Sizing with a Bottleneck Work Center, Ph.D. Diss., Cornell University 1983

**Billington, P.J., McClain, J.O. und L.J. Thomas**, Mathematical Programming Approaches to Capacity-Constrained MRP-Systems: Review, Formulation and Problem Reduction, in: Management Science 29(1983), S. 1126-1141

**Billington, P.J., McClain, J.O. und L.J. Thomas**, Heuristics for Multilevel Lot-Sizing with a Bottleneck, in: Management Science 32(1986), S. 989-1006

**Billington, P.J., Blackburn, J., Maes, J., Millen, R. und L.N. Van Wasssenhove**, Multi-Item Lotsizing in Capacitated Multi-Stage Serial Systems, in: IIE Transactions 26(1994)2, S. 12-18

**Bitran, G.R. und H. Matsuo**, Approximation Formulations For The Single-Product Capacitated Lot Size Problem, in: Operations Research 34(1986)1, S. 63-74

**Blackburn, J.D. und R.A. Millen**, Improved Heuristics for Multi-Stage Requirements Planning Systems, in: Management Science 28(1982), S. 44-56

**Blackburn, J.D. und R.A. Millen**, Simultaneous lot-sizing and capacity planning in multistage assembly processes, in: European Journal of Operational Research 16(1984), S. 84-93

**Blackburn, J.D. und R.A. Millen**, An evaluation of heuristic performance in multi-stage lot-sizing systems, in: International Journal of Production Research 23(1985)5, S. 857-866

**Blackburn, J.D., Kropp, D.H. und R.A. Millen**, MRP System Nervousness: Causes and Cures, in: Engineering Costs and Production Economics 9(1985), S. 141-146

**Blackburn, J.D., Kropp, D.H. und R.A. Millen**, A Comparison of Strategies to Dampen Nervousness in MRP Systems, in: Management Science 32(1986)4, S. 413-429

**Blackburn, J.D., Kropp, D.H. und R.A. Millen**, Alternative approaches to schedule instability: a comparative analysis, in: International Journal of Production Research 25(1987), S. 1739-1749

**Blackburn, J.D., Kropp, D.H. und R.A. Millen**, Effective Strategies for Less-Nervous MRP Systems, Working Paper, Vanderbilt University, Owen Graduate School of Management, Nashville, Tennessee, o.J.

**Bott, K.M.**, An Analysis of Factors which Affect Load Variability and System Performance in a Multistage, Multiproduct Production System, Ph.D. Diss., Ohio State University 1981

**Brown, R.G.**, Estimating Aggregate Inventory Standards, in: Naval Research Logistics Quarterly 10(1963a)1, S. 55-71

**Brown, R.G.**, Smoothing, Forecasting and Prediction of Discrete Time Series, Englewood Cliffs (Prentice Hall) 1963b

**Brown, R.G.**, Decision Rules for Inventory Management, Hinsdale (Dryden Press) 1967

**Brown, R.G.**, Materials Management Systems - A Modular Library, 2. Aufl., Malabar (Krieger) 1984

**Buchmann, W.**, Konzeption eines Programmsystems zur belastungsorientierten Fertigungssteuerung, in: Zeitschrift für wirtschaftliche Fertigung 77(1982)8, S. 374-378

**Buffa, F.P.**, Inbound Logistics: Analysing Inbound Consolidation Opportunities, in: International Journal of Physical Distribution & Materials Management 16(1986)4, S. 3-32

**Buffa, E.S. und R.K. Sarin**, Modern Production/Operations Management, 8. Aufl., New York (Wiley) 1987

**Burstein, M.C., Nevison, C.H und R.C. Carlson**, Dynamic Lot-Sizing when Demand Timing is Uncertain, in: Operations Research 32(1984), S. 362-379

**Candea, D.**, Issues of Hierarchical Planning in Multi-Stage Production Systems, Techn. Report. No. 134, OR-Center, MIT, Cambridge 1977

**Carlson, R.C. und C.A. Yano**, Safety Stocks in MRP-Systems with Emergency Setups for Components, in: Management Science 32(1986), S. 403-412

**Carlson, R.C., Jucker, J.V. und D.H. Kropp**, Less Nervous MRP Systems: A Dynamic Economic Lot-Sizing Approach, in: Management Science 25(1979), S. 754-761

**Chakravarty, A.K.**, Multi-Item Inventory Aggregation into Groups, in: Journal of the Operational Research Society 32(1981), S. 19-26

**Chakravarty, A.K.**, Deterministic lot-sizing for coordinated families of production/inventory items, in: European Journal of Operational Research 17(1984a), S. 207-214

**Chakravarty, A.K.**, Multi-stage production/inventory deterministic lot size computations, in: International Journal of Production Research 22(1984b), S. 405-420

**Chakravarty, A.K., Orlin, J.B. und U.G. Rothblum**, A Partitioning Problem with Additive Objective with an Application to Optimal Inventory Groupings for Joint Replenishment, in: Operations Research 30(1982), S. 1018-1022

**Chang, C.A.**, A Matrix Model and Analysis for the Loading Procedure of MRP Systems, Ph.D. Diss, Mississippi State University 1981

**Chang, C.A.**, The Interchangeability of Safety Stocks and Safety Lead Time, in: Journal of Operations Management 6(1985)1, S. 35-42

**Chang, C.A., Brown, L.G. und L.R. Johnson**, Analysis of Buffering Techniques in MRP-Systems with a Matrix Loading Model, in: IIE Transactions 15(1983)4, S. 305-312

**Chen, W.-H. und J.-M. Thizy**, Analysis of relaxations for the multi-item capacitated lot-sizing problem, in: Annals of Operations Research 26(1990), S. 29-72

**Chiu, H.-N. und T.-M. Lin**, An optimal Model and a Heuristic Technique for Multi-Stage Lot-Sizing Problems: Algorithms and Performance Tests, in: Engineering Costs and Production Economics 16(1989), S. 151-160

**Choi, H.-G., Malstrom, E.M. und R.J. Classen**, Computer Simulation of Lot-Sizing Algorithms in Three-Stage Multi-Echelon Inventory Systems, in: Journal of Operations Management 4(1984)3, S. 259-277

**Clark, A.J. und H. Scarf**, Optimal Policies for a multi-echelon inventory problem, in: Management Science 6(1960), S. 475-490

**Collier, D.A.**, A Comparison of MRP Lot Sizing Methods Considering Capacity Change Costs, in: Journal of Operations Management 1(1980a), S. 23-29

**Collier, D.A.**, The Interaction of Single-Stage Lot Size Models in a Material Requirements Planning System, in: Production and Inventory Management (1980b)4, S. 11-20

**Croston, J.D.**, Forecasting and Stock Control for Intermittent Demands, in: Operational Research Quarterly 23(1972)3, S. 289-303

**Crouch, R.B. und S. Oglesby**, Optimization of a Few Lot Sizes to Cover a Range of Requirements, in: Journal of the Operational Research Society 29(1978), S. 897-904

**Crowder, H.**, Computational Improvements for Subgradient Optimization, in: Symposia Mathematica 19(1976), S. 357-372

**Crowston, W.B und M.H. Wagner**, Dynamic Lot Size Models for Multi-Stage Assembly Systems, in: Management Science 20(1973)1, S. 14-21

**Crowston, W.B., Wagner, M.H. und A. Henshaw**, A Comparison of Exact and Heuristic Routines for Lot-Size Determination in Multi-Stage Assembly Systems, in: AIIE Transactions 4(1972), S. 313-317

**Dagli, C.H. und F.S. Meral**, Multi-Level Lot-Sizing Heuristics, Technical Report No. 85-05, Department of Industrial Engineering, Middle East Technical University University, Ankara 1985; auch veröffentlicht in: Bullinger, H.-J, und H.-J. Warnecke (Hrsg.), Towards the Factory of the Future, Berlin (Springer) 1985

**DeBodt, M.A. und S.C. Graves**, Continuous-Review Policies for a Multi-Echelon Inventory Problem with Stochastic Demand, in: Management Science 31(1985), S. 1286-1299

**DeBodt, M.A. und L.N. Van Wassenhove**, Cost Increases Due to Demand Uncertainty in MRP Lot Sizing, in: Decision Sciences 14(1983), S. 345-362

**DeBodt, M.A., Gelders, L. und L.N. van Wassenhove**, Lot Sizing Under Dynamic Demand Conditions: A Review, in: Engineering Costs and Production Economics 8(1984), S. 165-187

**DeMatteis, J.J.**, An economic lot-sizing technique I - The part-period algorithm, in: IBM Systems Journal 7(1968)1, S. 30-39

**Derstroff, M.**, Mehrstufige Losgrößenplanung mit Kapazitätsbeschränkungen, Heidelberg (Physica) 1995

**Diaby, M., Bahl, H.C., Karwan, M.H. und S. Zionts**, A Lagrangean Relaxation Approach for Very-Large-Scale Cpacitated Lot-Sizing, in: Management Science 38(1992a), S. 1329-1340

**Diaby, M., Bahl, H.C., Karwan, M.H. und S. Zionts**, Capacitated lot-sizing and scheduling by Lagrangean relaxation, in: European Journal of Operational Research 59(1992b), S. 444-458

**Dixon, P.S. und C.L. Poh**, Heuristic Procedures for Multi-Item Inventory Planning with Limited Storage, in: IIE Transactions 22(1990)2, S. 112-123

**Dixon, P.S. und E.A. Silver**, A Heuristic Solution Procedure for the Multi-Item, Single-Level, Limited Capacity Lot-Sizing Problem, in: Journal of Operations Management 2(1981)1, S. 23-39

**Dogramaci, A., Panayiotopoulos, J.C. und N.R. Adam**, The Dynamic Lot-Sizing Problem for Multiple Items Under Limited Capacity, in: AIIE Transactions 13(1981)4, S. 294-303

**Domschke, W.**, Logistik: Transport, 3. Aufl., München (Oldenbourg) 1989

**Domschke, W. und A. Drexl**, Logistik: Standorte, 3. Aufl., München (Oldenbourg) 1990

**Domschke, W. und A. Drexl**, Einführung in Operations Research, 2. Aufl., Berlin (Springer) 1991

**Domschke, W., Scholl, A. und S. Voß**, Produktionsplanung - Ablauforganisatorische Aspekte, Berlin (Springer) 1993

**Donaldson, W.A.**, The Allocation of Inventory Items to Lot Size/Reorder Level (Q,r) and Periodic Review (T,Z) Control Systems, in: Operational Research Quarterly 25(1974), S. 481-485

**Donaldson, W.A.**, Grouping of Inventory Items by Review Period, in: Journal of the Operational Research Society 32(1981), S. 1075-1076

**Draper, N.R. und H. Smith**, Applied Regression Analysis, 2. Aufl. New York (Wiley) 1981

**Drexl, A., Fleischmann, B., Günther, H.-O., Stadtler, H. und H. Tempelmeier**, Konzeptionelle Grundlagen kapazitätsorientierter PPS-Systeme, in: Zeitschrift für betriebswirtschaftliche Forschung 46(1994), *im Druck*

**Drexl, A. und K. Haase**, A New Type of Model for Multi-Item Capacitated Dynamic Lotsizing and Scheduling, Arbeitspapier Nr. 286, Institut für Betriebswirtschaftslehre, Christian-Albrechts-Universität zu Kiel, Kiel 1992

**Eglese, R.W.**, Simulated Annealing: A tool for Operational Research, in: European Journal of Operational Research 46(1990), S. 271-281

**Eilon, S. und R.V. Mallya**, An Extension of the Classical ABC Inventory Control System, in: OMEGA 13(1985), S. 429-433

**Elsayed, E.A. und T.O. Boucher**, Analysis and Control of Production Systems, Englewood Cliffs (Prentice Hall) 1985

**Eppen, G.D. und R.K. Martin**, Solving Multi-Item Capacitated Lot-Sizing Problems Using Variable Redefinition, in: Operations Research 35(1987), S. 832-848

**Eppen, G.D. und R.K. Martin**, Determining Safety Stock in the Presence of Stochastic Lead Time and Demand, in: Management Science 34(1988), S. 1380-1390

**Eschenbach, R.**, Erfolgspotential Materialwirtschaft, Wien (Manz) 1990

**Evans, J.R.**, An Efficient Implementation of the Wagner-Whitin Algorithm for Dynamic Lot-Sizing, in: Journal of Operations Management 5(1985)2, S. 229-235

**Federgruen, A. und M. Tzur**, A simple forward algorithm to solve general dynamic lot sizing models with n periods in O(n log n) or O(n) time, in: Management Science 37(1991), S. 909-925

**Fleischmann, B.**, The discrete lot-sizing and scheduling problem, in: European Journal of Operational Research 44(1990), S. 337-348

**Flores, B.E. und D.C. Whybark**, Multiple Criteria ABC Analysis, in: International Journal of Operations & Production Management 6(1986)3, S. 38-46

**Florian, M. und M. Klein**, Deterministic Production Planning with Concave Costs and Capacity Constraints, in: Management Science 18(1971), S. 12-20

**Florian, M., Lenstra, J.K. und A. Rinooy Kan**, Deterministic production planning: algorithms and complexity, in: Management Science 26(1980), S. 669-679

**Fox, R.E.**, OPT vs. MRP - Thoughtware vs. Software, Part I, in: Inventories & Production 3(1983)6

**Fliedner, E.B., B. Flores und V.A. Mabert**, Evaluating adaptive smoothing models: some guidelines for implementation, in: International Journal of Production Research 24(1986), S. 955-970

**Franken, R.**, Materialwirtschaft, Stuttgart (Kohlhammer) 1984

**Gardner, E.S.**, Forecasting with Exponential Smoothing: Some Guidelines for Model Selection, in: Decision Sciences 11(1980), S. 370-383

**Gardner, E.S.**, The Trade-offs in Choosing a Time Series Method, in: Journal of Forecasting 2(1983), S. 263-267

**Gardner, E.S.**, The Strange Case of the Lagging Forecasts, in: Interfaces 14(1984)3, S. 47-50

**Gelders, L., Van Wassenhove, L. und J. Maes**, A Branch and Bound Algorithm for the Multi Item Single Level Capacitated Dynamic Lotsizing Problem, in: Axsäter, S., Schneeweiß, Ch. und E. Silver (Hrsg.), Multi-Stage Production Planning and Inventory Control, Berlin (Springer) 1986, S. 92-108

**Glaser, H., W. Geiger und V. Rohde**, PPS - Produktionsplanung und -Steuerung, 2. Aufl., Wiesbaden (Gabler) 1992

**Goyal, S.K. und A.K. Chakravarty**, Two Heuristic Methods for Grouping Inventory Items, in: Engineering Costs and Production Economics 8(1984), S. 211-214

**Grasso, E.T.**, An Experimental Investigation: Uncertainty in MRP Systems, Ph. D. Diss., Virginia Polytechnic Institute and State University, Blacksburg 1982

**Grasso, E.T. und B.W. Taylor**, A simulation-based experimental investigation of supply/timing uncertainty in MRP systems, in: International Journal of Production Research 22(1984), S. 485-497

**Graves, S.C.**, Multi-Stage Lot-Sizing: An Iterative Procedure, in: Schwarz, L.B. (Hrsg.), Multi-Level Production/Inventory Controls Systems: Theory and Practice, New York (North Holland) 1981

**Graves, S.C.**, Safety Stocks in Manufacturing Systems, in: Journal of Manufacturing and Operations Management 1(1988), S. 67-101

**Graves, S.C., Meal, H.C., Dasu, S.D. und Y. Qui**, Two-Stage Production Planning in a Dynamic Environment, in: Axsäter; S., Schneeweiss, Ch. und E. Silver (Hrsg.), Multi-Stage Production Planning and Inventory Control, Berlin (Springer) 1986, S. 9-43

**Grochla, E.**, Materialwirtschaft, 3. Aufl., Wiesbaden (Gabler) 1978

**Groff, G.K.**, A lot sizing rule for time-phased component demand, in: Production and Inventory Management 20(1979)1, S. 47-53

**Grün, O.**, Industrielle Materialwirtschaft, in: Schweitzer, M., (Hrsg.), Industriebetriebslehre, 2. Aufl., München (Vahlen) 1994

**Günther, H.-O.**, Planning lot sizes and capacity requirements in a single stage production system, in: European Journal of Operational Research 31(1987), S. 223-231

**Günther, H.-O.**, Numerical Evaluation of Heuristics for the Multi-Item Single-Level Capacitated Lot-Size Problem, in: Engineering Costs and Production Economics 14(1988), S. 233-243

**Günther, H.-O.**, Bestellmengenplanung aus logistischer Sicht, in: Zeitschrift für Betriebswirtschaft 61(1991), S. 641-666

**Günther, H.-O. und H. Tempelmeier**, Produktion und Logistik - Einführung, Berlin (Springer) 1994

**Gupta, Y.P., Keung, Y.K. und M.C. Gupta**, Comparative analysis of lot-sizing models for multi-stage systems: a simulation study, in: International Journal of Production Research 30(1992), S. 695-716

**Haase, K.**, Lotsizing and Scheduling for Production Planning, Berlin(Springer) 1994

**Hahn, D. und G. Laßmann**, Produktionswirtschaft - Controlling industrieller Produktion, Band 1, 2. Aufl., Heidelberg (Physica) 1990

**Hamburg, M.**, Statistical Analysis for Decision Making, New York (Harcourt) 1970

**Hartmann, H.**, Materialwirtschaft, 4. Aufl., Gernsbach (Deutscher Betriebswirte-Verlag) 1988

**Harrison, P.J.**, Exponential Smoothing and Short-Term Sales Forecasting, in: Management Science 13(1967), S. 821-842

**Haupt, R.**, ABC-Analyse, in: Kern, W. (Hrsg.), Handwörterbuch der Produktionswirtschaft, Stuttgart (Poeschel) 1979, Sp. 1-5

**Hax, A.C. und D. Candea**, Production and Inventory Management, Englewood Cliffs (Prentice Hall) 1984

**Hechtfischer, R.**, Kapazitätsorientierte Verfahren der Losgrößenplanung, Wiesbaden (Deutscher Universitäts-Verlag) 1991

**Heinrich, C.E.**, Mehrstufige Losgrößenplanung in hierarchisch strukturierten Produktionsplanungssystemen, Berlin (Springer) 1987

**Heinrich, C. und Ch. Schneeweiß**, Multi-Stage Lot-Sizing for General Production Systems, in: Axsäter, S., Schneeweiß, Ch. und E.A. Silver (Hrsg.), Multi-Stage Production Planning and Inventory Control, Berlin (Springer) 1986

**Helber, S.**, Kapazitätsorientierte Losgrößenplanung in PPS-Systemen, Stuttgart (M&P, Verlag für Wissenschaft und Forschung) 1994

**Helber, S.**, Lot sizing in capacitated production planning and control systems, in: OR Spektrum 17(1995)

**Ho, Ch.**, Evaluating the impact of operating environments on MRP system nervousness, in: International Journal of Production Research 27(1989), S. 1115-1135

**Ho, Ch., Carter, P.L. Melnyk, St.A. und Narasimhan, R.**, Quantity versus Timing Change in open Order: a critical Evaluation, in: Production and Inventory Management 27(1986), S. 123-137

**Hoel, P.G.**, Introduction to Mathematical Statistics, 3. Aufl., New York (Wiley) 1962

**Höter, J.W.**, Effiziente Algorithmen zur Bestimmung optimaler Losgrößen, in: Dyckhoff, H., Derigs, U., Salomon, M. und H.C. Tijms (Hrsg.), Operations Research Proceedings 1993, Berlin (Springer) 1994, S. 28-34

**Holt, C.C.**, Forecasting Seasonals and Trends by Exponentially Weighted Moving Averages, O.N.R. Memorandum No. 52, Carnegie Institute of Technology, Pittsburgh 1957, zitiert nach: **Silver, E.A. und R. Peterson**, Decision Systems for Inventory Management and Production Planning, 2. Aufl., New York (Wiley) 1985

**Horváth, P.**, Materialwirtschaft, in: Engel, K.H. (Hrsg.), Handbuch der neuen Techniken des Industrial Engineering, München 1972

**Hüttner, M.**, Markt- und Absatzprognosen, Stuttgart (Kohlhammer) 1982

**Ihde, G.-B.**, Transport, Verkehr, Logistik, 2. Aufl., München (Vahlen) 1991

**Inderfurth, K.**, Zur Festlegung von Sicherheitsbeständen in mehrstufigen Lagerhaltungssystemen mit divergierender Struktur, Discussion Paper No. 203, Fakultät für Wirtschaftswissenschaften, Universität Bielefeld, 1989

**Inderfurth, K.**, Combined Optimization of Safety Stocks and Processing Lead Times in Multi-Stage Production Systems, in: Fandel, G. und G. Zäpfel (Hrsg.), Modern Production Concepts - Theory and Applications, Berlin (Springer) 1991a

**Inderfurth, K.**, Safety Stock Optimization in Multi-Stage Inventory Systems, in: International Journal of Production Economics 24(1991b), S. 103-113

**Inderfurth, K.**, Portfoliotheoretische Überlegungen zum Risikomanagement in der Produktionslogistik, Discussion Paper No. 241, Fakultät für Wirtschaftswissenschaften, Universität Bielefeld, 1991c

**Inderfurth, K.**, The Impact of Correlated Demands on Integrated Safety Stock Optimization in Multi-Stage Manufacturing Systems, Discussion Paper No. 231, Fakultät für Wirtschaftswissenschaften, Universität Bielefeld, 1991d

**Inderfurth, K.**, Mehrstufige Sicherheitsbestandsplanung mit dynamischer Optimierung, in: OR-Spektrum 14(1992), S. 19-32

**Inderfurth, K.**, Valuation of Leadtime Reduction in Multi-Stage Production Systems, in: Fandel, G., Gulledge, T. und A. Jones (Hrsg.), Operations Research in Production Planning and Control, Berlin (Springer) 1993, S. 413-427

**Inderfurth, K.**, Nervousness in Inventory Control: Analytical Results, in: OR Spektrum 16(1994)2, S. 113-123

**Jacobs, F.R. und B.M. Khumawala**, Multi-Level Lot Sizing in Material Requirements Planning: An Empirical Investigation, in: Computers & Operations Research 9(1982)2, S. 139-144

**Jensen, T.**, Measuring and improving planning stability of reorder-point lot-sizing policies, in: International Journal of Production Economics 30-31(1993), S. 167-178

**Jensen, P.A. und J.W. Barnes**, Network Flow Programming, New York (Wiley) 1980

**Johnson, L.A. und D.C. Montgomery**, Operations Research in Production Planning, Scheduling, and Inventory Control, New York (Wiley) 1974

**Jönsson, H., Lundell, P. und A. Thorstenson**, Some Aspects on Uncertainty in a Multi-Level Inventory System, in: Engineering Costs and Production Economics 6(1982), S. 141-146

**Kamp, A.P.G.M., Polderman, G.L., Striekwold, P.E.T. und P.J. Weeda**, On the Determination of Overplanning Margins for Components in a Consumer Electronics Factory, in: Engineering Costs and Production Economics 16(1989), S. 183-193

**Karmarkar, U.S. und S. Lin**, Production Planning with Uncertain Yields and Demands, Working Paper QM 86-32, University of Rochester, Graduate School of Management, Rochester 1986

**Karni, R.**, Maximum Part-Period Gain (MPG) - A Lot Sizing Procedure for Unconstrained and Constrained Requirements Planning Systems, in: Production and Inventory Management 22(1981), S. 91-98

**Karni, R. und Y. Roll**, A Heuristic Algorithm for the Multi-Item Lot Sizing Problem with Capacity Constraints, in: IIE Transactions 14(1982), S. 249-256

**Kendall, M.G.**, Times Series, London (Griffin) 1973

**Khumawala, B.M.**, An Efficient Heuristic Procedure for the Uncapacitated Warehouse Location Problem, in: Naval Research Logistics Quarterly 20(1973)1, S. 109-121

**Kilger, W.**, Industriebetriebslehre, Band I, Wiesbaden (Gabler) 1986

**Kirca, Ö. und M. Kökten**, A new heuristic approach for the multi-item dynamic lot sizing problem, in: European Journal of Operational Research 75(1994), S. 332-341

**Kiran, A.S.**, A combined heuristic approach to dynamic lot sizing problems, in: International Journal of Production Research 27(1989), S. 2063-2074

**Kirsch, W., Bamberger, I., Gabele, E., und H.K. Klein**, Betriebswirtschaftliche Logistik, Wiesbaden (Gabler) 1973

**Knolmayer, G.**, Ein Vergleich von 30 "praxisnahen" Lagerhaltungsheuristiken, Manuskripte aus dem Institut für Betriebswirtschaftslehre der Universität Kiel, Nr. 152, 1984

**Knolmayer, G.**, Zur Bedeutung des Kostenausgleichsprinzips für die Bedarfsplanung in PPS-Systemen, in: Zeitschrift für betriebswirtschaftliche Forschung 37(1985), S. 411-427

**Knolmayer, G.**, The Performance of Lot Sizing Heuristics in the Case of Sparse Demand Patterns, in: Kusiak, A. (Hrsg.), Modern Production Management Systems, New York (North-Holland) 1987, S. 265-279

**Kohlas, J.**, Stochastische Methoden des Operations Research, Stuttgart (Teubner) 1977, S. 32-33

**Kränzle, S.**, Entwurf einer Informationsstruktur für die Materialbedarfsermittlung auf der Grundlage objektorientierter Datenbanksysteme, in: OR Spektrum 14(1992), S. 211-216

**Krarup, J. und O. Bilde**, Plant Location, Set Covering and Economic Lot Sizing: An O(nm) Algorithm for Structured Problems, in: Collatz, L. et al. (Hrsg.), Numerische Methoden bei Optimierungsaufgaben, Band 3, Optimierung bei graphentheoretischen und ganzzahligen Problemen, Basel (Birkhäuser) 1977, S. 155-180

**Küpper, H.-U.**, Interdependenzen zwischen Produktionstheorie und der Organisation des Produktionsprozesses, Berlin (Duncker & Humblot) 1980

**Küpper, H.-U.**, Beschaffung, in: Bitz, M. et. al. (Hrsg.), Vahlens Kompendium der Betriebswirtschaftslehre, Band 1, 2. Aufl., München (Vahlen) 1989, S. 193-252

**Kuhn, H.**, Heuristische Suchverfahren mit simulierter Abkühlung, in WiSt 21(1992), S. 387-391

**Kuik, R. und M. Salomon**, Multi-level lot-sizing problem: Evaluation of a simulated annealing heuristic, in: European Journal of Operational Research 45(1990), S. 25-37

**Kuik, R., Salomon, M. und L.N. Van Wassenhove**, Batching decisions: structure and models, in: European Journal of Operational Research 75(1994), S. 243-263

**Kuik, R., Salomon, M., L.N. Van Wassenhove und J. Maes**, Linear Programming, Simulated Annealing and Tabu Search Heuristics for Lotsizing in Bottleneck Assembly Systems, in: IIE Transactions 25(1993), S. 62-72

**Kurbel, K.**, Produktionsplanung und -steuerung, München (Oldenbourg) 1993

**Lagodimos, A.G. und E.J. Anderson**, Optimal positioning of safety stocks in MRP, in: International Journal of Production Research 31(1993), S. 1797-1813

**Lambrecht, M.R., J.A. Muckstadt and R. Luyten,** Protective stocks in multi-stage production systems, in: International Journal of Production Research 22(1984), S. 1001-1025

**Lambrecht, M.R., Vander Eecken, J. und H. Vanderveken**, A Comparative Study of Lot Sizing Procedures for Multi-Stage Assembly Systems, in: OR Spektrum 5(1983)1, S. 33-43

**Lambrecht, M.R. und H. Vanderveken**, Heuristic Procedures for the Single Operation, Multi-Item Loading Problem, in: IIE Transactions 11(1979)4, S. 319-326

**Langenhoff, L.J.G. und W.H.M. Zijm**, An analytical theory of multi-echelon production/distribution systems, in: Statistica Neerlandica 44(1990)3, S. 149-174

**Lasdon, L.S. und R.C. Terjung**, An Efficient Algorithm for Multi-Item Scheduling, in: Operations Research 19(1971), S. 946-969

**Lee, T.S. und E.E. Adam**, Forecasting Error Evaluation in Material Requirements Planning (MRP) Production-Inventory Systems, in: Management Science 32(1986), S. 1186-1205

**Lewandowski, R.**, Prognose- und Informationssysteme und ihre Anwendungen, Berlin (DeGruyter) 1974

**Love, St.F.**, Inventory Control, New York (McGraw-Hill) 1979

**Lozano, S., Larraneta, J. und L. Onieva**, Primal-dual approach to the single level capacitated lot-sizing problem, in: European Journal of Operational Research 51(1991), S. 354-366

**Maes, J.**, Capacitated lotsizing techniques in manufacturing resource planning, Ph. D. Diss., Katholieke Universiteit Leuven, Leuven 1987

**Maes, J. und L.N. Van Wassenhove**, Multi-Item single level capacitated dynamic lot-sizing heuristics: a computational comparison (part I: static case), in: IIE Transactions 18(1986a), S. 114-123

**Maes, J. und L.N. Van Wassenhove**, A simple heuristic for the multi item single level capacitated lotsizing problem, in: OR Letters 4(1986b), S. 265-273

**Maes, J. und L.N. Van Wassenhove**, Capacitated dynamic lotsizing heuristics for serial systems, in: International Journal of Production Research 29(1991), S. 1235-1249

**Maes, J., McClain, J.O. und L.N. Van Wassenhove**, Multilevel capacitated lotsizing complexity and LP-based heuristics, in: European Journal of Operational Research 53(1991), S. 131-148

**Magee, J.F.**, Production Planning and Inventory Control, New York (McGraw-Hill) 1958

**Makridakis, S. und S.C. Wheelwright**, Interactive Forecasting, 2. Aufl., San Francisco (Holden-Day) 1978

**Makridakis, S. und S.C. Wheelwright**, Forecasting Methods for Management, 5. Aufl., New York (Wiley) 1989

**Manne, A.S.**, Programming of economic lot sizes, in: Management Science 4(1958), S. 115-135

**Mather, H.**, Reschedule the Schedule you just Rescheduled - way of Life in MRP, in: Production and Inventory Management 18(1977)1, S. 60-79

**Maxwell, W.L. und J.A. Muckstadt**, Establishing Consistent and Realistic Reorder Intervals, in: Production-Distribution Systems, Technical Report No. 561, School of Operations Research and Industrial Engineering, Cornell University 1984

**McClain, J.O. und W.W. Trigeiro**, Cyclic Assembly Schedules, in: IIE Transactions, 17(1985), S. 346-353

**McClain, J.O., Maxwell, W.L., Muckstadt, J.A., Thomas, L.J. und E.N. Weiss**, On MRP Lot Sizing, in: Management Science 28(1982), S. 582-584

**McLaren, B.J.**, A Study of multiple level lotsizing procedures for material requirements planning systems, Ph.D. Diss., Purdue University 1977

**McLaren, B.J. und D.C. Whybark**, Multi-Level Lot Sizing Procedures in a Material Requirements Planning Environment, Discussion Paper No. 64, Division of Research/School of Business, Indiana University, Bloomington 1976

**McLeavey, D.W. und S.L. Narasimhan**, Production Planning and Inventory Control, Boston (Allyn and Bacon) 1985

**Meal, H.C.**, Safety Stocks in MRP, Technical Report No. 166, OR Center, MIT, Cambridge, Mass. 1979

**Melnyk, S.A. und C.J. Piper**, Implementation of Material Requirements Planning: Safety Lead Times, in: International Journal of Operations & Production Management 2(1981)1, S. 52-61

**Melnyk, S.A. und C.J. Piper**, Leadtime errors in MRP: the lot-sizing effect, in: International Journal of Production Management 23(1985), S. 253-264

**Mertens, P.**, (Hrsg.), Prognoserechnung, 4. Aufl., Würzburg (Physica) 1981

**Mertens. P, und K. Backert**, Vergleich und Auswahl von Prognoseverfahren für betriebswirtschaftliche Zwecke, in: Zeitschrift für Operations Research 24(1980), S. B1-B27

**Miller, J.G.**, Hedging the master schedule, in: Ritzman, L.P., Krajewski, L.J., Berry, W.L., Goodman, S.II., Hardy, S.T. und L.D. Vitt (Hrsg.), Disaggregation, Boston (Nijhoff) 1979, S. 237-256

**Minifie, J.R. und R.A. Davis**, Interaction effects on MRP nervousness, in: International Journal of Production Research 28(1990), S. 173-183

**Moily, J.P.**, Optimal and Heuristic Lot-Sizing Procedures for Multi-Stage Manufacturing Systems, Ph. D. Diss., University of Wisconsin 1982

**Moily, J.P.**, Optimal and Heuristic Procedures for Component Lot-Splitting in Multi-Stage Manufacturing Systems, in: Management Science 32(1986), S. 113-125

**Montgomery, D.C. und L.A. Johnson**, Forecasting and Time Series Analysis, New York (McGraw-Hill) 1976

**Morey, R.C.**, Estimating Service Level Impacts from Changes in Cycle Count, Buffer Stock, or Corrective Action, in: Journal of Operations Management 5(1985)4, S. 411-418.

**Müller-Merbach, H.**, Optimale Losgrößen bei mehrstufiger Fertigung, in: Ablauf- und Planungsforschung 4(1963)4

**Müller-Merbach, H.**, Die Anwendung des Gozinto-Graphs zur Berechnung des Roh- und Zwischenproduktbedarfs in chemischen Betrieben, in: Ablauf- und Planungsforschung 7(1966)4, S. 187-198

**Müller-Merbach, H.**, Die Inversion von Gozinto-Matrizen mit einem graphentheoretischen Verfahren, in: Elektronische Datenverarbeitung 11(1969)7, S. 310-314

**Müller-Merbach, H.**, Operations Research, 3. Aufl. München (Vahlen) 1973

**Müller-Merbach, H. und W.P. Schmidt**, Teilebedarfsermittlung mit Hilfe des Gozinto-Graphen in: Zeitschrift für betriebswirtschaftliche Forschung 22(1970), S. 727-733

**Naylor, T.H.**, Corporate Planning Models, Reading (Addison-Wesley) 1979

**Nemhauser, G.L. und L.A. Wolsey**, Integer and Combinatorial Optimization, Wiley (New York) 1988

**Neter, J. und W. Wassermann**, Applied linear statistical models, Homewood (Prentice-Hall) 1974

**Neter, J., Wassermann, W. und M.H. Kutner**, Applied Linear Regression Models, 2. Aufl., Homewood (Irwin) 1989

**Nevison, C.H.**, A Cost Adjustment Heuristic for Dynamic Lot-Sizing with Uncertain Demand Timing, in: Operations Research 33(1985), S. 1342-1352

**New, C.C.**, Lot-Sizing in Multi-Level Requirements Planning Systems, in: Production and Inventory Management 15(1974)4, S. 57-72

**New, C.C.**, Safety Stocks for Requirements Planning, in: Production and Inventory Management 16(1975)2, S. 1-18

**New, C.C.**, Managing the Manufacture of Complex Products, London (Business Books) 1977

**Newson, E.F.P.**, Multi-Item Lot Size Scheduling by Heuristic, Part I: With Fixed Resources, in: Management Science 21(1975), S. 1186-1193

**Oeldorf, K. und K. Olfert**, Materialwirtschaft, 4. Aufl., Ludwigshafen (Kiehl) 1985

**Ohse, D.**, Näherungsverfahren zur Bestimmung der wirtschaftlichen Bestellmenge bei schwankendem Bedarf, in: Elektronische Datenverarbeitung 12 (1970), S. 83-88

**Ohse, D.**, Mathematik für Wirtschaftswissenschaftler II, 2. Aufl., München (Vahlen) 1990

**Orlicky, J.A.**, Material Requirements Planning, New York (McGraw-Hill) 1975

**Padilla, J.A.**, Quantitative Consideration of Lot Size, Lead Time and Safety Stock in MRP Systems, Ph. D. Diss., University of Texas, Austin 1982

**Pekayaz, B.**, Strategische Planung in der Materialwirtschaft, Frankfurt (Lang) 1985

**Penlesky, R.J., Berry, W.L. und U. Wemmerlöv**, Open Order Due Date Maintenance in MRP Systems, in: Management Science 35(1989), S. 571-584

**Penlesky, R.J., Wemmerlöv, U. und W.L. Berry**, Filtering heuristics for rescheduling open orders in MRP systems, in: International Journal of Production Research 29(1991), S. 2279-2296

**Pfohl, H.-Ch.**, Logistiksysteme, 4. Aufl., Berlin (Springer) 1990

**Rao, V.V.**, Optimal Lot Sizing for Acyclic Multi-Stage Production Systems, Ph.D. Diss., School of Industrial and Systems Engineering, Georgia Institute of Technology 1981

**Raturi, A.S. und A.V. Hill**, An Experimental Analysis of Capacity-Sensitive Setup Parameters for MRP Lot Sizing, in: Decision Sciences 19(1988), S. 782-800

**Reichwald, R. und B. Dietel**, Produktionswirtschaft, in: Heinen, E. (Hrsg.), Industriebetriebslehre, 9. Aufl., Wiesbaden (Gabler) 1991

**Robrade, A.D.**, Dynamische Einprodukt-Lagerhaltungsmodelle bei periodischer Bestandsüberwachung, Heidelberg (Physica) 1991

**Roll, Y. und R. Karni**, Multi-item, multi-level lot-sizing with aggregate capacity constraint, in: European Journal of Operational Research 51(1991), S. 73-87

**Rosling, K.**, The Dynamic Inventory Model and the Uncapacitated Facility Location Problem, Research Report No. 102, Linköping Institute of Technology, Department of Production Economics, Linköping 1984

**Rosling, K.**, Optimal Lot-Sizing for Dynamic Assembly Systems, in: Axsäter, S., Schneeweiß, Chr. und E.A. Silver (Hrsg.), Multi-Stage Production Planning and Inventory Control, Berlin (Springer) 1986, S. 119-131

**Rosling, K.**, Optimal Inventory Policies for Assembly Systems under Random Demands, in: Operations Research 37(1989), S. 565-579

**Salomon, M.**, Deterministic Lotsizing Models for Production Planning, Berlin (Springer) 1991

**Salomon, M., Kroon, L.G., Kuik, R. und L.N. Van Wassenhove**, Some extensions of the discrete lotsizing and scheduling problem, in: Management Science 37(1991), S. 801-812

**Salzman, L.**, Computerized Economic Analysis, New York (McGraw-Hill) 1968

**Scheer, A.-W.**, Wirtschaftsinformatik, München (Moderne Industrie) 1978

**Scheer, A.-W.**, Elektronische Datenverarbeitung und Operations Research im Produktionsbereich - zum gegenwärtigen Stand von Forschung und Anwendung, in: OR Spektrum 2(1980), S. 1-22

**Scheer, A.-W.**, Absatzprognosen, Berlin (Springer) 1983

**Scheer, A.-W.**, Wirtschaftsinformatik, 4. Aufl., Berlin (Springer) 1994

**Scheuch, F.**, Marketing, München (Vahlen) 1986

**Schlittgen, R. und B.H.J. Streitberg**, Zeitreihenanalyse, München (Oldenbourg) 1984

**Schneeweiß, Ch.**, Modellierung industrieller Lagerhaltungssysteme, Berlin (Springer) 1981

**Schneeweiß, Ch.**, Einführung in die Produktionswirtschaft, 5. Aufl., Berlin (Springer) 1993

**Schrage, L.**, LINDO - An Optimization Modeling System, 4. Aufl, San Francisco (Scientific Press) 1991

**Schulte, C.**, Logistik, München (Vahlen) 1991

**Schwarz, L.B. und L. Schrage**, Optimal and System Myopic Policies for Multi-Echelon Production/Inventory Assembly Systems, in: Management Science 21(1975), S. 1285-1294

**Shah, S.**, Optimum Order Cycles in MRP Form a Geometric Progression, in: International Journal of Operations & Production Management 11(1991)5, S. 83-87

**Sharda, R. und J.F. Rock**, Forecasting Software for Microcomputers, in: Computers & Operations Research 13(1986), S. 197-206

**Silver, E.A.**, Inventory Control under a probabilistic, time-varying, demand pattern, in: AIIE Transactions 10(1978)4, S. 371-379

**Silver, E.A. und H.C. Meal**, A simple modification of the EOQ for the case of a varying demand rate, in: Production and Inventory Management 10(1969), S. 51-55

**Silver, E.A. und H.C. Meal**, A Heuristic for Selecting Lot Size Quantities for the Case of a Deterministic varying Demand Rate and Discrete Opportunities For Replenishment, in: Production and Inventory Management 14(1973)2, S. 64-74

**Silver, E.A. und J. Miltenburg**, Two Modifications of the Silver-Meal Lot Sizing Heuristics, in: INFOR 22(1984)1, S. 56-69

**Silver, E.A. und R. Peterson**, Decision Systems for Inventory Management and Production Planning, 2. Aufl., New York (Wiley) 1985

**Silver, E.A. und B. Switzer**, Indices Versus Transcendental Functions in Seasonal Forecasting: Reaping the Benefits of Both, in: Journal of the Operational Research Society 36(1985)1, S. 49-54

**Simpson, K.F.**, In-Process Inventories, in: Operations Research 6(1958), S. 863-873

**Skutta, W.**, ISI - Industrielles Steuerungs- und Informationssystem, Teil 2: Materialdisposition, in: Siemens Schriftenreihe data praxis, München (Siemens) o.J.

**Smith, D.E.**, A Combined Critical Path Method-Material Requirements Planning Model For Project Scheduling Subject To Resource Constraints, Ph. D. Diss., University of Arizona, Graduate School of Management 1980

**Späth, H.**, Cluster-Analyse-Algorithmen zur Objektklassifizierung und Datenreduktion, München (Oldenbourg) 1975

**Sridharan, V. und W.L. Berry**, Master production scheduling make-to-stock products: a framework for analysis, in: International Journal of Production Research 28(1990), S. 541-558

**Sridharan, V., Berry, W.L. und V. Udayabhanu**, Freezing the master production schedule und rolling planning horizons, in: Management Science 33(1987), S. 1137-1149

**Sridharan, V. und R.L. LaForge**, A Model to Estimate Service Levels when a Portion of the Master Production Schedule is Frozen, in: Computers & Operations Research 21(1994), S. 477-486

**Stadtler, H.**, Mixed Integer Programming Model Formulations for Dynamic Multi-Item Multi-Level Capacitated Lotsizing, Arbeitspapier, Fachgebiet Fertigungs- und Materialwirtschaft, TH Darmstadt, Darmstadt 1994

**Starr, M.K. und D.W. Miller**, Inventory Control: Theory and Practice, Englewood Cliffs (Prentice Hall) 1962

**Steele, D.C.**, The Nervous MRP System: How to do the Battle, in: Production and Inventory Management 16(1975)4, S. 83-88

**Steinberg, E. und H.A. Napier**, Optimal Multi-Level Lot Sizing For Requirements Planning Systems, in: Management Science 26(1980), S. 1258-1271

**Steinbrüchel, M.**, Die Materialwirtschaft der Unternehmung, Bern 1971

**Steinhausen, D. und K. Langer**, Clusteranalyse, Berlin (DeGruyter) 1977

**St. John, R.E.**, The Cost Effects of Inflated Planned Manufacturing Lead Times in Material Requirements Planning Systems, Ph.D. Diss., Arizona State University 1983

**St. John, R.E.**, The Cost Effects of Inflated Planned Lead Times in MRP Systems, in: Journal of Operations Management 5(1985)2, S. 119-128

**Szendrovits, A.Z.**, Non-Integer optimal lot size ratios in two-stage production/inventory systems, in: International Journal of Production Research 21(1983)3, S. 323-326

**Tanaka, T. und Y. Sawada**, Optimal Groupings of Inventory Items for a Common Order Cycle System, in: Bullinger, H.-J. und Warneke (Hrsg.), Toward the Factory of the Future, Proceedings of the 8th International Conference on Production Research, Berlin (Springer) 1985 S. 242-246

**Tatsiopoulos, I.P. und B.G. Kingsman**, Lead time Management, in: European Journal of Operational Research 14(1983), S. 351-358

**Tempelmeier, H.**, Standortoptimierung in der Marketing-Logistik, Königstein (Anton Hain) 1980

**Tempelmeier, H.**, Lieferzeit-orientierte Lagerungs- und Auslieferungsplanung, Würzburg (Physica) 1983a

**Tempelmeier, H.**, Quantitative Marketing-Logistik, Berlin (Springer) 1983b

**Tempelmeier, H.**, Losgrößenplanung in PPS-Systemen, in: Zeitschrift für Logistik (1986)9, S. 62-64

**Tempelmeier, H.**, Simulation mit SIMAN, Heidelberg (Physica) 1991

**Tempelmeier, H.**, Beschaffung, Materialwirtschaft, Logistik, in: Wittmann, W., Kern, W., Köhler, R., Küpper, H.-U. und K. v. Wysocki (Hrsg.), Handwörterbuch der Betriebswirtschaft (HWB), 5. Aufl., Stuttgart (Poeschel) 1993a

**Tempelmeier, H.**, Safety stock allocation in a two-echelon distribution system, in: European Journal of Operational Research 63(1993b), S. 96-117

**Tempelmeier, H. und M. Derstroff**, Mehrstufige Mehrprodukt-Losgrößenplanung bei beschränkten Ressourcen und genereller Erzeugnisstruktur, in: OR Spektrum 15(1993), S. 63-73

**Tempelmeier, H. und M. Derstroff**, A Lagrangean-based heuristic for dynamic multi-level multi-item constrained lotsizing with setup times, Working Paper, Universität zu Köln, Seminar für Allgemeine Betriebswirtschaftslehre, Industriebetriebslehre und Produktionswirtschaft, Köln 1994

**Tempelmeier, H. und St. Helber**, A heuristic for dynamic multi-item multi-level capacitated lotsizing for general product structures, in: European Journal of Operational Research 75(1994), S. 296-311

**Tempelmeier, H. und H. Kuhn**, Flexible Fertigungssysteme - Entscheidungsunterstützung für Konfiguration und Betrieb, Berlin (Springer) 1992

**Tersine, R.J.**, Productions/Operations Management: Concepts, Structure & Analysis, 2. Aufl., New York (North-Holland) 1985

**Tersine, R.J.**, Principles of Inventory and Materials Management, 3. Aufl., New York (North-Holland) 1988

**Theisen, P.**, Beschaffung und Beschaffungslehre, in: Grochla, E. und W. Wittmann (Hrsg.), Handwörterbuch der Betriebswirtschaftslehre, 1. Bd., 4. Aufl., Stuttgart 1974, Sp. 494-503

**Thizy, J.M. und L.N. Van Wassenhove**, Lagrangean Relaxation for the Multi-Item Capacitated Lot-Sizing Problem: A Heuristic Implementation, in: IIE Transactions 17(1985)4, S. 308-313

**Timmer, J.P.J., Monhemius, W. und J.W.M. Bertrand**, Production and Inventory Control with the Base Stock System, Report EUT/BDK/12, Eindhoven University of Technology, Eindhoven 1984

**Toklu, B. und J.M. Wilson**, A heuristic for multi-level lot-sizing problems with a bottleneck, in: International Journal of Production Research 30(1992), S. 787-798

**Treu, F.**, Stücklistenauflösung und Bedarfs-Planung, in: Zeitschrift für wirtschaftliche Fertigung 67(1972), S. 561-567

**Trigeiro, W.W.**, A Dual-Cost Heuristic for the Capacitated Lot Sizing Problem, in: IIE Transactions 19(1987)March, S. 67-72

**Trigg, D.W.**, Monitoring a Forecasting System, in: Operational Research Quarterly 15(1964), S. 271-274

**Trigg, D.W. und A.G. Leach**, Exponential Smoothing with an Adaptive Response Rate, in: Operational Research Quarterly 18(1967)1, S. 53-59

**Troßmann, E.**, Betriebliche Bedarfsplanung auf der Grundlage einer dynamischen Produktionstheorie, in: Zeitschrift für Betriebswirtschaft 56(1986), S. 827-847

**Trux, W.R.**, Einkauf und Lagerdisposition mit Datenverarbeitung, 2. Aufl., München (Moderne Industrie) 1972

**Van Donselaar, K.**, Material Coordination under Uncertainty, Proefschrift (Diss.), Technische Universiteit Eindhoven, Eindhoven 1989

**Van Donselaar, K.**, Integral stock norms in divergent systems with lot-sizes, in: European Journal of Operational Research 45(1990), S. 70-84

**Van Donselaar, K.**, Alternatives for MRP, in: Fandel, G. und G. Zäpfel (Hrsg.), Modern Production Concepts - Theory and Application, Berlin (Springer) 1991, S. 206-218

**Van Donselaar, K.**, The Use of MRP and LRP in a stochastic environment, in: Production Planning & Control 3(1992), S. 239-246

**Van Donselaar, K. und J. Wijngaard**, Practical Application of the Echelon Approach in a System with Divergent Product Structures, in: Axsäter, S., Schneeweiß, Ch. und E.A. Silver (Hrsg.), Multi-Stage Production Planning and Inventory Control, Berlin (Springer) 1986

**Van Donselaar, K. und J. Wijngaard**, Commonality and Safety Stocks, in: Engineering Costs and Production Economics 12(1987), S. 197-204

**Van Houtum, G.J. und W.H.M. Zijm**, Computational procedures for stochastic multi-echelon production systems, in: International Journal of Production Economics 23(1991), S. 223-237

**Van Wassenhove, L.N. und M.A. DeBodt**, Capacitated Lot Sizing for Injection Moulding: a Case Study, in: Journal of the Operational Research Society 34(1983)6, S. 489-501

**Van Wassenhove, L. und J. Maes**, Multi-Item Single Level Capacitated Dynamic Lotsizing Heuristics: a Critique, WP 84-25, Kathlieke Universiteit Leuven, Departement Werktuigkunde, Afdeling Industrieel Beleid, Leuven 1984

**Van Wassenhove, L.N. und P. Vanderhenst**, Planning production in a bottleneck department, in: European Journal of Operational Research 12(1983), S. 127-137

**Vazsonyi, A.**, Die Planungsrechnung in Wirtschaft und Industrie, München (Oldenbourg) 1962

**Veinott, A.F.jr.**, Minimum Concave-Cost Solution of Leontief Substitution Models of Multi-Facility Inventory Systems, in: Operations Research 17(1969)2, S. 262-291

**Vollmann, T.E., Berry, W.L. und D.C. Whybark**, Manufacturing Planning and Control Systems, 3. Aufl., Homewood (Irwin) 1992

**Wagelmans, A., Van Hoesel, S. und A. Kolen**, Economic Lot Sizing: An O(n log n) Algorithm that runs in linear Time in the Wagner-Whitin Case, in: Operations Research 40(1992), Supp. No. 1, S. S145-S156

**Wagner, H.M. und T.M. Whitin**, Dynamic Version of the Economic Lot Size Model, in: Management Science 5(1958), S. 89-96

**Wäscher, G.**, Innerbetriebliche Standortplanung bei einfacher und mehrfacher Zielsetzung, Wiesbaden (Gabler) 1982

**Weber, K.**, Wirtschaftsprognostik, München (Vahlen) 1990

**Weber, K.**, Prognosemethoden und -Software, Idstein (Schulz-Kirchner) 1991

**Wedekind, H.**, Ein Vorhersagemodell für sporadische Nachfragemengen bei der Lagerhaltung, in: Ablauf- und Planungsforschung 9(1968), S. 1-11

**Wemmerlöv, U.**, An Experimental Analysis of the Use of Echelon Holding Costs and Single Stage Lot-Sizing Procedures in Multi-Stage Production/Inventory Systems, in: International Journal of Operations & Production Management 2(1981/82)2

**Wemmerlöv, U.**, The Ubiquitous EOQ - Its Relation to Discrete Lot Sizing Heuristics, in: International Journal of Operations & Production Management 1(1981), S. 161-179

**Wemmerlöv, U.**, A Comparison of Discrete, Single Stage Lot-Sizing Heuristics with Special Emphasis on Rules Based on the Marginal Cost Principle, in: Engineering Costs and Production Economics 7(1982), S. 45-53

**Wemmerlöv, U. und D.C. Whybark**, Lot-sizing under uncertainty in a rolling schedule environment, in: International Journal of Production Research 22(1984), S. 467-484

**Wheelwright, S.C. und S. Makridakis**, Forecasting Methods for Management, 4. Aufl., New York (Wiley) 1985

**Whybark, D.G. und J.G. Williams**, Material Requirements Planning under Uncertainty, in: Decision Sciences 7(1976), S. 336-352

**Wiendahl, H.-P.**, Stand und Entwicklungstendenzen der Verfahren zur Fertigungssteuerung, in: Steckhan, H., Bühler, W., Jäger, K.E., Schneeweiß, Ch. und J. Schwarze (Hrsg.), Operations Research Proceedings 1983, Berlin (Springer) 1984, S. 137-154

**Wijngaard, J. und J.C. Wortmann**, MRP and Inventories, in: European Journal of Operational Research 20(1985), S. 281-293

**Winters, P.R.**, Forecasting Sales by Exponentially Weighted Moving Averages, in: Management Science 6(1960)3, S. 324-342

**Yano, C.A. und R.C. Carlson**, An Analysis of Scheduling Policies In Multiechelon Production Systems, in: IIE Transactions 17(1985), S. 370-377

**Yano, C.A. und R.C. Carlson**, Interaction between frequency of rescheduling and the role of safety stock in material requirements planning systems, in: International Journal of Production Research 25(1987), S. 221-232

**Yano, C.A. und R.C. Carlson**, Safety Stocks for Assembly Systems with Fixed Production Intervals, in: Journal of Manufacturing and Operations Management 1(1988), S. 182-201

**Zangwill, W.I.**, A Backlogging Model and a Multi-Echelon Model of a Dynamic Economic Lot Size Production System - A Network Approach, in: Management Science 15(1969)9, S. 506-527

**Zäpfel, G.**, Produktionswirtschaft - Operatives Produktions-Management, Berlin (DeGruyter) 1982

**Zäpfel, G.**, Strategisches Produktions-Management, Berlin (DeGruyter) 1989

**Zäpfel, G. und J. Attmann**, Losgrößenplanung: Problemstellung und Problemklassen, in: Wirtschaftsstudium 7(1978), S. 532

**Zäpfel, G. und J. Attmann**, Losgrößenplanung: Lösungsverfahren für den dynamischen Fall bei beschränkten Kapazitäten und einstufiger Fertigung, in: Wirtschaftsstudium 8(1979), S. 589-594

**Zhao, X. und T.S. Lee**, Freezing the master production schedule for material requirements planning systems under demand uncertainty, in: Journal of Operations Management 11(1993), S. 185-205

**Zoller, K. und A. Robrade**, Dynamische Bestellmengen- und Losgrößenplanung - Verfahrensübersicht und Vergleich, in: OR Spektrum 9(1987), S. 219-233

# Sachverzeichnis

ABC-Analyse 12, 32, 122
Ablaufplanung 153
Abstandsquadrate 55
Abweichung
  -, quadrierte 45
  -, zeitliche 354
Abweichungssignal 38
Aggregation 13ff.
Aggregations-
  -, - fehler 18, 24
  -, - grad 16, 21, 24
Aktivitätskette 126
Annahmewahrscheinlichkeit 291
Anpassung
  -, Güte der 56
Arbeitsgang 200, 202, 307
Arbeitsplan 201
Auflösungsstufe 132
Ausreißer 105
Ausschuß 122, 360
Autokorrelation 43, 382
  -, - sfunktion 29
  -, - skoeffizient 29
Autokorrelogramm 29

Base-stock-System 361ff.
Basisproduktionspolitik 249
Baukastenstückliste 113, 118
Bearbeitungsprozeß 202
Bearbeitungszeitmatrix 138
Bedarfsabstand 94
Bedarfsermittlung 126
  -, deterministische 35
  -, programmorientierte 106
  -, stochastische 35
  -, synthetische 132
  -, verbrauchsorientierte 122
  -, Verfahren der 121ff.
  -, Vorgehensweise der 122ff.
Bedarfsklassen 28
Bedarfsprognose 34ff., 347ff
  -, mit trigonometrischen Funktionen 90
Bedarfsverlauf 11, 25, 147
  -, dynamischer 150
  -, mit konstantem Niveau 81
  -, regelmäßiger 25, 35, 39
  -, saisonaler 29
  -, sporadischer 26, 28, 35, 93, 148, 170
  -, trendförmig ansteigender 30, 54, 82
  -, unabhängiger 227
Beschaffung 3, 341
  -, physische 1
  -, vertragsmäßige 5
Bestellabwicklung 22, 32
Bestellmenge
  -, produktgruppenbezogene 14f., 24
  -, produktindividuelle 15
Bestellniveau 368ff.
Bestimmtheitsmaß 57, 82, 92
Betriebsstoffe 2
Beziehungstyp 117
Bruttobedarf 122

CLSP 181
Clusteranalyse 17

Datenbank des Fertigungsbereichs 116
Datenbankstrukturdiagramm 117
Datenbanksystem
  -, objektorientiertes 120
Datenmodell
  -, netzwerkorientiertes 117
  -, relationales 117
Dekomposition
  -, erzeugnisorientierte 227
  -, periodenorientierte 274
Direktbedarfskoeffizient 107f., 117, 203, 208, 215, 217f., 235, 252, 270, 319, 323
Direktbedarfsmatrix 116
Dispositionsstufe 126, 252, 306
  -, modifizierte 308, 317
Dispositionsstufenverfahren 125, 227, 329
Distribution
  -, physische 1, 5
  -, vertragsmäßige 5
DLSP 181
Durchlaufzeit 106, 122, 341ff., 357, 361, 383f.
  -, geplante 358, 388
  -, Komponenten der 383
  -, systemweite 362
  -, - syndrom 384
Durchschnitte
  -, gleitende 44

Echelon stock 205
Eilauftrag 355
Einkauf 5
Einprodukt-Losgrößenproblem 151, 155, 202, 227, 269
Einzelbeschaffung 31
Entity-Relationship-Diagramm 117
Entscheidungsregel 97
Erzeugnisbaum 107, 276
Erzeugnisstruktur 6, 93, 146, 271
  -, divergierende 110
  -, generelle 111, 200ff., 225, 248, 273, 292ff.
  -, konvergierende 110, 159, 216ff., 273f., 296
  -, lineare 109, 230, 300
  -, mehrstufige 150
  -, parallele lineare 296
Erzeugnisstrukturdatei 119
Erzeugnisstruktursatz 118
Erzeugniszusammenhang 106, 117, 350
  -, Darstellung des 106
  -, mehrstufiger 178
Exponentielle Glättung
  -, erster Ordnung 38, 47ff., 81f., 99, 102, 349
  -, zweiter Ordnung 63ff., 74

Fehlmengen-Risiko 376
Fertigstellungstermin 387
Fertigungsstufe 108, 126
Filtermechanismen 389

Flexibilität 382
Funktionsattribut 120

Gesamtbedarf 115, 133
Gesamtvariation 57
Glättungsparameter 38, 51, 73, 83, 102
-, Bestimmung der 100ff.
Gleitende wirtschaftliche Losgröße 165
Gleitender Durchschnitt 44ff.
-, zentrierter 77
Gozintograph 108ff., 128
Gozintoliste 114, 128
Gozintoverfahren 128
Grenzkostenverfahren 176
Grenzlagerkosten 228

Handelswaren 3
Hauptproduktionsprogramm 106, 385
Hedging 355, 385
Herstellkosten 230
Hilfsstoffe 2

Indifferenzkurve 376
Informationsunsicherheit 353
Informationsverarbeitung 2
-, Kosten der 10
Input-Output-Beziehung 107, 117, 134, 201
Inputunsicherheit 352
Interdependenzen 150, 227
Irreguläre Komponente 40, 43, 79

Kalkulation 112
Kapazität 146ff., 180, 203, 208, 215, 224, 287, 323, 341
-, - sbedarf 228
-, - sbelastung 302
-, - sbelastungsdiagramm 299
-, - sbeschränkung 293
-, - sfehlbedarf 186
Klassifikation 28
Kolmogorov-Smirnov-Test 72
Konjunkturzyklen 40
Korrelation 29, 382
Kosinus 90
Kostenanpassung 230, 239ff., 302, 317
-, bedarfsproportionale 268
-, nachfolgerproportionale 266
Kostenausgleichsverfahren 166
Kostenparameter 265, 305
Kundenauftragsfertigung 8

Lagerbestand 106, 148, 153, 217, 385
-, Bewertung des 205
-, disponibler 123, 359
-, physischer 206, 232
-, systemweiter 205ff., 217, 232f., 361
Lagerbestandsüberwachung 353
Lagerbilanzgleichung 207, 217f.
Lagerdauer 259
Lagerdispositionssystem 10ff., 25, 342, 369
Lagerfähigkeit 145
Lagerhaltungsplanung 13
Lagerhaltungsprobleme 147
Lagerhaltungstheorie 342
Lagerkosten 20, 145ff., 167

Lagerkostensatz 152, 180, 217f., 230
-, marginaler 208, 232
-, modifizierter 238, 265
-, systemweiter 251, 265
Lagerüberwachung
-, Kosten der 13
Lagerung 2
Lagrange-Funktion 303
Lagrange-Multiplikator 221, 273, 318ff.
Lieferservice 146
Liefertermineinhaltung 304
Lieferunfähigkeit 378
Lieferzeit
-, lagerbedingte 365ff., 374, 377ff.
LINDO-Format 143, 297
Line Requirements Planning 375
Logistik 1
-, innerbetriebliche 1, 3
Losgröße 128, 145f., 165, 187, 217f., 220, 247
Losgrößen-Saving-Verfahren 170ff.
Losgrößenmodell
-, klassisches 15, 147, 165f., 176, 229
Losgrößenplanung 8, 106, 128, 145ff.
Losgrößenpolitik 150, 160, 367
-, Kosten der 162
-, optimale 162
Losgrößenproblem
-, dynamisches 148
Losreihenfolge 181
Losteilung 388
LP-Modell 143, 197, 297f., 315
LP-Relaxation 298

Marketing-Logistik 2
Maschinenbelegung 181
Material-Logistik 1
-, Objekte der 2
Materialbedarf 10
Materialbereitstellung
-, einsatzsynchrone 31
-, im Bedarfsfall 145
-, Prinzipien der 31
Materialbeschaffung
-, physische 3
-, vertragsmäßige 3
Materialbeschaffungspolitik 6
Materialfluß 108
Materialhandhabung 2
Materiallagerung 8
Materialverfügbarkeit 369
Materialwirtschaft 3
MC-Methode 239
MCC-Methode 244
Mehrprodukt-Losgrößenproblem
-, einstufiges 179
-, mehrstufiges 159, 199, 274
Mengenabweichung 352
Mengenübersichtsstückliste 112
MI-Methode 245
Mindestproduktionsmenge 124, 357
Mindestvorlaufzeit 319, 337
Mittelwert 28
Mittlere absolute Abweichung 28, 103
Modell
-, AQ 16
-, AT 22
-, AT1 23

Sachverzeichnis

-, AT2 23
-, BAHL 198
-, BASEOPT 380
-, BM 236, 302
-, BMC 302
-, CLSP 179f., 310
-, KON 216
-, KON-Maes 224, 296, 297, 301
-, KON-Ros 223
-, $KON_e$ 217
-, $KON_{eLR}$ 222
-, MLCLSP 202, 210, 288, 321, 337, 339
-, MLCLSP-Bill 213, 273, 318f.
-, MLCLSP-Helber 214
-, $MLCLSP_e$ 211
-, MLULSP($\gamma$) 289
-, NSP 250
-, SFLP 155
-, SFLP-Ros 157
-, WW 152, 266, 302, 389
Multikollinearität 89
Multiplikator 250

Nachbarschaftslösung 291
Nachfolgerindexmenge 250
Nervosität
-, des Planungssystems 304, 342, 389
Nettobedarf 123, 126, 145, 150
Netzwerk 153, 163, 170, 277
Netzwerkflußproblem 226
Netzwerkmodell 117
Neueinplanung 355, 360, 369, 387
Normalgleichung 56, 58
Normalverteilung 37, 72

Objekttyp 116
Opportunitätskosten 146
Optimierung
-, binäre 198
-, dynamische 14, 159, 281
Outputunsicherheit 352

Part period-Verfahren 166
Periodenbedarf 153
Periodenbedarfsmenge
-, Wahrscheinlichkeitsverteilung der 97
Pfeilzähler 128
Planänderungskosten 389
Planned lead time 383
Planung
-, rollende 163, 178, 274, 337ff., 348, 355
Planungsgenauigkeit 10
Planungshorizont 197, 276, 283, 389
Planungsinformationen 346
Planungskosten 10
Planungsmodelle
-, stochastische 355
Planungsstruktur 343
PLSP 181
Poissonverteilung 98
PPS-System 117, 126, 150, 227
Primärbedarf 7, 116, 121, 132, 217f., 254, 341
Primärbedarfsmatrix 136
Primärbedarfsprognose 350
Priorität 360
Prioritätsziffer 189

Produktaggregation 15
Produktgruppen 13ff.
Produktion 3
-, bedarfssynchrone 370ff.
Produktionsauftragsmenge 388
Produktionsdauer 377
Produktionskapazität 6
Produktionskoeffizient 107
Produktionskosten
-, variable 152
Produktionsmenge 140f.
-, kumulierte 158
Produktionsplan 152, 197, 247, 257, 305
-, in Binärdarstellung 279
-, produktbezogener 197
Produktionsplanalternative 274
Produktionspläne
-, gekoppelte 250, 254, 264
Produktionsplanung 6f., 111, 343
Produktionsprogramm 6
Produktionsprogrammplanung 106
Produktionsprozeß
-, mehrstufiger 341
Produktionssegment 201, 336
Produktionssteuerung 4
Produktionsstruktur
-, lineare 148
Produktionstermin 221, 275
Produktionszyklus 22, 197, 240, 250f., 257ff.
-, produktgruppenbezogener 14, 22
Produktionszyklusrelation 238, 263
Produktklassifikation 14
Produktweitergabe
-, geschlossene 148
Prognoseänderungen 348
Prognosefehler 36, 44, 52, 70, 93ff., 103f., 178, 347ff., 360f.
-, Analyse der 36
-, mittlere absolute Abweichung der 37
-, Niveau der 37
-, Standardabweichung der 37
-, Streuung der 37, 104
-, Varianz der 351
Prognosefunktion 43
Prognosemodell 35ff., 88, 348f.
Prognosen
-, Schwankungen der 348
Prognosequalität 35, 97, 103
Prognosesystem 28, 100
Prognosezeitpunkt 349
Programmierung
-, lineare 197
Proportionalisierung
-, bedarfsbezogene 263
-, nachfolgerbezogene 263
Prozeßstruktur 149
Puffer 342, 355ff.

Ratio-to-Moving-Average-Methode 75
Regressionsfunktion 92
Regressionsrechnung 30, 55, 67, 82, 87, 91
Reichweite 188
Relationenmodell 120
Rescheduling 360
Ressourcen 179
-, Schattenpreise der 303
Ressourcen-Graph 309

Ressourcenkonkurrenz
  -, stufenübergreifende 304, 307, 318
Rohstoffe 2
RSU-Analyse 32
Rückwärtseinplanung 315, 320
Run-Test 30
Rüstkosten 146, 151, 167, 200, 238
Rüstkosten-Anpassung 246
Rüstkostensatz 152, 155, 158, 180, 217, 224, 251
  -, modifizierter 237, 265
Rüstvariable 152, 155, 180, 203, 208, 215ff., 225, 319, 323f.
  -, nicht-ganzzahlige 299
Rüstzeit 180, 203, 208, 215, 302f., 319, 323
Rüstzustand 181

Saison 40
Saison-Dummyvariablen 88
Saisonale Komponente 79, 91
Saisonfaktor 79, 81, 83, 103
Saisonmuster 41, 76
Saisonschwankungen 29, 74
Saisonzyklus 62
Saving-Verfahren 170
Sekundärbedarf 115, 121, 132, 146, 351, 360
Sekundärbedarf 8
  -, Prognose des 350
Servicegrad 145, 361
α-Servicegrad 367ff.
Sicherheitsbestand 8, 342, 345, 355, 358ff., 369, 384
  -, Allokation des 346
  -, dezentraler 381
  -, isolierter 343
  -, optimale Verteilung des 376, 382
  -, optimaler 369
  -, produktspezifischer 345
  -, systemweiter 362f.
  -, zentraler 381
Sicherheitsfaktor 361, 367, 371, 384
Sicherheitsvorlaufzeit 355, 383ff.
Silver-Meal-Verfahren 168, 183
SIMAN IV 368
Simulierte Abkühlung 291
Simultanplanung 295, 337
Sinus 90
SQL 120
Standort 2
Standortplanung 298
Standortproblem 155, 222
Störpegel 28
Strukturplanung 2
Strukturstückliste 112
Stückbearbeitungszeit 180
Stückkosten 165
Stückliste 111
Stücklistenkette 114, 118
Stückperiodenausgleichsverfahren 166, 229
Sukzessivplanungskonzept
  -, erzeugnisbezogenes 293
  -, phasenbezogenes 293

Technologiematrix 133
Teilestammdatei 119
Teilestammsatz 118
Teileverwendungskette 118
Teileverwendungsnachweis 111
Teilpolitik 160

Termin- und Kapazitätsbelegungsplanung 293
Tourenplanung 170
Transport 2
Trend 29, 40, 54, 62, 349
Trendfunktion 55
Trendgerade 85
  -, Achsenabschnitt der 54, 73, 83
  -, Steigung der 54, 65, 73, 83

Überwachungszyklus 358, 361ff.
Unsicherheit 341, 344, 352
  -, Einflußgrößen der 343
  -, Erscheinungsformen der 354
  -, mengenbezogene 353
  -, potentialfaktorbezogene 345
  -, produktbezogene 345
  -, zeitpunktbezogene 353
Unzulässigkeit 187

Variablentransformation 60
Varianzanalyse 56
Variation 59
  -, durch Trendverlauf erklärte 57
  -, nicht erklärte 57
Verbrauchsfaktoren 2
Verfahren
  -, AFENTAKIS 275
  -, AGGREGAT 18
  -, ALPHOPT 100
  -, DEKOMP 308
  -, der gleitenden wirtschaftlichen Losgröße 166
  -, der Zeitreihendekomposition 75
  -, DIXON 188, 315
  -, EXPOGL2 68
  -, GOZINTO 129
  -, GRAVES 270
  -, HEINRICH 249, 252, 261, 308
  -, KOSTENANPASSUNG 242
  -, MAES 301
  -, PRIMDUAL 321
  -, PRODPLAN$_T$ 280
  -, von Bahl 197
  -, von Groff 177
  -, von Heinrich 248
  -, von Holt 73, 101
  -, von Silver und Meal 169
  -, von Winters 83, 102
  -, WWSAV 174
Verflechtungsbedarfskoeffizient 208, 218, 351
Verflechtungsbedarfsmatrix 133
Vergangenheitsbedarf 34
Verpackung 2
Vollenumeration 239
Vollkosten 228
Vorgängerindexmenge 129, 242
Vorlaufverschiebung 139
Vorrangmatrix 138
Vorratshaltung 31

Wahrscheinlichkeitsverteilung 98
Wartezeit 377f.
Weibullverteilung 94
Werthäufigkeitsverteilung 11
Wiederbeschaffungszeit 350, 361, 377

Sachverzeichnis

Zeitreihe 35
Zeitreihenanalyse 43
Zeitreihendekomposition 75, 80
Zeitreihenkomponenten 43
Zeitreihenmodell 64, 75
Zufallsvariable 341
Zusatzbedarf 122
Zwischenprodukt 202

# Anhang: Der Produktions-Management-Trainer

Der Produktions-Management-Trainer (PMT) ist ein unter MS-Windows 3.1 lauffähiges interaktives Programm, mit dem der Nutzer einige der im vorliegenden Buch dargestellten Verfahren anhand eigener Beispiele nachvollziehen kann. Der PMT ist aus einer Menge problembezogener Fenster aufgebaut, die durch ein Menü aktiviert werden können. Bild A-1 zeigt das Hauptfenster des Programms.

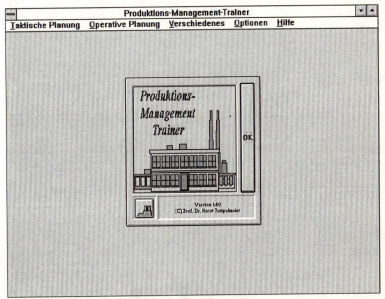

*Bild A-1: Hauptfenster*

Die Menüstruktur des PMT ist hierarchisch aufgebaut. Bild A-2 zeigt den Ast des Menübaums zur operativen Produktionsplanung, der zu den Verfahren der dynamischen Losgrößenplanung führt.

Der PMT soll dem Nutzer die Möglichkeit bieten, quantitative Entscheidungsprobleme aus der Produktionswirtschaft mit eigenen Beispieldaten zu lösen. Besonderes Ziel ist es dabei, die Folge der **algorithmischen Zwischenschritte**, die bis zur endgültigen Lösung eines Problems zu durchlaufen sind, darzustellen. Die Zwischenergebnisse können größtenteils auch über die Windows-Zwischenablage gesichert werden. Die Ergebnisdarstellung wird soweit wie möglich durch graphische Darstellungen ergänzt. Dies zeigt Bild A-3, in dem ein Bildschirm zur dynamischen Losgrößenplanung mit dem Silver-Meal-Verfahren dargestellt ist.

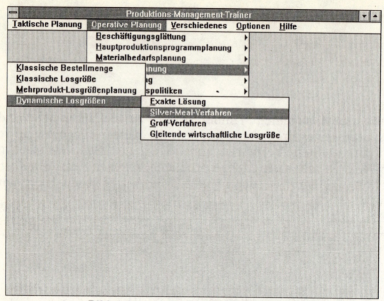

*Bild A-2: Ast aus dem PMT-Menübaum*

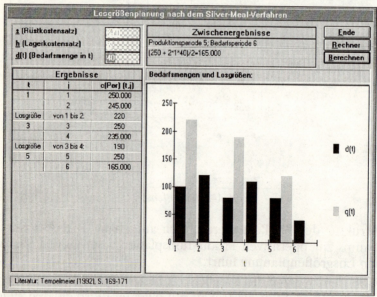

*Bild A-3: Silver-Meal-Verfahren*

Für jedes betrachtete Problem existiert ein Modul, mit dem der Anwender über ein problemspezifisches Fenster kommunizieren kann. Die für die Material-Logistik relevanten Module sind in der folgenden Übersicht mit einem PC-Symbol gekennzeichnet.

Anhang: Der Produktions-Management-Trainer

**Übersicht über die betrachteten Modelle und Lösungsverfahren:**

*1. Taktische Produktionsplanung*
11. Standortplanung in der Ebene (Steiner-Weber-Modell)
12. Kapazitätsplanung bzw. Leistungsanalyse
121. Kapazitätsplanung für Flexible Fertigungssysteme
1211. Statischer Ansatz
1212. Mittelwert-Analyse
122. Kapazitätsplanung für Fließproduktionssysteme
1221. M/M/1-Warteschlangenmodell
1222. GI/G/1-Warteschlangenmodell
1223. M/M/1-Warteschlangenmodell mit beschränkten Puffern
13. Fließbandabstimmung
14. Innerbetriebliche Standortplanung

*2. Operative Produktionsplanung*
21. Beschäftigungsglättung
211. LP-Modell (mehrperiodig)
212. Column-Minima-Verfahren
22. Hauptproduktionsprogrammplanung
221. Kapazitätsbedarfsrechnung (einstufig)
222. Belastungsfaktoren (mehrstufig)
23. Materialbedarfsplanung
231. ABC-Analyse
232. Programmorientierte Verfahren
2321. Lineares Gleichungssystem
2322. Dispositionsstufenverfahren
233. Verbrauchsorientierte Verfahren
2331. Exponentielle Glättung 1. Ordnung
2332. Exponentielle Glättung 2. Ordnung
2333. Verfahren von Holt
24. Losgrößenplanung
241. Klassische Bestellmenge
242. Klassische Losgröße
243. Mehrprodukt-Losgrößenplanung
244. Dynamische Losgrößenmodelle
2441. Exakte Lösung
2442. Silver-Meal-Verfahren
2443. Verfahren von Groff
2444. Gleitende wirtschaftliche Losgröße
25. Terminplanung
251. Durchlaufterminierung
252. Ablaufplanung
2521. Johnson-Verfahren (2 Maschinen)
2522. Prioritätsregeln (1 Maschine)

| | |
|---|---|
| 26. | Lagerhaltungspolitiken |
| 261. | ▫ (s,q)-Politik |
| 262. | ▫ (t,S)-Politik |
| 263. | ▫ Simulation der Nachfragemenge in der Wiederbeschaffungszeit |
| 264. | ▫ Sicherheitsbestand bei normalverteilter Nachfrage in der Wiederbeschaffungszeit |
| 265. | ▫ Erwartungswert der Fehlmenge bei diskreter Verteilung der Nachfrage in der Wiederbeschaffungszeit |

| | |
|---|---|
| *3.* | *Verschiedenes* |
| 31. | Qualitätskontrolle |
| 311. | Annahmekennlinien bei losweiser Kontrolle |
| 312. | Prozeßkontrolle |
| 31. | Instandhaltungsplanung |
| 33. | ▫ OR: Kürzeste-Wege-Algorithmus nach Dijkstra |
| 34. | OR: Warteschlangenmodelle |

Die Benutzeroberfläche des PMT ist so gestaltet, daß auch der ungeübte PC-Benutzer mit dem Programm zurechtkommen sollte. Prinzipiell sind immer erst Beispieldaten einzugeben. Anschließend kann das Lösungsverfahren mit seinen einzelnen Zwischenschritten aktiviert werden.

Interessenten können das Programm gegen Zahlung einer Schutzgebühr bei folgender Adresse beziehen:

Prof. Dr. Horst Tempelmeier
Universität zu Köln
Seminar für Allgemeine Betriebswirtschaftslehre,
Industriebetriebslehre und Produktionswirtschaft
Albertus-Magnus-Platz
D-50923 Köln

# Produktion

H.-O. Günther, H. Tempelmeier

## Produktion und Logistik

1994. X, 302 S. 110 Abb., 52 Tab. Brosch. **DM 36,-**; öS 280,80; sFr 36,-
ISBN 3-540-57907-9

Dieses Lehrbuch vermittelt eine anwendungsorientierte Einführung in die industrielle Produktion und Logistik. Es behandelt die wichtigsten produktionswirtschaftlichen und logistischen Planungsprobleme und stellt die zu ihrer Lösung verfügbaren grundlegenden Methoden im Überblick dar.

H.-O. Günther, H. Tempelmeier

## Übungsbuch Produktion und Logistik

1995. XVI, 217 S. 67 Abb., 78 Tab. Brosch. **DM 28,-**; öS 218,40; sFr 28,-
ISBN 3-540-58954-6

W. Dinkelbach, O. Rosenberg

## Erfolgs- und umweltorientierte Produktionstheorie

1994. X, 198 S. 39 Abb., 14 Tab. (Heidelberger Lehrtexte Wirtschaftswissenschaften) Brosch. **DM 36,-**; öS 280,80; sFr 36,- ISBN 3-540-57869-2

Ziel dieses Lehrbuches ist es, Technologien als Abbilder realer Produktionssituationen zu formulieren, hierbei explizit umweltrelevante Wirkungen von Produktionen zu berücksichtigen, den Einfluß von unterschiedlichen Zielsetzungen auf die Auswahl von zu realisierenden Produktionen aufzuzeigen und Empfehlungen für eine zieloptimale Durchführung von Produktionen zu geben.

Preisänderungen vorbehalten

# Produktion

H. Dyckhoff
## Betriebliche Produktion
**Theoretische Grundlagen einer umweltorientierten Produktionswirtschaft**

2., verb. Aufl. 1994. XIX, 379 S. 110 Abb., 14 Tab. Brosch. **DM 39,80**; öS 310,50 sFr 39,80 ISBN 3-540-57552-9

**Aus der Besprechung der Vorauflage**: "An Dyckhoff's innovativen, präzise und systematisch ausgearbeiteten Überlegungen zur Fortentwicklung der Produktionstheorie führt wohl kein Weg vorbei."

*ZfB Zeitschrift für Betriebswirtschaft*

G. Fandel, H. Dyckhoff, J. Reese
## Industrielle Produktionsentwicklung
**Eine empirisch-deskriptive Analyse ausgewählter Branchen**

2. Aufl. 1994. XVIII, 317 S. 81 Abb., 44 Tab. Brosch. **DM 49,80**; öS 388,50; sFr 49,80 ISBN 3-540-57847-1

Anhand verschiedener Industriezweige zeigt dieses Buch auf, welchen Anpassungsdruck der technische Fortschritt sowie die Wettbewerbs- und Kostensituation auf den Produktionsbereich von Industriebetrieben ausüben und welche Veränderungen damit hinsichtlich der Produkt- und Ressourcengestaltung sowie der Produktionstechnologie einhergehen.

G. Fandel
## Produktion
**Band 1: Produktions- und Kostentheorie**

4. Aufl. 1994. XV, 327 S. 139 Abb., 23 Tab. (Bd. 1) Brosch. **DM 49,80**; öS 388,50 sFr 49,80 ISBN 3-540-57556-1

**Aus den Besprechungen der Vorauflagen**: "Die umfassende, abgerundete und gleichwohl verständliche Darstellung des Stoffes zeigt, daß hier nicht nur ein Produktions- und Kosten-, sondern auch ein Didaktik-Fachmann am Werke war."

*wisu - das wirtschaftsstudium 1/1990*

Preisänderungen vorbehalten